Weibliche Bildungsromane

GIESSENER BEITRÄGE ZUR FREMDSPRACHENDIDAKTIK

Herausgegeben von Lothar Bredella, Herbert Christ,
Michael K. Legutke, Franz-Joseph Meißner
und Dietmar Rösler

Reinhild Fliethmann

Weibliche Bildungsromane

*Gender*bewusste Literaturdidaktik
im Englischunterricht

gnv Gunter Narr Verlag Tübingen

Die Deutsche Bibliothek – CIP-Einheitsaufnahme

Fliethmann, Reinhild:
Weibliche Bildungsromane: *gender*bewusste Literaturdidaktik im Englischunterricht /
Reinhild Fliethmann – Tübingen : Narr, 2002
  (Giessener Beiträge zur Fremdsprachendidaktik)
  ISBN 3-8233-5324-1

Mit Unterstützung der
**Stiftung
Landesbank Baden-Württemberg**

LB≣BW

© Giessener Beiträge zur Fremdsprachendidaktik
im Gunter Narr Verlag Tübingen 2002

Das Werk einschließlich aller seiner Teile ist urheberrechtlich geschützt. Jede Verwertung außerhalb der engen Grenzen des Urheberrechtsgesetzes ist ohne Zustimmung des Verlages unzulässig und strafbar. Das gilt insbesondere für Vervielfältigungen, Übersetzungen, Mikroverfilmungen und die Einspeicherung und Verarbeitung in elektronischen Systemen.
Gedruckt auf säurefreiem und alterungsbeständigem Werkdruckpapier.

Internet: http://www.narr.de
E-Mail: info@narr.de

Druck: GAHMIG Druck, 35440 Linden
Printed in Germany

ISSN 0175-7776
ISBN ISBN 3-8233-5324-1

Für meine Familie:

meinen Eltern,

meinen Schwestern,

Thomas

und unseren Kindern

Inhaltsverzeichnis

Vorwort		11
Einleitung		13
TEIL I	WEIBLICHE IDENTITÄTSBILDUNG HEUTE	20
Kapitel 1	Erik H. Eriksons Verständnis von Identität	22
1.1	Eriksons Ausgangspunkt: Die Epigenese der Identität	22
1.2	Identität versus Identitätsdiffusion: Die Krise der Adoleszenz	26
1.3	Aspekte weiblicher Identitätsbildung	31
Kapitel 2	Eriksons Identitätsverständnis aus heutiger Sicht	34
2.1	Die Bedeutung des gesellschaftlichen Wandels für die Möglichkeit von Identitätsbildung	35
2.1.1	Individualisierung als Hauptkennzeichen des gesellschaftlichen Umbruchs	37
2.1.2	"Abschied von Erikson: Auf dem Weg zu einer 'Patchwork-Identität'" (Heiner Keupp)	38
2.2	Identitätsbildung als lebenslange Aufgabe	42
2.3	Identitätsbildung und Geschlecht	45
Kapitel 3	Zur Kategorie 'Geschlecht'	51
3.1	Die Diskussion über Gleichheit und Differenz der Geschlechter und die Einführung der Begriffe *sex* und *gender*	52
3.1.1	Zweigeschlechtlichkeit als Ausgangspunkt: die Position der "Italienerinnen"	53
3.1.2	Zweigeschlechtlichkeit als kulturelle Konstruktion: eine amerikanisch-deutsche Position	54
3.2	Die Kritik an der *sex/gender* Unterscheidung und ihre Konsequenzen	55
3.3	Die Positionen und Erkenntnisse der Frauenforschung und ihre Relevanz für die Betrachtung "weiblicher" Identitätsbildung	59
Kapitel 4	Bedingungen weiblicher Identitätsbildung in der Adoleszenz heute	62
4.1	Zur Abgrenzung des Jugendalters	63
4.2	Entwicklungsaufgaben und Lebensbereiche Jugendlicher	65
4.3	Geschlechtsspezifische Unterschiede im Hinblick auf die Voraussetzungen und den Verlauf der Identitätsentwicklung Jugendlicher	69
4.3.1	Die Vereinbarkeit von Familie und Beruf als spezifisch weibliche Entwicklungsaufgabe	70

4.3.2	Gesellschaftliche Bestimmungen von Weiblichkeit und ihr Einfluss auf die körperliche und psychische Entwicklung von Frauen	73
4.3.3	Der Konflikt zwischen Autonomie und Bindung und das Mutter-Tochter-Verhältnis	77

TEIL II WEIBLICHE IDENTITÄTSBILDUNG ALS THEMA DES MODERNEN ENGLISCHSPRACHIGEN ROMANS 84

Kapitel 1 Die Ergebnisse der Literaturwissenschaft und die Auswahl der weiblichen Bildungsromane 84
   1.1 Besondere Präsenz des Themas in Romanen von Frauen ab Ende der 1960er Jahre 85
   1.2 Weibliche Identitätsbildung und der Bildungsroman 87
   1.3 Die Entwicklung weiblicher Bildungsromane im 20. Jahrhundert 92
   1.4 Die Auswahl der folgenden weiblichen Bildungsromane und ihre Begründung 99

Kapitel 2 "Novels of Growing Down" - "unvollendete" weibliche Bildungsromane 102
   2.1 Kate Chopin, *The Awakening*, 1899 103
   2.1.1 Die Autorin, ihr Roman und seine Rezeptionsgeschichte 104
   2.1.2 Zur Interpretation des Romans: Edna Pontelliers "Erwachen" und ihre Suche nach Selbsterkenntnis und Selbstbestimmung 108
   2.1.3 Zur gattungs- und literaturgeschichtlichen Einordnung: *The Awakening* als "Novel of Growing Down" 120
   2.2 Edith Wharton, *Summer*, 1917 124

Kapitel 3 "Portraits of an Artist as a Young Woman" - weibliche Künstlerromane 131
   3.1 Alice Munro, *Lives of Girls and Women*, 1971 133
   3.1.1 Vorstellung der Autorin und des Romans 133
   3.1.2 *Lives of Girls and Women* als weiblicher Bildungsroman: Del Jordan zwischen Autonomie und Weiblichkeit 136
   3.1.3 *Lives of Girls and Women* als weiblicher Künstlerroman: Del Jordans Zugang zur Wirklichkeit ("Real Life") 146
   3.2 Ntozake Shange, *Sassafrass, Cypress & Indigo*, 1982 154

Kapitel 4 "Growing up Ethnic" - ethnische Bildungsromane von Frauen 163
   4.1 Sandra Cisneros, *The House on Mango Street*, 1984 - "Growing up Chicana" 165
   4.1.1 Vorstellung der Autorin und ihres Romans 165

4.1.2	Zur Interpretation des Romans: Esperanza auf der Suche nach ihrem eigenen Raum	169
4.1.3	The House on Mango Street als weiblicher ethnischer Bildungsroman	177
4.2	Toni Morrison, The Bluest Eye, 1970 - "Growing up African American"	180
4.3	Amy Tan, The Joy Luck Club, 1989 - "Growing up Chinese American"	192

Kapitel 5	Zusammenfassender Vergleich der sozialwissenschaftlichen Erkenntnisse (Teil I) mit den literaturwissenschaftlichen Ergebnissen (Teil II)	203
5.1	Die Bedeutung der gesellschaftlichen Rahmenbedingungen für die Möglichkeit weiblicher Selbstfindung	204
5.2	Sexualität bzw. sexuelle Selbstbestimmung als zentrale Themen moderner weiblicher Bildungsromane	206
5.3	Identität in Beziehung - Verantwortung für sich und andere	208

TEIL III	WEIBLICHE BILDUNGSROMANE UND DIE IDENTITÄTSBILDUNG VON JUGENDLICHEN	211

Kapitel 1	Didaktische Begründung für den Einsatz weiblicher Bildungsromane im Englischunterricht der gymnasialen Oberstufe	212
1.1	Texte von Frauen über Frauen im Unterricht	212
1.1.1	Die Einseitigkeit literarischer Kanones und die Auswirkungen auf Leserinnen und Leser	213
1.1.2	Der Kanon in Lehrplänen, Schulbuchverlagen und in der Praxis	220
1.1.3	Die Notwendigkeit einer Revision der bestehenden schulischen Lektürekanones	227
1.2	Die didaktische Eignung weiblicher Bildungsromane	232

Kapitel 2	Die Identitätsbildung der SchülerInnen und die Vermittlung weiblicher Bildungsromane im Unterricht	236
2.1	Zu den Unterrichtszielen	238
2.1.1	Die Auseinandersetzung mit Literatur als Beitrag zur Identitätsbildung	239
2.1.2	Ziele der Auseinandersetzung mit weiblichen Bildungsromanen	243
2.2	Erkenntnisse feministischer Forschung	245
2.2.1	Die Bedeutung des soziokulturellen Kontextes für das Schreiben eines Textes - Gender und die Produktion eines Textes	245
2.2.2	Die Bedeutung des soziokulturellen Kontextes für das Lesen eines Textes - Gender und die Rezeption eines Textes	249

2.3	Konsequenzen für die Vermittlung weiblicher Bildungsromane im Unterricht	257
2.3.1	Die besondere Eignung des rezeptionsästhetischen Ansatzes von Louise M. Rosenblatt	258
2.3.2	Die Notwendigkeit der Ergänzung des rezeptionsästhetischen Ansatzes um eine ideologiekritische Komponente	265
2.3.3	Allgemeine Konsequenzen für die Praxis der Vermittlung	270
Kapitel 3	Exemplarische Konkretisierung der didaktischen Erkenntnisse anhand von drei ausgewählten Beispielen	274
3.1	*The Awakening* im Rahmen einer Unterrichtseinheit zum Thema "The Individual and Society"	275
3.1.1	Die Eignung des Romans zum Einsatz in dieser Unterrichtsreihe	276
3.1.2	Methodisch-didaktische Vorschläge zur Behandlung des Romans	279
3.2	*Lives of Girls and Women* im Rahmen einer Unterrichtseinheit zum Thema "Growing Up"	283
3.2.1	Die Eignung des Romans für den Einsatz im Rahmen dieser Unterrichtsreihe	284
3.2.2	Didaktisch-methodische Vorschläge zur Behandlung des Romans in Leistungskursen	286
3.2.3	Zum Einsatz des Romans in Grundkursen bzw. in der Einführungsphase: eine didaktisch-methodische Variante	293
3.3	*The House on Mango Street* im Rahmen einer landeskundlich orientierten Unterrichtsreihe zum Thema "Multiculturalism in the USA"	295
3.3.1	Die Eignung des Romans zum Einsatz im Unterricht	297
3.3.2	Didaktisch-methodische Vorschläge zur Behandlung des Romans	298
Schluss		304
Literaturverzeichnis		308

Vorwort

Der vorliegende Text wurde als Dissertation am Fachbereich 2: Philologie der Universität Koblenz-Landau eingereicht. Die Idee zu einer *gender*bewussten Arbeit im Bereich Literaturdidaktik kam mir während meiner mehrjährigen Berufstätigkeit am Cusanus-Gymnasium in Wittlich und reifte im so genannten "Erziehungsurlaub".

In Frau Prof. Dr. Liesel Hermes fand ich dann eine kompetente Gesprächspartnerin und Doktormutter für dieses Promotionsprojekt. Ihr gilt mein ganz besonderer Dank: ihrem Interesse, ihrem persönlichen Engagement, ihrer ermutigenden Kollegialität und ihrer - über jede Entfernung hinweg - zuverlässigen Betreuung. Ebenso zu Dank verpflichtet bin ich Frau Prof. Dr. Gisela Schmid-Schönbein, die das Korreferat für diese Arbeit übernommen hat. Wertvolle Anregungen für die Dissertation verdanke ich außerdem den disziplinübergreifenden Gesprächen mit Frau Prof. Dr. Doris Knab aus Tübingen.

Von besonderer Bedeutung für die Genese dieser Arbeit war der zweijährige Aufenthalt an der *University of Notre Dame*, Indiana, USA. Von idealen Forschungsbedingungen mit einem *room of my own* in der Bibliothek und vielen Gesprächen mit unterschiedlichen WissenschaftlerInnen hat die vorliegende Arbeit deutlich profitiert. Mein Dank gilt allen, die diesen Aufenthalt ermöglicht haben, nicht zuletzt der Bischöflichen Studienförderung Cusanuswerk, die das gesamte Projekt mit einem Promotionsstipendium unterstützt hat.

Schließlich möchte ich mich für die persönliche und moralische Unterstützung bedanken, die ich während all der Jahre erfahren habe, allen voran meiner Familie, aber auch meinen Freundinnen und Freunden. Ausdrücklich nennen und danken möchte ich Frau Irmgard Kottmann für ihre konstruktive Kritik, vor allem bei der Endredaktion der Dissertation.

Tübingen im Juli 2002   Reinhild Fliethmann

Einleitung

"100 Jahre Koedukationsdebatte - und kein Ende"[1]! In der Tat ist mehr als 30 Jahre nach der flächendeckenden Einführung der Koedukation in der Bundesrepublik (in der DDR gab es die Koedukation seit ihrer Gründung) dieses Thema immer noch aktuell. Der Grund für diese noch immer währende Aktualität liegt darin, dass es in dieser Debatte um nichts Geringeres geht als um die Gleichstellung der Geschlechter.

Musste zur Zeit der Wende vom 19. zum 20. Jahrhundert überhaupt erst einmal das Recht der Mädchen und Frauen auf Bildung erkämpft und organisatorisch umgesetzt werden, was zunächst zur Ausbildung eines höheren Mädchenschulwesens führte, so steht seit der Einführung der Koedukation in den westlichen Bundesländern und vor allem seit Entstehen der feministischen Schulforschung bzw. pädagogischen Frauenforschung in den 1980er Jahren die Frage im Mittelpunkt, ob durch Koedukation, also durch das gemeinsame Unterrichten von Jungen und Mädchen, tatsächlich die Gleichberechtigung der Geschlechter verwirklicht wurde bzw. werden kann. Bei dieser Frage geht es nicht mehr um die rechtliche und formale Gleichstellung der Mädchen im Bildungswesen, denn diese ist mittlerweile erreicht. Mädchen und Jungen haben heute die gleichen Bildungschancen; das Bildungsniveau der Mädchen hat sich nicht nur kontinuierlich verbessert, sondern sie haben die Jungen in Bezug auf die Bildungsabschlüsse bereits überholt. Vielmehr richten die feministischen SchulforscherInnen und mittlerweile auch ForscherInnen aus der Jungenpädagogik[2] ihre Kritik auf die Tradierung von Geschlechtsstereotypen und der Geschlechterhierarchie, wie sie sich beispielsweise im traditionellen Fächer- und Berufswahlverhalten von Mädchen und Jungen, aber auch in einem vergleichsweise geringeren Selbstwertgefühl der Mädchen zeigt.[3] Der formalen Gleichstellung der Geschlechter ist bislang noch keine inhaltliche gefolgt.[4] Um auch

---

[1] So lautet der Titel einer Nachzeichnung der Koedukationsdebatte vom Kaiserreich über die Weimarer Republik und den Faschismus bis in die Gegenwart. Vgl. Faulstich-Wieland, H. & Horstkemper, M. (1996). "100 Jahre Koedukationsdebatte - und kein Ende." *Ethik und Sozialwissenschaften* 7.4, 509-520.

[2] Vgl. u.a. Enders-Drägässer, U. & Fuchs, C. (1988). *Jungensozialisation in der Schule: Eine Expertise.* Darmstadt: Gemeindedienste und Männerarbeit der EKHN; Schroeder, Joachim (1995). "Aufgaben einer Jungenpädagogik in der Schule." *Die Deutsche Schule* 87.4, 485-497.

[3] Vgl. dazu das jüngere Fazit von Faulstich-Wieland, Hannelore (1999). "Koedukation heute - Bilanz und Chance." In: Horstkemper, M. & Kraul, M. (Hrsg.). *Koedukation: Erbe und Chancen.* Weinheim: Deutscher Studien Verlag, 124-135, hier: 124: "Eine solche Bilanz ergibt eine beeindruckende Bildungsbeteiligung von jungen Frauen, zugleich aber nach wie vor deutliche geschlechterdifferierende Schwerpunktsetzungen bei Fächer-, Berufs- und Studienwahlen. Außerdem ist das Selbstvertrauen und das Selbstwertgefühl bei jungen Frauen niedriger als bei jungen Männern."

[4] Vgl. Horstkemper, M. & Faulstich-Wieland, H. (1996). "Replik." *Ethik und Sozialwissenschaften* 7.4, 578-585, hier: 582. Mit Horstkemper und Faulstich-Wieland möchte ich schon an dieser Stelle betonen, dass es bei der inhaltlichen Gleichstellung nicht um eine "materiale Gleichmacherei" geht, sondern um eine "egalitäre Differenz" (vgl. ebd. 583 mit Bezug auf Prengel, A. (1993). *Pädagogik der Vielfalt:*

diese zu erreichen, arbeiten SchulforscherInnen und FachdidaktikerInnen an Vorschlägen, wie die Schule heute besser als bisher zu einem gleichberechtigen Zusammenleben von Männern und Frauen in Familie, Beruf und Öffentlichkeit verhelfen kann. Dabei gehen sie davon aus, dass Schule nicht einfach nur die jeweiligen Verhältnisse reproduziert, sondern als gesellschaftliche Institution und Sozialisationsinstanz auch die Möglichkeit und Aufgabe hat, gesellschaftliche Strukturen aktiv mit zu gestalten. Das vielversprechendste Konzept, das vor allem von schulbezogenen Frauenforscherinnen entwickelt wurde, ist das der so genannten "reflexiven Koedukation". Es "erfordert die bewußte Wahrnehmung von Geschlechterverhältnissen und den gezielten Abbau von Geschlechterhierarchie - und zwar in koedukativen wie in getrennten Lernphasen und -formen" (Faulstich-Wieland & Horstkemper 1996, 517). Denn nur, wenn der unbewusste Umgang mit der Geschlechterfrage zu einem bewussten wird[5] und sich das auch auf die Schule auswirkt, kann diese zum Abbau bestehender Geschlechtsrollenfixierungen und Geschlechterhierarchien beitragen. Reflexive Koedukation fordert die Reflexion über die Kategorie "Geschlecht" und ihre Einbeziehung auf allen Ebenen der Bildung.

In diesen Zusammenhang ist die vorliegende literaturdidaktische Arbeit einzuordnen. Auch im Fach Englisch besteht weiterhin ein Defizit im Hinblick auf die Berücksichtigung der Kategorie Geschlecht bei der Planung und Durchführung des Unterrichts.[6] Ich möchte dieses Defizit verringern helfen, und zwar für englischen Literaturunterricht der gymnasialen Oberstufe. Dort steht einerseits eine Erneuerung des Mädchen und ihre Erfahrungswelt benachteiligenden Lektürekanons an und zum anderen die Behandlung der Frage, wie die neu ausgewählten Lektüren *gender*bewusst im Unterricht vermittelt werden können.

Um dieses Anliegen zu konkretisieren und sinnvoll zu beschränken, widme ich mich dem Thema "weibliche Identitätsbildung". Dazu werde ich einige ausgewählte nordamerikanische Romane vorstellen, die weibliche Identitätsbildung zum Thema haben, und Vorschläge entwickeln, wie diese Romane im Unterricht behandelt werden können, damit sie bei Schülerinnen und Schülern Reflexionen hinsichtlich ihrer eigenen weiblichen oder männlichen Identitätsbildung auslösen.

Verschiedenheit und Gleichberechtigung in interkultureller, feministischer und integrativer Pädagogik. Opladen: Leske und Budrich.).

[5] Vgl. Faulstich-Wieland, Hannelore (1995). *Geschlecht und Erziehung: Grundlagen* des *pädagogischen Umgangs mit Mädchen und Jungen.* Darmstadt: Wiss. Buchgesellschaft, 1 u.4.

[6] Vgl. das Fazit des Überblicksartikels von Renate Haas zu "Geschlechterforschung und Englischdidaktik": "Die neuere Koedukationsdiskussion ist im Fach noch viel zu wenig zur Kenntnis genommen worden [...]." Haas, Renate (2001). "We hold these truths to be self-evident: that all men and women are created equal: Geschlechterforschung und Englischdidaktik." In: Hoppe, Heidrun et al. (Hrsg.). *Geschlechterperspektiven in der Fachdidaktik.* Weinheim: Deutscher Studien Verlag, 101-121, hier: 115.

Die Entscheidung, das Konzept der "reflexiven Koedukation" am Beispiel weiblicher Bildungsromane und ihrer Vermittlung aufzunehmen und umzusetzen, erfolgt aus pädagogischen wie auch aus literaturwissenschaftlichen Gründen.

Über Identität und Identitätsbildung wird in unserer Zeit angesichts immer pluraler werdender Gesellschaften mehr denn je nachgedacht und diskutiert. Der sozialhistorische Prozess der Individualisierung[7] macht das Individuum heute in besonderem Maße zur zentralen Instanz der Lebensgestaltung. Die Möglichkeiten eigener Entscheidungen in Bezug auf die eigene Lebensorganisation haben immens zugenommen; damit hat sich aber gleichzeitig auch der Druck auf das Individuum, sich entscheiden zu müssen, erhöht. In besonderer Weise belasten und erfreuen diese Entscheidungsmöglichkeiten auch die Jugendlichen in der Adoleszenz. Denn in dieser Phase beschäftigen sie sich zum ersten Mal und besonders intensiv mit den Fragen: "Wer bin ich? Wohin gehöre ich? Wie lebe ich sinnvoll? Wie gestalte ich mein Leben im Zusammenspiel mit anderen?" In diesem Prozess der Identitätsbildung kommt der Herausbildung einer Geschlechtsidentität eine grundlegende Bedeutung zu, "da die Geschlechtszugehörigkeit für jede Selbstverortung in der Interaktion (in der Gesellschaft) konstitutiv ist"[8]. Mädchen und Jungen treffen dabei jedoch auf unterschiedliche kulturelle Vorgaben und Festschreibungen, die immer noch durch eine polare und hierarchische Definition von Weiblichkeit und Männlichkeit gekennzeichnet sind. Wird bei der Entwicklung der Geschlechtsidentität auf eine Bewusstmachung dieser vorherrschenden Stereotypen verzichtet, wird es wohl kaum zu einer wünschenswerten Veränderung geschlechtshierarchischer Verhältnisse kommen.

Versteht man nun Erziehung als "Hilfe zur Personalisation"[9] und soll auch Schule Hilfestellung geben bei der Bildung einer Identität, in der das Geschlecht nicht auf bestimmte Rollen festgelegt, sondern "durch die Person transzendiert wird"[10], ist zu überlegen, wie diese Hilfe angesichts moderner Entwicklungen sinnvollerweise aussehen könnte. Jeder Bereich der Schulverfassung muss dazu Überlegungen anstellen, so auch der einzelne Fachunterricht. Ich wende mich dem englischen Oberstufenunterricht zu, der in die Zeit der ersten und zugleich zukunftsweisenden Selbstreflexion der Jugend-

---

[7] Vgl. Beck, Ulrich (1986). *Risikogesellschaft: Auf dem Weg in eine anderer Moderne*. Frankfurt/M.: Suhrkamp, 121ff: "Zweiter Teil: Individualisierung sozialer Ungleichheit - Zur Enttraditionalisierung der industriegesellschaftlichen Lebensformen."

[8] Bilden, Helga (1991). "Geschlechtsspezifische Sozialisation." In: Hurrelmann, Klaus & Ulich, Dieter (Hrsg.). *Neues Handbuch der Sozialisationsforschung*. 4., völlig neu bearbeitete Aufl. Weinheim/Basel: Beltz, 279-301, hier: 294f. bezieht sich hier auf Hagemann-White, Carol (1984). *Sozialisation: Weiblich - männlich?* Opladen: Leske und Budrich, 90.

[9] Schavan, Annette (1988). "Erziehung." In: Lissner, Anneliese et al. (Hrsg.). *Frauenlexikon: Wirklichkeiten und Wünsche von Frauen*. Freiburg: Herder, 240-246, hier: 245.

[10] Knab, Doris (1993). "Frauenbildung und Frauenberuf - Wider die Männlichkeit der Schule." In: Flitner, Andreas (Hrsg.). *Reform der Erziehung*. 2. Aufl. München: Piper, 141-155, hier: 155.

lichen fällt. Wie sieht es dort mit der Auswahl und der Verarbeitung englischsprachiger Literatur aus? Nimmt er in fachwissenschaftlich vertretbarer Weise Bezug oder zumindest Rücksicht auf die anstehende zentrale Aufgabe der Identitätsbildung? Wird dabei der Tatsache Rechnung getragen, dass die Lerngruppe in der Regel nicht geschlechtshomogen ist und dass sich für Mädchen und Jungen Probleme bei ihrer Identitätsbildung u.U. unterschiedlich darstellen? Was findet sich dazu in den Lehrplänen, welche Überlegungen gibt es diesbezüglich schon in der englischen Literaturdidaktik?

Liesel Hermes wie auch Ansgar Nünning haben bereits in mehreren Aufsätzen die Einseitigkeit der in der Praxis vereinheitlichten Textauswahl in der Oberstufe angeprangert. Letzterer hat die Situation mit dem folgendem Zitat von G. Boch treffend beschrieben: "Wir haben uns mit den Adoleszenzproblemen eines Holden Caulfield zu identifizieren bemüht, wir haben die existentielle Schlechtigkeit der Menschen von Golding erfahren und die Weltprobleme aus den Negativutopien Huxleys und Orwells. Das ist ohnehin ein Ärgernis, aber für Frauen ein doppeltes."[11]

Dies ist in der Tat ein besonderes Ärgernis für Frauen aus mehreren Gründen. Zum einen wird hier deutlich, dass sich die Lektüreauswahl in der Praxis des englischen Oberstufenunterrichts auf Werke männlicher Schriftsteller beschränkt.[12] Darüber hinaus sind in den oben genannten Romanen die Protagonisten beinahe durchweg männlich, und in *Lord of the Flies* von William Golding tritt sogar keine einzige weibliche Figur auf. Entsprechend einseitig präsentieren sich auch die Probleme in den ausgewählten Schriften. Spezifisch weibliche Adoleszenzprobleme werden vollständig ausgeblendet, dem einschneidenden gesellschaftlichen Wandel - gerade auch im Hinblick auf die Geschlechtsrollenproblematik - seit Ende der 1960er Jahre wird nicht Rechnung getragen. Letzteres kann natürlich von Werken, die überwiegend in den 50er Jahren publiziert

---

[11] Boch, G. (1981). "Feministische Literaturwissenschaft: Eine Bilanz und ein Plädoyer." gulliver. Frauenstudien (=Argument Sonderband), 38-55, hier: 52, zitiert nach Nünning, Ansgar (1989). "Schülerzentrierter Fremdsprachenunterricht und das Problem der Textauswahl: Überlegungen und Vorschläge zu einer Erweiterung des Lektürekanons im Englischunterricht der Oberstufe." *Die Neueren Sprachen* 88.6, 606-619, hier: 610, sowie ders. (1993). "Formen und Funktionen der Auflösung von Geschlechtsstereotypen in ausgewählten Romanen von Anita Brookner: Interpretationshinweise für eine Behandlung im Englischunterricht der Sekundarstufe II." *Die Neueren Sprachen* 92.3, 249-270, hier: 250.

[12] Die Andeutungen im Zitat beziehen sich auf Jerome Salinger (1951), *Catcher in the Rye*, William Golding (1954), *Lord of the Flies*, Aldous Huxley (1932), *Brave New World* und George Orwell (1949), *1984*. Eine empirische Untersuchung von Norbert Benz (1990) kommt zu dem gleichen Ergebnissen: Zu den meist genannten, im Englischunterricht gelesenen Texten gehörten demnach *Brave New World* (1. Platz), *Catcher in the Rye* und *Animal Farm* (2. Platz), *1984* (3. Platz) und *Lord of the Flies* (4. Platz). Sowohl bei den zehn meistgenannten literarischen Texten wie auch bei den zehn meistgenannten Autoren ist keine einzige Schriftstellerin vertreten. Vgl. Benz, Norbert (1990). *Der Schüler als Leser im fremdsprachlichen Literaturunterricht*. Tübingen: Narr, 106ff.

wurden, nicht erwartet werden, wohl aber von den Institutionen und Personen, die Lektüren für den Unterricht bereitstellen und auswählen.

Dabei besteht aus literaturwissenschaftlicher Sicht gar keine Not, sich auf diese Autoren zu beschränken. Im Gegenteil, die englischsprachige Gegenwartsliteratur ist an frauenorientierten Texten sehr viel reicher als die deutsche oder französische. Auch sind "Frauenliteratur und feministisches Gedankengut als genuiner Bestandteil der gegenwärtigen angelsächsischen Literatur anzusehen [...]"[13]. Darüber hinaus ist gerade der "Bildungsroman" oder - offener formuliert - der Roman, in dem es im weitesten Sinne um die Identitätsbildung eines Menschen geht, für zeitgenössische Schriftstellerinnen zu der "hervorstechendsten Literaturform" geworden:

> While the *Bildungsroman* has played out its possibilities for males, female versions of the genre still offer a vital form. Women's increased sense of freedom in this century, when women's experience has begun to approach that of the traditional male *Bildungsheld*, finds expression in a variety of fictions [...] It is no wonder, then, that the novel of development has become, in Ellen Morgan's words, 'the most salient form of literature' for contemporary women writing about women.[14]

Das heißt, aus fachdidaktischer Sicht bietet sich eine Erweiterung des Curriculums durch das Angebot weiblicher Bildungsromane geradezu an. So werden in der vorliegenden Arbeit aus der Vielzahl der Romane, die die Identitätssuche und -bildung von Frauen in unserer Zeit zum Thema haben, einige wenige ausgewählt und vorgestellt, die sich besonders gut für die Bearbeitung im Unterricht eignen und die alle aus dem US-amerikanischen bzw. kanadischen Kontext stammen. Eine vorangehende Darstellung dessen, was unter Identität, Identitätsbildung und weiblicher Identität heute verstanden wird, soll dabei die Folie sein, auf deren Hintergrund die Romane ausgesucht und interpretiert werden.

Aus literaturdidaktischen wie auch aus feministisch ideologiekritischen Erwägungen heraus kann es aber bei einer bloßen - wenn auch notwendigen - Erneuerung des Lektürekanons nicht bleiben. Denn nicht zuletzt unter dem Einfluss rezeptionsästhetisch geprägter Ansätze gewinnt in der Literaturdidaktik die Einsicht an Bedeutung, dass die LeserInnen einen erheblichen Anteil an der Sinnkonstitution eines Textes haben. Schaut man sich einmal den Prozess des Verstehens literarischer Texte genauer an, wird deutlich, dass der Sinn eines Textes nicht einfach vorhanden ist, sondern erst in der Interaktion zwischen Text und Leser erstellt wird.[15] In diesen Interaktionsprozess bringt der

---

[13] Würzbach, Natascha (1996). "Frauenliteratur im Englischunterricht der Sekundarstufe II (Leistungskurs): Feministische Interpretationsansätze und Textvorschläge." *Zeitschrift für Fremdsprachenforschung* 7.1, 70-95, hier: 73.

[14] Abel, Elizabeth et al. (1983). "Introduction." *The Voyage In: Fictions of Female Development*. Eds. dies. Hanover/NH: University Press of New England, 3-19, hier: 13.

[15] Vgl. Bredella, Lothar (1980). *Das Verstehen literarischer Texte*. Stuttgart: Kohlhammer, 11.

Leser/die Leserin sein/ihr eigenes Selbst- und Weltverständnis mit ins Spiel; trotz der Differenz zwischen der fiktionalen Welt literarischer Texte und der Wirklichkeit können die LeserInnen nicht umhin, beispielsweise die Charaktere eines Romans in Analogie zu Personen in der außertextlichen Wirklichkeit zu sehen. Wird im Unterrichtsgespräch dieser Verstehensprozess bewusst gemacht, wird zur Sprache gebracht, welche zentralen Vorstellungen der jeweilige Text bei den LeserInnen anspricht, besteht an dieser Stelle auch die Möglichkeit zur Auseinandersetzung mit ihnen.

Wenn Lesen und Interpretieren beides ist, nämlich "Bestimmtsein durch den Text und aktive Teilhabe an der Sinnkonstitution"[16], dann muss über die Auswahl weiblicher Bildungsromane hinaus überlegt werden, wie der Unterricht zu strukturieren ist, damit auch möglicherweise geschlechtsspezifische Vorerfahrungen und Vorstellungen der Schüler und Schülerinnen in der Reaktion auf den Text zur Sprache kommen können. Gerade im Austausch über die vom Text angeregten unterschiedlichen Interpretationen liegt die Chance, dass sich Schüler und Schülerinnen etwaiger Geschlechtsrollenfixierungen bewusst werden, was ein erster Schritt zu ihrer Überwindung wäre.

Die vorliegende Arbeit gliedert sich in drei große Teile, in einen sozialwissenschaftlichen, einen literaturwissenschaftlichen und einen literaturdidaktischen Teil. Der erste Teil setzt sich mit weiblicher Identitätsbildung heute auseinander. Wie beschreiben Soziologie, Psychologie und Pädagogik den Prozess heutiger weiblicher Identitätsbildung? Welche Probleme diskutieren sie? Eine Berücksichtigung der sozialwissenschaftlichen Forschung zu diesem Thema ist sinnvoll, weil damit gewissermaßen der geistesgeschichtliche Kontext erhellt wird, in dem die Romane geschrieben wurden, und zugleich die Folie geliefert wird, vor der sie interpretiert werden können. Umgekehrt werfen die Romane auch ein erhellendes und korrigierendes Licht auf die erfassten Identitätstheorien. Darüber hinaus wird über die sozialwissenschaftliche Beschreibung heutiger Identitätsbildung deutlich, in welcher Situation sich Jugendliche befinden, mit denen die ausgewählten Romane im Unterricht verarbeitet werden sollen.

Der literaturwissenschaftliche Teil II wendet sich der Frage zu, wie das Thema "weibliche Identitätsbildung" in modernen englischsprachigen Romanen aufgenommen wird. Zunächst werden die Ergebnisse literaturwissenschaftlicher Untersuchungen referiert, die zeigen, dass sich im 20. Jahrhundert vor allem Frauen besonders seit der zweiten Frauenbewegung gegen Ende der 1960er Jahre mit diesem Thema beschäftigt haben. Nach einer skizzenhaften Beschreibung der Entwicklung weiblicher Bildungs-

---

[16] Bredella, Lothar (1988). "Zum Verhältnis von Literaturwissenschaft und Literaturdidaktik" In: Doyé, Peter et al. (Hrrsg.). *Die Beziehung der Fremdsprachendidaktik zu ihren Referenzwissenschaften: Dokumente und Berichte vom 12. Fremdsprachendidaktiker-Kongreß*. Tübingen: Narr, 162-172, hier: 166.

romane im 20. Jahrhundert werden sodann sieben weibliche Bildungsromane[17] vorgestellt und interpretiert, die repräsentativ für diese Entwicklung sind und die sich zugleich zum Einsatz im englischen Oberstufenunterricht eignen.

Der literaturdidaktische Teil III schließlich begründet mit Bezug auf Teil I und II, warum eine Erneuerung bestehender Lektürekanones aus *gender*bewusster Sicht notwendig ist, und zeigt, inwiefern sich weibliche Bildungsromane besonders gut dazu eignen. Darüber hinaus wird in diesem Teil beispielhaft ausgeführt, wie diese Romane im Unterricht behandelt werden sollten, um *gender*bewussten literaturdidaktischen Ansprüchen zu genügen. Im Rekurs auf feministische, didaktische und rezeptionsästhetische Einsichten wird zunächst theoretisch und im Anschluss daran anhand von drei Beispielen erläutert, wie weibliche Bildungsromane allgemein und die ausgewählten im Besonderen zur Identitätsbildung der jugendlichen Schüler und Schülerinnen in Beziehung gesetzt werden können.

---

[17] Mit diesem Begriff bezeichne ich im Zusammenhang dieser Arbeit Romane von Frauen, in denen die Identitätsbildung einer oder mehrerer Frauen im Mittelpunkt steht. Zur Bezeichnung dieser Romane als Bildungsromane vgl. bes. Teil II, Kap. 1.2.

Teil I: Weibliche Identitätsbildung heute

Der Titel dieses ersten Teils verweist auf mindestens drei Problemkreise, die es an dieser Stelle zu beleuchten und darzustellen gilt. Angesprochen sind die Aspekte *Identität*, *Identitätsbildung* und *weibliche* Identität, wie sie sich *heute* präsentieren. Bezogen auf die Absicht der Arbeit soll referiert werden, wie Psychologen, Soziologen und Philosophen weibliche Identitätsbildung heute begreifen. Diese Darstellung dient einerseits dazu, einen Blick dafür zu bekommen, welche zeitgenössischen englischsprachigen Romane das Thema weiblicher Identitätsbildung aufnehmen, und zum anderen zu verstehen, in welcher Situation sich heutige Jugendliche befinden, mit denen diese Romane im Unterricht bearbeitet werden sollen. Gerade aus der letzten Zielbestimmung ergibt sich, dass der Schwerpunkt der Darstellung auf der Zeit der Adoleszenz liegt. Wie lässt sich die Phase der Adoleszenz im Hinblick auf die Problematik der Identitätsbildung begreifen? Gibt es besondere Entwicklungsaufgaben, die in der Jugend anstehen? Sind diese aufgrund des Geschlechts für Jungen und Mädchen unterschiedlich?

Bei der Suche nach Antworten auf diese Fragen ist es sinnvoll, sich auf einen - wenn nicht *den* - Klassiker der Identitätsentwicklung, nämlich Erik Erikson, zu stützen, auf den sich beinahe ausnahmslos alle neueren Identitätsforscher in irgendeiner Form beziehen.[1] Die Bedeutung Eriksons ist zunächst vor allem in seinem disziplinübergreifenden Ansatz zu sehen, der zwar auf Sigmund Freuds Psychoanalyse aufbaut, aber den sozialen Kontext miteinbezieht.[2] Darüber hinaus ordnet Erikson die Problematik der Identitätsfindung insbesondere der Phase der Adoleszenz zu, dem Alter, um das es in dieser Arbeit vorrangig geht. Anders als viele Psychoanalytiker, die der frühen Kindheit Priorität einräumen, betrachtet Erikson "die Entwicklung des Menschen vom Brennpunkt der Identitätsbildung in der Adoleszenz her"[3]. Schließlich ist der Rückgriff auf Erikson im Rahmen dieser Arbeit auch deshalb sinnvoll, weil sich Erikson explizit auch mit weiblicher Identitätsbildung auseinandersetzt. Zwar tut er dies gewissermaßen erst nachträglich und in eigenen Artikeln, ohne damit etwas an seinem "allgemeinen" Identitätsmodell zu ändern, aber gerade darin ist Erikson wiederum repräsentativ für die Identitätsforschung bis in die 1970er Jahre (s.u.). Aus diesen Gründen bietet es sich an, zunächst in einem

---

[1] Beispielhaft genannt seien die Aufsätze im Sammelband von Keupp, H. & Höfer, R. (Hrsg.) (1997). *Identitätsarbeit heute*. Frankfurt: Suhrkamp.

[2] Vgl. Oerter, R. &. Dreher, E. (1995). "Jugendalter." In: Oerter, R. & Montada, L. (Hrsg.). *Entwicklungspsychologie*. 3., vollst. überarbeitete u. erweiterte Aufl. Weinheim: Psychologie Verlags Union, 310-395, hier: 322.

[3] Krappmann, L. (1997). "Die Identitätsproblematik nach Erikson aus einer interaktionistischen Sicht." In: Keupp, H. & Höfer, R. (Hrsg.). *Identitätsarbeit heute*. Frankfurt/M.: Suhrkamp, 66-92, hier: 74.

ersten Kapitel Erik Eriksons Ansatz darzustellen. In einem weiteren Schritt wird dann geprüft, in wieweit sein Identitätsmodell, das er im Wesentlichen in den 1950er Jahren entwickelt hat, heutiger Identitätsforschung noch standhält, und welche Modifizierungen, Veränderungen oder gar Neufassungen aus heutiger Perspektive notwendig sind. Ebenso ist zu überlegen, welche Fragen aus Sicht des hier gestellten Themas von Erikson nicht beantwortet werden.

Schwerpunktmäßig wird es dabei um die Problematisierung seiner Theorie in drei Richtungen gehen, zum einen um die Bedeutung des gesellschaftlichen Wandels für die Möglichkeit von Identitätsbildung heute, zum anderen um die Fokussierung der Identitätsbildung in der Adoleszenz und schließlich um das Verhältnis von Identitätsbildung und Geschlecht. Ist Identitätsbildung oder -findung unter den heutigen gesellschaftlichen Bedingungen, in einer Zeit der zunehmenden Enttraditionalisierung und Individualisierung überhaupt noch möglich? Oder ist nicht vielmehr Abschied zu nehmen von der Vision bzw. Illusion einer gelingenden Identitätsbildung und stattdessen das "Loblied auf die Identitätslosigkeit"[4] zu singen? Ist es aufgrund der gewandelten gesellschaftlichen Verhältnisse noch sinnvoll, an einer besonderen Phase der Identitätsbildung festzuhalten? Welche Bedeutung kommt der Adoleszenz heute zu, wie lässt sich die Problematik dieser Phase beschreiben? Und schließlich: welchen Einfluss nimmt die unterschiedliche Geschlechtszugehörigkeit bzw. -zuschreibung auf die Identitätsbildung des einzelnen Menschen? Auf welche unterschiedlichen Bedingungen treffen Jungen und Mädchen, welche unterschiedlichen Ausgangspositionen haben sie?

Zur Verwendung der Begriffe Identität, Identitätsbildung, -findung und -arbeit ist an dieser Stelle bereits Folgendes anzumerken: Grundlage und umfassendster Begriff dieser Arbeit ist der der Identitätsbildung, der insbesondere die Prozesshaftigkeit, aber auch den Eigenanteil, die aktive Auseinandersetzung des Ich mit seiner Umwelt im Prozess der Ich-Entwicklung beschreibt. Von Identitätsfindung wird - wie sich zeigen wird - bei Erikson wohl noch, aber heute immer weniger die Rede sein, da es einen Endpunkt, ein Ziel im Prozess der Identitätsbildung setzt. Stattdessen wird heute häufig der Begriff der Identitätsarbeit verwendet, um einerseits die Unabgeschlossenheit der Identitätsbildung zu betonen und um andererseits auf die alltäglichen Mühen der unter erschwerten Bedingungen stattfindenden Identitätssuche hinzuweisen.[5]

---

[4] Vgl. Horx, M. (1987). "Der Neue Mann ohne Eigenschaften: Loblied auf die Identitätslosigkeit."*Das Ende der Alternativen*. München: Heyne.

[5] Vgl. u.a. Strauss, F. & Höfer, R. (1997). "Entwicklungslinien alltäglicher Identitätsarbeit." In: Keupp, H. & Höfer, R. (Hrsg.). *Identitätsarbeit heute*. Frankfurt. Suhrkamp, 270-307, hier: 270ff.

Kapitel 1: Erik H. Eriksons Verständnis von Identität

Erik Erikson baut sein Stufenmodell des menschlichen Lebenszyklus auf der Theorie psychosexueller Entwicklung auf, die Sigmund Freud entwickelt hatte und dessen Schüler er war. Feldforschungen bei den Yurok-Indianern an der kalifornischen Nordküste und den Sioux-Indianern in Süddakota sowie Forschungsprojekte zu Sozialisationsbedingungen von Kindern dieser Stämme führten Erikson zu einer stärkeren Berücksichtigung der gesellschaftlichen Bedingungen im Prozess der Ich-Entwicklung. Für Erikson hat Identität mit einem Prozess zu tun, "der *im Kern des Individuums* `lokalisiert´ ist und doch auch *im Kern seiner gemeinschaftlichen Kultur*, ein Prozeß, der faktisch die Identität dieser beiden Identitäten begründet"[6]. Die Grundlegung und Entfaltung seiner Entwicklungskonzeption finden sich vornehmlich in den drei zentralen Werken *Childhood and Society* (1950), *Identity and the Life Cycle* (1959) und *Identity. Youth and Crisis* (1968).[7]

Im Folgenden werde ich zunächst Eriksons Modell der Epigenese der Identität vorstellen, um dann im zweiten Kapitel sein Verständnis der "Krise der Adoleszenz" zu erläutern und schließlich seine Ausführungen zu "Die Weiblichkeit und der innere Raum" (JuK 274-308) zu referieren. Im zuletzt genannten Aufsatz nimmt Erikson explizit Stellung zur Identitätsbildung der Frauen.[8]

1.1 Eriksons Ausgangspunkt: Die Epigenese der Identität

Der Entfaltung seines Identitätsverständnisses stellt Erikson die Analyse von zwei Äußerungen voran, die beschreiben, wie "sich Identität anfühlt, wenn man der Tatsache

---

[6] Erikson, E.H. (1970). *Jugend und Krise: Die Psychodynamik im sozialen Wandel.* Stuttgart: Klett, 18 (Hervorhebung im Original).

[7] Im Folgenden beziehe ich mich auf die deutschen Ausgaben bzw. Neuauflagen dieser Werke: Erikson, E.H. (1965). *Kindheit und Gesellschaft.* 2. überarbeitete u. erweiterte Aufl. Stuttgart: Klett (im Text abgekürzt mit KuG); Ders. (1970). *Jugend und Krise: Die Psychodynamik im sozialen Wandel.* Stuttgart: Klett (abgekürzt mit JuK); Ders. (1997). *Identität und Lebenszyklus.* 16. Aufl. Frankfurt: Suhrkamp (abgekürzt mit IuL).

[8] Sieben Jahre später nutzt Erikson auf Anregung einer seiner früheren Studentinnen, die eine Anthologie psychoanalytischer Essays über die Frauen herausgab, die Gelegenheit, seine eigene Kritik zu diesem Aufsatz zu schreiben. (Vgl. Erikson, E. (1977). "Noch einmal: der innere Raum." *Lebensgeschichte und historischer Augenblick.* Frankfurt/M.: Suhrkamp, 233-257; im Text abgekürzt mit LuhA) Damit reagiert er auf von unterschiedlichen Feministinnen geäußerte Kritik, ohne von seiner ursprünglichen Position abzurücken. Sofern er kleinere Korrekturen anbringt bzw. gewisse Einseitigkeiten einräumt, wird das in der folgenden Darstellung berücksichtigt.

gewahr wird, dass man sie unzweifelhaft besitzt" (JuK 15). Demnach stellt sich bei diesen Menschen ein beinahe überraschendes Gefühl einer bekräftigenden *Gleichheit und Kontinuität*, sowie einer Einheit von *persönlicher und kultureller Identität* ein. (Vgl. JuK 15f.) Damit sind entscheidende Stichworte seiner Identitätstheorie gefallen: Identität hat für ihn zu tun mit der Einheit der Person, der Selbstkonsistenz über Zeit, soziale Kontexte und Situationen hinweg. Ebenfalls angesprochen ist das wechselseitige Verhältnis zwischen der Persönlichkeit bzw. dem Ich und der Gesellschaft: Identitätsfindung vollzieht sich in einem von der Gesellschaft her mitbestimmten Rahmen. Der Begriff der Identität drückt für ihn eine wechselseitige Beziehung aus, da "er sowohl ein dauerndes inneres Sich-Selbst-Gleichsein wie ein dauerndes Teilhaben an bestimmten gruppenspezifischen Charakterzügen umfasst" (IuL 124). Nicht nur der Heranwachsende steht vor sich verändernden biologischen Herausforderungen und sozialen Erwartungen, sondern auch die soziale Umgebung ist mit der Lösung einer Entwicklungsaufgabe konfrontiert. Erst die Anpassung von beiden Seiten führt zu einem neuen Gleichgewicht.[9]

Für Erikson beruht das Erringen von Identität auf der Bewältigung von Krisen, die mit unterschiedlichen Inhalten in aufeinander folgenden Lebensphasen auftreten. Er stellt die Persönlichkeitsentwicklung des Menschen als ein Wachstum mit inneren und äußeren Konflikten dar, die die vitale Persönlichkeit glücklich übersteht. Glücklich überstehen meint, dass die Überwindung jeder Krise der Persönlichkeit ein erhöhtes Gefühl innerer Einheit beschert, und dass sowohl die Urteilsfähigkeit als auch die Fähigkeit, selbst etwas zustande zu bringen gemäß den eigenen Maßstäben und denen signifikanter anderer, zunehmen (vgl. JuK 91). Seines Erachtens entwickelt sich die menschliche Persönlichkeit gemäß bestimmter Schritte, "die in der Bereitschaft der wachsenden Person vorgegeben sind, auf einen sich erweiternden sozialen Radius hin angetrieben zu sein, seiner gewahr zu werden und mit ihm in Wechselbeziehung zu treten" (KuG 265). Idealiter ist auf der anderen Seite die Gesellschaft darauf eingerichtet, "dieser Aufeinanderfolge von Möglichkeiten zur Wechselwirkung gerecht zu werden und ihnen entgegenzukommen", und sie versucht, " das richtige Maß und die richtige Reihenfolge ihrer Entfaltung zu sichern und zu ermutigen" (ebd.). Der Prozess der Identitätsbildung als ein ständig wechselnder und sich entwickelnder vollzieht sich in Abstimmung und Auseinandersetzung mit den signifikanten anderen, zunächst der Mutter bis hin zur "Menschheit" bzw. dem Ausschnitt der Menschheit, der für diesen speziellen Menschen bedeutsam ist. (Vgl. JuK 19) Mit dem Modell der Epigenese der Identität versucht Erikson nun, diesen Prozess der fortschreitenden Differenzierung zu beschreiben und nachzuzeichnen.

---

[9] Vgl. Trautner, H.M. (1991). *Lehrbuch der Entwicklungspsychologie. Bd 2: Theorien und Befunde.* Göttingen: Hogrefe, 80.

Unter dem aus der Embryologie entnommenen epigenetischen Prinzip versteht Erikson die Entfaltung eines Grundplans, der in allem, was wächst, enthalten ist. Wie bei der fötalen Entwicklung, wo jeder Teil des Organismus seine kritische Zeit des Auftretens oder der Defektgefährdung hat, so treten auch im Laufe eines menschlichen Lebens Krisen auf, die überwunden werden müssen, um zu einem funktionierenden Ganzen zu führen. Gemäß dieses Grundplans gibt es acht zentrale Probleme im menschlichen Lebenszyklus, die von Anfang an bestehen, aber jeweils zu einer bestimmten Zeit in eine kritische Phase eintreten und gegen Ende dieses Stadiums so etwas wie eine bleibende Lösung erfahren. Jedes Problem der gesunden Persönlichkeit ist mit allen anderen verbunden. Alles hängt von der richtigen Entwicklung zur rechten Zeit ab. Hat eine Person in der jeweiligen Krise ein relatives Gleichgewicht erreicht, sind die Chancen für eine Überwindung späterer Krisen günstiger. Ziel und Leitbild im Hintergrund ist seine von Maria Jahoda übernommene Vorstellung von einer gesunden - oder wie Erikson es lieber sagt, einer vitalen Persönlichkeit (vgl. JuK 91). Diese ist dadurch gekennzeichnet, dass sie "ihre *Umwelt aktiv meistert*, eine gewisse *Einheitlichkeit* zeigt und imstande ist, *die Welt und sich selbst richtig zu erkennen*" (IuL 57, Hervorhebung im Original).

Wie sieht aber nun dieser Prozess fortschreitender Differenzierung konkret aus? Um welche zentralen Konflikte geht es in den acht Stadien des Lebenszyklus? Wie kann man sich den Zusammenhang vorstellen, der zwischen dem jeweiligen dominanten "Thema" der Krise und allen anderen vorgängigen und zukünftigen Themen besteht?

Hilfreich dafür ist zunächst ein Diagramm (vgl. Abbildung 1), das Erikson als immer noch weiter zu modifizierende Arbeitsgrundlage entwickelt hat (IuL 214f.). Die einzelnen Entwicklungsphasen werden durch die Zuordnung verschiedener Kategorien beschrieben: Die Bewältigung der unterschiedlichen Krisen (A) findet in wachsenden, sich immer mehr differenzierenden sozialen Kontexten statt (B). Jede Bewältigungsthematik entspricht bestimmten Elementen der Sozialordnung (C) und sog. psychosozialen Modalitäten (D). Die wiederum damit korrespondierenden, von Freud übernommenen psychosexuellen Phasen (E) verweisen auf die biologischen Grundlagen bzw. die inneren Konflikte der Persönlichkeitsentwicklung, denen sich die Psychoanalyse bis dahin beinahe ausschließlich zugewandt hatte, und die Erikson nun mit seinen psychosozialen Phasen verbindet bzw. erweitert.

Doch sollen hier nicht alle Phasen in gleicher Ausgiebigkeit erläutert werden, sondern entsprechend dem Fokus dieser Arbeit, aber auch in Anlehnung an Eriksons eigenen Schwerpunkt die Entwicklungsaufgabe der Adoleszenz näher beleuchtet werden. Denn es ist die Adoleszenz, der Erikson die Aufgabe der Identitätsbildung zuweist. In dieser Phase kulminieren gewissermaßen die Kerngedanken seiner gesamten Entwicklungskonzeption, die um das Problem der Identitätsgewinnung kreisen.

Abbildung 1 (IuL 214f.)

	A Psychosoziale Krisen	B Umkreis der Beziehungspersonen	C Elemente der Sozialordnung	D Psychosoziale Modalitäten	E Psychosexuelle Phasen
I	Vertrauen gg. Mißtrauen	Mutter	Kosmische Ordnung	Gegeben bekommen Geben	Oral-respiratorisch, sensorisch kinästhetisch (Einverleibungsmodi)
II	Autonomie gg Scham, Zweifel	Eltern	"Gesetz und Ordnung"	Halten (Festhalten) Lassen (Loslassen)	Anal-urethral Muskulär (Retentiv-eliminierend)
III	Initiative gg. Schuldgefühl	Familienzelle	Ideale Leitbilder	Tun (Drauflosgehen) "Tun als ob" (=Spielen)	Infantil-genital Lokomotorisch (Eindringend, einschließend)
IV	Werksinn gg. Minderwertigkeitsgefühl	Wohngegend Schule	Technologische Elemente	Etwas "Richtiges" machen, etwas mit anderen zusammen machen	Latenzzeit
V	Identität und Ablehnung gg. Identitätsdiffusion	"Eigene" Gruppen, "die Anderen". Führer-Vorbilder	Ideologische Perspektiven	Wer bin ich (wer bin ich nicht) Das Ich in der Gemeinschaft	Pubertät
VI	Intimität und Solidarität gg. Isolierung	Freunde, sexuelle Partner, Rivalen, Mitarbeiter	Arbeits- und Rivalitätsordnungen	Sich im anderen verlieren und finden	Genitalität
VII	Generativität gg. Selbstabsorption	Gemeinsame Arbeit, Zusammenleben in der Ehe	Zeitströmungen in Erziehung und Tradition	Schaffen Versorgen	
VIII	Integrität gg. Verzweiflung	"Die Menschheit" "Menschen meiner Art"	Weisheit	Sein, was man geworden ist; wissen, daß man einmal nicht mehr sein wird.	

1.2 Identität versus Identitätsdiffusion: Die Krise der Adoleszenz

Zunächst benennt Erikson die Quellen, auf die er sich bei seiner Beschreibung der allgemein-menschlichen Genese der Identität stützt. Es sind gerade nicht die Lebensgeschichten ganz "gewöhnlicher" Menschen, sondern vielmehr die Autobiographien hervorragend (selbst-) einsichtiger Menschen (in einem ausführlich dargestellten Beispiel: die von George Bernard Shaw) sowie aus der Pathographie die psychiatrischen Fälle, die unter einer krankhaften Identitätsdiffusion leiden. Darüber hinaus kann er sich aber auch auf Erfahrungen aus der Erziehungsberatungsarbeit an nur leicht gestörten Jugendlichen stützen, sowie auf seine Eindrücke aus der Mitarbeit an einer Langzeitstudie an Kindern. (Vgl. IuL 139 u. 152f.)

Seine Beobachtungen und die Analyse seines Materials führen Erikson dazu, dem Alter der Adoleszenz und des jungen Erwachsenen eine "normative Identitätskrise" zuzuordnen. Erst in der Adoleszenz habe das Individuum in seinem physiologischen Wachstum, in seiner geistigen Reifung und sozialen Verantwortung die Vorbedingungen entwickelt, um die Krise der Identität zu erleben und zu durchlaufen. (Vgl. JuK 13 u. 91) Zwar hat die Identitätsbildung schon vorher - genauer: in der Zeit der ersten Selbst-Wahrnehmung in den Säuglingstagen - begonnen, sie geht auch nachher weiter, aber in dieser Phase des Lebens wird sie sichtbar und verlangt nach einer mehr oder weniger dauernden Lösung: "das Identitätsproblem muß an dieser Stelle seine Integration als relativ konfliktfreier psychosozialer Kompromiss finden - oder es bleibt unerledigt und konfliktbelastet." (IuL 149) Gemäß dem epigenetischen Modell geht es in dieser Phase vermehrter Konflikte um eine ungeheuer schwierige Integrationsleistung auf einer neuen, endgültigen Ebene. Das Ich muss die psychosexuellen und psychosozialen Aspekte dieser Entwicklungsstufe integrieren und die Verbindung der neu erworbenen Identitätselemente mit den schon bestehenden herstellen. Kindheitsidentifikationen werden teils aufgegeben, teils angeglichen und in einer neuen Konfiguration aufgehoben. Die Integration, die nun entstehende Ich-Identität ist mehr als nur die Summe der Kindheitsidentifikationen. Das Ganze hat eine andere Qualität als die Summe seiner Teile. Eine unentbehrliche Stütze und eine nicht zu unterschätzende Rolle bei dieser Aufgabe spielt die Anerkennung durch die Gesellschaft bzw. genauer durch die Menschen, die Sinn für den Heranwachsenden zu haben beginnen. Sie müssen ihm vermitteln, dass das allmähliche Wachsen und sich Wandeln Sinn hat. "Aber auch die Gemeinschaft fühlt sich ihrerseits durch das Individuum 'anerkannt', wenn es nur Wert auf ihre Anerkennung legt." (IuL 140).

Damit der junge Mensch und seine Gesellschaft diese schwierige Zeit der Adoleszenz bestehen kann, hat sich in jeder Gesellschaft so etwas wie eine Karenzzeit zwischen Kindheit und Erwachsenenalter herausgebildet. Die psychoanalytische Theorie hatte zur Beschreibung des Entwicklungsaufschubs vor der Pubertät, also der Phase, in der die sexuellen Triebe ruhen, den Begriff der Latenzperiode eingeführt. In Anlehnung daran bezeichnet Erikson den zweiten Entwicklungsaufschub der Adoleszenz als "psychosoziales Moratorium". Während dieser Zeit gestattet die Gesellschaft dem jungen Menschen, sich durch freies Rollen-Experimentieren in irgendeinem der gesellschaftlichen Sektoren seinen Platz zu suchen, "eine Nische, die fest umrissen und doch wie einzig für ihn gemacht ist" (IuL 137f.).

Um die Bewältigung welcher Aufgaben geht es aber nun eigentlich in der Adoleszenz? Wie genau lassen sich die zu integrierenden Elemente der Identität beschreiben? Aus welchen Komponenten baut sich die Ich-Identität auf, aus welchen erfolgreich durchlebten Phasen geht sie hervor? Auch hierfür hat Erikson wieder ein detailliertes Schema (IuL 150f., vgl. Abbildung 2) entworfen, das im Folgenden erläutert werden soll. Zentral ist zunächst die Diagonale, deren schwarz umrandete Kästchen die Folge der positiven und negativen Hauptelemente relativer psychosozialer Gesundheit benennen. Die durchnummerierte Leiste am Rand macht deutlich, in welchem Alter der jeweilige Konflikt zwischen positiv und negativ phasenspezifisch wird. Für die Phase der Adoleszenz hat Erikson die leeren vertikalen und horizontalen Kästchen ausgefüllt und damit zum einen die Vorläufer der nun anstehenden Hauptlösung "Identität versus Identitätsdiffusion" bezeichnet (Vertikale) und zum anderen die Ableitungen relativer Errungenschaften neu benannt, die jetzt Hauptfaktoren im Kampf um die Identität werden (Horizontale). Die Umbenennung auf der Horizontalen ist notwendig, weil sich jetzt in der Adoleszenz die früheren Konflikte differenzierter darstellen.

Als ersten entscheidenden Vorläufer der in der Adoleszenz zu erringenden Ich-Identität sieht Erikson das erfolgreiche Bestehen des ersten Konflikts in der Frühkindheit zwischen Urvertrauen und Misstrauen an. Die psychosoziale Grundhaltung der Unipolarität meint, dass das Individuum sein Dasein vorwiegend als gut empfindet. Im Säuglingsalter ist so etwas wie "ein verläßliches Gefühl von der Realität 'guter' Mächte draußen und im Inneren" (IuL 178f.) entstanden. Dieses Gefühl des Sich-Verlassen-Dürfens auf sich selbst und auf andere ist wiederum die Voraussetzung für eine Bipolarisierung mit der Mutter, dem weiteren Experimentieren mit Autonomie. Im Konflikt zwischen Autonomie und Scham und Zweifel haben sich im positiven Fall Rudimente eines Willens entwickelt, man selbst zu sein. Auf das "Ich bin, was ich will" folgt in der Phase der Spielidentifikationen mit mächtigeren Erwachsenen oder mit älteren oder jüngeren Spielkameraden das "Ich bin, was ich mir zu werden vorstellen kann" und schließlich im Schulalter als Ergebnis der Arbeitsidentifikationen das "Ich bin, was ich lerne", das Vertrauen in die eigene Lernfähigkeit. (Vgl. IuL 98, 179; JuK 186) Im negativen Fall trägt jedes dieser Stadien zur Identitätsverwirrung bei.

Abbildung 2 (IuL 150f.)

	1	2	3	4	5	6	7	8
I Säuglingsalter	Urvertrauen gg. Mißtrauen				Unipolarität gg. vorzeitige Selbstdifferenzierung			
II Kleinkindalter		Autonomie gg. Scham u. Zweifel			Bipolarität gg. Autismus			
III Spielalter				Initiative gg. Schuldgefühl	Spiel-Identifikation gg. (ödipale) Phantasie-Identitäten			
IV Schulalter				Werksinn gg. Minderwertigkeitsgefühl	Arbeitsidentifikation gg. Identitätssperre			
V Adoleszenz	Zeitperspektive gg. Zeitdiffusion	Selbstgewißheit gg. peinliche Identitätsbewußtheit	Experimentieren mit Rollen gg. negative Identitätswahl	Zutrauen zur eigenen Leistung gg. Arbeitslähmung	Identität gg. Identitätsdiffusion	Sexuelle Identität gg. bisexuelle Diffusion	Führungspolarisierung gg. Autoritätsdiffusion	Ideologische Polarisierung gg. Diffusion der Ideale
VI Frühes Erwachsenenalter					Solidarität gg. soziale Isolierung	Intimität gg. Isolierung		
VII Erwachsenenalter							Generativität gg. Selbst-Absorption	
VIII Reifes Erwachsenenalter								Integrität gg. Lebens-Ekel

Anhand des Krankheitsbildes der Identitätsdiffusion beschreibt Erikson, auf welche Weise die Hauptelemente der Identität nun noch einmal in dieser Phase auf einer neuen Stufe integriert werden müssen bzw. wie eine misslungene Integration aussieht. Die zur frühesten Phase der Herausbildung von Urvertrauen in Beziehung stehende Störung ist die "Zeit-Diffusion", eine Art Misstrauen in die Zeit an sich. Den auf diese Phase regredierten jungen Patienten erscheint jeder Aufschub "[...] als ein Betrug, jedes Wartenmüssen als ein Ohnmachtserlebnis, jede Hoffnung als eine Gefahr, jeder Plan als eine Katastrophe, jeder potentielle Versorger als Verräter" (IuL 180). In seiner normalen, vorübergehenden Form kann dieses Misstrauen jedoch durch neu gewonnene Zukunftsperspektiven überwunden werden, doch dazu scheint der junge Mensch nach Erikson so etwas wie eine Religion bzw. eine Ideologie zu brauchen, die ihm eine vereinfachte Zeitperspektive bietet. Er braucht eine Perspektive, für die sich sein Einsatz lohnt.

Auch für den zweiten Konflikt zwischen Selbstgewissheit und peinlicher Identitätsbewusstheit, einer Neuauflage des Konflikts zwischen Autonomie und Scham und Zweifel im Kleinkindalter, kann eine Ideologie eine wichtige Funktion haben. Unter Ideologie versteht Erikson eine gesellschaftliche Institution, ein System von Idealen, das eine Gesellschaft ihren Jugendlichen in expliziter oder impliziter Form anbietet. Wenn sich der junge Mensch nun in dieser Phase seiner selbst schmerzlich bewusst wird, kann sich seine noch schwache Selbstsicherheit eine Zeit lang hinter einer überbetonten Gruppensicherheit verstecken. Die Gruppenzugehörigkeit bzw. die (Über-)Identifikation mit den Helden von Massen und die damit zusammenhängende Stereotypisierung von Feinden bzw. Gegnern ist ein Versuch, sich selbst zusammenzuhalten. Die Ideologie bietet ihm die Möglichkeit, "sich einer gewissen Uniformität des Auftretens und Handelns anzuschließen, die seiner Befangenheit und Selbstbeobachtung entgegenwirkt" (IuL 187). Auch unterliegt die Unterordnung unter "große Brüder" nicht den Ambivalenzen der Eltern-Kind-Beziehung. Im normalen Fall wächst daher am Ende das Gefühl der Unabhängigkeit von der Familie und damit die Selbstgewissheit.

Die dritte mögliche Belastung des Identitätsgefühls steht im Zusammenhang mit dem Konflikt zwischen freier Initiative und ödipalem Schuldgefühl. Statt mit verschiedenen gesellschaftlich angebotenen Rollen zu experimentieren, kann es sein, dass sich der Jugendliche jeglichen, von der Familie oder der unmittelbaren Umgebung als gut und wünschenswert angebotenen Rollen widersetzt. Stattdessen fixiert er sich auf eine "negative Identität", "d.h. eine Identität, die pervers nach denjenigen Rollen und Identifikationen greift, die [ihm] in kritischen Entwicklungsstadien als höchst unerwünscht und gefährlich und doch bedrohlich naheliegend gezeigt worden waren" (IuL 165f.). Von großer Bedeutung sind hier die unausgesprochenen und doch von den Kindern durchschauten Ängste, Wünsche und Erwartungen der Eltern. Die Flucht in die negative Identität kann einerseits von der Notlage diktiert sein, sich seinen eigenen Platz gegen die übertriebenen Ideale der Eltern erkämpfen zu müssen, oder auch einen verzweifelten Versuch der Rache darstellen. Oftmals ist es einfacher für sie, sich ein Identitätsgefühl aus der Identifikation mit den von der Umwelt als negativ erachteten Rollen zu gewinnen, als darum zu kämpfen, eine von ihr anerkannte Rolle zu finden, die sie mit ihren inneren Reserven nicht erreichen können. Auch hier - so Erikson - könne die Ideologie zu kollektiven Rollen- und Arbeitsexperimenten anregen und dadurch Hemmungen und persönliche Schuldgefühle abbauen helfen.

Als ein weiteres Symptom von Identitätsdiffusion zeigt sich bisweilen eine Arbeitslähmung, die sich entweder in der Unfähigkeit, sich auf irgend etwas zu konzentrieren äußert oder im Gegenteil, dass jemand sich in selbstzerstörerischer Weise ausschließlich mit einer Sache beschäftigt. Vielfach zeigt sich auch eine besondere Abneigung gegenüber jeder wetteifernder Leistung. Die Ursachen hierfür sind in einem im Schulalter negativ gelösten Konflikt zwischen Werksinn und Minderwertigkeitsgefühl zu suchen. In dieser Phase ging es zum ersten Mal darum, dem Kind die Möglichkeit zu geben, an einem realen, nicht nur gespielten Ort in der Gesellschaft Fuß zu fassen. Eine Neuauflage dieses Problems in der Adoleszenz kann für das Individuum bedeuten, dass es sich von dem experimentierenden Spiel- und Arbeitswettkampf ausschließt, durch den es lernen würde, die eigene Leistungsform und Arbeitsidentität zu finden und zu behaupten. Im positiven Fall gewinnt der junge Mensch Zutrauen zur eigenen Leistung und findet am Ende des gewährten Moratoriums mit seinen Begabungen einen Platz in der Gesellschaft.

Ist es dem Jugendlichen nun gelungen, aus den neu aufgelegten Konflikten der Kindheit, den Erschütterungen der Kindheitsidentifikationen und den wachsenden Ansprüchen der Gesellschaft mit einem gestärkten Gefühl der Ich-Identität hervorzugehen, ist er auch in der Lage, den nächsten Konflikt (den ersten des Erwachsenenalters) zwischen Intimität und Isolierung zu bestehen. Auf diesen Konflikt und seinen Vorläufer, den Konflikt zwischen "sexueller Identität und bisexueller Diffusion", soll hier noch eingegangen werden, zum einen weil hier erstmals explizit auf geschlechtliche Identität Bezug genommen wird und zum anderen, weil nach Erikson vielfach erst in dieser Phase die latente Schwäche der Identität des Individuums sichtbar wird.

"Ein wirkliches 'sich Einlassen' auf andere ist das Ergebnis und der Prüfstein der festen Selbst-Abgrenzung." (JuK 172) Nur wer ein sicheres Identitätsgefühl mit sich bringt, fürchtet beim Sich-Einlassen auf andere nicht den Verlust der Identität. Er ist bereit zur Intimität. Er ist fähig, ohne Furcht vor Ich-Verlust Situationen zu begegnen, die Hingabe verlangen. Das Gegenstück zu Intimität ist die Isolierung, die Vermeidung von Kontakten und Erlebnissen der Intimität. Doch nicht nur die Vermeidung von Kontakten kann zu einem Gefühl tiefster Vereinsamung, zu einer gänzlichen Beschäftigung mit sich selbst und zu einem Verlust der Umwelt führen, sondern auch der Versuch, immer wieder mit den unmöglichsten Partnern zu intimen Beziehungen zu kommen. Denn wirkliche Identität ist ohne die Abgrenzung gegenüber gefährdenden Einflüssen nicht denkbar. (Vgl. KuG 258; IuL 157)

Die Unterschiedlichkeit der kulturellen Sitten im Hinblick auf die Differenzierung zwischen männlich und weiblich sowie den Beginn, den Stil und die Verbreitung genitaler Aktivität verschleiert nach Erikson die allgemeine Tatsache, dass ein gesichertes Identitätsgefühl für die Entwicklung psychosozialer Intimität notwendig ist. Unter der von ihm so benannten Gefährdung der bisexuellen Diffusion versteht Erikson im Wesentlichen zwei Fehlentwicklungen, auf der einen Seite den vorzeitigen Abbruch der Identitätsentwicklung durch frühes Einstellen auf Geschlechtsbetätigung ohne Intimität und auf der anderen Seite das Zurückstellen des genitalen Elementes hinter soziale oder intellektuelle Ziele, das zu einer schwachen genitalen Polarisierung mit dem anderen Geschlecht führt (vgl. IuL 186). Hinter dieser Einschätzung Eriksons steht die von Freud übernommene und weiter differenzierte Utopie gelungener Genitalität als Hauptmerkmal einer gesunden Persönlichkeit. Diese Utopie umfasst - mit Eriksons Worten - die "Wechselseitigkeit des Orgasmus mit einem geliebten Partner des andern Geschlechts, mit dem man wechselseitiges Vertrauen teilen will und kann, und mit dem man imstande und willens ist, die Lebenskreise der Arbeit, Zeugung, Erholung in Einklang zu bringen, um der Nachkommenschaft ebenfalls alle Stadien einer befriedigenden Entwicklung zu sichern" (KuG 260).

Auch wenn Erikson die Erfüllung dieser Utopie nicht im großen Maßstab erwartet, so steht sie doch im Hintergrund seiner Entwicklungstheorie. Die große Bedeutung, die Erikson der polaren Genitalität beimisst, zeigt sich auch deutlich in seinen Ausführungen zur Identitätsbildung der Frauen, die sich im Wesentlichen in seinem Artikel "Die Weiblichkeit und der innere Raum" (JuK 274-308) finden und später in seiner eigenen Kritik dazu erneut bestätigt werden (LuhA 233-257).

1.3 Aspekte weiblicher Identitätsbildung

Für Erikson besteht kein Zweifel daran, dass Frauen und Männer mit Beginn des Erwachsenenalters ihre sexuelle Identität gefunden haben müssen. Sexuelle Dispositionen und Unterschiede werden zum Ende der Adoleszenz endgültig polarisiert, "denn sie müssen zum Teil des Gesamtprozesses von Produktion und Fortpflanzung werden, der das Erwachsensein kennzeichnet" (JuK 279). Doch wie lassen sich die Unterschiede zwischen den Geschlechtern über die formale Kennzeichnung der Polarisierung hinaus näherhin beschreiben? Was macht nach Erikson die weibliche Identität im Unterschied zur männlichen aus?

Bei seinen Ausführungen zu diesem Thema bezieht sich Erikson auf Freud und die Psychoanalyse, die seiner Meinung nach korrigiert werden müssen. Seine Kritik setzt insbesondere beim sogenannten genitalen Trauma an, das die Psychoanalyse zum Angelpunkt ihrer Definition von Weiblichkeit macht. Dieses Trauma entwickelt sich demnach bei Mädchen aufgrund der Einsicht in die Tatsache, dass sie keinen Penis besitzen und nie einen haben werden. Als weitere Aspekte dieses Traumas werden beschrieben: der Neid und der Wunsch nach einem Kind als Ersatz, die damit zusammenhängende Hinwendung zum Vater und die Abwendung von der Mutter, die sie um den Penis betrogen hat und selbst betrogen wurde, sowie die spätere Tendenz der Frauen zu passiv-masochistischen Orientierungen. Erikson stellt das Vorhandensein dieser Facetten zwar nicht völlig in Frage, doch hält er sie für überbetont. Er nimmt an, dass die ursprüngliche analytisch-atomistische Methode der Psychoanalyse und die Konzentration auf pathologische, in ihrem Ich fragmentierte Fälle dafür verantwortlich sind, dass aus der Weiblichkeit eine "allgegenwärtige Kompensationsneurose" (JuK 292) gemacht wurde.

Gegen die Betonung des weiblichen Defizits setzt Erikson die Vorstellung vom produktiven, innerleiblichen Raum der Frau. Diese hat seines Erachtens mehr Wirklichkeit als das fehlende äußere Organ. Mit dem inneren Raum beschreibt er die zeugerische Grundform der Frau, den somatischen Grundplan des weiblichen Körpers, der neben der Persönlichkeit und der Geschichte das Leben der einzelnen Frau bestimmt. Dieser Grundplan ist insbesondere durch die Modalität des "In-sich-Aufnehmens" und des Umschließens qualifiziert und deutet auf die Fähigkeiten der Frau hin, aktiv zu umschließen, zu haben und zu halten, aber auch sich festzuklammern und etwas am Zügel zu halten. (Vgl. JuK 299)

Als Belege für die größere Angemessenheit dieser Beschreibung des Weiblichen führt er eine Reihe von Beispielen, Untersuchungen und Überlegungen an. Da sind zunächst seine Beobachtungen von 10 bis 12 Jahre alten Kindern beim Spiel mit Bauklötzen und Figuren. Es zeigte sich - ohne dass das von Anfang an Gegenstand des Interesses war -, dass bestimmte räumliche Strukturen deutlich mehr bei einem Geschlecht auftraten als beim anderen und umgekehrt: "die Mädchen betonen den *inneren*, die Jungen den *äußeren* Raum." (JuK 283, Hervorhebung im Original) In dieser offensichtlichen Entsprechung zwischen der Organisation eines Spiel-Raumes und der Morphologie genitaler Differenzierung sieht Erikson den Hinweis auf einen bedeutsamen Unterschied zwischen den Geschlechtern, der im Erlebnis des Grundplans des menschlichen Körpers besteht. Diesen Unterschied versteht er nicht im Sinne einer Festlegung oder Verurteilung zum jeweiligen männlichen oder weiblichen Modus, wohl aber im Sinne einer Vorliebe oder Prädisposition, die während des ganzen Lebens eine bedeutsame Rolle spielt. (Vgl. JuK 286; LuhA 241)

In der Adoleszenz beispielsweise ist die junge Frau vergleichsweise freier vom Einfluss des inneren Raumes. Das psychosoziale Moratorium gibt auch ihr - je nach gesellschaftlich zugelassenem Rahmen - die Möglichkeit, mit psychosexuellen Rollen zu experimentieren. Das heißt, sie probiert auch eine Vielfalt von möglichen Identifikationen mit dem phallisch-ambulatorischen Mann aus. Dennoch, so Erikson, "bleibt der innere Raum im Mittelpunkt des subjektiven Erlebens" (JuK 296), ja, die Identität der jungen Frau richtet sich im Grunde schon jetzt darauf aus, den Mann anzuziehen, den sie auf Dauer zur "Bewillkommnung durch den inneren Raum" (JuK 297) zulassen möchte. Wenn diese Ausrichtung gelungen ist, tritt die Fraulichkeit ein, findet das Moratorium seinen Abschluss.

Negativ zeigt sich nach Erikson diese Bedeutung des "inneren Raums" in den Krankengeschichten weiblicher Patienten. Wie der innere Raum im weiblichen Erleben Zentrum der potentiellen Erfüllung schlechthin ist, so kann er auch im Zentrum der Verzweiflung stehen:

> Leer zu sein ist die weibliche Form der Verdammung [...] Verlassen zu sein bedeutet für sie, leergelassen zu sein, des Bluts ihres Körpers, der Wärme des Herzens, des Safts des Lebens entleert zu sein [...] Bei jeder Menstruation kann diese Verletzung neu erlebt werden; sie wird zum Schrei gen Himmel in der Trauer über ein Kind und hinterbleibt als dauernde Narbe in der Menopause. (JuK 292)[10]

Des Weiteren versucht Erikson seine Interpretation durch einen Rekurs auf die evolutionären Anfänge der sozialen Organisation zu stützen. Er führt an, dass die Struktur des inneren Raumes sich auch in der Ökologie der Paviane zeigt. Die Weibchen verbleiben mit ihren Jungen im inneren Kreis, den die Männchen schützen. Die morphologischen Züge sind den jeweiligen "sozialen" Aufgaben angepasst. Die biologischen Unterschiede zwischen den Geschlechtern haben eine bedeutsame Funktion innerhalb einer Ökologie. Die Schwäche oder Stärke eines Geschlechts kann daher nicht durch den Vergleich mit dem anderen Geschlecht bestimmt werden, sondern nur auf der Grundlage seiner funktionellen Geeignetheit im gesamten Organismus.

Im weiteren Verlauf seiner Argumentation versucht Erikson, die Bedeutung des inneren Raumes, des somatischen Grundplans der Frau zu relativieren, indem er die somatische Ordnung in ein Gefüge von drei Ordnungen integriert. Der Mensch lebe gleichzeitig in drei Sphären, der somatischen, persönlichen und sozialen. In der Sphäre der Psyche, in der die Ichorganisation lokalisiert ist, werden psychische Mechanismen

---

[10] Eriksons androzentrische Sicht findet hier ihren deutlichsten Ausdruck. Zurecht haben Feministinnen an dieser Auffassung vehement Kritik geübt, die Erikson - wie seine Reaktion darauf in seinem späteren Artikel zeigt (LuHa 242f) - offensichtlich nicht versteht. Das "kann" im letzten Satz hervorzuheben, entschärft nicht die bei ihm zugrundeliegende und hier zum Ausdruck kommende deutlich einseitig männliche Sicht. Auf die Einseitigkeit seiner Darstellung der Identitätsentwicklung wird unter Punkt 2.3 des nächsten Kapitels näher eingegangen.

verwendet, die beiden Geschlechtern gemeinsam sind, und auch in der Sphäre der Polis zeigen Frauen eine weitgehend übereinstimmende Gleichheit der intellektuellen Orientierung und der Fähigkeit zur Arbeit und Führerschaft mit den Männern, dennoch gilt für alle drei Ordnungen: eine Frau ist niemals nicht-eine-Frau.[11] Für die somatische Sphäre hat Erikson eine inhaltliche Qualifizierung des Weiblichen gegeben. Für die anderen Bereiche äußert er die Hoffnung, dass es dort zur Integration und Kultivierung des weiblichen Somas, des "inneren Raumes" und wofür er steht, kommen wird. Von dieser Kultivierung wiederum erwartet er ein kulturelles Gegengewicht zur Herrschaft des Mannes, die auf nationale und technologische Expansion ausgerichtet ist. Vielleicht, wenn die Frauen ihren "tiefsten Anliegen" Einfluss verschaffen könnten, wenn sie mit Entschlossenheit öffentlich das vertreten würden, wofür sie im Privatleben immer schon einstanden ("Realismus im Haushalten, Verantwortung in der Erziehung, Erfindungsgabe im Friedenhalten und Hingabe in der Heilung", JuK 275), könnten sie eine neue politische Ethik beisteuern, die das männliche Streben nach der Herrschaft über den äußeren Raum in die Schranken weist. In einer Zeit der nuklearen Bedrohung und des beschleunigten technologischen Fortschritts fordert Erikson eine Beteiligung der Frauen an der Macht in allen gesellschaftlichen Bereichen um des Überlebens der Menschheit willen.

Kapitel 2: Eriksons Identitätsverständnis aus heutiger Sicht

Inwieweit ist Eriksons Vorstellung von Jugend, Identität und Lebenszyklus heute noch nachvollziehbar? Wo setzt die Kritik an seinem Modell heute an und mit welcher Begründung? An welchen Aspekten seiner Entwicklungstheorie hält man noch fest? Wie sehen Alternativkonzepte aus?

Wendet man sich neueren Veröffentlichungen zur Identitätsfrage heute zu[12], stellt man eine Reihe von fundamentalen Veränderungen fest. Sie betreffen insbesondere die Bedingungen der Möglichkeit von Identitätsbildung, die Bedeutung der Adoleszenz im Hinblick auf die Identität und die Berücksichtigung des Geschlechts in den jeweiligen

---

[11] In seinem späteren Artikel macht Erikson engagiert deutlich, dass dies natürlich ebenso für Männer gilt. Überhaupt geht er in diesem Aufsatz weniger auf die spezifisch weibliche Identitätsentwicklung ein; sein Interesse richtet sich vielmehr auf die Entsprechungen zwischen den Geschlechtscharakteren, auf die "*deals*", die beide Geschlechter miteinander geschlossen haben (vgl. LuhA 251). Dabei verweist er an vielen Stellen - wohl mit Blick auf die feministische Kritik - auf Einschränkungen, auf die eben auch junge Männer, nicht nur junge Frauen treffen.

[12] Vgl. u.a. Barkhaus, A. et al. (Hrsg.) (1996). *Identität Leiblichkeit Normativität: Neue Horizonte anthropologischen Denkens*. Frankfurt/M.: Suhrkamp; Keupp & Höfer 1997. Orth-Peine, H. (1990). *Identitätsbildung im sozialgeschichtlichen Wandel*. Frankfurt/M.: Campus.

Identitätskonzeptionen. Im Folgenden wird der Kritik an Erikson in diesen drei Richtungen nachgegangen. Dabei steht nicht so sehr die Frage im Vordergrund, ob die jeweiligen Kritiker und Kritikerinnen Erikson gerecht werden und ihn richtig verstanden haben oder nicht. Vielmehr geht es darum zu zeigen, wie sich auf der Grundlage von Erikson die Identitätsforschung weiterentwickelt hat. Die Kritik weist auf die aus heutiger Sicht wunden Punkte seines Modells und führt darüber hinaus zu einem angemesseneren Verständnis heutiger Identitätsbildungsprozesse.

Ausgehend von Ulrich Becks und Elisabeth Beck-Gernsheims soziologischer Gegenwartsanalyse wird hier im ersten Abschnitt Heiner Keupps Modell einer "Patchwork-Identität" erläutert. Seine Konzeption wird deshalb etwas ausführlicher dargestellt, weil sie in ihrem Versuch, den gesellschaftlichen Veränderungen und ihrer Bedeutung für die alltägliche Identitätsarbeit Rechnung zu tragen, als repräsentativ betrachtet werden kann. Keupp nimmt gewissermaßen eine vermittelnde Position ein, insofern er zwar am Identitätsbegriff festhält, aber postmoderne identitätskritische Aspekte mit in sein Modell aufnimmt.

Im zweiten Abschnitt wird die Kritik gebündelt, die sich auf die Verknüpfung von Adoleszenz und Identitätsbildung richtet. Wenn schon die "Identitätsbildung" nicht mehr als besondere und alleinige Aufgabe der Adoleszenz betrachtet wird, stellt sich an dieser Stelle die Frage, wie die verschiedenen Autoren die Adoleszenz beschreiben und wie sie das Verhältnis zwischen der Identitätssuche in diesem Alter und später sehen.

Im dritten Abschnitt schließlich kommt die feministische Kritik an Eriksons Modell zu Wort, die sich an einer gewissen Einseitigkeit seines Ansatzes entzündet. Sie verbindet sich z.T. mit postmodernen Strömungen, insofern sich diese ebenfalls gegen zentralisierende, hierarchisierende und vereinheitlichende Sichtweisen wenden. Aus diesem Grunde wird auch erst an dieser Stelle (und nicht schon unter Punkt 2.1, wo es sich inhaltlich auch angeboten hätte) auf postmoderne (feministische) Positionen eingegangen.

2.1 Die Bedeutung des gesellschaftlichen Wandels für die Möglichkeit von Identitätsbildung

Während einerseits nicht zu leugnen ist, dass Erikson als vielseitig interessierter und verschiedene Denkrichtungen integrierender Wissenschaftler und Therapeut kaum eine Facette des Identitätsproblems unterschlagen hat, so besteht andererseits heute Konsens darüber, dass angesichts des dramatischen gesellschaftlichen Wandels in den letzten Jahrzehnten sein Modell die Realität der Identitätsarbeit heute nicht mehr trifft. Die Unterschiede zwischen den einzelnen kritischen Positionen zu Erikson bestehen im

Wesentlichen in der unterschiedlichen Einschätzung des Ausmaßes der gesellschaftlichen Veränderungen. Halten die einen, wie beispielsweise Keupp[13] und Krappmann (1997), an der Möglichkeit und Notwendigkeit einer Identitätsbildung wenn auch in veränderter Form ("Patchworkidentität", "balancierende Identität") fest, so halten andere die Bemühungen um Identität für aussichtslos oder auch für sinnlos. Während die zuerst genannten Autoren zu beschreiben versuchen, wie in der heutigen Zeit Identitätsarbeit aussieht und unter welchen Bedingungen die Chancen der gesellschaftlichen Freisetzungsprozesse genutzt werden können, verabschieden sich die postmodernen Gesellschaftsanalytiker von diesem "Projekt der Moderne"[14]. Sie halten den gesellschaftlichen Verdinglichungsprozess für so total, dass sie in dem modernen "Identitätskult" nur eine ideologische Zwangsgestalt sehen können, von der es Abschied zu nehmen gilt.[15]

Wie lassen sich nun die fundamentalen gesellschaftlichen Veränderungen charakterisieren, die solche zum Teil radikalen Wandlungen im Identitätsverständnis hervorgerufen haben? Viele "Identitätstheoretiker" beziehen sich - wenn auch nicht immer so explizit wie Heiner Keupp (vgl. Keupp 1986, 384) - auf Ulrich Becks soziologische Gegenwartsanalyse, die er u.a. in seinem Buch *Risikogesellschaft*[16] dargestellt hat.[17]

---

[13] Keupp, H. (1989). "Auf der Suche nach der verlorenen Identität." In: Ders. & Bilden, H. (Hrsg.). *Verunsicherungen: Das Subjekt im gesellschaftlichen Wandel*. Göttingen: Hogrefe, 47-69. Keupp, H. (1996). "Bedrohte und befreite Identitäten in der Risikogesellschaft." In: Barkhaus, A. et al. (1996). *Identität Leiblichkeit Normativität: Neue Horizonte anthropologischen Denkens*. Frankfurt/M.: Suhrkamp, 380-403. Keupp, H. (1997). "Diskursarena Identität: Lernprozesse in der Identitätsforschung." In: Ders. & Höfer, R. (Hrsg.). *Identitätsarbeit heute: Klassische und aktuelle Perspektiven der Identitätsforschung*. Frankfurt/M.: Suhrkamp, 11-39.

[14] Nach Habermas ist damit der Versuch gemeint, die Ziele der Aufklärung (Selbstbewusstsein, Selbstbestimmung, Selbstverwirklichung) durchzusetzen (vgl. Nunner-Winkler, G. (1991). "Ende des Individuums oder autonomes Subjekt?" In: Helsper, W. (Hrsg.). *Jugend zwischen Moderne und Postmoderne*. Opladen: Leske u. Budrich, 113-129, hier: 113).

[15] So zunächst und besonders Adorno, Th.W. (1966). *Negative Dialektik*. Frankfurt/M: Suhrkamp. Ebenso Foucault, M. (1988). *Von der Freundschaft*. Berlin: Merve, der aber im Unterschied zu Adorno den Verlust des authentischen Selbst nicht beklagt, sondern feiert. (Vgl. Keupp 1989, 52.)

[16] Beck, U. (1986). *Risikogesellschaft: Auf dem Weg in eine andere Moderne*. Frankfurt/M: Suhrkamp.

[17] Eine gute Zusammenstellung der sog. "Individualisierungsdebatte" findet sich im Sammelband von Beck, U. & Beck-Gernsheim, E. (Hrsg.) (1994). *Riskante Freiheiten: Zur Individualisierung von Lebensformen in der Moderne*. Frankfurt/M.: Suhrkamp.

2.1.1 Individualisierung als Hauptkennzeichen des gesellschaftlichen Umbruchs

Im Übergang von der ständisch-feudalen Agrargesellschaft zur bürgerlichen Industriegesellschaft hat sich ein *"epochaler Gestaltwandel im Verhältnis zwischen Individuum und Gesellschaft"*[18] durchgesetzt.

> Mit der Herausbildung eines komplexen und interdependenten Wirtschaftssystems, einer weitreichenden gesellschaftlichen Infrastruktur, mit der Zunahme von Säkularisierung, Urbanisierung, Mobilität usw. wird der einzelne aus traditionellen Versorgungsbezügen und Glaubenssystemen herausgelöst und in neue, über anonyme Marktgesetze hergestellte Abhängigkeiten eingebunden. (Beck-Gernsheim 1993, 126f.)

Im Blick auf die traditionellen Bezüge gewinnt der Einzelne an Handlungsspielraum und Autonomie. Stand, Geschlecht, Religion und die damit verbundenen Verhaltensregeln haben nicht mehr die Verbindlichkeit wie früher. Der Lebenslauf wird offener und gestaltbarer. Die Kehrseite dieser Freisetzungsprozesse ist der Verlust traditioneller Stabilitäten und Sicherheiten, die mit der Vorgabe von Lebensbahnen ja auch gegeben waren. So bedeuten die Befreiungen nicht nur eine Zunahme der Chancen, sondern auch eine Zunahme der Risiken und Bedrohungen. "Die zunehmende Bindungslosigkeit auf immer mehr Ebenen kann demnach für den einzelnen eine Herausforderung sein - aber auch zur Überforderung werden." (Ebd. 131) Denn die Chancen müssen ergriffen bzw. sie können auch verpasst werden. Es ist der Einzelne, dem nun mehr als je zuvor die Aufgabe auferlegt ist, sein Leben zu gestalten und in die Hand zu nehmen: "In der individualisierten Gesellschaft muß der einzelne [...] bei Strafe seiner permanenten Benachteiligung lernen, sich selbst als Handlungszentrum, als Planungsbüro in bezug auf seinen eigenen Lebenslauf, seine Fähigkeiten, Orientierungen, Partnerschaften usw. zu begreifen." (Beck 1986, 217) Dabei ist der Einzelne nun nicht völlig frei ist in seinen Entscheidungen. Denn tatsächlich führen ihn die neuen Freiheiten in andere Arten von Abhängigkeit. Beispielsweise beeinflussen nun die Anforderungen des Arbeitsmarktes, die Vorgaben des Bildungs- und des Rechtssystems, die Massenmedien, der Konsum oder auch die populärwissenschaftliche Ratgeber-Literatur den Einzelnen auf eine z. T. indirekte, vielfältig vermittelte und unsichtbar scheinende Weise. Der Einzelne wird abhängig von Institutionen, die sich seinem Zugriff vollständig entziehen. Mit der Individualisierung ist also gleichzeitig eine Standardisierung und Institutionalisierung gegeben. (Vgl. Beck 1986, 212)

Im Unterschied zu den traditionellen Abhängigkeiten, in die man hineingeboren wurde (wie z.B. in Stand und Religion) oder die rigoros verordnet wurden, muss man für

---

[18] Beck-Gernsheim, E. (1993). "Individualisierungstheorie: Veränderungen des Lebenslaufs in der Moderne." In: Keupp, H. (Hrsg.). *Zugänge zum Subjekt: Perspektiven einer reflexiven Sozialpsychologie*. Frankfurt/M.. Suhrkamp, 125-146, hier: 126 (Hervorhebung im Original).

die neuen Vorgaben etwas tun, sich aktiv um sie bemühen. Aktive Eigenleistungen der Individuen sind nicht nur erlaubt, sondern gefordert, und zwar ständig und in immer mehr Bereichen. Das Leben verliert seine Selbstverständlichkeit.

> Um es mit Jean-Paul Satre zu sagen: Die Menschen sind zu Individualisierung verdammt. Individualisierung ist ein Zwang, ein paradoxer Zwang allerdings, zur Herstellung, Selbstgestaltung, Selbstinszenierung nicht nur der eigenen Biographie, sondern auch ihrer Einbindungen und Netzwerke, und dies im Wechsel der Präferenzen und Lebensphasen und unter dauernder Abstimmung mit anderen und den Vorgaben von Arbeitsmarkt, Bildungssystem, Wohlfahrtsstaat usw.[19]

Das Leben in der (post-)modernen Gesellschaft kann nicht ausschließlich entweder unter dem Vorzeichen der Autonomie oder der Anomie gesehen werden, sondern typisch sind Mischformen, Widersprüche und Ambivalenzen. Kennzeichnend ist die "Bastelbiographie", die gelingen oder in eine Bruch-Biographie umschlagen kann oder auch in einer Mischform existiert. (Vgl. Beck u. Beck-Gernsheim 1994, 19)

Inwieweit dieses "Doppelgesicht von Individualisierungsprozessen", das auf der einen Seite die Freisetzung aus traditionellen Zwängen und auf der anderen Seite die neu aufkommende Abhängigkeit von Institutionen beinhaltet, sich auf die Einschätzung der Möglichkeit von Identitätsbildung auswirkt und welche Konsequenzen sich daraus für das Identitätskonzept ergeben, soll im Folgenden am Beispiel von Heiner Keupps Modell der "Patchwork-Identität" - immer auch im Rückbezug auf Erikson - erläutert werden.

2.1.2 "Abschied von Erikson: Auf dem Weg zu einer `Patchwork-Identität'" (Heiner Keupp)[20]

Keupps Kritik an Eriksons Identitätsmodell setzt zunächst an dessen Bestimmung des psychosozialen Moratoriums an. Die Beschreibung dieses Freiraums, währenddessen sich der Jugendliche durch freies Experimentieren mit verschiedenen Rollen in irgendeinem Sektor der Gesellschaft einen Platz sucht, der wie einzig für ihn gemacht ist (vgl. Erikson, IuL 137f.), hat nicht nur nie für alle Jugendliche gestimmt, sondern verliert jetzt auch zunehmend "für Sprößlinge bürgerlicher Sozialschichten seine Paßform" (Keupp 1989, 59). Mit Bezug auf den Jugendforscher Martin Baethge stellt Keupp fest, "daß die objektive Basis für den Aufbau einer reifen Identität und das durch sie ermöglichte selbstbewusste Individuum zunehmend erodiert ist" (ebd. 60). Identität im Sinne von

---

[19] Beck, U. & Beck-Gernsheim, E. (1994). "Individualisierung in modernen Gesellschaften: Perspektiven und Kontroversen einer subjektorientierten Soziologie." In: Dies. (Hrsg.).*Riskante Freiheiten: Individualisierung in modernen Gesellschaften.* Frankfurt/M: Suhrkamp, 10-39, hier: 14.

[20] Zitat der Überschrift des III. Kapitels aus Keupp 1989, 59.

Erikson als Akkumulation von inneren Besitzständen, persönlicher Sicherheiten und Klarheiten in der Adoleszenz zu verstehen, auf deren Grundlage eine reifere Erwachsenenidentität möglich wird, kann den veränderten Lebensumständen, denen die Individuen heute gegenüber stehen, nicht mehr gerecht werden. Das Eriksonsche Ideal einer gut integrierten Persönlichkeit verliert an lebbarem Realismus. Vielmehr verlangt das "Erlebnis einer widersprüchlichen und segmentierten Alltagswelt, die sich nicht mehr in einem umfassenden Weltentwurf integrieren läßt [...] eine Haltung, die Widersprüchliches nebeneinander stehen lassen kann und die nicht mehr von einem 'Identitätszwang' beherrscht wird" (ebd. 63). Mit anderen Worten, die gesellschaftliche Realität heute erfordert eine andere als eine ihrer selbst bewusste und in sich hierarchisch geordnete Identität, wie sie Erikson vorschwebte, und sie bringt in der Tat auch andere Persönlichkeiten hervor.

Nach Heiner Keupp hat Identitätsbildung unter den Bedingungen der Gegenwart etwas von einem "*Crazy Quilt*", einem "Fleckerlteppich" mit "verrückten" Farb- und Formkombinationen. Während er in den klassischen Patchworkmustern mit ihrer wiederholenden Gleichförmigkeit und einer durchstrukturierten Harmonie ein Bild für den klassischen Identitätsbegriff sieht, verwendet er die Metapher des *Crazy Quilt* zur Charakterisierung der postmodernen "multiplen Identitäten" und betont dabei den kreativen Aspekt der aus verschiedensten Elementen zusammen gebastelten Biographie.[21] Zu betrauern gibt es nach seiner Ansicht auch nicht den Verlust eines "goldenen Zeitalters", eines "heroischen Subjekts", sondern allenfalls den Verlust "jenes Typus, der sich entsprechend dem klassischen Quilt über seine Geordnetheit und Voraussehbarkeit definiert" (Keupp 1989, 64).

In einem späteren, mehr soziologisch orientierten Artikel verweist Keupp auf die Geschichtlichkeit des Eriksonschen Identitätsmodells. In Eriksons Subjektverständnis komme in klassischer Weise ein Selbst- und Weltverständnis der bürgerlichen Gesellschaft des Westens zum Ausdruck, das Keupp als "Besitzindividualismus" oder als egozentrierten Individualismus bezeichnet. Die Subjekte besitzen "ihre Identität und ihre wesentlichen humanen Eigenschaften getrennt von und vor ihrer Mitgliedschaft in irgendeiner besonderen sozialen und politischen Ordnung"[22]. Doch mit der Krise der

---

[21] An dieser Stelle fällt die Ähnlichkeit zu Begriffen wie "Bastelbiographie" (Beck) oder "balancierende Identität" (Krappmann) auf. Tatsächlich nimmt Keupp auch nicht das Patent für diese Erfindung in Anspruch, sondern verweist in einer Fußnote auf sinnverwandte Varianten der Metapher bei Luckmann, Balbo und Lyotard (vgl. Keupp 1989, 63, Fußnote 3).

[22] MacIntyre, A. (1988). *Whose Justice? Which Rationalitiy?* London: Druckworth, 210. zitiert nach Keupp, H. (1994). "Grundzüge einer reflexiven Sozialpsychologie: Postmoderne Perspektiven." In: Ders. (Hrsg.). *Zugänge zum Subjekt: Perspektiven einer reflexiven Sozialpsychologie.* Frankfurt/M.: Suhrkamp, 226-274, hier: 250.

Moderne wird dieses bislang in der Psychologie und Psychopathologie vorherrschende ego-zentrische Menschenbild zunehmend problematisch. (Vgl. Keupp 1994, 252) Im Anschluss beschreibt Keupp die verschiedenen, darauf bezogenen kritischen Strömungen (z.B. systemtheoretische, feministische, zivilisationsgeschichtliche poststrukturalistische etc.) und die Ansätze ihrer Kritik. Auch er beteiligt sich an dem "Geschäft" der Dekonstruktion von Identitätskonstruktionen, die diesem egozentrischen Subjektverständnis verhaftet sind (vgl. ebd. 254, 267). Doch er nimmt nicht Abschied vom Identitätsbegriff, sondern wendet sich u.a. der Praxis zu (wie z.b. in seinem Längsschnittprojekt zur Identitätsbildung junger Erwachsener) und fragt danach, wie die Chancen des ambivalenten gesellschaftlichen Individualisierungsprozesses bei der alltäglichen Identitätsarbeit genutzt werden können. Ihn interessiert die Frage, "wie Subjekte oder gesellschaftliche Gruppen sich Bedeutungskonstitutionen ihrer sozialen Welt so bilden können, daß sie sich in dieser Welt handlungsfähig fühlen" (ebd. 267). Die Antworten darauf erhofft er sich von einem sozialen Konstruktivismus mit materialistischem Fundament verknüpft mit einer ideologiekritischen Diskursanalyse.

So führen ihn seine empirischen Forschungen wie auch seine theoretischen Überlegungen zur Ermittlung von fünf Voraussetzungen gesellschaftlich-institutioneller wie persönlicher Art, auf deren Basis die Gestaltung einer Patchworkidentität möglich wird. Demnach bedarf es erstens materieller Ressourcen: "Ohne Teilhabe am gesellschaftlichen Lebensprozeß in Form von sinnvoller Tätigkeit und angemessener Bezahlung wird Identitätsbildung zu einem zynischen Schwebezustand, den auch ein 'postmodernes Credo' nicht zu einem Reich der Freiheit aufwerten kann." (Keupp 1997, 19) Mit dem Zugang zu "ökonomischem Kapital" hängt zweitens auch die Entwicklung sozialer Ressourcen zusammen, unter denen Keupp eine "spezifische Beziehungs- und Verknüpfungsfähigkeit" (ebd.) versteht. Seine sozialen Bezüge und Netzwerke muss sich das Individuum heute selbst schaffen und für deren Aufrechterhaltung aktiv sorgen. Untersuchungen haben gezeigt, dass sich Defizite bezüglich dieser geforderten Beziehungsarbeit besonders in sozioökonomisch unterprivilegierten Gruppen finden und umgekehrt: "Je höher der sozioökonomische Status einer Person ist, desto mehr Ressourcen hat sie für die aktive Beziehungsarbeit, desto weiter ist der soziale Möglichkeitsrahmen gespannt, aus dem persönliche Beziehungen realisiert werden können und um so seltener beschränken sie sich auf Verwandtschaft und Nachbarn." (Keupp 1989, 57) Als dritte Kompetenz, die es zu erwerben gilt, weil unsere Gesellschaft keine unverrückbaren allgemein akzeptierten Normen mehr kennt, nennt Keupp die Fähigkeit zum Aushandeln, zu der auch eine gehörige Portion Konfliktfähigkeit gehört. (Vgl. Keupp 1997, 20) Der Zugewinn wie auch die Notwendigkeit individueller Gestaltungskompetenz erfordern viertens vom Einzelnen "die eigenwillige Verknüpfung und Kombination multipler Realitäten" (ebd.) oder mit Robert Musil gesprochen die Entwicklung eines "Möglichkeitssinns". Gemeint sind sinnlich-imaginative oder auch ästhetische Kompetenzen, die Fähigkeit, eigene Ideen zu entwickeln, sich Vorstellungen über das eigenen Leben zu machen und dann auf ihre Umsetzbarkeit hin zu prüfen. Doch um Freude aus dieser Verunsicherung, aus dieser Überwindung von Eindeutigkeit ziehen zu können, bedarf es darüber hinaus der Fähigkeit zur Ambiguitätstoleranz, der Fähigkeit, Brüche aushalten zu können und in und mit Ambivalenzen zu leben. Schließlich haben als fünftes alle genannten Ressourcen und Kompetenzen ein Vertrauen in die Kontinuität des Lebens, also ein Urvertrauen zum Leben und seinen ökologischen Voraussetzungen zur Bedingung. (Vgl. Keupp 1997, 21) Hiermit schließt sich der Kreis hin zu den zuerst genannten materiellen und sozialen Voraussetzungen, die ihrerseits - zwar nicht nur, aber auch - Grundlage solchen Urvertrauens sind.

Schon bei der Aufzählung der Kompetenzen und Ressourcen, die "gelungene" Identitätsmuster heute kennzeichnen, wird deutlich, wie prekär Identitätsarbeit heute ist. In der Tat räumt auch Keupp ein, dass er die "Dramatik gesellschaftlicher und ökonomischer Umbrüche und damit auch deren Konsequenzen für die Identitäten unterschätzt habe" (ebd. 22). Zunehmende Gewalt und Gewaltbereitschaft machen beispielsweise deutlich, wie viele Menschen sich auf diese Weise der anstrengenden, reflexiven Identitätsarbeit entziehen. Auch die Hinwendung vieler Menschen zu verschiedenen Formen von "Biopolitik", die die Identität des Körpers zu einem unverrückbaren Bezugspunkt der persönlichen Identität machen wollen, zeigen, wie sehr Menschen offensichtlich sinngebende Ideen brauchen und wie wenig sie letztlich für ein Leben als "Landstreicher" gerüstet sind.[23]

Das größte Risiko, das im Zuge der Individualisierungsprozesse auf die Menschen zugekommen ist, hängt mit dem Verlust der Selbstverständlichkeit von Anerkennung zusammen. Der Mensch muss heute um seine Anerkennung auf der persönlichen und gesellschaftlichen Ebene kämpfen, er muss sie sich erwerben. Und Anerkennung wiederum hängt eng mit Identität zusammen, ja sie ist gewissermaßen die Voraussetzung von Selbstbewusstsein und Ich-Identität. Charles Taylor beschreibt es so:

> Die These lautet, unsere Identität werde teilweise von der Anerkennung oder Nicht-Anerkennung, oft auch von der Verkennung durch die anderen geprägt, so daß ein Mensch oder eine Gruppe von Menschen wirklichen Schaden nehmen, eine wirkliche Deformation erleiden kann, wenn die Umgebung oder die Gesellschaft ein einschränkendes, herabwürdigendes oder verächtliches Bild ihrer selbst zurückspiegelt. Nichtanerkennung oder Verken-

---

[23] Vgl. hierzu Bauman, Z. (1992). "Soil, blood and identity." *The Sociological Review* 40, 674-701. An dieser Stelle von Keupps Analyse fällt übrigens die Nähe zu Eriksons Überlegungen zur Funktion einer Ideologie auf.

nung kann Leiden verursachen, kann eine Form von Unterdrückung sein, kann den anderen in ein falsches, deformiertes Dasein einschließen.[24]

Im Unterschied zu früher, wo die Anerkennung deshalb nicht zum Problem wurde, weil Identität auf gesellschaftlichen Kategorien beruhte, die niemand anzweifelte, muss die Anerkennung heute auf neue Weisen erworben werden (vgl. Taylor 1993, 24f.) So stellt sich für Kommunitaristen wie A. Honneth die derzeitige Desintegration der sozialen Lebenswelt auch als "ein Prozeß der Zerstörung geschichtlich eingespielter Anerkennungsverhältnisse"[25] dar. Für sie zeigen sich in den Umbrüchen der Gegenwart "die Schwierigkeiten in der Etablierung von solchen Anerkennungsformen, in der neue Formen der individuellen Selbstverwirklichung kommunikativ Halt finden können" (Honneth 1990, 672).[26]

2.2 Identitätsbildung als lebenslange Aufgabe

Wie sehr sich der gesellschaftliche Wandel auf die Identitätsentwicklung und die Konzepte von Identität und Identitätsbildung auswirkt, zeigt sich nicht zuletzt in der Bestimmung und Charakterisierung der Jugend- bzw. der Adoleszenzphase. Zwar gibt es auch bei Erikson schon Hinweise darauf, dass er die Identitätsbildung als eine Aufgabe für das gesamte Leben betrachtet[27], dennoch ordnet er der Adoleszenz - wie weiter oben dargestellt - eindeutig die Identitätskrise zu bzw. sieht er die Identitätsbildung als *die*

---

[24] Taylor, Ch. (1993). *Multikulturalismus und die Politik der Anerkennung*. Frankfurt/M.: Fischer, 13f. Auch bei Erikson spielt die Anerkennung durch andere eine große Rolle (vgl. z.B. IuL 138ff.).

[25] Honneth, A. (1990). "Anerkennung und Differenz: Zum Selbstmißverständnis postmoderner Sozialtheorien." *Initial* 7, 669-674, hier: 672.

[26] Um das Verhältnis von Identitätsarbeit und deren kommunikativen Bedingungen, das in diesem Zitat anklingt und dem in der kommunitaristischen Identitätsdebatte (vgl. z.B. Bialas, W. (1997). "Kommunitarismus und neue Kommunikationsweise: Versuch einer Kontextualisierung neuerer Diskussionen um das Identitätsproblem." In: Keupp, H. & Höfer, R. (Hrsg.). *Identitätsarbeit heute*. Frankfurt/M.: Suhrkamp, 40-65) besondere Aufmerksamkeit gewidmet wird, geht es auch Krappmann in seinem interaktionistischen Identitätsmodell. Da aber trotz unterschiedlicher Begrifflichkeiten und z.T. unterschiedlicher Akzentuierungen die Parallelen zu Keupps Position überwiegen - beispielsweise nimmt auch Krappmann Abschied von dem etwas nostalgisch anmutenden Gesellschaftsbild Eriksons, auch er betont die Bedeutung der Anerkennung respektive der Interaktion mit anderen als Voraussetzung und Folge von Identität, und schließlich hält auch er trotz postmoderner Einwände an der Berechtigung eines Identitätsmodells fest - muss hier seine Identitätskonzeption nicht eigens vorgestellt werden. Stattdessen soll im Folgenden auf die Korrekturen an Eriksons Qualifizierung der Adoleszenz eingegangen werden.

[27] Vgl. IuL 140f.: "Das Ende der Adoleszenz ist also das Stadium einer sichtbaren Identitäts*krise*. Das heißt aber nicht, daß die Identitäts*bildung* mit der Adoleszenz beginne oder ende: sie ist vielmehr eine lebenslange Entwicklung, die für das Individuum und seine Gesellschaft weitgehend unbewußt verläuft." [Hervorhebung im Original]

Entwicklungsaufgabe und *das* Thema der Adoleszenz an. Den Lebenslauf als Epigenese der Identität zu beschreiben, bedeutet nichts anderes, als in ihm einen gradlinigen Prozess zu sehen mit der gefundenen Identität als Ausgangspunkt eines sicheren und kontinuierlichen Fortschreitens.[28]

Gerade diese Auffassung von Identitätsentwicklung wird mit dem Abstand von beinahe fünfzig Jahren problematisch und lässt damit ihre geschichtliche Bedingtheit erkennen. Die Lebensform, an der sich für Erikson entschied, was normal und was pathologisch war, hat einige traditionale Voraussetzungen, wie beispielsweise die Vorstellung, dass Familie und Kindererzeugung die Erfüllung von Sexualität sind, die heute in dieser Pauschalität an Gültigkeit verloren haben. Erikson hat eine bestimmte biographische Entwicklung zur Norm erhoben. "Aber weder psychosoziales Moratorium noch Identitätsdiffusion sind anthropologische Invarianten. Vielmehr [...] entspringen sie den Ambivalenzen einer Normalbiographie, wie sie die moderne Industrie- und Leistungsgesellschaft des Amerika der 50er Jahre verlangte."[29] Stattdessen zeigt sich, dass das, was Erikson als Identitätsdiffusion bezeichnete, heute beinahe zum Normalfall geworden ist. Empirische Befunde von James E. Marcia, der Eriksons Kategorien operationalisiert und weiterentwickelt hat, belegen, dass der Anteil der Jugendlichen im "Status der Identitätsdiffusion" beträchtlich angewachsen ist. Eine wachsende Anzahl von jungen Menschen legt sich nicht mehr auf stabile, verbindliche und verpflichtende - und in diesem Sinn identitätsstiftende - Beziehungen fest.[30] Nach Kraus & Mitzscherlich zieht Marcia daraus nicht den Schluss, dass unsere Gesellschaft pathologischer geworden ist, sondern er differenziert den Diffusionsbegriff. Als "kulturell adaptive Diffusion" bezeichnet Marcia die Form der Diffusion, die aus der Sicht des Individuums sinnvoll ist. Und in der Tat kann es in einer Gesellschaft, die durch Auflösung traditioneller Bezie-

---

[28] Vgl. Schweitzer, F. (1985). *Identität und Erziehung: Was kann der Identitätsbegriff für die Pädagogik leisten?* Weinheim/Basel: Beltz, 49.

[29] Böhme, G. (1996). "Selbstsein und derselbe sein: Über ethische und sozialtheoretische Voraussetzungen von Identität." In: Barkhaus, A. et al. (Hrsg.). *Identität, Leiblichkeit, Normativität.* Frankfurt/M.: Suhrkamp, 322-340, hier: 335. Die Analyse von Eberhard Bolay und Bernhard Trieb (1988) (*Verkehrte Subjektivität: Kritik der individuellen Ich-Identität.* Frankfurt: Campus) geht in eine ähnliche Richtung. Sie kritisieren an Erikson, dass sein Kulturvergleich zwischen indianischer und amerikanisch-weißer Identität ihn nicht zur Erkenntnis radikaler Unterschiede in deren Identitäts- und Vergesellschaftungsformen geführt hat. Stattdessen lege Erikson "in der Kategorie der Adoleszenz einen kulturspezifischen Maßstab an, der anderen Formen der Vergesellschaftung und Sozialisation nicht gerecht werden kann". Auch sie kommen zu dem Schluss: "Die als universell bezeichnete epigenetische Abfolge erweist sich nicht frei von inhaltlichen Präjudizien." (Ebd. 150)

[30] Vgl. Kraus, W. & Mitzscherlich, B. (1997). "Abschied vom Großprojekt: Normative Grundlagen der empirischen Identitätsforschung in der Tradition von James E. Marcia und die Notwendigkeit ihrer Reformulierung." In: Keupp, H. & Höfer, R. (Hrsg.). *Identitätsarbeit heute.* Frankfurt/M.: Suhrkamp, 149-173, hier: 160.

hungen, Umstrukturierungen und Wertewandel gekennzeichnet ist, vernünftig sein, sich nicht verbindlich festzulegen, sondern offenzubleiben, Chancen zwar zu ergreifen, aber andere Optionen nicht aus dem Blick zu verlieren. (Vgl. Kraus & Mitzscherlich 1997, 160ff.)

Marcia und die Identitätsforschung in seinem Gefolge nimmt konsequenterweise dann auch Abschied von einem altersgebundenen Schema menschlicher Identitätsentwicklung sowie einer Stufenfolge der Vervollkommnung im Sinne Eriksons. Identitätsbildung wird heute als ein prinzipiell unabgeschlossener Prozess verstanden. Von einer gelungenen, abschließenden Identitätsbildung möchte niemand mehr reden.[31] Nicht nur aus interaktionistischer Sicht verliert dementsprechend auch die Adoleszenz die ihr von Erikson eingeräumte einzigartige Stellung.[32] Denn prinzipiell ist nach Marcias Konzept der "Identitätszustände" ein Wechsel von einem Identitätszustand in den anderen zu jeder Zeit und darüber hinaus in jedem der unterschiedlichen Lebensbereiche einer Person möglich. Als wesentliche Ergebnisse der Identitätsforschung hält Haußer (1997, 127) zusammenfassend fest:

> Ein und dieselbe Person kann je nach Lebensweltbereich in verschiedenen Identitätszuständen stehen (*Heterogenität und Homogenität*)
>
> Eine Identitätsänderung kann in jedem Lebensalter geschehen (*lebenslange Entwicklung*)
>
> Eine Identitätsänderung kann von einem bestehenden Identitätszustand zu jedem anderen Identitätszustand erfolgen (*Reversibilität und Entwicklungsoffenheit*)
>
> Die Identitätszustände verschiedener Untersuchungsgruppen, zum Beispiel nach beruflicher Laufbahn und nach Geschlecht, hängen mit deren Lebensbedingungen zusammen (*Lebensweltbezug*)
>
> Im Ansteigen des Anteils von Spätadoleszenten mit 'diffuser Identität' über die letzten Jahrzehnte zeigen sich historisch Effekte (*Historizität*)

---

[31] So möchte Gertrud Nunner-Winkler Eriksons Konzept der Identitätskrise aufgrund der historischen Entwicklung um Konzepte der "Wiederholungskrise" und der "Dauerkrise" erweitern. Durch eine Ausweitung von Wahlmöglichkeiten zu einem gegebenen Zeitpunkt sowie durch die Ausweitung der Möglichkeiten zur Revision von Entscheidungen werde sowohl die Herstellung von Konsistenz als auch von Kontinuität im eigenen Lebensentwurf erschwert. So kann Identitätsbildung heute "nur ein Prozeß einer Teilstabilisierung sein, der begleitet ist von mehr oder weniger erfolgreich bearbeiteten Symptomen einer latenten Dauerkrise." (Nunner-Winkler, G. (1987). "Identitätskrise ohne Lösung: Wiederholungskrisen, Dauerkrise." In: Frey, H.-P. & Haußer, K. (Hrsg.). *Identität: Entwicklungen psychologischer und soziologischer Forschung*. Stuttgart: Ferdinand Enke, 165-178, hier: 166.)

[32] Vgl. Kappmann 1997, 83; Kraus & Mitzscherlich 1997, 168; Haußer, K. (1997). "Identitätsentwicklung - vom Phasenuniversalismus zur Erfahrungsverarbeitung." In: Keupp, H. & Höfer, R. (Hrsg.). *Identitätsarbeit heute*. Frankfurt/M.: Suhrkamp, 120-134, hier: 126. Insofern Jugend als Phase der Identitätsbildung verstanden wurde, führt eine Ausweitung des Identitätsbildungsprozesses auf das ganze Leben auch zur "Ausweitung der Jugend" oder im Gegenteil zum Ende der Jugend als eigenständiger Altersphase. (Vgl. Nunner-Winkler 1991, 116)

Was also bleibt für die Adoleszenz? Welche Aufgaben kommen vielleicht erstmals auf Jugendliche zu, und welche Kompetenzen müssen sie erwerben, um der lebenslangen Aufgabe der Identitätsbildung, der Integration von Teilidentitäten gewachsen zu sein? Oder anders ausgedrückt: welche biographisch angeeigneten Ressourcen im Sinne von Identitätsstrategien können ihnen helfen, um den Zerfall der Jugend in Teillaufbahnen mit unterschiedlichen Anforderungen[33] bestehen zu können? Oder gibt es gar einen "postmodernen" Ausweg aus dieser Problematik, insofern auf den Anspruch der Integration verzichtet und die Desintegration als Gewinn von Pluralität verstanden wird?

Sofern sich die hier aufgelisteten Fragen auf die persönlichen und sozialen Ressourcen der Identitätsbildung beziehen, schließt sich der Kreis wieder zu den oben referierten, von Keupp aufgestellten Grundbedingungen für die Identitätsarbeit heute. Auf die Frage, was die Jugendphase in der Gegenwart ausmacht, wird im letzten Kapitel dieses ersten Teils näher eingegangen, während die Auseinandersetzung mit postmodernen Standpunkten zum Teil schon im anschließenden Abschnitt erfolgen soll, in dem der Zusammenhang von Identität und Geschlecht in der Theorie Eriksons kritisch beleuchtet wird.

2.3 Identitätsbildung und Geschlecht

Aus geschlechtsbewusster Perspektive gibt es mehr Kritik als Zustimmung für Eriksons Identitätsmodell. Positiv gewürdigt an seinen Ausführungen zu weiblicher Identitätsbildung wird seine Distanzierung von Freud, insofern er dem negativen Konzept vom Penisneid das positive Bild vom "produktiv innerleiblichen Raum" der Frau entgegensetzt.[34] Doch seine Beschreibung weiblicher Identität mit vornehmlich anatomischen Begriffen stößt auf anhaltende Kritik nicht nur bei Feministinnen, weil er damit - so der Eindruck der Kritiker - die Biologie zum Hauptcharakteristikum weiblicher Identität macht. Tatsächlich fällt auf, dass Erikson die Frauen gesondert und in einem eigenen Artikel erst gegen Ende seines Identitätskonzeptes behandelt. "As a consequence, many

---

[33] Vgl. Helsper, W. (1991). "Das imaginäre Selbst der Adoleszenz: Der Jugendliche zwischen Subjektentfaltung und dem Ende des Selbst." In: Ders. (Hrsg.). *Jugend zwischen Moderne und Postmoderne*. Opladen: Leske und Budrich, 73-94, hier: 78: "Während im Bereich der Bildungslaufbahn Leistung und Selbstkontrolle notwendig sind, ist die Jugendkulturkarriere eher durch hedonistische und emotionale Dimensionen gekennzeichnet. Die bereichsspezifischen Jugendbiographien aber stehen nicht nur in einem Spannungsverhältnis untereinander, sondern durch die Überlagerung der Lebensbereiche entsteht eine bereichsinterne Widersprüchlichkeit."

[34] Vgl. Patterson, S.J. et al. (1992). "The Inner Space and Beyond: Women and Identity." In: Adams, G.R. et al. (eds.). *Adolescent Identity Formation*. Newbury Park: Sage, 9-24.

feminist readers feel that they have been written about as an afterthought, portrayed as deviant rather than normal, biologically driven (far beyond the dictates of male biology) and thus controlled by their biology."[35] Während er Männer in ihren individuellen Unterschieden wahrnimmt und ihre Entwicklung in ihrer Komplexität darstellt - man vergleiche beispielsweise die Modelle, an denen er seine Theorie erläutert (George Bernard Shaw, Sigmund Freud, William James, Martin Luther, Ghandi) -, fasst er Frauen als eine homogene Gruppe zusammen. Zwar reagiert Erikson in seinem späteren Artikel auf diesen Vorwurf (vgl. LuhA 234), doch nicht in der Weise, dass er sich dieser Kritik annimmt und daraus Konsequenzen für sein Identitätskonzept zieht. Vielmehr warnt er mit einer gewissen Polemik die Feministinnen, sich nicht damit zu rächen, dass sie nun ihrerseits die Männer als "jene" auf einen Haufen werfen (ebd.).

Die Hauptkritik an Eriksons Identitätsmodell entzündet sich an dessen einseitiger Ausrichtung an der männlichen Identitätsentwicklung. Nach Carol Gilligan ist diese buchstäbliche "Halbheit" der Theorie typisch für die gesamte traditionelle Entwicklungspsychologie.[36] Bei Erikson zeigt sie sich besonders in seiner Konzentration auf Ablösung und Individuation als Kennzeichen jugendlicher Identität. Identität geht in seinem Entwicklungsschema der Intimität voraus; Identität ist Voraussetzung, nicht aber Ergebnis der Beziehung zu anderen. Dass dieses Nacheinander eher auf die Entwicklung von Männern als auf die von Frauen zutrifft, ist u.a. ein Ergebnis der Forschungen von Gilligan zum Verhältnis von moralischer Entwicklung und Identität. Nach Gilligan definieren Frauen ihrer Identität durch Beziehungen der Intimität und Fürsorge (vgl. Gilligan 1982, 199). In der weiblichen Entwicklung überwiegen Interdependenz, soziale Verbundenheit und Verantwortung ("*care*"). "*Dependency*" hat für Mädchen und Frauen nicht (nur) die negative Konnotation von Ohnmacht wie für die eher auf Autonomie und Trennung bedachten Männer, sondern es bedeutet für sie auch das gegenseitige Aufeinander-Angewiesensein, das Sich-Aufeinander-Verlassen-Können. Während Intimität die transformierende Erfahrung für Männer ist, wenn sich ihre adoleszente Identität in die Generativität reifer Liebe und Arbeit verwandelt, geht es für Frauen an dieser Stelle um Probleme der Wahrheit und der persönlichen Integrität (vgl. ebd. 199ff.).

Ähnliche Unterschiede zwischen der Identitätsentwicklung von Männern und Frauen beschreiben Nancy Chodorow (1985)[37], Dorothy Dinnerstein (1979)[38] und Jessica

---

[35] Archer, S.L. (1992). "A Feminist's Approach to Identity Research." In: Adams, G.R. et al. (eds.). *Adolescent Identity Formation*. Newbury Park: Sage, 25-49, hier: 29.

[36] Vgl. Gilligan, C. (1982). *Die andere Stimme: Lebenskonflikte und Moral der Frau*. München: dtv, 12.

[37] *Das Erbe der Mütter: Psychoanalyse und Soziologie der Geschlechter*. 1978. München: Frauenoffensive.

[38] *Das Arrangement der Geschlechter*. 1976. Stuttgart: Dt. Verlags-Anstalt.

Benjamin (1990)³⁹. Sie sehen in der Arbeitsteilung der Geschlechter, bei der die Mutter weiterhin für die Kleinkindbetreuung verantwortlich ist, den Grund für eine unterschiedlich angelegte Identitätsentwicklung. Während sich der kleine Junge aus der ursprünglichen Symbiose mit der Mutter lösen kann, indem er sich als nicht weiblich erfährt und sich daher leichter abgrenzen kann, erlebt das Mädchen aufgrund der Gleichgeschlechtlichkeit eine weitgehend kontinuierliche Verbundenheit mit ihrem ersten Liebesobjekt - der Mutter -, und bleibt infolgedessen in ihrer Ich-Abgrenzung und ihrem Autonomiestreben eingeschränkt. Diese frühkindlichen Unterschiede beeinflussen im weiteren Verlauf die Identitätsentwicklung von Mädchen und Jungen und führen zu unterschiedlichen Schwergewichten in Beziehungsformen und Selbst-Strukturen.

Eine genauere Darstellung der Unterschiede gemäß den genannten Autorinnen folgt im letzten Kapitel. Entscheidend an dieser Stelle ist, dass die vorgestellten Kritikerinnen deutlich gemacht haben, dass Erikson in seiner Theorie die Erfahrung von Frauen ausgeblendet hat. Zwar lassen seine nachgeschobenen Ausführungen zu weiblicher Identitätsbildung erkennen, dass er von einem unterschiedlichen Verlauf bei Frauen ausgeht - man denke an seine Beschreibung des weiblichen Moratoriums, das er erst zum Abschluss gekommen sieht, wenn der Partner zu Bewillkommnung des inneren Raumes gefunden ist (vgl. oben) -, doch ändert diese Einsicht nichts an seinem Entwicklungsschema menschlicher Identität. Der Entdeckung, dass für Frauen Identität und Intimität eng miteinander verwoben sind, wird nicht Rechnung getragen. In seiner Konzeption bleibt es bei einem Nacheinander von Identität und Intimität. Der männlich Lebenszyklus wird zum Maßstab.

> Aber in diesem männlichen Lebenszyklus gibt es nur wenig Vorbereitung auf die Intimität des ersten Erwachsenenstadiums. Nur das erste Stadium von "Vertrauen versus Mißtrauen" deutet die Art von Gegenseitigkeit an, die Erikson mit Intimität und Generativität meint und die Freud als Genitalität bezeichnet. Alles übrige ist Getrenntsein, mit dem Ergebnis, daß die Entwicklung als solche mit Trennung identifiziert wird und Bindungen als Hindernisse der Entwicklung erscheinen, wie es bei der Beurteilung von Frauen häufig der Fall ist. (Gilligan 1982, 22).

Der Abgetrenntheit des individuellen Selbst wird der Vorzug vor der Verbindung mit anderen gegeben. Reife wird mit persönlicher Autonomie gleichgesetzt. Die konstitutive Bedeutung von Beziehungen für die Identität bleibt unterbelichtet.⁴⁰

---

³⁹ *Die Fesseln der Liebe Psychoanalyse, Feminismus und das Problem der Macht.* Basel: Stroemfeld/Roter Stern.

⁴⁰ Auch Friedrich Schweitzer kritisiert - wohl ebenso im Rekurs auf Gilligan, aber nicht mit feministischer Absicht - die Einseitigkeit des Eriksonschen Identitätsbegriffs, führt diese aber im Unterschied zu Gilligan nicht auf die Ausblendung weiblicher Lebenserfahrung zurück, sondern darauf, dass Erikson seinen Begriff der "Identität" an bestimmten adoleszenten Formen von Selbsterfahrung gewonnen hat. In dieser Erfahrungsnähe der Eriksonschen Auffassung sieht Schweitzer den Grund für die Verkürzung der Perspektive auf Ablösung und Individuation. Zwar seien adoleszente Identitätsbildungsprozesse auf Individualität und Abhängigkeit angelegt, aber nicht nur. Seines Erachtens vollzieht sich hinter dem

Während die einen - wie beispielsweise Gilligan und auch Schweitzer - fordern, dass der Identitätsbegriff bzw. das Entwicklungsverständnis um die darin fehlenden "weiblichen" Komponenten ergänzt wird, sehen andere in diesem Subjektkonzept ein obsolet gewordenes Konstrukt der Moderne. Nach Tamara Musfeld umfasst dieses Konzept drei zentrale Momente, nämlich das Moment der Vereinzelung und Isolierung des Menschen, die Forderung nach Einzigartigkeit und das Moment der Zentralisierung, der hierarchischen Anordnung von Bedeutung, Macht und Herrschaft.[41] Es ist ein Entwurf des bürgerlichen Subjekts, der als Reflex auf die sich verändernden ökonomischen Verhältnisse entstanden ist. "Die eigene Position in der Gesellschaft sollte sich nur über eigene Leistung bestimmen, der Einzelne wurde als autonomes Handlungszentrum gedacht [...] Im Zentrum stand der Geist, die Vernunft, die sich als instrumentelle Vernunft nun die Natur untertan machte." (Musfeld 1992, 128) Genau dieses Verhältnis findet nun seine Entsprechung in der Ordnung der Geschlechterverhältnisse: "Die Frauen bekommen nunmehr die Aufgabe, Natur zu repräsentieren. Sie sind es, die sich vom männlichen *Geist* lenken und beherrschen lassen sollen." (Ebd., Hervorhebung im Original) Als Sinnliches, Irrationales verkörpern die Frauen das Verdrängte und Bedrohliche zugleich.

> Und nur weil ein Geschlecht die Aufgabe hat, Projektionsfläche für die bei sich selbst verleugnete und unterdrückte Sinnlichkeit zu sein, also *das Andere*, kann sich das männliche Geschlecht als *das Eine* entwerfen und denken.
>
> Das männliche Verhältnis zur Welt (mit dem nicht notwendigerweise *die Männer* gemeint sind, es findet sich auch immer häufiger bei Frauen im Sinne einer männlichen Identifizierung) wird also getragen von dem Grundmuster: beherrschen statt miteinander kommunizieren, ausgrenzen und funktionalisieren statt abgrenzen und die Differenz akzeptieren, Hierarchie und Unterwerfung an Stelle einer tatsächlichen Beziehung. (Ebd. 131, Hervorhebung im Original)

Genau diese Konzeption des Subjekts bildet nach Tamara Musfeld u.a. auch die Grundlage des klassischen Identitätskonzepts von Erikson. Zwar beschreibe Erikson Identitätsbildung als krisenhaften Prozess, doch führe die Lösung der Krisen zu einer wieder zentralistischen Anordnung von Subjektivität. (Vgl. ebd. 132)[42]

---

manifesten Ablösungsstreben der Jugendlichen ein Um- und Aufbauen von alten und neuen Beziehungen und Bindungen, die als Voraussetzung auch der Individuation angesehen werden müssen. "Deshalb wäre es berechtigt, die adoleszente Entwicklung nicht - oder wenigstens nicht einseitig - als Identitätsbildung und Individuation zu verstehen, sondern als *gleichzeitige Neugestaltung von Verhältnissen der Abhängigkeit und der Unabhängigkeit*, ohne dass sich dabei nur die eine oder die andere Seite steigern würde." (Hervorhebung im Original) Das Entwicklungsverständnis müsse so erweitert werden, dass es neben Ablösung und Individuation auch Bindung, Zugehörigkeit und Verantwortung mit einschließt. (Vgl. Schweitzer, F. (1985). *Identität und Erziehung*. Weinheim: Beltz, 51 und 69.)

[41] Vgl. Musfeld, T. (1992). "...Ich lebe, also bin ich ... Postmoderne und weibliche Identität." *Psychologie und Gesellschaftskritik* 63/64.16, 125-144, hier: 127.

[42] M.E. erkennt Erikson die Einseitigkeit seines Modells selbst, insofern er von den Frauen, die den "inneren Raum" kultivieren, ein kulturelles Gegengewicht gegen die expansiven, auf Herrschaft ausgerichteten Männer erwartet. Sein Fehler liegt jedoch darin, dass er dennoch an seinem androzentrischen

Die Spezifik der weiblichen Lebenserfahrung wird in diesem Konzept nicht erfasst: "Das weibliche Ich [...] neigt eher dazu, vielfältige Perspektiven aufzunehmen, zu vermitteln, oder als Widersprüche stehen zu lassen, und ist eher in der Gefahr, sich in dieser Vielfalt zu verlieren, als sich selbst als Zentrum zu setzen." (Ebd. 136) Von daher sieht Musfeld in postmodernen Konstrukten von Identität adäquatere Modelle. Denn das theoretische Vorgehen der Postmoderne ist durch eine Offenheit für die Vielfalt verschiedener Haltungen, Denk- und Lebensformen gekennzeichnet. Das hat seine Entsprechung in den Vorstellungen über Identität, die nicht mehr als geschlossene Einheit, sondern als ein bewegliches Gebilde verschiedener Haltungen, Neigungen, Sichtweisen verstanden wird, "die zwar miteinander verkoppelt und verbunden sind, aber keiner hierarchischen Anordnung unterliegen, und durchaus Widersprüche zulassen" (ebd. 140).

Genau in die gleiche Richtung geht die Kritik von Helga Bilden (1989)[43]. Ähnlich wie Musfeld charakterisiert sie "Individuum, Identität usw." als "androzentrische" Konzepte (Bilden 1989, 25), die ungeeignet sind, die vielfältigen Realitäten besonders von Frauen heute adäquat zu beschreiben. Unter Bezugnahme auf Ulrich Becks gesellschaftstheoretischen Ansatz beschreibt Bilden, wie diskontinuierliche, wechselhafte Biographien und immer neue Widersprüche (nicht nur, aber) besonders für Frauen zum Normalen werden:

> In fast jeder weiblichen Biographie ergibt sich heute mehrfach die Notwendigkeit, 'Identität' umzustrukturieren [...] oder zumindest den Schwerpunkt subjektiver Bedeutsamkeit flexibel zu setzen und zu verschieben. Klare Hierarchie und Stabilität sind mit Bezug auf Persönlichkeit und 'Identität' von Frauen heute unangemessene Vorstellungen: die Realität verfehlende und/oder die Lebensbewältigung beeinträchtigend. (Bilden 1989, 33)

Als Alternativkonzept, das weibliche Lebenserfahrung mit aufnimmt, entwickelt Bilden "die Person als dynamisches System vielfältiger Teil-Selbste"[44]. Damit verzichtet sie bewusst auf den Identitätsbegriff, da er ihres Erachtens zu starke Konnotationen von Substanzvorstellungen, besonders von substantiell männlicher bzw. weiblicher Identität und von relativer Statik (Erikson) aufweist (vgl. Bilden 1989, 40). Stattdessen plädiert sie für ein Individuumkonzept, das von einer relativen bzw. dynamischen Autonomie des Selbst ausgeht, also für eine Konzept, das das Wechselspiel von Verbundenheit und Autonomie betont und nicht einseitig Unabhängigkeit und Getrenntheit den Vorrang gibt. "*Subjektive Entwicklung, die nicht auf Dominanz und Unterordnung hinauslaufen soll, erfordert* die schwierige, immer wieder zusammenbrechende Balance von Autono-

---

Identitätsmodell als Norm festhält.

[43] "Geschlechterverhältnis und Individualität im gesellschaftlichen Umbruch." In: Keupp. H. & Bilden, H. (Hrsg.). *Verunsicherungen: Das Subjekt im gesellschaftlichen Wandel*. Göttingen: Hogrefe, 19-46.

[44] Bilden, H. (1997). "Das Individuum - ein dynamisches System vielfältiger Teil-Selbst: Zur Pluralität in Individuum und Gesellschaft." In: Keupp, H. & Höfer, R. (Hrsg.). *Identitätsarbeit heute*. Frankfurt a.M.: Suhrkamp, 227-249.

mie und Verbindung oder - wie Jessica Benjamin (ebd.) sagt - von *Selbstbehauptung und Anerkennung der anderen Person als Subjekt*, das gleich und verschieden von mir ist." (Bilden 1997, 235, Hervorhebung im Original) Als weiteres Charakteristikum ihres Konzepts nennt Bilden die lebenslange Offenheit; das Selbst gibt es nur als Prozess und im Werden, als "Mich-selbst-immer-weider-Zusammensetzen" (ebd. 237). Ebenso gibt es eine Vielfalt der Selbste sowohl im Lauf der Biographie als auch aus verschiedenen Beziehungen bzw. Rollen heraus sowie mögliche und Schatten-Selbste. Die Verbindung zwischen diesen Selbsten stellt sich Bilden variabel und flexibel vor, mal locker, mal fester, kommunizierend und kooperativ. Vorteilhaft an dieser Vorstellung einer lockeren Verbindung ist, dass aus dieser Sicht Störungen in einem Lebensbereich als nicht mehr so fatal angesehen werden müssen. Sie können eher gemeistert oder ausgehalten werden, weil sie nicht mehr die ganze Person treffen. Geblieben von dem "alten" Identitätsmodell sind die Merkmale "Kohärenz" und "Kontinuität", die aber nun in verschiedenen Formen und Graden existieren je nach den Lebensbedingungen, Fähigkeiten und Bedürfnissen der Einzelnen. Wichtigster Unterschied zum alten Modell ist das Fehlen des Identitätszwangs, das ist der mit der Identitätssuche gegebene Zwang, sich einheitlich und eindeutig zu machen. (Vgl. ebd. 245)

> Ich glaube, dass gerade der "Identitätszwang" [...] Menschen leiden macht: das heimliche Gebot, in allen Situationen 'weiblich' oder 'männlich' zu sein, mit sich identisch in allem sozialen und biographischen Wandel, ein-deutig trotz aller gesellschaftlichen Widersprüche. Wenn Individuen jedoch die Verbindung zwischen ihren verschiedenen Selbsten - und das setzt voraus, dass sie über eine Vielfalt von sozialen Beziehungen und damit sozialen Selbsten verfügen - relativ variabel und locker herstellen, gewinnen sie in sozialen Fluktuationen, in Widersprüchen und biographischen Brüchen Beweglichkeit und Entwicklungsmöglichkeiten. (Bilden 1989, 44)

Mit Bezug auf feministisch-psychologische Ansätze und unter Zuhilfenahme systemtheoretischer Vorstellungen hat Helge Bilden ein Modell für Subjektsein entwickelt, das den fortschreitenden gesellschaftlichen Individualisierungsprozessen Rechnung trägt und gleichzeitig der männlich-europäischen Version von Identität etwas entgegensetzt. Sie sieht in der Akzeptanz der eigenen inneren Vielfalt und der Vielzahl von Formen des Individuum-Seins die Voraussetzung, um mit Pluralität in der Gesellschaft leben zu können. Sie verheimlicht nicht den hohen Anspruch, den dieses Konzept an die Subjekte stellt und verweist ebenso wie Heiner Keupp auf die vielen, regressiven, vereinfachenden Antworten auf diese Verunsicherung. (Vgl. Bilden 1997, 248) "Doch wenn wir überleben wollen, müssen wir mit Unbestimmtheit, Offenheit, mit Vielfalt und Widersprüchen in der Realität und in uns selbst leben lernen." (Ebd.)

Wenn im letzten Kapitel dieses ersten Teils nun positiv ausgeführt werden soll, was über weibliche Identitätsbildung heute aus entwicklungspsychologischer und soziologischer Sicht gesagt werden kann, so muss zuvor erläutert werden, wie das Attribut "weiblich" zu verstehen ist. Ist der Ausgangspunkt eine grundsätzliche, biologische Differenz zwischen Frauen und Männern oder wird die Differenz - einschließlich der biologischen

Unterschiede - als ein rein kulturelles Konstrukt verstanden, um nur zwei extreme Positionen in der *Gender*debatte zu nennen. Ein Exkurs darüber ist in dieser Arbeit notwendig, zum einen weil in jeder zitierten empirischen Untersuchung und jeder vorgestellten Theorie implizit eine Grundannahme bezüglich der Kategorie Geschlecht steckt[45] und zum anderen, weil diese Grundannahmen Konsequenzen haben für die Entwicklung einer "*gender*bewussten" Literaturdidaktik. Wenn im letzten Teil dieser Arbeit überlegt wird, wie und mit welchem Ziel "weibliche Identitätsbildungsromane" im Unterricht eingesetzt werden sollen, muss vorher klar gestellt werden, welcher Begriff von "Geschlecht", welcher theoretische Standort den Ausgangspunkt bildet. Aus einer konstruktivistischen Sicht von Geschlecht ergeben sich möglicherweise andere Konsequenzen für den Umgang mit Literatur als aus einer differenztheoretischen Sicht. Entsprechend ist eine theoretische Vorentscheidung nötig, die im nun folgenden Kapitel eingeleitet werden soll.

Kapitel 3: Zur Kategorie "Geschlecht"

Die Entdeckung und Entwicklung der Kategorie "Geschlecht" als einer wissenschaftlichen Analysekategorie ist das Verdienst der Frauenforschung, die sich nach dem Neubeginn der Frauenbewegung Ende der 60er Jahre dieses Jahrhunderts zunächst in den USA und allmählich auch hierzulande etabliert hat bzw. etabliert.[46] Der Ursprung der Frauenforschung in der Frauenbewegung und ihre Bezogenheit darauf macht nicht nur ihre Besonderheit aus, sondern führt auch zu einigen wichtigen Konsequenzen und Erkenntnissen. Da ist zunächst einmal der ungewöhnliche Umstand, dass sich eine Gruppe von Menschen zum Subjekt und Objekt ihrer Forschung macht. Das hatte einerseits die Entdeckung zufolge, dass in vielen bisherigen Gesellschaftstheorien mit universellem Anspruch Frauen und ihre Erfahrungen nicht erfasst sind, ja letztere bisweilen sogar im Widerspruch zur Theorie stehen.[47] Zum anderen wurde mit der

---

[45] Cornelia Helfferich beispielsweise veranschaulicht die Bedeutung der jeweiligen Grundannahme am Beispiel der verschiedenen Erklärungsansätze für jugendliches Konsumverhalten. Je nach theoretischem Standpunkt ist für die einen der Alkoholkonsum bei Frauen "eine Begleiterscheinung weiblicher Emanzipation, die den Zugang zu dem 'männlichen' Konsum eröffnet; für die anderen ist der Konsum Ausdruck der besonderen weiblichen (nicht-emanzipierten) Lebensweise als konsistentem Abhängigkeitsverhältnis." Helfferich, C. (1994). *Jugend, Körper und Geschlecht: Die Suche nach sexueller Identität*. Opladen: Leske & Budrich, 32f.

[46] Vgl. Hof, R. (1995). "Die Entwicklung der *Gender Studies*." In: Bußmann, H. & Hof. R. (Hrsg.). *Genus - zur Geschlechterdifferenz in den Kulturwissenschaften*. Stuttgart: Kröner, 2-33, hier: 3 zur Verzögerung der Institutionalisierung von Frauen- bzw. Geschlechterforschung in Deutschland.

[47] Vgl. beispielsweise die traditionelle historische Epocheneinteilung, die angesichts der Erfahrung von Frauen anders ausfallen müßte; so Hof 1995, 7.

Reflexion auf das Subjekt der Forschung das bis dahin als neutral und ungeschlechtlich erachtete Forscher-Individuum in Frage gestellt. Besonders bei Theorien über die Weiblichkeit kam der Verdacht auf, dass es sich weniger um Deutungen als um Rechtfertigungen des jeweiligen gesellschaftlichen Status Quo handelte.

Demgegenüber ist das Erkenntnisinteresse der Frauenforschung eindeutig. Sie verheimlicht nicht, dass es ihr nicht nur um die Erforschung der gesellschaftlichen Marginalisierung von Frauen und um die Gründe und Mechanismen der sich immer wieder herstellenden Geschlechterhierarchie geht, sondern immer auch um Strategien des Abbaus der Hierarchie, um die Überwindung von Ungerechtigkeit. Das heißt, die ontologische Frage (z.b. wer sind die Frauen im Unterschied zu den Männern?) ist immer auch mit einer handlungspraktischen Frage (z.b. was bedeutet es für die Chancen der Überwindung der Geschlechterhierarchie, wenn man von der Differenz der Geschlechter ausgeht?) verbunden. Dieser Hintergrund ist mit zu bedenken, wenn es im Folgenden darum geht, die Diskussion um Gleichheit und Differenz der Geschlechter und die Einführung und Entwicklung der für die Debatte zentralen Begriffe *sex* und *gender* zusammenfassend zu erläutern.

3.1 Die Diskussion über Gleichheit und Differenz der Geschlechter und die Einführung der Begriffe *sex* und *gender*

In den Anfängen der Frauenforschung war es soziohistorisch wie wissenschaftstheoretisch notwendig zu zeigen, dass es zwei Geschlechter gibt. So kamen nicht nur die verleugnete Geschichte von Frauen, vergessene Autorinnen und die ignorierte Beteiligung von Frauen in Politik und Kultur in den Blick, sondern es trat ebenso die Geschlechtsblindheit so mancher empirischer Forschungen und Theoriekonzepte zutage. Die Differenz der Geschlechter bildete sowohl den Ausgangspunkt der Forschung als auch der Gesellschaftskritik. Im weiteren Verlauf und insbesondere bei dem Versuch aber, das Besondere des Frauseins im Unterschied zum Mannsein zu erfassen und zu beschreiben, zeigte sich jedoch, dass auch die Frauenforschung von einem einseitigen Frauenbegriff ausgegangen war. Besonders von verschiedenen Minoritätengruppen in Amerika traf sie der Vorwurf der "Vereinnahmung durch einen 'white, middle-class feminism'" (Hof 1995, 10). Die Probleme der schwarzen Frauen mit den Männern waren andere als die der weißen; beispielsweise hatte der Protest der weißen Amerikanerinnen gegen das Eingeschlossensein in den "goldenen Käfig" ihres Mittelklasseheims wenig mit ihren Schwierigkeiten zu tun. Verallgemeinert lässt sich also sagen, dass die Differenzen innerhalb der Gruppe der Frauen bislang vernachlässigt worden waren.

Dennoch hat sich mit diesem Vorwurf die Forderung nach der Gleichberechtigung von Männern und Frauen nicht erübrigt. Wohl aber war der gemeinsame Nenner, von dem die Frauenbewegung ihre Kraft und Legitimation erhalten hatte, nämlich von einer gemeinsamen Erfahrung der Frauen auszugehen, ins Wanken geraten. Es kam die Frage in den Blick, welcher Begriff "Frau" denn adäquaterweise die Grundlage des feministischen Denkens und Handelns bilden sollte. Macht es noch Sinn, die Differenz der beiden Geschlechter zu postulieren, oder sollte nicht vielmehr das Denken in binären Oppositionen durch ein Denken in vielfältigen Differenzen ersetzt werden? Dabei läge die Betonung auf dem Plural: es ginge um jegliche Differen*zen* zwischen Individuen, also auch zwischen Frauen, und nicht primär und nur um die Differenz zwischen Mann und Frau. Würde aber ein Denken in Differenzen, das von keiner besonderen Verschiedenheit zwischen Männern und Frauen mehr ausgeht, nicht wieder den gleichen Fehler machen, der bislang der männlich dominierten Wissenschaft vorgeworfen wurde, nämlich den Faktor Geschlecht zu ignorieren? Was könnte zum Ziel führen und den Frauen eher entsprechen, die Forderung nach Gleichheit von Männern und Frauen oder das Beharren auf der Differenz von männlicher und weiblicher Kultur? Bei der Suche nach Antworten auf diese Fragen haben Feministinnen aus jeweils guten Gründen theoretisch wie praktisch unterschiedliche Wege eingeschlagen.

3.1.1 Zweigeschlechtlichkeit als Ausgangspunkt: die Position der "Italienerinnen"

Da sind zum einen die Frauen der Libreria delle donne di Milano, des Mailänder Frauenbuchladens, sowie die Frauen von DIOTIMA, einer Philosophinnengemeinschaft an der Universität von Verona, - im Anschluss an Andrea Günter(1996)[48] kurz die Italienerinnen genannt - , die die Geschlechterdifferenz zum Ausgangspunkt ihres Denkens und Handelns machen. Sie reflektieren die Erfahrung, dass Gleichheitsforderungen faktisch bislang nicht viel an dem Ausschluss von Frauen aus wichtigen gesellschaftlichen Bereichen geändert haben, und vor allem, dass die Forderung nach Gleichheit nur eine Angleichung, eine Anpassung an männliche Maßstäbe bedeutete.[49] Entsprechend fordern sie, "Frauen in Unabhängigkeit von Männern zu betrachten [...] Männer, ihr Denken und ihr Tun gewissermaßen aus dem Vordergrund in den Hintergrund zu verschieben, sie

---

[48] "Differenza sessuale. Eine Einführung in das Denken der Geschlechterdifferenz der Mailänderinnen und von DIOTIMA." dies. *Weibliche Autorität, Freiheit und Geschlechterdifferenz: Bausteine einer feministischen politischen Theorie.* Königstein: Helmer, 12-32, hier: 13.

[49] In ihrer Zusammenfassung dieser Position nennt Martina Ritter (1996). ("Die Freiheit der Frau, zu sein wie der Mann." In: Barkhaus, A. et al. (Hrsg). *Identität, Leiblichkeit, Normativität.* Frankfurt/M.: Suhrkamp, 404-422, hier: 405.) das Beispiel der Koedukation, das zeigt, wie eine Integration von Mädchen in Jungenschulen im Wesentlichen nur zu einer Angleichung an die in Jungenschulen entwickelten, auf die Berufswelt ausgerichteten Bildungsinhalte führte. Die traditionellen Lebenswelten von Frauen oder auch ihre Berufe und Lebenssituationen wurden und werden in dieser "Gleichheitsschule" seither vernachlässigt.

nicht länger zum Maßstab der Welt zu machen" (Günter 1996, 15). Sie entwickeln eine Genealogie der Mütter, d.h. sie sehen den Ursprung und den Ort der Geschlechterdifferenz und Geschlechtszugehörigkeit in der Beziehung zur Mutter. Für sie hat die Beziehung des Sohnes oder der Tochter zur Mutter symbolischen Charakter für alle weiteren Erfahrungen. So wird die Geschlechterdifferenz nicht über den Mann-Frau-Dualismus, sondern über die Beziehung zur Mutter definiert. (Vgl. ebd. 21) Das wiederum gibt auch den Blick frei auf die Verschiedenheit der Frauen untereinander. Denn in der Beziehung zur Mutter haben alle - auch die Frauen - die ersten Erfahrungen von Ungleichheit gemacht, die die Erfahrungen von Ungleichheit in allen weiteren Beziehungen prägen. Die Beziehung zwischen Tochter und Mutter, zwischen einer Frau, die will, und einer Frau, die weiß[50], wird zum Modell für die ungleiche, aber respektvolle Beziehung der Frauen untereinander. So gehört es zu den Grundlagen der Italienerinnen, die Unterschiedlichkeit und Ungleichheit von Frauen wahrzunehmen. Als Ausweg aus dem Dilemma der dichotomen Zuordnung, aus dem Dilemma, dass Frauen sich nur in Abgrenzung zu den Männern verbinden, schlagen sie vor, dass "Frauen sich gegenseitig Wert und Bedeutung verleihen" (Günter 1996, 16). Indem Frauen das immer und überall und in jeder Situation tun, entsteht so etwas wie weibliche Freiheit, die Freiheit der Frauen, "sich nützlich zu machen, anerkannt zu werden, sich Wissen anzueignen, Entscheidungen zu treffen, Urteile zu fällen" (Libreria delle donne di Milano 1989, 134). Während bislang weibliche Freiheit u.a. nur dadurch entstand, dass Frauen sich den Männern anglichen und dabei ihren geschlechtlich gezeichneten Körper verleugneten oder mit der Versklavung ihres Körpers bezahlten, besteht durch den Bezug auf Frauen die Chance, dass Frauen weibliches "Begehren" in die Welt bringen, dass sie von sich selbst ausgehend urteilen und handeln und damit wegkommen von den männlichen Maßstäben.

3.1.2 Zweigeschlechtlichkeit als kulturelle Konstruktion: eine amerikanisch-deutsche Position

Eine völlig andere Denkrichtung haben Philosophinnen, Psychologinnen und Soziologinnen aus dem amerikanisch-englischsprachigen Raum eingeschlagen, die auch in Deutschland rezipiert worden ist. Anstatt die Geschlechterdifferenz zum Ausgangspunkt ihrer Überlegungen zu machen, wird danach gefragt, warum und wie die Annahme, es gäbe zwei und nur zwei Geschlechter, immer wieder unreflektiert übernommen und reifiziert wird. Nicht Gleichheit oder Differenz, sondern die Konstruktion der Zwei-

---

[50] Vgl. Libreria delle donne di Milano (1989). *Wie weibliche Freiheit entsteht: Eine neue politische Praxis*. 2. Aufl. Berlin: Orlando-Frauenverlag, 146.

geschlechtlichkeit selbst steht im Zentrum ihrer Analyse. Wie kommt es dazu, dass im Alltagshandeln immer automatisch von der Zweigeschlechtlichkeit der Menschen ausgegangen wird, und wie wird das sogenannte "'sameness taboo' (Lorber) fortwährend institutionalisiert [...], demzufolge Frauen und Männer zunächst einmal und in allen Belangen verschieden zu sein haben"[51]? Denkerisch vorbereitet wurde diese Frage nach der sozialen Konstruktion der Zweigeschlechtlichkeit durch eine Mitte der 70er Jahre eingeführte Unterscheidung zwischen *sex* und *gender*, die im Deutschen nicht so glücklich mit "biologischem Geschlecht" und "sozialem Geschlecht" wiedergegeben wird.[52]

Die begriffliche Unterscheidung zwischen *sex* und *gender* sollte u.a. kulturanthropologischen Einsichten Rechnung tragen, demnach die Vielfalt der als männlich und weiblich gedeuteten Zuschreibungen nicht mehr durch den Hinweis auf biologische bzw. natürliche Unterschiede zwischen Männern und Frauen erklärt werden konnte. Die unterschiedlichen Geschlechterrollen ließen sich nicht mehr als Ausdruck natürlicher Unterschiede zwischen Männern und Frauen verstehen. Durch die Unterscheidung zwischen einem biologischen, auf Anatomie, Morphologie, Physiologie und Hormonen basierenden Geschlecht (*sex*) und einem jeweils kulturell konstruierten, variablen Geschlechtscharakter (*gender*), der in der jeweiligen Sozialisation erworben wird, wurde es möglich, die Diskriminierung und Unterdrückung von Frauen als Ergebnis der Geschichte und nicht als unvermeidliche Auswirkung natürlicher Unterschiede zu begreifen. Patriarchale Machtverhältnisse konnten so nicht mehr als quasi naturgegeben erscheinen. Die Einführung des Begriffes *gender* lenkte den Blick weg von den vorgegebenen Unterschieden auf die immer wieder neu hergestellte Unterscheidung und auf den Wert, der diesen Unterschieden beigemessen wird.

3.2 Die Kritik an der *sex/gender*-Unterscheidung und ihre Konsequenzen

Seit einigen Jahren wird jedoch die Kritik an dieser vielversprechenden Unterscheidung immer größer. Regine Gildemeister und Angelika Wetterer (1992, 205ff.) weisen auf zwei Aporien, die mit dieser Unterscheidung verbunden sind. Da taucht zum einen immer wieder die Frage auf, wieviel denn nun dem unveränderlichen biologischen Geschlecht zuzuordnen ist und was kulturell konstruiert, also veränderbar ist. Problema-

---

[51] Gildemeister, R.& Wetterer, A. (1992). "Wie Geschlechter gemacht werden: Die soziale Konstruktion der Zweigeschlechtlichkeit und ihre Reifizierung in der Frauenforschung." In: Knapp. G.-A. & Wetterer, A. (Hrsg.). *Traditionen. Brüche: Entwicklungen feministischer Theorie.* Freiburg: Kore, 201-254, hier: 202.

[52] Da die Übersetzung nicht nur nicht glücklich ist (zur Begründung siehe weiter unten), sondern vielfach auch mehr zur Verwirrung führt als zur Klärung beiträgt, bleibe ich im Folgenden bei den englischen Begriffen.

tisch an dieser Frage ist nicht nur, dass sie wohl kaum beantwortbar ist, sondern nach Gildemeister & Wetterer vor allem, dass hier entgegen der kritischen Intention der Frauenforschung biologistische Positionen zum Ausdruck kommen. Zwar hat sich die Grenze, jenseits derer das biologische Geschlecht verortet wird, verschoben, doch grundsätzlich zeigt diese Frage einen nur verlagerten Biologismus an: "[...] die Annahme, dass es jenseits aller kulturellen Prägung eine Natur der Geschlechter gibt, die in allen Kulturen - wie auch immer vermittelt - zum Ausdruck kommt, bleibt in ihrer Grundstruktur unangefochten." (Gildemeister & Wetterer 1992, 296) Des Weiteren hat der Versuch von Judith Butler (1991b)[53], die *sex/gender*-Unterscheidung ernstzunehmen und bis an ihre logischen Grenzen zu treiben, gezeigt, dass diese Unterscheidung mit einer erkenntnistheoretisch nicht ausgewiesenen Prämisse verknüpft ist, nämlich einer stillschweigend angenommenen Parallelisierung von biologischem und sozialem Geschlecht (wie das ja im Deutschen durch die Verwendung des gleichen Begriffs, nämlich 'Geschlecht' für *sex* und *gender*, noch einmal besonders augenfällig ist). Die Möglichkeit, dass sich biologisches und kulturelles Geschlecht nicht entsprechen, ja vielleicht sogar widersprechen, oder dass es mehr als zwei Geschlechtscharaktere (*gender identities*) geben kann, wird nicht ins Auge gefasst. Dabei zeigt sich, dass sich insbesondere die unexplizierte Prämisse, dass es in Natur wie Kultur nur zwei Geschlechter gibt, nicht halten lässt. Ethnologie und Kulturanthropologie haben deutlich gemacht, dass es Kulturen gab, die ein drittes Geschlecht anerkannten, dass also die zweigeschlechtlich gedachte Natur des Menschen nicht immer und überall so wahrgenommen wurde.[54] Des Weiteren ist nach neueren biologischen und endokrinologischen Erkenntnissen das "natürliche" Geschlecht nicht mehr als binär verfasstes, sondern eher als Kontinuum zu verstehen. Die verschiedenen Faktoren, die zur Bestimmung des biologischen Geschlechts herangezogen werden, wie das genetische Geschlecht, das Keimdrüsengeschlecht, das Hormongeschlecht, das morphologische Geschlecht sowie geschlechtstypische Besonderheiten im Gehirn[55], stimmen beim einzelnen Menschen nicht notwen

---

[53] *Das Unbehagen der Geschlechter*. Frankfurt/M.: Suhrkamp, 22ff.

[54] Vgl. Lorber, J. (1994). *Paradoxes of Gender*. New Haven: Yale University Press, 17: "Some societies have three genders - men, women, and *berdaches* or *hijras* or *xaniths*. Berdaches, hijras, and xaniths are biological males who behave, dress, work, and are treated in most respects as social women; they are therefore not men, nor are they female women; they are, in our language, 'male women.'" (Hervorhebung im Original) Es folgt ein weiteres Beispiel zum "gender status called *manly hearted women*" (Hervorhebung im Original). Das Problem, das sich hier zeigt, ist, dass es sprachlich offensichtlich keinen Ausweg aus diesem Dualismus Mann-Frau gibt. Die Frage, die sich wiederum daran anknüpft, ist: Handelt es sich nur um ein linguistisches Problem, oder verweist die Sprache hier nicht vielleicht doch auf eine tieferliegende, grundsätzliche Problematik?

[55] Die hier aufgezählten fünf Kategorien zur Bestimmung des biologischen Geschlechts stammen aus Faulstich-Wieland, Hannelore (1995). *Geschlecht und Erziehung: Grundlagen des pädagogischen Umgangs mit Mädchen und Jungen*. Darmstadt: Wiss. Buchgesellschaft, 71. Gildemeister & Wetterer 1992, 209 sprechen nur von drei Kategorien; wieder andere würden vielleicht nur zwei - nämlich das

dig überein, noch sind sie in ihrer Wirkungsweise unabhängig von der jeweiligen Umwelt. Damit hat sich gezeigt, dass letztlich nicht die Biologie unser Schicksal ist, sondern die Kultur, die hierzulande aus vielen unterschiedlichen Persönlichkeitsfaktoren und -aspekten ein vermeintlich natürliches, binär verfasstes System gemacht hat und weiterhin macht. (Vgl. Butler 1991b, 22)

Was bedeuten nun diese Erkenntnisse für den Umgang mit der Kategorie 'Geschlecht'? Gildemeister & Wetterer sehen die erste Konsequenz darin, von der "Gleichursprünglichkeit" von Natur und Kultur, von *sex* und *gender* auszugehen. Denn erkenntnistheoretisch gibt es keinen unmittelbaren Zugang zur reinen Natur, zum natürlichen, biologischen Geschlecht. De facto kommt es immer nur sozial und kulturell vermittelt vor. Darüber hinaus fordern sie mit Bezug auf Carol Hagemann-White, die sogenannte Null-Hypothese zum Ausgangspunkt zu machen, die besagt, "daß es keine notwendige, naturhaft vorgeschriebene Zweigeschlechtlichkeit gibt, sondern nur verschiedene kulturelle Konstruktionen von Geschlecht"[56]. Statt von einer vorgegebenen Kultur der Zweigeschlechtlichkeit auszugehen und sie mit feministischen Studien immer wieder festzuschreiben, sollte vielmehr verfolgt und aufgeschlüsselt werden, wie die Differenz im Einzelnen immer wieder hergestellt wird. Es könnte gezeigt werden, wie die Annahme, es gäbe natürlicherweise zwei und nur zwei Geschlechter, jede Interaktion leitet und damit selbst zum Herstellungsmodus der Differenz gehört. Aufgabe der Frauenforschung oder besser der Geschlechterforschung heute wäre es ihres Erachtens statt dessen, die Prozesse der Vergeschlechtlichung nachzuzeichnen sowie das Regelsystem zu rekonstruieren, "in dem 'das Weibliche' immer die 'sekundäre Kategorie' darstellt" (Gildemeister & Wetterer 1992, 247).

Die Kritik des binären Klassifikationsverfahrens zum Ziel feministischer Analyse zu machen bzw. die Zweigeschlechtlichkeit als kulturelle Konstruktion zu begreifen, hat wiederum weitreichende Konsequenzen auch für die feministische Politik. Denn Quotenregelungen und Frauenförderpläne erscheinen aus dieser Sicht als Neu-Dramatisierungen der Differenz und sind damit zumindest problematisch. Gildemeister & Wetterer plädieren langfristig für eine Strategie, "deren Ziel die Dekonstruktion der Differenz und nicht bloß deren Enthierarchisierung" ist, räumen aber ein, dass "mittelfristig die Gleichzeitigkeit einander auch widersprechender Zielsetzungen notwendig ist, das Insistieren auf Gleichheit, Differenz und Dekonstruktion" (Gildemeister & Wetterer 1992, 249). Doch ohne die weitreichende Perspektive der Dekonstruktion, ohne das Ziel der "genderless-

---

genetische und die vier anderen zusammenhängenden Kategorien als eine zusammengefasst - nennen. Entscheidend und allen gemeinsam ist jedoch die Erkenntnis, dass aus naturwissenschaftlicher Sicht das biologische Geschlecht nur als Kontinuum adäquat zu beschreiben ist.

[56] Hagemann-White, C. (1988). "Wir werden nicht zweigeschlechtlich geboren..." In: Dies. & Rerrich, M.S. (Hrsg.). *FrauenMännerBilder: Männer und Männlichkeit in der feministischen Diskussion.* Bielefeld: AJZ, 224-234, hier: 230.

ness (Lorber)" (ebd. 250) kann ihres Erachtens letztlich keine Gleichberechtigung für alle erreicht werden. Und nur ein Bewusstsein über das der Frauenforschung und Frauenbewegung gleichermaßen zugrundeliegende Paradox, das darin besteht, dass Frauen als Gruppe auftreten und handeln müssen, um Geschlecht als diskriminierenden Faktor aus der Welt zu schaffen[57], wird schließlich zum Ziel führen. Am Ende soll die Kategorie Geschlecht keine Rolle mehr spielen.

Als eine gewisse Radikalisierung der These von der sozialen Konstruktion der Zweigeschlechtlichkeit nach Hagemann-White und Gildemeister & Wetterer kann der postmoderne feministische Ansatz von Judith Butler verstanden werden. Über die Kritik an der sozialen Konstruktion der Zweigeschlechtlichkeit hinaus betont Butler die soziale Konstruiertheit der *sex/gender*-Unterscheidung. Für sie sind beide, *sex* und *gender*, durch und durch kulturelle Angelegenheiten.[58] In Anlehnung an Simone de Beauvoir beschreibt sie die Geschlechtszugehörigkeit, also *sex* und *gender*, als "eine aufgezwungene kulturelle Option, die sich als natürliche Wahrheit getarnt hat" (Butler 1991a, 75). Die körperliche Differenz zwischen den Geschlechtern betrachtet sie als in Diskursen konstituiert. Entsprechend fordert sie die Aufgabe der Kategorie *sex*.

In der Radikalität dieser Position liegt allerdings eine Problematik, auf die Martina Ritter in ihrer Auseinandersetzung damit hinweist. Sie kritisiert, dass hier "der Phalluszentriertheit unserer Gesellschaft [...] die Auflösung der Körper entgegengesetzt" (Ritter 1996, 410) wird. Auf der Strecke bleibe dabei "die weibliche Potenz des Gebärens als Kern des Unterdrückungsverhältnisses zwischen den Geschlechtern wie auch die Auseinandersetzung des Subjekts mit dem eigenen Körper, der ihn zwar kulturell interpretiert, aber nicht kulturell erzeugt, sondern als etwas Gegebenes gegenübertritt" (ebd.). Anhand der Analyse von Erzählungen, in denen Mädchen ihre Körpererfahrungen in der Adoleszenz, insbesondere ihre Erfahrungen mit ihrer ersten Periode schildern, versucht Ritter zu zeigen, wie nur ein Festhalten an der begrifflichen Kategorie des weiblichen Körpers die Probleme erklären kann, die sich dabei für diese Mädchen ergaben. Diese lagen darin, dass sie durch die Menarche in besonderer Weise mit ihrer Weiblichkeit konfrontiert wurden, oder besser: mit dem, was in unserer Gesellschaft als eine besondere Symbolisierung von Weiblichkeit gilt, und sie das in ihre bislang in der Schwebe gehaltene "geschlechtsneutrale" Identität integrieren mussten.

---

[57] In Anlehnung an die Beschreibung dieses Paradoxes durch Lorber, J. (1991). "Dismantling Noah's Ark." In: Lorber, J. & Farell, S.A. (eds.). *The Social Construction of Gender*. Newbury Park: Sage, 355-369, hier: 355: "It is a paradox of feminist politics that politically women must act as a group in order to defuse gender as discriminative factor."

[58] Vgl. Butler, J. (1991a). "Variationen zum Thema Sex und Geschlecht: Beauvoir, Wittig und Foucault." In: Nunner-Winkler, G. (Hrsg.). *Weibliche Moral: Die Kontroverse um eine geschlechtsspezifische Ethik*. Frankfurt/New York: Campus, 56-76, hier: 64.

Meines Erachtens macht gerade dieses Beispiel deutlich, wie die "Natur" - hier: der eigene Körper - dem Menschen nur als kulturell vermittelt und interpretiert entgegentritt. Ob es darüber hinaus Sinn macht, davon auszugehen, dass die Menarche völlig beliebig auch als etwas Nicht-Weibliches oder gar Männliches oder als etwas völlig Neutrales betrachtet werden kann, wie es Butler durch die Aufgabe der Kategorie *sex* nahelegt, kann dieses Beispiel nicht entscheiden. Es zeigt nur, dass für die Mädchen und die Kultur, in der sie leben, die Menarche zur Zeit (noch?) mit Weiblichkeit verknüpft ist. Entsprechend erscheint es angebracht, nicht zu schnell von Erfahrungen mit dem mir als weiblich oder männlich entgegentretenden Körper abzusehen, sondern gerade da hinzuschauen und zu verstehen versuchen, "wie kulturelle Deutungen konstruiert werden, die die Gebärfähigkeit zum Ausgangspunkt und zur Legitimation von Herrschaftsverhältnissen nehmen" (Ritter 1996, 421). Damit nimmt Martina Ritter im Unterschied zu Judith Butler eine konstruktivistische Position ein:

> Während der Dekonstruktivismus die Illusion nährt, Wirklichkeit ließe sich *ab ovo* neu schöpfen, geht der Konstruktivismus von *Einschränkungen* aus, die die beliebige Konstruktion von Wirklichkeit nicht zulassen. [...] Sowohl unser Körper wie die Reaktionen anderer auf unsere körperliche Existenz markieren Grenzen, an die wir bei unsern Konstruktionen von Wirklichkeit anstoßen.[59]

Ihre Warnung, sich durch die Utopie einer "geschlechtslosen" Gesellschaft (im Sinne einer Gesellschaft, in der das Geschlecht keine diskriminierende Rolle mehr spielt) nicht den Blick auf die Realität verstellen zu lassen, und damit gerade denjenigen in die Hände zu arbeiten, die sich bislang die Verleugnung der Differenz zunutze machen konnten, ist unbedingt ernst zu nehmen.

3.3 Die Positionen und Erkenntnisse der Frauenforschung und ihre Relevanz für die Betrachtung "weiblicher" Identitätsbildung

Die zuvor nur in aller Kürze und keineswegs erschöpfend referierten Positionen und Erkenntnisse aus der Frauen- bzw. Geschlechterforschung können bei der Beschreibung weiblicher Identitätsbildungsprozesse heute und ihrer Thematisierung in modernen Romanen und im englischen Literaturunterricht nicht außer Acht gelassen werden. Da ist zunächst die Warnung der Dekonstruktivistinnen zu berücksichtigen, dass ein Ausgehen von der Differenz - hier: die Annahme einer spezifisch weiblichen Identitätsbildung - dazu führen kann, dass Unterschiede zu allererst in das Geschlechterverhältnis hineingetragen oder wieder betont und reifiziert werden. Sie weisen m.E. zu Recht auf die

---

[59] Herzog, Walter (1999). "Wird die Koedukationsdebatte überleben? Das Geschlecht als kulturelle Ressource." In: Horstkemper, M. & Kraul, M. (Hrsg.). *Koedukation: Erbe und Chancen.* Weinheim: Deutscher Studien Verlag, 136-156, hier: 152., Hervorhebungen im Original.

Gefahr hin, dass positive Beschreibungen dessen, was Weiblichkeit - in diesem Fall weibliche Identitätsbildung - ausmacht, sich dem Verdacht aussetzen, essentialistisch zu sein und geschlechtsspezifische Stereotype erneut zu perpetuieren anstatt sie zu überwinden. Um diesen Fallstricken zu entgehen - denn einen Beitrag zur Überwindung von Geschlechterstereotypen zu leisten ist ja gerade Absicht dieser Arbeit -, ist es wichtig, zwischen kritischer Analyse, normativen Modellen und utopischer Perspektive zu unterscheiden. So geht es bei der Beschreibung weiblicher Identitätsbildung in diesem Teil der Arbeit nicht um die Darstellung eines normativen Modells weiblicher Ich-Entwicklung. Vielmehr wird deutlich gemacht, auf welche unterschiedlichen Bedingungen Jungen und Mädchen heute in unserer "Kultur der Zweigeschlechtlichkeit" treffen und welche unterschiedlichen Erwartungen an sie und die Entwicklung ihrer Identität gestellt werden. Somit geht es um eine kritische Analyse der Gegenwart, um die Rekonstruktion von Identitätsbildungsprozessen bei Jungen und Mädchen heute, die möglicherweise Aufschluss darüber geben kann, an welcher Stelle Veränderungen möglich sind. Was die utopische Perspektive dieser Arbeit angeht, so ist die Vorstellung der Anerkennung einer Vielfalt von Differenzen leitend. Einschränkungen und Grenzen, die bislang durch die Zugehörigkeit zu einem Geschlecht bedingt waren, sollen ausgeweitet und überwunden werden. Am Ende soll das Geschlecht wenigstens keine diskriminierende Rolle mehr spielen. So wie das Geschlecht schon biologisch als Kontinuum bestimmt wird, so könnte es auch sozial als solches gesehen und gelebt werden.

Darüber hinaus lassen sich aus dieser feministischen Position schon einmal einige Schlussfolgerungen für einen *gender*bewussten Literaturunterricht ziehen, die aber im literaturdidaktischen Teil dieser Arbeit noch weiter differenziert und vertieft werden. Zunächst erfordert schon die aufgezeigte Entwicklung des *Gender*-Begriffs in der Frauen- und Geschlechterforschung, dass im Unterricht auf eine sehr differenzierte Verwendung des Begriffs und der Analysekategorie 'Geschlecht' geachtet werden muss. Im Grunde genommen müsste für die Schülerinnen und Schüler dessen Entwicklung nachvollziehbar gemacht werden. In jedem Fall muss ein Ziel (nicht nur) bei der Behandlung von Literatur im Unterricht sein, den SchülerInnen zu vermitteln, dass es sich bei der Geschlechtsidentität einer Person nicht um eine unveränderliche "Naturtatsache" handelt, sondern dass Differenzen und damit verbundene Diskriminierungen und Hierarchisierungen kulturell konstruiert und damit, wenn auch nur langsam, so doch veränderbar sind. Für die Auswahl von Romanen könnte dieses Ziel wiederum bedeuten, dass nach Literatur gesucht wird, die sich zur Dekonstruktion der Differenz eignet, oder bei deren Interpretation die Herstellung der Differenz rekonstruiert werden kann. Insbesondere eine Konfrontation mit Werken, die in anderen kulturellen Kontexten entstanden sind und somit auch andere Frauenbilder vermitteln, könnte helfen, dieses Ziel zu erreichen.

Andererseits sind auch die Ansätze und Überlegungen der Italienerinnen ernstzunehmen. Der Vorzug ihrer Denkrichtung liegt meines Erachtens darin, dass ihr Ausgehen von der geschlechtlichen Differenz es ermöglicht, Differenzen, insbesondere auch körperliche Unterschiede wahrzunehmen. Ihr Ansatz bewahrt vor der - oftmals auch unbewussten - Angleichung an männliche Maßstäbe, an die männlich geprägte Kultur. Durch die Konzentration auf die symbolische Beziehung zur Mutter wird der bislang herrschenden Genealogie der Väter die Autorität entzogen. Vielleicht entwickeln sich dadurch tatsächlich Alternativen zu unserer männlich dominierten Gesellschaft. Für die Anlage dieser Arbeit könnte der Ansatz der Italienerinnen beispielsweise bedeuten, dass es sinnvoll sein kann, Romane zu behandeln, in denen es primär um die Beziehung unter Frauen geht, um Identitätsbildung unter dem Aspekt der Mutter-Tochter-Beziehung zum Beispiel. Jungen und Männer, ihr Denken und Tun, sowie ihre Entwicklung würden somit gewissermaßen aus dem Vordergrund in den Hintergrund verschoben. Nicht die Differenzen zwischen den beiden Geschlechtern, sondern die Unterschiede zwischen den verschiedenen Frauen wären von primärem Interesse. Aber auch schon durch die Auswahl von Romanen, die von Frauen geschrieben wurden und in denen es um die Identitätsbildung eines Mädchens, einer jungen Frau geht, könnte der Forderung der Italienerinnen Rechnung getragen werden, Frauen Anerkennung und Autorität zu verleihen.

Insgesamt scheint es auch für die Anlage dieser Arbeit sinnvoll zu sein, die von Gildemeister & Wetterer (s.o.) vorgeschlagene mittelfristige Strategie zu verfolgen, nämlich gleichzeitig die drei verschiedenen Zielsetzungen des Feminismus - Gleichheit, Differenz und Dekonstruktion - zu vertreten.[60] Je nach Situation muss überlegt werden, welche Strategie sich anbietet, um dem Ziel der Überwindung von Diskriminierung und Geschlechterhierarchie näherzukommen. Fehlt beispielsweise ein Bewusstsein für die bestehende Benachteiligung von Frauen, gilt es, von der Differenz auszugehen, um die unterschiedliche Behandlung und gesellschaftliche Positionierung von Frauen und Männern in den Blick zu bekommen. Die Gleichheit muss betont und die Gleichstellung gefordert werden, wenn aus den Unterschieden unterschiedliche Rechte abgeleitet werden, die den ungerechten Status Quo festschreiben. Schließlich kann die Dekonstruktion von *sex* und *gender* helfen, die kulturelle Bedingtheit jeglicher Geschlechtszugehörigkeit zu erkennen und damit jeder - in verschiedenen (auch feministischen) Denkrichtungen vertretenen - biologistischen Position den Boden zu entziehen. Und wenn die Geschlechtszugehörigkeit nicht mehr als naturnotwendig erscheint und damit

---

[60] Für die gleichzeitige Besetzung aller drei feministischen Positionen sprechen sich ebenso Toril Moi und Gudrun-Axeli Knapp aus. Vgl. Moi, T. (1990). "Feminism and Postmodernism: Recent Feminist Criticism in the United States." In: Lovell, T. (ed.). *British Feminist Thought*. Oxford: Blackwell, 367-376, hier: 369f. sowie Knapp, G.-A. (1992). "Macht und Geschlecht: Neuere Entwicklungen in der feministischen Macht- und Herrschaftsdiskussion." In: Dies. & Wetterer, A. (Hrsg.). *Traditionen. Brüche*. Freiburg: Kore, 287-325, hier: 318ff.

zur Begründung ungleicher Verhältnisse nicht mehr verwendet werden kann, öffnet sich der Blick für Alternativen, können sich Identitäten entwickeln, die jenseits der Geschlechterbilder liegen. Wichtig - und mit Barbara Stiegler (1996)[61] festzuhalten - ist jedoch, dass nicht der zweite Schritt vor dem ersten gemacht werden darf. Jetzt schon Positionen einzunehmen, die die Unbedeutsamkeit der Geschlechterkategorie betonen, hieße, die aktuelle ungleiche Situation zu verkennen. Noch sind wir nicht soweit, dass von der Gleichstellung der Geschlechter geredet werden kann.

Kapitel 4: Bedingungen weiblicher Identitätsbildung in der Adoleszenz heute

Fasst man die Ergebnisse der vorangegangenen drei Kapitel einmal zusammen, so ergibt sich folgendes Bild für die Identitätsbildung in unserer heutigen Zeit.

Durch massive gesellschaftliche Veränderungen, die u.a. mit den Stichworten Modernisierung, Individualisierung und Pluralisierung beschrieben werden können, stellt sich die Identitätsbildung des Individuums heute gänzlich verändert dar. Die Veränderungen betreffen zunächst den Zeitpunkt der Identitätsfindung. Wurde vormals die Identitätsbildung als primäre Aufgabe der Adoleszenz beschrieben, so wird sie heute als Prozess verstanden, der das ganze Leben umfasst. Je nach Lebenssituation und Lebensbereich kann sich die Aufgabe der Identitätsbildung zu jeder Zeit wieder neu stellen; sie ist auf keinen Fall mit der Adoleszenz abgeschlossen. Dem Individuum kommt die anspruchsvolle Aufgabe zu, sich selbst immer wieder zusammenzusetzen (vgl. Bilden 1997, 237), Kohärenz und Kontinuität im eigenen Lebenslauf herzustellen. Viel mehr als in früheren Zeiten, als Lebensläufe noch mehr vorgegeben waren, muss nun das eigene Leben in die Hand genommen, in den verschiedenen Lebensbereichen selbst erarbeitet werden. Um dies leisten zu können, bedarf es einiger institutioneller wie auch persönlicher Kompetenzen und Ressourcen, wie beispielsweise der Teilhabe am gesellschaftlichen Lebensprozess in Form von sinnvoller Tätigkeit und angemessener Bezahlung (vgl. Keupp 1997, 19) oder auch der Fähigkeit zum Aushandeln und zur Ambiguitätstoleranz. Betrachtet man die gesellschaftlichen Bedingungen, unter denen Menschen ihre Identität heute suchen und bilden, aus geschlechtsbewusster Perspektive, stellen sich wichtige - bislang nur in der Kritik an Erikson angedeutete - Unterschiede heraus. Aufgrund der kulturell geprägten Zweigeschlechtlichkeit unserer Gesellschaft ergeben sich für Jungen und Mädchen unterschiedliche Voraussetzungen zur Identitätsbildung, die daher gegen-

---

[61] "Ein anderer Blick auf die Geschlechterfrage: Feministische Theorie und frauenpolitische Praxis." *Die Neue Gesellschaft: Frankfurter Hefte* 11, 1002-1007 hier: 1005f.

wärtig auch noch geschlechtsspezifisch unterschiedliche Entwicklungsverläufe zur Folge haben.

Wie lassen sich diese Unterschiede beschreiben? Was lässt sich über die unterschiedlichen Voraussetzungen und insbesondere über die Vorgaben, auf die Mädchen bei ihrer Identitätsbildung treffen, sagen? Hat es bei aller Destandardisierung von Lebensläufen und der Ausweitung der Identitätsbildung auf das gesamte Leben noch Sinn, ein besonderes Augenmerk auf die Jugendphase zu richten? Was macht diese Lebensphase denn heute noch aus? Mit welchen Themen und Entwicklungsaufgaben werden die Jugendlichen in dieser Phase - in geschlechtsspezifisch unterschiedlicher Weise - erstmals und besonders konfrontiert? Im Folgenden soll auf diese Fragen eingegangen werden. Dabei liegt der Schwerpunkt auf der Beschreibung der Unterschiede, wie sie sich bei der Identitätsentwicklung von Jungen und Mädchen aus soziologischer und psychologischer Perspektive darstellen.

4.1 Zur Abgrenzung des Jugendalters

Im Hinblick auf die Frage nach der Identitätsbildung in der Adoleszenz wurde bislang insbesondere die Unabschließbarkeit dieses Prozesses betont. Dabei richtete sich das Interesse und die Kritik gleichermaßen auf einen angenommenen möglichen Abschluss der Identitätsbildung am Ende dieser Phase. Wendet man sich statt dessen einmal in die andere Richtung und fragt nach dem Anfang, werden weniger Dissenzen sichtbar.

Vielmehr besteht Einigkeit darin, dass die Jugendphase oder die Adoleszenz[62] mit dem Eintreten der Geschlechtsreife, der so genannten Pubertät, beginnt. Gegenüber einem verhältnismäßig kontinuierlichem Wachstum der Körper- und Sinnesfunktionen in der Kindheit kommt es mit der Pubertät "zu einem abrupten Ungleichgewicht in der psycho-physischen Struktur der Persönlichkeit. Der gesamte Körper ist in anatomische, physiologische und hormonale Veränderungen einbezogen, was eine umfassende Anpassung auf körperlichen, seelischen und auch sozialen Ebenen notwendig macht"[63]. Körperliche Veränderungen, genauer: die körperliche Möglichkeit zu genitaler Sexualität, und die damit verbundene Notwendigkeit, sich dazu Personen außerhalb der Familie

---

[62] Nach einer Synopse aus verschiedenen in der Literatur vorfindbaren Einteilungen von Oerter & Dreher 1995, 312 bezeichnet man mit dem "Jugendalter" den Abschnitt vom 11. bis zum vollendeten 17. Lebensjahr und mit "Adoleszenz" die Zeitspanne vom vollendeten 10.-21. Lebensjahr, d.h. "Adoleszenz" wird unspezifischer gebraucht als "Jugend". Da die Abgrenzung gegenüber dem Erwachsenenalter - wie bereits erwähnt - sowieso umstritten ist, aber Übereinstimmung bzgl. des Beginns der Jugend- bzw. Adoleszenzphase besteht, werden in dieser Arbeit die Begriffe Adoleszenz und Jugend synonym verwendet.

[63] Hurrelmann, K. (1994). *Lebensphase Jugend: Eine Einführung in die sozialwissenschaftliche Jugendforschung.* 3., völlig überarb. Auflage. Weinheim: Juventa, 31.

zu suchen (Inzesttabu), bilden den Auslöser für psychische und soziale Prozesse, die für die Adoleszenz kennzeichnend sind.[64] Aus psychoanalytischer Sicht und insbesondere im Anschluss an Anna Freud markieren die sexuelle Reifung und die damit verbundene Intensivierung des Sexualtriebs den Beginn einer notwendigen und universell entwicklungsbedingt turbulenten Periode. In dieser Phase gilt es, in der Auseinandersetzung des Ich mit dem Es und dem Über-Ich neue Formen der Impulskontrolle, neue Abwehrmechanismen zu entwickeln. (Vgl. Oerter & Dreher 1995, 320f.)

Carol Hagemann-White (1992)[65] weist darauf hin, dass die Pubertät bei Mädchen rund zwei Jahre früher beginnt als bei Jungen, und dass auch die Abfolge der Ereignisse bei den Geschlechtern verschieden ist. Während die Pubertät bei Jungen mit der ersten Ejakulation beginnt und somit erlebnismäßig im Zusammenhang mit der eigenen Sexualität steht, bildet bei den Mädchen die Fruchtbarkeit eher den Endpunkt einer vier Jahre dauernden Veränderung des Körpers. Entsprechend verschieden sind auch die Auswirkungen dieser Unterschiede auf die Psychodynamik und die soziale Verortung der Pubertät, auf die weiter unten noch näher eingegangen werden soll.

Über die körperlichen Veränderungen hinaus erreichen die geistigen Fähigkeiten - nach den vorsichtigen Angaben der kognitiven Entwicklungstheoretiker - erst im Jugendalter den Entwicklungsstand, der für eine bewusste Reflexion der eigenen Person nötig ist. Beispielsweise ist nach Jean Piaget die Fähigkeit zur Abstraktion ein Kennzeichen der letzten Entwicklungsstufe, der Phase der formalen Operation, die erst nach Durchschreiten der vorhergehenden drei Phasen und in der Regel erst ab 12 Jahren erreicht werden kann.[66]

Die soziologische Betrachtung der Adoleszenz knüpft bei der psychologischen an, doch führt sie aufgrund der Komplexität der Lebensbereiche in den modernen Industriegesellschaften nicht zu eindeutigen Altersangaben oder Abgrenzungen. Der Übergang vom Status "Kind" in den Status "Jugendlicher" und später in den Status "Erwachsener" untergliedert sich heute vielmehr in Einzelbereiche, die nicht nur eine verschiedenartige soziale Bedeutung erhalten können, sondern auch zeitlich voneinander abweichen. (Vgl. Hurrelmann 1994, 39) Erkennbar beim Übergang vom Status Kindheit in den Status Jugend ist höchstens so etwas wie eine "*schrittweise Erweiterung der Handlungsspielräume* [...], die eine gleichzeitige *Erweiterung der Rollenvielfalt* mit sich bringt" (ebd., Hervorhebung im Original). Beispielsweise setzt der Prozess der Übernahme einer

---

[64] Vgl. Flaake, K. (1990). "Geschlechterverhältnisse, geschlechtsspezifische Identität und Adoleszenz." *Zeitschrift für Sozialisationsforschung und Erziehungssoziologie* 10.1, 2-13, hier: 2.

[65] "Berufsfindung und Lebensperspektive in der weiblichen Adoleszenz." In: Flaake, K. & King, V. (Hrsg.). *Weibliche Adoleszenz: Zur Sozialisation junger Frauen*. Frankfurt: Campus, 64-83, hier: 66ff.

[66] Vgl. Trautner 1991, 184ff. und Deusinger, I.M. (1989). "Jugend - die Suche nach der Identität." In: Markefka, M. & Nave-Herz, R. (Hrsg.). *Handbuch der Familien- und Jugendforschung. Bd 2: Jugendforschung*. Neuwied: Luchterhand, 79-92, hier: 81f., 91.

eigenständigen Rolle im Leistungsbereich bereits zur Mitte der Kindheit beim Eintritt in die Schule ein, während die soziale Ablösung von den Eltern und die Hinwendung zur Gleichaltrigengruppe als Einübung in die spätere Partner- bzw. Familienrolle in unserem Kulturkreis charakteristischerweise im Alter von 12 bis 14 ihren Anfang nimmt. (Vgl. ebd. 41)

Dennoch, während das Kind noch eingebunden in seine Umwelt und in die vorgegebenen Wirklichkeitsdefinitionen lebt, verliert diese Einbettung mit der Jugendphase ihre Selbstverständlichkeit, und der Jugendliche beginnt herauszufinden, was er sein kann und sein möchte, was er tun und glauben will. Mit der lebensgeschichtlichen Phase der Adoleszenz beginnt die Lösung aus familialen Bindungen und der Eintritt in größere soziale Zusammenhänge. Es ist eine Zeit des potentiellen Aufbruchs und Neubeginns. Wie sich Jugendliche neue Perspektiven aneignen können, hängt in stärkerem Maße von gesellschaftlichen Bedingungen ab. (Vgl. Flaake 1990, 11) Identitätssuche geschieht nicht im materialfreien Raum, sondern sie erfolgt in "Abarbeitung von kulturellen 'Vordefinitionen', von kulturellen 'Angeboten'"[67], die die jeweilige Kultur bereithält. An dieser Stelle wird deutlich, wie eng die Themen und Entwicklungsaufgaben, die den Jugendlichen gestellt werden, mit der jeweiligen Verfasstheit der Gesellschaft zusammenhängen und daher auch historischem Wandel unterliegen. Identitätsbildung in der Adoleszenz ist trotz physischer Auslöser keine naturhaft ablaufende Fatalität, kein endogen gesteuerter Prozess. "Er ist vielmehr von der aufwachsenden Person selbst gestaltet, allerdings im Rahmen von sozialen Kontexten, die Hilfen, aber auch Hindernisse repräsentieren können." (Fend 1991, 29f.)

Wie die sozialen Kontexte strukturiert sind, welche Formeln für die Identitätsbildung die Moderne den Jugendlichen in den westlichen Industrienationen heute vorgibt, wird im folgenden Kapitel dargestellt.

4.2 Entwicklungsaufgaben und Lebensbereiche Jugendlicher

Das Konzept der "Entwicklungsaufgaben" wurde von Robert J. Havinghurst[68] und seinen Kollegen in den 40er Jahren an der Universität von Chicago entwickelt. Sie wollten entwicklungspsychologisches Wissen für die Förderung pädagogisch kompetenten Handelns nutzbar machen. Die psychosoziale Entwicklungstheorie von Erikson hatte auf diese Konzeption einen wesentlichen Einfluss. (Vgl. Oerter & Dreher 1995, 326)

---

[67] Fend, H. (1991). *Identitätsentwicklung in der Adoleszenz: Lebensentwürfe, Selbstfindung und Weltaneignung in beruflichen, familiären und politisch-weltanschaulichen Bereichen.* Bern: Huber, 14f.

[68] (1972). *Developmental Tasks and Education.* New York: Mackay.

Unter einer Entwicklungsaufgabe versteht man die psychisch und sozial vorgegebenen Anforderungen und Erwartungen, die an Personen in einem bestimmten Lebensabschnitt gestellt werden.[69] Für die Jugendphase im menschlichen Lebenslauf lassen sich in heutigen Industriegesellschaften die folgenden Entwicklungsaufgaben in vier großen Lebensbereichen benennen:

1. Entwicklung einer intellektuellen und sozialen Kompetenz, um selbstverantwortlich schulischen und anschließend beruflichen Qualifikationen nachzukommen, mit dem Ziel, eine berufliche Erwerbsarbeit aufzunehmen und dadurch die eigene, ökonomische und materielle Basis für die selbstständige Existenz als Erwachsene zu sichern.

2. Entwicklung der eigenen Geschlechtsrolle und des sozialen Bindungsverhaltens zu Gleichaltrigen des eigenen und des anderen Geschlechts, Aufbau einer heterosexuellen Partnerbeziehung, die langfristig die Basis für eine Familiengründung und die Geburt und Erziehung eigener Kinder bilden kann.

3. Entwicklung eigener Handlungsmuster für die Nutzung des Konsumwarenmarktes und des Freizeitmarktes einschließlich der Medien mit dem Ziel, einen eigenen Lebensstil zu entwickeln und zu einem gesteuerten und bedürfnisorientierten Umgang mit den entsprechenden Angeboten zu kommen.

4. Entwicklung eines Werte- und Normsystems und eines ethnischen[70] und politischen Bewusstseins, das mit dem eigenen Verhalten und Handeln in Übereinstimmung steht, so dass die verantwortliche Übernahme von gesellschaftlichen Partizipationsrollen im kulturellen und politischen Raum möglich wird. (Hurrelmann 1994, 33f.)

Zusammenfassend handelt es sich bei diesen Entwicklungsaufgaben um eine Vorbereitung auf die Berufsrolle, auf eine Partner- und Familienrolle, eine Kultur- und Konsumentenrolle sowie eine politische Bürgerrolle.

Helmut Fend, der seine Entwicklungspsychologie der Adoleszenz unter die Leitperspektive der Identität gestellt hat, hat in seiner Längsschnittstudie zur Personwerdung des Menschen beim Übergang von der Kindheit in die Frühadoleszenz die Existenzbewältigung der Jugendlichen in ungefähr den gleichen, obengenannten Bereichen untersucht. Nur spricht er nicht von Entwicklungsaufgaben, sondern in Anlehnung an Buchmann[71] von "Skripts" und versteht darunter vorstrukturierte Pläne oder Wege des Auffindens dessen, was man selber sein könnte und sein sollte. Identitätsentwicklung im Bereich des Berufs heißt zum Beispiel, "*herausfinden, was man können möchte, um so zu einer Selbstdefinition in dem was man kann zu finden. 'Ich bin was ich kann'*, heißt hier die

---

[69] So Hurrelmann 1994, 32ff., der u.a. im Anschluss an Havinghurst dieses Konzept weiterentwickelt hat. Vgl. auch Hurrelmann, K. & Neubauer, G. (1986). "Sozialisationstheoretische Subjektmodelle in der Jugendforschung." In: Heitmeyer, W. (Hrsg.). *Interdisziplinäre Jugendforschung: Fragestellungen, Problemlagen, Neuorientierungen.* Weinheim: Juventa, 109-133, hier: 118f.

[70] Es stellt sich die Frage, ob Hurrelmann hier nicht eher an die Entwicklung eines "ethischen Bewusstseins" denkt und es sich hier möglicherweise um einen Druckfehler handelt. (Vgl. auch Hurrelmann & Neubauer 1986, 119)

[71] Buchmann, M. (1989). *The Script of Life in Modern Society: Entry into Adulthood in a Changing World.* Chicago: Chicago University Press.

treffendste Formulierung des beruflichen Lebensskripts für die eigene Identität." (Fend 1991, 24, Hervorhebung im Original). Einen weiteren Bereich sieht Fend in den gesellschaftlich vorstrukturierten Möglichkeiten der gemeinsamen Lebensgestaltung, der Gestaltung von persönlichen Beziehungen. "Ich bin der, den bestimmte andere lieben, und der bestimmte andere liebt" (ebd. 27) heißt die Formel des Skripts der Gemeinschaft mit einem Lebenspartner. Unglücklicherweise werden die Ergebnisse zu diesem Bereich unter der Überschrift "Selbstfindung im Modus der Geschlechtsrolle" (ebd. 93ff., 316f.) verhandelt, als ob das Geschlecht in der Familien- bzw. Partnerrolle aufginge. Auch wenn in diesem Bereich noch die stärksten Unterschiede zwischen den Geschlechtern zu verzeichnen sind, so ist es m.E. wenig sinnvoll, die Familienrolle mit der Geschlechterrolle gleichzusetzen. Das Geschlecht erschöpft sich keineswegs in der Familienrolle, wie Fend in den näheren Ausführungen zu den anderen Bereichen selbst deutlich macht.[72]

Des Weiteren beschreibt Fend das Skript des Lebensstils und der Freizeitgestaltung mit der Formel "Ich bin was ich mag und wie ich mich in meiner Selbstdarstellung zeige" (ebd. 27). Identitätsentwicklung in diesem Bereich heißt "*herausfinden, wie man sich selber darstellen möchte und sich in dem wiederfinden, was man liebt und gerne tut*" (ebd. 25, Hervorhebung im Original). Über den Bereich der Politik hinaus, in dem es darum geht, "*eine Vision aufzubauen, wie man die Welt gerne gestaltet hätte*, wie man sie sich wünscht und in welcher Weise man in ihr mitwirken will" (ebd. 25f., Hervorhebung im Original), nimmt Fend noch einen weiteren Bereich hinzu, der in der klassischen Jugendpsychologie noch als ein Charakteristikum der Jugendphase galt. Es handelt sich hierbei um den Bereich der Religion, um Skripte des "Ganzen", um Möglichkeiten, sich selber und dem eigenen Leben einen letzten Sinn zu geben, sich selber in ein größeres Ganzes einzuordnen. Fends Untersuchungen haben ergeben, dass dieser Bereich der Enkulturation heute noch für bestimmte Gruppen von Jugendlichen - insbesondere für Mädchen in ländlichen Gymnasien - ein wichtiges Medium der Selbstfindung ist (ebd. 319).

Insgesamt besteht der Prozess der Selbstfindung, die Thematik der Identitätsentwicklung nach Fend in der Kombination all dieser Lebensbereiche zu einem "Projektentwurf des eigenen Lebens" (ebd. 22), der in der Adoleszenz beginnt, Konturen anzunehmen.

---

[72] Eine ähnliche Kritik richtet Helfferich 1994, 188f. auf die ihres Erachtens rein formale Bestimmung der Entwicklungsaufgabe "Übernahme einer Geschlechtsrolle" nach Hurrelmann u.a.: "Es wird mit dem Modell unterstellt, daß sich der Aspekt der Geschlechtsrolle isolieren läßt, d.h. umgekehrt: daß man sich den anderen Entwicklungsaufgaben zuwenden könnte unter Absehung vom Geschlecht." Tatsächlich hält Hurrelmann in seiner 3. völlig neu bearbeiteten Auflage seiner *Lebensphase Jugend* an der gleichen Formulierung fest, auf die sich Helfferich hier bezieht. Jedoch stehen die näheren Ausführungen zu diesem Lebensbereich dann unter dem Titel "Familie und Partnerschaft", und auch in der Behandlung der anderen Lebensbereiche sind geschlechtsspezifische Aspekte mit einbezogen. Damit ist Helfferich insofern recht zu geben, als dass die Formulierung "Entwicklung der eigenen Geschlechtsrolle" (s.o.) tatsächlich unsinnig ist, da sie mit dem, was Hurrelmann dazu ausführt, nicht bzw. nur teilweise übereinstimmt.

Die Untersuchung der Identitätsentwicklung in den verschiedenen Definitionsräumen ist nur ein Mittel, um den schwierigen Prozess der Syntheseleistung, der Herstellung einer Ganzheit in vereinfachter Form analysieren zu können. Fends Beschreibung der Identitätsentwicklung in den verschiedenen Lebensbereichen hat gegenüber der Darstellung der Entwicklungsaufgaben nach Hurrelmann den Vorteil, dass sie explizit an die Tradition der geisteswissenschaftlichen Entwicklungspsychologie anknüpft. Durch die Rückbindung der Entwicklungspsychologie des Jugendalters an schulisch relevante Bildungstheorien will Fend die pädagogische Aufgabe bewahren helfen, die Gestaltungsmöglichkeiten und Gestaltungsbedürftigkeiten der Identitätsentwicklung in Bildungsprozessen zu sehen und zu bedenken. Genau um diese Verbindung im Hinblick auf die Perspektive des Geschlechts geht es auch in dieser Arbeit.

Abschließend sollen noch die identitätsrelevanten Kernbereiche benannt werden, die in den Interviews der engeren Identitätsforschung von J.E. Marcia, A.S. Waterman u.a. im Anschluss an Erikson eine Rolle spielen. Zum einen zeigt sich, dass die in Interviews abgefragten Themen im Großen und Ganzen mit den Entwicklungsbereichen nach Havinghurst und Hurrelmann oder den Skripts nach Buchmann und Fend übereinstimmen. Zum anderen lässt sich an der Entwicklung der zunächst von Marcia 1964 entworfenen "Ego Identity Interviews" gut erkennen, wie die Abkehr von der schon in Eriksons Entwurf angelegten Einseitigkeit bezüglich des Geschlechts zu einer Ausweitung und Differenzierung der identitätsrelevanten Aspekte führt und auf diese Weise ein angemesseneres Verständnis der Identitätszustände von Mädchen und Jungen in der Adoleszenz möglich wird.

Ursprünglich wurden die Interviews von Marcia nur mit männlichen College Studenten geführt, und sie richteten sich thematisch auf die Bereiche Beruf, Religion und Politik. Als Marcia auch mit Frauen zu arbeiten begann, ergänzte er seine Interviews um Fragen zum Bereich "Vereinbarkeit von Familie und Beruf" ("family and career conflicts") und um Fragen nach ihren Einstellungen zu vorehelichem Geschlechtsverkehr ("attitudes towards premarital intercourse").[73] Die heutigen Interviews sind für beide Geschlechter die gleichen und umfassen die Kernbereiche ("core domains"): "vocational choices, religious beliefs, political ideology, gender-role attitudes und beliefs about sexual expression". (Watermann 1993, 157) Im Bereich "vocational choices" beziehen sich die Fragen an die Jugendlichen nicht nur auf ihre Wünsche für die Erwerbsarbeit, sondern es geht auch um ihre Vorstellungen hinsichtlich der Übernahme von ehrenamtlichen Tätigkeiten wie auch von Erziehungsarbeit. Im Bereich der religiösen Überzeugungen wird die ganze Bandbreite weltanschaulicher Einstellungen abgefragt, also auch

---

[73] Vgl. Waterman, A.S. (1993). "Overview of the Identity Status Scoring Criteria." In: Marcia, J.E. et al. (eds.). *Ego Identity: A Handbook for Psychosocial Research*. New York: Springer, 156-176.

ethische und soziale Positionen. Im politischen Bereich geht es um das Verhältnis zwischen dem Einzelnen und der Gesellschaft. Die zwei letzten Fragefelder trennen zwischen dem Bereich der Geschlechterrolle, in dem untersucht wird, was es bedeutet, männlich oder weiblich zu sein, und dem der sexuellen Orientierungen, wo es auch um die Rolle geht, die die Sexualität im Leben der oder des Einzelnen spielen soll. Dass die Fragen zum Lebensstil bzw. zur Freizeitgestaltung ("leisure-time activities"), zur Partner- bzw. Familienrolle ("role of spouse, role of parent") und zu Konflikten zwischen Familie und Beruf ("priorities assigned to family and career goals") nur zu den ergänzenden Bereichen ("supplemental domains"), also nicht zum Kern der Interviews gehören, spiegelt die Anknüpfung an Erikson wieder, der die zuletzt genannten Bereiche einer späteren Stufe, nämlich der der Intimität oder auch der Generativität zuordnet. Dass bei den von S.L. Archer u.a. präsentierten Ergebnissen zu den Identitätszuständen in der frühen, mittleren und späten Adoleszenz doch die Bereiche "Vocational Choice, Religious Beliefs, Family and Career Priorities" abgefragt wurden, hat die Erkenntnis zur Voraussetzung, dass intimitäts- und identitätsrelevante Bereiche nicht nur für Frauen immer weniger zu trennen sind.[74]

Auf die Entwicklung und die Ergebnisse dieser Forschungen wird im folgenden Kapitel u.a. noch eingegangen werden, wenn es darum geht, die Unterschiede zwischen den Geschlechtern im Hinblick auf die Voraussetzungen und den Verlauf der Identitätsentwicklung herauszustellen.

4.3 Geschlechtsspezifische Unterschiede im Hinblick auf die Voraussetzungen und den Verlauf der Identitätsentwicklung Jugendlicher

Aus meinem Plädoyer für eine kritische Analyse in Kapitel 3.3 folgt, dass die sich nun anschließende Beschreibung der unterschiedlichen Bedingungen und Vorgaben für die Identitätsentwicklung Jugendlicher nicht im Sinne eines normativen Modells misszuverstehen ist. Weder ist der Jugendliche der Umwelt schutzlos ausgeliefert, noch sind die geschlechtsspezifischen Anforderungen naturhaft und notwendigerweise so, wie sie sind. Vielmehr entwickeln Jugendliche ihre Identität aktiv und produktiv in der Auseinandersetzung mit anderen, mit der Gesellschaft.[75] Der gesellschaftliche Kontext bildet

---

[74] Vgl. Archer, S.L. (1993). "Identity Status in Early and Middle Adolescents: Scoring Criteria." In: Marcia, J.E. et al. (eds.). *Ego Identity: A Handbook for Psychosocial Research*. New York: Springer, 177-204; Marcia, J.E. & Archer, S.L. (1993). "Identity Status in Late Adolescents: Scoring Criteria." In: Marcia, J.E. et al. (eds.). *Ego Identity: A Handbook for Psychosocial Research*. Eds. J.E. Marcia et al. New York: Springer, 205-240.

[75] Die bei dieser Formulierung zu hörenden Anklänge an die von Hurrelmann entwickelte Vorstellung vom "realitätsverarbeitenden Subjekt" (Hurrelmann, K. (1983). "Das Modell des produktiv realitätsver-

den Rahmen, in dem Menschen ihre Identität bilden. Dieser Kontext ist - bislang noch - geschlechtsspezifisch geprägt: Wir leben in einer Kultur der Zweigeschlechtlichkeit, in der die Zuordnung zu dem einen oder anderen Geschlecht unverzichtbar ist und Auswirkungen hat auf alle Bereiche. Für die Jugendlichen bedeutet das, dass sie mit unterschiedlichen Erwartungen und Anforderungen je nach Geschlecht konfrontiert und ihnen auch unterschiedliche Lösungen der Entwicklungsaufgaben nahegelegt werden. Dabei können diese Erwartungen zusätzlich auch noch hinsichtlich der sozialen Schicht oder - in multikulturelleren Gesellschaften als der bundesdeutschen noch einmal deutlicher - hinsichtlich der Ethnie verschieden sein. Das heißt, geschlechtsspezifische Anforderungen können durch andere Faktoren verstärkt, konterkariert oder korrigiert werden. Diese Differenzierungen sind mit zu bedenken, wenn im Folgenden der Fokus auf einige spezifische Entwicklungsaufgaben und Besonderheiten der Identitätsentwicklung von Frauen gelegt wird. Auch hier werden analytisch Bereiche und Themen getrennt, die zusammengehören und sich gegenseitig bedingen.

4.3.1 Die Vereinbarkeit von Familie und Beruf als spezifisch weibliche Entwicklungsaufgabe

Wie weiter oben ausgeführt, beziehen sich zwei von vier bzw. fünf Entwicklungsaufgaben auf die Lebensbereiche Beruf und Familie. Mädchen wie Jungen müssen in der Adoleszenz berufliche wie familienbezogene Perspektiven entwickeln. Doch eine solche Formulierung täuscht über die darin verborgenen Unterschiede hinweg. Denn die Aufgabenstellung für die Bereiche Familie und Beruf und insbesondere für deren Verknüpfung im Lebensentwurf der Einzelnen lautet nicht nur jeweils anders für Mädchen und Jungen, sondern führt entsprechend auch zu geschlechtsspezifisch unterschiedlichen Lösungen.

Die Tatsache, dass in den ursprünglichen "Ego Identity Interviews" von Marcia bei Fragen an die Männer der familiäre Bereich keine Rolle spielte, weist schon auf die historische Entwicklung hin: Bis in die sechziger Jahre hinein galt die geschlechtliche Arbeitsteilung - wenn auch nicht für alle Schichten - als Norm. Der Mann ist für die Erwerbsarbeit "im feindlichen Leben" zuständig, die Frau "waltet drinnen züchtig" im Haushalt. Heute gilt diese Norm insofern nicht mehr, als dass die Vorbereitung auf die

---

arbeitenden Subjekts in der Sozialforschung: Anmerkungen zu neueren theoretischen und methodologischen Konzeptionen." *Zeitschrift für Sozialisationsforschung und Erziehungssoziologie* 1.3, 91-103.) sind nicht zufällig. M.E. nimmt dieses Konzept eine vernünftige, mittlere Position ein; weder wird der gesellschaftliche noch der individuelle Anteil beim Prozess der Persönlichkeitsentwicklung überbetont.

Erwerbsarbeit auch für Frauen zu einer zentralen Entwicklungsaufgabe geworden ist.[76] Andererseits hat sich die Vorbereitung auf die Familienrolle noch nicht in gleichem Maße als Entwicklungsaufgabe für Männer herauskristallisiert. Während Männer früher wie heute ihre Lebensentwürfe um das Erwerbsleben herum organisieren und sich dabei auf Familie stützen können, unterliegen die Berufs- und Lebensplanungen junger Frauen einer "doppelten Vergesellschaftung in Beruf und Familie"[77]. Das heißt, noch immer werden den Frauen doppelte Verantwortlichkeiten oder die Entscheidung für den einen oder den anderen Bereich zugewiesen. Im Grunde genommen wird die Vereinbarkeitsleistung von der Gesellschaft nun auf die Frauen abgewälzt. Sie müssen zwei Dinge tun, die sich gegenseitig widersprechen und früher komplementär auf die Geschlechter verteilt wurden. (Vgl. Hagemann-White 1992, 69) Denn das Beschäftigungssystem orientiert sich noch immer an männlichen Erwerbsbiographien, geht also von der völligen Verfügbarkeit des Erwerbstätigen aus, dem eine Ehefrau durch die Übernahme von Alltagsarbeit den Rücken freihält. Elisabeth Beck-Gernsheim spricht von dem Beruf in seiner heutigen Form als einem "Anderthalb-Personen-Beruf", der nach Quantität und Qualität so organisiert ist, dass er auf die Anforderungen der Alltagsarbeit kaum Rücksicht nimmt.[78] Darüber hinaus unterscheiden sich die Bereiche Familie und Beruf in ihren inhaltlichen Orientierungen voneinander. Während die Anforderungen im Beruf mehr auf Sachlichkeit, Rationalität, Autonomie und Konkurrenz ausgerichtet sind, wird von der Familie Geborgenheit und Harmonie, kurz die Abdeckung der emotionalen Bedürfnisse erwartet.[79] Geht es im beruflichen Bereich um Individualisierung im Sinne individueller beruflicher Lebensplanung, so legt die Zuständigkeit für die Versorgung von Kindern ein "Dasein für andere" nahe.[80]

---

[76] Das gilt insbesondere für junge ostdeutsche Frauen, da dort "weibliche Berufstätigkeit als Bestandteil des Familienlebens [...] als etwas Selbstverständliches, eben als Normalität des Alltags" betrachtet wird. Hempel, Marlies (1999). "Familie und Beruf in den Lebensentwürfen ostdeutscher Mädchen und Jungen." In: Horstkemper, M. & Kraul, M. (Hrsg.). *Koedukation: Erbe und Chancen.* Weinheim: Deutscher Studien Verlag, 229-249, hier: 245.

[77] Lemmermöhle, D. (1997). "Berufs- und Lebensgestaltung im gesellschaftlichen Modernisierungsprozeß: Neue Anforderungen an junge Frauen und Männer und an Schule." *Die Deutsche Schule* 89.4, 410-428, hier: 421 in Anlehnung an Becker-Schmidt, R. (1987). "Die doppelte Vergesellschaftung - die doppelte Unterdrückung: Besonderheiten der Frauenforschung in den Sozialwissenschaften." In: Unterkirchner, L. & Wagner, I. (Hrsg.). *Die andere Hälfte der Gesellschaft.* Wien: Verl. d. Österreich. Gewerkschaftsbundes, 10-25.

[78] Vgl. Estor, M. (1988). "Beruf." In: Lissner, A. et al. (Hrsg.). *Frauenlexikon: Wirklichkeiten und Wünsche von Frauen.* Freiburg: Herder, 104-111, hier: 107.

[79] Vgl. Vollmer-Schubert, B. (1991). *Weibliche Identität als gesellschaftliche Anforderung: Zur doppelten Qualifikation von Frauen.* Gießen: Focus Verl., bes. 165ff.

[80] Vgl. Flaake, K. & King, V. (1992). "Psychosexuelle Entwicklung, Lebenssituation und Lebensentwürfe junger Frauen: Zur weiblichen Adoleszenz in soziologischen und psychoanalytischen Theorien." In: Dies. (Hrsg.). *Weibliche Adoleszenz: Zur Sozialisation junger Frauen.* Frankfurt/M., 13-39,

Aufgrund der Tatsache, dass der Beruf und die Berufsausbildung am männlichen Lebensmodell Maß nehmen, dass also sich die Doppelorientierung auf Familie und Beruf gesellschaftsstrukturell noch nicht zum Entwurf eines Normallebenslaufes verdichtet und normalisiert hat[81], gibt es für Frauen im Wesentlichen nur zwei Möglichkeiten des Umgangs mit der Doppelanforderung. Entweder sie verzichten auf Familie und Kinder, was insbesondere in hochqualifizierten Berufen keine seltene Strategie ist, oder sie verzichten auf die eigene berufliche Entfaltung, indem sie die Familieverantwortung an die erste Stelle setzen und z.b. eine gewisse Zeit für die Erziehung der Kinder beruflich aussetzen und damit Nachteile bei Beförderungen und in der Altersversorgung in Kauf nehmen. Die früher noch mögliche traditionelle Lösung des völligen Verzichts auf den Beruf ist nicht nur immer weniger anzutreffen, sondern angesichts der Zunahme von Scheidungen und der Unzuverlässigkeit persönlicher Beziehungen auch äußerst riskant geworden.

In Vorwegnahme dieses Dilemmas der Vereinbarkeit von Familie und Beruf, gewissermaßen in "vorauseilendem Gehorsam" ist daher das Feld für die mögliche Berufsfindung "in den Köpfen der Mädchen in der siebten Klasse schon eingezäunt" (Hagemann-White 1992, 72). Das heißt, Mädchen wählen die Berufe, von denen sie vermuten, dass dort die Vereinbarkeitsleistung gelingen kann. Es liegt nahe, dies für die typischen Frauenberufe anzunehmen. Deren "frauenspezifische" Qualität gegenüber vergleichbaren männlich dominierten Berufen liegt aber "vielmehr in ungünstigeren Verdiensten, geringeren Aufstiegschancen, höherem Beschäftigungsrisiko und einer geringeren Übertragbarkeit der erworbenen Qualifikationen auf andere Bereiche" (Lemmermöhle 1997, 413). Sind Mädchen mutig und wählen einen "Männerberuf", werden sie alsbald mit dem Problem konfrontiert, einerseits zeigen zu müssen, dass sie das Gleiche leisten können, obwohl sie Frauen sind, und andererseits sehen sie sich dem Vorwurf ausgesetzt, nicht mehr genug Frau, sondern ein Mannweib zu sein. Das heißt, einerseits müssen sie die Geschlechterdifferenz außer Kraft setzen, und andererseits sind sie aufgefordert, ihre Weiblichkeit zu inszenieren. (Ebd. 419)

Darüber hinaus müssen sich junge Frauen häufiger "als junge Männer um Ausbildungsplätze bewerben, münden seltener in ihren Wunschberuf ein und sind weitaus häufiger gezwungen, in schulische oder außerbetriebliche Ausbildungen auszuweichen" (ebd. 415). Nicht wegen fehlender, sondern trotz vorhandener - im Vergleich mit den Jungen mittlerweile durchschnittlich besseren schulischen - Qualifikationen haben Frauen schlechtere berufliche Chancen.

---

hier: 17.

[81] Vgl. Krüger, H. (1995). "Dominanzen im Geschlechterverhältnis: Zur Institutionalisierung von Lebensläufen." In: Becker-Schmidt, R. & Knapp, G.-A. (Hrsg.). *Das Geschlechterverhältnis als Gegenstand der Sozialwissenschaften*. Frankfurt: Campus, 195-219, hier: 215.

Zwar haben sich nicht zuletzt aufgrund der Krise des Arbeitsmarktes auch für Jungen die Bedingungen der Berufswahl verschärft, so dass auch ihre zentrale Orientierung auf und Identifikation über die Erwerbsarbeit in Frage gestellt wird, doch deutet sich bislang noch keine Umverteilung und Neubewertung gesellschaftlicher Arbeit in der Weise an, dass auch Jungen und Männer ihre Identität auf eine Doppelorientierung an Familie und Beruf ausrichten. Mit welchen unbewussten Identifizierungen, Wünschen, Phantasien und Ängsten das über die äußeren gesellschaftlichen Vorgaben hinaus zu tun haben könnte, ist Thema der folgenden Unterkapitel. Herausforderungen, die sich aus diesen geschlechtsspezifischen Realitäten für die Schule und die Didaktik ergeben, werden erst im letzten großen Teil dieser Arbeit behandelt. Doch es dürfte bereits schon deutlich geworden sein, dass didaktische Konsequenzen bis in die einzelnen Fächer hinein unumgänglich sind, will die Schule nicht ihren gesellschaftlichen Erziehungsauftrag verfehlen. Es ist ihre Aufgabe, Mädchen und Jungen gleichermaßen zu fördern und zu stärken, zum Beispiel indem sie sie über diese unterschiedlichen geschlechtsgebundenen, gesellschaftlichen Entwicklungsmuster aufklärt und mit ihnen nach persönlichen Lösungen und politischen Veränderungen sucht.

4.3.2 Gesellschaftliche Bestimmungen von Weiblichkeit und ihr Einfluss auf die körperliche und psychische Entwicklung von Frauen

Bei der Betrachtung der Identitätsbildung und ihren Bedingungen in der heutigen Zeit kamen bislang Körpererfahrungen und deren psychische Verarbeitung noch wenig zur Sprache. Tatsächlich gibt es wenig Ansätze in der sozialwissenschaftlichen Forschung, die soziologische Studien mit psychoanalytischen Theorieansätzen verbinden. Während in der Soziologie die Auseinandersetzung mit den sozialen Bedingungen des Erwachsenwerdens untersucht wird, versucht die Psychoanalyse psychosexuellen Entwicklungen in ihren Konflikten und unbewussten Dimensionen nachzugehen. Doch wie Karin Flaake und Vera King deutlich machen:

> Beides ist zum Verstehen weiblicher Adoleszenz jedoch gleichermaßen wichtig: die Wahrnehmung der Körperlichkeit und die subjektiven Interpretationen des Körper- und Geschlechtserlebens sowie die damit verbundenen psychischen Prozesse sind untrennbar verflochten mit der Wahrnehmung und Interpretation der kulturellen Geschlechtsvorgaben. (Flaake & King 1992, 13)

Eine gemeinsame, psychoanalytisch-soziologische Betrachtung des weiblichen Identitätsbildungsprozesses in der Adoleszenz ist darüber hinaus noch dadurch erschwert, dass psychoanalytische Theorien aufgrund ihrer Abhängigkeit von Siegmud Freud zum einen kaum zu einer eigenständigen Betrachtung weiblicher Sexualitäts- und Identitätsentwicklung kommen, und dass zum anderen der Schwerpunkt in diesen Theorien bislang auf Entwicklungen in der Kindheit lag und somit die psychosexuelle Entwicklung in der

Adoleszenz vernachlässigt wurde. (Vgl. ebd. 21ff.) Dennoch sollen im Folgenden einige Aspekte der weiblichen, psychosexuellen Entwicklung benannt und auch der Einfluss beschrieben werden, den gesellschaftliche Bestimmungen von Weiblichkeit und Männlichkeit darauf haben.

Bereits Siegmund Freud hatte von einer zweizeitigen bzw. zweistufigen Sexualentwicklung gesprochen, einer Wiederbelebung frühkindlicher Erfahrungen in Pubertät und Adoleszenz.[82] Während bei Freud die Pubertät fast nur wie eine Variation eines Kindheitsthemas erscheint, betonen an ihn anschließende und sich mit ihm auseinandersetzende Psychoanalytiker und Analytikerinnen wie Kurt Eissler, Mario Erdheim, Peter Blos, Luise Kaplan und Jessica Benjamin die zweite Chance, die die Pubertät für psychische Neuorientierungen bietet. In der Kindheit bzw. Latenzzeit gefundene Lösungen, im Besonderen des ödipalen Konflikts, können nun revidiert werden und eine neue Ausrichtung bekommen. Nach Mario Erdheim stehen zwei Konflikte in der Adoleszenz im Vordergrund: die Ablösung libidinöser Wünsche von der Familie, sowie die "Lösung" des Dilemmas zwischen Allmachtsphantasien und Arbeit.[83] Aufgrund körperlicher Entwicklungen kommt es zu einem neu aufblühenden Narzissmus bzw. zu einem "Wiederaufleben frühkindlicher Allmachtsphantasien in der Form eines neuen Idealismus" (Hagemann-White 1992, 67). Träume von einem großartigen künftigen Selbst und einer idealen Welt zehren von der Erinnerung an die Zeit und den Zustand der Verschmelzung mit der Mutter, "als das Kind sich restlos geborgen, vollkommen und grenzenlos mächtig fühlen konnte, weil es zwischen sich und der Mutter nicht unterschied" (ebd.). Im Idealfall fließen Anteile aus diesem pubertären Narzissmus mit dem Erleben eigener Kompetenz zusammen und münden in einen befriedigenden und Lebenssinn stiftenden Beruf. Was lässt sich über das Schicksal dieser durch die Pubertät ausgelösten Allmachtsphantasien bei jungen Mädchen sagen?

Aus dem weiter oben Ausgeführtem zur Vereinbarkeitsforderung an die jungen Frauen lässt sich bereits schließen, dass der eher gradlinige Weg über die Ausbildung und Ausübung eines Berufs ihnen nicht in gleicher Weise offensteht wie den jungen Männern. Während für Letztere der Beruf ebenso die Chance der geglückten Ehe und die mögliche Verantwortung für Kinder wie die Anerkennung von Leistung, welche die Selbstliebe trägt, verkörpert, können Mädchen nicht annehmen, "daß der Beruf ihnen die geglückte Ehe vermittelt; völlig abwegig wäre die Hoffnung, durch Beruferfolg zur 'guten Mutter' zu werden" (Hagemann-White 1992, 78). Statt dessen ist das Bild von Weiblichkeit, mit dem sie bei ihrer Identitätsbildung konfrontiert werden, immer noch

---

[82] Vgl. Scarbath, H. (1992). "Abschied von der Kindheit: Jugend und Geschlecht in psychoanalytischer Sicht." In: Tillmann, K.-J. (Hrsg.). *Jugend weiblich - Jugend männlich*. Opladen: Leske & Budrich, 111-123, hier: 115. Wie weiter oben gezeigt, geht auch Erikson von dieser Zweistufigkeit aus.

[83] Erdheim, M. (1988). "Adoleszenz zwischen Familie und Kultur." *Die Psychoanalyse und das Unbewusste in der Kultur*. Frankfurt/M.: Suhrkamp, 191-214, hier: 201.

stark an die Attraktivität für Männer gebunden. Während sich für Männer Männlichkeit und öffentlich sichtbare Leistungen ergänzen, ja Erfolg gar eine Stärkung der Männlichkeit bedeutet, findet Weiblichkeit ihre Bestätigung im Begehren des Mannes, nach dem Motto: "Erfolgreich ist das Mädchen, das am meisten begehrt wird." (Vgl. Flaake 1990, 7) Beruflicher Erfolg und Unabhängigkeit werden zwar zu wichtigen Elementen des Selbstverständnisses von Frauen, "sie scheinen jedoch nicht hinzureichen, um einen stabilen inneren Kern von Selbstwertgefühl zu schaffen, der auch in Beziehungen zu Männern Bestand hat" (ebd. 8).

Carol Hagemann-White führt das mit Jessica Benjamin u.a. darauf zurück, dass das eigenständige Begehren der Frau in unserer Gesellschaft keinen symbolischen Ausdruck findet. Und nur was gesellschaftlich repräsentiert ist und eine Sprache hat, kann als Angebot zur Selbsterweiterung aufgegriffen und in das weibliche Selbstbewusstsein integriert werden. Dem gegenüber ist das aktive, symbolische Begehren junger Männer allgegenwärtig, und so sehen Mädchen zur Befriedigung ihrer eigenen Liebessehnsüchte nur die Möglichkeit, ihr eigenes Begehren so zu verwandeln, dass es die Begierde des Mannes weckt. (Vgl. Hagemann-White 1992, 75f.) Erschwerend hinzu kommt, dass Mädchen zuvor eine von ihren eigenen inneren Impulsen unabhängige Sexualisierung ihres Körpers erfahren: "Für Mädchen in der frühen Pubertät trifft hingegen Sexualität als etwas ein, was andere an ihr entdecken." (Ebd. 71) "Im Vordergrund steht nicht die aktive Aneignung des eigenen Körpers und die Entdeckung sexueller Wünsche und Vorlieben, sondern eine Wendung zur Passivität: zum Wunsch nach Begehrtwerden durch einen Mann."[84] Interpretieren Psychoanalytiker, die in der Tradition von Freud argumentieren, wie z.B. Peter Blos[85], diese Wendung zur Passivität als Wiederbelebung der Enttäuschung des Mädchens, keinen Penis zu haben, und als Versuch, diese durch die Hinwendung zum Mann zu überwinden, so machen Flaake und John deutlich, dass diese Theorie ideologiekritisch nur als "theoretisch überhöhte Absicherung männlicher Überlegenheit" (Flaake & John 1992, 201) zu charakterisieren ist. Lese man sie aber - im Gegensatz zu ihrer eigenen Intention - als Beschreibung typischer Strukturen und Prozesse weiblicher Sozialisation unter gegenwärtigen gesellschaftlichen Bedingungen, so verweise sie auf eine zentrale Problemkonstellation, mit der sich adoleszente Mädchen auseinandersetzen müssen: nämlich der Wahrnehmung und Aneignung körperlicher Weiblichkeit unter dem Vorzeichen des Mangels.

Ein Beispiel, an dem sich diese gesellschaftlich bestimmte "Mangelhaftigkeit des weiblichen Körpers" aufzeigen lässt, ist das fehlende soziale Ansehen der Menstruation,

---

[84] Flaake, K.& John, C. (1992). "Räume zur Aneignung des Körpers: Zur Bedeutung von Mädchenfreundschaften in der Adoleszenz." In: Flaake, K. & King, V. (Hrsg.). *Weibliche Adoleszenz: Zur Sozialisation junger Frauen*. Frankfurt: Campus, 199-212, hier: 199.

[85] Vgl. Blos, P. (1978). *Adoleszenz: Eine psychoanalytische Interpretation*. Stuttgart: Klett-Cotta, 260.

dem die gesellschaftliche Wertschätzung phallischer Potenz gegenübersteht.[86] Während die körperlichen Veränderungen der Jungen prinzipiell positiv besetzt sind und ihnen soziale Angebote zur Verfügung stehen, die Verunsicherungen dieser Zeit in männliche Überlegenheit zu wenden[87], steht nach Ruth Waldeck die negative Bewertung der Menstruation in Beziehung zu den Problemen vieler Frauen, ihre Tätigkeiten positiv besetzen und als lustvoll und befriedigend erleben zu können:

> Wenn dem Mädchen im Moment des Frauwerdens eingeschrieben wird, dass die Menstruation schmutzig und deshalb zu verstecken ist, wird auch sein Stolz auf den Körper gebrochen. [...] Die Frau kann ihr Selbstideal und ihre Lebensentwürfe nicht darauf aufbauen, sie ist und bleibt angewiesen auf die Vorstellungen von Weiblichkeit, die ihr angeboten werden, sie braucht ständig Bestätigung von außen."[88]

Auf ein weiteres Beispiel verweist Katherine Dalsimer in ihrer psychoanalytischen Betrachtung von Adoleszenzromanen, nämlich auf den Umgang mit Masturbation bzw. der Entdeckung der eigenen "Begierde". Weder gibt es im Englischen eine umgangssprachliche Bezeichnung für die Masturbation des Mädchens und somit keine zwanglose, scherzhafte Möglichkeit zu erfahren, ob andere Mädchen auch masturbieren, noch sind die verwendeten Ausdrücke in der Psychoanalyse für eine Vorstellung von weiblicher Masturbation geeignet.[89] Sprachlich kommt damit - in diesem Fall in der Negation - zum Ausdruck, was gesellschaftlich verpönt ist, nämlich ein selbstbewusster und selbstverständlicher Umgang der Mädchen und Frauen mit der eigenen Lust. Dabei gewinnt auf der anderen Seite immer mehr die Erkenntnis an Bedeutung, dass gerade das Kennen und der selbstständige Umgang mit dem eigenen Körper und dem eigenen Begehren eine wesentliche Voraussetzung für eine stabile Identität und damit auch für die Gleichheit in zukünftigen Beziehungen ist.[90]

So lässt sich mit Karin Flaake (1990, 8) an dieser Stelle zusammenfassend festhalten, dass gesellschaftliche Bilder von Weiblichkeit für Mädchen offensichtlich die Verführung enthalten, ihre "Größen- und Allmachtsphantasien nicht auf die Gestaltung der Welt zu richten, sondern auf die Gestaltung der Beziehung zum Mann." Folgen Mädchen

---

[86] Vgl. Waldeck, R. (1992). "Die Frau ohne Hände: Über Selbständigkeit und Sexualität." In: Flaake, K. & King, V. (Hrsg.). *Weibliche Adoleszenz: Zur Sozialisation junger Frauen*. Frankfurt: Campus, 186-198.

[87] Als Beispiel für ein solches Angebot führt Flaake (1990, 9f.) im Anschluss an Martina Ritter die Beschäftigung mit dem Computer an, der wie die meisten Symbole für öffentlich sichtbaren Erfolg männlich besetzt ist.

[88] Waldeck, R. (1988). "Der rote Fleck im dunklen Kontinent." *Zeitschrift für Sexualforschung* 1, 189-205 und 337-350, hier: 344.

[89] Vgl. Dalsimer, K. (1993). *Vom Mädchen zur Frau: Literarische Darstellungen - psychoanalytisch betrachtet*. Berlin: Springer, 37: "Die Metaphern nämlich, mit denen der Beginn der Pubertät - für beide Geschlechter - beschrieben wird, wurzeln im sexuellen Erleben des Mannes."

[90] Vgl. dazu die zusammenfassende Darstellung von Waldeck 1992, 186ff.

dieser "Aufforderung zur Regression", verzichten sie auf ein eigenes Leben und richten sie sich statt dessen völlig auf ein Dasein für andere ein, verwundert es nicht, dass sie als erwachsene Frauen in eine Krise kommen, wenn Liebessehnsucht und Aufopferungsphantasien enttäuscht sind. Für sie eröffnet sich erst dann die Möglichkeit, zu ihrem aktiven Selbst zurückzufinden. Genau das ist der Hintergrund für einige neuere Entwürfe in der Entwicklungspsychologie, die dem linearen Modell des beständigen Fortschreitens zu immer neuen Stufen der Überlegenheit ein eher spiralförmiges entgegensetzen und Reifung als Wiederfinden und Neubewertung dessen begreifen, was bereits - in diesem Fall bei den Mädchen *vor* der Pubertät - schon einmal da war.[91] Für Hagemann-White ist das der Grund, sogar von einem Identitätsverlust der Mädchen in der Jugendphase heute zu sprechen. (Vgl. Hagemann-White 1992, 79f.)

4.3.3 Der Konflikt zwischen Autonomie und Bindung und das Mutter-Tochter-Verhältnis

Die vorangegangenen soziologischen und psychoanalytischen Ausführungen zu den Bedingungen weiblicher Identitätsbildung in der Adoleszenz heute stimmen in einer Hinsicht deutlich überein: die Bezogenheit auf andere spielt in der weiblichen Entwicklung offenbar (bislang) eine größere Rolle als in der männlichen, die statt dessen mehr auf Abgrenzung und Autonomie hin ausgerichtet zu sein scheint. Ganz ähnlich lautet auch das Fazit der empirischen Identitätsforschung in der Tradition von Erikson: "[...] 'inner space' and the kinds of interpersonal issues associated with it, are important to women - and are likely to be more important to women than men", doch es folgt eine wichtige Differenzierung: "- but they are not the sole grounds upon which women found their identity, nor are they necessarily the most important domains for the majority of women"[92]. Auch lässt sich nicht behaupten, dass diese Themen und Bereiche für Männer keine Rolle spielen. Heute ist der Beruf für beide, Frauen und Männer, der wichtigste identitätsrelevante Bereich. Dennoch, während für Männer - wie bereits Erikson vermutete - Identität eine notwendige Voraussetzung für die Intimität zu sein scheint, können

---

[91] Z.B. Hancock, E. (1989). *The Girl Within*. New York. Ein ähnlicher Entwicklungsverlauf lässt sich auch bei der Persönlichkeitsentwicklung der Männer konstatieren, nur dass sie einen Reifungsrückstand im Bereich der Gestaltung von Beziehungen aufzuholen hätten. Vgl. Matteso, D.R. (1993). "Differences Within and Between Genders: A Challenge to the Theory." In: Marcia, J.E. et al. (eds.). *Ego Identity: A Handbook for Psychosocial Research*. New York: Springer, 69-110, hier: 100: "Just as women of previous generations, having different identity differentiation in adolescence, may catch up with men in identity in midlife, after their feminine (intimacy) areas are secure [...], men may do the reverse; they may catch up to women in the communal area in midlife. [...]."

[92] Marcia, J.E. (1993). "Epilogue." In: Ders. et al. (eds.). *Ego Identity: A Handbook for Psychosocial Research*. New York: Springer, 273-281, hier: 275.

Identität und Intimität sich bei Frauen gleichzeitig und miteinander entwickeln. Das bedeutet, dass die Identitätsbildung von Frauen komplexer ist als die der Männer. "It seems to involve a sense of balancing priorities and organizing different concerns into an organic (because it is always changing) whole. Men's identity, by contrast, seems more focused and more oriented toward resolving one issue at a time." (Marcia 1993, 275)

Wie lässt sich diese Komplexität weiblicher Identitätsbildung in der Adoleszenz darüber hinaus näherhin beschreiben? Lori Stern, die unter Carol Gilligan zusammen mit anderen Mitarbeiterinnen Anfang der 80er Jahre ein Forschungsprojekt zur psychischen Entwicklung von Mädchen durchgeführt hat, kommt zu der folgenden, die Ergebnisse zusammenfassenden Darstellung:

> The data have shown that issues of separation and of connection are both foremost concerns of these young women, but they seldom place these two approaches to relationship in opposition by constructing conflicts where they must choose either separation or connection. Rather separation and connection are seen as two compatible aspects of a person. These aspects not only coexist, but each can also function in the service of the other. [93]

Dieses Zitat macht Mehreres deutlich. Zum einen wird klar herausgestellt, dass - wie für die Phase der Adoleszenz erwartet - für junge Frauen die "Ablösung" (*separation*) - hier ist die Ablösung von den Eltern gemeint - von großer Bedeutung ist. Doch ebenso wichtig ist ihnen - wie wiederum gemäß den Theorien zur weiblichen Entwicklung zu erwarten war[94] - die Bindung (*connection*). Im Unterschied zu Freud und anderen, die die männliche Entwicklung zum Maßstab nehmen und Reife mit Unabhängigkeit bzw. Getrenntheit gleichsetzen, machen die von Stern geführten Interviews deutlich, dass und wie für Mädchen in der Adoleszenz Bindung und Ablösung nicht im Widerspruch zueinander stehen, sondern im Gegenteil als zwei Seiten einer Medaille betrachtet werden: das Unabhängig-Werden führt zu einer vertieften Bindung, weil es hilft, den anderen mehr als eigenständige Persönlichkeit in den Blick nehmen zu können; und Bindung sowie die Beziehung zu anderen helfen auf dem Weg zur Unabhängigkeit, weil sie die Selbstbestätigung und Anerkennung liefern, die für die Persönlichkeitsentwicklung nötig sind.

---

[93] Stern, L. (1990). "Conceptions of Separation and Connection in Female Adolescents." In: Gilligan, C. et al. (eds.). *Making Connections: The Relational Worlds of Adolescent Girls at Emma Willard School*. Cambridge, Mass.: Harvard University Press, 73-87, hier: 84.

[94] Vgl. beispielsweise Freud, S. (1961). "Drei Abhandlungen zur Sexualtheorie." *Gesammelte Werke*. Bd. 5. 3. Auflage. Frankfurt/M.: S. Fischer Verlag, 27-144, hier: 128: "Auf jeder den Stationen des Entwicklungsganges, den die Individuen durchmachen sollen, wird eine Anzahl derselben zurückgehalten, und so gibt es auch Personen, welche die Autorität der Eltern nie überwunden und ihre Zärtlichkeit von denselben nicht oder nur sehr unvollständig zurückgezogen haben." Und er kommt zu dem Schluss, dass es zur Freude der Eltern hauptsächlich Mädchen sind, die an ihrer kindischen Liebe zu ihren Eltern weit über das Stadium der Pubertät hinaus festhalten.

Diese Komplexität der weiblichen Identitätsentwicklung, die man mit Carol Gilligan auch als eine "Geschichte sich erweiternder Verbundenheit"[95] begreifen kann, lässt sich nicht nur exemplarisch ganz besonders gut am Mutter-Tochter-Verhältnis aufzeigen, sondern möglicherweise hat sie gerade auch im Mutter-Tochter-Verhältnis ihre Wurzeln. "Adolescent girls are never free of their mother, never free of thoughts about her - to be like or not to be like her. Their independence is achieved through her, and remains linked to her."[96] Dieses Zitat von Terri Apter verweist auf eine Erkenntnis, die sich seit der Einbeziehung der weiblichen Entwicklung in die Forschung immer mehr herauskristallisiert. Es handelt sich um die Einsicht in die Bedeutsamkeit der Beziehung des Mädchens, und später der Frau, zur Mutter - nicht nur zur realen Mutter, sondern auch zur Mutter als einer *inneren* Präsenz. Diese Beziehung verändert sich während des ganzen Lebens auf jeder neuen Entwicklungsstufe und wird immer wieder neu definiert. (Vgl. Dalsimer 1993, 139 u. Apter 1990, 218ff.)[97] Wie lässt sich diese Beziehung charakterisieren, wie gestaltet sie sich insbesondere in der Adoleszenz, und womit könnte die lebenslange Bedeutsamkeit dieser Beziehung zusammenhängen?

Durch die körperlichen Veränderungen in der Pubertät entstehen im jungen Menschen einerseits Gefühle von Fremdheit gegenüber dem eigenen, bis dahin vertrauten Körper wie auch Gefühle von Separation und Isolation gegenüber den Eltern, denn das Erwachen neuer Triebe erfordert nun einen Verzicht auf sie als die primären Liebesobjekte. In den Augen der Heranwachsenden "schrumpfen" die Eltern auf kleinere - realistischere - Dimensionen, und damit wird aber auch das an sie gekoppelte und durch sie vergrößerte Selbstwertgefühl erschüttert. Gefühle aus der allerersten Lebensphase werden wieder wach: einerseits Sehnsüchte nach dem Verschmelzungszustand der präödipalen Phase wie andererseits auch die mit dem ersten Individuationsprozess verbundenen Enttäuschungen, Frustrationen und Verlusterfahrungen. Beide Seiten dieser insbesondere auf die Mutter - als der in der Regel für die Kleinkinderziehung zuständigen Person - bezogenen intensiven Ambivalenz werden in der Adoleszenz reaktiviert. Doch bei der Art der Verarbeitung dieser Ambivalenz wie auch dem Verlauf und dem Resultat der Subjektkonstitution scheint es keine unerhebliche Rolle zu spielen, "daß die Mutter als erstes Objekt der Gefühlsbindung und Identifizierung einmal die gleich-

---

[95] Gilligan, C. (1983). "Themen der weiblichen und der männlichen Entwicklung in der Adoleszenz." In: Schweitzer, F. & Thiersch, H. (Hrsg.). *Jugendzeit - Schulzeit: Von den Schwierigkeiten, die Jugendliche und Schule miteinander haben.* Weinheim: Beltz, 94-121, hier: 117.

[96] Apter, T. (1990). *Altered Loves: Mothers and Daughters during Adolescence.* New York: St. Martin's Press, 146.

[97] In ihrer Analyse literarischer Darstellungen zeichnet Dalsimer auf sehr anschauliche Weise die Bedeutung der Mutter als einer inneren Präsenz im Leben der Tochter nach. Anhand von zwei Beispielen kann sie sogar die bestimmende Wirkung einer bereits verstorbenen Mutter auf die Lebensentscheidungen der Tochter aufzeigen.

geschlechtliche, das andere Mal die gegengeschlechtliche Andere ist"[98]. Der Junge muss im ersten Prozess der Individuation nicht nur erkennen "Ich bin nicht eins mit der Mutter", sondern auch "Ich bin nicht wie sie". Er durchläuft den Prozess einer so genannten *zweifachen* "Des-Identifizierung" von der Mutter.[99] Während er die erste Kränkung aber durch eine Umwandlung der Beziehung in eine Liebesbeziehung kompensieren kann, muss er die zweite Kränkung unwiderruflich verdrängen. Er wird nie wie die Mutter sein können, "er kann sie später nur *haben*" (Benjamin 1990, 75, Hervorhebung im Original). Dafür kann er sich den Vater zum Vorbild nehmen. Demgegenüber kann das Mädchen, das die Differenzierungserfahrung von der Mutter ebenso durchmachen muss wie der Junge, sich auf die Zukunft vertrösten lassen. "Bei ihm muss also die Wahrnehmung: 'Ich bin sie nicht' keine grundsätzliche Verneinung des Mütterlichen als Aspekt des eigenen Selbst nach sich ziehen." (Becker-Schmidt 1995, 234) Andererseits fällt es Mädchen aufgrund der Gleichgeschlechtlichkeit mit der Mutter möglicherweise schwerer, sich von dieser abzugrenzen, besonders dann, wenn sich die Mutter in ihrer Tochter narzisstisch spiegeln will und es ihr damit schwermacht, eigenständig zu werden. (Vgl. Chodorow 1985, 149ff.) Eine Trennung von der Mutter kann als Trennung von der potentiell eigenen Körperlichkeit empfunden werden. Aber nicht nur die Identifikationen mit der Mutter erschweren die Loslösung von ihr, sondern ebenso die Tatsache, dass die Mutter so wie für den Jungen auch für das Mädchen das erste erotische Liebesobjekt ist. Während das Inzesttabu den Jungen in der Adoleszenz zur Suche nach einem neuen "Objekt" außerhalb der Familie treibt, steht dem neu erwachenden Begehren des Mädchens in dieser Phase nicht nur das Inzesttabu entgegen, sondern auch die gesellschaftliche Norm der Heterosexualität. Die Psychoanalyse spricht - angesichts der ödipalen Konfliktsituation des Mädchens - von einem notwendig werdenden Wechsel in der Objektwahl. Von der Mutter, die in einer heterosexuellen Partnerschaft lebt, in ihren leidenschaftlichen Liebesbedürfnissen abgewiesen, wendet es sich in der Regel dem Vater zu, um dessen Gunst es zunächst mit der Mutter zu rivalisieren beginnt, bevor es sich ein außerfamiliäres Sexualobjekt sucht.

Diese groben Umrisse des noch viel komplexeren Umstrukturierungsprozesses in der Adoleszenz machen bereits eines deutlich: In der Adoleszenz ist insbesondere das Mutter-Tochter-Verhältnis durch ambivalente Gefühle und Konflikte geprägt. Sowohl

---

[98] Becker-Schmidt, R. (1995). "Von Jungen, die keine Mädchen und von Mädchen, die gerne Jungen sein wollten: Geschlechtsspezifische Umwege auf der Suche nach Identität." In: Dies. & Knapp, G.-A. (Hrsg.). *Das Geschlechterverhältnis als Gegenstand der Sozialwissenschaften*. Frankfurt/New York: Campus, 220-246, hier: 230.

[99] Vgl. Glässing, G. et al. (1994). *"...weil ich ein Mädchen bin." Biographien, weibliche Identität und Ausbildung*. Bielefeld: Ambos, 14 mit Bezug auf Chodorow 1985 und Keller, E.F. (1986). *Liebe, Macht und Erkenntnis: Männliche oder weibliche Wissenschaft?* München: Hanser.

der mimetische[100] als auch der libidinöse Konflikt provozieren Auseinandersetzungen zwischen Mutter und Tochter. Diese Auseinandersetzungen sind nötig und wichtig. "Nicht geführte aggressive Auseinandersetzungen zwischen Mutter und Tochter führen, wie die psychoanalytische Erfahrung mit anorektischen jungen Frauen (um exemplarisch nur ein Krankheitsbild zu nennen) zeigt, dazu, dass vielfach 'brave Töchter kranke Töchter' sind."[101] Eine wichtige Rolle und auch Hilfe spielen zu Beginn dieser Phase die Beziehung zu einer Freundin, das Schwärmen für ältere Mädchen und Frauen sowie das Interesse an literarischen und historischen Frauengestalten, aber auch das Schreiben eines Tagebuchs[102], das manchmal den Ersatz für eine intime Mädchenfreundschaft bildet. "Die leidenschaftliche Beschäftigung mit Frauengestalten spiegelt die Tatsache wider, dass die psychischen Kämpfe des Mädchens sich weiterhin auf seine überaus starke Bindung an die eigene Mutter konzentrieren." (Dalsimer 1993, 31) Durch den engen Anschluss an eine Freundin oder durch die Idealisierung einer anderen Frau kann das Mädchen in dieser Ablösungsphase ein Gefühl von Sicherheit gewinnen. Aspekte der ursprünglichen Bindung können in verschobener, abgemilderter und nicht so bedrohlicher Form bewahrt werden. Gleichzeitig kann das Bewusstsein von einem unabhängigen Ich in der Beziehung zu einer Ähnlichen gestärkt werden. (Vgl. Flaake & John 1992, 206 mit Bezug auf Helene Deutsch)

Wie die neu belebten Konflikte in der Mutter-Tochter-Beziehung enden, bleibt offen. Es wird u.a. auch davon abhängen, wie die Mutter mit den eigenen psychosexuellen Problemen und Rollenkonflikten zurechtkommt, die durch die Entwicklung der Tochter aktualisiert werden, oder auch davon, wie es ihnen gelingt, ihre Liebe auf etwas gemeinsames Drittes zu richten, z.B. Tätigkeiten, Arbeitsziele, soziales Engagement. (Vgl. Becker-Schmidt 1995, 239).

Schließlich darf weder die Beziehung zu gegengeschlechtlichen Gleichaltrigen noch die Beziehung zum Vater in ihrer Bedeutung für die Identitätsentwicklung der Tochter unterschlagen werden. So macht Katherine Dalsimers psychoanalytische Betrachtung der Tagebuchaufzeichnungen von Anne Frank beispielsweise nachvollziehbar, welche Bedeutung das erste Verliebtsein in einen (gleichaltrigen) Jungen für die Loslösung von den Eltern haben kann: "Das Erwachen sexueller Gefühle und ihre Liebe zu Peter haben einen tiefgreifenden Wandel herbeigeführt, der nicht nur ihre Beziehungen zu Vater und Mutter, sondern auch ihr Selbstwertgefühl betrifft." (Dalsimer 1993, 70) Aber auch die

---

[100] Gemeint ist der Konflikt, der sich aus der Vielzahl der Identifizierungen der Tochter mit der Mutter ergibt.

[101] Jansen, M.M. & Jockenhövel-Poth, A. (1992). "Trennung und Bindung bei adoleszenten Mädchen aus psychoanalytischer Sicht." In: Flaake, K. & King, V. (Hrsg.). *Weibliche Adoleszenz: Zur Sozialisation junger Frauen*. Frankfurt/M.: Campus, 266-278, hier: 275.

[102] Zur "Bedeutung des Tagebuchs in der Adoleszenz" vgl. Dalsimer 1993, 70-76.

Identifikationen der Tochter mit dem Vater sowie ihre Beziehung zu ihm spielen in der Identitätsentwicklung der Tochter keine unerhebliche Rolle. Je nach Präsenz des Vater kommt es zu einer ersten identifikatorischen Hinwendung zu ihm in der oralen Phase, die sich möglicherweise daraus erklären lässt, dass er dem Mädchen in dieser Phase ähnlicher ist als die Mutter: auch er hat - wie die Tochter - die Brust nicht. Auch im weiteren Verlauf kann sich ihr mimetisches Begehren ebenso auf den Vater und seine Tätigkeitsfelder richten. Denn seine Aktivitäten sind abgesehen vom Liebesleben nicht an den Besitz des Penis gebunden. So kann das Mädchen in seinen Autonomiebestrebungen den Vater auch in der Adoleszenz zum Vorbild nehmen. "Er lebt vor, dass man mit der Mutter verbunden und doch unabhängig von ihr sein kann." (Becker-Schmidt 1995, 235) Problematisch wird diese Identifikation jedoch, wenn sich der Vater durch die sexuelle Attraktivität der Tochter zu sehr angesprochen fühlt und damit gleichzeitig die Mutter abwertet. Das kann sich insofern verhängnisvoll auf die Loslösung und außerfamiliale Orientierung der Tochter auswirken, als dass sie in einer "sekundär-narzißtischen Position" verbleibt und keine eigenständige, vom Vater unabhängige Weiblichkeit entwickeln kann. (Jansen & Jockenhövel-Poth 1992, 276) Darüber hinaus stößt die Identifikation mit dem Vater vermutlich gerade in dieser Phase oder spätestens am Ende der Ausbildung an die Grenzen des geschlechtshierarchischen Systems, wenn die junge Frau erkennen muss, dass ihre Ambitionen sich mit der von ihr erwarteten Weiblichkeit nicht vereinbaren lassen.

Fassen wir an dieser Stelle die referierten Erkenntnisse zusammen, so ergibt sich folgendes Bild: Während Mädchen es einerseits aufgrund ihrer Gleichgeschlechtlichkeit mit ihrer primären Bezugsperson schwerer haben, sich von dieser abzugrenzen, müssen sie andererseits die in der frühesten Bindung an die Mutter gemachten Erfahrungen auch nicht verleugnen und verdrängen. Sie können sie vielmehr in ihr eigenes Ich integrieren. Bindung und das Aufeinander-Bezogensein sind daher - wenn auch abhängig von den jeweiligen konkreten Erfahrungen - für Mädchen tendenziell positiv besetzt. Vermutlich liegt hierin auch der Grund für ihr Festhalten an der Wichtigkeit von Beziehungen und Bindungen und deren Wertschätzung im weiteren Lebenslauf. Darüber hinaus hat sich gezeigt, dass Mädchen in ihrer Identitätssuche an geschlechtsübergreifenden Orientierungen festhalten; sie identifizieren sich mit Vater und Mutter, was möglicherweise die Flexibilität ausbildet, auf der die doppelte Vergesellschaftung der Frauen in Familie *und* Beruf aufbauen kann. Demgegenüber scheint die Entwicklung der jungen Männer einliniger und unbeweglicher. Möglicherweise aufgrund der zweifachen Desidentifizierung mit der Mutter, aber auch aufgrund der gesellschaftlichen Minderbewertung des Weiblichen ist ihre Identitätssuche durch Abgrenzung (besonders von der Mutter und dem, wofür sie steht) gekennzeichnet. Das heißt, sie passen sich eher in die durch die sozialen Konstrukte der Zweigeschlechtlichkeit vorgegebenen Muster der Ich-Bildung ein. (Vgl. Becker-Schmidt 1995, 232 u. 240)

Ob ein Aufbrechen der Geschlechtsrollenstereotype und der Geschlechterhierarchie nicht auch für sie und die Gesellschaft insgesamt einen Gewinn bringen könnte? Ob das Bewusstwerden über die eigene geschlechtsgebundene Prägung nicht auch zur Sensibilisierung für die Situation des jeweils anderen Geschlechts und zur Überwindung von Geschlechtsrollenfixierungen beitragen kann? Eine Bejahung dieser Fragen liegt sowohl der nun folgenden Präsentation einer Auswahl englischsprachiger weiblicher Bildungsromane als auch den daran anschließenden, didaktisch-methodischen Überlegungen zu ihrer *gender*bewussten Vermittlung im Unterricht zugrunde.

Teil II: Weibliche Identitätsbildung als Thema des modernen englischsprachigen Romans

Nachdem der Schwerpunkt in Teil I auf der Darstellung und Charakterisierung der Identitätsbildung von Frauen heute aus sozialwissenschaftlicher Perspektive lag, beschäftigt sich dieser Teil II mit der Frage, wie das Thema der weiblichen Identitätsbildung in englischsprachigen Romanen des 20. Jahrhunderts aufgegriffen und verarbeitet wird. Wie beschreiben moderne Romane die Identitätssuche und -bildung von Frauen? Welche Romane lassen sich als repräsentative Beispiele für die Behandlung des Themas anführen? Finden sich in ihnen die im ersten Teil erläuterten Aspekte weiblicher Identitätsbildung wieder? Die folgenden fünf Kapitel versuchen diese Fragen zu beantworten. Auf die Vorstellung der literaturwissenschaftlichen Ergebnisse im Hinblick auf das gestellte Thema und die Begründung der Auswahl der anschließend aufgeführten weiblichen Bildungsromane (Kap.1) folgt in drei Kapiteln zunächst die ausführliche Interpretation jeweils eines Romans, der für eine bestimmte Entwicklung des weiblichen Bildungsromans repräsentativ ist. Die jeweils daran anschließende kurze Vorstellung weiterer Beispiele rundet die Beschreibung dieser Entwicklung ab (Kap. 2-4). Kapitel 5 schließlich bildet den Übergang zum literaturdidaktischen Teil III, insofern hier die sozialwissenschaftlichen Erkenntnisse mit den literaturwissenschaftlichen Ergebnissen verglichen werden. Schon an dieser Stelle sei erwähnt, dass alle in diesem Teil vorgestellten repräsentativen weiblichen Bildungsromane zugleich literaturdidaktisch geeignet sind. Die literaturdidaktische Begründung wird jedoch erst im dritten Teil gewissermaßen "nachgereicht". Hier geht es zunächst erst einmal um eine literaturwissenschaftliche Interpretation und Einordnung der vorgestellten Werke.

Kapitel 1: Die Ergebnisse der Literaturwissenschaft und die Auswahl der weiblichen Bildungsromane

Die in diesem Kapitel zusammengefassten Ergebnisse und Auswahlkriterien stehen am Ende eines hermeneutischen Prozesses. Das in Teil I erarbeitete Identitätsverständnis, die Lektüre moderner Romane über Frauen sowie die Konsultation literaturwissenschaftlicher Sekundärliteratur zum weiblichen Bildungsroman, zum *female novel of development*, zum *novel of formation*, zum *novel of self-discovery*, zum *novel of awakening* etc. haben sich in diesem Prozess wechselseitig beeinflusst und zu einem vertieften Verständnis geführt. Die folgenden vier Unterkapitel zeigen, wie "weibliche Identitätsbildung" als Thema im modernen englischsprachigen Roman aufgenommen wird, und machen damit zugleich deutlich, wie die Auswahl der anschließend vorgestellten, repräsentativen Romane zustande gekommen ist.

1.1 Besondere Präsenz des Themas in Romanen von Frauen ab Ende der 1960er Jahre

Als erstes wichtiges Ergebnis lässt sich festhalten, dass sich in diesem Jahrhundert vor allem Frauen, besonders zur Zeit der zweiten Frauenbewegung gegen Ende der 1960er Jahre und danach, dem Thema weiblicher Identitätssuche, Selbsterkenntnis und -behauptung zugewandt haben.

Natascha Würzbach fasst in einem literaturgeschichtlichen Aufsatz die Entwicklung des englischen Frauenromans vom Modernismus zur Gegenwart wie folgt zusammen:

> Der englische Roman des 20. Jahrhunderts erweist sich als eine Gattung, innerhalb derer weit mehr als in anderen literarischen Formen weibliche Selbsterfahrung und Identitätsbestimmung, Konflikte mit bestehenden patriarchalen Normen und Schritte zu einer Neuorientierung thematisiert werden. Dieser Beitrag zur Literaturgeschichte wird fast ausschließlich von Frauen geleistet und zwar im Rahmen des jeweiligen literaturästhetischen und soziokulturellen Kontextes unter innovativer Erweiterung der Erzählgegenstände sowie teilweiser Modifikation der Erzählformen.[1]

Hinsichtlich der letzten dreißig Jahre sieht Würzbach die vielleicht signifikanteste Veränderung in dem großen Anteil an weiblichen Autoren[2], "die eine beeindruckende Erweiterung und Ausdifferenzierung von Erzählformen und Erzählgegenständen hervorgebracht haben" (Würzbach 1996a, 207f.).

Was Würzbach über die Entwicklung des englischen Romans des 20. Jahrhunderts aussagt, konstatiert Malcolm Bradbury für die amerikanische Literaturgeschichte. Seiner Ansicht nach hat von allen gesellschaftlichen Veränderungen nach 1970 die Frauenbewegung den stärksten Einfluss auf die amerikanische Literatur ausgeübt.[3] In der neuen

---

[1] Würzbach, Natascha (1996a). "Der englische Frauenroman vom Modernismus bis zur Gegenwart (1890-1990): Kanonrevision, Gattungsmodifikationen, Blickfelderweiterung." In: A. Nünning (Hrsg.). *Eine andere Geschichte der englischen Literatur: Epochen, Gattungen und Teilgebiete im Überblick.* Trier: WVT, 195-211, hier: 206.

[2] Den Ausdruck "weibliche Autoren" bzw. "männliche Autoren" verwende ich hier und im weiteren Verlauf, weil er deutlicher und augenfälliger als das Äquivalent "Autorinnen" bzw. "Autoren" das Geschlecht der SchreiberInnen betont.

[3] Vgl. Bradbury, M. (1992). *The Modern American Novel.* Rev. Ed. Oxford: Oxford University Press, 273ff. Zum Einfluss der Frauenbewegung auf Frauenliteratur vgl. ferner Morgan, E. (1972). "Humanbecoming: Form and Focus in the Neo-Feminist Novel." In: S. Koppelman Cornillon (ed.). *Images in Fiction: Feminist Perspectives.* Bowling Green: Bowling Green University Popular Press, 183-205; Palmer, P. (1989). *Contemporary Women's Fiction: Narrative Practice and Feminist Theory.* New York: Harvester Wheatsheaf; Payant, K.B. (1993). *Becoming and Bonding: Contemporary Feminism and Popular Fiction by American Women Writers.* Westport, Connecticut: Greenwood Press; Felski, R.

Frauenliteratur sieht er eine Gegenbewegung zum männlich geprägten Postmodernismus.[4] Während sich postmoderne Schriftsteller über die "used-upedness of writing" beklagten, hätten die Probleme der Schriftstellerinnen im genauen Gegenteil bestanden, nämlich: "to construct and develop a tradition and a discourse that, far from being exhausted, seemed scarcely to have begun" (ebd. 277). Mittlerweile habe sich diese Tradition etablieren können und zu vielfältigen neuen Ausdrucksformen geführt: "Women writers now have a substantial part in all the familiar genres, while at the same time their writing has been an attempt at creating new forms and languages for representing a novel and contemporary experience." (Ebd.)

Diese allgemeine Entwicklung scheint noch einmal in besonderem Maße auf Romane zuzutreffen, die sich im weitesten Sinne mit der Identitätssuche und -bildung von Frauen beschäftigen und die auf noch zu bestimmende Weise der Gattung des Bildungsromans bzw. dem *novel of development* zugerechnet werden. Es hat sich herausgestellt, dass diese Gattung zur "`[...] most salient form of literature´ for contemporary women writing about women"[5] geworden ist. Während für männliche Autoren die verschiedenen Varianten des Bildungsromans an Attraktivität verloren zu haben scheinen, haben die gesellschaftspolitischen Umbrüche in diesem Jahrhundert und besonders in den letzten Jahrzehnten dazu geführt, dass Frauen diese Form für sich entdeckt haben:

> Women´s increased sense of freedom in this century, when women´s experience has begun to approach that of the traditional male *Bildungsheld*, finds expression in a variety of fictions. Although the primary assumption underlying the *Bildungsroman* - the evolution of a coherent self - has come under attack in modernist and avant-garde fiction, this assumption remains cogent for women writers who now for the first time find themselves in a world increasingly responsive to their needs. (Abel, E. et al. 1983, 13)

Die Bevorzugung der Bildungsromangattung durch moderne Schriftstellerinnen bezeugt auf eindrucksvolle Weise die kommentierte Bibliographie von Laura Fuderer zum "Female Bildungsroman in English". In ihrem Anhang werden über 250 Primärwerke - vorwiegend aus dem 20. Jahrhundert - aufgelistet, die in der bibliographierten Literatur

---

(1989). "The Novel of Self-Discovery: Integration and Quest." In: dies. *Beyond Feminist Aesthetics: Feminist Literature and Social Change*. Cambridge, Mass.: Harvard University Press, 122-153 u.v.a.

[4] Vgl. Bradbury 1992, 275: "Already during the Seventies, the new women's fiction was becoming a counterpoint to postmodernism, which was largely a male affair."

[5] Abel, E. et al. (1983). "Introduction." In: Abel, E. et al. (eds.). *The Voyage In: Fictions of Female Development*. Hanover: University Press of New England, 3-19, hier: 13.

Erwähnung finden und dieser Gattung zuzuordnen sind.[6] Mehr als die Hälfte der Werke des 20. Jahrhunderts sind in den 70er und 80er Jahren entstanden. Doch Fuderers Bibliographie belegt nicht nur die jüngste Popularität des Bildungsromans unter weiblichen Autoren. Eine Auseinandersetzung mit der von ihr zusammengestellten Sekundärliteratur zu diesem Genre zeigt darüber hinaus den von Würzbach und Bradbury hervorgehobenen innovativen Beitrag von weiblichen Autoren zur modernen Literatur. Zugleich macht sie deutlich, wie - angestoßen durch die Vielzahl und Vielfältigkeit dieser Beiträge (die ebenso wie das Entstehen der feministischen Literaturwissenschaft mit der Frauenbewegung im engen Zusammenhang stehen) - eine Reflexion über frühere und aktuelle Gattungsdefinitionen in Gang gesetzt wurde. Dabei stellte sich heraus, dass bisherige Bildungsromandefinitionen beinahe ausschließlich Werke von Autoren mit männlichen Protagonisten zum Maßstab genommen haben. Fast alle Gattungsbestimmungen haben ihre Materialbasis auf männliche Bildungsromane beschränkt. Gab es einfach keine weiblichen Bildungsromane, oder hat die fiktionale Darstellung weiblicher Entwicklung andere Gattungen bevorzugt? Oder kamen aufgrund einer einseitigen Definition von Bildung und Entwicklung Werke über die Identitätsbildung von Frauen gar nicht erst in den Blick? Kann es eine Gattungsdefinition geben, die Romane über weibliche Identitätsbildung miteinschließt, oder müssten für diese neue Begriffe gefunden werden? Dies sind Fragen, die in der von Fuderer bibliographierten Literatur und darüber hinaus eine große Rolle spielen. Wenn im Folgenden der Versuch unternommen wird, das in Teil I erarbeitete Verständnis weiblicher Identitätsbildung mit der Diskussion um den Bildungsroman in Zusammenhang zu bringen, wird zugleich auch zu einigen dieser zentralen Fragen Stellung genommen.

1.2 Weibliche Identitätsbildung und der Bildungsroman

Ein weiteres wichtiges Ergebnis, das sich aus der Lektüre moderner Romane über Frauen und aus der Konsultation der literaturwissenschaftlichen Sekundärliteratur dazu ergibt, ist die Einsicht, dass die Romane, die die Identitätssuche und -bildung einer Frau thematisieren, als Bildungsromane bezeichnet werden können. Sie lassen sich aber nur dann als Bildungsromane kategorisieren, wenn keine zu enge Bildungsromandefinition zugrunde gelegt wird und vor allem keine Definition, die nur aufgrund von Bildungsromanen männlicher Autoren mit männlichen Protagonisten zustande gekommen ist.

---

[6] Fuderer, L.S. (1990). *The Female Bildungsroman in English: An Annotated Bibliography of Criticism.* New York: The Modern Language Association of America, 34-43. Von wenigen Ausnahmen abgesehen, umfasst die Bibliographie der Sekundärliteratur zum weiblichen Bildungsroman Monographien, Aufsätze und Dissertationen, die zwischen 1972 und 1987 veröffentlicht wurden. Zu weiteren danach erschienenen Veröffentlichungen zum Bildungsroman vgl. Kap. 1.3.

Den geschichtlichen Ausgangspunkt für alle späteren Bildungsromantheorien bildet die im Folgenden zitierte klassische Bildungsromandefinition nach Wilhelm Dilthey. Sie weist verblüffende Ähnlichkeiten zum - in Teil I dargelegten - Identitätsverständnis von Erikson auf. In Diltheys Hölderlin-Aufsatz von 1905 heißt es:

> Eine gesetzmäßige Entwickelung wird im Leben des Individuums angeschaut, jede ihrer Stufen hat einen Eigenwert und ist zugleich Grundlage einer höheren Stufe. Die Dissonanzen und Konflikte des Lebens erscheinen als die notwendigen Durchgangspunkte des Individuums auf seiner Bahn zur Reife und zur Harmonie. Und 'höchstes Glück der Erdenkinder' ist die 'Persönlichkeit', als einheitliche und feste Form des menschlichen Daseins.[7]

Diese Formulierung erinnert an das von Erikson entwickelte Modell der Epigenese, der organischen Entfaltung der Persönlichkeit. Zugleich findet sich in dieser Definition auch das für Erikson zentrale Ziel dieser Entwicklung, nämlich das der "reifen" bzw. "vitalen" Persönlichkeit", wieder. Identität nach Erikson im Sinne einer Einheit von persönlicher und kultureller Identität (vgl. JuK15f.) klingt ebenso in Diltheys Beschreibung an: "[...] wie er in glücklicher Dämmerung in das Leben eintritt, nach verwandten Seelen sucht, der Freundschaft begegnet und der Liebe, wie er nun aber mit den harten Realitäten der Welt in Kampf gerät und so unter mannigfachen Lebenserfahrungen heranreift, *sich selber findet und seiner Aufgabe in der Welt gewiß wird.*" (Dilthey 1921, 249, Hervorhebung von mir)[8]

In einer älteren Definition von Karl Morgenstern, die aber erst 1961 von Franz Martini entdeckt wurde, wird dem Bildungsroman noch eine didaktische Qualifikation zugeschrieben, die darin besteht, dass die exemplarische Darstellung der Bildung eines Helden "des Lesers Bildung, in weiterm Umfange als jede andere Art des Romans, fördert"[9]. Diese Bestimmung wird in späteren, auch neueren Definitionen immer wieder geltend gemacht.[10]

---

[7] Dilthey, W. (1905). *Das Erlebnis und die Dichtung: Lessing, Goethe, Novalis, Hölderlin.* 12. Aufl. Göttingen: Vandenhoeck & Ruprecht, 1921, 250.

[8] Ellen Cronan Rose hat diese Ähnlichkeiten noch detaillierter herausgearbeitet und zur Grundlage ihrer Interpretation von Doris Lessings *Children of Violence* gemacht. Vgl. Rose, E.C. (1975). "The Eriksonian Bildungsroman: An Approach Through Doris Lessing." *University of Hartford Studies in Literature: A Journal of Interdisciplinary Criticism* 7, 1-17.

[9] Karl Morgenstern,1820/21 zitiert nach Köln, Lothar (1988). "Entwicklungs- und Bildungsroman: Ein Forschungsbericht (1969)." In: Rolf Selbmann (Hrsg.). *Zur Geschichte des deutschen Bildungsromans.* Darmstadt: Wiss. Buchgesellschaft, 291-373, hier: 297. Köln bezieht sich dabei auf die ebenfalls in Selbmann abgedruckten Forschungsergebnisse von Fritz Martini (1988). "Der Bildungsroman: Zur Geschichte des Wortes und der Theorie (1961)." Ebd. 239-264.

[10] Vgl. beispielsweise Miles, David H. (1974). "The Picaros's Journey to the Confessional: The Changing Image of the Hero in the German Bildungsroman." *PMLA 89*, 980-992. (Die deutsche Übersetzung dieses Aufsatzes "Pikaros Weg zum Bekenner: Der Wandel des Heldenbildes im deutschen Bildungsroman" (1974), findet sich ebenso in Rolf Selbmanns Sammelband *Zur Geschichte des deutschen Bildungsromans,* 374-405.). Oder: Hirsch, Marianne (Fall 1979). "The Novel of Formation as Genre: Between *Great Expectaions* and *Lost Illusions.*" *Genre* XII, 293-311, hier: 298. Sowie: Suleiman, Susan

Als verwandt mit dem Bildungsroman und daher als Untergattung dieses Genres wird der Künstlerroman angesehen, der die Entwicklung des Helden zum Künstler, zumeist zum Schriftsteller, nachzeichnet. Diese Verwandtschaft zwischen dem Bildungs- und dem Künstlerroman mag nicht zuletzt mit dem ebenfalls häufig erwähnten autobiographischen Gehalt des Bildungsromans zusammenhängen, der in Künstlerromanen vergleichsweise deutlicher hervortritt und explizit thematisiert wird.[11]

Analog zur Weiterentwicklung des Identitätsverständnisses im Anschluss an Erikson hat sich in der Auseinandersetzung der LiteraturwissenschaftlerInnen mit Diltheys Bildungsromandefinition und vor allem im Vergleich mit Goethes Roman *Wilhelm Meistes Lehrjahre* (1794-96), der seit Dilthey als Prototyp dieser Gattung gilt, auch die Theorie des Bildungsromans verändert und erweitert. Zunächst bezogen sich die Vergleiche auf nationale und historische Ähnlichkeiten und Unterschiede. Ist der Bildungsroman ein spezifisches deutsches Genre des ausgehenden 18. Jahrhunderts? Wie unterscheiden sich englische Romane des 19. Jahrhunderts von diesem Prototyp? Was zeichnet den Bildungsroman des 20. Jahrhunderts aus, in dem die Welt, in der der Protagonist seinen Platz finden muss, so fundamental verschieden ist von der des 18. Jahrhunderts?[12]

Mit dem Aufkommen der literaturwissenschaftlichen Frauenforschung in den 1970er Jahren fiel der Blick erstmals bewusst auch auf Bildungsromane mit weiblichen Protagonisten. Vergleichbar mit der Kritik an Erikson, die ihm vorwarf, sein Identitätsverständnis habe sich nur an männlichen Entwicklungsverläufen orientiert, wandte sich die feministische Kritik in der Literaturwissenschaft gegen eine rein männliche Definition des Bildungsromans. In der Tat behandeln alle hier bisher genannten Untersuchungen

---

(1983). *Authoritarian Fictions: The Ideological Literary Genre*. New York: Columbia University, Chapter 2. Und: Felski 1989, 137.

[11] Zum autobiographischen Gehalt in Bildungsromanen wie auch zum Zusammenhang zwischen Bildungs- und Künstlerromanen vgl. u.a. Seret, Roberta (1992). *Voyage into Creativity: The Modern Künstlerroman*. New York: Peter Lang, sowie die Definitionen in literaturwissenschaftlichen Handbüchern wie etwa in Harmon, William & Holman, C. Hugh (1996). *A Handbook to Literature*. 7th ed. Upper Saddle River, New Jersey: Prentice Hall, oder auch bei Abrams, M.H. (1993). *A Glossary of Literary Terms*. 6th ed. Fort Worth: Harcourt Brace Jovanovich College Publishers.

[12] Untersuchungen, die sich mit diesen Fragen auseinander setzen, sind - in der Reihenfolge ihres Erscheinens aufgelistet - u.a.: Howe, S. (1930). *Wilhelm Meister and his English Kinsmen: Apprentices to Life*. New York: Columbia UP; Buckley, J.H. (1974). *Season of Youth: The Bildungsroman from Dickens to Golding*. Cambridge, Mass.: Harvard University Press; Jost, Francois (1974). "The 'Bildungsroman' in Germany, England, and France." *Introduction to Comparative Literature*. Indianapolis: Pegasus, 134-150; Miles 1974; Swales, Martin (1988). "Unverwirklichte Totalität. Bemerkungen zum deutschen Bildungsroman. (1977)." In: R. Selbmann (Hrsg.). *Zur Geschichte des deutschen Bildungsromans*. Darmstadt: Wiss. Buchgesellschaft, 406-426; Hirsch 1979; Sammons, Jeffrey L. (Summer 1981). "The Mystery of the Missing Bildungsroman, or What Happened to Wilhelm Meister's Legacy?" *Genre* XIV, 229-246; Shaffner, Randolph P. (1984). *The Apprentice Novel: A Study of the 'Bildungsroman' as a Regulative Type in Western Literature with a Focus on Three Classic Representatives by Goethe, Maugham, and Mann*. New York: Peter Lang; Moretti, Franco (1987). *The Way of the World: The* Bildungsroman *in European Culture*. London: Verso.

zum Bildungsroman überwiegend, wenn nicht gar ausschließlich, männliche Bildungsromane. Die Frage, was sich verändert, wenn die Hauptfigur des Romans eine Frau ist, wird nicht gestellt. Stattdessen wird die Identitätsbildung des männlichen Protagonisten als universelle dargestellt. Exemplarisch sei hier die 1974 von J.H. Buckley veröffentlichte Untersuchung zum Bildungsroman in England (und Irland) von Dickens bis Golding genannt, da sie besonders im angelsächsischen Raum Anlass zu heftiger Kritik gab.[13] In seiner Einleitung definiert Buckley "the broad outlines of a typical Bildungsroman and [...] the principal characteristics of the genre" wie folgt:

> A child of some sensibility grows up in the country or in a provincial town, where he finds constraints, social and intellectual, placed upon the free imagination. His family, especially his father, proves doggedly hostile to his creative instincts or flights of fancy, antagonistic to his ambitions, and quite impervious to the new ideas he has gained from unprescribed reading. His first schooling, even if not totally inadequate, may be frustrating insofar as it may suggest options not available to him in his present setting. He therefore, sometimes at a quite early age, leaves the repressive atmosphere of home (and also the relative innocence), to make his way independently in the city (in the English novels, usually London). There his real "education" begins, not only his preparation for a career but also - and often more importantly - his direct experience of urban life. The latter involves at least two love affairs or sexual encounters, one debasing, one exalting, and demands that in this respect and others the hero reappraise his values. By the time he has decided, after painful soul-searching, the sort of accommodation to the modern world he can honestly make, he has left his adolescence behind and entered upon his maturity. His initiation complete, he may then visit his old home, to demonstrate by his presence the degree of his success or the wisdom of his choice. (Buckley 1974, 17f.)

Nicht nur die Verwendung des Personalpronomens verrät die Einseitigkeit dieser Definition. Elizabeth Abel u.a. haben als erste in ihrem Sammelband *The Voyage In: Fictions of Female Development* auf vielfältige Weise aufgezeigt, wie sehr sich viele (wenn auch nicht alle) weibliche Bildungsromane von dieser Beschreibung unterscheiden. So beginnen beispielsweise zahlreiche weibliche Bildungsromane nicht mit der Kindheit ihrer Hauptfigur, sondern oftmals schildern sie deren Entwicklung zu einem späteren Zeitpunkt in ihrem Leben, häufig nachdem ihre Erwartungen an Ehe und Mutterschaft enttäuscht wurden. Statt einer linearen Entwicklung zur reifen Persönlichkeit kennzeichnen kurze epiphaniehafte Momente die spätere Selbsterkenntnis der Protagonistin und die Struktur der Erzählung.[14] Die Chronologie der Entwicklung ist

---

[13] Zur Kritik an Buckley vgl. neben Abel et al. 1983 u.a.: Fraiman, Susan (1993). *Unbecoming Women: British Women Writers and the Novel of Development*. New York: Columbia University Press; Wojcik-Andrews, Ian (1995). *Margaret Drabble's Female Bildungsromane: Theory, Genre, and Gender*. New York: Peter Lang; Eysturoy, Annie O. (1996). *Daughters of Self-creation: the Contemporary Chicana Novel*. Albuquerque: University of New Mexico Press; und Feng, Pin-chia (1998). *The Female Bildungsroman by Toni Morrison and Maxine Hong Kingston: A Postmodern Reading*. New York: Peter Lang.

[14] Abel et al. bezeichnen diese wiederkehrende Struktur in weiblichen Bildungsromanen als "the awakening" im Unterschied zur chronologischen Struktur des "apprenticeship pattern" (1983, 11). Da aber sowohl Susan Rosowski (1983). "The Novel of Awakening." In: E. Abel et al. (eds.). *The Voyage In: Fictions of Female Development*. Hanover: University Press of New England, 49-68, als auch Rita

nicht selten eine andere.¹⁵ Ebenso tritt in weiblichen Bildungsromanen bisweilen nicht nur eine Zentralgestalt auf, sondern ein Kollektiv von Protagonistinnen. Ganz deutlich wird der Unterschied, wenn man das Charakteristikum der für die Entwicklung geforderten Liebesbeziehungen bzw. sexuellen Erfahrungen ("one debasing, one exalting") betrachtet. Diese Art der Persönlichkeitsentwicklung wird weiblichen Protagonisten nicht oder nur mit entsprechend negativen Konsequenzen gestattet. Oder aber diese Erfahrungen sind so verheerend, dass sie eine Reifung der Persönlichkeit dramatisch erschweren. Andere Unterschiede betreffen die in der Definition erwähnte erste Schulerfahrung des Protagonisten, die zumindest für Heldinnen des 19. Jahrhunderts so nicht gegeben war, oder auch die Möglichkeit, das Zuhause verlassen zu können, um unabhängig zu werden. Denn für Frauen war die Reise vom Elternhaus in das Haus des Ehemannes im Großen und Ganzen vorherbestimmt Darüber hinaus machen Abel et al. spezifisch weibliche Konflikte aus, die in Bildungsromanen von Frauen eine große Rolle spielen, wie beispielsweise den Konflikt zwischen Autonomie und Bindung (vgl. ebd.12). Schließlich enden viele weibliche Bildungsromane nicht mit einer geglückten "accommodation", einer erfolgreichen Integration in die Gesellschaft. In vielen besonders vor 1970 entstandenen Romanen ist das Scheitern der Selbstverwirklichung der Protagonistin häufiger: "Novels of female development by contrast, typically substitute inner concentration for active accommodation, rebellion, or withdrawal [...] Confinement to inner life, no matter how enriching, threatens a loss of public activity; it enforces an isolation that may culminate in death." (Ebd. 8)

Trotz dieser Unterschiede ist es sinnvoll, an der Bezeichnung "Bildungsroman" für diese bislang nicht berücksichtigten Werke von Frauen festzuhalten.¹⁶ Denn obwohl es viele Verschiedenheiten im Detail gibt, geht es auch in weiblichen Bildungsromanen um die Entwicklung einer Zentralfigur (oder eines Kollektivs), um den Prozess ihres Sich-Selber-Findens unter den jeweils gegebenen gesellschaftlichen Bedingungen, oder in Morettis Worten: um den "conflict between the ideal of *self-determination* and the

---

Felski 1989, 141ff. den Begriff *novel of awakening* noch einmal je anders definieren, soll dieser Terminus hier nicht eingeführt werden.

¹⁵ Vgl. Felski 1989, 138: "Marriage, [...] is now explicitly revealed not as the endpoint of female *Bildung*, but as its very antithesis, so that female 'youth' - the period of interior and exterior discovery and development - is located at quite different points within a female social biography." Auch eine Analyse von Bildungsromanen afro-amerikanischer Schriftstellerinnen kommt zu diesem Ergebnis, vgl. O'Neale, S. (1982). "Race, Sex and Self: Aspects of *Bildung* in Select Novels by Black American Women Novelists." *MELUS* 9.4, 25-37, hier: 25: "When using *Bildungsroman* themes these women writers did not even choose the adolescent years as appropriate frameworks for Black feminine rites of passage; [...] Rather, they collectively depict the Black woman's internal struggle to unravel the immense complexities of racial identity, gender definitions [...], and awakening of sexual being [...] to produce a literature not confined to 'usual' *Bildung* development at set chronological ages."

¹⁶ Das tun auch Abel et al., die ihre Definition als Beitrag zur Revision einer dynamisch verstandenen Gattung betrachten. (Vgl. Abel et al. 1983, 14)

equally imperious demands of *socialization*" (Moretti 1987, 15; Hervorhebung im Original). Versteht man den Bildungsroman in diesem grundlegenden Sinne als "the representation of the interactions between the self and the world" (Jost 1974, 136) oder als "a generic designation for those narratives which trace a process of individual self-development within society" (Felski 1989, 134), finden viele Romane mit weiblichen Protagonisten im Rahmen dieser Gattungstradition ihren Platz. Von dieser grundsätzlichen Gemeinsamkeit ausgehend ist es dann fruchtbar, nach den Unterschieden zwischen dem weiblichen und männlichen Bildungsromanen zu fragen. Aber auch diese variieren je nach der Entstehungszeit des Romans (ob vor der Frauenbewegung oder danach beispielsweise), nach dem nationalen Kontext, oder auch - wie besonders einige neuere Arbeiten zum ethnischen weiblichen Bildungsroman zeigen[17] - nach der ethnischen oder sozio-kulturellen Herkunft der Autorin bzw. ihrer Protagonistin. Um diese vielfältigen Unterschiede auch zwischen diesen Varianten geht es im folgenden Kapitel, in dem die Entwicklung weiblicher Bildungsromane[18] skizziert wird.

1.3 Die Entwicklung weiblicher Bildungsromane im 20. Jahrhundert

Die bisherige Forschung zum weiblichen Bildungsroman und seiner Charakteristik im 20. Jahrhundert lenkt den Blick auf drei markante, miteinander in Zusammenhang stehende Entwicklungen in seiner neueren Geschichte. Es sind zum einen der immer wieder angeführte Wandel in der Adaption des Genres um und ab 1970 und zum anderen das ab diesem Datum häufigere Vorkommen weiblicher Künstlerromane sowie besonders die Zunahme ethnischer Bildungsromane von Frauen, die in zahlreichen Untersuchungen zu dieser Gattung thematisiert werden.

Wie bereits im ersten Teil dieses Kapitels deutlich wurde, hat sich der Bildungsroman um 1970 zu einer der beliebtesten Gattungen unter Schriftstellerinnen entwickelt, was vielfach mit dem Aufkommen der Frauenbewegung in Zusammenhang gebracht wird. Über den Einfluss auf die Quantität der zu dieser Zeit entstehenden Romane hinaus scheint sich die Frauenbewegung aber auch auf die Inhalte und generelle Ausrichtung der Bildungsromane ausgewirkt zu haben. Nicht mehr die Darstellung des bis dahin üblichen "growing down" der Protagonistin bestimmt die Thematik der Bildungsromane, vielmehr beherrschen "images of transcendence and authenticity" (Morgan 1972, 185) nun das Bild. Zwar gibt es immer noch "stories of defeat, for the psychology of op-

---

[17] Vgl. bes. Eysturoy 1996 und Feng 1998.

[18] Aufgrund der Tatsache, dass sich in modernen Romane überwiegend Frauen der Thematik weiblicher Identitätsbildung zugewandt haben, bedeutet der Begriff "weiblicher Bildungsroman" im Folgenden nicht nur, dass die Protagonistin(en) dieses Romans weiblich ist (sind), sondern auch, dass dieser Roman von einer Autorin verfasst wurde.

pression is not conquered", doch "the thrust of neo-feminism is toward change and futurity" (ebd. 184f.).

Während Morgans Beschreibung der Veränderungen des Bildungsromans noch der Enthusiasmus einer der Zeit der Frauenbewegung nahen, engagierten Feministin anzumerken und daher vielleicht Skepsis bezüglich ihrer Einschätzung geboten ist, so zeigt Felskis sehr fundierte spätere Analyse des zeitgenössischen Bildungsromans, dass Morgans Beurteilung nicht jeglicher Grundlage entbehrt. Auch Felski hält den zeitgenössischen "novel of self-discovery" für ein "essentially *optimistic* genre, bearing witness to women's self-identification as an oppressed group, and hence as a potential challenge to existing social values" (Felski 1989, 125, Hervorhebung im Original).

Inwiefern die neueren weiblichen Bildungsromane "optimistischer" sind bzw. Anlass zum Optimismus geben, ist leichter zu verstehen, wenn man sich vor Augen führt, was den weiblichen Entwicklungsroman vor 1970 kennzeichnet. Um noch einmal Ellen Morgan zu zitieren: "prior to the neo-feminist movement, the female protagonists who did grow as selves were generally halted and defeated before they reached transcendent selfhood." (Morgan 1972, 184) Von einigen Ausnahmen abgesehen endeten frühere Romane, die sich mit der Identitätssuche von Frauen beschäftigten, entweder mit dem Tod der Protagonistin, ihrem Selbstmord, in einer "Kompromissehe", im Wahnsinn oder im Rückzug aus der Welt. (Vgl. ebd.)

Diese Charakteristik wird von zahlreichen späteren Analysen unterstützt. Für Annis Pratt, die in ihrer Untersuchung zu archetypischen Modellen in der Frauenliteratur mehr als 300 weibliche Entwicklungsromane aus dem 19. und 20. Jahrhundert - überwiegend aus der Zeit vor 1970 - berücksichtigt, haben sich die folgenden Muster in den nach verschiedenen Aspekten der Entwicklung geordneten Romanen herauskristallisiert:

> At each phase [...] the orderly pattern of development is disrupted by social norms dictating powerlessness for women: young girls grow down rather than up, the socially festive denouements appropriate to courtship and marriage fiction are often subverted by madness and death, Eros and celibacy alike are punished with tragic denouements, and when a rebirth journey is attempted, the reward of personal power makes the conquering hero a cultural deviant.[19]

Eine geglückte Selbstverwirklichung für Frauen erscheint nur möglich in *Science Fiction* Romanen oder auch in den vor ihr als *equal-marriage novels* bezeichneten Werken. In diesen artikuliere sich die Hoffnung auf eine neue Welt ohne Geschlechtsdiskriminierung. (Vgl. Pratt 1981, 35ff. und 54ff.) Ganz ähnlich klingt Penny Browns Zusammenfassung ihrer Analyse von weiblichen Bildungsromanen des frühen 20. Jahrhunderts:

> At the most pessimistic level, 'development' becomes less a process of growth towards fulfilment than a regression from adulthood and a stifling of full maturation. Elsewhere, development constitutes a gradual realisation of limitations and the lack of avenues for fulfilment, though this awareness does not necessarily mean that the protagonists can take

---

[19] Pratt, A. (1981). *Archetypal Patterns in Women's Fiction.* Brighton: Harvester Press, 168.

positive and effective steps to remedy the situation. Indeed, adulthood often means refusal or withdrawal into passivity, or acquiescence and accommodation.[20]

Auch die Situation der Heldinnen in Künstlerromanen vor 1970 entspricht der Beschreibung Pratts und Browns: "the heroine's return involves recognition of herself as female in a society that denigrates the serious artistry of women. That recognition promotes a rejection of herself as woman, an acceptance of herself as monster, or a welcoming of death-in-life as preferable to struggle."[21]

Viele Untersuchungen früherer weiblicher Bildungsromane entwickeln spezielle Begriffe zur Kennzeichnung dieser spezifischen Variante. So spricht Susan J. Rosowski von dem *novel of awakening* und meint damit Romane des ausgehenden 19. und frühen 20. Jahrhunderts (wie Kate Chopins *The Awakening*, 1899; Willi Cathers *My Mortal Enemy*, 1926 und Agnes Smedleys *Daughter of Earth*, 1929). Denn in ihnen gehe es um das "awakening to limitations" der Protagonistin, um die Erkenntnis der Begrenztheit und der Unmöglichkeit von Selbstverwirklichung in einer Gesellschaft, die von Frauen erwartet, dass sie sich über Liebe, Heirat und Mutterschaft definieren: "each presents a resolution only at great cost to the protagonist [...] each presents the dilemma of the individual who attempts to find value in a society that relegates to her only roles and values of the woman, ignoring her need as a human being." (Rosowski 1983, 68). Esther Kleinbord Labovitz bezeichnet im Anschluss an eine Formulierung von Morgan besonders den Roman des 19. Jahrhunderts als "*truncated female* Bildungsroman"[22]. Elaine Baruch, die weiblichen Entwicklungsverläufen nicht nur in Romanen von Frauen nachgeht, stellt fest, dass kaum einer Heldin eine wirklich authentische Identitätssuche und Selbstfindung ermöglicht wird, sondern höchstens eine mittelbare oder indirekte über die Heirat und den richtigen Ehemann. Entsprechend spricht sie von den "*bildungsromans* [sic] *manqués*".[23] Ohne einen neuen Begriff einzuführen, verweist auch Rachel Blau DuPlessis auf den zentralen Konflikt zwischen Selbstfindung und Liebe, der besonders in weiblichen Entwicklungsromanen des 19. Jahrhunderts zugunsten der Liebe gelöst wird: "This contradiction between love and quest in plots dealing with women as a narrative group [..] has [...] one main mode of resolution: an ending in which one part of

---

[20] Brown, Penny (1992). *The Poison at the Source: The Female Novel of Self-Development in the Early Twentieth Century.* New York: St. Martin's Press.

[21] Stewart, Grace (1979). *A New Mythos: The Novel of the Artist as Heroine 1877-1977.* Montreal: Eden Press Women's Publications, 179f.

[22] Labovitz, Esther Kleinbord (1988). *The Myth of the Heroine: The Female* Bildungsroman *in the Twentieth Century. Dorothy Richardson, Simone de Beauvoir, Doris Lessing, Christa Wolf.* 2nd ed. New York: Peter Lang, 6.

[23] Baruch, E.H. (1981). "The Feminine *Bildungsroman*: Education Through Marriage." *Massachusetts Review* 22, 335-357, hier: 357.

that contradiction, usually quest or *Bildung*, is set aside or repressed, whether by marriage or by death."[24]

Doch mit der Veränderung der gesellschaftlichen Situation von Frauen wandelt sich auch das Frauenbild in der Literatur.[25] Erste Wandlungen zeichnen sich schon, wie Rachel Blau DuPlessis in ihrer Analyse von Erzählstrategien moderner Autorinnen aufzeigt, vom 19. ins 20. Jahrhundert ab. Wurde bis gegen Ende des 19. Jahrhunderts der *quest plot* grundsätzlich zugunsten des *marriage plot*[26] aufgelöst, beginnt sich ab dann und besonders im 20. Jahrhundert allmählich der bis dahin eher von männlichen Figuren beanspruchte *quest plot* in weiblichen Entwicklungsromanen durchzusetzen. Schon zu Anfang des 20. Jahrhunderts entdeckt DuPlessis bei einigen Schriftstellerinnen Strategien, mit denen sie den für die weibliche Entwicklung charakteristischen *romance plot* unterlaufen. Kam beispielsweise der Tod für weibliche Helden in Romanen des 19. Jahrhunderts als Strafe für gesellschaftlich nicht akzeptiertes, "unweibliches" Verhalten (wie z.B. für Ehebruch oder für den Verlust der Unschuld), so wird er oder auch der Selbstmord der Heldin spätestens seit Beginn des 20. Jahrhunderts zum symbolischen Protest gegen gesellschaftlich gesetzte Grenzen für Frauen. Ja, er kann sogar als ein Akt der Selbstbehauptung verstanden werden (wie z.B. in Kate Chopins *The Awakening*). (Vgl. DuPlessis 1985, 16ff.)

Gerade in diesen Romanen sieht Rita Felski die Vorläufer des von ihr so benannten *novel of self-discovery*, der vom Feminismus der sechziger Jahre beeinflussten Romanform. Zum einen wird in ihnen der *marriage plot* überwunden, indem die Ehe längst nicht mehr als attraktives Ziel weiblicher Entwicklung konstruiert und vielfach in ihren Krisen, ihrem Scheitern oder auch Festgefahrensein geschildert wird. Zum anderen bildet auch der Tod der Protagonistin nicht mehr den Endpunkt ihrer Entwicklung: "This kind of dichotomy, of either marriage or death, is transcended in the contemporary self-discovery narrative: it is an essentially *optimistic* genre [...]." (Felski 1989, 125) Im Unterschied zu patriarchatskritischen Bildungsromanen Anfang des Jahrhunderts muss gegen die gesellschaftliche Diskriminierung von Frauen nicht mehr mit dem Tod oder dem Selbstmord der Protagonistin protestiert werden. Vielmehr kann die Protagonistin

---

[24] DuPlessis, R.B. (1985). *Writing beyond the Ending: Narrative Strategies of Twentieth-Century Women Writers*. Bloomington: Indiana University Press, 3f.

[25] Möglicherweise aber werden gesellschaftliche Entwicklungen umgekehrt auch von literarischen Visionen mit beeinflusst. Viele feministisch orientierte Aufsätze setzen sich mit der Frage nach der Möglichkeit der Durchbrechung patriarchal geprägter Ausdrucksformen auseinander und allgemeiner mit dem Verhältnis von Literatur und sozialem Wandel.

[26] "A quest plot may be any progressive, goal-oriented search with stages, obstacles, and 'battles', which in general involves self-realization, mastery, and the expression of energy, where this may be at the service of a larger ideology [...] What I call a romance or marriage plot is the use of conjugal love as a telos and of the developing heterosexual love relation as a major, if not the only major, element in organizing the narrative action." (DuPlessis 1985, 200 Fußnote 22)

überleben, aktiv Widerstand leisten und ihre Erfüllung suchen: "In more recent texts [...] female heroes *survive* their 'lighting out' experiences to explore diverse alternatives to the limiting roles that have proscribed female development."[27] Darüber hinaus wird nun die Auseinandersetzung mit der Geschlechtsrolle explizit thematisiert. Schwierigkeiten und Besonderheiten der Suche nach weiblicher Identität kommen nun deutlich als solche in einem Roman zur Sprache. Sie müssen nicht mehr durch besondere Lektüretechniken[28] erschlossen werden. Der Fokus zeitgenössischer Romane liegt auf der Suche nach *geschlechtlicher* Identität, in den Worten von Rita Felski: "identity is defined primarily through gender."[29] Probleme und Themen weiblicher Entwicklung, die schon zuvor beispielsweise in Adoleszenzromanen auftauchten - wie z.B. problematische Essgewohnheiten -, werden nun benannt und in Zusammenhang gebracht mit den Einschränkungen, die Frauwerden und -sein in der jeweiligen Gesellschaft bedeutet.[30] "The quest for the self in women's fiction has become more open and more intense" - so lautet das Fazit von Sandra Frieden.[31] Größere Offenheit ist insbesondere für die Thematik weiblicher Sexualität zu verzeichnen, die in vielen (amerikanischen) Bildungsromanen erstmals deutlich zur Sprache kommt: "Whether they were dealing with heterosexuality or lesbianism, for the first time in American literature, women writers dealt frankly and expansively with women's sexuality." (Payant 1993, 210)

Des Weiteren wird der Einfluss des Feminismus sichtbar in einer größeren Aufgeschlossenheit für Themen, die zuvor ausgelassen wurden. Nach Joanne Frye werden

---

[27] Heller, Dana A. (1990). *The Feminization of Quest-Romance: Radical Departures*. Austin: University of Texas,15 (Hervorhebung von mir). Vgl. ebenso das Ergebnis der Interpretation von Smith, Rebecca (Spring 1977). "The Only Flying Turtle under the Sun: The Bildungsroman in Contemporary Women's Fiction." *Atlantis* 2.2, 124-132: "Thus the conclusions of these five *Bildungsromane* are realistically affirmative - providing new, strongly positive models for all women to follow [...]" (ebd.131).

[28] Gemeint sind die von der feministischen Literaturwissenschaft entwickelten Techniken, die die Erschließung der bewusst oder unbewusst verfolgten, gesellschaftlich bedingten Schreibstrategien von Schriftstellerinnen ermöglichen. Zu diesen Schreibstrategien gehören u.a. die Palimpsesttechnik oder der "double-voiced discourse", Ironie oder auch die Rhetorik des Schweigens. Vgl. dazu: Gilbert, S.M. & Gubar, S. (1979). *The Madwoman in the Attic: The Woman Writer and the Nineteenth-Century Literary Imagination*. New Haven, Yale University Press, 73ff. sowie Kammer, J. (1979). "The Art of Silence and the Forms of Women's Poetry." In: Gilbert, S.M. & Gubar, S. (eds.). *Shakespeares's Sisters: Feminist Essays on Women Poets*. Bloomington: Indiana University Press, 153-164 und Showalter, E. (1982). "Feminist Criticism in the Wilderness." In: Abel, E. (ed.). *Writing and Sexual Difference*. Brighton: Harvester Press, 9-35, hier: 34.

[29] Felski, R. (July 1986). "The Novel of Self-Discovery: A Necessary Fiction?" *Southern Review* 19, 131-148, hier: 137.

[30] Vgl. White, Barbara A. (1985). *Growing up Female: Adolescent Girlhood in American Fiction*. Westport, Ct.: Greenwood Press, 177f.

[31] Frieden, S. (1983). "Shadowing/Surfacing/Shedding: Contemporary German Writers in Search of a Female *Bildungsroman*." In: Abel, E. et al. (eds.). *The Voyage In: Fictions of Female Development*. Hanover: University Press of New England, 304-316, hier: 316.

traditionelle Plotstrukturen in realistischen Romanen durch bislang ausgesparte Themen wie "issues of growing up female, careers other than marriage, fragmentation of women's lives, and bonds between women, mothers, daughters, sisters, and friends"[32] aufgebrochen. Oder anders ausgedrückt: Die allmähliche Zurückweisung des *marriage plot* zugunsten eines *quest plot* bedeutet auch, dass Paarbeziehungen nicht mehr nur kritisch gesehen werden, sondern dass sie sogar viel weniger eine Rolle spielen und stattdessen andere identitätsrelevante Lebensbereiche von Frauen an Gewicht gewinnen, wie zum Beispiel "Frauenfreundschaft, Frauenliebe, Mutter-Tochter-Beziehungen, Schwangerschaft, Geburt, Kindererziehung, Berufstätigkeit, Reisen, *midlife-crisis*, Altersproblematik" (Würzbach 1996a, 203).

Deutlich zugenommen hat auch die Produktion von Künstlerromanen durch Frauen. Außerdem beginnt der für diese Untergattung charakteristische Konflikt der Protagonistin zwischen ihrer Berufung zur Künstlerin bzw. Schriftstellerin und ihrer Verpflichtung auf die Frau- und Mutterrolle, die Selbstlosigkeit und ständige Verfügbarkeit beinhaltet, in neueren Künstlerromanen eine immer zufriedenstellendere Lösungen zu finden:

> Still, in recent years the woman's artist novel has undergone many changes. Women are not only writing more *Künstlerromane*, they are creating heroines who are likelier to succeed than ever before. Although authors are leaving their heroines in the end with only the possibility of success, they are giving them reason to hope for success - a hope that is reflected in their daring to be selfish, in their conviction of having been reborn, and in their feeling that they are at last learning to fly.[33]

Neue weibliche Künstlerromane bieten eine Herausforderung in Hinblick auf traditionelle Erzählformen und soziale Konventionen.[34]

Noch signifikanter als die Zunahme weiblicher Künstlerromane scheint - zumindest für die amerikanische Literaturgeschichte - das Anwachsen ethnischer Bildungsromane

---

[32] Frye, J.S. (1986). *Living Stories, Telling Lives: Women and the Novel in Contemporary Experience*. Ann Arbor: University of Michigan Press, hier zitiert nach: Payant 1993, 6. Frye zeigt an sechs ausgewählten weiblichen Identitätsromanen, wie die Autorinnen bislang zur Verfügung stehende Plotstrukturen, die wiederum kulturelle Konstruktionen von Geschlecht reflektieren, überwinden und dadurch neue Perspektiven auf und für das Leben von Frauen eröffnen

[33] So beendet Linda Huf ihre Untersuchung zum amerikanischen weiblichen Künstlerroman des 19. und 20. Jahrhunderts. Vgl. Huf, Linda. (1983). *A Portrait of the Artist as a Young Woman: The Writer as Heroine in American Literature*. New York: Frederick Ungar, 159. Grace Stewart beschreibt den zentralen Konflikt in weiblichen Künstlerromanen ähnlich, ist aber nicht ganz so positiv in ihrer Einschätzung der Entwicklung. (Vgl. Stewart 1979, bes. 180) Joanne S. Fryes Urteil hingegen entspricht wieder Hufs Fazit, obwohl Frye die von ihr ausgewählten sechs zeitgenössischen Ich-Erzählerinnen-Romane nicht als Künstlerromane, sondern als Beispiele für eine Überwindung der engen (männlich definierten) Strukturen des Bildungsromangenres versteht, vgl. Frye 1986, bes. 83.

[34] Vgl. Greene, Gayle (1991). *Changing the Story: Feminist Fiction and the Tradition*. Bloomington: Indiana University Press, in ihrer Interpretation der vier feministischen Künstlerromane von Doris Lessing (1973), *The Golden Notebook*, Margaret Drabble (1977), *The Waterfall*, Margaret Laurence (1975), *The Diviners* und Margaret Atwood (1976), *Lady Oracle*.

von Frauen zu sein. Immer mehr Schriftstellerinnen ethnischer Minoritäten melden sich - z.T. mit internationalem Erfolg - zu Wort. Entsprechend zugenommen hat die Vielfalt der dargestellten Frauenfiguren (vgl. Payant 1993, 215). Insbesondere in Werken von *African Americans, Asian Americans* und *Hispanics* wird weibliche Identitätssuche im Kontext ethnischer Zugehörigkeit ausgeleuchtet. Dabei werden Sexismus und Rassismus als zusammenwirkende gesellschaftliche Kräfte vorgestellt, die der Selbstverwirklichung der Protagonistin entgegenstehen.[35] Gleichzeitig bringen die Autorinnen anderer Ethnien neue Konstruktionen von Weiblichkeit und Identität ins Spiel und tragen damit zu einer neuartigen Vielfalt bei, die die zeitgenössische Romanliteratur von Frauen auszeichnet. Nach Malcolm Bradbury haben Schriftstellerinnen wie etwa Morrison und Maxine Hong Kingston zu einem "realism of a new kind" beigetragen, der die amerikanische Welt als eine radikal plurale und multikulturelle Gesellschaft ausweist und vielleicht gerade damit den Sieg der Postmoderne versinnbildlicht (vgl. Bradbury 1992, 281ff.). Indem diese Autorinnen sich den Bildungsroman zu eigen machen, erfährt das, was in der dominanten anglo-amerikanischen Kultur unter weiblicher Identitätsbildung verstanden wird, eine Neubewertung und gleichzeitig eine Relativierung. "This new *Bildungsroman* asserts an identity defined by the outsiders themselves or by their own cultures, not by the patriarchal Anglo-American power structure; it evinces a revaluation, a transvaluation, of traditional *Bildung* by new standards and perspectives." (Braendlin 1983, 75)[36]

Die mehrfache Marginalisierung und z.T. widersprüchliche Positionierung ethnischer Frauen führt einerseits dazu, dass die Betonung in diesen ethnischen Bildungsromanen deutlich auf dem Prozess der Suche und des Aushandelns ihrer Identität liegt. Es gibt nicht den Endpunkt einer "runden" Persönlichkeit: "[...] instead of a unified identity, an ethnic woman is engaging in an endless negotiation of her contradictory multiplicity." (Feng 1998, 41) Dem entspricht häufig eine fragmentarische Struktur der Erzählung. Ein Mosaik von kleinen Erzähleinheiten wird durch die Assoziationen der Protagonistin/Erzählerin zusammengehalten; in der Erzählgegenwart ans Licht kommende, unterdrückte Erinnerungen sprengen die Chronologie der Erzählung wie auch der Entwicklung. (Vgl. ebd.)

Andererseits bedeutet die Rückbindung der Protagonistin an eine bestimmte ethnische Gruppe eine "Politisierung" ihrer Bildung und damit auch des Bildungsromans:

---

[35] Vgl. O'Neale 1982; Braendlin, Bonnie Hoover (1983). "*Bildung* in Ethnic Women Writers." *Denver Quarterly* 17, 75-87; Christian, Barbara (1985). "Trajectories of Self-Definition: Placing Contemporary Afro-American Women's Fiction." In: Prene, M & Spillers, H.J. (eds.). *Conjuring: Black Women, Fiction, and Literary Tradition.* Bloomington: Indiana University Press, 237-248; Le Seur, Greta J. (1995). *Ten is the Age of Darkness: the Black Bildungsroman.* Columbia: University of Missouri Press; Eystruoy 1996; Feng 1998.

[36] Vgl. ebenso Christian 1985, 242, die darauf hinweist, dass die fiktionalen Werke der Afro-Amerikanerinnen um die Mitte der 70er Jahre für die Sicht der Frau in der amerikanischen Gesellschaft insbesondere eine Herausforderung im Hinblick auf Bilder von Mutterschaft und Sexualität bieten.

"Apart from coming to terms with the protagonist's identity, the genre is about the *voicing* of this identity; the very voice becomes manifest through the novel itself."[37] Das Erzählen, der Akt des Beschreibens der eigenen Bildung wird zur Befreiung. Das Persönliche wird politisch: "Creative acts are forms of political activism employing definite aesthetic strategies for resisting dominant cultural norms."[38] Zugleich entsteht durch diese Anbindung an die Gemeinschaft oftmals ein anderes Bild vom Subjekt, das nicht mehr das prominente, nach Autonomie und Individualität strebende Selbst ist, sondern eines, das in Beziehung steht. "Thus the search for self, which the *Bildungs* process presents, goes beyond a sovereign self to a communal self." (Eysturoy 1996, 138)[39]

1.4 Die Auswahl der folgenden weiblichen Bildungsromane und ihre Begründung

Die vorangehende Skizze der Geschichte weiblicher Bildungsromane im 20. Jahrhundert hatte drei markante Entwicklungen hervorgehoben: den signifikanten Wandel des Genres mit dem Einsetzen der Frauenbewegung um 1970, das häufigere Vorkommen weiblicher Künstlerromane seit dieser Zeit sowie die Zunahme ethnischer Bildungsromane. Diese drei Aspekte sind es, die in den nächsten drei Kapiteln anhand von drei Hauptbeispielen und vier zusätzlichen Werken illustriert werden sollen.

Das erste Beispiel ist Kate Chopins *The Awakening* (1899). Ihr Roman steht für weibliche Bildungsromane, die vor der Frauenbewegung entstanden sind, und repräsentiert den *novel of growing down*, insofern er mit dem Scheitern der Selbstverwirklichung der Protagonistin, genauer mit ihrem Selbstmord endet. Demgegenüber verkörpern die beiden anderen jüngeren Beispiele, Alice Munros *Lives of Girls and Women* (1971) und Sandra Cisneros' *The House on Mango Street* (1983), den mit der Frauenbewegung

---

[37] Stein, Mark (1998). "The Black British *Bildungsroman* and the Transformation of Britain: Connectedness across Difference." In: Korte, B. & Müller, K.P. (eds.). *Unity in Diversity Revisited: British Literature and Culture in the 1990s.* Tübingen: Narr, 89-106, hier: 93 (Hervorhebung im Original). Vgl. ebenso Feng 1998, 36: "[...] they [the Bildungsromane by Morrison and Kingston] transform a traditionally personal and privatized genre into a political one and provide a postmodern interpretation of the axiom 'the personal is political'."

[38] Anzaldúa, Gloria (1990). *Making Face, Making Soul: Haciendo Caras.* San Francisco: Aunt Lute, XXIV.

[39] Das gilt nicht nur für die von Eysturoy analysierten Chicana Romane, sondern ebenso auch für afroamerikanische und asiatisch-amerikanische Bildungsromane. Vgl. Feng 1998, 29: "[...] while most postmodernist critics either lament or celebrate the death of the subject, Afro-American authors are busy exploring a different kind of subjectivity, rewriting the white Western notions of identity as insular, private and possessive." sowie Kester, Gunilla (1995). *Writing the Subject:* Bildung *and the African American Text.* New York: Peter Lang. Für Chicana Romane vgl. zusätzlich Kelly, Margot (1997). "A Minor Revolution: Chicano/a Composite Novels and the Limits of Genre." In: Brown, Julie (ed.). *Ethnicity and the American Short Story.* New York: Garland, 63-84, bes. 71.

einsetzenden optimistischeren Trend des Genres. Während die Identitätsbildung Edna Pontelliers in *The Awakening* vorzeitig beendet wird, beginnt die Identitätssuche der jugendlichen Protagonistinnen Del Jordan (*Lives of Girls and Women*) und Esperanza (*The House on Mango Street*) nicht nur vergleichsweise früher, sondern sie nimmt auch einen deutlich hoffnungsvolleren Verlauf.

Darüber hinaus wurde *Lives of Girls and Women* als Beispiel für die Entwicklung weiblicher Künstlerromane ausgewählt. Dieser Roman ist repräsentativ in mehrfacher Hinsicht. Zum einen thematisiert er den für diese Untergattung typischen Konflikt der Protagonistin zwischen ihrer künstlerischen Berufung und ihrer Rolle als Frau; zum anderen betont er - wie viele andere weibliche Künstlerromane dieser Zeit - die Bedeutung des Lesens und Schreibens für die Entwicklung der Protagonistin. "Feminist writers know that books make a difference and make this a focus of their fiction. When they express coming to consciousness - in fiction that charts the coming of age of a generation - they foreground reading and writing as part of the process, which is why [...] women's *Künstlerromane* re-emerge in the sixties and seventies." (Greene 1991, 57) Insofern Alice Munro mit *Lives of Girls and Women* versucht, "to *represent* women's experience and to *redefine* the premises of representation" (Frye 1986, 16, Hervorhebung im Original), lässt er sich als ein Beispiel für weibliche bzw. feministische Künstlerromane anführen.

Das dritte Beispiel, Sandra Cisneros' *The House on Mango Street,* steht für die wachsende Anzahl ethnischer Bildungsromane. Wie für diese Untergattung typisch, bringt der Roman vor allem die Probleme zur Sprache, die sich aufgrund der Zugehörigkeit zu einer bestimmten ethnischen Minderheit ergeben. Cisneros zeigt, wie die Selbstfindung und -behauptung ihrer Protagonistin Esperanza durch das Aufwachsen als Chicana in einem sozial benachteiligten und patriarchal bestimmten Stadtviertel Chicagos erschwert wird. Wie viele andere Schriftstellerinnen ethnischer Minoritäten macht sie sich durch die Thematisierung dieser Problematik zum Sprachrohr für die Menschen, vor allem für die Frauen ihrer ethnischen Gemeinschaft, und politisiert damit das traditionell individualistisch ausgerichtete Genre.

Um die Illustration der Entwicklung des weiblichen Bildungsromans auf eine breitere Grundlage zu stellen, sind zur Ergänzung dieser drei Beispiele noch vier weitere Romane ausgewählt worden. Sie helfen, das durch die Hauptbeispiele gewonnene Bild zu vertiefen. So ergänzt der Bildungsroman *Summer* (1917) von Edith Wharton das Bild der *growing down novels*, insofern die Protagonstin am Ende zwar nicht Selbstmord begeht, dafür aber eine Ehe eingeht, die offensichtlich nicht den Höhepunkt ihrer Selbstverwirklichung darstellt, sondern nur den bestmöglichen Kompromiss.[40] *Sassafrass,*

---

[40] Die Auswahl von *The Awakening* und *Summer* hat nicht zuletzt ein Aufsatz von Liesel Hermes nahegelegt, in dem sie dem "Aspekt der Identität im Zusammenhang mit dem Motiv des *awakening*"

Cypress & Indigo (1982) von Ntozake Shange ist als Ergänzung zu *Lives of Girls and Women* ausgewählt worden. Er ist ein weiblicher Künstlerroman ganz anderer Art und belegt damit die immer noch wachsende Vielfalt dieser (Unter-)Gattung. In *Sassafrass, Cypress & Indigo* wird nicht nur der Weg einer Frau wie in *Lives*, sondern die Entwicklung von drei Schwestern zu Künstlerinnen nachgezeichnet. Darüber hinaus verweist die Wahl ihrer Künste auf die Verwurzelung der drei Frauen in ihrer afro-amerikanischen Kultur. Im Unterschied zu Del aus *Lives*, die Schriftstellerin werden möchte, wird Sassafrass Weberin, Cypress Tänzerin und Indigo Musikerin bzw. Heilerin. Insofern die Zugehörigkeit der drei Frauen zur afro-amerikanischen Kultur in diesem Roman eine zentrale Rolle spielt, bietet er eine gute Überleitung zu dem daran anschließenden Kapitel mit einer Auswahl ethnischer Bildungsromane.

Die ethnischen Bildungsromane bilden die größte Gruppe. Da die historischen und soziokulturellen Unterschiede zwischen den einzelnen Ethnien beträchtlich und für die Entwicklung der einzelnen Protagonistinnen sowie für das Selbstverständnis der Autorinnen entscheidend sind, kann ein Chicana Bildungsroman nur bedingt als repräsentativ für alle ethnischen Bildungsromane gelten. Daher sind für dieses Kapitel noch zwei weitere Beispiele mit anderen ethnischen Hintergründen ausgewählt worden. Während Toni Morrison in *The Bluest Eye* (1970) die missglückte Selbstfindung eines afroamerikanischen Mädchens mit dem *growing up* ihrer gleichaltrigen Freundin kontrastiert, thematisiert Amy Tan in *The Joy Luck Club* (1989) die spezifischen Identitätsprobleme chinesisch-amerikanischer Töchter und ihrer noch mehr in der chinesischen Kultur verwurzelten Mütter. Doch selbst diese größere Auswahl ist offensichtlich begrenzt. Sie kann nur ansatzweise die im vorhergehenden Unterkapitel beschriebene, immer noch zunehmend größer werdende Vielfalt ethnischer Bildungsromane illustrieren.

Auch die Konzentration der hier präsentierten Auswahl auf in den USA und Canada publizierte Bildungsromane schließlich ist wiederum exemplarisch zu verstehen, insofern damit ein Trend zur Pluralisierung angezeigt wird, der vielleicht nicht ganz in dem Ausmaß, aber doch auch für die Entwicklung englischer Bildungsromane anzunehmen ist.[41]

Alle sieben ausgewählten Romane können nicht nur aus literaturwissenschaftlicher Sicht als repräsentativ für die Entwicklung weiblicher Bildungsromane betrachtet werden, sondern sie sind zugleich auch alle im Englischunterricht der Oberstufe des Gymnasiums einsetzbar. Die literaturdidaktischen Kriterien der Auswahl werden in Teil

---

nachgeh. Vgl. Hermes, L. (1998). "Frauenbilder in der amerikanischen Literatur: Kate Chopin, Edith Wharton, Carson McCullers." In: Bardeleben, Renate von & Plummer, Patricia (Hrsg.). *Perspektiven der Frauenforschung: Ausgewählte Beiträge der 1. Fachtagung Frauen-/Gender-Forschung in Rheinland-Pfalz*. Tübingen: Stauffenburg Verlag, 145-158.

[41] Das legt z.B. Stein 1998 nahe.

III ausführlich erläutert. An dieser Stelle sei nur erwähnt, dass sie neben den literaturwissenschaftlichen Kriterien häufig den Ausschlag für die Wahl eines bestimmten Romans gaben, so zum Beispiel bei der Auswahl der weiblichen Künstlerromane. Doris Lessings *The Golden Notebook* (1973) oder Margaret Atwoods *Lady Oracle* (1976) beispielsweise - beide gehören zu den einschlägigen weiblichen Künstlerromanen - wären nicht zuletzt aufgrund ihrer Länge und Komplexität in der Schule nicht einsetzbar gewesen. Auch manche ethnische Bildungsromane konnten aus literaturdidaktischen Gründen nicht in die Auswahl mit hineingenommen werden, wie beispielsweise Alice Walkers *The Color Purple* (1982). In diesem Fall sprach die durchgehende Verwendung des *Black English* im Roman gegen die Aufnahme in eine Liste von für den Englischunterricht geeigneten weiblichen Bildungsromanen.

Im Folgenden werden die sieben Romane nun in unterschiedlicher Breite vorgestellt und interpretiert. Literaturdidaktische Begründungen zur Auswahl sowie grundsätzliche Überlegungen zu ihrer *gender*bewussten Vermittlung schließen sich dann in Teil III an.

Kapitel 2: "Novels of Growing Down" - "unvollendete"[42] weibliche Bildungsromane

Die Vorstellung einer repräsentativen Auswahl weiblicher Bildungsromane des 20. Jahrhunderts beginnt mit zwei prominenten Beispielen aus der Gruppe der so genannten *novels of growing down*. Sowohl Kate Chopins *The Awakening* (1899) als auch Edith Whartons *Summer* (1917) können dieser Gruppe zugerechnet werden, schildern sie doch beide jeweils den hoffnungsvollen Beginn und das vorzeitige Ende der Identitätssuche ihrer Protagonistinnen. In beiden Romanen scheitert der eingeschlagene Weg der Heldinnen, sich selbst zu finden und zu verwirklichen, an der Macht gesellschaftlicher Forderungen bzw. an den begrenzten Möglichkeiten für Frauen, über sich selbst zu verfügen. Trotz dieses Scheiterns der Zentralfiguren kommt diesen beiden *growing down novels* eine besondere Bedeutung zu, denn beide können gelesen werden als frühe Plädoyers für das Recht der Frauen auf Selbsterkenntnis und Selbstbestimmung. Sowohl Edna Pontellier als auch Charity Royall sind im Kontext ihrer Zeit außergewöhnliche Frauen, die sich in ihrer Suche nach sich selbst nicht einschüchtern lassen und bis ans Äußerste gehen. Wenn ihre Suche dennoch kein befriedigendes Ende nimmt, ist das eher ein Zeichen für ungerechte gesellschaftliche Verhältnisse als für ein persönliches Scheitern. Beide Romane sind damit Vorläufer feministischer Bildungsromane oder der von Rita

---

[42] Das Adjektiv "unvollendet" bezieht sich hier nicht auf die Bildungsromane, sondern auf die Entwicklung der Protagonistinnen, die vorzeitig abbricht.

Felski so bezeichneten *novels of self-discovery*[43]. Sie markieren einen wichtigen Schritt in der Entwicklung weiblicher Bildungsromane wie auch in der Geschichte weiblicher Identitätssuche und Selbstfindung.

Im Folgenden wird zunächst *The Awakening* ausführlich vorgestellt und interpretiert. Die anschließende, wesentlich kürzere Interpretation von *Summer* soll die Vorstellung der *growing down novels* noch etwas ergänzen.

2.1 Kate Chopin, *The Awakening*, 1899

Es macht Sinn, die Vorstellung einer Auswahl weiblicher Bildungsromane mit einem Werk zu beginnen, das heute - mehr als 100 Jahre nach seinem ersten Erscheinen - als "feministischer Klassiker" bezeichnet wird. Als erstes Werk einer Frau wurde *The Awakening* (1899) von Kate Chopin 1988 in die von der Modern Language Association of America publizierte Reihe *Approaches to Teaching World Literature* aufgenommen, was darauf hinweist, dass dieser Roman mittlerweile Eingang in die literarischen Kanones US-amerikanischer Colleges gefunden hat. So heißt es im Vorwort zu *Approaches to Teaching Chopin's* The Awakening:

> At colleges and universities throughout the country, Kate Chopin's *The Awakening* has become one of the most often taught of all American novels. An MLA survey taken in preparation for this volume shows the novel being used in no fewer than twenty college courses - on subjects ranging from American literature, women's literature, and women's studies to realism, textual linguistics, folklore, and composition.[44]

Seit der Wiederentdeckung Kate Chopins Ende der 1960er Jahre vor allem durch Per Seyersted und aufgrund ihrer Popularität in der literaturwissenschaftlichen Frauenforschung wird sie auch in Literaturgeschichten gewürdigt. So schreibt Malcolm Bradbury in seiner Literaturgeschichte des modernen amerikanischen Romans: "But it is now acknowledged that the most remarkable female writer of the 1890s was Kate Chopin, author of more than a hundred short stories (some collected in *Bayou Folk*, 1894, and *A Night in Acadie*, 1897) and the novel *The Awakening* (1899)."[45] Im Folgenden möchte ich zunächst die Autorin, den Roman sowie seine Rezeptionsgeschichte vorstellen. Ein Blick auf die Geschichte der literaturkritischen Bewertungen des Romans lohnt sich bei

---

[43] Vgl. Felski, R. (1989). "The Novel of Self-Discovery: Integration and Quest." In: Dies. *Beyond Feminist Aesthetics: Feminist Literature and Social Change*. Cambridge, Mass.: Harvard University Press, 122-153.

[44] Koloski, Bernard (ed.) (1988). *Approaches to Teaching Chopin's* The Awakening. New York: The Modern Language Association of America, IX.

[45] Bradbury, Malcolm (1992). *The Modern American Novel*. Rev. Ed. Oxford: Oxford University Press, 22.

diesem Roman besonders, da das, was diesem Werk und seiner Autorin im Laufe des vergangenen Jahrhunderts widerfahren ist, repräsentativ ist für das Schicksal von Schriftstellerinnen, Kritikerinnen, Wissenschaftlerinnen und Romanheldinnen dieser Zeit.[46] Sodann schließt sich im zweiten Unterkapitel eine Interpretation des Romans an, die sich gemäß dem Fokus dieser Arbeit auf die Analyse der literarischen Präsentation der Identitätssuche der Protagonistin konzentriert und daher nicht alle möglichen Aspekte und Zugangsweisen, die sich im Laufe der kritischen Würdigung des Romans entwickelt haben, berücksichtigen kann. Im dritten Unterkapitel schließlich folgt mit Blick auf die Geschichte weiblicher Bildungsromane eine literatur- und gattungsgeschichtliche Einordnung des Romans. Inwiefern kann *The Awakening* als *novel of growing down* bezeichnet werden?

2.1.1 Die Autorin, ihr Roman und seine Rezeptionsgeschichte

Kate Chopins Karriere als Schriftstellerin begann erst nach dem Tod ihres Mannes (1882) bzw. ihrer Mutter (1885) und endete jäh mit der Veröffentlichung von *The Awakening* im Jahre 1899. Kate Chopin wurde 1850 als Tochter eines irischen Immigranten und einer Kreolin in St. Louis, Missouri, geboren und erhielt ihre Bildung u.a. auch in französischer Sprache und Kultur vor allem von ihrer Urgroßmutter und von den katholischen französischen Schwestern der Sacred Heart Academy in St. Louis. 1870 heiratete sie Oscar Chopin, einen wohlhabenden Kreolen, mit dem sie für neun Jahre nach New Orleans zog und mit dem sie sechs Kinder hatte. Die letzten drei Jahre ihrer Ehe verbrachte sie in Cloutierville, Natchitoches Parish (die *counties* in Louisiana heißen *parishes*[47]), einem kleinen französischen Dorf im Nordwesten Louisianas, das den Handlungsort für viele ihrer Kurzgeschichten bildet. Zwei Jahre nach dem Tod ihres Mannes zog sie zurück nach St. Louis zu ihrer Mutter und begann 1889 mit der Veröffentlichung von Kurzgeschichten. Großen nationalen Erfolg brachten ihr die Kurzgeschichtensammlungen *Bayou Folk* (1894) und *A Night in Acadie* (1897) ein. Aufgrund ihres *setting* werden die Geschichten der damals aufkommenden prestigeträchtigen *local color literature* zugerechnet. Diesem zeitgenössischen Erfolg als Regionalschriftstellerin stehen jedoch der Skandal und die negativen Kritiken gegenüber, die sie mit der Veröffentlichung von *The Awakening* auslöste und die sie offensichtlich so sehr trafen, dass

---

[46] Vgl. Walker, N.A. (1993). "A Critical History of *The Awakening*." In: Dies. (ed.). *Kate Chopin: The Awakening*. Boston: Bedford Books of St. Martin's Press, 141-157, hier: 142.

[47] Vgl. Toth, Emily (1988). "A New Biographical Approach." In: Bernard Koloski (ed.). *Approaches to Teaching Chopin's* The Awakening. New York: The Modern Language Association of America, 60-66, hier: 63.

sie danach nur noch wenige Kurzgeschichten schrieb, bevor sie 1904 im Alter von 54 Jahren verstarb. (Vgl. Toth 1988, 65)

In *The Awakening* hatte Chopin es gewagt, mit Sympathie das Schicksal einer jungen Frau darzustellen, die als verheiratete Frau und Mutter von zwei Kindern beginnt, ihr Selbst zu entdecken. *The Awakening* erzählt die Geschichte der 28 Jahre alten Protagonistin Edna Pontellier, die während ihres Urlaubsaufenthaltes auf der vornehmen Grand Isle, einer Inselgruppe im Golf von Mexiko im Südenosten von New Orleans, plötzlich spirituell und sinnlich "erwacht" und die Leere und Fremdbestimmtheit ihres bisherigen Lebens erkennt. Der Roman zeigt, wie Edna auf der Suche nach Erfüllung und Selbstbestimmung an gesellschaftliche und auch innere Grenzen stößt und ihr Leben durch den Gang ins Meer beendet. Wie dieses Ende zu verstehen ist, ist Thema unzähliger Interpretationen.[48] Ist es die gerechte Strafe für eine unmoralische, eigensüchtige, sündige Frau, oder kündigt sich hier ein erster Sieg auf dem Weg der Frauen zu mehr Freiheit und Selbstbestimmung an? Oder ist Ednas Selbstmord eher als ein tragisches Ende zu verstehen, insofern er zeigt, dass sie an der Macht gesellschaftlicher Grenzen scheitert? Je nach geschichtlichem und literaturkritischem Kontext betonen die Deutungen des Endes das eine oder das andere Moment. Ebenfalls kommt in diesen Interpretationen die Einstellung des/der Kritikers/in zum Roman insgesamt zum Ausdruck.

Zeitgenossen Chopins verurteilen ihr Werk weitestgehend aufgrund seines unmoralischen Inhalts. Entweder zeigen sie sich befriedigt darüber, dass Edna am Ende Selbstmord begeht und somit wenigstens ihre Ansprüche diskreditiert werden.[49] Oder Chopin wird gescholten, weil sie sich mit so einem unwürdigen Thema, mit so einer "fool woman" beschäftigt, die nichts aus ihrer Erfahrung lernt und nie über ihre eigenen unmittelbaren Bedürfnisse hinausblickt: "In many ways it is unhealthily introspective and morbid in feeling, as the story of that sort of woman must inevitably be. The evident powers of the author are employed on a subject that is unworthy of them [...]"[50]. Ganz besonders kritisiert wird der jugendgefährdende Charakter des Romans, der die Jugend zu "unholy imaginations and unclean desires"[51] verleiten könnte. Aber nicht nur der Roman stieß in seiner Zeit auf große Ablehnung, vielmehr richtete sich die Kritik auch auf Kate Chopin selbst, insofern sie es als Frau wagte, Sympathie für eine Heldin zu

---

[48] Vgl. z.B. Dyer, J. (1993). "Understanding Edna's Suicide". In: Dies. The Awakening: *A Novel of Beginnings*. New York: Twayne, 100-117. Zu meiner eigenen Interpretation vgl. das nächste Kapitel.

[49] Vgl. "Book Reviews." *Public Opinion XXVI* (June 22, 1899): 794 zitiert in: Culley, Margaret (ed.) (1976a). *Kate Chopin. The Awakening: An Authoritative Text, Contexts, Criticism*. New York: Norton, 151.

[50] From: "Fresh Literature." *Los Angeles Sunday Times* (June 25, 1899): 12, zitiert in Culley 1976a, 152.

[51] From: "Books of the Week." *Providence Sunday Journal* (June 4,1899): 15, zitiert in Culley 1976a, 149f.

zeigen, die statt ihren ehelichen und mütterlichen Pflichten nachzukommen, nur ihrem eigenen Begehren folgt. Damit verstieß Chopin wie ihre Romanheldin gegen den *cult of gentility* des 19. Jahrhunderts, der den Frauen eine besondere Verantwortung hinsichtlich des Erhalts der Moral auferlegte. (Vgl. Walker 1993, 142) Entsprechend kann auch das Schicksal des Romans und der Autorin mit dem Schicksal Ednas verglichen werden, wie es erstmals Elaine Showalter in ihrem Aufsatz "Tradition and the Female Talent: *The Awakening* as a Solitary Book"[52] getan hat:

> [...] the novel represents a literary beginning as abruptly cut off as its heroine's awakening consciousness [...] Banned in Kate Chopin's own city of St. Louis and censured in the national press, *The Awakening* thus became a solitary book, one that dropped out of sight, and that remained unsung by literary historians and unread by several generations of American women writers. (Showalter 1988, 34).

Heute, mehr als 100 Jahre nach seiner ersten Veröffentlichung, nimmt *The Awakening* den Rang eines Weltklassikers ein. Für diesen krassen Wandel in der Beurteilung des Romans sind eine Reihe von Entwicklungen verantwortlich, die zugleich auch etwas über die Geschichte von Frauen und Schriftstellerinnen im 20. Jahrhundert aussagen. Waren am Ende des 19. und zu Anfang des 20. Jahrhunderts noch Reste vikorianischer Prüderie wirksam, die die KritikerInnen nur den - nach ihren Standards - unmoralischen Inhalt des Romans sehen ließen, konnte ein vom *New Criticism* beeinflusster Literaturkritiker von wenigen Ausnahmen abgesehen als erster die ästhetischen Qualitäten des Romans anerkennen. 1956 pries Kenneth Eble *The Awakening* als "a first-rate novel", von denen es nur wenige gäbe.[53] Dass es in dem Roman um Sexualität geht ("Quite frankly, the book is about sex." Eble 1956, 263), ist für ihn ein Faktum, aber nicht wie für die meisten seiner Vorgänger ein Stein des Anstoßes. Kurz zuvor hatte der französische Literaturkritiker Cyrille Arnavon Chopins Werk in einen positiven Zusammenhang mit Gustave Flaubert[54] und den amerikanischen Realisten Theodore Dreiser und Frank Norris gestellt und es damit entscheidend aufgewertet. (Vgl. Walker 1993, 144f.) Doch das größte Verdienst in der Rehabilitierung Kate Chopins vor dem Aufkommen der Frauenforschung und ihrem großen Interesse an ihr kommt dem Norweger Per Seyersted zu, der 1969 die erste umfassende kritische Biographie sowie eine zweibändige Ausgabe

---

[52] In: Martin, W. (ed.) (1988). *New Essays on the Awakening*. Cambridge: CUP, 33-57.

[53] Eble, K. (Summer 1956). "A Forgotten Novel: Kate Chopin's *The Awakening*." *Western Humanities Review X*, 261-268, hier: 262; in gekürzter Form auch abgedruckt in Culley 1976a, 165-170.

[54] Der zeitgenössische Vergleich von *The Awakening* mit *Madame Bovary* von Gustave Flaubert durch Willa Cather fiel negativ aus: "There was, indeed, no need that a second *Madame Bovary* should be written [...] I shall not attempt to say why Miss Chopin has devoted so exquisite and sensitive, well-governed style to so trite and sordid a theme." (vgl. Culley 1976a, 153) Immerhin lobt auch sie die stilistischen Qualitäten des Romans.

ihrer gesammelten Werke veröffentlichte.[55] Das war die Voraussetzung und zugleich der Beginn einer vielfältigen literaturkritischen Erforschung des Romans und des gesamten Werks von Kate Chopin, worüber die mittlerweile erschienenen Bibliographien beeindruckend Aufschluss geben.[56] Obwohl Seyersted Chopin für einen großen Fund hält, und sie für ihn eine Pionierin ist, "a rare, transitional figure in modern literature", die besonders in ihrer Darstellung von Weiblichkeit und weiblicher Sexualität ihrer Zeit voraus ist, rechnet er mit anhaltender negativer Kritik insbesondere von männlicher Seite (Seyersted 1969, 199). Er hat nicht vorausgesehen, dass das Aufkommen der literaturwissenschaftlichen Frauenforschung mit einer Vielzahl von unterschiedlichen Interpretationsansätzen und Zugängen zum Roman[57] die KritikerInnen doch von der inhaltlichen und künstlerischen Komplexität des Werkes überzeugen und schließlich die Aufnahme des Romans in den US-amerikanischen literarischen Kanon bewirken konnte.

Für Kate Chopin kommt diese posthume Würdigung ihres Werkes natürlich viel zu spät, aber dass es überhaupt dazu kam, ist nicht zuletzt ein Verdienst der Frauenbewegung und Frauenforschung und hat Auswirkungen auf gegenwärtige und zukünftige Generationen von LeserInnen und SchriftstellerInnen. Sie können sich nun auch auf weibliche Traditionen berufen und daraus Anregungen für die Auseinandersetzung mit der eigenen Zeit erhalten.

Worin die bleibende Bedeutung und Aktualität des Romans liegen, und warum sich der Roman auch noch nach 100 Jahren zur Schullektüre eignet, wird explizit erst in Teil III dieser Arbeit erläutert. Die folgende Interpretation und anschließende gattungs- und literaturgeschichtliche Einordnung sollen jedoch die didaktische Begründung vorbereiten.

---

[55] Seyersted, P. (ed.) (1969). *The Complete Works of Kate Chopin.* 2 vols. Baton Rouge: Louisiana State UP. Ders. (1969). *Kate Chopin: A Critical Biography.* Baton Rouge: Louisiana State UP. Mittlerweile existiert eine aktuellere Biographie, nicht zuletzt ein Ergebnis der langjährigen Zusammenarbeit zwischen Per Seyersted und Emily Toth: Toth, E. (1990). *Kate Chopin.* New York: Morrow.

[56] Beispielhaft seien hier nur die erste und derzeit neueste Bibliographie genannt: Springer, Marlene (ed.) (1976). *Edith Wharton and Kate Chopin: A Reference Guide.* Boston: Hall (und die Ergänzung (1981). "Kate Chopin: A Reference Guide Updated." *Resources for American Literary Study* 11, 280-303.) und Disheroon Green, Suzanne & Caudle, David J. (1999). *Kate Chopin: An Annotated Bibliography of Critical Works.* Westport, Connecticut: Greenwood Press.

[57] Vgl. beispielsweise die anschauliche Zusammenstellung von verschiedenen Interpretationen des Romans aus der Zeit zwischen 1973 bis 1989 in Walker 1993, "Part Two: *The Awakening*: A Case Study in Contemporary Criticism". Hier wird der Roman aus feministischer, psychoanalytischer, dekonstruktivistischer, rezeptionsästhetischer sowie aus der Perspektive des *New Historicism* beleuchtet. In der zweiten Auflage dieser Zusammenstellung von Walker wird diese Liste noch durch eine *gender*kritische und eine verschiedene theoretische Perspektiven verbindende Interpretation ergänzt. Vgl. Walker, Nancy A.. (ed.) (2000). *Kate Chopin. The Awakening: Complete, Authoritative Text with Biographical, Historical, and Cultural Contexts, Critical History, and Essays from Contemporary Perspectives.* 2nd ed. Boston: Bedford/St. Martin's, 223ff. und 374ff.

2.1.2 Zur Interpretation des Romans: Edna Pontelliers "Erwachen" und ihre Suche nach Selbsterkenntnis und Selbstbestimmung

Der Titel des Romans *The Awakening* wie auch sein Untertitel *A Solitary Soul*, den Chopin als ursprüngliche Überschrift für ihr Werk gedacht hatte, aber auf Druck ihres Verlegers Herbert S. Stone aufgeben musste, weisen auf die zentralen Gehalte des Romans hin. Sie akzentuieren auf unterschiedliche Weise die wichtigsten Erfahrungen und die Entwicklung der Protagonistin Edna Pontellier.

Die ersten acht Kapitel des Romans sind der Charakteristik Ednas gewidmet. Sie geben darüber hinaus ein Bild vom Klima, der Natur und der Atmosphäre in der kreolischen Gemeinschaft auf der Insel, die wesentlich zur Entwicklung Ednas beitragen. Ferner beschreiben sie Ednas Verhältnis zu den drei (von vier) für ihre Entwicklung zentralen Personen: Léonce Pontellier, Madame Ratignolle und Robert Lebrun. Kapitel I und III führen die LeserInnen ein in das Verhältnis der Eheleute zueinander. Sie zeigen einerseits den Grad der Vertrautheit und der Gewohnheit, der sich aufgrund des langjährigen Zusammenlebens zwischen den beiden entwickelt hat (vgl. die verschiedenen Gesten des wortlosen Verstehens, I, 11: "She silently reached out to him, and he, understanding, took the rings from his vest pocket [...]" und 12: "He did not say this, but she understood it, [...]"[58]), aber andererseits klingen auch die Konflikte zwischen den beiden an, die auf verschiedene Ursachen zurückzuführen sind.

Mr. Pontellier scheint ein Mann zu sein, der es gewohnt ist, sich durchzusetzen. Deshalb ist er auch so verärgert, dass er dem Papagei und der Spottdrossel von Mme Lebrun weichen muss und nicht sie für ihn entfernt werden, als sie ihn beim Zeitung Lesen stören. Als Nächstes richtet sich sein Ärger auf seine Frau, die seiner Meinung nach so "dumm" war, in dieser Hitze schwimmen zu gehen. Die Erzählerin kommentiert seinen übertriebenen an seine Frau gerichteten Vorwurf "You are burnt beyond recognition" mit: "looking at his wife as one looks at a valuable piece of property."(I,11) Nicht die Sorge um seine Frau hat ihn zu diesem Ausruf motiviert, sondern die Befürchtung, sein Besitz könnte Schaden genommen haben, was wiederum auf ihn zurückfallen würde. Dieses egozentrische Verhalten, das sich aber durchaus im Rahmen des gesellschaftlich Normalen bewegt, zeigt Léonce Pontellier auch weiterhin. So lässt er beispielsweise seine Frau mit Robert Lebrun zurück, um sich zum Billiard Spielen mit anderen Männern zu treffen, und gibt ihr keine Antwort darauf, wie lange er vorhat zu bleiben. Als er spät in der Nacht von seinem Männerclub nach Hause kommt, erwartet er, dass Edna, obwohl sie schon eingeschlafen ist, bereit steht, um ihm zuzuhören und

---

[58] Die Seitenzahlen beziehen sich auf die in der Cambridge Literature Series erschienene Ausgabe: Baxter, Judith (ed.) (1996). *Kate Chopin: The Awakening and Other Stories*. Cambridge: Cambridge University Press. Zur leichteren Orientierung auch in anderen Ausgaben gebe ich bei Zitaten auch das jeweilige Kapitel mit an.

Anteil zu nehmen an seinen Erlebnissen. Die Ironie der Erzählerin ist unüberhörbar: "He thought it very discouraging that his wife, who was the sole object of his existence, evinced so little interest in things which concerned him, and valued so little his conversation." (III, 14) Der darauffolgende von ihm angezettelte Streit mit seiner Frau führt in den zentralen Konflikt zwischen den beiden ein und verweist zugleich auf ein Kernproblem Ednas. Mr. Pontellier wirft Edna vor, dass sie die Kinder vernachlässigt und ihre Mutterpflichten nicht adäquat erfüllt. Auch wenn in diesem konkreten Fall die Vorwürfe völlig aus der Luft gegriffen sind - die Kinder schlafen friedlich -, so ist damit eine zentrale Thematik des Romans angesprochen: Ednas Einstellung zu ihrer Rolle als Mutter.

Wie insbesondere im Vergleich mit Adèle Ratignolle in Kapitel IV deutlich wird, entspricht Edna nicht dem gesellschaftlich positiv sanktionierten Bild einer liebenden, sich selbst aufopfernden Mutter.[59] Im Unterschied zu Mme Ratignolle, die laut Erzählerin zu den Frauen gehört, "who idolized their children, worshiped their husbands, and esteemed it a holy privilege to efface themselves as individuals and grow wings as ministering angels" (IV, 18), ist Edna kein "Muttertyp": "In short, Mrs. Pontellier was not a mother-woman." (Ebd.) Sie nutzt beispielsweise nicht wie diese die Zeit der langen Sommernachmittage, um Winterkleidung für ihre Kinder zu nähen. Stattdessen zieht sie es vor, nichts zu tun, sich mit Robert Lebrun und Mme Ratignolle zu unterhalten, oder auch zu malen, eine Beschäftigung, die sie zufriedener macht als jede andere. Ihr Verhalten ist weniger zielgerichtet; beinahe wie ein Kind lebt sie in der Gegenwart, wie sie selbst in einer Unterhaltung mit Mme Ratignolle bemerkt: "[...] sometimes I feel this summer as if I were walking through the green meadow again; idly, aimlessly, unthinking and unguided." (VII, 29) Während Mme Ratignolle geradezu vorbildlich in ihrer Rolle als gute Ehefrau und Mutter aufzugehen scheint, ist Edna froh, zeitweise der Verantwortung für ihre Kinder entledigt zu sein: "Their absence was a sort of relief, though she did not admit this, even to herself. It seemed to free her of a responsibility which she had blindly assumed and for which Fate had not fitted her." (VII, 32) Doch diese Erleichterung darf und kann sich Edna noch nicht einmal selbst, geschweige denn anderen gegenüber offen eingestehen. Frau- und Muttersein gehörten zur damaligen Zeit untrennbar zusammen. Die Ablehnung der Mutterrolle war gesellschaftlich geächtet, wie im Fall von Mlle Reisz, einer unverheirateten Pianistin, deutlich wird.

Edna fühlt sich hingezogen zu Mme Ratignolle, dieser schönen und mütterlichen Frau - ihre eigene Mutter war selbst früh gestorben - , auch wenn der Unterschied zwischen ihnen beiden nicht größer sein könnte. Edna ist zwar auch von außergewöhnlicher Schönheit (vgl. VII, 26), aber vom Wesen her eher reserviert und in sich gekehrt,

---

[59] Zur damals geltenden Ideologie der Mutterschaft vgl. bes. Moody, Helen Watterson. (May 1899). "The True Meaning of Motherhood." *Ladies' Home Journal,* abgedruckt in Walker 2000, 156ff.

was mit ihrer kulturellen Herkunft zu tun haben mag. Denn Edna ist Presbyterianerin aus Kentucky, der die ungewohnt freie, lebensfreudige und offene kreolische Gemeinschaft auf der Insel fremd sind. Madame Ratignolle ist ein Prototyp dieser Gesellschaft. Für sie sind Verehrer wie Robert Lebrun beispielsweise keine Gefahr; ihr kreolisches Temperament macht es ihr möglich, sich als verheiratete Frau von ihm anbeten zu lassen und mit ihm zu flirten, ohne Anstoß zu erregen. Sinnlichkeit und Reinheit, Offenheit und Keuschheit sind in Mme Ratignolle kein Gegensatz. Im Unterschied dazu hat Edna früh gelernt, ihre inneren Gefühle und fragenden Gedanken zu verstecken. (Vgl. VII, 25) Erst das wachsende Vertrauen zu Mme Ratignolle und die gegenseitige Zuneigung erlauben es ihr, sich erstmals einem anderen Menschen zu öffnen. In diesen Gesprächen offenbart sich etwas von Ednas Charakter, von ihren Enttäuschungen und besonders von ihren unerfüllten Sehnsüchten. Dabei wird auch deutlich, dass sich Edna mit ihrer Heirat Léonce Pontelliers für eine Vernunftehe entschieden hat, von der sie sich Stabilität erhofft, da sie nicht von destruktiver Leidenschaft zerstört werden kann. (Vgl. VII, 31f.)

Doch die sinnlich sommerliche Atmosphäre auf der Insel, die ungewohnten und bewegenden Gespräche mit Mme Ratignolle bleiben nicht ohne Wirkung auf Edna. Ihre verdrängten Lebenswünsche und -sehnsüchte kommen an die Oberfläche. Mme Ratignolle erkennt als erste, dass Edna aufgrund dieser unerfüllten Wünsche gewissen "Gefahren" ausgesetzt ist. Entsprechend ihrem mütterlichen Verantwortungsbewusstsein warnt sie daher auch den Frauenhelden Robert Lebrun, Edna Pontellier nicht zu nahe zu kommen (vgl. VIII). Doch ohne Erfolg: Robert Lebrun, der 26 Jahre alte Sohn von Mme Lebrun, der Vermieterin der kleinen Ferienhäuschen, interessiert sich für Edna und freundet sich tatsächlich mit ihr an. Bei den entscheidenden Ereignissen, ihre weitere Entwicklung bestimmenden Erlebnissen ist er zugegen. Vor allem ist er an ihrer Seite an dem Abend, an dem sie zum ersten Mal sich selbst gewärtig, sich ihrer selbst bewusst wird.

Es geschieht bei einem spontanen Fest der in Mme Lebruns Häuschen lebenden Gesellschaft. In lockerer, entspannter Atmosphäre werden Gedichte rezitiert, wird musiziert und getanzt. Auf Robert Lebruns Intervention hin spielt an diesem Abend sogar Mademoiselle Reisz, die als eine unangenehme, unverschämt selbstbewusste und streitsüchtige, kleine Frau beschrieben wird, die aber offensichtlich Mrs. Pontellier zugetan ist und vor allem begnadet Klavier spielen kann. Es ist diese Musik der Mlle Reisz' - wohl nicht zufällig spielt sie wieder einmal ein Stück von Chopin[60] - , die Edna in der Tiefe ihrer Person anrührt, die ihre Sehnsüchte und Leidenschaften weckt und einen unauslöschlichen Eindruck hinterlässt: "The very first chords which Mademoiselle

---

[60] Vgl. dazu E. Showalter 1988, 46f. Sie betrachtet "Chopin" nicht nur als "the code word for a world of repressed passion", sondern auf einer anderen Ebene auch als "a literary punning signature that alludes to Kate Chopin's ambitions as an artist and to the emotions she wished to arouse in its readers" (47).

Reisz struck upon the piano sent a keen tremor down Mrs. Pontelliers's spinal column [...] Perhaps it was the first time she was ready, perhaps the first time her being was tempered to take an impress of the abiding truth [...] the very passions themselves were aroused within her soul [...]" (IX, 41). Schon bei diesem tiefgreifenden Erlebnis wird deutlich, dass Edna mit Leib und Seele involviert ist, dass es sich um eine physische und spirituelle Erfahrung, vielleicht um eine mystische Erfahrung handelt (vgl. die Anspielungen im letzten Satz dieses Kapitels: "mystic hour and under that mystic moon", IX, 42).[61]

Diese durch die Musik von Mlle Reisz ausgelöste Erfahrung Ednas findet ihre Fortsetzung und Vertiefung, vielleicht auch eine erste Antwort in ihrem anschließenden ersten selbständigen Schwimmen im Meer. Die Entdeckung Ednas, dass sie *allein* schwimmen kann, dass sie nicht der allseits helfenden Hand eines anderen bedarf, ihre dadurch hervorgerufenen Gefühle der unbändigen Freude, des Stolzes, des Mutes, aber auch der plötzlichen Angst vor der eigenen Courage, diese Erfahrung bekommt nicht erst in der Rückschau eine große symbolische Bedeutung. Was ist das für eine über die konkrete Entdeckung hinausweisende Erfahrung? Welche "unvergängliche Wahrheit" drängt sich Edna in dieser Nacht auf (vgl. "impress of the abiding truth", IX, 41)? Ohne dass Edna es selbst so benennen könnte, lässt sich ihre körperlich-seelische Erfahrung vorsichtig als die Entdeckung der Eigenmächtigkeit, der eigenen Kräfte beschreiben. Sie erfährt eine Aufforderung zur Selbständigkeit, zur Selbstbestimmung und zur letzten Eigenverantwortlichkeit. Angedeutet wird eine Entdeckung des Selbst, die sie mutig macht ("She wanted to swim far out, where no woman had swum before." X, 44) und sie zugleich ängstigt ("A quick vision of death smote her soul, and for a second of time appalled and enfeebled her senses." ebd.). Freude über diese Entdeckung (vgl. "shout for joy, feeling of exultation, intoxicated with her newly conquered power", X, 43f.) mischen sich mit dem gleich starken Wunsch nach Auflösung des Selbst im Unendlichen, für das hier die Weite des Meeres steht: "As she swam out, she seemed to be reaching out for the unlimited in which to lose herself." Diese Konfrontation mit dem Selbst macht einsam; das Schlüsselwort dieser Szene ist "solitude" bzw. "alone"[62]. Selbsterkenntnis und Einsamkeit sind untrennbar miteinander verbunden. Die Erfahrung trennt sie von den anderen am Ufer ("barrier"). Wenn Léonce Pontellier meint, er hätte den Abstand noch überwinden können ("You were not so very far, my dear; I was watching you"), zeigt das nur einmal mehr die durch diese Erfahrung bewirkte tatsächliche Distanz

---

[61] Zur Interpretation der Erfahrung Ednas als "a classic mystical experience" vgl. Christ, C. (1980). "Spiritual Liberation, Social Defeat: Kate Chopin." In: Dies. *Diving Deep and Surfacing*. Boston: Beacon Press, 27-40, hier: 30ff.

[62] Margaret Culley verweist in ihrer Interpretation von *The Awakening* auf den ursprünglichen Titel des Romans und zeigt, wie das Wort "alone" wie ein Refrain den ganzen Text durchzieht. (Vgl. Culley, Margaret (1976b). "Edna Pontellier: 'A Solitary Soul.'" In: Culley 1976a, 224-228.)

zu ihm, die sich im Laufe von Ednas Entwicklung nur noch vergrößert. Er kann sie nicht verstehen, geschweige denn retten. Sie hat sich von ihm und ihrer Rolle als Ehefrau und Mutter entfernt.

Einen Schlüssel zu dieser Szene und der damit angestoßenen Entwicklung bietet das vorausgegangene Kapitel VI, das mehr als irgendeine andere Stelle im Roman aus der allwissenden Sicht der Erzählerin geschrieben ist. Als Erklärung des Erlebnisses von Edna könnte gelten: "Mrs. Pontellier was beginning to realize her position in the universe as a human being, and to recognize her relations as an individual to the world within and about her." (VI, 24) Sie erkennt in diesem Augenblick ihre Würde als eigenständige Person. Diese Erkenntnis gleicht einer zweiten Geburt; es ist ein Anfang mit Hoffnungen und Befürchtungen, ein Beginn, aus dem nun etwas zu machen ist. Doch in Vorausdeutung auf Ednas Ende wird hier mehr auf die Gefahren aufmerksam gemacht, die ein solcher Weg bedeutet: "How few of us ever emerge from such beginning! How many souls perish in its tumult!" (VI, 25) Die Selbsterkenntnis als solche ist schon nur wenigen Frauen gegönnt ("more wisdom than the Holy Ghost is usually pleased to vouchsafe to any woman", ebd.), mit einem entsprechend selbstbestimmten Leben der Frauen ist kaum zu rechnen. Vielleicht für Frauen noch einmal mehr bedeutet die Entdeckung des Selbst ein Risiko. Auch gibt es schon hier die Vorausdeutung auf die Einsamkeit einer solchen Erfahrung: "[...] inviting the soul to wander for a spell in abysses of solitude" (ebd.) sowie auf die den ganzen Menschen erfassende Unbedingtheit des Erlebnisses: "The *voice* of the sea speaks to the *soul*. The *touch* of the sea is sensuous, enfolding the *body* in its soft, close embrace." (Ebd., kursiv von mir, R.F.)

Wenn im allerletzten Kapitel XXXIX genau diese Zeilen wiederholt werden, als Edna ins Meer geht und ertrinkt, erfahren sie eine Umdeutung. Besteht in Kapitel X noch die Hoffnung, dass Edna dem Aufruf zur Selbstfindung folgen kann, zeigt sich am Ende, dass dieser Weg im Leben für sie nicht gangbar ist. Gleichzeitig wird deutlich, dass dieser Ruf für sie so absolut ist, dass sie nicht mehr bereit ist, ihn zu verraten. Lieber stirbt sie, als ihr Selbst an andere - ihre Kinder, ihren Mann oder Geliebten - verlieren zu müssen: "I would give up the unessential; I would give my money for my children; but I wouldn't give myself." (XVI, 70). Sie möchte selbst über sich bestimmen: "but whatever came, she had resolved never again to belong to another than herself." (XXVI, 114) und darüber entscheiden, wem sie sich hingibt: "I give myself where I choose." (XXXVI, 151). Das gilt auch für ihren Geliebten Robert Lebrun, der sie nicht versteht ("What do you mean?", ebd.), sondern stattdessen von einer Ehe mit ihr träumt ("I forgot everything but a wild dream of your some way becoming my wife." XXXVI, 150) und sie verlässt, weil er dafür keine Chance sieht: "Good-by - because I love you." (XXXVIII, 156) Er versteht sie nicht und wird sie nie verstehen (vgl. XXXIX, 161: "He did not know; he did not understand. He would never understand.") Aber versteht Edna sich selbst wirklich ganz?

Ihre Entwicklung nach dem "Erwachen" im Meer wird ambivalent geschildert. Ihr Weg ist ein Suchen und Tasten, er gleicht mehr dem "tottering" und "stumbling" (X, 43) eines kleinen Kindes als dem überlegten Handeln einer reifen Frau. Vor allem lässt sie sich von ihren Gefühlen und inneren Impulsen leiten, denen sie mit ihrem neu erwachten Selbstbewusstsein folgt. Der erste, der das zu spüren bekommt, ist ihr Ehemann, gegenüber dem sie sich zum ersten Mal - entgegen ihrem sonst üblichen, sozialisationsbedingtem Verhalten - demonstrativ auflehnt: "Léonce, go to bed, I mean to stay out here. I don't wish to go in, and I don't intend to. Don't speak to me like that again; I shall not answer you." (XI, 49)

Als Nächstes bewegt sie sich - für eine Frau der damaligen Zeit sehr ungewöhnlich - aktiv auf Robert zu, indem sie ihn zu einem Ausflug auf die Nachbarinsel Chênière auffordert. (Vgl. XII, 50f: "Edna sent her up into the house to awaken Robert [...] She did not appear conscious that she had done anything unusual in commanding his presence.") Dieser Ausflug bedeutet ein weiteres Überschreiten der gesellschaftlichen Grenzen, ein Lösen der Fesseln, die sie einengten, wie Edna es selbst wahrnimmt: "Edna felt as if he were being borne away from some anchorage which had held her fast, whose chains had been loosening [...] leaving her free to drift whithersoever she chose to set her sails." (XII, 53) Indem sie sich über die gesellschaftlichen Erwartungen hinwegsetzt, sich buchstäblich von ihnen entfernt - denn die Gesellschaft auf der kleinen Nachbarinsel Chênière ist eine andere, einfachere, ursprünglichere als die vornehme auf der Grand Isle aus dem French Quarter von New Orleans -, wird sie frei, sich selbst zu entdecken. Hier - fern von der Zivilisation der gehobenen Gesellschaft in märchenhaft anmutender Umgebung (vgl. z.B. die expliziten Anklänge an *Dornröschen*, XIII, 57) - entdeckt sie ihre Sinnlichkeit, die Schönheit ihres eigenen Körpers zum ersten Mal ("She ran her fingers through her loosened hair for a while. She looked at her round arms as she held them straight up and rubbed them one after the other, observing closely, as if it were something she saw for the first time, the fine, firm quality and texture of her flesh.", XIII, 56) und erfreut sich einfacher sinnlicher Genüsse wie des tiefen Schlafs und des hungrigen Essens. Zurückgekehrt von dieser Reise versucht sie, das Geschehene zu begreifen, doch sie kann nur erkennen, dass sie jetzt eine andere ist, und versteht nicht wie die Erzählerin, dass die Entdeckung ihres Selbst ihren Blick auf die Welt verändert hat. (XIV, 61)

Von großer Bedeutung für Ednas Entwicklung ist Robert Lebruns zwar angekündigter, aber letztlich doch unerwarteter Weggang nach Mexiko. Er verlässt sie genau in dem Augenblick, in dem sie sich in ihn verliebt hat und sie diese Verliebtheit auch als solche erkennt (vgl. "For the first time she recognized anew the symptoms of infatuation which she had felt incipiently as a child, as a girl in her earliest teens, and later as a young woman." XV, 67).[63] Vermutlich wäre sie aufgrund ihrer neuen inneren Freiheit bereit gewesen, ihren Gefühlen zu folgen und sich auf eine Affäre mit ihm einzulassen. Dadurch aber, dass Robert genau in diesem Moment abreist, kann die Tragfähigkeit dieser Beziehung nicht getestet werden. Stattdessen richtet sich ihre Sehnsucht nun ganz auf ihn: "She was still under the spell of her infatuation [...] the thought of him was like an obsession [...] it was his being [...] which filled her with an incrompehensible longing." (XVIII, 79) Diese romantischen Phantasien bedeuten eine gewisse Bedrohung für ihren neu gewonnenen Selbststand, denn sie kann nun ihre Wünsche nach Erfüllung auf ihn projizieren, anstatt sich mit der möglichen Realität ihrer Autonomie auseinanderzusetzen.

Die Sehnsucht ist es auch, die Edna nach ihrer Rückkehr von der Insel in ihr Haus nach New Orleans Menschen aufsuchen lässt, die im Sommer ihres Erwachens zugegen waren, zunächst die Ratignolles. Doch die Begegnung mit ihnen gibt ihr nicht den ersehnten inneren Frieden, sondern lässt sie deprimiert zurück, weil sie erkennt, dass die Welt der Ratignolles nicht die ihre ist. Sie empfindet sogar Mitleid für dieses von außen gesehen ideale glückliche Ehepaar und besonders für Mme Ratignolle: "The little glimpse of domestic harmony which had been offered her, gave her no regret, no longing. It was not a condition of life which fitted her, and she could see in it but an appalling and hopeless ennui. She was moved by a kind of commiseration for Madame Ratignolle [...]." (XVIII, 82) Edna möchte ihre Situation nicht gegen die aus ihrer Sicht unaufgeklärte, naiv glückliche von Mme Ratignolle eintauschen.

So fährt sie fort in ihrer Emanzipation und Suche nach sich selbst, die zugleich ein weiteres Vernachlässigen ihrer Hausfrau- und Mutterpflichten mit sich bringen, was wiederum neue Konflikte mit ihrem Ehemann heraufbeschwört. Sie entdeckt ihr Interesse an der Malerei und malt in ihrem Atelier, anstatt - wie von ihr erwartet - Besucher zu empfangen. Während sich ihr Mann ob solcher Aufsässigkeit fragt, ob Edna wirklich noch sie selbst sei, steht für die Erzählerin fest, dass Edna immer mehr sie selbst wird: "[...] he could not see that she was becoming herself and daily casting aside that fictitious self which we assume like a garment with which to appear before the world." (XIX, 83)

Die wichtigste Person bei ihrer Suche nach sich selbst wird Mademoiselle Reisz - nach Aussage eines Gemüsehändlers aus ihrer Nachbarschaft "the most disagreeable and unpopular woman who ever lived in Bienville Street" (XX, 85). Vielleicht sind es ihre unverblümte Offenheit, ihre Freiheit, auch unangenehme Dinge deutlich auszusprechen,

---

[63] Im Unterschied zu Carol Christ, die in Ednas Freundschaft zu Robert den Auslöser für ihr Erwachen sieht (vgl. Christ 1980, 28: "Edna's awakening is sparked by her friendship with the son of the woman who owned the cottages on Grand Isle [...]"), bin ich der Ansicht, dass Robert zwar eine wichtige, aber nicht die entscheidende Rolle bei ihrem Erwachen spielt. Er erhält seine Bedeutung hauptsächlich dadurch, dass er bei all den entscheidenden, sie verwandelnden Augenblicken zugegen war: beim Klavierspiel von Mlle Reisz, beim und nach dem Schwimmen im Meer sowie auf der Insel Chênière. Er kommt als Grund für ihr Streben nach Selbstbestimmung hinzu, ist aber nur einer von mehreren.

die sie so unbeliebt machen. Möglicherweise spiegelt sich in dieser gesellschaftlichen Abneigung aber auch die gesellschaftliche Einstellung gegenüber selbstbewussten unabhängigen ledigen Frauen. Im Unterschied zu Mme Ratignolle scheint Mlle Reisz jedenfalls nicht zu Schmeicheleien zu neigen, wie sich am Beispiel ihrer unterschiedlichen Einschätzung von Ednas Malbegabung zeigt. Während Mme Ratignolle - wie erwartet - auf Ednas Anfrage ihr großartiges Maltalent preist ("Your talent is immense, dear!", XVIII, 81), reagiert Mlle Reisz geradewegs ablehnend auf Ednas Ambitionen: "Ah! an artist! You have pretensions, Madame [...] To be an artist includes much; one must possess many gifts - absolute gifts [...] to succeed, the artist must possess the courageous soul [...] The soul that dares and defies." (XXI, 91f.) Einerseits zeigt sich in dieser unverblümten Reaktion die Ehrlichkeit, die das Verhältnis von Edna und Mlle Reisz insgesamt kennzeichnet - Edna kann Mlle Reisz nichts vormachen (vgl. bes. XXI und XXVI). Zum anderen verweist diese unterschiedliche Einschätzung auch auf die unterschiedlichen Charaktere von Mme Ratignolle und Mlle Reisz, denn Mlle Reisz ist eine Künstlerin, eine Pianistin, die offensichtlich den Mut zum Selbststand, zur inneren und äußeren Autonomie aufbringt. Diese - von Edna für sich selbst ersehnte - Unabhängigkeit der Mlle Reisz ist einer der Hauptgründe für ihre Hinwendung zu ihr. Hinzu kommen aber auch Mlle Reisz' Klavierspiel, das im Sommer ihren Lebenshunger geweckt hatte und sie nach einer Wiederholung dieser dadurch geweckten Gefühle suchen lässt (vgl. XXI), und schließlich die unverhoffte Entdeckung, dass Mlle Reisz in einem intimen Briefkontakt mit Robert Lebrun steht und sie somit etwas von seiner Liebe zu ihr erfahren kann. Als Edna sich kurz vor ihrem Ertrinken an Mlle Reisz erinnert, denkt sie genau an diese Worte von ihr: "And you call yourself an artist! What pretensions, Madame! The artist must possess the courageous soul that dares and defies." (XXXIX, 160f.) Edna vermutet, dass Mlle Reisz sich über sie lustig machen würde, wüsste sie von ihrem Vorhaben. Sie würde Ednas Gang ins Wasser nicht als tapfere Tat einer couragierten, unabhängigen Frau interpretieren, die sich mutig gesellschaftlichen Ansprüchen widersetzt.

Doch Edna ist nicht Mademoiselle Reisz. Sie steht zwischen Mme Ratignolle und Mlle Reisz und versucht, ihren eigenen Weg zu finden. Dieser Versuch zeigt sich sehr konkret und deutlich in ihrem radikalen Entschluss, in ein eigenes kleines Häuschen zu ziehen, das sie selbst finanzieren kann. Dieser Plan, von dem sie als erstes Mlle Reisz erzählt, ist nicht nur das deutlichste äußere Zeichen ihrer wachsenden Unabhängigkeit, sondern auch Teil dieser immer größer werdenden Selbstbestimmung.[64] Vorangegangen waren ihre Weigerung, mit ihrem Vater und ihrem Mann die Hochzeit ihrer Schwester zu feiern, sowie ihre Entscheidung, ihren Mann nicht auf eine mehrmonatige Geschäftsreise

---

[64] Vgl. Christ 1980, 33f.: "Edna's little house, like Woolf's 'room of one's own', is a symbol for the psychic emancipation of the female mind."

nach New York zu begleiten sondern stattdessen allein in New Orleans zurückzubleiben. Ihre Kinder werden bei ihrer Schwiegermutter untergebracht, so dass Edna frei über sich verfügen kann. Zunächst genießt sie dieses Alleinsein und atmet förmlich auf: "But after all, a radiant peace settled upon her when she at last found herself alone [...] a sense of restfulness invaded her, such as she had not known before." (XXIV, 103f.) Sie gewinnt Befriedigung aus ihrer Arbeit, der Malerei ("she drew satisfaction from the work in itself." XXV, 105). Doch schon bald stellt sich eine innere Unruhe ein, ein Sehnen nach der Erfüllung, die das Erwachen in ihr geweckt hatte ("it seemed to her as if life were passing by, leaving its promise broken and unfulfilled." Ebd. und "She wanted something to happen, anything; she did not know what." XXV, 107). In dieses emotionale Vakuum trifft Alcée Arobin, ein Frauenheld, der sich zu Edna hingezogen fühlt und seine Chance erkennt und zu nutzen weiß. Ihm gelingt eine Annäherung, die ihm Zärtlichkeiten erlaubt und letztlich zu einer sexuellen Affaire führt. (Vgl. XXV-XXVII sowie XXXV) Es ist ein wichtiger Schritt in ihrer Entwicklung, dass Edna erkennt, dass sie mit Arobin nur eine sexuelle Leidenschaft verbindet und keine wirkliche Liebe. Darüber empfindet sie keine Scham oder Reue ("there was neither shame nor remorse. There was a dull pang of regret because it was not the kiss of love which had inflamed her [...]" XXVIII, 119), nur ein Bedauern, lässt es sie doch ahnen, wie groß ihre Leidenschaft in Verbindung mit echter Liebe sein könnte. So löst sie diese Beziehung zu Arobin auch nicht auf, sondern genießt die Annehmlichkeiten seiner Gesellschaft. Er hilft ihr bei den Vorbereitungen des Umzugs in ihr kleines "pigeon house". Er ist es auch, der den ersten Toast spricht bei Ednas Geburtstags- und Abschiedsessen im alten Haus und bleibt, nachdem alle anderen Gäste gegangen sind, und damit gewissermaßen eine Hausherrenfunktion übernimmt. (Vgl. XXX, 123ff.)

Das Geburtstagsfest im ehelichen Haus auf der Esplanade Street soll den Abschied von ihrem alten Leben als gehorsame Ehefrau und Mutter markieren. In Abwesenheit ihres Mannes gibt sie selbst das Fest und wählt die Gäste aus. Doch was - vermutlich mehr unbewusst als bewusst - als Akt der Selbstbehauptung gedacht war (und als solches von außen zu erkennen war, vgl.: "There was something in her attitude, in her whole appearance when she leaned her head against the high-backed chair and spread her arms, which suggested the regal woman, the one who rules, who looks on, who stands alone." XXX, 125), wird zu einer Enttäuschung für Edna: ein Gefühl der Einsamkeit überkommt sie inmitten der Tischgemeinschaft, eine Hoffnungslosigkeit angesichts unerfüllter Lebenssehnsüchte. Dieses Gefühl bleibt das vorherrschende des Abends und lässt sie entmutigt zurück. Selbstständigkeit hat seinen Preis, oder anders ausgedrückt: "[...] Edna [...] has not yet learned to stand alone." (Christ 1980, 34) Arobins Versuche sie aufzumuntern wirken oberflächlich und selbstsüchtig.

War das Fest eine Enttäuschung, so scheint das Leben im eigenen, kleinen Haus jedoch ihre Hoffnungen zu erfüllen: "The pigeon-house pleased her [...] There was with her a feeling of having descended in the social scale, with a corresponding sense of having risen in the spiritual. Every step which she took toward relieving herself from obligations added to her strength and expansion as an individual. She began to look with her own eyes; [...]." (XXXII, 132) Das Ausmaß ihrer Selbstbestimmung war nie größer. Hatte sie bisher den Erwartungen ihres Ehemannes entsprochen, fühlt sich nun Léonce Pontellier durch Ednas eigenmächtiges Verhalten gezwungen, sich nach ihr zu richten, um gesellschaftlichen Anforderungen zu entsprechen. Um seine Kunden nicht zu verunsichern bzw. nicht den Eindruck entstehen zu lassen, die Pontelliers müssten aus finanziellen Gründen in ein kleineres Haus ziehen - denn das scheint seine Hauptsorge zu sein -, ordnet er einen Umbau seines alten Hauses in der Esplanade Street im großen Stil an. Eine kurze Notiz darüber in der Zeitung macht die Vertuschung perfekt. Mit Ausnahme von Mlle Reisz ahnt vermutlich keiner die wahren Gründe für Ednas Umzug.

Höhe- und zugleich Wendepunkt in der Entwicklung Ednas bilden zwei Ereignisse, die mit unterschiedlicher Gewichtung in den letzten Kapiteln des Romans entfaltet werden. Da ist zum einen die Rückkehr Robert Lebruns aus Mexiko, die nach einigen Verzögerungen endlich zum ersehntem Eingeständnis ihrer gegenseitigen Liebe führt, und zum anderen der dieses Geständnis unterbrechende Ruf Mme Ratignolles an Edna, bei ihrer Niederkunft zugegen zu sein. Um Ednas Gang ins Wasser zu verstehen, ist es wichtig, diese beiden Ereignisse im Zusammenhang zu sehen. Denn Ednas Präsenz bei Mme Ratignolles Entbindung kurz nach dem aufwühlenden Gespräch mit Robert trägt zu einer nicht unerheblichen Ernüchterung bei. Zwar wird im entscheidenden Dialog mit Robert deutlich, dass Edna bei aller Liebe nicht vorhat, sich von Robert in Besitz nehmen zu lassen wie damals von ihrem Ehemann ("I give myself where I choose. If he were to say, 'Here, Robert, take her and be happy; she is yours,' I should laugh at you both." XXXVI, 151), dass sie also auch gegenüber Robert ihren Selbststand wahren will, dennoch lebt sie in der romantischen Illusion, dass eine andere Art von Beziehung zu ihm möglich ist: "Now you are here we shall love each other, my Robert. We shall be everything to each other. Nothing else in the world is of any consequence." (Ebd.) Doch die Realität holt sie ein: Ihre Anwesenheit bei der Niederkunft ihrer Freundin führt ihr einerseits ihr eigenes Gebundensein an die Naturgesetze vor Augen - Schwangerschaft und Geburt als unvermeidliche Folgen einer Liebesbeziehung in einer Zeit ohne sichere Verhütungsmittel - , und zum anderen denkt sie wohl - nicht zuletzt angestoßen durch Mme Ratignolles Appell an ihre Verantwortung ("Think of the children, Edna. Oh think of the children! Remember them!") - an ihre eigenen Kinder: "But I don't want anything but my own way. That is wanting a good deal, of course, when you have to trample upon the lives, the hearts, the prejudices of others - but no matter - still, I shouldn't want to trample upon the little lives." (XXXVIII, 155f. Vgl. ebenso: "Still, she remembered Adèle's voice whispering, 'Think of the children; think of them.' She meant to think of them; that determination had driven into her soul like a death wound - [...]." Ebd.).

Welche Lebensperspektiven bleiben ihr in dieser Situation? Zum Katalysator der weiteren Entwicklung werden die Abschiedszeilen Roberts, die Edna bei ihrer Rückkehr in ihr kleines Häuschen statt seiner vorfindet. Von da an nimmt die Handlung einen unumkehrbar tragischen Verlauf.

Edna erscheint urplötzlich und unangemeldet auf der Grand Isle, dem Ort ihres Erwachens. Ob sie dorthin kam mit der Intention, sich umzubringen, bleibt offen. Die Beschreibung ihrer Reflexionen in der vorangegangenen Nacht und ihrer Gedanken und Gefühle während ihres letzten Schwimmens im Meer lassen vermuten, dass es sich bei ihrem Selbstmord - wie bei den meisten ihrer Handlungen - um eine eher spontane, nicht geplante Entscheidung handelt. Vielleicht kam ihr der Gedanke an die Möglichkeit eines Selbstmords bereits vor ihrer Reise nach Grand Isle in den Sinn (vgl. "The children appeared before her like antagonists [...] But she knew a way to elude them." XXXIX, 159), aber sie hat ihn sicher nicht in allen Einzelheiten geplant. Auch würde sie vermutlich nicht in allen Einzelheiten rational begründen können, warum sie sich auf diese Weise vom Leben verabschiedet. Vielleicht kam sie an diesen Ort ihres erwachenden Selbstbewusstseins in der Hoffnung, hier eine Lösung, eine Lebensperspektive für sich zu finden, oder auch nur um sich der damals gemachten Entdeckung des Selbst zu vergewissern. Und in der Tat stellen sich bei ihr wieder ähnliche Gefühle ein wie bei ihrem ersten selbstständigen Schwimmen im Golf von Mexiko. Sie folgt dem verführerischen Ruf des Meeres und genießt das Gefühl der Nacktheit im Freien. Die positiven Gefühle scheinen zu überwiegen: "How strange and awful it seemed to stand naked under the sky! how delicious! She felt like some new-born creature [...]" (XXXIX, 160). Sie erinnert sich an damals, an das erste Schwimmen und an ihre Angst, als ihre Kräfte nicht auszureichen schienen. Doch dieser Gedanke ängstigt sie jetzt nicht. Selbst am Ende, als der Weg zurück wirklich zu weit für sie ist, kann ihr die Angst nichts anhaben: "She looked into the distance, and the old terror flamed up for an instant, then sank again." (XXXIX, 161) Sie scheint die Welt ohne Bedauern zu verlassen, ja den Tod als Befreiung zu erleben. Sie denkt zurück an die Unbeschwertheit ihrer Kindheit ("bluegrass meadow"), als die Welt noch grenzenlos schien. Die Stimmen ihres Vaters und ihrer Schwester haben jetzt keine Macht mehr über sie; sie hat sich sämtlicher Fesseln entledigt. Die letzten Bilder evozieren verschiedene Arten von Einschränkungen, die sie nun hinter sich lässt, nicht zuletzt "the hum of bees, and the musky odor of pinks" (ebd.). Nach Elaine Showalter sind die Bienen und die Blumen in der Tradition amerikanischer Frauenliteratur "a standard trope for the unequal sexual relations between women and men"⁶⁵. Edna verlässt diese Welt ungleicher Beziehungen zwischen Männern und Frauen. Für sie scheint es keine andere Möglichkeit der Selbstverwirklichung zu geben. Doch diese Bilder beschreiben nur die eine, halbbewusste Seite ihres Handelns. Ein anderer Aspekt scheint Edna deutlicher und bewusster zu sein. Als Hauptmotiv für ihr Handeln - so lässt sich aufgrund mehrfacher Wiederholung vermuten - gilt für sie selbst ihre Verantwortung für ihre Kinder, die sich mit ihrem Wunsch nach absoluter Selbstbestimmung nicht vereinbaren lässt. Léonce, Arobin, etc. müssten ihre Autonomie hinnehmen; ja selbst ein Ende ihrer Beziehung zu Robert schließt sie nicht aus (vgl. "she even realized that the day would come when he, too, and the thought of him would melt out of her existence, leaving her alone.", XXXIX, 159). Doch die Ansprüche ihrer Kinder auf ihr Leben (vielleicht denkt sie sogar an mögliche zukünftige Kinder) machen ihr ein Leben in Selbstbestimmung unmöglich: "The children appeared before her like antagonists who had overcome her; who had overpowered and sought to drag her into the soul's slavery for the rest of her days." (Ebd.) Sie kann und will sich nicht mehr in die ihr auferlegte Rolle fügen: "She thought of Léonce and the children. They were a part of her life. But they need not have thought that they could possess her, body and soul." (XXXIX, 160) Indem Edna sich umbringt, vollzieht sie paradoxerweise einen Akt der Selbstbehauptung. Sie entzieht sich denen, die sie zu besitzen glaubten.⁶⁶ Für sie gibt es keinen Weg zurück in die fremdbestimmte Bewusstseinslage vor ihrem Erwachen, vor dem Erwachen ihres Selbstbewusstseins, das sie ihren - vom Ehefrau- und Muttersein unabhängigen - Wert und ihre Würde erkennen ließ. Sie ist bereit, das Äußerste in Kauf zu nehmen, um ihrer Selbsterkenntnis treu zu bleiben (vgl. ihre Bemerkung zu Dr. Mandelet: "perhaps it is better to wake up after all, even to suffer, rather than to remain a dupe to illusions all one's life." XXXVIII, 155), und tut es wohl auch, als sie keine Möglichkeit sieht, den eingeschlagenen Weg ihrer Selbsterkenntnis im Rahmen der gesellschaftlichen Gegebenheiten weiterzugehen. Selbstbestimmung durch Freitod ist für sie die einzige Alternative.

Kann Ednas Selbstmord damit als mutige Tat verstanden werden? Oder muss ihr Handeln nicht als Regression, als Flucht in die Illusion, in die "Bewusstlosigkeit" interpretiert werden? Gleicht Edna nicht einem Vogel mit einem zu schwachen oder gebrochenen Flügel, der sein Ziel nicht erreicht, wie es das an den Ikarus-Mythos erinnernde

---

[65] Showalter 1988, 53. Zur Veranschaulichung zitiert sie aus dem Tagebuch von Margaret Fuller: "Woman is the flower, man the bee. She sighs out of melodious fragrance, and invites the winged laborer. He drains her cup, and carries off the honey. She dies on the stalk; he returns to the hive, well fed, and praised as an active member of the community." (Ebd.)

[66] Vgl. Margit Stanges Interpretation von *The Awakening* als "quest for self-ownership": "Withholding herself from motherhood, insisting on her right to refuse to 'sacrifice' herself for her children, Edna owns herself." Stange, M.(1993). "Personal Property: Exchange Value and the Female Self in *The Awakening*." In: Walker, N.A. (ed.). *Kate Chopin: The Awakening*. Boston: Bedford Books of St. Martin's Press, 201-217, hier: 216.

Bild insinuiert (vgl. "A bird with a broken wing was beating the air above, reeling, fluttering, circling disabled down, down to the water.", XXXIX, 160)? Ist ihr Akt der Selbstbehauptung nicht zugleich ein Versuch der Selbstauflösung, ein Versuch, ihr Selbst "loszuwerden" und sich der Anstrengung eines Lebens in der Einsamkeit der Autonomie zu entziehen?

In der Tat, *The Awakening* schildert nicht die gelungene Selbstfindung und -verwirklichung einer Frau. Doch eine Frau am Anfang unseres Jahrhunderts dafür zu verurteilen, dass sie ihrer Selbsterkenntnis kein Leben in Selbstbestimmung folgen lassen konnte, hieße, unsere modernen Maßstäbe auf sie zurück zu projizieren. Edna war nicht für ein Leben in Selbstbestimmung gerüstet, war doch alles in ihrer Erziehung und in ihrem gesellschaftlichen Umfeld genau auf das Gegenteil ausgerichtet, auf ein Leben in Unterordnung und Fremdbestimmung. Aber das Verdienst Kate Chopins ist es, das erwachende Selbstbewusstsein einer Frau so überzeugend und mit Sympathie dargestellt zu haben.[67] Damit fordert sie das Recht der Frauen auf Selbstbestimmung ein, dessen Durchsetzung noch lange auf sich warten ließ. "*The Awakening* is a metaphor of possibility and potential [...] So appropriate as a turn-of-the-century piece, *The Awakening* is about the beginning of selfhood, not its completion."[68] - so fasst Joyce Dyer sehr treffend ihre Interpretation des Romans zusammen. Aufgabe späterer Frauenromane wird es sein, Möglichkeiten "gelebter" Selbstbestimmung durchzuspielen.

2.1.3 Zur gattungs- und literaturgeschichtlichen Einordnung: The Awakening als "Novel of Growing Down"

Es macht Sinn, eine Auswahl moderner weiblicher Bildungsromane mit einem Roman über die Entdeckung des Selbst zu beginnen. Im Unterschied zu nachfolgenden Romanen steht in *The Awakening* noch nicht die offensive und explizite Auseinandersetzung mit gesellschaftlichen Vorgaben zur Identitätsbildung im Vordergrund, sondern es geht vielmehr um einen inneren Prozess der Selbsterkenntnis und den sich daraus ergebenden tastenden Versuchen der Selbstverwirklichung.

---

[67] Vgl. dazu auch Christ 1980, 39: "In my view, Chopin's choice of physical death for her character rather than the alternative of spiritual death by returning to a conventional life reflects Chopin's courageous affirmation of women's awakening. But the weakness of the novel is that Chopin could not envision any person who could give Edna support in her quest nor imagine any alternative for Edna other than spiritual or physical death." Während ich mit dem ersten Teil ihrer Interpretation übereinstimme, halte ich ihre Bemerkung zur Schwäche des Romans für unsachgemäß. Zwar hat sie Recht mit der Forderung: "One task facing women writers is to write stories in which the spiritual and the social quest can be combined in the life of a living, realistic woman." (39f.), doch sie bereits an Autorinnen des letzten Jahrhunderts zu stellen, heißt sie zu überfordern bzw. die Geschichtlichkeit des Werkes zu verkennen.

[68] Dyer, J. (1993). The Awakening: *A Novel of Beginnings*. New York: Twayne, 116.

Kate Chopin stellt uns mit Edna Pontellier eine Frau vor, die wohl nur nach den Maßstäben der damaligen Zeit eine ungewöhnliche ist. Sie ist eine Frau, die aufgrund verschiedener Ereignisse zu einem bestimmten Zeitpunkt ihres Lebens erkennt oder besser: intuitiv erfasst, dass sie ihr Leben noch nicht selbst gelebt hat und es nun selbst in die Hand nehmen will. Doch sie ist weder auf diese Erkenntnis noch auf die Konsequenzen vorbereitet. Auch erreicht ihre Selbsterkenntnis nicht den Grad des Bewusstseins einer modernen Frau. Edna würde ihre Erfahrung vermutlich nicht so wie oben zusammengefasst beschreiben können. Eine metaphorische Erzählweise an den entscheidenden Stellen des Romans sowie auktoriale Einsprengsel im Text sind dafür verantwortlich, dass die LeserInnen den Eindruck gewinnen, mehr über die Protagonistin und ihre Motive zu wissen als sie selbst. Edna hat noch nicht das Bewusstsein der Würde ihrer selbst - der Roman zeigt ja gerade, wie sie von dieser Erkenntnis[69] überrascht wird und wie sie versucht, diese zu begreifen und ins Leben umzusetzen. Das gelingt ihr nur zum Teil, was nicht verwunderlich ist, denn niemand hat sie darauf vorbereitet, noch kann sie jemand in dem Maße, wie es nötig wäre, dabei begleiten.

Die Frauen in ihrem Umfeld, das sind insbesondere Mme Ratignolle und Mlle Reisz, sind ihr kein Modell, verkörpert doch die eine die ideale Mutter und die andere die gesellschaftliche Außenseiterin, alte Jungfer und exzentrische Künstlerin. Edna fühlt sich weder zur Mutter berufen, noch ist für sie ein Leben als unabhängige Künstlerin attraktiv, abgesehen davon, dass ihre Begabung dazu vermutlich nicht ausreichen würde. Auch sind ihr die beiden Freundinnen keine Hilfe bei ihrer Identitätssuche, denn deren Sicht ist stark von der jeweils eigenen Lebenssituation bestimmt: Mme Ratignolle erinnert Edna immer wieder an die Kinder und ihre Verantwortung für sie, Mlle Reisz wiederholt die Notwendigkeit von innerer Unabhängigkeit, ohne die ein selbstbestimmtes Leben nicht möglich ist. Edna steht zwischen ihnen beiden, möchte selbstbestimmt leben und doch auf sexuelle und erotische Erfüllung nicht verzichten: "Edna's quest is for wholeness - for a total sexual and creative life as a woman." (Christ 1980, 28) Edna Pontellier ist eine moderne Frau, insofern sie - wie die Männer - beides möchte und somit Gleichberechtigung einfordert. Doch ihrer Selbstverwirklichung sind enge Grenzen gesetzt.

Diese Grenzen sind einerseits äußere wie beispielsweise das damalige Eherecht, das Frauen als Besitz ihrer Männer betrachtete, was wiederum ihr Denken bestimmte, wie gerade das Beispiel Léonce Pontelliers zeigt[70], oder insbesondere die Tatsache, dass

---

[69] Vielleicht ist es auch gerechtfertigt, von "Erleuchtung" zu reden, insbesondere wenn man die Ähnlichkeiten zwischen Ednas Erwachen und religiöser Konversion betrachtet. Vgl. dazu Christ 1980, 29f.

[70] Vgl. Stange 1993, 206f.: "Under the Napoleonic Code which was still in force in Louisiana in the 1880s, wives were legally identical with their husbands; being in *couverture*, they had no separate legal or proprietary identity and could not own property in their own right." (Hervorhebung im Original) Léonce Pontellier scheint gerade dieses Denken internalisiert zu haben (vgl. I, XI, XIX).

Edna schon Kinder hat. Für Frauen der damaligen Zeit war es nicht möglich, wenn nicht sogar undenkbar, die Vereinbarkeit einer künstlerischen Karriere mit einer Ehe anzustreben. Sie hatten sich - im Unterschied zu den Männern - zu entscheiden: "The woman must decide, then, whether to pursue her chosen art or to marry will make her happier. In most cases she cannot be both an artist and a wife [...] She must choose between two orders of experience as diverse as the poles."[71] Ebenso bedeutsam wie diese äußeren Grenzen sind aber auch die inneren Schranken, die bei Edna eine gelungene Selbstverwirklichung verhindern. Denn aus Mangel an vorhergehender Erfahrung und aufgrund fehlender Mentorinnen, die ihr bei der Deutung ihrer Empfindungen und Gedanken hätten helfen können, scheint sie oft selbst nicht so genau zu wissen, was sie will. Häufig wird ihr Verhalten als "acting on impulse" beschrieben (vgl. z.B. "She was blindly following whatever impulse moved her [...]", XII, 50 oder vgl. auch ihr Verhältnis zu Arobin, XXVff.). Sie lässt sich treiben anstatt über ihre Lebensmöglichkeiten zu reflektieren (vgl. "[...] she had abandoned herself to Fate, and awaited the consequences with indifference." XXXV, 145). Insbesondere in ihrer Beziehung zu Robert wie auch in ihren Phantasien über diese Liebe wirkt sie eher wie ein junges Mädchen in der Adoleszenz als eine reife Frau.[72] Ihr Bild von Robert während seiner Abwesenheit ist stark von ihrer Sehnsucht nach ihm geprägt. Wie sehr es Züge einer Projektion trägt, zeigt sich bei ihrem Wiedersehen, das sie nach den hochgesteckten Erwartungen nur enttäuschen kann (vgl. "But some way he had seemed nearer to her off there in Mexico." XXXIV, 144 und "She was keenly disappointed. He did not come the following day, nor the next. Each morning she awoke with hope, and each night she was a prey to despondency." XXXV, 146). Wie ein heranwachsendes Mädchen träumt sie von der großen Liebe als der Erfüllung all ihrer Sehnsüchte: "Now you are here we shall love each other, my Robert. We shall be everything to each other. Nothing else in the world is of any consequence." (XXXVI, 151). Aber sie bleibt nicht bei dieser Illusion stehen. Ihre Anwesenheit bei der Niederkunft ihrer Freundin und Roberts Abschiedszeilen haben sie mit der Realität konfrontiert. Zumindest ansatzweise erkennt sie, dass eine Erfüllung dieser Liebe sie letztlich nicht der Einsamkeit der Autonomie entheben würde (vgl. "she even realized that the day would come when he, too, and the thought of him would melt out of her existence, leaving her *alone.*" XXXIX, 159, kursiv von mir). So lässt sich ihr Selbstmord am Ende auch nicht als Verzweiflungstat angesichts unerfüllter Liebe missver-

---

[71] "The Contributor's Club". *The Atlantic Monthly* (January 1899), abgedruckt in Walker 2000, 157-160, hier: 159f. Für Männer galt diese Unvereinbarkeit natürlich nicht:"[...] the imperious need of men is, not to love, but to work; [...] they seek to express themselves, not in romance, but in labor [...] If he love happily, his work goes on apace; if he do not love, it still goes on." (Ebd. 157)

[72] Vgl. auch die Interpretation von Papke, Mary E. (1990). *Verging on the Abyss: The Social Fiction of Kate Chopin and Edith Wharton.* New York: Greenwood Press, 79: "She is in the adolescence of her new life."

stehen. Wichtiger als Liebe ist Edna die Selbstbestimmung. Sie bringt sich um, weil sie niemandem gehören will außer sich selbst und nicht, wie man vielleicht denken könnte, weil Robert sie verlassen hat.

Aus diesem Grund lässt sich Chopins Roman auch als ein Werk des Übergangs begreifen. Liebe wird hier nicht als Ziel weiblicher Entwicklung präsentiert, schon gar nicht die eheliche Liebe. Der konventionelle *marriage plot* weicht dem für Frauen bis dahin nicht üblichen *quest plot*. Die Suche nach Selbsterkenntnis und der Versuch der Selbstbehauptung bestimmen die Handlung des Romans. Es geht insbesondere um die sexuelle Selbstbestimmung, die Edna beansprucht, um ihre Unverfügbarkeit, um die Würde ihrer Person, die sich nicht erst aus ihrem Muttersein ergibt. Gerade dieser Anspruch ist es, der zur Zeit des Erscheinens des Romans zum Skandal geführt hat, aber in späteren Romanen immer wieder aufgegriffen wird und großen Raum einnimmt.[73] Selbstbestimmung bleibt das auf paradoxe Weise realisierte Entwicklungsziel Ednas. Zwar ist ihr Selbstmord letztlich nicht frei von Illusionen, dennoch ist er ein Akt der Selbstbehauptung. Sie entzieht sich auf diese Weise allen ihrer Meinung nach ungerechtfertigten Besitzansprüchen, ist autonom im wahrsten Sinne des Wortes. So ist ihr Tod nicht als Strafe für unmoralisches Verhalten zu verstehen, sondern als eine Form des Protests: "She has claimed *for herself* the script of death usually punitively accorded female characters in her position." (Du Plessis 1985, 17, kursiv von mir, R.F.)

Andererseits ist Ednas letzter Akt der Selbstbehauptung zugleich eine Selbstaufgabe, nicht nur im wörtlichen Sinne. Sie flieht in die "Bewusstlosigkeit", anstatt sich ihrer Realität zu stellen. Der begonnene Prozess der Selbstverwirklichung findet mit dem Tod ein Ende. Damit wird die Macht der patriarchalischen Gesellschaft illustriert und bestätigt. So ist *The Awakening* zwar ein Roman des Protests gegen die Frauen gesetzten Grenzen, aber zugleich ist er auch ein *novel of growing down*, insofern der gerade erst begonnene Prozess der Heranreifens und -wachsens als selbstbestimmte Frau vorzeitig beendet wird.

Doch mit Joyce Dyer ist festzuhalten, dass gerade Chopins Entscheidung, Ednas Selbstfindungsprozess nicht zur Vollendung kommen zu lassen, die Universalität und die Attraktivität dieses Romans für die LeserInnen des 20. Jahrhunderts ausmachen: "Many of us who come to the book have found ourselves where Edna is, precisely on the brink of a personal beginning. Because her story ends prematurely, ends exactly as it does, we are forced to think hard about her life, and about our own. Because Edna fails to find answers, we search for them for her - and in the process, we find ourselves." (Dyer 1993, 117) Die hier angesprochenen didaktischen Qualitäten dieses weiblichen Bildungsromans werden in Teil III dieser Arbeit ausführlich beleuchtet.

---

[73] Vgl. u.a. French, Marilyn (1977). *The Women's Room.* oder auch Munro, Alice (1971). *Lives of Girls and Women.*

2.2 Edith Wharton, *Summer*, 1917

Wie in *The Awakening* geht es auch in *Summer* zentral um das sexuelle Erwachen, die sexuelle Initiation einer jungen Frau. Im Unterschied zu *The Awakening* endet das Schicksal der Protagonistin von *Summer* jedoch nicht mit dem Selbstmord, sondern mit der Heirat ihres Stiefvaters. Dieses Ende kann aber ebenso wie Ednas Selbstmord als "entombment", als "growing down"[74] der Protagonistin Charity Royall verstanden werden.

Edith Wharton verfasste *Summer* zur Zeit des Ersten Weltkrieges in Paris. Zusammen mit *Ethan Frome* (1911) bildet diese Novelle eine gewisse Ausnahme im Werk Whartons, insofern sie sich nicht mit dem Leben von reichen, privilegierten Menschen der "American upper class" beschäftigt (wie u.a. ihre "leisure-class novels" *The House of Mirth* (1905) und *The Age of Innocence* (1920)), sondern mit Personen ohne Geld und Bildung. Die Handlung beider Novellen spielt in den Berkshire Mountains in Massachusetts, die Wharton aus eigener Anschauung kannte, denn zwischen 1901 und 1911 besaß sie zusammen mit ihrem Ehemann Teddy Wharton ein Haus in Lenox, Massachusetts. Als 30 Jahre nach ihrem Tod - sie starb 1937 - ihre privaten Papiere eingesehen werden konnten, stellte sich eine weitere biographische Nähe zu diesen beiden, miteinander verwandten Romanen heraus. Offensichtlich hatte Edith Wharton nach dem Zusammenbruch ihrer Ehe mit Teddy, jedoch noch vor ihrer Scheidung, eine leidenschaftliche Affäre mit dem Amerikaner Morton Fullerton. Aufgrund ihrer prüden repressiven Erziehung scheint sie erst in dieser Beziehung als über Vierzigjährige ihr eigenes sexuelles Potential entdeckt zu haben.[75] Diese Leidenschaft, die Entdeckung neuer Seiten an sich selbst, wie auch "the secrecy of their relationship; the thrill as well as the misery she felt because of him; the contradictory sensations of entrapment and exhilaration she went through as a woman in love [...]" (Ammons 1993, XIII) - alle diese Emotionen finden sich in der Geschichte von Charity Royall in *Summer* wieder.

Im Unterschied zu *The Awakening* hat die Veröffentlichung von *Summer* keinen Skandal ausgelöst, wenngleich auch nicht wenige Leser schockiert waren.[76] Es ist vermutlich weniger das Thema der Verführung Charitys als die Intensität ihrer Leiden-

---

[74] Diese Begriffe verwendet White, B.A. (1985). *Growing Up Female: Adolescent Girlhood in American Fiction*. Westport, Ct.: Greenwood Press, 47, 55. Zu den unterschiedlichen Interpretationen des Romanendes siehe weiter unten.

[75] Vgl. die Einleitung von Elizabeth Ammons zur Penguin Ausgabe von Wharton, Edith (1993). *Summer*. 1917. New York: Penguin Books, hier: XII. Im Folgenden wird aus dieser Ausgabe zitiert.

[76] Vgl. Wharton, E. (1990). "A Backward Glance". In: Wolff, C.G. (ed.). *Edith Wharton: Novellas and Other Writings*. New York: Literary Classics of the United States, 767-1068, hier: 1003: "*Ethan Frome* shocked my readers less than *Summer*; [...]" Vgl. ebenso Lewis, R.W.B. (1975). *Edith Wharton*. New York: Harper & Row, 398.

schaft und ihr fehlendes Schuldbewusstsein, die den Schock bei den LeserInnen ausgelöst haben.[77] Tatsächlich folgt der Roman nur oberflächlich gesehen dem konventionellen Schema, "that a maiden sullied by a foul seducer may still be redeemed by the love of a good man."[78] Neu ist "the intensity with which she [Charity] is allowed to feel." (White 1985, 51) Charity ist nicht wie ihre literarischen Vorgängerinnen "a tomb of female virtue" (ebd. 63f.)[79]. Auch kann ihre Heirat mit ihrem Stiefvater nicht eindeutig und ohne Zweifel als ihre Rettung oder Erlösung verstanden werden. Manche KritikerInnen verstehen die Hochzeit zwischen Charity und Royall zwar positiv und sehen in Charitys Entscheidung sogar ein Zeichen ihrer Reife[80], doch die Interpretationen, die in der Heirat das Ende der Selbstbestimmung Charitys und der von ihr ersehnten Erfüllung sehen, überwiegen deutlich und werden m.E. dem Text gerechter.[81]

Aufschlussreich für die Interpretation der Entwicklung Charitys ist die Betrachtung der ersten und der letzten Zeilen im Roman. "A girl came out of lawyer Royall's house, at the end of the one street of North Dormer, and stood on the doorstep. It was the beginning of a June afternoon [...]" (3) - so beginnt die Geschichte des Aufbruchs der ca. 18jährigen Protagonistin Charity an einem Nachmittag im Frühling. Fünf Monate später endet sie an derselben Stelle. Nun nicht mehr allein, sondern in Begleitung ihres Stiefvaters, der jetzt ihr Ehemann ist, kehrt Charity in das Haus Royalls eines Abends im Herbst zurück: "Late that evening, in the cold autumn moonlight, they drove up to the door of the red house." (190) Der Kreis hat sich geschlossen. Der Aufbruch aus dem Elternhaus endet mit der Rückkehr dorthin. Was hat sich zwischendurch ereignet im Leben der Charity Royall? Kommt sie zurück aus freien Stücken, "with the knowledge of maturity to guide her" (Wolff 1977, 292), und lässt sich die Jahreszeitenmetaphorik

---

[77] Vgl. u.a. Holbrook, D. (1991). *Edith Wharton and the Unsatisfactory Man*. London: Vision Press, 97.

[78] Crowley, John W. (Spring 1982). "The Unmastered Streak: Feminist Themes in Wharton's *Summer*." *American Literary Realism 1870-1910*. XV.1, 86-96, hier: 86.

[79] Vgl. ebenso Walker, Nancy A. (Spring 1983). "'Seduced and Abandoned': Convention and Reality in Edith Wharton's *Summer*." *Studies in American Fiction* 11.1, 107-114.

[80] Vgl. bes. Wolff, Cynthia Griffin (1977). *A Feast of Words: The Triumph of Edith Wharton*. New York: Oxford University Press, 268-293; sowie French, Marilyn (1981). "Introduction". Edith Wharton. *Summer*. New York: Berkley Books, V-XLVIII und Hays, Peter L. (Winter 1989). "Signs in *Summer*. Words and Metaphors." *Papers on Language and Literature: A Journal for Scholars and Critics of Language and Literature* 25.1, 114-119.

[81] Vgl. bes. Ammons, Elizabeth (1980). *Edith Wharton's Argument with America*. Athens: University of Georgia Press; Crowley 1982; Erlich, Gloria C. (1992). *The Sexual Education of Edith Wharton*. Berkeley: University of California Press, 126-131; Morante, Linda (December 1982). "The Desolation of Charity Royall: Imagery in Edith Wharton's *Summer*." *Colby Library Quarterly* 18.4, 241-248; Pfeiffer, Kathleen (1991). "*Summer* and its Critics' Discomfort." *Women's Studies: An Interdisciplinary Journal* 20.2, 141-152; Werlock, Abby H.P. (1997). "Whitman, Wharton, and Sexuality in *Summer*." In: Reesman, Jeanne Campbell (ed.). *Speaking the Other Self: American Women Writers*. Athens, Ga.: University of Georgia Press, 246-262; White 1985, 21-64. Zu meiner eigenen Interpretation s.u.

als hoffnungsvolles Zeichen interpretieren, insofern auf Herbst und Winter wieder der Frühling folgt (so French 1981, XIVIII)? Oder ist die Rückkehr ins Vaterhaus eine ungesunde Verlängerung ihrer Beziehung zum Vater (so Ammons 1980, 137) und "her final entrapment in the dependent and childish identity from which North Dormer permits her no escape" (Crowley 1982, 95)?[82]

Charitys Übertreten der Schwelle ihres Elternhauses zu Beginn des Romans symbolisiert den Anfang ihrer Suche nach sich selbst, oder in den Worten von Cynthia G. Wolff "her embracing of the quintessential quest of adolescence" (Wolff 1977, 273). Sie will heraus aus dem Haus und der Enge von North Dormer, einem Nest in den Berkshire Bergen, in dem nichts passiert und alles so ist wie immer. Wie die meisten Namen im Roman ist auch der Name dieses Dorfes symbolisch zu verstehen: "dormer" bedeutet Mansarde und erinnert darüber hinaus an lateinisch "dormire" - "schlafen". Für wenige Stunden in der Woche arbeitet sie in der Dorfbücherei, die genauso verstaubt und veraltet ist wie das Dorf (vgl. *Summer*, 5ff.). Ihr jugendlicher Lebenshunger, der seine Entsprechung im Aufblühen der Natur im Frühling findet (vgl. 12f.), steht im krassen Gegensatz zum Leben in diesem isolierten, vom modernen Leben abgeschnittenen Ort. "How I hate everything!" ist die erste und sogar wiederholte wörtliche Rede der Protagonistin (4,6). Dabei müsste sie eigentlich dankbar sein, so wird ihr von allen Seiten suggeriert, denn ursprünglich kommt sie vom "Mountain", einer gesetzlosen Gemeinschaft unzivilisierter Menschen oberhalb des Dorfes. Durch die "Barmherzigkeit" ("Charity"!) ihres Pflegevaters, Rechtsanwalt Royall, wurde sie jedoch vor dem erbärmlichen Schicksal ihrer Sippe bewahrt. Seit ihrem fünften Lebensjahr lebt sie in seinem Haus. Auch als seine Frau sieben oder acht Jahre später stirbt und Charity auf ein Internat hätte gehen können, verlässt sie ihn nicht. Mit siebzehn erhält sie den ersten Heiratsantrag von Royall, den sie entrüstet von sich weist (vgl. 20f.). Sie bittet stattdessen um eine Anstellung in der Bücherei, damit sie eines Tages genug Geld hat, um North Dormer verlassen zu können.

Die Ankunft eines Fremden im Dorf an jenem Frühlingstag steigert ihr Verlangen nach einem neuen Leben nur noch mehr. Die erste Begegnung zwischen ihr und diesem Fremden ist charakteristisch, sowohl für Charity als auch für die sich anschließend entwickelnde Beziehung zwischen ihnen beiden. Die Unterschiede zwischen ihnen beiden hätten nicht größer sein können. Lucius Harney, ein gebildeter Architekt aus der Stadt kommt in die Dorfbücherei, um nach Literatur über weniger bekannte Häuser des 18. Jahrhunderts in dieser Gegend zu suchen, die er im Auftrag eines New Yorker Verlegers erforschen soll (vgl. 10, 48). Charitys Antworten auf seine Fragen zeigen einerseits deutlich ihre Unwissenheit und fehlende Bildung (vgl. "She replied there

---

[82] Vgl. auch Goodman, Susan (1990). "The Buried Fables in *Ethan Frome* and *Summer*." *Edith Wharton's Women: Friends and Rivals*. Hanover: University Press of New England, 67-84, hier: 83.

weren't many books anyhow, and that she'd hardly read any of them." 8f.). Sie hat kein Verständnis für Tradition und Geschichte (vgl. ihre aufschlussreiche Antwort auf Lucius' Erklärung "I'm an architect, you see, and I'm hunting up old houses in these parts." She stared. "Old houses? Everything's old in North Dormer, isn't it? The folks are, anyhow." 10). Zugleich offenbart sich in ihren Reaktionen eine gewisse adoleszente Sensibilität bzw. Emotionalität. Jede Äußerung Lucius' wird innerlich bewertet und entsprechend beantwortet, häufig mit Trotz (vgl. z.B. "She thought she detected a slight condescension in his tone, and asked sharply [...]", 8 oder: "His indifference nettled her, and she picked up her work, resolved not to offer him the least assistance." 9 u.v.m.). Charity erkennt schon bei dieser ersten Begegnung intuitiv die sozialen Unterschiede, den Graben, der zwischen ihnen liegt: "Her bewilderment was complete: the more she wished to appear to understand him the more unintelligible his remarks became. [...] the weight of her ignorance settled down on her again like a pall." (10) Zur gleichen Zeit aber ist sie sich bereits ihrer erotischen Anziehungskraft bewusst ("The fact that, in discovering her, he lost the thread of his remark, did not escape her attention, and she looked down and smiled." 8), die sie wenig später träumerisch entfaltet (vgl. 24).

Beide Aspekte, die erotische Anziehung als auch der soziale Graben zwischen Charity und Lucius, sind entscheidend für die anschließende Entwicklung. Zunächst findet eine Annäherung zwischen ihnen statt. Charity begleitet Lucius auf seinen Ausflügen in die Häuser der näheren Umgebung. Die erblühende Landschaft, die Wärme der Frühsommersonne sind nicht nur Begleiterscheinungen ihrer wachsenden Nähe, sondern zugleich Spiegel der Empfindungen Charitys (vgl. bes. Kap. 5). Die sexuelle Metaphorik in den Naturszenen bereitet auf die sexuelle Affäre zwischen Charity und Lucius vor. Doch zunächst genießt sie nur seine unaufdringliche Nähe, "badet" in seinem "Licht" (Lucius erinnert an lateinisch "lux", "Licht") und scheut vor einer sexuellen Beziehung zurück: "[...] she felt she must do nothing to deface the image of her that he carried away." (69) Sie will sich nicht zur leichten Beute für ihn machen, sondern ihre Würde bewahren, die seine Wertschätzung sie hat entdecken lassen (vgl. 39). Doch die zurückhaltende Annäherung der beiden wird erschwert und paradoxerweise zugleich beschleunigt durch das Verhalten ihres Pflegevaters, der nicht zuletzt aus eigenen Interessen mehrfach interveniert.

Noch vor dem richtigen Beginn ihrer Affäre mit Lucius (bezeichnenderweise am "Independence Day"[83]) versucht Rechtsanwalt Royall schon, sich zwischen sie zu stellen. Er stellt Charity zur Rede, als ihm zur Ohren kommt, dass sie die Nacht bei Lucius verbracht haben soll. Als er merkt, dass das nicht stimmt, wiederholt er seinen Heirats-

---

[83] Vgl. Werlock 1997, der auf die Ironie hinweist, die darin liegt, dass Charity sich durch die Fahrt mit Harney nach Nettleton am Unabhängigkeitstag "befreien" will: "A good deal happens to undermine Charity's false sense of independence [...]" (253) und "Old Home Week, like Independence Day, is clearly for men only." (257)

antrag, den sie in dieser Situation erst recht ablehnt. Doch sein Antrag wie auch sein anschließendes Angebot, stattdessen Harney zur Ehe mit ihr zu bewegen, zerstören bereits zu diesem Zeitpunkt ihren Traum einer sich frei entfaltenden Liebe. (Vgl. 76) Rechtsanwalt Royall steht für die Realität - er ist ihr Symbol und zugleich ihr Vollstrecker. Immer wieder versucht er zu verhindern, dass sich Charity Illusionen hinsichtlich ihrer Beziehung zu Lucius hingibt. Andererseits beschleunigt er gerade durch sein Eingreifen die wachsende erotische Freundschaft zwischen seinem Mündel und Harney. So führt der Rückzug seiner Unterstützung Harneys (er hatte ihm seinen Einspänner vermietet und ihn bei sich essen lassen) dazu, dass Lucius sich eine andere Unterkunft sucht und sich von da an heimlich mit Charity trifft. Ebenso katalysierend für ihre Affäre ist Royalls öffentliche Konfrontation der beiden am Unabhängigkeitstag. Selbst in Begleitung von "disreputable girls and bar-room loafers" (99) beschimpft er Charity in aller Öffentlichkeit als "You whore - you damn - bare-headed whore, you!" (98) Macht diese Szene einerseits noch einmal ihre Illusionen zunichte (als ob sie ungestraft eine außereheliche Beziehung eingehen könnte!, vgl. 104), so bereitet sie andererseits gerade den Boden für die nun erst beginnende sexuelle Affäre mit Harney (vgl. 108). Denn die öffentliche Erniedrigung durch ihren Pflegevater treibt Charity zur Flucht aus dem Vaterhaus in Richtung "Mountain", wo sie auf halber Strecke von Harney aufgegriffen wird.[84]

Von da an treffen sich Charity und Lucius regelmäßig in einem verlassenen Haus oberhalb von North Dormer und unterhalb des Berges ihrer Herkunft. Die paradiesischen Umstände ihrer Liebesbegegnungen dort blenden jegliche andere Realität für Charity aus: "The only reality was the wondrous unfolding of her new self, the reaching out to the light of all her contracted tendrils." (116) Nichts anderes ist von Bedeutung für sie. Sie blüht auf durch Lucius' Liebe zu ihr. Doch diese intensive, leidenschaftliche Beziehung ist von begrenzter Dauer. Bereits auf ihrem Höhepunkt tauchen bedrohliche Bilder auf. (Vgl. z.B. "The first fall of night after a day of radiance often gave her a sense of hidden menace [...]" 118, ebenso 119, 121f.) Die Wende bringt ein Fest in North Dormer, das Charity und Harney außerhalb ihres isolierten Häuschens im Rahmen einer Festgesellschaft zusammenbringt. Der in diesem Kontext sichtbare soziale Abstand zwischen ihnen steht im krassen Gegensatz zu der intimen Nähe, die ihre exklusiven naturnahen Treffen kennzeichnet. Schlagartig wird sich Charity ihrer Situation bewusst:

> Behind the frail screen of her lover's caresses was the inscrutable mystery of his life: his relations with other people - with other women - his opinions, his prejudices, his principles, the net of influences and interests and ambitions in which every man's life is entangled [...]

---

[84] Kathy Grafton interpretiert die Diffamierungsszene freudianisch: "The fact that Charity is degraded in Harney's eyes allows him to lower his estimation of her; she thus becomes sexually desirable for him." Grafton, Kathy (Winter 1995). "Degradation and Forbidden Love in Edith Wharton' *Summer*." *Twentieth-Century-Literature: A Scholarly and Critical Journal* 41.4, 350-366, hier: 361.

> She had given him all she had - but what was it compared to the other gifts life held for him? (127f.)

Bedeutungsvollerweise fällt sie genau in diesem Augenblick der Erkenntnis Royall ohnmächtig zu Füßen. Die Ohnmacht ist nicht nur ein frühes Zeichen ihrer Schwangerschaft, sondern zugleich eine Vorausdeutung auf ihre Selbstaufgabe in der Ehe mit Royall. Sie wird sich schließlich Royall überantworten.

Wieder ist es Mr. Royall, der die Handlung beschleunigt, indem er in ihr Nest eindringt und Harney zur Rede stellt: "Is this the home you propose to bring her to when you get married?" (134) Harneys vage Antwort konfrontiert Charity wieder mit der lange Zeit ausgeblendeten Realität. Sie erkennt, dass eine hauptsächlich auf Erotik gründende Beziehung ohne soziale Einbettung nicht von Dauer sein kann: "[...] she felt instinctively that the gulf between them was too deep, and that the bridge their passion had flung across it was as insubstancial as a rainbow [...] Instead of remaining separate and absolute, she would be compared with other people [...]." (138) Doch noch ist diese Erkenntnis nicht absolut; noch träumt sie von einer Verlängerung ihrer Beziehung und ist sich zeitweise sicher, dass Harney zur ihr zurück kommt, insbesondere als sie erfährt, dass sie schwanger ist (vgl. 148). Noch einmal zerstört eine Begegnung mit Royall diese letzte Illusion. (Vgl. 152f.) Sie führt sich die Alternative vor Augen, die ihr in dieser Situation bleiben: "Mussehe" mit Lucius ("to make things right", 152) und damit Zerstörung ihrer Liebe, oder Prostitution (153), oder - und das ist ihre letzte Hoffnung - die Flucht zum "Mountain", die Anknüpfung an ihre Herkunft, die Suche nach ihrer Mutter. Doch auch dieser letzte Ausweg erweist sich als Sackgasse. Denn nicht nur stirbt ihre Mutter kurz vor ihrer Ankunft, sondern darüber hinaus sind die Umstände der dort Lebenden so erbärmlich, dass sie um ihres Kindes willen von dort flieht und zugleich ihrer Mutter vergibt: "[...] was her mother so much to blame? [...] What mother would not want to save her child form such a life?" (170)

Was bleibt, ist das, was eintritt: die "Rettung" durch Royall, die Rückkehr zum "Vater". Vermutlich ist ihre Eheschließung mit ihm das Vernünftigste, was Charity in ihrer Situation tun kann, dennoch machen sowohl die Beschreibung der Umstände als auch die begleitende Metaphorik die Ambivalenz dieser Entscheidung deutlich. Von ihrer Frühschwangerschaft geschwächt, auf der Flucht, und noch unter dem Schock der Konfrontation mit ihrer Herkunft und dem Tod ihrer Mutter wird sie von Royall aufgegriffen und mit einem erneuten Heiratsantrag überrumpelt. Weder gibt er ihr Zeit zum Überlegen, noch wartet er ihre Antwort ab. (Vgl. 176f.) Man kann sich des Eindrucks nicht erwehren, dass Royall nach zwei Fehlschlägen nun endlich seine Chance gekommen sieht und sie nutzen will, solange Charitys Wille geschwächt ist. Beinahe willenlos und ohne vollständiges Bewusstsein ihrer Handlung lässt Charity sich zum Altar führen: "[...] she followed Mr. Royall as passively as a tired child." (180) Die Worte des Priesters erinnern sie an die Worte von Mr. Miles bei der Beerdigung ihrer

Mutter. Mit "images of spiritual paralysis and death" (Ammons 1980, 141) wird ihre Hochzeit beschrieben (vgl. "reading out of the same book words that had the same dread sound of finality." *Summer*, 182; "For an instant the old impulse of flight swept through her; but it was only the lift of a broken wing." 183f.[85]; "All her soul was gathered up into one sick sense of coming doom [...]" 184). Wenngleich sich auch die Anzeichen einer positiven Zuwendung zu Royall im letzten Kapitel mehren (vgl. "Mr. Royall seldom spoke, but his silent presence gave her, for the first time, a sense of peace and security [...]" 179; 180f.; "A stir of something deeper than she had ever felt in thinking of him flitted through her tired brain [...]" 186), so sind sie doch eher als Zeichen der Dankbarkeit als der Liebe zu verstehen: "Charity is grateful for succour and for Royall's uncritical acceptance of her pregnancy, but gratitude is not love."[86] Am Ende bleibt es mehr als fraglich, ob diese Dankbarkeit Grundlage einer glücklichen Ehe sein kann.

Im Unterschied zu Edna Pontellier (und bezeichnenderweise auch im Unterschied zu Edith Wharton selbst) erlebt Charity Royall ihr sexuelles Erwachen vor ihrer Ehe und nicht erst, nachdem sie verheiratet ist und Kinder hat. Aber auch sie (und nur sie und nicht etwa auch Harney) muss die Konsequenzen ihrer sexuellen Selbstverwirklichung tragen. Ihre Schwangerschaft hat ihren vergleichsweise geringen Handlungsspielraum noch einmal mehr begrenzt: "Departed are her dreams of independence: in marrying her stepfather, Charity frees not herself, but Harney [...]." (Werlock 1997, 259) Die Ehe mit ihrem Stiefvater ist für sie und ihr Kind ein Kompromiss, aber keine wirklich freie Entscheidung.

Ebenso wie *The Awakening* endet *Summer* nicht mit der zur Vollendung kommenden Selbstverwirklichung der Protagonistin: "Charity grows in the course of the novel [...] But at the same time that she grows Charity is also being reduced. [...] The diminished Charity ends up a tired child, a Good Girl in the old sense of submission and dependence." (White 1985, 62) Insofern beide Romane mit einer Lösung auf Kosten ihrer Protagonistinnen enden, sind sie *novels of growing down*, wenngleich *Summer* im Unterschied zu *The Awakening* im Hinblick auf die Entwicklung der Protagonistin noch offener ist. Es besteht eine gewisse Hoffnung, dass Charity nicht wie Edna Pontellier mit dem Selbstmord angesichts unerfüllter Sehnsüchte nach Selbstverwirklichung enden wird. Möglicherweise wird die Erfahrung von Leidenschaft und Erotik vor ihrer Ehe mit Royall und die Erinnerung daran - materialisiert in der Brosche, einem Geschenk von Harney, und dem Kind dieser Liebe - ausreichen, um sie in ihrem Widerstand gegen Fremdbestimmung zu bestärken. Vielleicht ist Charitys Erkenntnis ihrer Selbst und die

---

[85] Bezeichnenderweise verwendet auch Wharton (wie Chopin in *The Awakening*, XXXIX, 160) das Ikarusmotiv zur Charakterisierung ihrer Protagonistin.

[86] Blackall, Jean Frantz (1992). "Charity at the Window: Narrative Technique in Edith Wharton's *Summer*." In: Bendixen, Alfred & Zilversmit, Annette (eds.). *Edith Wharton: New Critical Essays*. New York: Garland Publishers, 115-126, hier: 125.

Erfahrung ihrer Kraft in der Liebe zu Lucius gerade ihre Stärke, eine Stärke, die sie Edna gegenüber voraushat. In jedem Fall aber ist die Intensität ihrer außerehelichen Liebesbeziehung das subversive Element dieses Romans. Daher kann auch trotz des oberflächlich gesehen konventionellen Endes von *Summer* dieser Bildungsroman wie *The Awakening* als Werk des Übergangs betrachtet werden:

> This marriage signals both Charity's capitulation to the Law of the Father and her subversion of it: the two newlyweds have not (yet) become one in the wedding bed; moreover, the child made legitimate by this union also exposes the fictionality of that legitimacy and that unity [...] Charity's decision to recuperate the brooch suggests that she has preserved a space within herself that neither Lawyer Royall nor the Law of the Father can invade.[87]

Beide *growing down novels* sind zugleich Romane des Protests gegen gesellschaftliche Beschränkungen für Frauen. Sie kritisieren indirekt das traditionell weibliche Entwicklungsziel von Ehe und Mutterschaft und betonen zugleich das Recht der Frauen auf Selbstverwirklichung und vor allem auf sexuelle Selbstbestimmung. Darin liegt ihre noch immer aktuelle Bedeutung sowie ihre Verwandtschaft mit jüngeren Bildungsromanen, in denen es noch deutlicher um den Ausdruck und die Verwirklichung des weiblichen Selbst geht, wie im Folgenden zu zeigen sein wird.

Kapitel 3: "Portraits of an Artist as a Young Woman" - weibliche Künstlerromane

Der Kampf um weibliche Selbstbehauptung, der Konflikt zwischen Autonomie und Weiblichkeit wird vielleicht in keinen Romanen so deutlich thematisiert wie in weiblichen Künstlerromanen. Denn Künstlersein erfordert ein Selbstbewusstsein, eine Überzeugung von sich selbst und der eigenen Berufung, die sich nicht vereinen lässt mit den Erwartungen, die die Gesellschaft an Frauen richtet. Daher beginnt die Darstellung von *growing up novels*, die seit der Frauenbewegung der 1970er Jahre entstanden sind, auch mit zwei sehr unterschiedlichen und doch repräsentativen weiblichen Künstlerromanen.

Als eine Untergattung weiblicher Bildungsromane schildern Künstlerromane nicht nur die Identitätsbildung einer jungen Frau, sondern darüber hinaus ihre Entwicklung zur Künstlerin, zumeist zur Schriftstellerin. Zu den weiteren Kennzeichen weiblicher Künstlerromane gehören nach Linda Huf[88] die folgenden Aspekte: die Protagonistinnen in weiblichen Künstlerromanen sind im Vergleich mit den "feminin" männlichen Counter-

---

[87] Skillern, Rhonda (1995). "Becoming a 'Good Girl': Law, Language, and Ritual in Edith Wharton's *Summer.*" In: Bell, Millicent (ed.). *The Cambridge Companion to Edith Wharton.* Cambridge: University of Cambridge Press, 117-136, hier: 134.

[88] (1983) *A Portrait of the Artist as a Young Woman: The Writer as Heroine in American Literature.* New York: Frederick Ungar.

parts in männlichen Künstlerromanen eher robust und couragiert, tragen also eher "männliche" Züge; ferner werden sie häufig mit Frauen kontrastiert, die im Gegensatz zu ihnen ganz dem traditionellen Bild der Frau entsprechen; außerdem werden sie im Unterschied zu den Männern nicht von einer (männlichen) Muse inspiriert, im Gegenteil: Männer werden eher als Behinderung in ihrer künstlerischen Entfaltung erlebt und dargestellt. Schließlich besteht der Kernkonflikt der Protagonistin nicht primär im Hinundhergerissensein zwischen Leben und Kunst, sondern vielmehr "between her role as a woman, demanding selfless devotion to others, and her aspirations as an artist, requiring exlusive commitment to work" (Huf 1983, 5). Anders als bei einem männlichen Künstler wird von ihr als Frau erwartet, dass sie sich entscheidet "between her sexuality and her profession, between her womanhood and her work" (ebd.).

Vor allem dieser Konflikt ist es, mit dem sich auch die Protagonistinnen von *Lives of Girls and Women* (1971) und *Sassafrass, Cypress & Indigo* (1982) auseinander setzen müssen und den sie auf unterschiedliche Weise lösen. Das Problem Del Jordans, der Protagonistin von *Lives of Girls and Women*, besteht vor allem darin, dass ihr als intelligentes Mädchen auf dem Lande die Rollenvorbilder für eine Integration ihrer Intelligenz, ihrer intellektuellen bzw. literarischen Interessen und sexuellen Bedürfnisse fehlen. Die Frauen in ihrem Heimatort leben entweder das traditionelle Frauenleben an der Seite eines Mannes, oder aber sie sind kreative und intelligente Persönlichkeiten ohne Partner. Del wehrt sich gegen diese aufoktroyierte Entscheidung zwischen Weiblichkeit und Autonomie. Nicht zuletzt durch das Lesen und besonders durch eigene Schreibversuche gelingt es ihr schließlich bzw. immer wieder, die Balance zwischen beidem zu finden. Del verleugnet weder ihre sexuellen Bedürfnisse, noch verrät sie ihre schriftstellerischen Ambitionen. Zwar muss sie Rückschläge hinnehmen, wie den, dass sie das ersehnte Stipendium für ein Collegestudium nicht erhält, weil sie aufgrund einer sexuellen Affäre nicht angemessen für die Prüfungen gelernt hatte, doch scheint sie sich dadurch nicht entmutigen zu lassen. Alles deutet darauf hin, dass Del gegen alle gesellschaftlichen Widerstände versuchen wird, sich treu zu bleiben und beides anzustreben, die Erfüllung im beruflichen wie auch im familiären Bereich. Mit diesem offenen, aber hoffnungsvollen Ende unterscheidet sich *Lives of Girls and Women* deutlich von ihren Vorgängern, den *growing down novels* oder auch "portraits of the *artiste manqué*"[89], in denen diese Balance für die Protagonistinnen noch unvorstellbar bzw. unerreichbar ist.

Auch in *Sassafrass, Cypress & Indigo*, einem ethnischen Künstlerroman der Afro-Amerikanerin Ntozake Shange, spielt der genannte Konflikt eine wichtige Rolle, wenngleich er nicht für jede der drei Protagonistinnen so zentral ist wie für Del. Das Besondere dieses weiblichen Künstlerromans ist es, dass die drei Schwestern ihre je eigene

---

[89] Goodman, Charlotte (1981). "Portraits of the *Artiste Manqué* by Three Women Novelists." *Frontiers* V.3, 57-59.

künstlerische Identität als Weberin, Heilerin und Tänzerin im Rückgriff auf starke weibliche Traditionen eines afro-amerikanischen kulturellen Erbes finden. Die Verbundenheit mit dieser Kultur ist es, die ihnen Kraft und zugleich auch die Orientierung gibt für ihre Selbstfindung. Alle drei Protagonistinnen verstehen ihre Kunst politisch und stellen sie in den Dienst der Gemeinschaft. Mit diesem Kunst- und Selbstverständnis bildet dieser Roman einerseits eine wichtige Ergänzung im Kanon weißer (weiblicher) Künstlerromane[90]; zum anderen ist er damit zugleich repräsentativ für ethnische weibliche Bildungsromane, die im daran anschließenden Kapitel vorgestellt werden.

3.1 Alice Munro, *Lives of Girls and Women*, 1971[91]

3.1.1 Vorstellung der Autorin und ihres Romans

Alice Munro gehört zu den bekanntesten kanadischen Autorinnen unserer Zeit. "But of the many women writers who emerged in the 1970s, Alice Munro has perhaps enjoyed most consistently a high degree of both popular and critical success."[92] Als eine der großen Kurzgeschichtenschreiberinnen in Englisch genießt sie mittlerweile einen internationalen Ruf.[93] Viele ihrer Kurzgeschichten haben Eingang in kanadische, US-amerikanische und britische Anthologien gefunden und werden auch über den englischsprachigen Sprachraum hinaus literaturkritisch gewürdigt. Der erste literaturwissenschaftliche Kongress zu ihrem Werk fand 1982 an der University of Waterloo im Südwesten Ontarios statt und ist dokumentiert in dem Sammelband *The Art of Alice Munro: Saying the Unsayable*[94]. Neben zahlreichen einzelnen Zeitschriftenartikeln sind seitdem mehr als zehn Bücher erschienen, die sich nur ihrem Werk widmen.[95]

---

[90] So beklagte etwa Linda Huf noch 1983: "As of now, the black woman artist is a missing character in fiction." (Ebd. 14)

[91] Im Folgenden zitiere ich aus der Plume Edition dieses Werkes (Harmondsworth: Penguin, 1983) und benutze dafür den Kürzel LGW. Der Verlag Random House hat das Werk in der Reihe Vintage Contemporaries gerade in diesem Jahr 2001 neu aufgelegt.

[92] Stouck, David (1988). *Major Canadian Authors: A Critical Introduction to Canadian Literature in English*. 2nd. ed. revised and expanded. Lincoln: University of Nebraska Press, 257.

[93] Vgl. Howells, Coral Ann (1998). *Alice Munro*. Manchester: Manchester University Press, 137.

[94] Miller, Judith (ed.) (1984). Waterloo: Warterloo Press.

[95] Vgl. neben Howells u.a.: MacKendrick, Louis (ed.) (1983). *Probable Fictions: Alice Munro's Narrative Acts*. Downsview, Ontario: ECW Press; Martin, W.R. (1987) *Alice Munro: Paradox and Parallel*. Edmonton: University of Alberta Press; Carrington, Ildikó de Papp (1989). *Controlling the Uncontrollable: The Fiction of Alice Munro*. DeKalb: N. Illinois University Press; Rasporich, Beverley (1990). *Dance of the Sexes: Art and Gender in the Fiction of Alice Munro*. Edmonton: University of

Alice Munro begann mit der Veröffentlichung von Kurzgeschichten bereits in den 1950er Jahren, aber erst der *Govenor General's Award* für ihre Kurzgeschichtensammlung *Dance of the Happy Shades* (1968) und dann vor allem der Erfolg von *Lives of Girls and Women* im Jahre 1971 machten sie als kanadische Autorin bekannt. Der Erfolg dieses Romans, der mit dem *Canadian Booksellers' Award* ausgezeichnet und zwei Jahre später vom kanadischen Fernsehen CBC mit Munros Tochter Jenny in der Hauptrolle verfilmt wurde[96], mag u.a. auch mit dem feministischen Gehalt des Romans zusammenhängen, der um diese Zeit begrüßt wurde. Wenngleich Munro eigenen Angaben zufolge mit *Lives* zunächst keine feministische Absicht verknüpfte ("When I wrote *Lives of Girls and Women*, it didn't cross my mind that I was writing a feminist book."), sondern nur über etwas schreiben wollte, das sie kannte ("I just wrote it because I know a great deal about that [women and their survival]"), so bezeichnet sie sich doch als Feministin und ist froh, dass sie etwas geschrieben hat "about a young girl's sexual experience that had often been written about boys'"[97]. Es ist "a strong novel of the female consciousness"[98], so lautet eine der frühen Reaktionen auf diesen Roman.

Lives of Girls and Women bildet in Munros Werk eine gewisse Ausnahme, denn es ist bislang ihr einziger Roman. Doch ihr Talent für die Gattung der Kurzgeschichte kommt auch darin zum Ausdruck, insofern seine sieben Kapitel nicht nur zunächst als einzelne entstanden sind[99], sondern mit Ausnahme des Epilogs auch in sich bestehen können. Die mit Titeln versehenen, nicht durchnummerierten Geschichten des Romans sind wie "snapshots" aus dem Leben der Protagonistin und Ich-Erzählerin Del Jordan, wie "'pictures hanging together', offering multiple images but never a unified whole"[100].

Alberta Press; Redekop, Magdalene (1992). *Mothers and Other Clowns: The Stories of Alice Munro.* London: Routledge.

[96] Vgl. Benson, Eugene & Toye, William (eds.) (1997). *The Oxford Companion to Canadian Literature.* 2nd ed. Toronto: Oxford University Press, 777.

[97] Zitate aus Hancock, Geoff (1987). "Alice Munro". *Canadian Writers at Work: Interviews with Geoff Hancock.* Toronto: Oxford University Press, 187-224, hier: 223. Als Feministin bezeichnet sich Munro im Interview mit Harold Horwood. Vgl. Horwood, H. (1984). "Interview with Alice Munro" In: Miller, Judith (ed.). *The Art of Alice Munro: Saying the Unsayable.* Waterloo: University of Waterloo Press, 123-135, hier: 133 sowie im Interview mit Metcalf, John (1972). "A Conversation with Alice Munro." *Journal of Canadian Fiction* 1.4, 54-62, hier: 59.

[98] Showalter, Elaine, letter to Joyce Johnson, McGraw-Hill Book Company, New York, 8 February 1973, Correspondence Series, *The Alice Munro Papers: First Accession.* Calgary: University of Calgary Press, 1986, 15; zitiert in Rasporich 1990, 12.

[99] Zur Genese von *Lives* vgl. Struthers, J.R. (Tim) (1983). "The Real Material: An Interview with Alice Munro." In: MacKendrick, Louis K. (ed.). *Probable Fictions: Alice Munro's Narrative Acts.* Downsview, On.: ECW Press, 5-36, hier: 24f.

[100] Howells 1998, 34 mit Bezug auf Martin 1987, der diese Beschreibung aus dem Kapitel "Changes and Ceremonies" (LGW, 118) verwendet, um die Struktur des Romans zu charakterisieren.

"It is a *Bildungsroman* with a decentralised narrative structure [...]" (Howells 1998, 33). "Its progress is by accumulation rather than sequential learning [...]"[101]. Munro selbst bezeichnet ihren Roman als "episodic novel" (vgl. Struthers 1983, 14). Die einzelnen Kapitel und Szenen werden zusammengehalten durch das "I/eye" der Protagonistin und eine gewisse Chronologie der Erzählung, die aber mit dem Epilog durchbrochen wird. Dieser Epilog ist zentral für das Verständnis des Romans als Künstlerroman. Er setzt das zuvor Erzählte in ein neues Licht, macht explizit, was vorher implizit vorhanden war: Del Jordans Geschichte ist nicht nur die eines heranwachsenden Mädchens, sondern die einer werdenden Schriftstellerin.[102]

Jedes Kapitel des Romans behandelt einen bestimmten Aspekt oder eine bestimmte Station in der Identitätsbildung Dels. Die zuletzt verfassten beiden ersten Geschichten "The Flats Road"[103] und "Heirs of the Living Body" zeigen Del in ihrer Kindheit, ihr Aufwachsen auf einer Fuchsfarm am Rand eines kleinen Ortes im ländlichen Ontario. Während ihr "Onkel" Benny der prägende Charakter des ersten Kapitels ist, so bestimmen ihr Großonkel Craig und besonders sein Tod und Dels Auseinandersetzung damit die Thematik des zweiten Kapitels. "Princess Ida", das Synonym, unter dem ihre Mutter für die Stadtzeitung schreibt, ist das Kapitel über ihre Mutter und Dels Verhältnis zu ihr. In "Age of Faith" setzt sich Del mit Glaubensfragen auseinander, und "Changes and Ceremonies" zeigt Dels Begegnung mit der Kunst in Form einer Operette, die von der Schule aufgeführt wird und in die sie involviert ist. Das zuletzt genannte Kapitel bereitet zugleich auf die Themen vor, die ab dem nächsten Kapitel dominieren, nämlich die Neugier auf und die Entdeckung von Sexualität und Erotik. Sowohl "Lives of Girls and Women" als auch "Baptizing" zeigen, wie Del in Absetzung von ihrer Mutter, ihrer Freundin und anderen Rollenvorbildern ihre eigene Sexualität entdeckt und entwickelt. Der Epilog schließlich, in dem Del von ihren ersten schriftstellerischen Versuchen erzählt, macht deutlich, dass sich in der Beschreibung ihrer verschiedenen Lebensstationen zugleich die Bildung ihres künstlerischen Talentes verbirgt. Jedes vorangehende Kapitel lässt sich auch im Hinblick auf Dels schriftstellerische Entwicklung hin lesen. Es zeigt vor allem, wie sich Del schon als junges Mädchen damit beschäftigt, was Realität ist, wie sie sich darstellt und wie sie dargestellt werden kann. Sie lebt in einer Welt von Geschichten, die ihr erzählt werden (von "Onkel" Benny, ihren Großtanten Auntie Grace und Aunt Elspeth etc.) oder die sie gelesen hat, und konfrontiert diese mit

---

[101] Gurr, Andrew (1991). "Short Fictions and Whole-Books." Howells, Carol Ann & Hunter, Lynette (eds.). *Narrative Strategies in Canadian Literature: Feminism and Postcolonialism*. Milton Keynes: Open University Press, 11-18, hier: 16.

[102] Die Bedeutung des Epilogs unterstreicht Alice Munro in dem Interview mit Struthers 1983 selbst: "[...] I found eventually that the book didn't mean anything to me without it." (25)

[103] Die Überschrift in der Taschenbuchausgabe lautet fälschlicherweise "The Flat Roads", vgl. ebd.1 mit der Beschreibung im Text, ebd. 5ff.

der von ihr wahrgenommenen Realität. Das geheim gehaltene Schreiben und Entwerfen eines Romans ist für sie eine Art des Umgangs und des Zurechtkommens mit der Wirklichkeit (vgl. LGW 203). Zugleich verhilft es ihr zu einem tieferen Verständnis der Realität, die - wie Del im Epilog metaphorisch zusammenfasst - unter ihrer banalen Oberfläche unergründliche Tiefen birgt: "People's lives, in Jubilee as elsewhere, were dull, simple, amazing and unfathomable - deep caves paved with kitchen linoleum." (LGW 210) Die Komplexität der von ihr erkannten Wirklichkeit literarisch einzufangen ist der von Del am Ende geäußerte Wunsch für ihre schriftstellerische Zukunft: "[...] what I wanted was every last thing, every layer of speech and thought, stroke of light on bark or walls, every smell, pothole, pain, crack, delusion, held still and held together - radiant, everlasting." (Ebd.) Mit *Lives of Girls and Women* hat Munro diesem Wunsch gewissermaßen Gestalt gegeben. Alice Munro hat als Del Jordan den Roman geschrieben, "a novel which concerns itself with a girl growing to be a woman who tells the story of herself growing to be the woman who writes the book"[104].

Die folgende Interpretation des komplexen Werkes[105] wird sich zunächst auf "Del's growing up female" konzentrieren und erst in einem zweiten Schritt ihre Anfänge und ihren Weg als werdende Schriftstellerin beleuchten. Diese Reihenfolge bietet sich bei diesem Roman an, weil erst durch den Epilog explizit deutlich wird, dass dieser Roman auch als Künstlerroman gelesen werden kann.

3.1.2 *Lives of Girls and Women* als weiblicher Bildungsroman: Del Jordan zwischen Autonomie und Weiblichkeit

Lives of Girls and Women ist ein weiblicher Bildungsroman, "a long overdue female equivalent to J.D. Salinger's *Catcher in the Rye*" (Rasporich 1990, 44). Er zeigt, wie sich manche Konflikte in der Adoleszenz für Mädchen anders darstellen als für Jungen. Del Jordans Identitätssuche offenbart einerseits die Grenzen, die ihr dabei durch gesellschaftliche Vorstellungen von Weiblichkeit gesteckt werden und mit denen sie sich

---

[104] Harris, Margaret (1986-87). "Authors and Authority in *Lives of Girls and Women*." *Sydney Studies in English* 12, 101-113, hier: 108. Vgl. ebenso Fowler, Rowena (Summer 1984). "The Art of Alice Munro: *The Beggar Maid* and *Lives of Girls and Women*." *Critique: Studies in Modern Fiction* XXV. 4, 189-198, hier: 197; Meindl, Dieter (1987). "Modernism and the English Canadian Short Story Cycle." *RANAN* 20, 17-22, hier: 21, sowie Warwick, Susan J. (Summer 1984). "Growing Up: The Novels of Alice Munro." *Essays on Canadian Writing* 29, 204-225, hier: 204. Der naheliegenden Vermutung, dass es sich bei *Lives* um ihre Autobiographie handelt, hält Munro in ihrer Vorbemerkung zum Roman entgegen: "This novel is autobiographical in form but not in fact. My family, neighbors and friends did not serve as models."

[105] Zu den verschiedenen Zugangsmöglichkeiten zu diesem Roman vgl. die nach den wichtigsten Interpretationsrichtungen geordnete Übersicht bei Besner, Neil K. (1990). *Introducing Alice Munro's* Lives of Girls and Women: *A Reader's Guide*. Toronto: ECW Press, 25-31.

auseinander setzen muss, und andererseits deren Überwindung. Del Jordan entwirft sich nicht als ein Opfer des Patriarchats, sondern als autonom handelndes weibliches Wesen, das in ihrer Person Weiblichkeit und Selbstbestimmung integrieren möchte. Die verschiedenen Erfahrungen und Entscheidungen, von denen Del im Rückblick berichtet, lassen bei den LeserInnen den Eindruck und die Hoffnung entstehen, dass dieses Ziel für Del nicht unerreichbar ist. Um zu verstehen, inwiefern Del Jordans Identitätssuche als eine spezifisch weibliche betrachtet werden kann, ist es sinnvoll, zum einen genauer ihre Auseinandersetzung mit den verschiedenen Einflüssen auf ihr Leben, vor allem mit den weiblichen Rollenvorbildern, die ihr zur Verfügung stehen, zu betrachten, und zum anderen die Entdeckung ihrer weiblichen Körperlichkeit und Sexualität zu verfolgen.

Es sind eine ganze Reihe von Frauen, denen Del im Laufe ihrer Entwicklung begegnet. Neben ihren Tanten Aunt Elspeth und Auntie Grace und ihrer Freundin Naomi spielt ihre Mutter Ada die prägendste Rolle. Weniger zentral, aber auch nicht unwichtig für ihre Entwicklung sind weitere Tanten (Aunt Moira, Aunt Nile) und Cousinen, die Untermieterin ihrer Mutter Fern Doherty, ihre Musiklehrerin Miss Farris sowie in gewisser Hinsicht Madeleine, die als geistig verwirrt angesehene Frau von "Onkel" Benny. Jedes Kapitel zeigt, wie sich Del mit diesen Frauen auseinandersetzt, wie sie einerseits versucht, dem jeweiligen Selbstverständnis dieser Frauen auf die Spur zu kommen, und wie sie sich andererseits von diesen Frauen absetzt und sich selbst definiert. Aber nicht nur weibliche Modelle spielen in ihrer Identitätssuche eine Rolle, auch die Beschäftigung mit "Onkel" Benny, Onkel Craig, Mr. Chamberlain, Jerry Storey und Garnet French hat Einfluss auf ihre Identitätsentwicklung.

Wohl nicht rein zufällig bleiben Geschlecht und Name der Erzählerin bis ins zweite Kapitel hinein (vgl. LGW, 36) unerwähnt. Denn auf der Farm ihres Vaters am Ende der Flats Road lebt Del bis zum Beginn ihrer Pubertät ein Leben, das sich wenig von dem ihres Bruders unterscheidet. Im Wesentlichen noch unter dem Schutz ihrer Familie macht sie erste Beobachtungen und Erfahrungen mit einer anderen, weniger gesicherten, außerfamiliären Welt. Es ist der naturnahe "Onkel" Benny, ein etwas kauziger Mitarbeiter ihres Vaters und kein wirklicher Onkel, der ihr den Zugang zu dieser anderen Welt ermöglicht. Bei ihm liest sie Zeitungen der Sensationspresse, deren Nachrichten sie kaum mit der ihr bekannten Welt vereinbaren kann (vgl. LGW 4f.). Bei ihm lernt sie Madeleine kennen, die von ihrem Bruder zusammen mit ihrer unehelichen Tochter Diane mittels einer Heiratsannonce an Onkel Benny "verschachert" wurde. Madeleines Verhalten ist anarchisch. Mehr wie ein ungezähmtes Tier (wie eine Füchsin, die aus blinder Wut oder aus Mutterliebe manchmal sogar ihre Jungen umbringt, vgl. LGW 18) als wie ein rationaler Mensch rebelliert sie gegen ihre Gefangenschaft, ihren ungewollten Status als Frau von Benny und Mutter von Diane. Der Versuch, Madeleine zu "domestizieren", schlägt fehl, sie flieht nach Toronto mit ihrer Tochter und kann auch von Benny nicht mehr "eingefangen" werden. Am Ende bleibt von ihr nur eine Geschichte ("We remembered her like a story." LGW 23). Del scheint indirekt zu erkennen, dass die machtlosen Hinterbliebenen am Ende der Flats Road offensichtlich nur so mit Madeleines Nonkonformismus fertigwerden können.

Im krassen Gegensatz zu dieser naturnahen, primitiven Welt steht die häusliche, wohl geordnete Welt der Großtanten Dels, die in Jenkins' Bend regieren und die im Zentrum des zweiten Kapitels "Heirs of the Living Body" stehen. Aber nicht nur die Tanten Aunt Elspeth und Auntie Grace, sondern auch Uncle Craig wird als Gegenbild zu den im Kapitel "The Flats Road" vorgestellten Personen konstruiert. Onkel Craig hat die politische Funktion eines Bürgermeisters für Fairmile Township inne und arbeitet außerdem an einer Geschichte des Wawanash Country und an einem Familienstammbaum. Ihn interessiert weniger die Welt der Natur oder der geheimnisvollen Ereignisse wie Onkel Benny, sondern vielmehr die Welt der Politik und der "most ordinary facts" (LGW 27), die er minutiös in seiner Lokalgeschichte auflistet. Mehr als nur unterstützt wird er in seiner Arbeit von seinen Schwestern Grace und Elspeth, die nicht nur eine klare Trennung zwischen Männer- und Frauenarbeit anerkennen, sondern von der Hierarchie zwischen ihnen überzeugt sind: "They respected men's work beyond anything; [...]" (LGW 27). Auch wenn sie sich zugleich darüber lustig machen können, so ist ihr Lebensentwurf doch eindeutig auf Onkel Craig und seine wichtige Arbeit ausgerichtet. Intelligenz als Eigenschaft einer Frau wird von ihnen nur geduldet, wenn sie mit angemessener weiblicher Bescheidenheit (sprich: mit dem Verzicht auf den Einsatz dieser Intelligenz) gepaart ist (vgl. ihre Beurteilung von Ruth McQueen, einer Cousine von Del, LGW 32). In ihrer häuslich orientierten, z.T. kindlich verspielten Welt gibt es keinen Platz für intellektuell interessierte Frauen wie beispielsweise Dels Mutter, die sich weniger um Ordnung und Sauberkeit in ihrem Haus kümmert. Für sie haben sie nur Spott oder bestenfalls Mitleid übrig. Als ihr Bruder Craig stirbt und sie nach Jubilee ziehen, endet gewissermaßen auch ihr Leben: "Their house became like a tiny sealed-off country, with its ornate customs and elegantly ridiculously complicated language [...] They told their same stories, they played their same jokes [...]" (LGW 50). Des Sinns ihres Lebens beraubt, verharren sie in ihrer von ihnen selbst geschaffenen künstlichen Welt und stagnieren. Del erkennt: "This was what came of them when they no longer had a man with them, to nourish and admire, and when they were removed from the place where their artificiality bloomed naturally." (Ebd.)

War Del der Welt ihrer Tanten gegenüber zunächst nicht unaufgeschlossen und war sie bisweilen sogar froh, der "world of serious skeptical questions" ihrer Mutter zu entkommen (vgl. LGW 31), so wird sie sich doch immer mehr der Ähnlichkeiten mit ihrer Mutter bewusst. Auch sie hat einen Wissensdurst wie ihre Mutter, die nicht nur Enzyklopädien verkauft, sondern sie auch liest. Von ihrer Mutter scheint sie das außergewöhnliche Interesse an Bildung und Kultur zu haben. Von ihrer Mutter erfährt Del Unterstützung in ihrer schulischen Karriere. Aber von ihrer Mutter erhält sie auch den

Rat, sich nicht von Jungen und romantischen Illusionen in ihrem Streben nach "Höherem" ablenken zu lassen. Das ist der Punkt, an dem sich Del deutlich von ihrer Mutter absetzt. Aber schon zuvor zeigt sich, wie Del sich allmählich und immer wieder neu ihren eigenen Stand im Verhältnis zu ihrer Mutter sucht. Weil sie Menschen und die Welt auch aus anderen Perspektiven als nur der eigenen sehen kann, beginnt sie ab einem bestimmten Alter die Grenzen ihrer Mutter zu erkennen.

Zunächst beschreibt Del ihr Verhältnis zu ihrer Mutter als eng und unbelastet: "As yet I followed her without embarrassment [...]." (LGW 7) Sodann nimmt sie die geheimnisvolle Autorität wahr, die ihre Mutter über ihr Leben ausübt, aber gegen die sie sich bereits wehren möchte: "Over all our expeditions, and homecomings, and the world at large, she exerted this mysterious, appalling authority, and nothing could be done about it, not yet." (LGW 59) Die Möglichkeit zur Abgrenzung von ihrer Mutter bieten ihr bald darauf zuerst die Reaktion ihrer Tanten und später die Antworten der verschiedenen sozialen Gruppen von Jubilee auf ihre Mutter. Diese führen ihr vor Augen, dass ihre Mutter eine Außenseiterposition innehat, dass ihre Hoffnung auf einen angesehenen Platz in der Gesellschaft von Jubilee, wohin sie mit ihrer Tochter von der Flats Road gezogen ist, gescheitert ist. Da sie sensibler als ihre Mutter ist, nimmt sie wahr, wie sich Ada Jordan mit ihrer selbstvergessenen Leidenschaft für Bildung in Jubilee und Umgebung lächerlich macht. Wenngleich Del diese intellektuelle Leidenschaft mit ihrer Mutter teilt, so geht ihr doch diese Art des Nonkonformismus ihrer Mutter zu weit: "I myself was not so different from my mother, but concealed it, knowing what dangers there were." (LGW 68)

Neue Einsichten für Del bringt der Besuch des jüngeren Bruders ihrer Mutter, Onkel Bill, und seiner jungen Frau Nile. Zum einen sieht sie in Nile erstmals eine schöne Frau, deren Lebenssinn offensichtlich in der Kultivierung ihrer Schönheit liegt: "She reached some extreme of feminine decorativeness, perfect artificiality, that I had not even known existed." (LGW 72) Del konnte diese Art der Weiblichkeit nicht kennen, weil ihre Mutter genau gegenteilige Werte verkörpert. Nile "is a striking example of the siren and a tempting invitation to Del to the female life of sexual desirability and possible conquest, which is outside of her mother's morality and motivation" (Rasporich 1990, 47). Wie sich später zeigen wird, lässt sich Del nicht von den Vorstellungen ihrer Mutter einengen, sondern gibt ihrer Neugier auf Erotik nach. Die Begegnung mit Nile erfüllt in diesem Zusammenhang die Funktion einer Vorausdeutung auf Dels Exploration dieser Seite des Lebens. Darüber hinaus zeigt diese Szene, wie Dels Mutter in gewisser Hinsicht etwas von ihrer Autorität bei Del einbüßt, insofern Del von ihrem Onkel Bill ein neues Bild der Vergangenheit ihrer Mutter erhält. Ada Jordans Verbitterung über ihre Familie und besonders über ihre eigene Mutter will so gar nicht passen zu dem nostalgischen Bild, das Onkel Bill von allem zeichnet. Del versucht, sowohl ihren Eindruck von

Onkel Bill mit dem durch ihre Mutter vermittelten Bild von ihm und der Familie miteinander zu verbinden, als auch ihre Mutter zu verstehen.

Als eine Art der Auseinandersetzung mit ihrer Mutter kann auch Dels religiöse Suche verstanden werden. Denn es war nicht zuletzt der religiöse Fanatismus ihrer Großmutter, der ihre Mutter von der Religion abgebracht hat. Bezeichnenderweise nachdem Onkel Bill dieses Bild der Großmutter bei seinem Besuch ein wenig relativiert hat, beginnt Dels Suche nach Gott (Kapitel "Age of Faith"). Sie will sich selber eine Meinung in Sachen Religion bilden. Del ist sich sogar bewusst, dass ihre Gottessuche durch den Wunsch nach Opposition gegenüber ihrer Mutter mit motiviert wurde: "Why did I do this? At first, it was probably to bother my mother [...]." (LGW 80) Aber nicht nur in der Ursprungsmotivation, sondern auch in der ganzen Anlage ihrer Suche zeigt sich der Einfluss sowie die Verwandtschaft Dels mit ihrer Mutter. Ihre Gottessuche ist rationalistisch, sie will Beweise: "I wanted reassurance, proof that He actually was there." (Ebd.) Doch in der institutionalisierten kirchlichen Religion findet Del keine Antwort auf ihre Frage, zumindest nicht in der Weise und mit der Gewissheit, wie sie es sich erhofft hat. So endet ihre Suche schließlich mit einer Entfremdung von der konventionellen Religion, die dem Standpunkt ihrer Mutter zumindest ähnelt, wenn auch nicht in allem gleicht.

Ein Höhepunkt der Auseinandersetzung mit und der Absetzung von ihrer Mutter wird erreicht, als Del beginnt, ihre eigene Sexualität zu entdecken. In gewisser Hinsicht ist diese Abgrenzung eine für die Pubertät zu erwartende, normale Entwicklung. Dennoch liegt im Kontext des Romans in dieser Positionsbestimmung Dels eine größere Bedeutung. Denn indem sich Del furchtlos und offen ihren sexuellen Wünschen stellt, gewissermaßen ihr sexuelles Begehren annimmt und bejaht, zeigt sie nicht nur eine Reife, mit der sie ihre eigene Mutter, die diesen Lebensbereich völlig ausblendet, übertrifft, sondern weist damit zugleich auch gesellschaftliche Stereotypen zurück, die Frauen auf einen Objektstatus reduzieren. Del ist nicht bereit, den konventionellen Rat ihrer Mutter: "Use your brains. Don't be distracted. Once you make that mistake, of being - distracted, over a man, your life will never be your own." (LGW 147) zu akzeptieren. Sie sieht in diesem Ratschlag eine Konformität mit den bestehenden, Frauen diskriminierenden Verhältnissen: "I felt that it was not so different from all the other advice handed out to women, to girls, advice that assumed being female made you damageable [...]." (Ebd.) Es wird deutlich, dass ihre Mutter entgegen ihren eigenen emanzipatorischen Absichten mit dieser Einstellung das patriarchale System aufrechterhält, unter dem sie leidet. Sie zwingt ihre Tochter mit diesem Rat genau in die traditionelle Entweder-Oder-Entscheidung, die so nur für Frauen gilt: "to choose between sexual union, which objectifies and diminishes her and cuts off her creative potential, and the single state of the artistic or intellectual life through which she can express her selfness." (Rasporich 1990, 48) Bezeichnenderweise wendet sich Del gerade an dieser Stelle von ihrer Mutter ab und männlichen Vorbildern zu: "[...] men were supposed to be able to go out and take on all kinds of experiences and shuck off what they didn't want and come back proud. Without even thinking about it, I had decided to do the same." (LGW 147) Sie ist entschlossen, die den Frauen aufgepfropfte Dichotomie nicht zu akzeptieren. "She needs sexual *and* creative fulfilment."[106] In der Tat zeigen Dels Entscheidungen und Handlungen vor und nach diesem Gespräch mit ihrer Mutter, wie sie unentwegt versucht, eine Balance zu finden zwischen ihren intellektuellen Interessen und ihren sexuellen Bedürfnissen, zwischen Selbststand und Hingabe.

Wie schwer diese Balance zu erreichen ist und inwiefern sie zu erreichen für Frauen noch erschwert wird, machen die Kapitel "Changes and Ceremonies", und besonders "Lives of Girls and Women" und "Baptizing" nur allzu deutlich. Da ist zum einen Naomi, die Schulfreundin Dels, die in ihrer kritiklosen Anpassung an gesellschaftliche Stereotypen von Weiblichkeit den Druck zur Konformität symbolisiert, dem Del ausgesetzt ist. Naomi verhält und entwickelt sich so, wie es in der Gesellschaft von Jubilee für die meisten Frauen üblich ist. Sie verlässt früh die Schule, um in einem Milchgeschäft als Sekretärin zu arbeiten und interessiert sich ab da nur noch für Mode, Kosmetik und ihre Aussteuer. Zwar hatte sich Naomi schon früher zum Sprachrohr traditioneller Auffassungen über männliche und weibliche Rollen im Umgang der Geschlechter miteinander gemacht (vgl. "My mother says it's the girl's fault [...] A boy can't help himself" LGW 112) und war von daher schon immer die Angepasstere von beiden, dennoch ist Del von dieser radikal konformen Entwicklung Naomis überrascht und enttäuscht: "But what about Naomi? She had been like me; [...] What was this masquerade she was going in for now, with her nail polish, her pastel sweater?" (LGW 149) Die Distanz zwischen den beiden Freundinnen wächst beständig und als Del sich noch einmal auf einen gemeinsamen Partybesuch in der Begleitung von zwei Jungen mit Naomi einlässt, kommt es zum endgültigen Bruch zwischen ihnen. Del erkennt, dass dieser traditionelle Weg der Frauen nicht der ihre sein kann. (Vgl. LGW 161: "What was a normal life? [...] I was not going to be able to do it. No.")

Zum anderen zeigt sich auch in der Entwicklung ihrer Sexualität, wie Del versucht, ihren eigenen Weg zu gehen. Zunächst offenbart "Changes and Ceremonies", wie mit dem Beginn der Pubertät die Welt für Del und auch Naomi gewissermaßen "sexualisierter" und das heißt für Mädchen zugleich begrenzter wird. Vulgäre Anreden der Jungen berauben sie, wie Del selbst bemerkt, ihrer gewohnten Freiheit: "The things they said stripped away freedom to be what you wanted, reduced you to what it was they saw

---

[106] Packer, Miriam (1978). "*Lives of Girls and Women*: A Creative Search For Completion." In: Moss, John (ed.). *The Canadian Novel: Here and Now.* Toronto: NC Press Limited, 134-144, hier: 134; Hervorhebung von mir.

[...]." (LGW 98)[107] Unverheiratete Lehrer und vor allem Lehrerinnen wie die Musiklehrerin Miss Farris stehen im Mittelpunkt des Schülerinneninteresses, und die Spekulationen über mögliche Affären dieser Lehrerin nehmen einen großen Raum in ihrer Welt ein. Ebenso spielen erste Schwärmereien für das andere Geschlecht in dieser Phase eine große Rolle. Während Naomi die dabei entstehenden Gefühle direkt in einen sexuellen Zusammenhang stellt, ist Dels Umgang damit romantischer. Sie trennt noch zwischen romantischer Erotik und Sexualität, die sie sich im Gegensatz dazu als anarchisch und brutal vorstellt (vgl. LGW 112). Noch wird die Grenze zur echten Sexualität nicht überschritten. Das meiste spielt sich in der Phantasie ab.

Doch Dels Tagträume werden zunehmend sexueller und ihre Neugier auf diese Welt der Anarchie und "mysterious brutality" (ebd.) führt sie in die Nähe einer Vergewaltigung. Gelegenheit zur Entdeckung dieser Welt gibt ihr der Freund der Untermieterin ihrer Mutter, Mr. Chamberlain. "As a kind of Calvinist Lolita, who idealizes and objectifies lust" (Rasporich 1990, 48) ermuntert Del ihn in seinen sexuellen Annäherungen. In halb bewusster Auflehnung gegen ihre Mutter, die angesichts der offensichtlichen Sinnlichkeit und Amoralität ihrer Untermieterin Fern Doherty immer wieder versucht, den Bereich der Sexualität aus dem Leben zu verbannen (vgl. LGW 122, 127), geht Del beinahe unerschrocken ihrer sexuellen Neugier nach. Doch die Initiation in "the secret violence of sex" (LGW 135) kommt anders als von ihr erwartet. Mr. Chamberlain erfüllt nicht ihre Vergewaltigungsphantasien (vgl. LGW 136: "expectations of rape", und 140: "overpowering fore-knowledge of the errand we were going on together", sowie 141: "violently anxious to know what would be done to me"), sondern degradiert sie zur Voyeurin bei seiner Masturbation. Ihre beinahe teilnahmslose Beobachtung seiner exhibitionistischen Aktion erinnert an ihre Konfrontation mit Madeleine, bei der sie auch versuchte, hinter das Geheimnis dieser Person und ihrer Handlung zu kommen. Ihre Erkenntnis, die sie aus dieser Begegnung mit Chamberlain gewinnt, ist ernüchternd. Nicht überwältigende Leidenschaft, sondern erbärmliche Anstrengung kennzeichnet den sexuellen Akt. (Vgl. LGW 144f.) Dels sexuelle Neugier ist damit für eine gewisse Zeit lang gestillt. Sie erwacht erst wieder in einer späteren Phase, nachdem Del ihre intellektuellen Interessen weiterentwickelt hat.

Bevor Del mit Garnet French ihre ersten positiven sexuellen Erfahrungen macht, wird sie die Freundin von Jerry Storey, mit dem sie Intelligenz, Ehrgeiz und wissenschaftliche Interessen gemeinsam hat. Jerry wie auch Del sind beide Außenseiter in ihrer Jahrgangsstufe: "we were called 'The Brains Trust' or 'The Quiz Kids' with a certain amount of semitolerant contempt [...]." (LGW 163) Im Unterschied zu Jerry kann Del mit dieser Situation nicht so gut umgehen. Sie beneidet ihn um sein Selbstbewusstsein.

---

[107] Indirekt erkennt Del hier die Macht der Sprache und den Einfluss, den Sprache auf die Identitätsbildung hat.

(Vgl. "[...] there was something admirable [...] about the way he conformed to type, accepting his role in Jubilee [...] which I would never have been able to muster myself [...] he was what he seemed. I [...] began to see that it might be restful to be like Jerry." LGW 165f.) Als intelligentes Mädchen hat sie es in der Gesellschaft von Jubilee aber auch ungleich schwerer als Jerry. Wie im Urteil ihrer Tanten bereits deutlich wurde, wird Intelligenz bei Mädchen anders beurteilt als bei Jungen. Während Intelligenz und berufliches Streben bei Jungen zu fördern und zu unterstützen sind, gilt das Gleiche bei Mädchen als unfeminin. Von ihnen wird eher erwartet, dass sie Männer in die Ehefalle locken, als dass sie selber intellektuellen Interessen den Vorzug geben. (Vgl. die Warnung von Jerrys Mutter an Del: "I have seen these cases of young men forced to sacrifice their lives because some girl has got pregnant and I don't think it's right [...] I don't agree that it's the boy's responsibility and he should have to sacrifice his career." LGW 167f.) Del fehlen ermutigende Rollenvorbilder und klare Vorstellungen von der Zukunft. Die Frauen, die sie kennt, sind entweder verheiratet und ohne höhere Bildung (wie ihre Mutter und ihre Freundin Naomi), oder sie sind gebildet (wie die Musiklehrerin Miss Farris), haben ihren eigenen Beruf (wie Fern Doherty) und dafür keinen Ehemann. "For Del, the problem of envisioning a possibly satisfying future can be restated as the problem of combining love and power; intellectual aspiration and achievement are ultimately a way to achieve power, as Jerry Story realizes. For a woman, achievement, success, or power can be ambiguous desires; they seem to stand in the way of achieving love and fulfillment."[108]

Ständig wird Del auf eine weibliche Rolle festgelegt, die ihr nicht entspricht. Besonders deutlich wird das, als Del den Zeitschriftenartikel eines berühmten New Yorker Psychiaters über die Unterschiede zwischen weiblichem und männlichem Denken liest, die am Beispiel der unterschiedlichen Reaktionen auf den Mond illustriert werden: "The boy thinks of the universe, its immensity and mystery; the girl thinks, 'I must wash my hair'." (LGW 150) Mit Vehemenz wehrt sich Del gegen diese Dichotomie: "I wanted men to love me, *and* I wanted to think of the universe when I looked at the moon." (Ebd. Hervorhebung im Original) Sie will beides, weiblich sein und intelligent, emotional und rational. Eine ähnliche Dichotomie, die Frauen die subjektive, irrationale und nach männlichen Maßstäben weniger wertvolle Seite zuschreibt, zeigt sich in Jerrys Einstellung gegenüber Dels Intelligenz. In seiner Arroganz gegenüber "weiblichen" Fächern wie Französisch, Geschichte und englische Literatur artikuliert sich deutlich die gesellschaftliche Höherbewertung "objektiver", "männlicher" Naturwissenschaften. (Vgl. LGW 162ff.) Sind Frauen intelligent, dann ist diese Intelligenz eine andere und auf jeden Fall weniger wert: "What I possessed, he told me frankly when we discussed the future,

---

[108] Perrakis, Phyllis Sternberg (Spring 1982). "Portrait of The Artist as a Young Girl: Alice Munro's *Lives of Girls and Women.*" *Atlantis* 7.2, 61-67, hier: 64.

was a first-rate memory, a not unusual feminine gift for language, fairly weak reasoning powers, and almost no capacity for abstract thought." (LGW 163) Sie tauge nichts "in the intellectually competetive world outside" (ebd.).

Wie besonders der Vergleich mit Jerry Storey zeigt, wird Dels Identitätssuche von Anfang an durch spezifische gesellschaftliche Erwartungen an sie als Mädchen und zukünftige Frau erschwert. Del muss sich damit auseinander setzen, dass ihr entweder ihre Weiblichkeit oder ihre Intelligenz abgesprochen wird. Doch Del versucht sich nicht beirren zu lassen. Zunächst entwickelt sie sich akademisch weiter. Wie Jerry arbeitet sie intensiv für gute Noten, um ein Stipendium für ein Universitätsstudium zu erhalten, das ihr das Verlassen von Jubilee ermöglichen würde. Doch bevor sie Jubilee tatsächlich hinter sich lassen kann, hat sie einen Konflikt zu bestehen, der ihre bislang bewahrte und bewiesene Autonomie mehr denn je auf die Probe stellt. Es ist ihre erste positive Erfahrung von Sexualität und Leidenschaft in der Freundschaft mit Garnet French, die sie beinahe um ihr autonomes, intelligentes Selbst bringt.

Garnet French ist in gewisser Hinsicht genau das Gegenteil von Jerry. Er ist kein intellektueller Skeptiker, sondern ein einfacher Sägebergsarbeiter und überzeugter Baptist, den sein Glauben von seiner Alkoholsucht befreit hat. Während Körperlichkeit und Sexualität im Verhältnis zu Jerry nur Verlegenheit und Unbehagen hervorriefen, ist es von Anfang an die sexuelle Anziehungskraft, die Del mit Garnet zusammenbringt. Nicht die Welt der Worte und Gedanken teilt sie mit Garnet, sondern "the world without names" (LGW 184). "Nothing that could be said by us would bring us together; words were our enemies." (LGW 183). Das, was bisher ihr Leben und ihre Persönlichkeit ausgemacht hat, spielt in ihrer Beziehung zu Garnet keine, oder höchstens eine störende Rolle: "He hated people trying to tie things together. Since these had been great pastimes of mine, why did he not hate me? Perhaps I successfully hid from him what I was like. More likely, he rearranged me, took just what he needed, to suit himself. I did that with him." (Ebd.) Stattdessen entdeckt sie mit Garnet eine Welt der intensiven Leidenschaft und selbstvergessenen Hingabe: "Sex seemed to me all surrender - not the woman's to the man but the person's to the body, an act of pure faith, freedom in humility." (LGW 181) Ihre sexuelle Initiation ist so überwältigend für sie, dass sie unfähig ist, die andere Realität der bevorstehenden Examina in ihrer Bedeutung wahrzunehmen. Statt sich auf ihre Prüfungen zu konzentrieren, schwelgt sie in Erinnerungen an ihren ersten Geschlechtsverkehr mit Garnet, der sie neue Seiten an sich hat entdecken lassen: "I had a radiant sense of importance, physical grandeur [...] That I could be the occacion to anyone of such pain and release made me marvel at myself." (LGW 190) Tatsächlich kostet sie diese Affäre den Eintritt ins College. Das angestrebte Stipendium erhält sie im Unterschied zu Jerry nicht, was insbesondere ihre Mutter sehr enttäuscht. Doch im Gegensatz zu ihrer Freundin Naomi, die schwanger wird und sich fatalistisch in die Ehe mit dem Vater ihres Kindes begibt, entscheidet sich Del buchstäblich in letzter Minute gegen dieses Schicksal. Als Garnet ihr einen Heiratsantrag macht und sie zum Spiel vorab taufen will, wird aus dem Spiel bitterer Ernst: "[...] I thought that he might drown me. I really thought that. I thought that I was fighting for my life." (LGW 198) Tatsächlich kämpft Del um ihr Leben. Sie wehrt sich in diesem Moment gegen den Tod ihres autonomen Selbst, den eine Ehe mit Garnet für sie bedeutet hätte.[109] Diese Gefahr zu erkennen, ist die "Erleuchtung", die ihr bei dieser "Taufe" zuteil wird. Ihr wird klar, was sie in Garnet gesucht und gefunden hat, aber auch, was ein Leben mit ihm ihr nicht bieten kann. Nach ihrer Trennung von Garnet ist sie traurig und erleichtert zugleich: "I was free and I was not free. I was relieved and I was desolate." (LGW 200) Doch die Erleichterung überwiegt: "Now at last without fantasies or self-deception, cut off from the mistakes and confusion of the past [...] I supposed I would get started on my real life." (LGW 200f.) Sie hat einen Stand der Reife erreicht, der ihr - so ist zu vermuten - ein Leben als selbstbestimmte Frau ermöglichen wird. Sie wird weder ihre kreativen, intellektuellen Fähigkeiten noch ihr Bedürfnis nach Liebe und sexueller Erfüllung leugnen.[110] Vielleicht, so deutet es der Epilog zumindest an, wird sie Schriftstellerin wie Alice Munro selbst.

Doch der Epilog bietet weniger und zugleich mehr als eine konkrete Lösung für Dels weibliche Identitätsbildung unter gesellschaftlich begrenzten Bedingungen an. Er macht deutlich, wie ein Übersteigen der Grenzen für Del immer wieder möglich wurde und auch in Zukunft möglich sein wird und zugleich, wie eng diese Fähigkeit Dels mit der Entwicklung ihrer schriftstellerischen Sensibilität zusammenhängt. Schon in der Beschreibung ihrer verschiedenen Lebensstationen zeigt sich Dels Flexibilität, ihre Offenheit für andere Perspektiven und ihre Bereitschaft zur ständigen Korrektur ihrer Erkenntnisse. Eine weitere Vertiefung ihres Welt- und Selbstverständnisses kommt im Epilog zum Ausdruck, in dem Del explizit über das Verhältnis zwischen der Wirklichkeit und den verschiedenen Konstruktionen von Wirklichkeit, sei es in Photographien oder in fiktionalen Geschichten, reflektiert. Sie und mit ihr die LeserInnen erkennen einerseits, "that human life is made up of narratives, and that the particular activity described as novel-writing is simply an intensification of what we do all the time" (Harris 1986, 87,

---

[109] Vgl. Frye, Joanne S. (1986). *Living Stories, Telling Lives: Women and the Novel in Contemporary Experience*. Ann Arbor: University of Michigan Press, 94: "The power of the currents that nearly drown her is the power similar to the currents that pull Maggie Tulliver [and Edna Pontellier, wie man im Kontext dieser Dissertation ergänzen könnte, R.F.] to her death and Martha Quest to her marriage: the need for sexual expression in a cultural context that says that is possible only in relinquishing one's autonomous goals."

[110] Vgl. auch Bailey, Nancy I. (Spring 1979). "The Masculine Image in *Lives of Girls and Women*." *Canadian Literature* 80, 113-120, hier: 115, die Dels Konflikt jungianisch interpretiert: "[...] Munro shows in Del a development [...] which offers hope that in her case an individual creative balance and union between masculine Logos and feminine Eros may be reached."

107)[111], und andererseits, dass sich die Wirklichkeit nie ganz einholen lässt: "No list could hold what I wanted, for what I wanted was every last thing [...]." (LGW 210) Immer wieder wird es neue Erfahrungen und Begegnungen wie die mit Bobby Sheriff geben, die sich nicht einordnen lassen (vgl. Dels Reaktion auf Bobbys Tanz: "it seemed [...] to have a concise meaning, a stylized meaning - to be a letter, or a whole word, in an alphabet I did not know." LGW 211). Jede Art der Begrenzung wie nicht zuletzt die auf weibliche oder männliche Rollen, wird der Komplexität der Wirklichkeit nicht gerecht. Die Suche nach der eigenen Identität kann wie ihre fiktionale Repräsentation nie an ein Ende kommen: "The novel's concluding synthesis in 'Epilogue: The Photographer' is [...] not closure but reaffirmation of process, both in narrative structure and in personal identity [...]." (Frye 1986, 96). Del - so können die LeserInnen am Ende gewiss sein - wird weiterhin an ihrer Identität arbeiten; sie wird Grenzen überwinden, indem sie scheinbare Gegensätze integriert, als Frau und als Schriftstellerin. Inwiefern ihr das als Schriftstellerin gelingen wird bzw. bereits gelungen ist, wenn man *Lives* als Dels Buch betrachtet, soll im folgenden Kapitel näher erläutert werden.

3.1.3 *Lives of Girls and Women* als weiblicher Künstlerroman: Del Jordans Zugang zur Wirklichkeit ("Real Life"[112])

"In essence, *Lives of Girls & Women* is a *kunstlerroman*, the story of Del Jordan as a young artist."[113] Doch aufgrund der Tatsache, dass Del nicht nur die heranreifende Protagonistin des Romans ist, sondern zugleich die Erzählerin, die aus der Rückschau die verschiedenen Stationen ihres Lebens beschreibt, lässt sich *Lives* gewissermaßen als Beweis für ihre Entwicklung zur Schriftstellerin begreifen: "*Lives of Girls and Women* is then nothing so simple as the story of the dicovery of a sense of artistic mission. It does not demonstrate how Del became an artist but provides the proof that she did."[114] Vielfach wird *Lives of Girls and Women* als weibliches Pendant zu James Joyces *Por-*

---

[111] Vgl. ebenso Besner 1990, 113: "*Lives of Girls and Women* may help us to refine our ideas of how we read fiction by dissolving, just as Del dissolves, any hard and fast distinctions we might want to draw between fiction and reality, or between fiction and autobiography, between a life story and a life."

[112] "Real Life" war der ursprüngliche Titel des Romans.

[113] Struthers, J.R. (1975). "Reality and Ordering: The Growth of a Young Artist in *Lives of Girls & Women*." *Essays on Canadian Writing* 3, 32-46, hier: 32. Vgl. auch Blodgett, E.D. (1988). *Alice Munro*. Boston: Twayne, 40, 53.

[114] Meindl, Dieter (1987). "Modernism and the English Canadian Short Story Cycle." *Recherches anglaises et nord-americaines: RANAM* 20, 17-22, hier: 21. Vgl. ebenso Elredge, L.M. (1984). "A Sense of Ending in *Lives of Girls and Women*." *Studies in Canadian Literature* 9.1, 110-115, hier: 112: "Munro [...] causes Del to overtake her own story and become the author of it."

trait of the Artist as a Young Man angesehen.[115] Barbara Godard bezeichnet ihn sogar als "*bildungsroman* written *against* Joyce" (Godard 1984, 65, Hervorhebung im Original), der auf signifikante Weise ihm ähnlich ist und sich zugleich von ihm unterscheidet. "Munro structures Del's dicoveries along a path already charted by Stephen Dedalus. Like him, Del explores the forces of religion and sex on the shaping of an aesthetic." (Godard 1984, 66) Doch im Unterschied zu Joyce lässt Munro eine rein sinnliche, vor aller sprachlichen Differenzierung liegende Erfahrung, nämlich die sexuelle Begegnung mit Garnet, die Basis der Ästhetik Dels werden: "From this scene of procreation, Del gives birth to the text (corpus) and to her body (corps)." (Ebd. 67). Indem sich Munro in *Lives of Girls and Women* besonders des Themas weiblicher Sexualität annimmt und es aus ihrer weiblichen Sicht zur Sprache bringt, zeigt sie sich "in quest of a body experienced by women as subject of their desires not as object of men's desires and of the words and literary forms appropriate to this body" (ebd. 43). Mehr noch, *Lives of Girls and Women* kann als gelungenes Beispiel für die Darstellung der Subjekthaftigkeit einer Frau verstanden werden. Denn die Protagonistin und Erzählerin Del stellt in diesem Roman sowohl ihre sexuelle wie ihre ästhetische Autonomie unter Beweis.[116]

Bereits mit Beginn des ersten Kapitels fällt auf, wie präzise Del ihre Umwelt wahrnimmt und wie tiefgründig sie in ihrer Beschreibung ist. Die Erkenntnis, die Del im Epilog ganz am Ende ihrer von ihr selbst geschilderten Entwicklung formuliert, wird durch ihre Darstellung der sie umgebenden Personen in den vorangehenden Kapiteln gut vorbereitet: "People's lives, in Jubilee as elsewhere, were dull, simple, amazing and unfathomable - deep caves paved with kitchen linoleum." (LGW 210) Genau diesen Eindruck gewinnt man von Onkel Benny, Madeleine, ihrer Mutter und allen weiteren Personen, denen Del im Verlauf ihres jungen Lebens begegnet. Del versucht von Anfang an, sowohl die Oberfläche als auch die darunter liegenden verborgenen Schichten der Wirklichkeit zu erkennen und "zur Sprache" zu bringen. Im ersten Kapitel ist es vor allem Onkel Benny und seine Welt, die zu verstehen sie sich bemüht. In diese Welt gehören u.a. Zeitungen der Sensationspresse, die Del von ihren Eltern her nicht kennt, und die ihr einen ersten Einblick geben in geheimnisvolle und böse Schichten der Wirklichkeit. Auch das Verhalten von Madeleine, der "Braut" von Onkel Benny, ihre

---

[115] Vgl. u.a. Struthers 1975; Martin, W.R. (1979). "Alice Munro and James Joyce" *Journal of Canadian Fiction* 24, 120-126; Fleenor, Juliann E. (1979). "Rape Fantasies as Initiation Rite: Female Imagination in *Lives of Girls and Women*." *Room of One's Own* 4.4, 35-49, hier: 48; Godard, Barbara (1984). "'Heirs of the Living Body': Alice Munro and the Question of a Female Aesthetic." In: Miller, J. (ed.). *The Art of Alice Munro: Saying the Unsayable*. Waterloo: University of Waterloo Press, 43-71 sowie Harris 1986/87.

[116] Vgl. Prentice, Christine (1991). "Storytelling in Alice Munro's *Lives of Girls and Women* and Patricia Grace's *Potiki*." *Australian-Canadian Studies* 8.2, 27-40, hier: 38: "Both *Lives* and *Potiki* enter the powerful and valorised discursive form of text to tell their own, hitherto largely suppressed stories of alterity."

"show" ("Her violence seemed calculated, theatrical; you wanted to stay to watch it, as if it were a show [...]" LGW 15), versucht Del zu ergründen. Gerade in Dels Reaktion auf die Begegnung mit Madeleine deuten sich zwei Aspekte ihres Verhältnisses zur Sprache an. Einerseits offenbart sich hier schon der später immer offensichtlicher werdende Wunsch Dels, die von ihr wahrgenommene Wirklichkeit in Worte zu fassen und ihr damit Struktur zu geben: "I wished I could take this scene back to tell at home." (Ebd.) Später will sie ganz Jubilee und das Leben seiner Leute erfassen: "[...] one day I would be so greedy for Jubilee [...] I would want to write things down." (LGW 210) Zum anderen scheint sich in diesem Erzählen- und Schreibenwollen zugleich die Hoffnung zu verbergen, durch Versprachlichung größere Klarheit über dieses Erlebnis und seine Bedeutung zu gewinnen, oder auch es auf diese Weise zu bewältigen. Negativ zeigt sich dieses Bedürfnis beispielsweise später, als sie ihrer Freundin Naomi von ihrer Begegnung mit Mr. Chamberlain nicht berichten kann: "So I had not the relief of making what Mr. Chamberlain had done into a funny, though horrifying, story. I did not know what to do with it [...]." (LGW 144)[117]

Ebenfalls gleich zu Anfang zeigt sich Dels Interesse an einzelnen Worten und ihrer Kraft, Bilder und Vorstellungen zu evozieren. Das erste Wort, das sie analysiert, ist bezeichnenderweise "quicksand hole" (LGW, 1f.). Es ist Onkel Benny, der im Sumpfgebiet um den Wawanash River zuhause ist und sie auf die verborgene Gefahr von Treibsandlöchern aufmerksam macht. Schon hier klingt das Thema der dem bloßen Auge nicht sichtbaren Tiefenschichten an ("deep caves paved with kitchen linoleum"!). Ebenfalls in Verbindung mit Onkel Benny, dessen Suche nach seiner Frau und Adoptivtochter im "Dschungel" der Großstadt von Toronto scheitert, kommt Del zu der Erkenntnis: "So lying alongside our world was Uncle Benny's world like a troubling distorted reflection, the same but never at all the same. In that world people could go down in quicksand, be vanquished by ghosts or terrible ordinary cities; luck and wickedness were gigantic and unpredictable [...] It was his triumph, that he couldn't know about, to make us see." (LGW 22) Bereits an dieser Stelle offenbart sich das Geheimnis der Kunst Dels und Munros. Charakteristisch für ihren Stil wie für ihre Sicht der Wirklichkeit sind Paradoxa, Nebeneinanderstellungen von Gegensätzen: "[...] dull, simple, amazing and unfathomable [...]." (LGW 210)[118] Städte sind "terrible" und "ordinary" zugleich, Menschen sind nicht nur "dull, simple", sondern ebenso "amazing, unfathomable". Keine Sicht der Wirklichkeit hat Anspruch auf Alleingültigkeit: "In the end none has ultimate authority;

---

[117] Dels Verhältnis zur Sprache scheint dem Munros zu ähneln: "[...] I suppose I just experience things finally when I do get them into words. So writing is a part of my experience." (Gibson 1973, 244).

[118] Vgl. Howells, Coral Ann (1987). *Private and Fictional Worlds: Canadian Women Novelists of the 1970s and 1980s*. London: Methuen, 71ff. sowie Hoy, Helen (1980). "'Dull, Simple, Amazing and Unfathomable': Paradox and Double Vision in Alice Munro's Fiction." *Studies in Canadian Literature* 5.1, 100-115.

each is clearly presented as *one* reality in the context of others." (Hoy 1980, 110, Hervorhebung im Original).

Die Komplexität der Wirklichkeit sowie ihrer fiktionalen Darstellung wird noch einmal besonders deutlich im zweiten Kapitel "Heirs of the Living Body", in dem es um den Tod und seine Überlieferung, um den Tod des Körpers und eines Textkörpers zugleich geht. Es ist der Tod ihres Onkels Craig, mit dem Del sich auseinander setzen muss, und der sich in der Begegnung Dels mit einer toten Kuh bereits ankündigt. Neugierig ("I had a great desire to poke the eye with my stick, to see if it would collapse [...]" LGW 37) und mit Furcht zugleich ("but I was not able, I could not poke it." ebd.) versucht Del hinter das Geheimnis des Todes und somit auch des Lebens zu kommen ("why should there be a cow? [...]" ebd. 38). "The cow is only the guise of something else, a palimpsest of a text that possesses a meaning not yet understood, but eagerly desired." (Blodgett 1988, 43) Wut und Verachtung ("I wanted to poke it, trample it [...] to show what contempt I had for its being dead." ebd.) mischen sich mit der Angst, dem Tod zu nahe zu kommen. Die Sprache versagt, die Bedeutung des Todes einzufangen. "Del explores the arbitrary coexistence of sign and sound, breaking words down into their radical sound, 'day-ud cow' (*Lives,* p. 44) [LGW 37], in an effort to grasp the complexity of physical and linguistic experiences [...]" (Godard 1984, 56). Manchmal sind Worte sogar irreführend, wie Del im Zusammenhang mit dem Tode von Onkel Craig feststellt: "The active verb confused me. He *died*. It sounded like something he willed to do, chose to do [...] Heart *attack*. It sounded like an explosion, [...]." (LGW 39) Doch Del will es wissen: "I wanted to know. There is no protection, unless it is in knowing. I wanted death pinned down and isolated behind a wall of particular facts and circumstances, not floating around loose, ignored but powerful, waiting to get in anywhere." (Ebd.) Wieder drückt sich hier Dels Wunsch aus, die ganze Wirklichkeit zu verstehen, sie durch Worte "dingfest" zu machen. Die naturwissenschaftliche Erklärung ihrer Mutter ist ihr dabei keine Hilfe, zumal sie das Furchterregende, Ungeheuerliche des Sterbens einfach ignoriert: "[...] well not dying, changing, *changing* is the word I want, changing into something else [...] Uncle Craig is flowers!" (LGW 40, Hervorhebung im Original) Diese Beschreibung reicht Del nicht aus als Erklärung. Doch die tatsächliche Begegnung mit der Leiche ihres Onkels hilft Del auch nur insofern weiter, als dass sie erleichtert ist, sich dieser Konfrontation gestellt zu haben ("I [...] was relieved, glad that I had done it after all, and survived [...]" LGW 49). Ansonsten steht sie wieder nur vor der Oberfläche ("a delicate mask of skin" ebd.) mit der Gewissheit machtvoller Tiefenschichten ("Uncle Craig [...] was the terrible, silent, indifferent conductor of forces that could flare up, in an instant, and burn through this room, all reality, leave us dark." ebd.). Es ist die "coexistence of the ordinary and the mysterious", eine der fundamentalsten Widersprüche der Existenz, auf die Del und Munro hier aufmerksam machen. (Vgl. Hoy 1980, 107)

Eine Tiefenschicht dieses Geschehens erkennt Del, und mit ihr die LeserInnen, erst später im Epilog, als Del zur Erbin seiner Art Geschichtsschreibung wird. Während sie bei Erhalt seines Manuskripts von ihren Großtanten noch rebelliert und sich innerlich gegen den Wunsch nach Fortsetzung dieser Art von Geschichtsschreibung wehrt, ja sogar den schlechten Einfluss dieses Werks auf ihre ersten eigenen literarischen Versuche befürchtet: "It seemed so dead to me, so heavy and dull and useless, that I thought it might deaden my things too and bring me bad luck." (LGW 52), so akzeptiert sie später ihr Erbe und integriert es in ihre Ästhetik: "Voracious and misguided as Uncle Craig out at Jenkin's Bend, writing his history, I would want to write things down. I would try to make lists [...]" (LGW 210). Onkel Craigs Manuskript (sein Textkörper) ist "tot", bei einer Überschwemmung des Kellers zerstört (vgl. LGW 52f.), doch es "lebt" auf neue Weise weiter in Del und ihrem Werk.

Neben dem Tod in seinen verschiedenen Ausprägungen nimmt die Auseinandersetzung Dels mit den Fakten und Fiktionen über die Liebe und (weibliche) Sexualität den größten Raum ein. Es geht u.a. auch darum, "to discover an appropriate language by which sexuality can be understood" (Blodgett 1988, 48). Vor ihren ersten eigenen sexuellen Erfahrungen sind ihre Vorstellungen geprägt von dem, was sie gehört und besonders von dem, was sie gelesen hat. Ständig kommt es zu einer Konfrontation zwischen der Realität und ihren vornehmlich literarisch geprägten, romantischen Erwartungen. Deutlich zeigt sich das zum Beispiel in ihrer Reaktion auf die Geschichte der Vergangenheit ihrer Mutter: "In the beginning of her story was dark captivity, suffering, then daring and defiance and escape. Struggle, disappointment, more struggle, godmothers and villains. Now I expected as in all momentous satisfying stories - the burst of Glory, the Reward. Marriage to my father? I hoped this was it." (LGW 67) Hier muss Del erkennen, dass Märchen kein getreues Abbild der Realität geben. Darüber hinaus ist es von Bedeutung, dass die Abweichung hauptsächlich für das Ende zutrifft; offensichtlich ist ihre Mutter - im Unterschied zu den weiblichen Protagonisten in Märchen - nicht mit dem Glück der Liebe in der Ehe belohnt worden. Den nächsten indirekten Zusammenstoß zwischen Phantasie und Realität erfährt Del im Zusammenhang mit der Operettenaufführung in der Schule. Während zu Anfang die beiden Welten miteinander verschmelzen ("I loved the Pied Piper. I loved Frank Wales." LGW 110), obwohl ihre Freundin Naomi sie mit ihren Bemerkungen schon immer an die Realität erinnert (vgl. LGW 112), so erleben ihre Phantasien indirekt einen Einbruch, als sie erfährt, dass die von ihr bewunderte Musiklehrerin Miss Farris möglicherweise aus unerfüllten Liebessehnsüchten Selbstmord begangen hat. (Vgl. LGW 118) "The code of romance in the end [...] is found wanting." (Blodgett 1988, 49)

Dels Begegnung mit Mr. Chamberlain ist die nächste End-täuschung, die sie im Hinblick auf ihre Vorstellungen von Sexualität erlebt. Nicht mehr so sehr an Romantik interessiert ("I had discarded those ideas of love, consolation and tenderness, nourished by my feelings for Frank Wales: all that now seemed pale and extraordinarily childish." LGW 135), will sie nun die dunklen Seiten der Sexualität kennen lernen. Sie entwirft sich als Verführerin und Prostituierte (vgl. LGW 128f. 135f. 139f.). Doch die Realität ist wieder einmal anders, als sie sie sich in ihren Träumen ausgemalt hat; weder sie noch Chamberlain werden von der Leidenschaft überwältigt. Ihre sexuelle Erregung (vgl. "[...] now with Mr. Chamberlain I saw the whole nature became debased, maddeningly erotic." LGW 140) schwindet angesichts der Erbärmlichkeit seiner Masturbationsbemühungen (vgl. "It did not bring back any of my excitement." LGW 141). Ernüchtert stellt sie fest: "Perhaps nowhere but in daydreams did the trap door open so sweetly and easily, plunging bodies altogether free of thought, free of personality, into self-indulgence, mad bad license." (LGW, 145)[119] Sie bleibt auf der Suche nach dem, was Sexualität wirklich ist. Weder ihre Erfahrung, noch ihre Lektüre haben ihr bis jetzt hinreichend Antwort darauf gegeben (vgl. "Books always compared it to something else, never told about it by itself." LGW, 146).

Möglicherweise um diese Zeit hat Del, wie der Epilog zeigt, mit dem Schreiben bzw. Erfinden ihres eigenen Romans, "a black fable" (LGW 206) begonnen. Mit den Büchern der Ortsbibliothek an ein Ende gekommen, beginnt sie eine Geschichte, die ihren konkreten Anhaltspunkt in einer Familie Sheriff aus Jubilee hat, darüber hinaus aber von ihr in signifikanter Weise umgeschrieben wird. In die Phase der Begegnung mit Chamberlain passt Dels Charakteristik der Hauptperson in ihrer Geschichte, Caroline: "Was she a witch? Was she a nymphomaniac? Nothing so simple! [...] She bestowed her gifts capriciously on men - not on good-looking young men [...] but on middle-aged weary husbands, defeated salesmen [...]." (LGW, 204) Caroline kann als eine Personifikation von Del verstanden werden, in die sie ihr ambivalentes Begehren projiziert und die ihr hilft, ihre eigene Autonomie zu bewahren: "[...] her creation of Caroline [...] affords Del herself a more richly ambiguous sexual life, one that allows her, and not men with their 'killing weight' to endure." (Besner 1990, 107; vgl. LGW 204f.) Dels erfundene Geschichte zeigt als nächstes, wie Caroline ihre Souveränität verliert, als sie sich in einen Photographen verliebt: "[...] Caroline ran after him, she [...]offered herself to him without the tender contempt, indifferent readiness she showed to other men, but with straining eagerness and hope and cries." (LGW 205) Das Ende ist ebenso konventionell, denn Caroline wird schwanger, wird von ihrem Geliebten verlassen und begeht Selbstmord im Wawanash River. Die Bedeutung dieser Geschichte ist sehr vielschichtig. Zum einen

---

[119] Smara Kamboureli interpretiert die Szene mit Chamberlain als "a parody of the phallus as the privileged signifier", insofern Del durch ihre distanzierte Betrachtung die Autorität des Phallus zurückweise. Vgl. Kamboureli, Smaro (1986). "The Body as Audience and Performance in the Writing of Alice Munro." In: Neuman, Shirley & Kamboureli, Smaro (eds.). *A Mazing Space: Writing Canadian Women Writing*. Edmonton: Longspoon, 31-38, hier: 36.

kann sie insgesamt als Projektion der Ängste Dels verstanden werden.[120] Denn wie Caroline gegenüber dem Photographen verliert auch Del ihre Distanz gegenüber Garnet French, ihre Hingabe lässt sich in gewisser Hinsicht mit Carolines vergleichen. Für eine Zeit lang lebt Del von dieser Liebe und vernachlässigt andere Seiten ihrer Persönlichkeit. Die Gefahr, die in dieser Einseitigkeit liegt und die Del intuitiv spürt, kommt in ihrer Geschichte zum Ausdruck. Schwangerschaft und Selbstmord bilden das zu erwartende Schicksal oder die Strafe für Frauen, die ihrem sexuellen Begehren nachgeben, in der Realität wie in fiktionalen Darstellungen. Insofern ist Dels Geschichte eine wahre Geschichte, "not real but true" (LGW 206).

Doch Dels "wirkliche" Geschichte mit Garnet verläuft anders. Zwar macht sie wie Caroline Erfahrungen der Hingabe (vgl. LGW 181), doch das bedeutet nicht, dass sie sich selbst aufgibt. Sie lässt sich "fallen" und sexuell begehren in der Beziehung zu Garnet, aber es ist sie selbst, die das tut und zulässt, und sie ist sich dessen bewusst: "I talked to myself about myself, saying *she. She is in love, She has just come in from being with her lover. She has given herself to her lover* [...]." (LGW 192 Hervorhebung im Original)[121] Dieses "Selbst-bewusstsein" ist es letztlich auch, das sie vor einer Ehe mit Garnet bewahrt, wie ihre Reaktion auf seinen Taufversuch zeigt: "[...] I felt amazement, not that I was fighting with Garnet but that anybody could have made such a mistake, to think he had real power over me." (LGW 197) In der Trennung von Garnet beweist sie noch einmal ihre Autonomie. "Far from being a victim, Del here discovers her own power." (Redekop 1992, 84) Den für Frauen vorgeschriebenen, von ihr selbst verwendeten Plot schreibt sie um. "Through her own experience Del has disproved that old romantic plot of a woman's transformation through sex." (Howells 1987, 84) Weder heiratet Del am Ende, noch begeht sie Selbstmord wie Miss Farris oder Caroline. Stattdessen bereitet sie sich erst einmal auf ein Leben "without love or scholarships" (LGW 200) vor.[122]

Es passt zu dieser Erfahrung Dels, dass sie schließlich ihren Roman, ihre Geschichte von Caroline als unzuverlässig zurückweist: "[...] I remembered with surprise how I had made it, the whole mysterious and, as it turned out, unreliable structure rising from this house [...]." (LGW 208) Was ihr damals "not real but true" (LGW 206) erschien, scheint

---

[120] Vgl. Redekop 1992, 76: "In Caroline's suicide, Del pictures the annihilation of self, the opposite danger which forms an undertow in this book. Over and over again Del experiences the impossibility of posing herself as an autonomous identity."

[121] Vgl. Howells 1987, 83: "Though the love affair shifts the emphasis in Del's life, her desire to be ravished and transformed is always contending with her double recognition of her independent self."

[122] Auf Del trifft zu, was Greene ohne direkten Bezug auf Munro für das neue Genre der "feminist metafiction" der 1970er Jahre konstatiert: "the protagonist [...] seeks 'an ending of her own' which differs from the marriage or death to which she is traditionally consigned, and seeks 'freedom' from the plots of the past." (Greene 1991, 7)

nach ihrer Erfahrung mit Garnet und angesichts ihres Zusammentreffens mit dem Bruder ihrer fiktionalen Hauptfigur, Bobby Sherriff, nicht mehr zu stimmen bzw. auszureichen: "It is a shock, when you have dealt so cunningly, powerfully, with reality, to come back and find it still there." (LGW 209) Dels Entscheidung im persönlichen Leben, sich nicht festlegen zu lassen durch unpassende und einengende Konventionen, findet ihre Entsprechung in ihrem "ästhetischen Credo". So wie Dinge und besonders Menschen immer komplexer sind als gedacht, so kann keine Sicht der Realität und keine Form der fiktionalen Darstellung die ganze Wirklichkeit erfassen. Weder ein Schauerroman wie der von ihr entworfene über Caroline noch der dokumentarische Realismus des Onkel Craig können der Komplexität der Wirklichkeit gerecht werden. Eine Photographie, wie die von Marion Sherriff, scheint wie die präzisen Listen von Craig Wirklichkeit wahrheitsgemäß abzubilden, doch zugleich sind sie "unrevealing" (LGW 210). Dels Schauerroman wie der Photograph in ihrer Geschichte können ebenso Anspruch auf Wahrheit erheben, insofern sie tiefere Schichten der Wirklichkeit offenbaren.[123] Und Del als (zukünftige) Schriftstellerin will beides, die Oberflächen und die Tiefenschichten, das Gewöhnliche und Banale in allen Details und das, was sich darunter verbirgt. Das ist ein Unterfangen, für das sie Glück brauchen wird, das Glück, das ihr Bobby Sherriff wünscht und das sie - intuitiv in Anerkennung ihrer Berufung - selbstbewusst annimmt (vgl. LGW 211). Wie Bobby Sherriffs Geste am Ende epiphanieartig offenbart, wird sie dabei immer wieder an Grenzen stoßen (vgl. "This action [...] seemed [..] to have a concise meaning, a stylized meaning - to be a letter, or a whole word, in an alphabet I did not know." Ebd.), denn die Wirklichkeit ist immer größer, unergründlich ("unfathomable"). "Reality is infinitely recessional. All a writer can do is to build a house of fiction while being aware of its 'structural treacheries' like the holes under the kitchen linoleum [...]." (Howells 1987, 88) Del (bzw. Munro) hat genau dies in *Lives of Girls and Women* getan; sie hat ihr eigenes Leben, ihren Weg der Auseinandersetzung mit Weiblichkeitsklischees der Gesellschaft literarisch beschrieben und einen Beitrag zur Außerkraftsetzung dieser Stereotypen geleistet. Zugleich macht ihr Zugang zur Wirklichkeit, wie er in Struktur und Sprache des Romans zum Ausdruck kommt, deutlich, dass jegliche Einseitigkeit auch in der fiktionalen Darstellung der Komplexität der Wirklichkeit nicht gerecht wird. So wie Del als Frau weiblich und intelligent ("brainy, and attractive"[124]) sein will, so überwindet sie auch als Schriftstellerin mit ihrem Werk simple und eindeutige Klassifizierungen. Der Verwendung von Paradoxa und Oxymorons auf der sprachlichen Ebene entspricht auf der strukturellen Ebene die Kombination von Short Story und Roman und die Einbettung

---

[123] Vgl. Howells' Unterscheidung zwischen "realism" und "fantasy", wo "fantasy" sich im Unterschied zum Realismus auf subjektive Ängste und Bedürfnisse konzentriert, "making visible what is usually unsaid/unseen in the acknowledged order of daily life" (Howells 1987, 74).

[124] Vgl. Gold, Joseph (1984). "Our Feeling Exactly: The Writing of Alice Munro." In: Miller, J. (ed.). *The Art of Alice Munro: Saying the Unsayable*. Waterloo: University of Waterloo Press, 1-13, hier 13.

fantastischer Elemente in den realistischen Rahmen ihrer Geschichte. Es sind diese Offenheit für die "Transzendenz" der Wirklichkeit und das Bewusstsein über die Unvollkommenheit jeglicher fiktionaler Darstellungen, sowie die Fähigkeit, beides in Inhalt und Form in *Lives of Girls and Women* zu vermitteln, die Dels bzw. Munros Kunst auszeichnen und diesen Roman zu einem herausragenden, authentischen Künstlerroman machen.

3.2 Ntozake Shange, *Sassafrass, Cypress & Indigo*, 1982

Wer die Dramatikerin, Schriftstellerin und Tänzerin Ntozake Shange kennt, kennt vor allem ihr Aufsehen erregendes und preisgekröntes Theaterstück *For Colored Girls Who Have Considered Suicide/ When the Rainbow Is ENUF* von 1975. Sowohl inhaltlich, als auch formal bot das Drama eine Neuheit. In diesem von Shange als *choreopoem* bezeichneten Stück kommen die erniedrigenden Erfahrungen von sieben afro-amerikanischen Frauen in einer Musik, Tanz und Dichtung verbindenden Form zum Ausdruck. Doch die sieben, in Regenbogenfarben gekleideten schwarzen Frauen bleiben nicht bei der Klage über erlittenen Rassismus und Sexismus stehen, sondern entdecken im Austausch über ihre Erfahrungen ihre Stärke und ihre eigene Würde. Bereits der Titel des Stücks versucht das anzudeuten, indem er den diskriminierenden - und daher in den 1960er Jahren von Schwarzen abgelehnten - Begriff *colored* ("Farbige") aufnimmt und positiv besetzt durch die Verbindung mit den wunderbaren Farben des Regenbogens:

> The juxtaposition of 'colored girl' with 'rainbow' enables Black women to see the varied tones of their skin as a reflection of the glorious hues of the rainbow, not as a color to be borne in shame. And, though colored girls have considered suicide because they have been abused by white society and Black men, this need no longer be the case. 'The rainbow' is now understood as an image of their own beauty, and it 'is enuf'.[125]

Die vorletzten Zeilen des experimentellen Dramas, die zunächst von einer Frau gesprochen und dann von allen anderen im Gospelstil singend wiederholt werden, sind Ausdruck der erlangten positiven Selbstbestimmung der schwarzen Frauen: "i found god in myself// & i loved her/ i loved her fiercely."[126]

Es ist dieser literarische Konventionen sprengende Stil sowie das Bemühen, bunte Bilder starker schwarzer Frauen zu zeichnen und ins Rampenlicht zu stellen, die Shanges gesamtes bisheriges Werk kennzeichnen. In zahlreichen Gedichten, Dramen und in bislang drei Romanen stellt sie die spezifischen Erfahrungen moderner afro-amerikanischer Frauen in den Vordergrund und erzählt von ihrer Stärke. Damit füllt sie ein

---

[125] Christ, Carol P. (1995). *Diving Deep and Surfacing: Women Writers on Spiritual Quest*. 3rd ed. Boston: Beacon Press, 99.

[126] Shange, Ntozake (1977). *For Colored Girls Who Have Considered Suicide, When the Rainbow Is ENUF*. New York: Macmillan, 63f.

Vakuum, das ihres Erachtens in dieser Hinsicht lange Zeit bestanden hat und unter dem sie selbst litt: "As a young woman I was starving for Black literature."[127] Sie denkt an die Zukunft schwarzer Mädchen:

> [...] I want to have something here for the next batch of kids who come along. I don't want them to come into a world unannounced, with no past, with nothing to hold onto [...] I think unless black women are writing the pieces, we're left out the same way we used to be left out of literature. We don't appear in things unless we write them ourselves.[128]

Ntozake Shange hieß ursprünglich Paulette Williams und wuchs in einer schwarzen Mittelschichtfamilie in New Jersey und später in St. Louis, Missouri, auf. Durch die Verbindungen ihrer Eltern kam sie schon früh mit schwarzen Musikern und Intellektuellen wie Dizzy Gillespie, Miles Davis, Chuck Berry und W.E.B. Du Bois in Kontakt und wurde in ihren breiten künstlerischen Neigungen vielseitig gefördert. Ihre Erfahrungen in St. Louis als eines der ersten Kinder, die eine integrierte Schule besuchten, hat sie in ihrem zweiten Roman *Betsy Brown* verarbeitet. Die Entscheidung für einen neuen Namen fiel gegen Ende ihres Magisterstudiums in Kalifornien. Die Zulu-Namen Ntozake, "she who comes with her own things", und Shange, "she who walks like a lion", drücken ihre Verbundenheit mit ihren afrikanischen Wurzeln aus und betonen ihre Unabhängigkeit und Stärke als schwarze Amerikanerin.[129]

Eigene Erfahrungen kommen indirekt auch in ihrem ersten Roman zum Ausdruck, in dem die Entdeckung des Selbst und der eigenen Berufung mit der Rückbesinnung auf die eigenen kulturellen Wurzeln in Zusammenhang gebracht wird. In *Sassafrass, Cypress & Indigo* finden drei junge schwarze Frauen in den turbulenten 1960er Jahren zu sich selbst und ihrer jeweiligen Kunst, indem sie buchstäblich und metaphorisch an den Ort ihrer Herkunft zurückkehren. Die Anknüpfung an weibliche afrikanisch-(amerikanische) Traditionen wird für alle drei Schwestern zum entscheidenden Faktor in ihrer Identitätsfindung. Indem sie ihre kulturelle Heimat finden, finden sie ihre künstlerische Berufung, und umgekehrt: durch die Kunst finden sie sich selbst und ihren Ort in der Gesellschaft. Das Weben (Sassafrass), der Tanz (Cypress), das Heilen durch Musik (Indigo) wird zum Ausdruck ihrer selbst als Teil dieser afro-amerikanischen Kultur. Die LeserInnen werden in diese Kultur hineingenommen durch ein "Gewebe" an Schriftformen wie Briefen, Rezepten, Gedichten, Tagebucheinträgen und Liedern, die dem all-

---

[127] Blackwell, Henry (Winter 1979). "An Interview with Ntozake Shange." *Black American Literature Forum* 13.4, 134-38, hier: 136.

[128] Lyons, Brenda (Winter 1987). "Interview with Ntozake Shange". *Massachusetts Review* XXVIII. 4, 687-696, hier: 690f.

[129] Vgl. Tate, Claudia (1983). "Ntozake Shange." In: Dies . (ed.). *Black Women Writers at Work*. New York: Continuum, 149-174, hier: 149; manchmal wird Shange auch übersetzt mit "one who walks with lions", vgl. z.B. Richards, Sandra L. (1991). "Ntozake Shange." In: Smith, Valerie et al. (eds.). *African American Writers*. New York: Charles Scribner's Sons, 379-393, hier: 380.

täglichen Leben der drei Schwestern und ihrer Mutter entspringen. Die Verwurzelung des Textes und seiner Charaktere in afro-amerikanischer Kultur kommt darüber hinaus in seinen zahlreichen Anspielungen und Bezügen vor allem zu "schwarzen" Musik- und Tanzformen (wie dem Jazz) und zu verschiedenen Formen afrikanischer Spiritualität bzw. Religiosität (wie *voodoo, santería, espiritismus, shango, pocomania*)[130] sowie in der Verwendung einer Form des *Black English* zum Ausdruck. Eine nicht standardisierte Syntax und anderen schriftsprachliche Avantgardeformen (vgl. die Verwendung von Kleinbuchstaben für *I*, des graphischen Undzeichens *&* und des Querstrichs */* besonders in den lyrischen Teilen des Romans) spiegeln den Rhythmus und die Musik wider, die der afro-amerikanischen Kultur zu eigen ist.

Der Roman hat überdies eine zirkuläre Struktur. Er beginnt mit der Geschichte der jüngsten Tochter Indigo und schildert ihr Heranwachsen in der Pubertät. Danach liegt der Fokus der Erzählung auf Sassafrass, die durch ihre Beziehung zu einem chauvinistischen Musiker in ihrer Selbstfindung erheblich behindert wird. Cypress' sexuelle Entwicklung und ihr verschlungener Weg zur Tänzerin für die schwarze Bürgerrechtsbewegung stehen im Mittelpunkt des daran anschließenden Teils. Zusammengehalten bzw. miteinander verwoben werden die drei Schicksale vor allem durch die Briefe ihrer Mutter, aber auch durch den Kontakt untereinander. Bevor der Roman mit einer Szene der Zusammengehörigkeit der vier Frauen anlässlich der Geburt von Sassafrass' erstem Kind endet, zeigt er, wie Sassafrass die Kraft findet, sich von Mitch zu lösen, und wie Indigo ihre Berufung als Hebamme und Heilerin annimmt. "[T]he return or circular plot structure is complete as each sister finds herself back in her Charleston origins, having explored her womanhood in distinctly African American terms through the medium of art."[131] Jean Strandness sieht in der zirkulären Struktur des Romans noch eine weitere Bedeutung: "This structure suggests the circular *temenos* (sacred space) in practices of women's spirituality and so emphasizes the depth of the connection between sisters, as well as their interrelatedness." (Strandness 1987, 11, Hervorhebung im Original)

In der Tat ist die Betonung der Verbundenheit der Frauen untereinander und mit ihrer afro-amerikanischen Kultur das, was diesen Künstlerroman auszeichnet und von anderen unterscheidet: "[...] Shange grounds her revision of the artist novel within third world feminist ideologies of connection and community. She rewrites the role of the

---

[130] Zur Erhellung der Anspielungen auf afrikanische Religionen vgl. Saldivar, José David (1995). "The Real and the Marvelous in Charleston, South Carolina: Ntozake Shange's *Sassafrass, Cypress & Indigo.*" In: Quinby, Lee (ed.). *Genealogy and Literature*. Minneapolis: University of Minnesota Press, 175-192 sowie Strandness, Jean (Fall 1987). "Reclaiming Women's Language, Imagery, and Experience: Ntozake Shange's *Sassafrass, Cypress & Indigo.*" *Journal of American Culture* 10.3, 11-17.

[131] Vgl. Marsh-Lockett, Carol (1999). "A Woman's Art, A Woman's Craft: The Self in Ntozake Shange's *Sassafrass, Cypress, and Indigo.*" In: Liddell, Janice L. & Kemp, Yakini B. (eds.). *Arms Akimbo: Africana Women in Contemporary Literature*. Gainesville, Fl.: University Press of Florida, 46-57, hier: 56.

artist as one of responsibility to her past, her people and her own visions."[132] In dieser Revision des Künstlerromans stützt sich Shange auf afrikanische Traditionen, "in which art and life are one"[133]. Kunst wird in dieser Tradition nicht in der Abgeschiedenheit und Isolation produziert, sondern entsteht im Alltag und mit Hilfe verfügbaren Materials. Mit der Zeit der Sklaverei wurde die Kunst in der afro-amerikanischen Tradition darüber hinaus zum Mittel des gemeinsamen Widerstands und des Überlebens; man denke beispielsweise an die Tradition des *Blues*. Shange nimmt diese Motive in *Sassafrass, Cypress & Indigo* z.T. explizit mit auf und zeichnet die Identitätsbildung der drei Protagonistinnen damit als eine spezifisch afro-amerikanische.[134]

Für die Titelfiguren Sassafrass, Cypress und Indigo wird ihre jeweilige Kunst zu einem "act of self-affirmation", zum "vehicle to a freer spiritual plane"[135]; zugleich stellen sie sie in den Dienst ihrer afro-amerikanischen Kultur. Kunst ist für alle drei persönlich und politisch zugleich. Indigo als jüngste Tochter hat die wenigsten Schwierigkeiten, ihre künstlerische Identität zu finden. Im Unterschied zu ihren Schwestern, die ihren Stand in einer von Weißen dominierten Kultur fern von zuhause suchen (in Kalifornien und New York), orientiert sich Indigo von Anfang an lieber an schwarzen Rollenvorbildern: "Indigo only had colored dolls and only visited colored ladies. She didn't like Miz Fitzhugh, who fawned over Cypress and Sassafrass like they were 'most white'."[136] Noch mehr als ihre Mutter, die trotz ihres Selbststandes[137] doch auch auf die gesellschaftliche Integration ihrer Kinder bedacht ist (vgl. SCI 72: "Yes, Alfred. I think I'm doing right by 'em. Sassafrass is in that fine school with rich white children, Cypress is studying classical ballet with Effie in New York."), fühlt sich Indigo in der afro-

---

[132] De Jesus, Melinda L.M. (1995). *A Portrait of the Artist as a Woman of Color: Rewriting the Female Kunstlerroman*. Dissertation. Santa Cruz: University of California, 135.

[133] Marshall, Paule (1988). "The Poets in the Kitchen." In: Cahill, Susan (ed.). *Mothers: Memories, Dreams, and Reflections by Literary Daughters*. New York: NAL, 209.

[134] Arlene Elder interpretiert *Sassafrass, Cypress & Indigo* vor dem Hintergrund der "slave narratives" und beschreibt, wie Shange diese Tradition mit ihrem Roman kreativ umschreibt. Vgl. Elder, A. (1992). "*Sassafrass, Cypress & Indigo*: Ntozake Shange's Neo-Slave/Blues Narrative." *African American Review* 26.1, 99-107.

[135] Steinitz, Hilary J. (1992). "Shaping Interior Spaces: Ntozake Shange's Construction of the 'Room' for Art." *West Virginia University Philological Papers* 38, 280-287, hier: 280.

[136] Shange, Ntozake (1982). *Sassafrass, Cypress & Indigo*. New York: Picador, 7. Zitatverweise im Text beziehen sich auf diese Ausgabe. Zur Abkürzung wird der Kürzel SCI verwendet.

[137] Ihr Selbststand und Widerstand gegen weiße Dominanz kommen z.B. in der Verwendung des Geldes zum Ausdruck, das ihre weiße Arbeitgeberin Miz Fitzburgh den Kindern jedes Jahr zu Weihnachten zukommen lässt: "What she didn't know was that Hilda Effania let the girls use that money as they pleased. Hilda believed every family needed only one mother. She was the mother to her girls. That white lady was mighty generous, but she wasn't her daughters's mama or manna from Heaven [...]." (SCI 71)

amerikanischen Kultur und Spiritualität beheimatet. Direkt zu Beginn wird sie vorgestellt als eine Frau "with a moon falling from her mouth" (SCI 3), als ein Mädchen in Kontakt mit mystischen Kräften und mit ihrem inneren weiblichen Selbst. Indigo lässt sich nicht einengen von Sexismus und Rassismus: "There wasn't enough for Indigo in the world she'd been born to, so she made up what she needed. What she thought the black people needed." (SCI 4) Sie erfindet Rituale, mit denen sie sich stärkt und Platz verschafft in einer männlich besetzten Welt (vgl. z.B. "Moon Journeys", SCI 5f.). Mit Ritualen begegnet sie Neuem wie ihrer ersten Periode, die sie mit ihren Puppen feiert (vgl. "Marvelous Menstruating Moments (As Told by Indigo to Her Dolls as She Made Each and Every One of Them a Personal Menstruation Pad of Velvet)" SCI 19), und bringt damit ihre Wertschätzung für ihren weiblichen Körper zum Ausdruck.[138] Auch Negativem wie der sexuellen Belästigung durch einen Apotheker begegnet sie auf diese Weise (SCI 30). Indem sie sich nach dieser ersten direkten Begegnung mit männlicher Gewalt ein "Rezept" schreibt und auf ihre eigenen inneren Kräfte besinnt, heilt sie sich selbst: "Indigo's recipe for banishing the 'evil' (30) of Mr. Lucas's attempt to dominate her allows her to reclaim her body as her own and to renew the split between body and spirit." (Steinitz 1992, 282) Rituell begeht sie schließlich auch den Abschied von ihrer Kindheit, indem sie im Rahmen einer feierlichen Zeremonie mit der Unterstützung ihrer Mutter ihre geliebten Puppen in den Dachboden bringt (vgl. SCI 53). Dieser Abschied findet jedoch erst statt, nachdem sie durch das Geschenk einer Violine von "Uncle" John nicht nur einen Ersatz für ihre Puppen gefunden hat, sondern vor allem das Medium erhält, das sie zu ihrer künstlerischen Berufung führt.

Onkel John eröffnet ihr die Bedeutung des Instruments, die es in der Geschichte der schwarzen Amerikaner gehabt hat:

> Them whites what owned slaves took everythin' was ourselves & didn't even keep it fo' they own selves. Just threw it on away [...] Took them drums [...] Took them languages what we speak [...] But the fiddle was the talkin' one. The fiddle be callin' our gods what left us/be giving' back some devilment & hope in our bodies worn down & lonely over these fields & kitchens [...] What ya think music is, whatchu think the blues be, & them get happy church musics is about, but talkin' wit the unreal what's mo' real than most folks ever gonna know. (SCI 27)

In diese Geschichte fügt sich Indigo ein. Zunächst spielt sie nur für sich selbst und ihre Puppen: "Letting the instrument speak right up. Giving another space to all the feelings her little girl's body could not always contain." (SCI 32) Doch schon bald spielt sie für andere:

---

[138] José David Saldivar (1995, 187) misst dieser Szene in seiner Interpretation des Romans folgende Bedeutung bei: "[...] Shange criticizes traditional understanding of menstruation not solely as the negative, polluting phenomenon described by males but as a magical and potentially positive experience with deep implications for the spiritual lives and power of women."

She still went after what she was feeling. But now she'd look at somebody. Say a brown-skinned man with a scar on his cheek, leathery hands, and a tiredness in his eyes. Then she'd bring her soul all up in his till she'd ferreted out the most lovely moment in that man's life. & she played that. You could tell from looking that as Indigo let notes fly from the fiddle, that man's scar wasn't quite so ugly; his eyes filling with energy, a tenderness tapping from those fingers now, just music. The slaves who were ourselves aided Indigo's mission, connecting soul & song, experience & unremembered rhythms. (SCI 45)

Wie besonders im letzten Satz zum Ausdruck kommt, verknüpft Shange Indigos Identitätsbildung an dieser Stelle explizit mit der Geschichte und der Kultur ihrer afro-amerikanischen Vorfahren. Indigo entwickelt ihr Talent in engem Kontakt mit ihrem kulturellen Erbe, das ihr Menschen wie Onkel John, aber auch ihre Mutter und "Aunt" Haydee vermittelt haben. Über die Musik in dieser Tradition findet sie schließlich ihren Lebens- und Wirkungsort auf der Insel Difuskie, wo sich afrikanische Volkstraditionen mehr als auf dem Festland erhalten konnten. Nach Tante Haydees Tod übernimmt sie dort deren Aufgaben und wird Hebamme und Heilerin: "At first Aunt Haydee only allowed her to play her fiddle to soothe the women in labor, but soon the mothers, the children, sought Indigo for relief from elusive disquiet, hungers of the soul." (Vgl. SCI 222)

Wesentlich problematischer verläuft die Identitätsbildung ihrer Schwestern Sassafrass und Cypress. Sassafrass wird in ihrer Selbstfindung vor allem durch ihre Liebe zu Mitch behindert. Mitch, ein drogenabhängiger Musiker auf Bewährung, möchte, dass sie eine Schriftstellerin für die Schwarzen wird, aber zugleich auch jederzeit für ihn verfügbar ist (vgl. SCI 78ff.). Sie soll "new images for black folks" (SCI 79) entwerfen, aber "a sequin-and-feather hanging shaped like a vagina, for Josephine Baker" (SCI 78) darf sie nicht aufhängen, "for it wasn't proper for a new Afrikan woman to make things of such a sexual nature" (ebd.). Ihre kunsthandwerklichen Arbeiten stoßen bei ihm nur auf Ablehnung und Hohn. Sein Sexismus wird überdeutlich, als er die demütigenden, auf Sassafrass gerichteten sexuellen Anspielungen zweier Freunde von ihm nicht nur nicht verhindert, sondern sie sogar unterstützt: "Sassafrass got some of the best pussy west of the Rockies, man, and I don't care who know it, 'cause it's mine!" (SCI 87). Zwar weiß sich Sassafrass verbal zu wehren, aber die inneren Verletzungen kann sie nur heilen in der Hinwendung zu der Kunst, die sie von ihrer Mutter gelernt hat: das Weben. (Vgl. SCI 90f.) Beim Weben gewinnt sie das innere Gleichgewicht zurück, das ihr die Männer durch die Objektivierung ihrer Person geraubt haben. (Vgl. Steinitz 1992, 283ff.) Das Weben verbindet sie mit ihren weiblichen Vorfahren und gibt ihr Kraft: "Her mama had done it, and her mama before that; and making cloth was the only tradition Sassafrass inherited that gave her a sense of womanhood that was rich and sensous, not tired and stingy." (SCI 92) Diese Erkenntnis ist es, die sie an dieser Tradition festhalten und schließlich ihre Berufung als Weberin finden lässt. Doch noch lange stehen ihr Mitch und ihre Liebe zu ihm im Wege. Zwar trennt sie sich für eine Zeit lang von ihm, als sie entdeckt, dass er sein Versprechen gebrochen hat und wieder Drogen nimmt, und zieht nach San Francisco zu ihrer Schwester Cypress; doch ein Anruf von ihm genügt, um sie wieder zu ihm zu bringen. Erst als sie mit ihm in eine schwarze Kommune in die Nähe von New Orleans zieht und dort mit ihrer Web- und Nähkunst einen Platz[139] und in der dort praktizierten kreolischen *Voudoun* Spiritualität eine Heimat findet[140], gewinnt sie die Kraft, sich von Mitch zu trennen. Sie kehrt zurück nach Charleston zu ihrem Ursprung, "to have a baby (the symbol of a new and healthy self), and, in Hilda's discourse, to 'find the rest of [herself]' (220)" (Marsh-Lockett 1999, 51).

Mit Sassafrass hat Shange eine Protagonistin entworfen, die das *growing down* Muster früherer weiblicher Bildungsromane überwindet. Sassafrass gibt weder sich noch ihre Kunst auf, sondern findet beides mit Unterstützung ihrer Mutter und in der Besinnung auf ihr weibliches kulturelles Erbe. Den für weibliche Künstlerromane spezifischen Konflikt zwischen Liebe und künstlerischer Berufung, zwischen Autonomie und Bindung hat Shange aufgenommen und in Anknüpfung an starke weibliche afro-amerikanische Traditionen gelöst. "[...] Shange revises the female *künstlerroman* into a more spiritual Afrocentric and women-centered mode" (De Jesus 1995, 162).

Eine andere Variante dieses Konflikts zeigt sich im Leben Cypress'. Im Unterschied zu Sassafrass wehrt sich Cypress lange Zeit gegen eine emotional tiefergehende feste Beziehung (vgl. SCI 105 und 120). Sie konzentriert sich stattdessen erst einmal auf ihre Karriere als Tänzerin. Zunächst lernt sie klassisches Ballett, eine Tanzkunst der Weißen, vor der ihre Mutter sie warnt: "Ballet is for white girls; now, can't you understand? Your ass is too big and your legs are too short, and you can't afford all those shoes and special clothes [...]." (SCI 134) Tatsächlich entfernt sie sich schon bald von dieser ihr fremden Tradition und findet ihre eigene, als sie mit Ariel Monroes Gruppe "The Kushites Returned" im Rahmen der schwarzen Bürgerrechtsbewegung auftritt: "Her dance took on the essence of the struggle of colored Americans to survive their enslavement. She grew scornful of her years of clamoring for ballet, and grew deep into her difference. Her ass and her legs she used like a colored girl; when she danced, she was alive; when she danced, she was free." (SCI 136) Was für Indigo die Musik und für Sassafrass das Weben ist, ist für Cypress der Tanz. Und wie für Sassafrass und Indigo die Befreiung in der Anknüpfung an die Tradition der afro-amerikanischen Vorfahren und vor allem der Mütter lag, so findet auch Cypress erst zu der ihr gemäßen Kunst, als sie ihr Erbe anerkennt.

Im Unterschied zu Sassafrass ist es die enttäuschte Liebe zu einer Frau, die Cypress beinahe um ihre künstlerische Karriere bringt. Sie lernt Idrina, die ebenfalls eine Tänzerin ist, kennen, nachdem sie sich der feministisch lesbischen Tanzgruppe "Azure Bosom"

---

[139] Vgl. "[...] Sassafrass loved her new life. She made cloth for all the collective, for feasts, for rituals, for sale to tourists come to look at these New Afrikans." SCI 213.

[140] Vgl. "Sassafrass so wanted to be a priestess of Oshun, like Mama Mbewe. To heal, to bring love & beauty wherever she went." SCI 215.

angeschlossen hat, in der sie sich zunächst recht wohl fühlt. Doch schon bald muss sie erkennen, dass es auch unter Frauen Missgunst und Betrug gibt. "Rather than a utopian lesbian community, she [Shange] paints a very real portrait of women who are both supportive and vicious." (De Jesus 1995, 161) Zwar ist Idrina die erste Person, der es gelingt, Cypress für die Liebe zu öffnen ("Idrina knew some things Cypress didn't know [...] How to love a woman like Cypress - something Cypress hadn't known; that she could be loved, because she'd never let anyone close enough." SCI 149), doch sie ist auch die erste, die Cypress emotional schwer verletzt, indem sie zu ihrer Lebenspartnerin zurückkehrt, als diese von ihrer Europareise zurückkommt. "With Cypress, Shange includes what she considers a deceptive 'solution' to the male-female conflict she explores with Sassafrass and Mitch." (Elder 1992, 104) Lesbische Liebe wird hier nicht als Alternative und Ausweg aus dem Konflikt zwischen Autonomie und Weiblichkeit präsentiert.[141] Aus ihrer tiefen Depression, in die Cypress nach ihrer Trennung von Idrina fällt, findet sie erst wieder heraus durch die Musik, "music from home" (SCI 156), und durch die Liebe Leroys. "Through Leroy, Shange presents a vision of a supportive and caring partner, capable of understanding and nurturance." (De Jesus 1995, 161) Er behindert sie nicht in der Ausübung ihrer Kunst, im Gegenteil. Schon die erste Liebesnacht mit ihm lässt sie tanzen wie noch nie: "She was free of something that had been holding her back, something that set limits to what she could do, how she could move." (SCI 161) Zusammen mit Leroy, der authentische schwarze Musik machen will (vgl. SCI 160, 189), entwickelt sie sich weiter und findet zur politischen Bedeutung ihrer Kunst. Bewusster und entschiedener als zuvor tanzt sie nun für die Bürgerrechtsbewegung (vgl. SCI 210). Im Unterschied zu Sassafrass hat sich Cypress nicht über die Liebe zu einem Mann definiert, sondern zunächst sich und ihre Talente entwickelt. Sie kann nun eine reife Beziehung zu einem Mann eingehen.[142]

Eine wichtige Rolle in der Identitätsfindung all ihrer drei Töchter spielt die Mutter Hilda Effania. "Shange uses Hilda as a catalyst, as context and frame for the story [...]." (LeSeur 1995, 139) Hilda ist geradezu ein Vorbild an nährender Mütterlichkeit. Die gelungene Entwicklung ihrer Töchter hat in ihr ihren Ursprung. Hilda Effania ist eine selbstständige Frau, die seit dem Tod ihres Mannes für den Unterhalt und die Erziehung ihrer Kinder allein verantwortlich ist. Sie verdient ihren Lebensunterhalt mit Weben und

---

[141] "[T]he overt exploration of lesbian relationships among black women" ist nach Christian, Barbara (1985). ("Trajectories of Self-Definition: Placing Contemporary Afro-American Women's Fiction." In: Preyse, M. & Spillers, H.J. (eds.). *Conjuring: Black Women, Fiction, and Literary Tradition*. Bloomington: Indiana University Press, 237-248, hier: 246) Zeichen eines radikalen Wandels der Literatur schwarzer Frauen in den 1980er Jahren. Vielfach wird die Liebe zwischen Lesben jedoch positiver gesehen als in Shanges Roman, vgl. z.B. *Color Purple* von Alice Walker.

[142] Vgl. LeSeur, Geta J. (1995). *Ten is the Age of Darkness: The Black Bildungsroman*. Columbia: University of Missouri Press, 139.

Nähen für ehemalige weiße Sklavenbesitzer. In dieses Handwerk wie auch in andere Traditionsformen afro-amerikanischer Kultur führt sie ihre Töchter ein, die aber im Unterschied zu ihr diese nutzen, um sich offensiv als Schwarze mit einer eigenen Kultur zu behaupten. So nutzt Sassafrass ihr kunsthandwerkliches Talent beispielsweise, um ihre Wohnung zu einem "permanent monument to the indelibility of black creative innovation" (SCI 77) zu machen. Während Hilda eher auf Assimilation bedacht ist (vgl. z.B. "[...] remember we all have to live in this country together, and I believe that the Negro people have enough land to get by with right now." SCI 131) und sich für ihre Töchter ein klassisches Mittelschichtsschicksal mit guter Ehe und gesicherter Existenz erhofft, gehen die Töchter eigene, radikalere Wege. Doch obwohl sie sich deutlich anders entwickeln, als sie es sich vorgestellt hat (vgl. "You know, Al, I did the best I could, but I don't think they want what we wanted." SCI 225), versagt sie ihnen zu keiner Zeit ihre Unterstützung: "just as she literally weaves, she figuratively weaves a blanket of spiritual and emotional protection for her daughters." (Marsh-Lockett 1999, 50) Vor allem mit liebevollen, stets aufmunternden Briefen hält sie Kontakt mit ihren Töchtern auch über Entfernungen hinweg und unterstützt sie auf dem Weg ihrer Selbstfindung.

Alle drei Protagonistinnen sind schließlich auf unterschiedliche Weise erfolgreich in ihrer Identitätssuche als Künstlerinnen. "Each character provides readers with positive alternatives to normative female modalities in today's society as well as connections with women's traditions and spiritual heritage." (Strandness 1987, 16) Vor allem aber repräsentieren Shanges weibliche Charaktere "a distinct and affirming Afro-centric experience and value system that result from a successful fusion of African sensibilities and western cultures" (Marsh-Lockett 1999, 57). Damit unterscheidet sich Shanges Künstlerroman nicht nur von früheren *growing down novels*, sondern ebenso von europäisch-amerikanischen weiblichen Bildungsromanen. Auf *Sassafrass, Cypress & Indigo* trifft zu, was Madelyn Jablon als Kennzeichen des afro-amerikanischen Künstlerromans herausstellt: "The African American *künstlerroman* is a celebration of self and a celebration of community."[143] Dem entspricht ein Kunstverständnis, das Kunst im Dienst der Gemeinschaft sieht. Kunst im Verständnis des Romans wie in der afro-amerikanischen Tradition erfüllt eine persönliche und eine politische Funktion.[144] Kunst, in welcher Form auch immer, ist ein Mittel des individuellen und gemeinsamen Überlebens. Es ist nicht zuletzt "Shange's ultimate displacement of the European notion of art for art's sake"

---

[143] Jablon, Madelyn (1994). "The African American *Künstlerroman*." *Diversity: A Journal of Multicultural Issues* 2, 21-28, hier: 27.

[144] Diese doppelte Funktion wird im Roman deutlich formuliert, vgl. z.B. Sassafrass' Erkenntnis nach ihrer Demütigung durch Mitch und seine Freunde: "[...] when women make cloth, they have time to think, and Theban women stopped thinking, and the town fell. So Sassafrass was certain of the necessity of her skill *for the well being of women everywhere, as well as for her own*." (SCI 92, Hervorhebung von mir) Aber auch Indigo und Cypress verstehen ihre Kunst so (vgl. SCI 49, 208).

(Marsh-Lockett 1999, 48), die *Sassafrass, Cypress & Indigo* zu einer wertvollen Ergänzung in der Tradition der Künstlerromane macht.

Kapitel 4: "Growing up Ethnic" - Ethnische Bildungsromane von Frauen

Wie die vorangehende Interpretation des ethnischen Künstlerromans von Ntozake Shange bereits gezeigt hat, unterscheidet sich die Identitätssuche von Frauen einer ethnischen Minderheit von der weißer Frauen in den USA. In ethnischen Bildungsromanen wird über die geschlechtliche Identitätssuche hinaus die ethnische Identitätsbildung thematisiert. Die gesellschaftlichen Bedingungen und kulturellen Vorgaben, auf die schwarze, asiatische, indianische oder hispanische Amerikanerinnen in ihrer Identitätssuche treffen, sind andere und meistens erschwerte. Wie die folgenden drei ausgewählten ethnischen Bildungsromane *The House on Mango Street* von Sandra Cisneros, *The Bluest Eye* von Toni Morrison und *The Joy Luck Club* von Amy Tan exemplarisch deutlich machen, haben Frauen ethnischer Minoritäten nicht nur gegen patriarchale Strukturen zu kämpfen, sondern sie müssen sich darüber hinaus auch noch mit ihrem marginalen Status in der dominant weißen Gesellschaft und mit den Traditionen ihrer jeweiligen ethnischen Herkunftskultur auseinander setzen. Eine Tochter chinesischer Eltern, die in den USA aufwächst, hat es mit anderen Problemen zu tun als eine Chicana oder schwarze Amerikanerin. Die Kulturen und Traditionen, aus denen die jungen Frauen kommen, sind sehr verschieden, und entsprechend unterschiedlich gestalten sich auch ihre Identitätsfindungsprozesse. Auf der Suche nach ihrem Selbst spielt die jeweilige kulturelle Herkunft und Zugehörigkeit der Protagonistinnen eine zentrale Rolle. Daher trägt jeder der hier ausgewählten Romane eine spezifische "kulturelle Färbung". Sie allen integrieren "various characteristics from their ethnic cultural heritage, validating what Toni Morrison calls 'discredited' narrative features ("Memory" 388) like oral storytelling, folklore, myth, ritual, multiple narrators and/or subjects"[145].

Trotz dieser charakteristischen Unterschiede in der ethnischen Färbung bestehen wichtige Gemeinsamkeiten zwischen den hier ausgewählten Bildungsromanen wie auch zwischen ethnischen Bildungsromanen insgesamt. Das zentrale Charakteristikum ethnischer Bildungsromane besteht in der Betonung und Hervorhebung der Verbundenheit der jeweiligen Protagonistin mit ihrer ethnischen Gemeinschaft, d.h. in ethnischen Bildungsromanen bildet der Bezug zur ethnischen Gemeinschaft und zum ethnischen kulturellen Erbe die Grundlage der Identitätsbildung der jeweiligen Protagonistin. "The self is defined in relation with the communal whole and not as an autonomous entity.

---

[145] Maini, Irma (1998). *Growing Up Ethnic: The* Bildungsroman *in Contemporary Ethnic American Literature*. San Diego, Ca.: Diss., 16.

Most *Bildungsromane* by writers of color are characterized by a communal ethic." (Maini 1998, 14) Es ist diese "transformation of the lone protagonist out on an autonomous journey of self-discovery into a protagonist whose growth is intimately connected with, and often dependent on forming a meaningful relationship with his or her ethnic community and heritage" (ebd.), die den ethnischen vom traditionellen Bildungsroman unterscheidet.

Darüber hinaus werden in ethnischen Bildungsromanen häufig Selbstfindungsgeschichten mit "Antibildungsgeschichten" oder *growing down stories* kontrastiert. Der gelungenen Selbstbehauptung einer Figur wird nicht selten das Scheitern der Ichfindung einer oder mehrerer anderer Figuren gegenübergestellt. Ziel dieser Antibildungsgeschichten ist es "to underscore the multiple jeopardy faced by women of color."[146] Sie zeigen, wie prekär die Selbstfindung und -behauptung für *women of color* in einer dominant weißen Gesellschaft noch immer ist.

Schließlich kennzeichnet fast alle ethnischen Bildungsromane eine politische Ausrichtung. Im unterschiedlichen Ausmaß erhält die persönliche Identitätssuche einer oder mehrerer Protagonistinnen eine politische Bedeutung. Indem die Romane zeigen, wie gesellschaftliche Strukturen und kulturelle Differenzen die Entwicklung ihrer Protagonistin behindern und wie es einigen Figuren im Rekurs auf ihre ethnische Gemeinschaft trotzdem gelingt, ihre Identität zu finden, wecken sie bei den LeserInnen ein kritisches politisches Bewusstsein in der Hoffnung auf Veränderung dieser Strukturen und damit auf eine Verbesserung der Lebenssituation für alle. "While the individual then struggles with family, school and/or other institutions of education, and the expectations of society at large, this struggle is significantly not without consequence for the cultures within which it takes place; it is projected outwards, beyond the text."[147]

---

[146] Feng, Pin-chia (1998). *The Female Bildungsroman by Toni Morrison and Maxine Hong Kingston: A Postmodern Reading.* New York: Peter Lang, 36. Vgl. auch Maini 1998, 15f. An dieser Stelle trifft der von Feng übernommene Terminus "Antibildungsgeschichte" das Gemeinte, denn die Entwicklung der genannten Figuren ist keine positive, die vorzeitig abbricht (vgl. Kap. 2 "unvollendete Bildungsgeschichten"), sondern eine von vornherein negative, die zum Scheitern verurteilt ist.

[147] Stein, Mark (1998). "The Black British *Bildungsroman* and the Transformation of Britain: Connectedness across Difference." In: Korte, B. & Müller, K.P. (eds.). *Unity in Diversity Revisited: British Literature and Culture in the 1990s.* Tübingen: Narr, 89-106, hier: 94. Steins Charakteristik bezieht sich zwar, wie aus dem Titel seines Aufsatzes ersichtlich wird, auf den schwarzen britischen und nicht auf den ethnischen amerikanischen Bildungsroman, dennoch lassen sich beinahe alle Ergebnisse seiner Analyse auch auf den US-amerikanischen übertragen (s.u.).

4.1 Sandra Cisneros, *The House on Mango Street*, 1983 - "Growing up Chicana[148]"

4.1.1 Vorstellung der Autorin und ihres Romans

Sandra Cisneros wurde 1954 als einzige Tochter von sieben Kindern eines mexikanischen Vaters und einer mexikanisch-amerikanischen Mutter in Chicago geboren. Aufgrund des Heimwehs ihres Vaters und seiner engen Beziehung zu seiner Mutter zogen sie oftmals zwischen Mexiko und Chicago hin und her. Die häufigen Umzüge erschwerten den Aufbau von länger anhaltenden Freundschaften, und Cisneros fühlte sich dementsprechend oft einsam und heimatlos. In Chicago lebte ihre Familie in "third-floor flats and shabby neighborhoods"[149], was Cisneros nur ertrug, indem sie eine Unmenge von Büchern aus der - der Armut ihres Stadtviertels entsprechend - schlecht ausgestatteten Schulbücherei verschlang und sich mit den Büchern eine neue Welt erträumte (vgl. Cisneros 1987, 71). Zu schreiben begann sie schon früh, doch erst mit der Teilnahme an einer Schreibwerkstatt an der University of Iowa in den späten 1970er Jahren fand sie ihre eigene literarische Stimme. Sie selbst beschreibt ihr literarisches "Erwachen" wie folgt:

> During a seminar title 'On Memory and the Imagination' when the class was heatedly discussing Gustav Bachelard's *Poetics of Space* and the metaphor of a house - a *house*, a *house*, it hit me. What did I know except third-floor flats. Surely my classmates knew nothing about that. That's precisely what I chose to write: about third-floor flats, and fear of rats, and drunk husbands sending rocks through windows, anything as far from the poetic as possible. And this is when I discovered the voice I'd been suppressing all along without realizing it. (Ebd. 72f. Hervorhebung im Original)

In der Tat behandelt Sandra Cisneros in ihren Kurzgeschichten und Gedichten Themen, die mit ihrer ethnischen und sozialen Herkunft in engem Zusammenhang stehen wie die ärmlichen Lebensbedingungen in den *Barrios*[150], die kulturelle Unterdrückung von

---

[148] Der Begriff *Chicana* ist einer von mehreren möglichen, der vermutlich mit gutem Grund sowohl für die Autorin Sandra Cisneros als auch für ihre Protagonistin Esperanza am häufigsten gebraucht wird. Denkbar wären auch die Bezeichnungen *Mexican American*, *Hispanic (American)* sowie *Latina*. Während die letzten beiden Begriffe weniger spezifisch sind, da sie mehrere - Spanisch sprechende bzw. vom lateinamerikanischen Kontinent kommende - Bevölkerungsgruppen zusammenfassen, sind die Begriffe *Mexican American* und *Chicana* für Sandra Cisneros und ihre Protagonistin zutreffender und genauer. Die Bezeichnung *Chicana* impliziert darüber hinaus noch eine politische Bedeutung, insofern sie mit dem Aufkommen des *Chicano Movement* in den 1960er Jahren in Verbindung gebracht wird. Zu dieser Zeit begann der Kampf der mexikanischen Amerikaner um Gleichberechtigung und Anerkennung in Politik und Gesellschaft. Der Begriff *Chicano/a* wird seitdem gebraucht "as a statement of self-assertion" (vgl. Gómez-Quinones, Juan (1990). *Chicano Politics: Reality and Promise, 1940-1990*. Albuquerque: University of Mexico Press, 7.).

[149] Cisneros, Sandra (Spring 1987). "From A Writer's Notebook. Ghosts and Voices: Writing from Obsession." *The Americas Review* XV.1, 69-73, hier: 70.

[150] *Barrio* bedeutet Nachbarschaft und meint die von *Hispanics* besiedelten Stadtviertel. Julián Olivares übersetzt *Barrio* mit Ghetto, da es die sozioökonomischen Realitäten der *Latino* Nachbarschaften in

Minoritäten in den USA, die Suche nach Identität in einer pluralistischen Gesellschaft sowie den Einfluss von kulturell geprägten Geschlechterrollen auf die Identitätsbildung. Auch *The House on Mango Street*, ihr erster und bislang einziger Roman[151], nimmt diese Themen explizit auf.

The House on Mango Street erschien 1983 in einem kleinen Verlag (Arte Publicó Press) im Südwesten der USA. 1985 wurde er mit dem *Before Columbus American Book Award* ausgezeichnet, was aber den Bekanntheitsgrad und die Akzeptanz des Buches seitens des literarischen Establishments zunächst nicht wesentlich förderte. Ellen McCracken beschäftigt sich mit den Gründen für die verhaltene Reaktion auf dieses Werk und vermutet, dass neben Cisneros' Geschlecht und ethnischer Herkunft auch die ideologische Ausrichtung und sprachliche Diktion des Romans zu seiner geringen Beachtung beigetragen haben.

> In bold contrast to the individualistic introspection of many canonical texts, Cisneros writes a modified autobiographical novel, or *Bildungsroman*, that roots the individual self in the broader socio-political reality of the Chicano community [...] In opposition to the complex, hermetic language of many canonical works, *The House on Mango Street* recuperates the simplicity of children's speech, paralleling the autobiographical protagonist's chronological age in the book.[152]

Darüber hinaus scheint der feministische Gehalt des Buches, "the demystificatory presentation of women's issues, especially the problems low-income Chicana women face" (McCracken 1989, 66), ein weiterer Grund für seine Nichtaufnahme in den literarischen Kanon der 1980er Jahre gewesen zu sein.

Tatsächlich hatten Chicana Schriftstellerinnen dieser Zeit wie die Protagonistinnen ihrer Romane mit einer doppelten Marginalisierung zu kämpfen: als Angehörige einer ethnischen Minderheit und als Frauen. Zwar hatte das *Chicano Movement* der 1960 und 70er Jahre eine größere Verbreitung und Akzeptanz mexikanisch-amerikanischer Literatur in den USA erreicht, doch diese Bewegung hatte Frauen ausgeschlossen. Tragischerweise hatte darüber hinaus auch die frühe feministische Bewegung die Situation ethnischer Schriftstellerinnen nicht im Blick, so dass sich Cherríe Moraga und Gloria Anzaldúa 1981 genötigt fühlten, eine Anthologie mit Texten radikaler "farbiger" Fe-

---

großen Städten zutreffender beschreibe (vgl. Olivares, Julián (1996a). "Entering *The House on Mango Street* (Sandra Cisneros)." Maitino, J.R. & Peck, D.R. (eds.). *Teaching American Ethnic Literatures: Nineteen Essays*. Albuquerque: University Press of New Mexico, 209-235, hier: 234, Fn 2.)

[151] Zur Problematik der Zuordnung dieses Werkes zu einer bestimmten Gattung siehe weiter unten.

[152] McCracken, Ellen (1989). "Sandra Cisneros' *The House on Mango Street*: Community-Oriented Introspection and the Demystification of Patriarchal Violence." In: Horno-Delgado, A. et al. (eds.). *Breaking Boundaries: Latina Writing and Critical Readings*. Amherst: University of Massachusetts Press, 62-71, hier: 63f.

ministinnen zu veröffentlichen: *"This Bridge Called My Back* intends to reflect an uncompromised definition of feminism by women of color in the U.S."[153]

Seitdem haben sich die Zeiten jedoch geändert. Immer mehr Texte von Chicanas und anderen *women of color writers* finden Gehör. Die Vermutung McCrackens, dass Cisneros' Text weiterhin vom Kanon ausgeschlossen bleiben wird (vgl. ebd. 62), hat sich - möglicherweise auch aufgrund ihres eigenen Engagements - nicht erfüllt. "As shown by the six reprintings of *The House on Mango Street* (1983, 1984, 1985, 1986, 1988, and 1992), Cisneros's reading public is steadily increasing."[154] Mittlerweile wird *Mango Street* in vielen Schulen und Universitäten in den unterschiedlichsten Kursen behandelt: "*The House on Mango Street* was re-released in 1989 by Vintage Books. Since then [...] the text has become a college mainstay - has become 'canonical'."[155] Ebenso sind Übersetzungen des Romans vor allem ins Spanische hinzugekommen, und auch die Sekundärliteratur zu diesem Werk ist beachtlich.[156] "*The House on Mango Street* is now regarded as an important Chicana feminist text, radical in its language, form, and critique of Chicano sexism."[157]

Wenn es also stimmt, dass - wie auch der Buchrücken der Vintage Contemporaries Edition von *The House on Mango Street* von 1991 behauptet - der Roman mittlerweile in den Kanon der *coming-of-age classics* aufgenommen wurde, dann liegt es an seiner originellen Art der Behandlung eines neuen Themas. *The House on Mango Street* ist kein Bildungsroman im klassischen Sinne, weder der Form nach noch in seinem Inhalt. Die vierundvierzig lose miteinander verbundenen Vignetten haben teils den Charakter von Kurzgeschichten, teils von Gedichten. Zusammengehalten werden sie durch die Entwicklung der Ich-Erzählerin, die aber im Unterschied zu anderen Bildungsromanen im Hintergrund bleibt. Esperanza erzählt nicht nur von ihrer eigenen Identitätssuche, sondern sie zeichnet zugleich ein Porträt ihrer Kultur bzw. ihres *Barrios* und vor allem

---

[153] Moraga, Cherríe & Anzaldúa, Gloria (1983). "Introduction." In: Dies. (eds.). *This Bridge Called My Back: Writings by Radical Women of Color*. 2nd. ed. New York: Kitchen Table, XXIII-XXVI, hier: XXIII.

[154] Tompkins, Cynthia (1995). "Sandra Cisneros." In: Giles, James & Wanda (eds.). *Dictionary of Literary Biography, Volume 152: American Novelists Since World War II, Fourth Series*. The Gale Group, 35-41, hier: 41. Meine Recherche bei *WorldCat* hat ergeben, dass noch einige Wiederauflagen hinzugekommen sind (vgl. bes. die A.A.Knopf/Random House Ausgaben von 1991, 1994, 1997, 1999).

[155] Kelly, Margot (1997). "A Minor Revolution: Chicano/a Composite Novels and the Limits of Genre." In: Brown, Julie (ed.). *Ethnicity and the American Short Story*. New York: Garland, 63-84, hier: 76.

[156] Die MLA-Bibliographie nennt derzeit beispielsweise 41 Einträge. Vgl. ebenso die Zusammenfassung von Valdés, María Elena de (1993). "The Critical Reception of Sandra Cisneros's *The House on Mango Street*." Bardeleben, Renate von (ed.). *Gender, Self, and Society: Proceedings of the IV International Conference on the Hispanic Cultures of the United States*. Frankfurt: Lang, 287-300.

[157] Maini, Irma (1998). *Growing Up Ethnic: The* Bildungsroman *in Contemporary Ethnic American Literature*. San Diego, Ca.: Diss., 55.

der dort lebenden Frauen. "In this lyrical novella Cisneros challenges the conventions of the bildungsroman by weaving the protagonist's quest for selfhood into the fabric of the community." (Tompkins 1995, 35, vgl. auch McCracken 1989, 63ff.) Indem Cisneros Esperanzas Bindung an ihre Gemeinschaft inhaltlich und formal hervorhebt, setzt sie der individualistischen Tradition des Bildungsromans etwas Neues entgegen. Das wird schon deutlich im Titel des Romans. "Unlike most *Bildungsromane*, which focus on the development of one single protagonist and usually take the character's name as the title (like the prototypical *Bildungsroman*, Goethe's *Wilhelm Meister*), the title of this text is the house or space itself."[158] Das Haus ist die zentrale Metapher für Esperanzas Identitätsbildung. Es steht zugleich für ihren Wunsch nach einem selbstbestimmten Raum wie für ihre Verbundenheit mit den Menschen auf der Mango Street. "Esperanza's dream of a house of her own - 'Not a man's house. Not a daddy's.' (108) - is both solitary and communal, a refuge for herself and for others."[159] Esperanza erzählt ihre Geschichte für sich und für andere. Sie macht sich zur Sprecherin der "Stimmlosen" in ihrer Kultur und findet dadurch ihre Berufung und ihre Identität. "She expresses herself as an artist by expressing the struggles of others, establishing her own identity as she conveys the identity of her neighborhood."[160]

Das, was für Esperanza gilt, gilt ebenso für die Autorin Sandra Cisneros. Sie hat mit diesem Roman nicht nur ihre eigene literarische Stimme gefunden, indem sie sich eine traditionell individualistisch geprägte Gattung zu eigen macht und sie für ihre Zwecke umwandelt, sondern zugleich den Frauen einer bislang wenig beachteten ethnischen Bevölkerungsgruppe, den Chicanas, eine Stimme verliehen. Sie stellt sich mit diesem Roman in die Tradition Virginia Woolfs und erweitert sie. "By engaging *A Room of One's Own* in *The House on Mango Street*, Cisneros opens a dialogue. Preserving Woolf's femininst architecture, she enlarges and even reconstructs Woolf's room to make space for her own voice and concerns." (Doyle 1994, 26). Sie findet ihren Platz in einer bislang von Männern (und weißen Frauen) beherrschten Literatur. Damit löst sie ein, wozu Cherríe Moraga und Gloria Anzaldúa in *This Bridge Called My Back* (1981) aufforderten und was Cisneros sich selbst vorgenommen hat, nämlich mit dem Ziel der

---

[158] Karafilis, Maria (Winter 1998). "Crossing the Borders of Genre: Revisions of the *Bildungsroman* in Sandra Cisneros's *The House on Mango Street* and Jamaica Kincaid's *Annie John.*" *The Journal of Midwest Modern Language Association* 31.2, 63-78, hier: 71.

[159] Doyle, Jacqueline (Winter 1994). "More Room of Her Own: Sandra Cisneros's *The House on Mango Street*". *MELUS* 19.4, 5-35, hier: 22. Doyle interpretiert *The House on Mango Street* auf dem Hintergrund von Virginia Woolfs *A Room of One's Own* (1929) und seiner Rezeptionsgeschichte (s. weiter unten)

[160] Gutiérrez-Jones, Leslie S. (1993). "Different Voices: The *Re-Bildung* of the Barrio in Sandra Cisneros' *The House on Mango Street.*" In: Singley, Carol J. & Sweeney, Susan E. (eds.). *Anxious Power: Reading, Writing, and Ambivalence in Narrative Fiction by Women*. New York: State University Press of New York, 295-312, hier: 307.

Veränderung die Geschichte der Machtlosen zu Gehör zu bringen: "For the sake of my writing I want a long life. There are so few of us writing about the powerless, and that world, the world of thousands of silent women [...] needs to be, must be recorded so that their stories can finally be heard." (Cisneros 1987, 76) Konsequenterweise ist der Roman in Spanisch und Englisch den Frauen gewidmet: "A las Mujeres/ To the women".

4.1.2 Zur Interpretation des Romans: Esperanza auf der Suche nach ihrem eigenen Raum

Wie *Lives of Girls and Women* kann auch *The House on Mango Street* als Werk der Protagonistin verstanden werden. Noch expliziter als *Lives* verweist das Ende von *Mango Street* auf den Anfang des Romans zurück. "Once we have concluded the central protagonists's story of his [her!] own sentimental education, we must return to page one to commence in a novel way the product of that process - the mature artist's novel, which itself depicts the making of a novel [...] The final line [...] returns to the beginning."[161] Im letzten Kapitel wiederholt Esperanza die ersten Zeilen des Romans und macht damit deutlich, dass sie mit der Schilderung ihrer Entwicklung am Ende an der Stelle angelangt ist, an der sie fähig wurde und zugleich die Notwendigkeit sah, diesen Roman über ihre Entwicklung zu schreiben. Ihr Roman ist eine metaphorische Rückkehr in die Mango Street, die Einlösung des Versprechens, zurückzukommen "[f]or the ones I left behind. For the ones who cannot out" (HMS 110).[162] Insofern *The House on Mango Street* Esperanzas Entwicklung zur Schriftstellerin nachzeichnet, kann das Werk ebenso wie *Lives* als Künstlerroman interpretiert werden und ist auch vielfach so besprochen worden.[163] Dieser Aspekt bleibt auch in der folgenden Interpretation nicht unberücksichtigt; jedoch steht die Analyse von *Mango Street* als Beispiel eines ethnischen Bildungsromans im Vordergrund. Was bedeutet das "growing up Chicana" in der US-amerikanischen Gesellschaft? Wie beschreibt Cisneros den Identitätsbildungsprozess ihrer "Heldin"? Was charakterisiert den ethnischen Bildungsroman?

Schon das erste Kapitel, das den gleichen Titel wie der Roman trägt, zeichnet ein klares Bild von Esperanzas sozioökonomischer Situation. Esperanza erzählt von ständi-

---

[161] Kellman, Steven K. (Dec. 1976). "The fiction of Self-Begetting." *Modern Language Notes* 91.6, 1243-1256, hier: 1245f. Kellman nennt diese Romane "self-begetting novels".

[162] Die Seitenzahlen beziehen sich auf die in der "Vintage Contemporaries" erschienenen Ausgabe: Cisneros, Sandra (1991). *The House on Mango Street*. 1984. New York: Vintage Books. Als Abkürzung im Text verwende ich den Kürzel HMS.

[163] Vgl. u.a. Eysturoy, Annie O. (1996). "*The House on Mango Street*: A Space of Her Own." *Daughters of Self-Creation: The Contemporary Chicana Novel*. Albuquerque: New Mexico, 89-112, hier: 90, sowie Gutiérrez-Jones 1993, 310 Fn 3, Doyle 1994, 10 und Kelly 1997, 73.

gen Umzügen in gleich bleibend heruntergekommene Behausungen, von der Enge des Zusammenlebens in einer immer größer werdenden Familie, von der Abhängigkeit von unsozialen Vermietern und dem lang gehegten familiären Traum vom eigenen Haus. Das Haus auf der Mango Street ist nun das erste eigene Haus der Familie, aber gemessen an ihren, auch von Massenmedien beeinflussten Träumen ist das Haus eine große Enttäuschung. Es ist noch nicht das "real house", mit dem sich Esperanza identifizieren kann, auf das sie mit Stolz zeigen kann: "The house on Mango Street isn't it." (HMS 5) Schon hier wird deutlich: "House and narrator become identified as one, thereby revealing an ideological perspective of poverty and shame. Consequently, she wants to point to another house and to point to another self."[164] Esperanza möchte geachtet und respektiert werden, sich nicht schämen müssen wegen ihrer Herkunft, wie es ihr durch die Begegnung mit Lehrerinnen ihrer Schule mehr als einmal suggeriert wurde: "You live *there*? The way she said it made me feel like nothing." (HMS 5, vgl. ebenso HMS 45, Kapitel "A Rice Sandwich")

Der kalten und demütigenden Außenwelt steht die Erfahrung von Schutz, Sicherheit und Wärme in der Familie entgegen. Im Kapitel "Hairs" bringt Esperanza durch die Beschreibung der "haarigen" Eigenheiten ihrer Familie die Geborgenheit zum Ausdruck, die sie in ihr und vor allem bei ihrer Mutter erfährt. Doch wie das daran anschließende Kapitel "Boys & Girls" zeigt, reicht ihr der familiäre Rahmen nicht mehr. Sie sehnt sich nach einer richtigen ebenbürtigen Freundin. Ihre Schwester Nenny kann das für sie nicht sein, denn Esperanza hat als ältere der beiden Schwestern die Verantwortung für sie. Auch ihre Brüder scheiden als Freunde aus, da sie sich dem sozialen Druck von außen beugen: "[...] outside they can't be seen talking to girls." (HMS 8) Die erste Freundin, die sie findet, ist nur eine Freundin auf Zeit. Sie erklärt Esperanza unverhohlen, dass sie und ihre Familie wegziehen, weil die Nachbarschaft schlechter wird, und führt ihr damit wieder einmal ihren niedrigen sozialen Status vor Augen (vgl. HMS 12f.).

Von zentraler Bedeutung zum Verständnis der Situation Esperanzas als heranwachsende Chicana ist das Kapitel "My Name", denn hier kommen vielfältige Aspekte ihrer Identitätssuche zur Sprache. Bedeutsam ist zunächst, dass sie ihren Namen zweifach deuten und auch hören kann: "In English my name means hope. In Spanish it means too many letters. It means sadness, it means waiting [...] At school they say my name is funny as if the syllables were made out of tin and hurt the roof of your mouth. But in Spanish my name is made out of a softer something, like silver [...]." (HMS 10f.) Espe-

---

[164] Olivares, Julian (1996b). "Sandra Cisneros' *The House on Mango Street* and the Poetics of Space." In: Herrera-Sobek, Maria & Viramontes, Helena Maria (eds.). *Chicana Creativity and Criticis: New Frontiers in American Literature*. 2nd. rev. ed. University of New Mexico Press, 233-244, hier: 236. Olivares führt in seiner Interpretation näher aus, wie Cisneros Gaston Bachelards Verständnis von dem Haus als einem Ort der Sicherheit und Geborgenheit, der Ruhe und der Wertschätzung geradezu auf den Kopf stellt.

ranza steht zugleich in und zwischen zwei Welten. Sie ist bilingual, sie hat einen doppelten Bezugsrahmen und hätte die Möglichkeit, sich für die spanische oder die englische Bedeutung ihres Namens zu entscheiden, oder zwischen beiden zu wechseln. Tomoko Kuribayashi beschreibt den Vorteil dieser Position: "Having two languages at one's command may enable a person to avoid being locked into one specific value system, or in one specific identity."[165] Doch zu diesem Zeitpunkt überwiegt bei Esperanza noch die Abneigung gegen diesen Namen in welcher Bedeutung auch immer. Vor allem wehrt sie sich gegen das Erbe des Schicksals ihrer Urgroßmutter, von der sie den Namen hat. Sie möchte nicht wie diese in die Ehe gezwungen werden und den Rest ihres Lebens am Fenster des patriarchalen Hauses verbringen. Schon hier beschließt sie, sich gegen dieses Schicksal aufzulehnen, was sie symbolisch in dem Wunsch nach einem neuen Namen, einer selbstdefinierten Identität zum Ausdruck bringt: "I would like to baptize myself under a new name, a name more like the real me, the one nobody sees. Esperanza as Lisandra or Maritza or Zeze the X. Yes. Something like Zeze the X will do." (HMS 11) Das heißt: "Esperanza prefers a name not culturally embedded in a dominating, male-centered ideology." (Olivares 1996b, 236)

Dass sich für Chicanafrauen seit der Zeit ihrer Urgroßmütter tatsächlich nicht viel verändert hat, zeigen viele spätere Vignetten, in denen sich Esperanza mit dem Schicksal dieser Frauen auseinandersetzt. Zu den Frauen, die im häuslichen Gefängnis sitzen und die gewissermaßen negative Rollenvorbilder für Esperanza sind, gehören Marin (HMS 26f.), Alicia (31f.), Ruthie (69), Mamacita (77), Rafaela (79), Minerva (84f.) und Sally (81, 92, 101f.). Marin ist Puertoricanerin und arbeitet den ganzen Tag als Kindermädchen im Haus ihrer Tante, bis diese von der Arbeit zurückkommt. Aber auch abends darf sich Marin nur vor dem Haus aufhalten. Die Befreiung erhofft sich Marin, wie sie Esperanza erzählt, durch einen Mann, "who might marry you and take you to live in a big house far away" (26). Dass es sich bei dieser Art von Hoffnung um eine höchst problematische Illusion handelt, machen wiederum andere Vignetten deutlich, in denen aus dieser romantischen Phantasie bittere Realität geworden ist. Einen Mann zum Heiraten zu finden, bedeutet keine Befreiung, im Gegenteil. Das zeigt u.a. die Geschichte Minervas, die so jung ist wie Esperanza, aber schon zwei Kinder hat und einen Ehemann, "who left and who keeps leaving" (HMS 85). Problematisch ist nicht nur, dass er sie allein lässt mit der Sorge für die gemeinsamen Kinder (ein Schicksal, das sie mit nicht wenigen Frauen teilt, vgl. z.B. Rosa Vargas' Geschichte, HMS 29), sondern dass er sich bei Bedarf mit Gewalt wieder Zutritt verschafft zu ihr ("sends a big rock through the window" HMS 85) und sie nicht stark genug ist, sich ihm zu verweigern ("Then he is

---

[165] Kuribayashi, Tomoko (1998). "The Chicana Girl Writes her Way in and out: Space and Bilingualism in Sandra Cisneros' *The House on Mango Street.*" In: Kuribayashi, T. & Thorp, Julie (eds.). *Creating Safe Space: Violence and Women's Writing*. Albany: State University of New York Press, 165-177, hier: 169.

sorry and she opens the door again." ebd.). Auch Ruthie hat früh geheiratet, anstatt eines der vielen Arbeitsangebote anzunehmen. Offensichtlich wurde sie aber von ihrem Ehemann verstoßen und lebt daher nun bei ihrer Mutter auf der Mango Street, immer noch in der Illusion, eines Tages von ihrem Ehemann wieder zurückgeholt zu werden (vgl. HMS 67ff.). Mamacita wurde von ihrem Ehemann gegen ihren Willen in die USA verpflanzt und muss nun mit ansehen, wie ihr kleiner Sohn in Englisch singt (er wiederholt die Pepsiwerbung aus dem Fernsehen, HMS 78) statt in Spanisch, an dem ihr Herz hängt und das sie im Gegensatz zu ihrem Mann nicht bereit ist aufzugeben (vgl. HMS 76ff.). Ein weiteres Beispiel für die Herrschaft der Männer über ihre Ehefrauen ist Rafaela. Sie wird von ihrem Ehemann eingesperrt, weil er Angst hat, dass sie ihm wegläuft, "since she is too beautiful to look at" (HMS 79). Das gleiche Schicksal widerfährt später Esperanzas Freundin Sally, die die Unterdrückung und Misshandlung durch ihren Vater gegen die Abhängigkeit von einem Ehemann eintauscht (vgl. HMS 81, 92 und 101). Alicias Geschichte zeigt das Schicksal einer Chicana-Tochter, von der erwartet wird, dass sie im Todesfall der Mutter deren Rolle als Hausfrau übernimmt (vgl. HMS 31f.). Sehr einfühlsam beschreibt Esperanza die Sehnsüchte und Ängste dieser Mädchen und Frauen. Zugleich zeichnet sie ein realistisches Bild ihrer Lebensrealitäten, die im krassen Kontrast zu ihren Träumen stehen. Ihre Geschichten sind gewissermaßen *revisionist fairy tales*[166], insofern sie das traditionelle *live happily-ever-after* Ende überwinden und stattdessen die wirklichen Konsequenzen für Frauen enthüllen, die eine patriarchale Sozialisation mit sich bringt (vgl. Gutierrez Spencer 1997, 286).

Die Präsenz patriarchaler Macht und Gewalt bekommt Esperanza auch am eigenen Leib zu spüren. In mehreren Vignetten erzählt sie von ihrer sexuellen Entwicklung. Dabei sind positive Erfahrungen deutlich seltener als negative. Szenen, in denen sie sich mit ihren Freundinnen über ihre sich entwickelnde Weiblichkeit freuen kann (vgl. bes. "Hips", HMS 49ff.) oder ihr eigenes sexuelles Erwachen wahrnimmt (vgl. "Sire", HMS 72f.), werden überschattet von Szenen, in denen sie von anderen "sexualisiert", von anderen zum Objekt gemacht wird. Die Unschuld und die Freude an der eigenen Sexualität wird ihr nach und nach geraubt. Den ersten Einbruch erlebt sie bei einem harmlosen Verkleidungsspiel. Jemand hatte ihr, ihrer Schwester Nenny und ihren zwei Freundinnen Lucy und Rachel damenhafte, hochhackige Schuhe geschenkt, mit denen sie voller Stolz die Straße entlang flanieren. Doch aus dem unschuldigen Spiel wird Ernst. Die Schuhe ziehen die Aufmerksamkeit der Männer auf ihre heranwachsenden weiblichen Körper ("[...] the men can't take their eyes off us. We must be Christmas." HMS 40). Die Mädchen werden unversehens zum Objekt männlichen Begehrens. Und sie "lernen", dass

---

[166] Spencer, Laura Gutierrez (1997). "Fairy Tales and Opera: The Fate of the Heroine in the Work of Sandra Cisneros." In: Reesman, Jeanne Campbell (ed.). *Speaking the Other Self: American Women Writers*. Athens: University of Georgia Press, 278-287, hier: 279.

weibliche Schuhe tragen (und damit Frau sein) gefährlich ist: "Them are dangerous, he says. You girls too young to be wearing shoes like that. Take them shoes off before I call the cops, [...]." (HMS 41)[167] In ihrer Kultur gilt: nicht die aufdringlichen Männer müssen eingesperrt werden, sondern die attraktiven jungen Frauen. Zu diesem Zeitpunkt ist es den Mädchen noch möglich, die Schuhe auszuziehen, ihre Weiblichkeit zu verstecken, doch schon bald geht das nicht mehr, wie wenig später Esperanzas Erfahrungen zeigen: Bei ihrer ersten Arbeitsstelle wird sie von einem älteren Orientalen belästigt ("he grabs my face with both hands and kisses me hard on the mouth and doesn't let go" HMS 55), und später wird sie auf einem Rummelplatz sogar vergewaltigt (vgl. "Red Clowns", HMS 99f.).

Obwohl Esperanza diese Erfahrungen mit vielen anderen Frauen teilt, so unterscheidet sie sich doch sehr von ihnen, wie u.a. die "Monkey Garden"-Szene (HMS 94ff.) andeutet. Der so genannte "Monkey Garden" war nach dem Wegzug der Affen und ihrer Besitzer zum Schrottplatz und Spielparadies für Kinder geworden. Doch für Esperanza verliert dieser Ort eines Tages seine paradiesische Unschuld durch das Verhalten ihrer Freundin Sally. Anstatt wie früher mit Esperanza durch den Garten zu rennen und Fangen zu spielen, zieht Sally es diesmal vor, mit Jungen zusammen zu sein. Diese Tatsache allein ist es jedoch nicht, was Esperanza wütend macht; vielmehr ist es die Art der Spiele, auf die sich Sally mit ihnen einlässt: "One of the boys invented the rules. One of Tito's friends said you can't get the keys back unless you kiss us and Sally pretended to be mad at first but she said yes." (HMS 96) Esperanza scheint bereits hier intuitiv zu erkennen, dass sich in diesem Spiel die Situation der Erwachsenenwelt spiegelt: Männer erfinden die Regeln, nach denen gespielt wird; die Rolle der Frauen besteht darin, sich der Macht der Männer zu beugen. Bezeichnenderweise werden Schlüssel gegen Küsse, Selbstbestimmung gegen Sexualität eingetauscht. Esperanza will Sally "retten", doch sie stößt bei ihr nur auf Abwehr und Spott. Statt die Hilfe ihrer Freundin anzunehmen, beugt sich Sally fatalerweise schon hier patriarchaler Macht und endet, wie zu erwarten, in einem patriarchalen Gefängnis (vgl. "Linoleum Roses", HMS 101f.).

Wie fatal es ist, Solidarität unter Frauen durch die "Anerkennung" von Männern einzutauschen, führt das anschließende Kapitel vor Augen. Esperanza wird, während sie vergeblich auf Sally wartet, vergewaltigt. Zu ihrem Horror über die Vergewaltigung kommt eine bittere Enttäuschung hinzu: "Sally, you lied. It wasn't what you said at all. What he did. Where he touched me. I didn't want it, Sally. The way they said it, the way it's supposed to be, all the storybooks and movies, why did you lie to me?" (HMS 99) Warum hat ihr keine Freundin die Wahrheit gesagt, warum hat sie keine Frau gewarnt?

---

[167] Wenn man so will, ist diese "Cinderella" Geschichte eine weitere "revisionist fairy tale", insofern der Schuh, der im Märchen von Aschenputtel ein Zeichen der Rettung ist, hier Gefahr anzeigt (vgl. Gutierrez Spencer 1997, 280).

Hier klagt sie Sally und die anderen Frauen an, sich mitschuldig zu machen, indem sie schweigen und sich nicht gegen die Verbreitung verlogener kultureller Mythen/Märchen wehren und damit die Macht des Patriarchats nur untermauern, anstatt sie zu brechen.[168]

Im Unterschied zu Sally und vielen anderen Frauen aus der Mango Street nimmt Esperanza ihr Schicksal als Chicana nicht einfach als gegeben und unveränderbar an. Sie beschließt, "not to grow up tame like the others who lay their necks on the threshold waiting for the ball and chain" ("Beautiful & Cruel" HMS 88). Doch auf diesem Weg ist Unterstützung nötig, die sie auch von einigen wenigen Frauen erhält. "Besides finding her path to self-definition through the women she sees victimized, Esperanza also has positive models who encourage her interest in studying and writing."[169] Die erste wichtige Stütze ist ihre Mutter, die Esperanza ermutigt, sich zu bilden: "Esperanza, you go to school. Study hard." (HMS 91) Weder durch Scham (aufgrund ihrer ärmlichen Herkunftsverhältnisse) noch durch Heirat(swünsche) solle sie sich - im Unterschied zu vielen anderen Frauen einschließlich ihrer selbst - davon abhalten lassen.[170] Ebenso von Bedeutung für sie ist der Rat ihrer Tante Lupe kurz vor ihrem Tod: "You just remember to keep writing, Esperanza. You must keep writing. It will keep you free." (HMS 61) Weiß Esperanza zu diesem Zeitpunkt noch wenig damit anzufangen ("I said yes, but at that time I didn't know what she meant." ebd.), so wird ihr mit der Zeit - wie der zitierte Nebensatz andeutet - die Bedeutung und die Wahrheit dieses Rates immer klarer. Sie findet schließlich ihre Freiheit und ihre Identität, indem sie über ihre Erfahrungen schreibt, indem sie Schriftstellerin wird.

Doch es bedarf noch einiger wichtiger Erfahrungen und Denkanstöße, bis ihr dieser Weg als Lösung erscheint, bis sie versteht, in welcher Form dieser Weg Sinn macht. Die entscheidende Entwicklung geschieht in der Auseinandersetzung mit ihrem Wunsch nach einem eigenen Haus, den sie ja schon zu Beginn ihrer Erzählung geäußert hatte. Schon dort wurde deutlich, dass der Wunsch nach einem eigenen Haus für die Suche nach ihrer Identität, nach Selbstachtung und Anerkennung steht. Das Haus, von dem

---

[168] Vgl. Herrera-Sobek, María (1996). "The Politics of Rape: Sexual Transgression in Chicana Fiction." In: Dies. & Viramontes, Helena Maria (eds.). *Chicana Creativity and Criticism: New Frontiers in American Literature*. 2nd. rev. ed. University of New Mexico Press, 245-256, hier: 252: "The protagonist discovers a conspiracy of two forms of silence: silence in not *denouncing* the 'real' facts of life about sex and its negative aspects in violent sexual encounters, and *complicity* in embroidering a fairy-tale-like mist around sex, and romanticizing and idealizing unrealistic sexual relations." [Hervorhebungen im Original]

[169] Yarbro-Bejarano, Yvonne (1991). "Chicana Literature from a Chicana Feminist Perspective." In: Warhol, Robyn R. & Herndl, Diane P. (eds.). *Feminisms: An Anthology of Literary Theory and Criticism*. New Brunswick, N.J.: Rutgers Unversity Press, 732-737, hier: 735.

[170] Diese Warnung von Esperanzas Mutter erinnert an die Warnung Adas an Del Jordan in *Lives of Girls and Women*. Signifikanterweise wird hier Scham als weiterer Unterdrückungsmechanismus erwähnt, was darauf aufmerksam macht, dass die Identitätsbildung Esperanzas als Chicana zusätzlich durch ihre Rassen- und Schichtzugehörigkeit erschwert wird.

Esperanza am Schluß träumt und das sie im vorletzten Kapitel des Buches beschreibt: "Not a man's house. Not a daddy's. A house all my own [...] Only a house quiet as snow, a space for myself to go, clean as paper before the poem." (HMS 108), ist kaum mehr ein wirkliches Gebäude, sondern ein symbolischer Raum, "a nonpatriarchal space in which she can create herself and a self-defined destiny" (Eysturoy1996,106). Es ist kein Haus, in dem sie die traditionelle Rolle der Hausfrau übernimmt, sondern ein Haus, in dem sie sie selbst ist, in dem sie schreiben kann. Esperanza hat gelernt, "that the 'real house' she has been searching for is an unconfining creative space" (ebd.). Im Schreiben findet sie ihr "Zuhause", findet sie ihre Freiheit und sich selbst.

Wegbereiter waren (so wird es im Nachhinein verständlich) - neben ihrer Mutter und Tante Lupe - Elenita, die "drei Schwestern" sowie Alicia. An Elenita, eine Wahrsagerin, hatte sich Esperanza gewandt, um etwas über ihre Zukunft und ihr "Traumhaus" zu erfahren. Doch damals noch zu ihrer Enttäuschung erhielt sie von Elenita nur die Prophezeiung, dass sie "a home in the heart" finden werde (HMS 64). Auch die drei Schwestern ("The Three Sisters"), auf die Esperanza anlässlich der Beerdigung der Schwester ihrer Freundinnen trifft und die wie drei gute Feen[171] Esperanzas Besonderheit hervorheben und sie dann auffordern, sich etwas zu wünschen, haben eine Botschaft für sie, die ihr nicht behagt: "When you leave you must remember to come back for the others. A circle, understand? You will always be Esperanza. You will always be Mango Street. You can't erase what you know. You can't forget who you are." (HMS 105) Esperanza schämt sich, vermutlich, weil sie sich durchschaut fühlt, hatte sie sich doch gewünscht, Mango Street verlassen zu können. Zu diesem Zeitpunkt träumt sie noch immer davon, sich von ihrer Herkunft lossagen und die damit verbundenen Diskriminierungen hinter sich lassen zu können. Erst das Gespräch mit Alicia im Anschluss an die Begegnung mit den drei Schwestern bringt den Umschwung, der in den beiden letzten Kapiteln deutlich wird. Erst dort zeigt sich, dass sie die - in die gleiche Richtung weisenden - Prophezeiungen Elenitas und der drei Schwestern verstanden hat.

Alicia wiederholt in dem Gespräch mit Esperanza die Botschaft der drei Schwestern: "Like it or not you are Mango Street, and one day you'll come back too." (HMS 107) Auf den Einwurf von Esperanza: "Not me. Not until somebody makes it better." stellt Alicia die realistische Frage: "Who's going to do it? The mayor?" (Ebd.) Es ist die Absurdität dieses Gedankens, die Esperanza schließlich ihre Verantwortung erkennen lässt. "Who's going to do it?" ist die Frage, die nachhallt und die nach einer Antwort von ihr verlangt.

---

[171] Nach Elena de Valdés erinnern die drei Schwestern, "who did not seem to be related to anything but the moon" (HMS 103) auch an Mondgöttinnen (wie Tlazolteotl und Xochiquetzal) aus Mexiko in vorspanischer Zeit, die die "intermediaries" für alle Frauen waren, sowie an die drei Schicksalsgöttinnen westlicher Kultur Lachesis, Atropos und Clotho. Vgl. Valdés, Maria Elena de (Fall 1992). "In Search of Identity in Cisneros's *The House on Mango Street.*" *Canadian Review of American Studies* 23.1, 55-72, hier: 65.

'Who's going to do it?' she begins to wonder (107), and suddenly realizes that it was people like her who have to help the community. Only then, does she comprehend the true meaning of the enigmatic 'circle' that the three sisters had talked to her about -- a circle of giving and receiving, of sharing and responsibility. (Maini 1998, 69)[172]

Das letzte Kapitel schließlich enthält ihre Antwort, als sie plötzlich die Möglichkeit sieht, Veränderungen bewirken zu können, indem sie schreibt, indem sie über und für die Leute aus der Mango Street schreibt. "I am going to tell you a story about a girl who didn't want to belong" (HMS 109), verkündet Esperanza. Das Mädchen ist sie selbst, das eigentlich seine sozio-kulturelle Herkunft hinter sich lassen wollte, nun aber einsieht, dass diese ein Teil von ihr ist. Esperanza findet ihre Identität in der Loyalität zu ihrer Herkunft, und sie entdeckt zugleich "creativity as a path toward a self-defined identity" (Eysturoy 1996, 90). Indem sie über ihre Identitätsbildung als Chicana, als Mitglied dieser Bevölkerungsgruppe schreibt, findet sie ihre Freiheit und Selbstbestimmung: "[...] in writing about her experiences she has come to inhabit a liberating poetic space of her own." (Eysturoy 1996, 107) "Esperanza finds her literary voice through her own cultural experience and that of other Chicanas. She seeks self-empowerment through writing, while recognizing her commitment to a community of Chicanas." (Yarbro-Bejarano, Yvonne 1991, 735) Das Schreiben wird für sie zur Befreiung und Aufgabe. So wie sie schon zuvor individualistischen Träumen vom Eigenheim ein *soziales* Eigentumsverständnis entgegengesetzt hat (vgl. "Bums in the Attic" HMS 86f.), so findet sie auch jetzt ihre Identität im Schreiben für *andere*, "[f]or the ones I left behind. For the ones who cannot out" (HMS 110). Sie setzt sich ein für die Gemeinschaft der Chicanas, in dem sie *The House on Mango Street* schreibt.[173] Am Ende gleicht Esperanza den von ihr beschriebenen "Four Skinny Trees" mit "ferocious roots beneath the ground", "who grew despite concrete [...] who reach and do not forget to reach" (HMS 74f.).[174]

---

[172] Bezeichnenderweise betonen die drei Schwestern die Schönheit ihres Namens "Esperanza" und wiederholen ihn mehrfach, "thus, giving positive validation to her personhood" (Maini 1998, 69 Fn 27). Sie zeigen den Weg, wie er zur "Hoffnung" werden kann für andere.

[173] Esperanza und Cisneros werden an dieser Stelle zu einer Person. Laurie Grobman zeigt, inwiefern *The House on Mango Street* autobiographisch gelesen werden kann: "It is through Esperanza that Cisneros tells her own story by returning, with Esperanza, to her cultural past." (Grobman, L. (Fall 1995). "The Cultural Past and Artistic Creation in Sandra Cisneros' *The House on Mango Street* and Judith Ortiz Cofer's *Silent Dancing*." *Confluencia: Revista Hispanica de Cultura y Literatura* 11.1, 42-49, hier: 43.)

[174] Vgl. Karafilis 1998, 67 zur Analyse der Symbolik der vier Bäume: "The presence of four trees [instead of three, which could be read as signifying The Holy Trinity, or two trees as representing the importance of heterosexual marriage, or one tree as symbolizing the power of the lone, self-sufficient individual] precludes reading the image as anything other than a representation of community and its importance for ethnic Americans." Vgl. ebenso: Valdés 1992, 69: "By writing, Esperanza has not only gained control of her past, she has created a present in which she can be free and belong at the same time."

4.1.3 *The House on Mango Street* als ethnischer weiblicher Bildungsroman

The House on Mango Street ist ein ethnischer weiblicher Bildungsroman, insofern er die Identitätsbildung einer Chicana aus der Sicht einer Chicana mit - diesem Thema angepassten - neuen Mitteln schildert. Die Bedingungen der Identitätssuche einer Chicana unterscheiden sich erheblich von denen eines zur weißen Mehrheit gehörenden Mannes, aber auch von denen einer weißen Frau aus der Mittelschicht. Wie *The House on Mango Street* deutlich macht, haben Chicanas es dreifach schwer, ihre Identität zu entwickeln. Sie erfahren Diskriminierung als Angehörige einer ethnischen Minderheit, als Menschen aus der untersten sozialen Schicht und vor allem als Frauen, die in dieser ethnischen Kultur noch einmal besonders wenig gelten: "In effect, the Chicana is a minority within a minority, for women are endowed with the secondary status in Chicano culture."[175] Externer Rassismus, interner Sexismus und eine prekäre sozioökonomische Situation sind die individuell kaum zu überwindenden Hürden, die die Identitätssuche der Chicanas kennzeichnen, wie die vielen "Anti-bildungsgeschichten" oder *growing down stories* im Roman belegen.

Sandra Cisneros entwirft mit ihrer Protagonistin eine Chicana, der es mit Unterstützung einiger Frauen gelingt, diese Hürden zu überwinden. Daher ist *The House on Mango Street* trotz der zahlreichen miteingeschlossenen "Antibildungsgeschichten" ein optimistischer Bildungsroman. Esperanzas Bildung endet nicht mit der Ehe oder mit dem Tod oder Selbstmord, wie es für frühere weibliche *growing down novels* typisch war (s.o.). Aber ihr Weg endet auch nicht mit der Abkehr von ihrem Zuhause, wie in männlichen Bildungsromanen üblich, sondern sie findet ihre Identität in Loyalität zu ihrer Herkunft, in Verbundenheit mit ihrer ethnischen Kultur. Über das Schreiben schafft sie sich einen Raum, der ihr die nötige Freiheit bietet und zugleich Neues eröffnet für die Menschen, über die und für die sie schreibt. Im Unterschied beispielsweise zu "Stephen Dedalus, who sees his art as a function of his own autonomy, necessitating his abandonment of home, fatherland, and church" (Gutiérrez-Jones 1993, 302), erkennt Esperanza ihre bleibende Verantwortung "for the less powerful, the less strong, the less articulate in the dominant language" (ebd.). Identitätsfindung bei Cisneros bedeutet, die Balance zu finden zwischen Autonomie und Verbundenheit, zwischen der Verantwortung für sich selbst und der Verantwortung für andere. Am deutlichsten kommt das vielleicht im zentralen Bild des Hauses zum Ausdruck. Das Haus, von dem Esperanza träumt, ist nicht das stereotype Eigenheim des Mittelschichtamerikaners mit einem Zaun drum herum. Esperanzas Haus "would be white with trees around it, a great big yard and grass grow-

---

[175] O' Reilly Herrera, Andrea (1995). "'Chambers of Consciousness': Sandra Cisneros and the Development of the Self in the BIG House on Mango Street." In: Pollack, Harriet (ed.). *Having Our Way: Women Writing Tradition in the Twentieth-Century America*. Lewisburg: Bucknell University Press, 191-204, hier: 194.

ing without a fence" (HMS 4). Es hätte nicht nur keinen Zaun, sondern würde vor allem auch "bums" (Penner) aufnehmen, denn sie weiß, wie es ist, ohne Haus zu sein. (Vgl. HMS 87) Es ist offen für alle und erlaubt freien Zutritt. Ihr Haus "will be an alternative to the male-dominated households in both American and Chicano societies" (Karafelis 1998, 70). Auch das Haus in seiner symbolischen Bedeutung als kreativer Raum ist kein Haus, das nur für sich existiert. Esperanza/Cisneros schreibt für andere; ihr Schreiben hat eine politische Funktion.[176]

Esperanzas Verantwortung für ihre kulturelle Herkunftsgemeinschaft kommt in dem Roman auch formal zum Ausdruck. Schon ein Blick auf das Inhaltsverzeichnis zeigt, dass in den überwiegenden Kapiteln nicht Esperanza, sondern andere Menschen des *Barrio* im Vordergrund stehen. *The House on Mango Street* ist nicht nur Esperanzas Geschichte, sondern auch die Geschichte von Sally, Marin, Minerva, Rafaela, Ruthie, Rachel, Lucy, Nenny, Mamacita, Aunt Lupe, die Geschichte ihrer Eltern, ihrer Großmutter, die Geschichte von "Geraldo with no last name" und anderen, die Unterdrückung erfahren. Um diesen Menschen einen Platz in ihrer Geschichte einzuräumen, hat der Roman eine fragmentarische und episodische Form. Jedes Fragment, jede einzelne Geschichte ist ein Steinchen im Mosaik "Mango Street". Die Form spiegelt Esperanzas/Cisneros' "communal ethic" (Maini 1998, 76), ihre Verbundenheit mit diesen Menschen. Möglicherweise entspricht diese Form darüber hinaus auch eher der Schreibsituation (und vielleicht auch der Lesesituation) der Chicanas und anderer *women of color*, wie sie von Gloria Anzaldúa in ihrem provokanten Brief an "3rd World Women Writers" indirekt charakterisiert wird: "Forget the room of one'e own - write in the kitchen, lock yourself up in the bathroom. Write on the bus or the welfare line, on the job or during meals, between sleeping or waking [...] No long stretches at the typewriter unless you're wealthy or have a patron - you may not even own a typewriter."[177] Die soziökonomische Lage der Chicanas, so deutet es sich in diesem Aufruf an, macht das Schreiben und Lesen langer Romane unmöglich. Um die Menschen zu erreichen, für die es vor allem geschrieben wurde, scheint *The House on Mango Street* mit seinen kurzen Vignetten genau auf ihre Situation hin zugeschnitten zu sein.

---

[176] Vgl. Saldívar, Ramón (1990). "The Dialectics of Subjectivity: Gender and Difference in Isabella Ríos, Sandra Cisneros, and Cherríe Moraga." *Chicano Narrative: The Dialectics of Difference.* Madison: University of Wisconsin, 171-199, hier: 183: "In 'The House of My Own' Cisneros' narrator echoes the feminist plea for 'a room of one's own' as a site of poetic self-creation [...] But private self-creation is not the point of the 'house' tropes, as 'Bums in the Attic' makes clear. Aside from the personal requirement of a gendered woman's space, Esperanza recognizes the collective requirements of the working poor and the homeless as well."

[177] Anzaldúa, Gloria (1983). "Speaking In Tongues: A Letter To 3rd World Women Writers." In: Moraga, Cherríe & Anzaldúa, Gloria (eds.). *The Bridge Called My Back: Writings by Radical Women of Color.* 2nd ed. Latham, New York: Kitchen Table, Women of Color Press, 165-174, hier: 170.

Esperanzas und damit Cisneros' Verbundenheit mit ihrer ethnischen Kultur drückt sich des Weiteren in der von ihr verwendeten Sprache aus. Sandra Cisneros charakterisiert sie selbst so: "If you take *Mango Street* and translate it, it's Spanish. The syntax, the sensibility, the diminutives, the way of looking at inanimate objects [...] That's Spanish!"[178] Darüber hinaus ist es die mündliche Sprache der Menschen aus den *Barrios*, die sie in *Mango Street* wiedergibt: "With the informal eloquence of a storyteller, she captures rhythms of speech and dynamics of conversation, conveying the oral element(s) of the barrio's voice(s)." (Gutiérrez-Jones 1993, 308) Wie eine gute Geschichtenerzählerin spricht Esperanza mit viel Empathie und ohne sich in den Vordergrund zu stellen. Zitate und Esperanzas Erklärung stehen nicht selten ohne Kennzeichnung nebeneinander, wie der folgende Auszug beispielhaft zeigt:

> Today while cooking oatmeal she is Madame Butterfly until she sighs and points the wooden spoon at me. I could've been somebody, you know? Esperanza, you go to school. Study hard. That Madame Butterfly was a fool. She stirs the oatmeal. Look at my *comrades*. She means Izaura whose husband left and Yolanda whose husband is dead. Got to take care all your own, she says shaking her head. (HMS 91, Hervorhebung im Original)

An anderen Stellen ist ihre eigene Stimme noch nicht einmal mehr erkennbar (vgl. z.B. "And Some More", HMS 36). Auf diese Weise verleiht Esperanza anderen Stimmen Bedeutung. Zugleich wird dadurch noch einmal ihre Gemeinschaft mit ihnen unterstrichen.

Mit *The House on Mango Street* hat Sandra Cisneros einen originellen Beitrag zur Bildungsromangeschichte geleistet. Sie hat die Identitätsbildung einer Chicana zum Thema gemacht und dementsprechend die Gattung modifiziert. Indem sie formal und inhaltlich der Chicano/agemeinschaft, in der Esperanza aufwächst, einen so großen Raum einräumt und die Verbundenheit mit dieser Gruppe betont, verändert und kritisiert sie zugleich die individualistische Tendenz dieser Gattung. Identitätsbildung ist keine Privatsache. Das Persönliche ist politisch. Mit diesem Roman möchte Cisneros dazu beitragen, dass sich etwas ändert für ihre ethnische Minorität, vor allem für die Chicanas: "Writing that book was an attempt to shake women and make them look for other options, other routes. I was also trying to gain for women some sense of self-determination."[179] Zugleich macht sie die dominante nicht-hispanische weiße Mehrheit auf ihre Privilegien aufmerksam. Vom "Tod des autonomen Subjekts" zu reden, wie es in post-

---

[178] Jussawalla, Feroza & Dasenbrock, Reed Way (eds.) (1992). *Interviews with Writers of the Post-Colonial World*. Jackson: University Press of Mississippi, 286-306, hier: 288.

[179] Vgl. Craddock, Catherine and Claudia Meléndez.(March 1995). "The Right to a Life of Letters: A Few Words with Sandra Cisneros. Interview." *El Andar*, 12-13, 16-19, hier: 19. Vgl. ebenso Cisneros 1987, 78: "I worked as an administrative assistant - mostly as a college recruiter and counselor for minority and disadvantaged students. From this experience of listening to young Latinas whose problems were so great, I felt helpless; I was moved to do something to change their lives, ours, mine. I did the only thing I knew how. I wrote [...]."

modernen Diskursen beliebt ist, ist ein Luxus, den sich Angehörige ethnischer Minoritäten nicht leisten können. Diese Rede klingt wie Zynismus in den Ohren derjenigen, die sich erstmals als Subjekte ausdrücken dürfen und als solche anerkannt werden müssen.[180] Der Bildungsroman wird hier sinnvollerweise als Mittel eingesetzt, um die Subjekthaftigkeit bislang Unterdrückter zu behaupten: "Many women writers of color, both ethnic Amerian and postcolonial, use the *Bildungsroman* precisely to 'affirm and assert' the complex subjectivies of their characters and, by extension, themselves." (Karafilis 1998, 63) Oder in den Worten von Mark Stein: "Apart form coming to terms with the protagonist's identity, the genre is about the *voicing* of this identity [...] the text constitutes a symbolic act of carving out space, of creating a public sphere." (Hervorhebung im Original)[181] Zugleich wird diese Subjekthaftigkeit aber nicht individualistisch verkürzt, wie Esperanzas Identitätssuche verdeutlicht hat. Es ist das "communal self" (Eysturoy 1996, 138), das Selbst in Verbindung zu anderen (Chicana-)Frauen, das als Alternative zum abgegrenzten (männlichen) Individuum entworfen wird. Dass diese Aspekte zu den wichtigsten Kennzeichen ethnischer weiblicher Bildungsromane gehören, machen auch die folgenden Textbeispiele einer schwarzen und einer chinesisch amerikanischen Autorin deutlich.

4.2 Toni Morrison, *The Bluest Eye*, 1970 - "Growing up African American"

The Bluest Eye ist der erste Roman der Literaturnobelpreisträgerin Toni Morrison. Obwohl er beinahe zur gleichen Zeit veröffentlicht wurde wie Alice Munros *Lives of Girls and Women* und obwohl die Handlungen beider Romane fast im gleichen Jahr einsetzen (vgl. LGW 10: "Flats Road, Jubilee, August 22, 1942." mit BE 5: "Quiet as it's kept, there were no marigolds in the fall of 1941.")[182], sind die Unterschiede zwischen diesen beiden Bildungsromanen doch beträchtlich. Der Inhalt, die Hauptcharaktere und die formale Struktur der Erzählungen unterscheiden sich erheblich voneinander, was auf die unterschiedlichen sozio-kulturellen Positionen und Kontexte verweist, denen diese Texte und ihre Welten entstammen. "[...] Morrison's positionality can be viewed as postcolonial and non-hegemonic. She writes to resist Eurocentric cultural domination and, by

---

[180] Vgl. Linda Hutcheon in Mishra, Vijay & Hodge, Bob (1991). "What is Post(-)Colonialism?" *Textual Practice* 5.3, 399-414, in Karafilis 1998, 63 bzw. 78.

[181] Stein 1998, 89-106, hier: 94. Wie bereits weiter oben erwähnt, bezieht sich Steins Untersuchung auf den schwarzen britischen Bildungsroman. Doch nicht zuletzt die Wahl seiner Worte ("carving out space") zeigt, wie treffend damit auch der Kontext des Romans von Sandra Cisneros beschrieben ist.

[182] Die Seitenzahlen beziehen sich auf die um ein späteres Nachwort von Morrison (1993) ergänzte "Plume Book" Ausgabe : Morrison, Toni (1994). *The Bluest Eye: With a New Afterword by the Author*. 1970. New York: Plume Book.

reinventing dominant language tropes, radically opens the literary canon to suppressed realms of social experience."[183] Während die Kanadierin Alice Munro die Anlass zur Hoffnung gebende Identitätsbildung einer jungen weißen Schriftstellerin schildert, erzählt die Afro-Amerikanerin Toni Morrison vor allem die "Antibildungsgeschichte" eines schwarzen Mädchens, deren Hoffnungslosigkeit allerdings durch die Sensibilität und durch das demonstrierte Verantwortungsgefühl ihrer Haupterzählerin Claudia durchbrochen wird. Auch wenn Pecolas fiktionales Schicksal eher einmalig ist und tragischer verläuft als das der meisten schwarzen Mädchen dieser Zeit (wie Toni Morrison betont[184]), so ist ihre Situation doch insofern repräsentativ, als sie zeigt, dass die Bedingungen der Identitätssuche für schwarze Mädchen härter sind als für weiße. Das Problem schwarzer Mädchen besteht vor allem darin, dass sie in der sie umgebenden Gesellschaft keine positiven Bilder ihrer selbst finden. Als schwarze Mädchen entsprechen sie nicht der Norm, und vor allem nicht der Schönheitsnorm der weißen Gesellschaft. In dem Spiegel, der ihnen von Weißen vorgehalten wird, sehen sie sich mit deren Augen als hässlich und minderwertig.

An Pecolas Geschichte zeigt Toni Morrison, wie die Internalisierung dieser Außenbilder zum Selbsthass und schließlich zur Selbstzerstörung bzw. Selbstspaltung führt. "*The Bluest Eye* illustrates the possible consequences of entirely depending on external conditions for self-image, for in attempting to satisfy a paradigm that differs so radically from reality, African-Americans may destroy their essential nature."[185] Damit nimmt sich Morrison eines Themas an, das zur Zeit der Verfassung des Romans in den 1960er Jahren eine große Brisanz hatte. "Black is beautiful" war einer der Slogans, die die schwarze Bürgerrechtsbewegung in diesen Jahren verbreitete. *The Bluest Eye* beschäftigt sich gewissermaßen mit den Hintergründen dieses Slogans. Warum ist die Betonung der eigenen schwarzen Schönheit so notwendig? "Why, although reviled by others, could this beauty not be taken for granted within the community? Why did it need wide public articulation to exist?" (Morrison, *Afterword to BE*, 210) Anhand der Entwicklung dreier, fast gleichaltriger junger Mädchen versucht Toni Morrison eine komplexe Antwort auf diese Fragen zu geben. Sie geht einerseits den destruktiven Mechanismen und katastrophalen Auswirkungen eines internalisierten Rassismus nach (Pecolas Geschichte)

---

[183] Crichlow, Warren & McCarthy, Cameron (May 1995). "Introduction: Toni Morrison and the Curriculum." *Cultural Studies* 9.2, 205-209, hier: 207.

[184] Vgl. "[...] I chose a unique situation, not a representative one. The extremity of Pecola's case stemmed largely from a crippled and crippling family - unlike the average black family and unlike the narrator's." Morrison 1994, 210. Das Repräsentative an Pecolas Schicksals betont sie wenige Zeilen später: "But singular as Pecola's life was, I believed some aspects of her woundability were lodged in all young girls."

[185] Carmean, Karen (1993). "*The Bluest Eye*." *Toni Morrison's World of Fiction*. New York: The Whitston Publishing Company Troy, 18-30, hier: 28.

und entwirft andererseits mit der Haupterzählerin Claudia und ihrer Schwester Frieda zwei Gegenbeispiele zu Pecola. Claudia und Frieda leisten Widerstand gegen die allgegenwärtigen diskriminierenden kulturellen Bilder. Sie überleben, weil sie sich nicht integrieren, weil sie sich dem Druck der dominanten Ideologie nicht beugen.[186] Vor allem Claudia zeigt in ihrer Entwicklung vom Kind zur reiferen Erzählerin ein wachsendes Bewusstsein für die Macht des Rassismus, für die Notwendigkeit des Widerstands, aber auch für die eigene Mitschuld an diesen Ereignissen. Ihre Einsicht in die eigene Involviertheit und die Schuld der schwarzen Gemeinschaft für Pecolas Schicksal weist einen möglichen Weg zur Durchbrechung dieses Teufelskreises und bietet damit wenigstens einen kleinen Anlass zur Hoffnung in dieser so tragischen Geschichte.[187]

"*The Bluest Eye* can be read as a double *Bildungsroman*, in which Claudia's narrative of *Bildung* is deployed as a contrast to Pecola's [...] Claudia grows up to tell the story, while Pecola 'grows down' and sinks into madness."[188] Auf diese beiden Aspekte des Romans, auf Claudias Bildungs- bzw. Pecolas "Antibildungsgeschichte", wird sich die folgende Interpretation konzentrieren. Jedoch muss zuvor noch etwas zur äußeren Form und Erzählstruktur des Romans gesagt werden. Claudia ist nicht die einzige Erzählerin der Geschichte Pecolas. Ihre Schilderungen werden ergänzt durch Einblicke, die eine namentlich nicht genannte (allwissende) Erzählerin vor allem in die familiäre Vorgeschichte und das Umfeld Pecolas gewährt. Darüber hinaus gewinnt das Porträt der Mutter von Pecola eine zusätzliche Tiefenschärfe durch Passagen in der Ichform, die ihr Inneres preisgeben (vgl. BE 115ff.). Durch die Vielzahl der Erzählperspektiven erhalten die LeserInnen ein sehr differenzierteres Bild der komplexen Wirklichkeit, was einfache

---

[186] Pin-chia Feng sieht an dieser Stelle den ersten von mehreren Unterschieden zum männlichen Bildungsroman: "But contrary to the prototypical plot of the male *Bildungsroman*, Claudia survives to tell the story by resisting social and racial conformity [...] Thus even in her first attempt at the novel form Morrison not only highlights the racial factor in Afro-American developmental plot but also deconstructs the plot of social intergration inherent in the male *Bildungsroman*." Feng, Pen-chia (1999). *The Female Bildungsroman by Toni Morrison and Maxine Hong Kingston: A Postmodern Reading*. New York: Peter Lang, 52; vgl. ebenso DuPlessis, R.B. (1985). *Writing beyond the Ending: Narrative Strategies of Twentieth-Century Women Writers*. Bloomington: Indiana University Press, 44. Leslie S. Gutierrez-Jones führt das Argument noch weiter: "For a young black character to accept the racist mores of her surroundings is self-destructive in much the same way as a non-'malestream' author's reliance on patriarchal tradition would undermine her own creative project." Gutierrez-Jones, Leslie Sampson (1995). *Unbuilding the Structures of Patriarchy*. Ann Arbor, MI: Diss., 114. Um die eigene Stimme zu finden, müssen (ethnische) Schriftstellerinnen die überkommenen Gattungen umschreiben, wofür *The Bluest Eye* ein gelungenes Beispiel ist.

[187] Vgl. auch Gutierrez-Jones 1995, 59: "The contrast between these two girls' family lives - and the difference in their ultimate fates - suggests that, despite the novel's overall emphasis on the failure of available models, redemption may yet be possible."

[188] Feng 1999, 51f. Vgl. ebenso: LeSeur, Geta (1995). *Ten is the Age of Darkness: The Black Bildungsroman*. Columbia: University of Missouri Press, 128: "The story can be seen as Claudia's because the events that affect Pecola leave a lasting impression on Claudia, too. In a way the novel consists of two bildungsromane [...]".

Deutungen des Geschehens unmöglich macht. Claudia ist jedoch die Haupterzählerin der Geschichte Pecolas.[189] Sie fungiert als Verbindungsglied zwischen Morrison und den LeserInnen; über sie bezieht Morrison die LeserInnen mit ein in die Suche nach Antwort auf die Frage, warum Pecolas Selbstfindung gescheitert ist. An Claudia und ihren Einsichten können die LeserInnen Morrisons politische Botschaft erkennen, die sie mit dieser komplexen Geschichte vermitteln möchte.

Bevor die ältere Claudia in einem Prolog Pecolas Geschichte zusammenfasst und ihre Beweggründe für ihre Erzählung andeutet, werden die LeserInnen mit einer Rahmengeschichte konfrontiert, die im Fortlauf der Geschichte in Teilen wiederholt wird. Die Geschichte ist ein bekannter und verbreiteter Erstklässler Lesebuchtext, der mit einfachen Worten ein US-amerikanisches Familienidyll beschreibt: "Here is a house [...] Here is a family. Mother, Father, Dick and Jane live in the green-and-white house. They are very happy [...]." (BE 3) Im Rahmen des Romans fungiert dieser Text als Folie, vor deren Hintergrund sich die so andere Familiengeschichte Pecolas (und auch Claudias) darstellt. Er verkörpert die Norm, mit der sich die Kinder in der Schule täglich konfrontiert sehen. Über ihn werden neben der Sprache auch die kulturellen Werte der Gesellschaft vermittelt. Schwarze Kinder kommen in diesem Text nicht vor, geschweige denn ihre Realität. Pecolas Wirklichkeit steht sogar im krassen Gegensatz zu diesem perpetuierten Ideal. So wie der Text schon auf den ersten beiden Seiten bis zur Unkenntlichkeit verzerrt wird - die erste Wiederholung des Textes verzichtet auf Großbuchstaben und Satzzeichen, die zweite Wiederholung lässt darüber hinaus alle Leerzeichen aus -, so weichen Pecolas Verhältnisse von diesem Idyll ab. Nichts, aber auch gar nichts im ihrem Leben entspricht diesem verbreiteten Ideal. Jedes Element der Lesebuchgeschichte findet eine negative Entsprechung in ihrem Leben: das Haus, in dem Pecola mehr "haust" als lebt, ist nicht "pretty", sondern "abbruchreif" (vgl. BE 33f.), ihre Mutter ist nicht "nice" und fröhlich, sondern ohne Liebe für ihre Tochter (BE 110ff.), ihr Vater ist zwar auch "big and strong", aber er nutzt diese Stärke, um seine eigene Tochter zu vergewaltigen (BE 132); selbst die Tiere, eine Katze und ein Hund, sind im Kontrast zum Lesebuchtext keine Gefährten für Pecola, sondern nur ebenfalls Opfer und zugleich Mittel in der Zerstörung Pecolas (vgl. BE 81ff. und 164ff.); und die im Lesebuch erwähnte Freundin schließlich existiert nur in Pecolas Einbildung (BE 193ff.). Somit lässt sich im Nachhinein die graphische Auflösung des Lesebuchtextes in der Rahmengeschichte als erste, symbolische Zusammenfassung des Geschehens verstehen: weder Pecola noch ihre

---

[189] Nicht selten werden der älteren Claudia auch die anderen Erzählpassagen zugesprochen. Vgl. beispielhaft Doughty, Peter (1990). "A Fiction for the Tribe: Toni Morrion's *The Bluest Eye*." In: Clarke, Graham (ed.). *The New American Writing: Essays on American Literature Since 1970*. London: Vision Press, 29-50, hier: 42 sowie Frye, J.S. (1986). *Living Stories, Telling Lives: Women and the Novel in Contemporary Experience*. Ann Arbor: University of Michigan Press, 107. In der Tat hat man zumindest am Ende des Romans den Eindruck, dass Claudias gewonnene Einsicht und Weisheit sich auf die Kenntnis des Ganzen stützen.

Familie entsprechen den durch im Lesebuchtext zum Ausdruck kommenden weißen Standards; und indem sie sich dem kulturell dominanten Normdruck beugen und die "master narrative" (vgl. BE 39) akzeptieren anstatt ihr Anderssein zu behaupten, scheitern sie, lösen sich ihre "Selbste" - wie der Text - auf.[190]

Der zweite - Claudias - Prolog nimmt nicht nur entscheidende Fakten aus dem Leben Pecolas vorweg (vor allem ihre Vergewaltigung durch ihren Vater), sondern er führt zugleich in Claudias gepeinigtes Gewissen ein. Noch immer, Jahre nach dem Geschehen, versucht sie zu verstehen, was damals passiert ist, was ihr eigener Anteil an diesem Geschehen war und vor allem warum es geschehen konnte. Hier zeigt sich bereits ihre Sensibilität und modellhafte Empathie. Sie setzt sich nicht fatalistisch über Pecolas Schicksal hinweg, sondern fragt nach den Ursachen. In diesen Ursachenerforschungsprozess bezieht sie auch ihre ZuhörerInnen mit ein, die sie gewissermaßen um Mithilfe bittet. "Quiet as it's kept" (BE 5) ist eine, wie es Morrison im Nachwort selbst beschreibt, vertraute Gesprächseröffnung unter schwarzen Frauen, die die bevorstehende Mitteilung eines Geheimnisses ankündigt und damit eine Vertrautheit zwischen Sprecherin und Angesprochenen entstehen lässt. Es ist ein Appell an die größere Gemeinschaft und an ihre Mitverantwortung in der Ergründung dieses Menschenschicksals.

Claudias Erzählung beginnt mit dem Herbst 1940 und endet im Sommer 1941. Die Einteilung des ganzen Buches (nicht nur der Erzählung Claudias) in Jahreszeitenkapitel weist auf eine Abweichung von der linearen Struktur traditioneller männlicher Bildungsromane.[191] Die Geschichte Pecolas beginnt im Herbst, der Saison des Sterbens. Ihre Entwicklung ist keine Progression. Frühling, eine Zeit der Wiedergeburt, wird es für sie nicht geben: ihr Kind stirbt und sie selbst verfällt dem Wahnsinn. Nur Claudia, Frieda und die LeserInnen können über den Herbst hinausblicken, für Pecola "it's much, much, much too late" (BE 206).

Claudia lernt Pecola kennen, als diese als "Sozialfall" ("a 'case'", BE 16) zu ihr nach Hause kommt, ein erster Hinweis darauf, dass Pecolas soziale Lage noch prekärer ist als Claudias und Friedas, die ebenfalls mit Armut zu kämpfen haben. Bezeichnenderweise begegnen Claudia und Frieda diesem "Fall" nicht mit Verlegenheit oder Herablassung, sondern mit echter Empathie: "Frieda and I stopped fighting each other and concentrated on our guest, trying hard to keep her from feeling outdoors." (BE 18f.) In den wenigen Tagen des Zusammenseins werden bereits die Unterschiede zwischen Pecola und Claudia deutlich, die für den unterschiedlichen Verlauf ihrer Schicksale mitverantwortlich sind. Pecola ist beispielsweise ganz und gar eingenommen von Shirley Temple, einem

---

[190] Aoi Mori sieht in Morrisons Dekonstruktion des Lesebuchtextes "the beginning of a reconstruction which is indispensable for recovering African-American cultural practices and history" (Mori, Aoi (1999). *Toni Morrison and Womanist Discourse*. New York: Peter Lang, 75).

[191] Die zirkuläre Struktur ist vor allem für *growing down novels* typisch, vgl. z.B. *Summer*, in dem ebenfalls die Jahreszeitensymbolik eine Rolle spielt.

weißen, blauäugigen, blondgelockten Kinderstar, wohingegen Claudia sie "hasst". Claudia empfindet es als Verrat, dass der schwarze "Bojangles" (Bill Robinson) mit einem weißen Mädchen tanzt und nicht mit einem seinesgleichen (vgl. BE 19). Claudia wehrt sich gegen die Verherrlichung eines weißen Kinderidols und kann auch nicht verstehen, warum "all the world had agreed that a blue-eyed, yellow-haired, pink-skinned doll was what every girl child treasured" (BE 20). "She recognizes - as the adults do not - that if the doll is perceived to be pretty, then she is not." (Carmean 1993, 20) Außerdem ist ihr die Gemeinschaft, die Geborgenheit in ihrer Familie wichtiger. Im Unterschied zu Pecola fühlt sie sich (noch) wohl in ihrer schwarzen Haut; sie kann aufgrund der Erfahrung der Liebe ihrer Eltern damit etwas Positives verbinden.[192]

Wie sehr sich Claudias und Pecolas familiäre Situation voneinander unterscheiden, machen die nächsten zwei Kapitel deutlich, die Pecolas "Haus" und "Familie" im Kontrast zum Lesebuchidyll beschreiben. Kein hübsches weiß-grünes Haus mit einer roten Tür, sondern ein heruntergekommener Laden mit lieblos zusammengewürfelten kaputten Möbeln bildet ihr Zuhause. Nichts in dem Haus strahlt Wärme aus. Freud- und Beziehungslosigkeit kennzeichnen das Leben darin (vgl. BE 33ff.). "Unlike the seeming stability of the McTeer household, the Breedlove furniture reflects the emotional stasis in their lives; they live a futile, makeshift existence, rootless, and devoid of affirmative values or traditions."[193] Gegenseitige Wertschätzung, Anerkennung und Achtung fehlen in Pecolas Familie völlig. Stattdessen herrschen Hass und Gewalt. Die Verbindung vor allem zwischen den Eltern besteht aus einem destruktiven Abhängigkeitsverhältnis: Cholly kann an seiner Frau seine Wut über die eigene Machtlosigkeit auslassen, und sich dadurch selbst wieder mächtig fühlen (vgl. BE 42: "No less did Cholly need her. She was one of the few things abhorrent to him that he could touch and therefore hurt. He poured out on her the sum of all his inarticulate fury and aborted desires. Hating her, he could leave himself intact."); und Mrs Breedlove kann ihr Leid zur Schau stellen, sich zur Märtyrerin stilisieren und darin Befriedigung finden: "She needed Cholly's sins desperately. The lower he sank, the wilder and more irresponsible he became, the more splendid she and her task became. In the name of Jesus." (Ebd.) Auf der Strecke bleiben bei dieser Konstellation die Kinder, vor allem Pecola, die im Unterschied zu ihrem Bruder Sammy ihre Scham und ihre Wut nicht nach außen trägt, sondern nach innen gegen sich selbst richtet (vgl. BE 44: "Sammy screamed, 'Kill him! Kill him!'" mit "Letting herself breathe easy now, Pecola covered her head with the quilt [...] 'Please, God,' she whis-

---

[192] Wie Claudia bereits andeutet, ändert sich diese Einstellung mit zunehmendem Alter ("I learned much later to worship her [Shirley Temple] [...]" BE 23), auch sie beugt sich letztendlich dem Druck der weißen Ideologie, allerdings nie in dem Maße wie Pecola; sie erkennt: "the change was adjustment without improvement." (Ebd.)

[193] Bjork, Patrick Bryce (1991). "*The Bluest Eye*: Selfhood and Community." *The Novels of Toni Morrison: The Search for Self and Place Within the Community*. New York: Peter Lang, 31-54, hier: 36.

pered into the palm of her hand. 'Please make me disappear.'"). Hier liegt der Anfang ihres so fatalen Wunsches nach blauen Augen[194], nach einer anderen Identität: "It had occurred to Pecola some time ago that if her eyes [...] were different, that is to say, beautiful, she herself would be different [...] If she looked different, beautiful, maybe Cholly would be different, and Mrs. Breedlove too." (BE 46) Hier wird die tiefe Bedeutung ihrer Frage verständlich, die sie an Claudia und Frieda richtet, nachdem sie aus Anlass ihrer Menarche erfahren hat, dass sie nun Kinder bekommen kann, wenn sie von jemandem geliebt wird: "How do you do that? I mean, how do you get somebody to love you?" (BE 34)

Die folgenden Passagen konzentrieren sich darauf zu zeigen, welche demütigenden Erfahrungen Pecola macht und wie dementsprechend ihr Wunsch nach einer anderen Identität wächst, bis nichts mehr von ihrem Selbst übrigbleibt, bis sie tatsächlich nicht mehr sie selbst ist. Zugleich wird aber durch die Einblicke in die Geschichte ihrer Demütiger (vor allem ihrer Eltern) deutlich, wie diese selbst auch Opfer sind. Die erste Diskriminierung, die im Detail beschrieben wird, erfährt Pecola durch einen weißen Verkäufer, der es nicht für nötig hält, sie eines Blickes zu "würdigen": "[...] he senses that he need not waste the effort of a glance." (BE 48) Statt seinem Blick begegnet sie einem "vacuum where curiosity ought to lodge. And something more. The total absence of human recognition - the glazed separateness." (Ebd.) Pecola ist diese fehlende Anerkennung, diese "Entwürdigung" nicht neu, und weil ihr Weiße schon öfter auf diese Weise begegnet sind, bezieht sie den Mangel auf sich: "The distaste must be for her, her blackness." (Ebd.) Im Unterschied zu Claudia, die sich - wie ihr Verhältnis zu weißen Puppen erkennen lässt - gegen die Herabsetzung ihres Schwarzseins wehrt und wehren kann, weil sie ein Selbstwertgefühl hat, beugt sich Pecola dem rassistischen Druck und macht sich diese Außensicht zu eigen: "her goal is not to explore her own vision, but to embrace the vision of the white world: the world as seen through blue eyes." (Gutierrez-Jones 1995, 117) Ihre Wut auf das Verhalten des Verkäufers ist nur minimal und von kurzer Dauer; die Scham überwiegt: "The anger will not hold [...] The shame wells up again, its muddy rivulets seeping into her eyes." (BE 50) Sie hat nicht die Kraft, sich gegen die Macht der negativen Spiegelungen aufzulehnen. "She can only be thing, object, being-for-the-other."[195] Statt sich zu wünschen, dass die Welt sich ändert und sie als sie selbst wahrnimmt, wünscht sie sich, jemand anderer zu sein, jemand mit blauen Augen und blonden Haaren wie Mary Jane auf dem Einwickelpapier der Bonbons (vgl. BE 50), wie Shirley Temple (BE 23) und wie Jane aus dem Lesebuchtext: "To eat the

---

[194] Da die Handlung des Romans zur Zeit des Zweiten Weltkrieges spielt, wird mit Pecolas Wunsch nach blauen Augen zusätzlich eine Verbindung zur nationalsozialistischen Ideologie der Überlegenheit der blauäugigen arischen Rasse hergestellt.

[195] Samules, Wilfred D. & Hudson-Weems, Clenora (1990). *Toni Morrison*. Boston: Twayne, 19.

candy is somehow to eat the eyes, eat Mary Jane. Love Mary Jane. Be Mary Jane." (Ebd.) Sie sieht ihre einzige "Überlebenschance" - so zeigt ihr Verhalten - im Verschmelzen mit einem anderen, wertgeschätzten Selbst: den Mary Janes und Shirley Temples dieser Welt.

Pecolas Erfahrungen der Erniedrigung nehmen mit jeder Begegnung an Grausamkeit zu. Sie trifft nicht nur auf den Rassismus von Weißen, sondern auch auf die Diskriminierung durch Schwarze, die das Bewusstsein der Minderwertigkeit ihrer schwarzen gegenüber der weißen Ethnie internalisiert haben. Diese wenden ihre Wut und Verachtung gegen die eigene Rasse und dort vor allem gegen die jeweils nächst Schwächeren, anstatt ihren Hass gegen die weißen Unterdrücker zu richten. Da der Platz in der Hierarchie durch die (Tönung der) Hautfarbe sowie durch das Geschlecht bestimmt wird, stehen "pechschwarze", hässliche Mädchen wie Pecola am unteren Ende der Skala, auf die sowohl Mädchen hellerer Hautfarbe wie Maureen Peal ("A high-yellow dream child with long brown hair [...]" BE 62) als auch die schwarzen Jungen herunterschauen können (vgl. "It was their contempt for their own blackness that gave the first insult its teeth." BE 65). Ein besonders krasses Beispiel für die Internalisierung rassistischer Einstellungen und das Streben nach Anerkennung durch Weiße ist Geraldine. Sie gehört zu den Schwarzen der Mittelklasse, die stolz darauf sind, es "geschafft" zu haben. Obgleich in der gesellschaftlichen Hierarchie den Weißen noch immer untergeordnet (vgl. BE 83), fühlen sie sich als etwas Besseres gegenüber ihren unangepassten schwarzen Geschwistern. Sie haben das Eigene, das Rebellische, "the funkiness" (ebd.) abgelegt, um akzeptiert zu werden. Doch um ihren höheren gesellschaftlichen Status zu wahren, müssen sie ständig darum bemüht sein, sich von anderen Schwarzen abzugrenzen: "The line between colored and nigger was not always clear; subtle and telltale signs threatened to erode it, and the watch had to be constant." (BE 87) Deshalb lässt Geraldine ihren Sohn nur mit weißen Kindern spielen, nicht mit "niggers". Deshalb reagiert sie auf Pecolas unbeabsichtigtes Erscheinen in ihrem Haus mit Panik und Verachtung: "You nasty little black bitch. Get out of my house." (BE 92) Geraldine fühlt sich von Pecola bedroht, denn Pecola steht für alles, das sie hinter sich gelassen hat und mit dem sie nichts (mehr) zu tun haben möchte. Geraldine fürchtet, ihren so hart erarbeiteten höheren gesellschaftlichen Status zu verlieren. Doch während die LeserInnen die Perversion ihrer Anpassung an die Standards der Weißen erkennen können (sie liebt ihre Katze beispielsweise mehr als ihren eigenen Sohn), bedeutet diese Erfahrung für Pecola wieder einmal eine Erniedrigung, eine brutale Verletzung ihres kaum noch vorhandenen Selbst.

Die Verletzungen schließlich, die sie gänzlich zerstören, kommen von ihren eigenen Eltern, von ihrer Mutter, die ihre ganze Liebe einem weißen Mädchen und deren Familie und Haushalt zuwendet, und ihrem Vater, der aus einer Gefühlsmischung von "revulsion, guilt, pity, then love" (BE 161) sie vergewaltigt und schwängert. Pauline and Cholly Breedlove sind Mittäter und - wie die Rückblenden auf ihre jeweilige Vergangenheit zeigen - zugleich auch Opfer in der Kette rassistischer Gewalt und Diskriminierung. Die "Antibildungsgeschichte" ihrer Mutter Pauline Breedlove setzt ein mit ihrem Umzug in den "Norden" nach Ohio weg von der Gemeinschaft der Schwarzen im Süden als Ehefrau Chollys.[196] Während Cholly sofort Arbeit im Stahlwerk findet, bleibt Pauline allein im Haus zurück. Obwohl sie zuvor auch Hausfrau für ihren Vater und ihre Geschwister war, so fühlt sie sich jetzt in Lorain einsamer und isolierter als vorher, denn zum einen kann sie in dieser Stadt den Weißen nicht ausweichen und zum anderen verhalten sich selbst die Schwarzen, die dort leben, anders als die in ihrer Heimat: "[...] I missed my people. I weren't used to so much white folks [....] Northern colored folk was different too. Dicty-like. No better than whites for meanness." (BE 117) Sie findet keine Anerkennung bei den schwarzen Frauen im Norden, "[who] were amused by her because she did not straighten her hair" (BE 118). Trost und Unterhaltung findet sie schließlich im Kino, wo sie sich - durch Hollywoodfilme ausgelösten - Phantasien von romantischer Liebe und physischer Schönheit hingibt. Diese "education in the movies" (BE 122), "the revised or new version of the Dick and Jane myth"[197], hat fatale Auswirkungen für ihr Selbstbild und für ihre Beziehung zu Cholly: "Them pictures gave me a lot of pleasure, but it made coming home hard, and looking at Cholly hard." (BE 123) Sie schwächen ihren ursprünglichen Widerstand gegen den Assimilationsdruck der weißen Kultur.[198] "Submitting to the master narrative, Pauline finds a new 'education in the movies', unlearning her past and replacing her own values with the white, patriarchal aesthetic for beauty." (Middleton 1995, 310) Sie wendet sich von Cholly ab, ja mehr noch: "she avenged herself on Cholly by forcing him to indulge in the weaknesses she despised." (BE 126) Indem sie ihn verachten und sich selbst als moralisch höherstehend präsentieren kann, findet sie Anerkennung bei den Frauen, die sie zuvor verachtet hatten (vgl. ebd.). Zugleich findet sie als Haus- und Kinderfrau in einem weißen Haushalt, als "ideal servant" die Rolle, über die sie sich definieren kann: "[...] such a role filled practically all of her needs." (BE 127) In dieser Rolle findet sie die Anerkennung, die ihr zuvor nicht

---

[196] Im Unterschied zu den MacTeers vermögen es die Breedloves nicht, die Werte und Formen afroamerikanischer Kultur in die Diaspora des Nordens zu retten: "Pauline and Cholly Breedlove have both come into contact with forms of Afro-American culture used to tie black people to each other in caring, sharing ways.Yet their move to the North parallels a dissolution in their sustaining purposes. Thus they break the chains of continuity in culture and can only produce children who are outside that which had the potential to nurture them." (Harris, Trudier (1988). "Reconnecting Fragments: Afro-American Folk Tradition in *The Bluest Eye*." In: McKay, Nellie Y. (ed.). *Critical Essays on Toni Morrison*.. Boston: G.K. Hall & Co., 68-76, hier: 75.)

[197] Middleton, Joyce Irene (May 1995). "Confronting the 'Master Narrative': The Privilege of Orality in Toni Morrison's *The Bluest Eye*." *Cultural Studies* 9.2, 301-317, hier: 310.

[198] Widerstand hatte sie gegenüber einer ihrer ersten weißen Arbeitgeberinnen gezeigt, die sie zur Trennung von Cholly hatte zwingen wollen: "it didn't seem none too bright for a black woman to leave a black man for a white woman." (BE 120) Sie verliert stattdessen lieber ihren Job.

zuteil wurde. Sich anzupassen ist einfacher als sich ständig gegen Diskriminierung auflehnen zu müssen. Als Angestellte im Haushalt einer weißen Familie hat sie Anteil an deren Macht, als Schwarze ist sie ein Niemand. Doch ihre Akzeptanz der Werte und Ideale der Weißen führt zugleich zur Ablehnung Chollys und vor allem auch zur Vernachlässigung und zur Zerstörung des Selbstwertgefühls ihrer Kinder: "Them she bent toward respectability, and in so doing taught them fear [...] Into her son she beat a loud desire to run away, and into her daughter she beat a fear of growing up, fear of other people, fear of life." (BE 128) Die Destruktivität ihres internalisierten Rassismus zeigt sich konkret und exemplarisch in der Szene, als Pecola im Haus der weißen Arbeitgeberfamilie Paulines aus Versehen einen Nachtisch umwirft und sich dabei verbrennt. Statt sie zu verarzten und zu trösten, schlägt Pauline ihre Tochter und wendet sich dem - durch diesen Ausbruch verunsicherten - weißen Mädchen der Familie zu (BE 109). Auf dessen wiederholtes Fragen "Who were they, Polly?" (ebd.) gibt sie keine Antwort - der Verrat an ihrer eigenen Tochter, die Abwendung von ihrer eigenen kulturellen Herkunft wird überdeutlich.

Auch Chollys Anteil an Pecolas Zerstörung hat - wie gleich im Anschluss an Paulines Geschichte gezeigt wird - Ursachen in der Erfahrung von Rassismus. Bei der Beerdigung seiner Tante, die ihn an seiner Mutter und Vater statt aufgezogen hatte, machte er seine ersten sexuellen Erfahrungen mit einem jungen Mädchen und wurde dabei von weißen Polizisten überrascht, die ihn zur Fortsetzung des Geschlechtsaktes unter ihren Augen zwangen. Statt die beiden Weißen für diese Erniedrigung zu hassen, richtete er seinen Hass auf das Mädchen, das Zeugin seiner Demütigung geworden war: "Sullen, irritable, he cultivated his hatred of Darlene. Never did he once consider directing his hatred toward the hunters. Such an emotion would have destroyed him. They were big, white, armed men. He was small, black, helpless." (BE 150) Seine Vergewaltigung Pecolas kann gewissermaßen als Fortsetzung des Rassismus verstanden werden, der sich auf die je Schwächeren richtet; Erfahrungen der Erniedrigung und Unterdrückung werden an die nächst Schwächeren weitergegeben. Aber Chollys Gewalt gegen seine Tochter hat komplexere Ursachen, die seine Tat nicht entschuldigen, aber doch erklären helfen. Als Kind war er sowohl von seiner Mutter als auch von seinem Vater verlassen und nach dem Tod seiner Tante noch einmal von seinem noch lebenden Vater zurückgewiesen worden. Diese Zurückweisung hat ihn zu einem "gefährlich freien" Mann werden lassen, "[f]ree to feel whatever he felt - fear, guilt, shame, love, grief, pity. Free to be tender or violent, to whistle or weep [...] He was free to live his fantasies, and free even to die [...] He was alone with his own perceptions and appetites, and they alone interested him." (BE 160f.) Völlige Bindungslosigkeit resultierte bei ihm in absoluter Verantwortungslosigkeit. Als verstoßenes Kind seiner Eltern vermag er nicht zu begreifen, was Elternsein bedeutet. In seiner Bezogenheit auf sich selbst sieht er die andere, seine Tochter, nicht und lässt sich von seinen Gefühlen zur Gewalttat hinreißen.

Nachdem Pecola für diesen Inzest auch noch von ihrer Mutter beinahe zu Tode geprügelt wird (vgl. BE 189), bedarf es nicht mehr viel, um sie in den Wahnsinn zu schicken. Es ist Soaphead Church, "[a] cinnamon-eyed West Indian with lightly browned skin" (BE 167), der ebenfalls von der Überlegenheit der weißen Rasse überzeugt ist (vgl. BE 168f.), der schließlich ihren Wunsch nach blauen Augen "erfüllt" und sich damit selbst einen Gefallen tut. Auf perfide Weise macht er sie glauben, dass Gott ihr die ersehnte Veränderung geschenkt und sie nun blaue Augen hat. Die Identifikation mit dem "outward glaze", dem "Look of the Other" hat ihren Höhepunkt erreicht (vgl. Bjork 1991, 44 sowie Feng 1998, 56). "The damage done was total." (BE 204) Pecola "stepped over into madness [...]" (BE 206).

Es ist die ältere Claudia, die die letzten Worte am Ende der Erzählung hat. Wie viele Male zuvor zeigt sie auch hier ihre Verbundenheit ("connectedness") mit Pecola und ihre Sorge ("caring") für sie. Sie ist diejenige, die zusammen mit ihrer Schwester Frieda im Unterschied zu allen anderen am Überleben von Pecolas Baby interessiert ist: "They were disgusted, amused, shocked, outraged, or even excited by the story. But we listened for the one who would say, 'Poor little girl,' or, 'Poor baby,'", but there was only head-wagging where those words should have been." (BE 190) Sie ist diejenige, die Fragen stellt, die sich nicht heraushält, sondern erkennt, wie Pecola von allen (einschließlich ihrer selbst) zum Sündenbock gemacht wurde:

> "All of us - all who knew her - felt so wholesome after we cleaned ourselves on her. We were so beautiful when we stood astride her ugliness. Her simplicity decorated us, her guilt sanctified us, her pain made us glow with health, her awkwardness made us think we had a sense of humor. Her inarticulateness made us believe we were eloquent. Her poverty kept us generous." (BE 205)

Über Claudia bezieht Toni Morrison die LeserInnen mit ein, macht sie deutlich, dass sich keine/r aus dieser Unrechtsgeschichte heraushalten kann, weder Weiße noch Schwarze.

> In her final meditation Claudia refuses the option to read her story as fatally determined; there is responsibiltiy to allocate: 'This soil is bad for certain kinds of flowers. Certain seeds it will not nurture, certain fruit it will not bear, and when the land kills of its own volition, *we acquiesce and say the victim had no right to live* [...]' (BE 206). (Doughty 1990, 44, Hervorhebung von mir)

Die Wachstumsbedingungen sind schlecht, aber wir versuchen auch nicht sie zu verändern! So sehr jede persönliche Geschichte des Romans zeigt, wie die Täter zugleich Opfer von Rassismus waren, so wird auch deutlich, dass sie selbst einwilligten. "[...] Morrison describes Blacks not only as victims but also as responsible agents."[199] Claudia und die MacTeers sind gewissermaßen die positiven Modelle, die durch das Festhalten

---

[199] Bredella, Lothar (1999). "Decolonizing the Mind: Toni Morrison's *The Bluest Eye* and *Tar Baby*." In: Antor, Heinz & Cope, Kevin L. (eds.). *Intercultural Encounters - Studies in English Literature: Essays Presented to Rüdiger Ahrens on the Occasion of His Sixtieth Birthday*. Heidelberg: C. Winter, 363-384, hier: 373 mit Bezug auf Bhattacharya, Nandini (May 1995). "Postcolonial Agency in Teaching Toni Morrison." *Cultural Studies* 9.2, 226-246.

an ihren Gemeinschaftswerten dem kulturellen rassistischen Druck zu widerstehen vermögen. Claudia lässt sich ihr Selbstwertgefühl nicht absprechen; sie behauptet sich gegen diskriminierende Bilder.[200] Im Unterschied zu Pecola kann sie das aber auch, weil sie Unterstützung und Anerkennung von ihren Eltern erfahren hat. "Love, thick and dark as Alaga syrup" und "somebody with hands who does not want me to die" (BE 12) sind Bilder, die sie mit ihrer Mutter verbindet; ihr Vater gleicht einem "[w]olf killer turned hawk fighter" (BE 61), der sich um seine Familie kümmert und sich schützend vor sie stellt (vgl. z.B. seinen Rausschmiss von Mr. Henry, der seine Tochter belästigt hat). Darüber hinaus hat sie noch ihre Schwester Frieda, die ihr Halt gibt. Aber Claudia erkennt auch den Wert dieser Unterstützung und Gemeinschaft; sie versteht dic Bedeutung von Verbundenheit und gegenseitiger Verantwortung. Sie sieht ihre eigene Verantwortung in Bezug auf Pecola und klagt sie von anderen ein.

> Claudia achieves what Morrison says is her own goal for her readers: to expand individual 'compassion' and 'perception of life'. Claudia's expansion, then, is our own: a new recognition of the possibilities for black female selfhood - strong and compassionate, self-defined and responsible to others - and a more complex awareness of the relationship between individual and community. (Frye 1986, 108)

Mit *The Bluest Eye* stellt Morrison ein in den 1970er Jahren noch ungewöhnliches und wenig prestigeträchtiges Thema in den Vordergrund: die Identitätssuche schwarzer Mädchen.[201] Es ist ein Buch "about a kind of person that was never in literature anywhere, never taken seriously by anybody - all those peripheral little girls"[202]. Entsprechend unterscheidet sich ihr Bildungsroman inhaltlich und formal von Bildungsromanen mit männlichen weißen oder auch weiblichen weißen Protagonisten. Die Darstellung gelungener Identitätsbildung ist nur begrenzt möglich. Im Vordergrund steht eine Antibildungsgeschichte, die die fatalen Wirkungen und Mechanismen eines internalisierten Rassismus aufdeckt. Aber dadurch, dass ein ebenfalls armes und schwarzes Mädchen diese Geschichte erzählt und sie nicht nur daran Anteil nimmt, sondern in Ausein-

---

[200] Gina Hausknecht betont an dieser Stelle noch ein Weiteres: "Because Claudia is capable of critical observation, she has tools of resistance that Pecola has not [...]." Hausknecht, Gina (1998). "Self-Possession, Dolls, Beatlemania, Loss: Telling the Girl's Own Story." In: Saxton, Ruth O. (ed.). *The Girl: Constructions of the Girl in Contemporary Fiction by Women*. New York: St. Martin's Press, 21-42, hier: 34.

[201] Wie wenig "prestigeträchtig" dieses Thema war, spiegeln u.a. auch die Reaktionen der ersten Herausgeber, an die sich Morrison zur Publikation ihres Romans wandte, sowie die verhaltene Rezeption nach der Veröffentlichung des Romans wider. Vgl. Naylor, Gloria (1994). "A Conversation: Gloria Naylor and Toni Morrison." In: Taylor-Guthrie, Danille (ed.). *Conversations with Toni Morrison*. Jackson: University Press of Mississippi, 188-217, hier: 199f. sowie Morrison (1994), Afterword to BE, 216.

[202] Neustadt, Kathy (1994). "The Visits of the Writers Toni Morrison and Eudora Welty." In: Taylor-Guthrie, Danille (ed.). *Conversations with Toni Morrison*. Jackson: University Press of Mississippi, 84-92, hier: 88.

andersetzung mit dieser Geschichte ihre eigene Identität behauptet, wird der pessimistischen Tendenz dieses Romans entgegen gesteuert. Das ist es, was diesen Roman von *growing down novels* wie *The Awakening* oder *Summer* beispielsweise unterscheidet. In Claudias Bildung liegt der Schlüssel zur Vision Morrisons - Claudia überlebt durch ihre Verwurzelung in einer durch ihre Eltern vermittelten gemeinschaftsorientierten afroamerikanischen Kultur. Diese macht sie stark zum notwendigen Widerstand gegen destruktive dominante Diskurse. Die Betonung der Bedeutung von Gemeinschaft, *a communal ethic* und die von Feministinnen und Afro-Amerikanerinnen gleichermaßen geschätzte *ethics of caring*[203] zeichnen auch diesen ethnischen Bildungsroman aus.

4.3 Amy Tan, *The Joy Luck Club*, 1989[204] - "Growing up Chinese-American"

Mit der Veröffentlichung von *The Joy Luck Club* im Jahre 1989 wurde Amy Tan über Nacht zum Star. Über neun Monate blieb ihr Roman auf der *New York Times* Bestsellerliste. Darüber hinaus gewann er den *1989 Bay Area Book Reviewers Award for Fiction* sowie den *Best Book for Young Adults Award* der *American Library Association*.[205] Ebenso enthusiastisch wurde die Verfilmung des Romans vier Jahre später durch den chinesisch-amerikanischen Filmregisseur Wayne Wang aufgenommen. Zentrales Thema dieses Romans ist die Identitätssuche von vier chinesisch-amerikanischen Töchtern in der Auseinandersetzung mit ihren chinesischen Müttern: "In large part, *The Joy Luck Club* is about cross-cultural conflicts and the difficulty of assimilation [...] But finally, and most important, the novel is about discovering one's identity through the knowledge of one's mother."[206] Dieses Thema wird formal auf unkonventionelle Weise behandelt. Gloria Shen bezeichnet *The Joy Luck Club* als "a challenge to the novel as a 'narrative paradigm'"[207], insofern er sich nicht eindeutig einer bestimmten Textsorte zuordnen lässt. Viele unterschiedliche Zugänge zum Roman sind daher möglich. Rocío Davis inter-

---

[203] Vgl. Collins, Patricia Hill (2000). *Black Feminist Thought: Knowledge, Consciousness, and the Politics of Empowerment*. 2nd ed. New York: Routledge, 262ff.

[204] Zitate im Text beziehen sich auf die folgende Ausgabe: Tan, Amy (1995). *The Joy Luck Club*. 1989. Ed. Richard Andrews. Cambridge: Cambridge University Press. (Im Text abgekürzt mit JLC).

[205] Feng, Pin-chia (1996). "Amy Tan." In: Giles, James R. & Wanda H. (eds.). *American Novelists Since World War II, Fifth Series*. Detroit: Gale Research, 281-289, hier: 282.

[206] Payant, Katherine B. (1993). "Motherhood/Mothers and Daughters in the 1980s." *Becoming and Bonding: Contemporary Feminism and Popular Fiction by American Women Writers*. Westport, Ct.: Greenwood Press, 57-74, hier: 73.

[207] Shen, Gloria (1995). "Born of a Stranger: Mother-Daughter Relationships and Storytelling in Amy Tan's *The Joy Luck Club*." In: Brown, Anne, E. & Gooze, Marjanne E. (eds.). *International Women's Writing: New Landscapes of Identity*. Westport, Ct.: Greenwood Press, 233-244, hier: 233.

pretiert den Roman als *short story cycle*[208], während Stephen Souris ihn als Beitrag zur "tradition of multiple monologue narratives"[209] versteht. In der folgenden Interpretation sollen entsprechend der Thematik dieser Arbeit die Bildungsromanaspekte des Werkes im Vordergrund stehen. Vor allem werden die Entwicklung und die Identitätssuche der chinesisch-amerikanischen Töchter näher beleuchtet. Wie charakterisiert Tan die Identitätsbildungsprozesse der vier Töchter? Was bedeutet es, als Amerikanerin chinesischer Herkunft in den USA aufzuwachsen? Wie stellt sich das Verhältnis der Töchter zu ihren chinesischen Müttern dar, und welche Rolle spielt es in ihrer Selbstfindung?

In *The Joy Luck Club* kommen vier chinesisch-amerikanische Töchter und drei ihrer chinesischen Mütter zu Wort. Eine Mutter, Suyuan Woo, ist bereits verstorben und wird in den Erzählungen von ihrer Tochter Jing-mei Woo ersetzt. "Though the eight characters are divided into four families, the book itself is concerned more with an unmistakable bifurcation along generational lines: mothers, whose stories all took place in China, and daughters, whose stories deal with their lives in America."[210] Die Geschichten der Mütter rahmen die Geschichten der Töchter - sie sind der Hintergrund, vor dem die Töchter ein klareres Bild von sich selbst gewinnen könnten. Doch dieses Privileg, die Geschichte der Mütter zu kennen, erhalten vorerst nur die LeserInnen und Jing-mei Woo, die am Ende nach China reist und dort von ihrem Vater über die Vergangenheit ihrer Mutter aufgeklärt wird. Für die anderen chinesisch-amerikanischen Töchter stehen diese Klärung und Hilfe bei ihrer kulturellen Identitätsfindung noch aus. Doch aufgrund der Bereitschaft der Mütter, ihr Schweigen zu brechen und sich den Töchtern mitzuteilen, besteht die begründete Hoffnung, dass auch die übrigen drei Töchter ihren Weg finden werden.

Die 16 auf Dialog angelegten Monologe[211] werden von insgesamt vier Vignetten gerahmt; zwei sind aus der Sicht der Mütter, zwei aus der Sicht der Töchter formuliert. Die erste Vignette, eine kleine Fabel, die den ersten vier (Mütter-)Erzählungen vorangestellt ist, kann zugleich als metaphorische Zusammenfassung des ganzen Romans verstanden werden kann. "Feathers from a thousand *li* away" erzählt die Geschichte einer

---

[208] Davis, Rocío G. (1997). "Identity in Community in Ethnic Short Story Cycles: Amy Tan's *The Joy Luck Club*, Louise Edrich's *Love Medicine*, Gloria Naylor's *The Women of Brewster Place*." In: Brown, Julie (ed.). *Ethnicity and the American Short Story*. New York: Garland, 3-23, hier: 9ff.

[209] Souris, Stephen (Summer 1994). "'Only Two Kind of Daughters': Inter-Monologue Dialogicity in *The Joy Luck Club*." *MELUS* 19.2, 99-123, hier: 99.

[210] Foster, M.-Marie Booth (1996). "Voice, Mind, Self: Mother-Daughter Relationships in Amy Tan's *The Joy Luck Club* and *The Kitchen God's Wife*." In: Brown-Guillory, Elizabeth (ed.). *Women of Color: Mother-Daughter Relationships in 20th Century Literature*. Austin: University of Texas Press, 208-227, hier: 235.

[211] Vgl. dazu bes. Souris 1994, der das dialogische Potential der Monologe aufdeckt. Außerdem führt er vor Augen, wie der Text die LeserInnen dazu einlädt, diese Monologe aufeinander zu beziehen und sich an der Bedeutungsbildung des Textes zu beteiligen.

alten Frau, die vor Jahren einen Schwan in Shanghai gekauft hatte, der nach Angaben des Verkäufers eine Ente gewesen war. In der Zuversicht eine Gans werden zu können, hatte er seinen Nacken gestreckt und sich auf wunderbare Weise sogar in einen Schwan verwandelt. Mit diesem Schwan segelte die Frau in das "Gelobte Amerika" in der Hoffnung, für ihre Tochter dort das zu erreichen, was ihr selbst in China verwehrt wurde. Doch die amerikanische Realität holt sie schon an der Grenze ein, Zollbeamte lassen ihr vom wunderschönen Schwan nur eine Feder. Ihr Traum vom besseren Leben für ihre Tochter in Amerika erfüllt sich nur teilweise. Zwar kann ihre Tochter wie erhofft perfektes Englisch sprechen, doch das auf Kosten einer Entfremdung von ihrer Mutter. Bis heute wartet die alte Frau darauf, ihrer Tochter die Feder schenken zu können und ihr von ihren mitgebrachten Hoffnungen und Absichten zu erzählen. In dieser Vignette steht die Perspektive der Mütter im Vordergrund. Sie deutet sowohl das Ausmaß der Erwartungen an, mit denen die Mütter in die USA immigrierten, als auch das Ausmaß der Enttäuschung, die ihnen die Behandlung an der Grenze/in den USA und vor allem die Entwicklung der Töchter bereiteten. Sie zeigt auch, wie sehr die Mütter unter der gestörten Kommunikation mit ihren Töchtern leiden, und lässt darüber hinaus erkennen, wie das Fehlen einer gemeinsamen Sprache nur ein äußeres Zeichen einer tiefer liegenden kulturellen Kluft zwischen ihnen und ihren (chinesisch-) amerikanischen Töchtern ist.

Um diese kulturelle Kluft geht es auch in den Töchtergeschichten. Die Mütter sind den Töchtern fremd. Weil die Töchter die Vergangenheit und kulturelle Herkunft der Mütter nicht kennen, können sie viele Verhaltensweisen ihrer Mütter nicht einordnen. Dadurch fehlt ihnen auch der Schlüssel zu ihren eigenen Erfahrungen, vor allem zu prägenden Kindheitserlebnissen. Als über Dreißigjährige haben sie noch immer kein ausgewogenes Verhältnis zu ihren Müttern gefunden, können sich noch nicht von ihnen distanzieren und sie als eigenständige Personen wahrnehmen.

Jing-mei Woo ist die erste Tochter, die einen Einblick in ihre chinesisch-amerikanische Kindheit gewährt. Angestoßen durch den Auftrag der Joy-Luck-Club-Freundinnen ihrer Mutter, nach China zu reisen, um dort ihre lange verschollenen Zwillingshalbschwestern zu treffen und damit einen langgehegten Wunsch ihrer verstorbenen Mutter zu erfüllen, fragt sich Jing-mei, was sie denn ihren Halbschwestern von ihrer Mutter erzählen kann: "What will I say? What can I tell them about my mother? I don't know anything. She was my mother." (JLC 30) Die Rückblicke in ihre Kindheit zeigen deutlich, wie wenig sie letztlich ihre Mutter gekannt geschweige denn verstanden hat. So weiß sie durch die Erzählungen ihrer Mutter wohl von der Gründung des ersten Joy Luck Club zur Zeit des japanisch-chinesischen Krieges in Kweilin (China), doch hält sie diese Geschichte lange Zeit für ein chinesisches Märchen (JLC 14: "I never thought my mother's Kweilin story was anything but a Chinese fairy tale."). Auch als sie das wahre Ende dieser Geschichte hört und vom Schicksal ihrer Halbschwestern erfährt, die ihre

Mutter auf der Flucht vor den Japanern zurückließ und von denen sie nicht wusste, ob sie überlebten, erfasst sie kaum die lebensgeschichtliche Bedeutung dieser Erfahrung für ihre Mutter. Sie ahnt nichts von den Schuldgefühlen und Hoffnungen ihrer Mutter, die sich nicht zuletzt aufgrund dieser Erfahrung besonders auf sie, die in den USA geborene und in Sicherheit lebende Tochter, konzentrieren. Sie fühlt nur einen von ihrer Mutter ausgehenden starken Druck auf sich lasten, immer und überall das Beste wollen und die Beste sein zu müssen (vgl. JLC 28, 126ff.).

Aber auch in alltäglichen Dingen zeigt sich die kulturelle Distanz zwischen Mutter und Tochter. Verhaltensweisen ihrer Mutter, die mit ihrer chinesischen Herkunft zusammenhängen, kann Jing-mei nicht adäquat interpretieren. Den (neu gegründeten) Joy Luck Club ihrer Mutter, den sie in San Francisco kennenlernt, hält sie zunächst für "a shameful Chinese custom like the secret gathering of the Ku Klux Klan or the tom-tom dances of TV Indians preparing for war" (JLC 18). Die Beheimatung ihrer Mutter in chinesischen Glaubenssystemen wie z.B. in der taoistischen Lehre von den Fünf Elementen[212] sagt ihr nichts. "Jing-mei, who does not understand how Suyuan's pronouncements tie to a larger belief system, associates her mother's theories with displeasure and criticism: 'Something was always missing. Something always needed improving. Something was not in balance. This one or that had too much of one element, not enough of another.' [JLC 20]". (Hamilton 1999, 131) Jing-mei tut diese Lehre stattdessen ab als "my mother's own version of organic chemistry" (JLC 20).

Am deutlichsten aber kommt der kulturelle Abstand zwischen Jing-mei und ihrer Mutter in der Verwendung unterschiedlicher Sprachen zum Ausdruck: "[...] my mother and I spoke two different languages [...] I talked to her in English, she answered back in Chinese." (JLC 23) Auf diese Weise verstehen sie einander nur begrenzt: "My mother and I never really understood one another. We translated each other's meanings and I seemed to hear less than what was said, while my mother heard more." (JLC 27) Bei diesen Übersetzungen geht der Kontext verloren. Erst durch den Kontext gewinnen Worte an Bedeutung. Jing-mei fehlt der chinesische Kontext der Worte ihre Mutter. Entsprechend bedeutungslos sind sie für sie. Im Unterschied zu ihrer Mutter, die in einer US-amerikanischen Umgebung lebt und dadurch Gelegenheit hat, sich mit amerikanischen Denkstrukturen und Verhaltensweisen vertraut zu machen, fehlt Jing-mei wie auch den anderen Töchtern der Kontakt mit der chinesischen Kultur: "[...] the daughters have only fragmentary, second-hand knowledge of China derived from their mothers' oral histories and from proverbs, traditions, and folktales. Incomplete cultural knowledge

---

[212] Vgl. den sehr erhellenden Artikel von Patricia L. Hamilton zum kulturellen, religiösen Hintergrund der Mütter: Hamilton, P.L. (Summer 1999). "Feng Shui, Astrology, and the Five Elements: Traditional Chinese Belief in Amy Tan's *The Joy Luck Club*." *MELUS* 24.2, 125-145, hier: 144, Fußnote 4 zu den taoistischen Wurzeln dieser Lehre.

impedes understanding on both sides, but it particularly inhibits the daughters [...]." (Hamilton 1999, 125)

Eine Tochter, die in ihrer Entfaltung besonders behindert wird, ist Lena St. Clair, die Tochter der Chinesin Ying-ying und des englisch-irischen Amerikaners Clifford St. Clair. Sie weiß am allerwenigsten von ihrer Mutter, nicht zuletzt deshalb, weil ihr nichtasiatischer Vater das Leben seiner Frau auslegt und "managt". Wenn ihre Mutter sich in Englisch nicht auszudrücken vermag, ist es ihr Vater, "[who] would put words in her mouth" (JLC 98). Ohne seine Frau oder die chinesische Kultur und Sprache richtig zu kennen, maßt er sich an, sie interpretieren zu können. Wie wenig er sie wirklich kennt, zeigt sich z.B. in dem Mythos, den er über die Rettung seiner Frau aus unerträglichen chinesischen Verhältnissen verbreitet. In Wirklichkeit hatte er vier Jahre warten müssen, "like a dog in front of a butcher shop" (JLC 249), bis Ying-ying seinen Heiratsantrag akzeptierte; und das, was er ihr in den USA bieten konnte, reicht nicht an das heran, was sie von China her gewöhnt war (vgl. "I was raised with riches he could not even imagine" sowie: "Saint took me to America, where I lived in houses smaller than the one in the country [in China]." JLC 249f.). Aber auch die Nonchalance, mit der er auf den Immigrationspapieren seiner Frau einfach einen anderen Namen für sie angibt und ein falsches Geburtsdatum einträgt (für Chinesinnen ist das Geburtsjahr aus astrologischen Gründen besonders wichtig), zeugt von kultureller Ignoranz und patriarchalem Gehabe.[213] Lena wächst mit diesem verzerrten Bild ihrer Mutter auf. Sie kann die chinesischen Geschichten, die ihre Mutter ihr erzählt, nicht richtig einordnen. Sie machen ihr Angst.

Auch weiß sie nichts von der Vorgeschichte und den religiösen Traditionen ihrer Mutter, was sich als besonders fatal erweist, als Ying-ying aufgrund der Missgeburt ihres Sohnes in eine schwere Krise gerät. Lena kann sich nur noch an das seltsame Verhalten ihrer Mutter während der Schwangerschaft erinnern. Sie waren in eine neue, italienische Nachbarschaft in San Francisco umgezogen, und Ying-ying stellte in der neuen Wohnung täglich die Möbel um. Lena war darüber beunruhigt, doch die Erklärungen ihrer Mutter dazu hielt sie für "Chinese nonsense". Stattdessen akzeptierte sie die Erläuterungen ihres Vaters: "Your mother is just practicing her nesting instincts." (JLC 101) Beide verstehen offensichtlich nicht, dass Ying-yings Verhalten seine Wurzeln in der chinesischen Tradition *feng shui* hat, nach der Menschen Einfluss auf ihr Schicksal nehmen können durch die Herstellung eines Gleichgewichts in ihrer Umgebung. Als ihr Sohn schwer missgebildet gleich nach der Geburt stirbt, fühlt sich Ying-ying schuldig: "My

---

[213] Für Malini Johar Schueller ist die Darstellung Clifford St. Clairs eines von mehreren Beispielen dafür, dass Amy Tan nicht nur einseitig und politisch ungefährlich den chinesischen Patriarchalismus kritisiert, sondern auch auf die subtilen Mechanismen des amerikanischen Sexismus und Rassismus aufmerksam macht. Vgl. Schueller, M.J. (Winter 1992). "Theorizing Ethnicity and Subjectivity: Maxine Hong Kingston's *Tripmaster Monkey* and Amy Tan's *The Joy Luck Club*." *Genders* 15, 72-85, hier: 78f.

fault, my fault. I knew this before it happened [...] I did nothing to prevent it." (JLC 104) "To Western ears her self-accusation sounds odd, for birth defects such as spina bifida are congenital, and nothing Ying-ying could have done would have prevented the inevitable. However, her Eastern world-view dictates that fate can be manipulated in order to bring about good effects and to ward off bad ones." (Hamilton 1999, 139) Ying-ying ist offenbar aufgrund ihrer Weltanschauung davon überzeugt, dass sie dieses Schicksal hätte vermeiden können, wenn sie nur das Richtige getan hätte. Darüber hinaus scheinen sie noch weitere Schuldgefühle zu plagen: "And then this baby, maybe he heard us [...] I knew he could see everything inside me. How I had given no thought to killing my other son! [...]." (JLC 105) Mit diesen Worten deutet sie eine frühere Abtreibung an, von der die LeserInnen tatsächlich später erfahren (vgl. JLC 246). Doch Lena kennt diese Vergangenheit ihrer Mutter (noch) nicht. Auch horcht sie nicht auf, als sie diesen Satz hört, sondern hält ihre Mutter für verrückt. Besorgt um ihren trauernden Vater ("He was so sad already with this empty crib in his mind. How could I tell him she was crazy?" JLC 105), übersetzt sie die Worte ihrer Mutter bewusst falsch: "She says we must all think very hard about having another baby." (Ebd.) Ying-ying wird in dieser Lebenskrise nicht geholfen: "After the baby died, my mother fell apart [...]." (Ebd.) Über Jahre hinweg belastet ihre Depression das ganze Familienleben, vor allem ihre Tochter Lena. Lenas Träume drehen sich darum, wie sie eines Tages von ihrer Mutter wieder wahrgenommen wird und wie sie ihre Mutter rettet (vgl. JLC 108).

Aus Ying-yings Erzählungen geht hervor, dass sie um ihre Krise weiß. Sie kann genau erklären, wie es dazu gekommen ist, dass sie ihren Lebenswillen verloren hat und nur noch ein Schatten ihrer selbst ist (Sie nennt sich "a tiger ghost" oder "an unseen spirit", vgl. JLC 250). Es ist eine Antibildungsgeschichte, die sie erzählt. Als Kind war sie eher "[w]ild and stubborn" (JLC 241), doch schon früh hat man ihr beigebracht, dass das nicht die richtigen Eigenschaften eines Mädchens sind. Ein Mädchen hat sich in Zurückhaltung zu üben und keine Wünsche zu äußern: "Haven't I taught you - that it is wrong to think of your own needs? A girl can never ask, only listen." (JLC 63) Diese Lektion wird vertieft und von ihr angenommen, als sie bei einem Mondfest über Bord eines Schiffes fällt und dies als Strafe für ihr eigenmächtiges Verhalten empfindet. Sie wird zwar von Fischern gerettet, aber lange Zeit irrt sie umher, um ihre Familie wiederzufinden. Ihre Suche wird unterbrochen durch die spektakuläre Aufführung des *Moon Lady* Mythos. In ihrer verlorenen Situation identifiziert sie sich mit der "Moon Lady", die wegen ihrer Selbstsucht auf ewig dazu verdammt ist, sich auf dem Mond nach ihrem Ehemann zu sehnen: "[...] for this was her fate: to stay lost on the moon, forever seeking her own selfish wishes. 'For woman is yin,' she cried sadly, 'the darkness within where untempered passions lie. And man is yang, bright truth lighting our minds.'" (JLC 76) Das ist die Erfahrung, die sich für Ying-ying in ihrem Leben viele Male wiederholt - bestraft zu werden für ein Verhalten, dass einem Mädchen nicht gestattet ist (vgl. "And

I remember everything that happened that day because it has happenend many times in my life." JLC 77). Dazu gehört vor allem auch die Demütigung, die sie von ihrem ersten Ehemann erfährt, als er sie, obwohl "rich and pretty [...] too good for any one man" (JLC 246), als Schwangere hintergeht und sitzenlässt. Seitdem ist ihr Willen gänzlich gebrochen; von dem einst willensstarken und leidenschaftlichen kleinen Mädchen ist kaum etwas übrig geblieben. Ihre Ehe mit Lenas Vater ist das Ergebnis seines unnachgiebigen Werbens und ihrer passiven Einwilligung: "Saint courted me for four years in his strange way [...] I decided to let Saint marry me. So easy for me." (JLC 248f.) Doch angesichts der Ehekrise ihrer Tochter, bei der sie mit ansehen muss, dass auch Lena kein *chi* hat, dass auch sie sich aufgibt, anstatt für sich zu kämpfen, werden plötzlich ihre verschütteten Kräfte wieder lebendig. Sie will nicht, dass sich in Lena das gleiche Schicksal wiederholt. Sie ist entschlossen, ihren *tiger spirit* (sie ist nach dem chinesischen Kalender im Tigerjahr geboren) an ihre Tochter weiterzugeben: "[...] I will win and give her my spirit, because this is the way a mother loves her daughter." (JLC 250) Doch davon weiß Lena (noch) nichts. Sie fragt sich nur, was ihre Mutter von ihrer Ehekrise wahrnehmen wird (vgl. JLC 142).

Vergleichbare Eheprobleme in der Gegenwart hat auch Rose Hsu Jordan. Ebenso wie Lena lebt auch sie in einer ungleichgewichtigen Partnerschaft. Beiden, Lena und Rose, fällt es schwer, ihre Position in der Ehe zu behaupten. Beide werden von ihren Partnern ausgenutzt, und ihnen fehlt es an Kraft und Ichstärke, sich gegenüber ihren Ehemännern durchzusetzen. Ein Grund für Rose' Lebensuntüchtigkeit scheint in der Erfahrung zu liegen, für den Tod ihres Bruders Bing schuldig zu sein. Bei einem Familienausflug war sie als Vierzehnjährige mit der Betreuung ihres vierjährigen Bruders betraut worden und das Schreckliche, Befürchtete passierte: in einem Moment der Unachtsamkeit läuft ihr Bruder zur Kante des Riffs, fällt hinüber und wurde nicht mehr gesehen. Rose sieht förmlich, wie es passiert, doch sie ist wie gelähmt und handelt nicht. Im Unterschied zu ihrer Mutter An-mei, die - fest verwurzelt im Glauben an ihr *nengkan* (JLC 114) - auch nach diesem Erlebnis ihren Glauben an die Möglichkeit, das Schicksal beeinflussen zu können, nicht aufgibt[214], verliert Rose jegliches Vertrauen in ihre eigenen Kräfte. Aus der Angst heraus, noch einmal einen schwerwiegenden Fehler begehen zu können, überlässt sie anderen, vor allem ihrem Ehemann Ted die Entscheidungen, selbst für ihr eigenes Leben. Die Ehe funktioniert so lange, bis nach einer beruflichen Niederlage Ted plötzlich Entscheidungen von Rose verlangt (JLC 112f.). Das Scheitern der Ehe

---

[214] Das ist nach Patricia Hamilton daran zu erkennen, dass sie eine Bibel unter ein zu kurz geratenes Tischbein legt, was als ein symbolischer Akt zu verstehen ist, "a way for her to correct the imbalances of life" (JLC 109). "Although An-mei accepts that her power over fate is limited, she continues to believe that she can positively influence her circumstances. The idea of balance she is enacting is a fundamental element of yin-yang philosophy [...] 'to remove an obstruction to your happiness, regain a state of health, or create a more harmonious household, yin and yang must be in balance'." (Hamilton 1999, 134)

ist vorprogrammiert, Ted reicht die Scheidung ein. Ungeübt in der Kunst, selbstständig Entscheidungen zu fällen, wendet sich Rose auch in dieser Krise wieder an andere, Freundinnen und Psychiater, die ihr aber nicht weiterhelfen: "And so I didn't know what to think anymore." (JLC 186)

Ihre Mutter An-mei Hsu ist bestürzt über diese Handlungsunfähigkeit ihrer Tochter. Auch kränkt es sie, dass sich ihre Tochter in dieser Krise an andere wendet und nicht an sie. Denn sie weiß aus eigener Erfahrung die Weisheit einer Mutter zu schätzen. Ohne die Warnung ihrer Mutter wäre sie selbst damals auf die Heuchelei der Zweitfrau ihres Stiefvaters hereingefallen und hätte damit die Chance verspielt, ihr Schicksal selbst zu bestimmen (vgl. JLC 227ff.). Auch kann sie nicht verstehen, dass ihre Tochter meint, keine Wahl zu haben in der Bewältigung ihrer Ehekrise (vgl. JLC 210: "She cried, 'No choice! No choice!' She doesn't know."). An-mei sieht die Unterschiede zwischen dem Leben ihrer Mutter im alten China, in dem diese tatsächlich keine andere Wahl hatte, als sich umzubringen, um ihre Tochter zu retten, und dem Leben ihrer Tochter Rose im modernen Amerika. Sie weiß, dass die Abhängigkeit ihrer Tochter eine selbstverschuldete ist, die es zu überwinden gilt (vgl. JLC 210 und 238). Doch Rose ahnt nichts von diesen Hintergründen. Sie weiß nichts von den Einsichten ihrer Mutter und fürchtet nur, dass ihre Mutter ihre Ehe um jeden Preis retten will. Sie ist entschlossen, die Hilfe der Mutter abzulehnen, denn sie hat über die Jahre gelernt: "to choose from the best opinions. Chinese people had Chinese opinions. American people had American opinions. And in almost every case, the American version was much better." (JLC 187f.) Erst später sieht sie auch die Schattenseiten des amerikanischen Systems und erkennt, dass sie schlecht ausgerüstet ist für ein Leben in dieser Gesellschaft, in der es "too many choices" (ebd.) gibt. Rose ist zwischen den Welten aufgewachsen. Die Sicherheit ihrer Mutter, die diese aus ihrer kulturellen Identität als Chinesin bezieht, kann Rose nicht einfach übernehmen. Rose muss ihren eigenen Weg finden, aber sie kann von der (chinesischen) Lebensweisheit ihrer Mutter lernen.

Waverly Jong, die vierte Tochter der Mütter-Töchter-Paare, hat von ihrer chinesischen Mutter gelernt, und zwar "the art of invisible strength" (JLC 80). Lindo Jong hat ihrer Tochter die chinesische Kunst der Selbstbeherrschung erfolgreich vermittelt: "Bite back your tongue [...] Wise guy, he not go against wind. In Chinese we say, Come from South, blow with wind - poom! - North will follow. Strongest wind cannot be seen." (Ebd.) Diese Strategie verhilft Waverly zum Erfolg im Leben, in ihrer Jugend konkret beim Gewinnen von Schachturnieren und auch später im Berufsleben. Waverly akzeptiert von ihrer Mutter die Lebenslektion, dass man, um gewinnen zu können und Erfolg zu haben, erst die Spielregeln kennen und befolgen muss, bevor man nach dem Warum fragen kann (vgl. JLC 85). Aber auch zwischen Waverly und ihrer Mutter kommt es schließlich zu einem Bruch, als Waverly sich gegen die Angeberei ihrer Mutter mit ihren Siegen wehrt: "Why do you have to use me to show off? If you want to show off, then why don't you to learn to play chess." (JLC 91), fragt sie wütend, "refusing to see the glory of her own achievements as something shared by the whole family"[215]. Im Unterschied zu ihrer chinesischen Mutter, die aufgrund ihres Aufwachsens in China bei allem eigenen Streben nach Autonomie einen großen Wert auf familiäre Bindungen und Pflichten legt, scheint Waverly bereits die amerikanische Ideologie des Individualismus internalisiert zu haben. Siege im Schachspiel sind ihr Verdienst und entsprechend gebührt ihr auch der Ruhm. Doch im Kampf gegen ihre Mutter ist sie machtlos. Mehr noch, als Lindo ihr aufgrund dieser Bloßstellung und Beleidigung die Unterstützung entzieht, verliert sie ihre zum Sieg verhelfende Selbstsicherheit: "It was as though I had lost my magic armor." (JLC 167) Die auf diesen Streit folgenden Schachspiele verliert sie, und schließlich gibt sie ihr Hobby ganz auf. In der Gegenwart, als über Dreißigjährige, fürchtet sie sich noch immer vor der Kritik und der emotionalen Macht ihrer Mutter und wagt es nicht, ihr von ihren neuen Heiratsabsichten zu erzählen. Auf den Vorschlag einer Freundin: "'Tell her to stop ruining your life. Tell her to shut up.'" antwortet sie: "'Well, I don't know if it's explicitly stated in the law, but you can't *ever* tell a Chinese mother to shut up. You could be charged as an accessory to your own murder.'" (JLC 167f. Hervorhebung im Original)

Auch in diesem Konflikt hätten ein Einblick in die Geschichte ihrer Mutter und ein besseres Verständnis für ihre kulturelle Herkunft helfen können. Lindo hatte ihre Mutter bereits als Zwölfjährige durch eine Flut "verloren". Sie musste in die Familie des für sie vorgesehenen Ehemannes ziehen und wurde dort für die Ehe abgerichtet. Um ihrer Eltern willen, wegen eines Versprechens, das sie ihnen gemacht hatte, erträgt sie die schlimmsten Demütigungen: "I once sacrificed my life to keep my parents's promise." (JLC 41) Sie kann sich schließlich aus dieser unwürdigen Ehe retten, indem sie durch Erfindungsreichtum einen Weg findet, ihr "Schicksal" zu manipulieren. Doch tut sie das, ohne das Versprechen gegenüber ihren Eltern zu brechen. Lindo scheint aufgrund dieser Erfahrungen eine ähnliche Loyalität von Waverly zu erwarten. Doch Waverly erfüllt diese Erwartungen nicht, sie verhält sich amerikanisch und lehnt sich gegen ihre Mutter auf. Lindo stellt bedauernd fest: "Only her skin and her hair are Chinese. Inside - she is all American-made [...] I couldn't teach her about Chinese character. How to obey parents and listen to your mother's mind." (JLC 252f.)

Bei allen vier Mütter-Töchter-Paaren zeigt sich der zentrale Einfluss der Mütter auf die Identitätsfindung ihrer Töchter. Darüber hinaus wird deutlich, dass die Selbstfindung von chinesischen Amerikanerinnen durch besondere Schwierigkeiten gekennzeichnet ist. Diese scheinen vor allem durch die kulturellen Unterschiede zwischen Müttern und Töchtern verursacht zu sein. Während chinesische Traditionen und das Festhalten daran

---

[215] Reid, E. Shelley (Autumn 1995). "'Our Two Faces': Balancing Mothers and Daughters in *The Joy Luck Club* and *The Kitchen God's Wife.*" *Paintbrush* XXII, 20-38, hier: 31.

den Müttern Halt geben, auch in einer fremden Kultur zurechtzukommen[216], können die Töchter diese Sicherheit nicht einfach übernehmen. Sie sind in einem anderen kulturellen Kontext groß geworden. Als Töchter von Chinesinnen sind sie in den USA gewissermaßen zwischen den Welten aufgewachsen. "In their stories we see the extensive process of finding a balance between an individual 'American' self and a connected 'Chinese' self [...]." (Reid 1995, 32) Die chinesische Welt ist ihnen jedoch fremder. Die Verwurzelung der Mütter in chinesischen Traditionen bleibt den Töchtern größtenteils ein Rätsel. Auch über deren Leben und Vorgeschichte in China wissen die in den USA geborenen Töchter nichts oder nur wenig. Sie ahnen nichts von den Leiden ihrer Mütter im patriarchalen China und den Anstrengungen, die es sie gekostet hat, ihr Leben selbst in die Hand zu nehmen und dorthin zu kommen, wo sie jetzt sind. Stattdessen nehmen sie nur die "seltsamen" Verhaltensweisen ihrer Mütter wahr und leiden unter ihren unverständlich hohen Ansprüchen. Bis in die Gegenwart hinein haben sie Probleme mit der Abgrenzung von ihren Müttern und mit der Selbstbestimmung auch in anderen Beziehungen.

Doch der Text bleibt nicht beim Aufzeigen dieser besonderen Problematik stehen, sondern er deutet gegen Ende Lösungen an für die Identitätssuche der Töchter. Er zeigt, dass die Töchter handlungsfähig werden können, wenn sie die Geschichte ihrer Mütter kennen. Er lässt erkennen, dass die Töchter ihre Identität finden, wenn sie ihr durch die Mütter vermitteltes chinesisches Erbe akzeptieren: "To be truly mature, to achieve a balance in the between-world condition then, according to Wong, Kingston, and Tan (American daughters all), one cannot cling solely to the new American ways and reject the old Chinese ways, for that is the way of the child. One must reconcile the two and make one's peace with the old."[217] Bei allen Töchtern zeichnet sich am Ende ein Fortschritt in ihrer Identitätsentwicklung ab, weil sich Mütter und Töchter aufeinander zubewegen. So findet Rose Hsu Jordan endlich die Kraft, eine Entscheidung zu fällen und im Scheidungsprozess mit ihrem Ehemann ihre Interessen zu behaupten. Signifikanterweise wird sie in dem Moment dazu fähig, als sie erkennt, dass es ihrer Mutter um sie geht und nicht um den Erhalt ihrer Ehe, wie sie vermutet hatte: "'I am not telling you to save your marriage,' [her mother] protested. 'I only say you should speak up.'" (JLC 190) Waverly Jong, die sich immer vor der Kritik der Mutter gefürchtet hatte, kann plötzlich die Verletzbarkeit ihrer Mutter wahrnehmen und dadurch ihre Verantwortung ihr gegen-

---

[216] Vgl. noch einmal Hamilton 1999, 126: "In face of crisis the mothers adhere to ancient Chinese practices by which they try to manipulate fate to their advantage. Their beliefs and values are unexpectedly reinforced by the democratic social fabric and capitalist economy they encounter in their adopted country. Having immigrated from a land where women were allowed almost no personal freedom, all the Joy Luck mothers share the belief along with Suyuan Woo that 'you could be anything you wanted to be in America' [JLC 126]."

[217] Ling, Amy (1990). *Between Worlds: Women Writers of Chinese Ancestry*. New York: Pergamon Press, 141.

über erkennen: "[...] I could finally see what was really there: an old woman, a wok for her armor, a knitting needle for her sword, getting a little crabby as she waited patiently for her daughter to invite her in." (JLC 179) Ihre Erzählung schließt mit der Vision, zusammen mit ihrer Mutter und ihrem amerikanischen Ehemann nach China zu reisen: "The three of us, leaving our differences behind, stepping on the plane together, sitting side by side, lifting off, moving West to reach the East." (JLC 180) Selbst bei Lena St. Clair entsteht aufgrund der letzten Erzählung ihrer Mutter die Hoffnung, dass auch sie eines Tages die Kraft zur Lösung ihrer Ehekrise finden wird. Denn ihre Mutter ist entschlossen, ihr alles zu erzählen, um sie zu retten: "And now I must tell her everything about my past. It is the only way to penetrate her skin and pull her to where she can be saved." (JLC 240)

Um seine Identität zu finden, um wirklich erwachsen werden zu können, so scheint der Roman sagen zu wollen, muss man die Geschichte der Mütter kennen, muss man das kulturelle Erbe der Mütter akzeptieren oder zumindest respektieren. Denn es gehört zu einem selbst, es hat einen geprägt. Das ist es, was Jing-mei stellvertretend für alle[218] auf ihrer Reise nach China erkennt, als sie im Heimatland ihrer Mutter und im Gespräch mit ihren chinesischen Verwandten erstmals die ganze Geschichte ihrer Mutter erfährt: "And now I also see what part of me is Chinese. It is so obvious. It is my family. It is in our blood. After all these years, it can finally be let go." (JLC 289) "Jing-mei has found a place for her mother in her own self by seeing both the specific elements and the larger context of her mother's life." (Reid 1995, 34) In dem Moment, in dem sie ihre Mutter versteht, kann sie auch sich selbst besser wahrnehmen und akzeptieren.

> In exploring the problems of mother-daughter voices in relationships, Tan unveils some of the problems of biculturalism - of Chinese ancestry and American circumstances. She presents daughters who do not know their mothers' 'importance' and thus cannot know their own; most seem never to have been told or even cared to hear their mothers' history. Until they do, they can never achieve voice. (Foster 1996, 225)

Darüber hinaus hat Amy Tan ganz allgemein die Bedeutung der Mutter-Tochter-Beziehung für die Identitätsbildung der Töchter hervorgehoben. Durch die Nebeneinanderstellung von Mütter- und Töchtergeschichten hat sie vor Augen geführt, worin die spezifischen Schwierigkeiten der Töchter und Mütter bestehen. Während in den Töchtergeschichten die Probleme der Töchter mit den Müttern dominieren, sind die Mütter in ihren Geschichten darum bemüht zu zeigen, wie die Beziehung zu ihren eigenen Müttern und das Festhalten an diesem Band ihnen geholfen haben, angesichts von schlimmsten patriarchalen Strukturen ihren Selbststand zu finden. Die Rekonstruktion ihrer Geschichten in Erzählungen, ihr *story-telling* ist getragen von der Hoffnung, dadurch auch

---

[218] Vgl. JLC 31: "And then it occurs to me. They are frightened. In me, they see their own daughters, just as ignorant, just as unmindful of all the truths and hopes they have brought to America [...] They see daughters who will bear grandchildren born without any connecting hope passed from generation to generation."

ihren Töchtern einen Weg bei ihrer Identitätssuche weisen zu können - einen Weg in die Autonomie in Verbundenheit mit den Müttern und anderen Frauen. "Thus, the determination to provide models of 'courageous mothering,' as envisioned by Rich, is finally the subtext of the stories told by stories in *The Joy Luck Club*."[219] Es ist die Einbeziehung der Perspektiven der Mütter, die diesen Roman zu einer wichtigen Ergänzung in der matrilinearen Literatur werden lässt[220] und auch die weibliche Bildungsromantradition entscheidend bereichert. Er erfüllt die Hoffnung und Forderung, die Marianne Hirsch noch kurz vor Erscheinen des *Joy Luck Club* in ihrer Untersuchung zum *Mother/Daughter Plot* geäußert hat: "The story of female development, both in fiction and in theory, needs to be written in the voice of mothers as well as in that of daughters [...] Only in combining both voices, in finding a double voice that would yield a multiple female consciousness, can we begin to envision ways to 'live afresh'." (Hirsch 1989, 161)

Kapitel 5: Zusammenfassender Vergleich der sozialwissenschaftlichen Erkenntnisse (Teil I) mit den literaturwissenschaftlichen Ergebnissen (Teil II)

Nachdem im Teil I der Prozess der Identitätsbildung von Frauen aus sozialwissenschaftlicher Sicht beschrieben wurde, hat der daran anschließende Teil II insgesamt sieben Romane des (19.)/20. Jahrhunderts vorgestellt, die diesen Prozess auf sehr unterschiedliche Weise thematisieren. Anliegen dieses letzten Kapitels ist es nun, die Ergebnisse der beiden Teile zueinander in Beziehung zu setzen, um damit zugleich zum literaturdidaktischen Teil III überzuleiten. Es interessiert vor allem die Frage, welche der in Teil I beschriebenen Bedingungen weiblicher Identitätsbildung in den ausgewählten Bildungsromanen vorkommen. Auf welche der in Teil I referierten Aspekte weiblicher Selbstfindung konzentrieren sich die Romane, welche Thematik ist weniger wichtig? Ein zusammenfassender Vergleich der sozialwissenschaftlichen Beschreibungen und literaturwissenschaftlichen Interpretationen führt zu drei Erkenntnissen, auf die es sich im Folgenden näher einzugehen lohnt.

Zunächst machen die modernen Bildungsromane, vielleicht noch einmal deutlicher als die sozialwissenschaftlichen Beschreibungen, darauf aufmerksam, wie entscheidend

---

[219] Heung, Marina (Fall 1993). "Daughter-Text/Mother-Text: Matrilineage in Amy Tan's *Joy Luck Club*." *Feminist Studies* 19.3, 597-616, hier: 608.

[220] Vgl. Heung 1993, 598 (mit Bezug auf Hirsch, Marianne (1989). *The Mother/Daughter Plot: Narrative, Psychoanalysis, Feminism*. Bloomington: Indiana University Press): "Examining women's fiction from the eighteenth century through postmodernism, Hirsch notes the predominance of the daughter's voice and the silencing of the mother."

die spezifischen gesellschaftlichen Rahmenbedingungen für die Identitätsbildung einer jungen Frau sind. Je nach gesellschaftlicher, ethnischer und kultureller Herkunft der jeweiligen Protagonistinnen unterscheiden sich die Identitätsbildungsprozesse erheblich voneinander. Das in Teil I beschriebene, das Leben in der postmodernen Gesellschaft kennzeichnende Problem des "Zwangs" zur Freiheit bzw. zur Entwicklung einer individuellen Patchworkidentität spielt in den ausgewählten Romanen eine eher untergeordnete bis gar keine Rolle. Stattdessen steht fast ausnahmslos in allen Werken die Auseinandersetzung der Protagonistinnen mit einengenden gesellschaftlichen Definitionen von Weiblichkeit und weiblicher Sexualität im Vordergrund. Darüber hinaus stellt sich im Identitätsfindungsprozess der Frauen der Konflikt zwischen Autonomie und Bindung als zentral heraus. Die Romane entwerfen mehrheitlich ein neues, ein autonomes und doch in Verbindung stehendes Subjekt. Im Folgenden sollen diese Ergebnisse im Einzelnen noch genauer ausgeführt werden.

5.1 Die Bedeutung der gesellschaftlichen Rahmenbedingungen für die Möglichkeit weiblicher Selbstfindung

Die sieben vorgestellten Bildungsromane und ihre Interpretationen bestätigen zunächst die in Teil I gemachte grundlegende Feststellung: Identitätsfindung vollzieht sich in einem von der Gesellschaft her mitbestimmten Rahmen. Die Sozialwissenschaften sprechen von kulturellen Vorgaben, an denen sich Mädchen und Jungen in ihrer Identitätsbildung abarbeiten müssen. Die ausgewählten Romane machen anschaulich, was das bedeutet. Je nach historischem, gesellschaftlichem und kulturellem Kontext sind die Identitätsprobleme der Protagonistinnen sehr unterschiedlich.[221]

Edna Pontellier beispielsweise, die noch in einer Welt festgefügter gesellschaftlicher (Geschlechter-) Rollen aufwächst, beginnt mit ihrer Identitätssuche erst als erwachsene Frau und Mutter von zwei Kindern. *The Awakening* zeigt, wie durch ein festgefügtes gesellschaftliches System die Ichfindung einer Frau aufgehalten (wenn nicht sogar verhindert) wird. Edna findet erst heraus, was sie will und wer sie sein möchte, als es zu spät ist. In einem ebenso engen Rahmen bewegt sich Charity Royalls Selbstfindung in *Summer*. Durch ihre soziale Situation als mittelloses Mündel sind ihre Möglichkeiten zur Selbstbestimmung noch begrenzter. Ihr bleibt am Ende nichts anderes übrig als ihren Stiefvater zu heiraten, um sich und ihr Kind vor einem Leben in Armut zu bewahren.

---

[221] Vgl. dazu Alcoff, Linda (1988). "Cultural Feminism versus Post-Structuralism: The Identity Crisis in Feminist Theory." *Signs* 13.3, 405-436, hier 412: "The positional definiton of 'Woman' makes her identity relative to a constantly shifting context, to a [...] network of elements involving other people, economic conditions, cultural and political institutions and ideologies, and so on."

Im Unterschied dazu sind Del Jordans Freiheiten in *Lives of Girls and Women* schon bedeutend größer. Dels Entdeckung ihrer Sexualität wie auch ihrer intellektuellen Fähigkeiten geschieht bereits in der Pubertät, und nicht erst - wie bei Edna - zu einem späterem Lebenszeitpunkt. Aber auch Del muss sich mit bestimmten gesellschaftlichen Erwartungen auseinander setzen, wie sie ihr durch Verwandte und Freunde vermittelt werden. Ihr Problem besteht hauptsächlich darin, sich von der Hoffnung auf die Erfüllung ihrer sexuellen Bedürfnisse *und* ihrer intellektuellen Interessen nicht abbringen zu lassen. Denn diese Hoffnung auf eine private und berufliche Selbstbestimmung ist für eine junge Frau dieser Zeit noch immer eher ungewöhnlich, wenn nicht gar vermessen. Auf wieder andere gesellschaftliche Bedingungen in ihrer Identitätssuche treffen Sassafrass, Cypress und Indigo im gleichnamigen Roman. Sie wachsen in den turbulenten 1960er Jahren auf, einer Zeit des Umbruchs, die mehr Freiheiten und Unsicherheiten für Frauen und für Schwarze mit sich brachte. Die jungen Frauen machen Gebrauch von diesen Freiheiten, und entsprechend bunt sehen ihre Lebensentwürfe aus. Der Roman zeigt die drei Frauen auf der Suche nach ihrem Ort im beruflichen, privaten und politischen Bereich. Das Besondere ihrer Situation besteht darin, dass sie als Afro-Amerikanerinnen noch einen Zugang zu einer anderen Kultur haben, die ihnen Alternativen bietet und aus der sie daher Kraft für ihre Selbstfindung beziehen können.

Dass das Leben als Angehörige einer ethnischen Minderheit in den USA besondere Identitätsprobleme mit sich bringt, zeigen mit unterschiedlichen Akzenten auch die drei ethnischen Bildungsromane. Die gesellschaftlichen Vorgaben, denen Esperanza aus *The House on Mango Street* in ihrer Identitätssuche begegnet, sind durch eine prekäre sozioökonomische Situation sowie durch eine sehr patriarchale ethnische (Sub-)Kultur gekennzeichnet. Ihre Hauptschwierigkeit liegt darin, ihr Selbst trotz dieser Widerstände zu finden und es gegen sie zu behaupten. Auf die fatalen Folgen eines internalisierten Rassismus auf die Selbstfindung eines schwarzen Mädchens macht *The Bluest Eye* aufmerksam. Aber auch hier bildet ein ganz bestimmter gesellschaftlicher Rahmen den Hintergrund für die missglückte Selbstfindung von Pecola, nämlich das Leben als Schwarze in einem von Weißen dominierten US-amerikanischen Staat des Mittleren Westens vor der Bürgerrechtsbewegung. Schließlich führt *The Joy Luck Club* vor Augen, was es heißt, zwischen zwei Kulturen aufzuwachsen. Die Hauptaufgabe der in den USA geborenen Töchter chinesischer Immigrantinnen besteht darin, ihre chinesische mit ihrer amerikanischen Identität in Einklang zu bringen, sich als bikulturell zu definieren.

In allen Romanen bildet also ein ganz konkreter gesellschaftlicher Hintergrund den Rahmen für die Identitätsbildung der jeweiligen Protagonistinnen. Im Vergleich dieser unterschiedlichen Kontexte lässt sich zwar einerseits ein Zugewinn an Freiheit für die Identitätssuche und Selbstverwirklichung der Hauptfiguren feststellen (vgl. etwa Edna Pontelliers mit Del Jordans Möglichkeiten, oder Charitys mit Sassafrass' etc.), andererseits zeigt sich aber auch, dass das Problem der Protagonistinnen jüngerer Romane noch nicht in einem "Zuviel an Freiheit", noch nicht in einem Zuviel an Wahlmöglichkeiten besteht, wie man es als Folge der Modernisierung und Pluralisierung der Gesellschaft hätte erwarten können (vgl. u.a. Teil I, Kap. 2.1.1). Vielmehr haben sie noch immer gegen unterschiedliche gesellschaftliche Einschränkungen zu kämpfen und ihr weibliches Ich gegen vielfältige Widerstände zu behaupten. Das gilt insbesondere für den Bereich der Sexualität sowie für die Vereinbarkeit von beruflichen/intellektuellen/öffentlichen Interessen mit privaten/sexuellen. Ihre Selbstbestimmung in diesen Hinsichten wird noch immer als eingeschränkt beschrieben. Im folgenden Unterkapitel soll das für die einzelnen Romane noch einmal zusammenfassend vor Augen geführt werden.

5.2 Sexualität bzw. sexuelle Selbstbestimmung als zentrale Themen moderner weiblicher Bildungsromane

Die Entdeckung der eigenen Sexualität und das Bemühen um sexuelle Selbstbestimmung spielen in beinahe allen ausgewählten Romanen eine wichtige Rolle. Nicht selten besteht ein Zusammenhang zwischen der erwachenden Sexualität und der Entdeckung des Selbst. Ebenso stellt sich heraus, dass sich die gesellschaftlichen Begrenzungen für Frauen fast immer auf den weiblichen Körper bzw. auf weibliche Sexualität beziehen.

Das wird bereits deutlich in der Geschichte Edna Pontelliers. Bei ihr ist die Entdeckung ihres Selbst eng an ihr sexuelles Erwachen gekoppelt. Auf dieses Erwachen folgt wenig später die Erkenntnis, dass die (sexuelle) Selbstbestimmung für sie unerreichbar ist. Die gesellschaftliche Rolle, die sie zu übernehmen hat, ist ihr unausweichlich vorgegeben: als Frau und Mutter darf sie sich nicht selbst gehören. Als sie das erkennt, verweigert sie sich lieber jeglichen "Besitzern" durch den Freitod, anstatt den Rest ihres Lebens in Abhängigkeit zu verbringen. Im Unterschied zu Edna macht Charity Royall die Erfahrung sexueller Erfüllung in ihrer Beziehung zu Lucius schon als junges Mädchen. Doch spätestens mit ihrer Schwangerschaft endet auch ihre Selbstbestimmung. Sie allein hat die Folgen dieses sexuellen Abenteuers zu tragen. Vor die Wahl zwischen einem Leben in bitterer Armut oder in sozialer Sicherheit gestellt, wählt sie das zweite und gibt dem hartnäckigen Werben ihres Stiefvaters nach und damit ihre Unabhängigkeit auf.

Wie die neueren Bildungsromane zeigen, hat der Kampf um sexuelle Selbstbestimmung Jahrzehnte später noch nicht an Aktualität verloren. Noch immer haben sich junge Frauen mit z.T massiven Einschränkungen in diesem Bereich auseinanderzusetzen. So folgt Del Jordan zwar selbstbewusst ihrer erwachenden sexuellen Neugier, doch nicht ohne sich damit in große Gefahr zu begeben. Wie ihr auf unterschiedliche Weise ihre Mutter und das Beispiel ihrer Freundin Naomi zu verstehen geben, setzt sie sich mit der Erfüllung ihrer sexuellen Bedürfnisse der Gefahr aus, sich selbst und ihre intellektuellen

Interessen zu verraten. In der Tat entkommt sie nur knapp dem Schicksal Charitys, als sie in letzter Minute erkennt, dass sie nicht bereit ist, ihre kreativen und intellektuellen Fähigkeiten für die Liebe zu opfern. Sie widersteht dem Heiratsantrag Garnets, weil sie letztlich wie die Männer beides vom Leben will: eine Selbstverwirklichung im privaten *und* im beruflichen Bereich.

Wie schwer dieses für Frauen zu erreichen ist, weil ihnen nur das eine oder das andere gestattet wird, machen auch die Schicksale von Sassafrass und Cypress deutlich. Cypress verfolgt erst ihre künstlerischen Ambitionen, bevor sie sich auf die Liebe einlässt, während Sassafrass lange Zeit durch die Liebe in ihrer beruflichen Selbstfindung behindert wird. Auch die jüngste der drei Schwestern, Indigo, erfährt durch eine sexuelle Belästigung, dass sie als junge Frau ihrer sexuellen Selbstbestimmung beraubt werden kann.

Voll von Erfahrungen sexueller Fremdbestimmung sind die Erzählungen Esperanzas über das Leben der *Chicanas* auf der Mango Street. Frauen werden als Besitz der Männer betrachtet und vor dem Raub durch andere Männer durch Einsperren geschützt. Die Sehnsucht der Frauen nach Liebe und sexueller Erfüllung wird ausgenutzt. Wie Esperanza vor Augen führt, beteiligen sich die Frauen oftmals selbst an dieser Ausnutzung, indem sie Mythen über das Glück der Ehe perpetuieren anstatt die Wahrheit zu verbreiten. Nur durch die Solidarität unter Frauen kann das patriarchale System durchbrochen und sexuelle Selbstbestimmung für Frauen erreicht werden.

Auch in *The Bluest Eye* wird der weibliche Körper zum Schauplatz von Machtkämpfen. Pecolas Körper wird zum Einfallstor totaler Fremdbeherrschung. Von Anfang an erlebt Pecola die Mangelhaftigkeit ihres schwarzen weiblichen Körpers. Von dieser Mangelhaftigkeit schließt sie auf das Ungenügen ihres Selbst. Ihre Familie vermag dieser fehlenden gesellschaftlichen Anerkennung nichts entgegenzusetzen; im Gegenteil, ihre Mutter und ihr Vater verstärken sie nur und treiben damit die körperliche und seelische Zerstörung ihrer Tochter voran. Am Ende hat sich der Wunsch Pecolas, einen anderen Körper (blaue Augen) zu haben und jemand anderer zu sein, für sie in Wirklichkeit verwandelt. Ihre Selbstentfremdung ist total.

In *The Joy Luck Club* sind es vor allem die chinesischen Mütter, die um ihrer (sexuellen) Selbstbestimmung willen aus China fliehen. Ihre Töchter haben es vergleichsweise einfacher in den USA, aber auch sie, vor allem Lena St. Clair und Rose Hsu Jordan, haben Probleme mit dem Selbststand in der Beziehung zu ihren Ehepartnern. Sie werden von ihren Ehemännern ausgenutzt und müssen erst - mit Hilfe ihrer Mütter - lernen, sich zu behaupten.

Vergleicht man nun diese Zusammenfassung der Ergebnisse mit den in Teil I dargelegten Ausführungen zu den geschlechtsspezifischen Bedingungen der Identitätsbildung, so stellt sich heraus, dass die ausgewählten Romane tatsächlich genau die geschlechtsspezifischen Probleme aufgreifen, die dort genannt wurden. So begegnet man in den

Romanen dem Konflikt zwischen Familie und Beruf bzw. Liebe und künstlerischer Berufung (*Lives of Girls and Women; Sassafrass, Cypress & Indigo*), den Problemen der Wahrnehmung und Aneignung körperlicher Weiblichkeit unter dem Vorzeichen des Mangels und der Objektivierung ihrer Körper (*The House on Mango Street, The Bluest Eye*) und vor allem der Schwierigkeit, bei der Identitätssuche Autonomie und Bindung in ein ausgewogenes Verhältnis miteinander zu bringen. Da das zuletzt genannte Problem nicht nur ein zentrales weibliches Identitätsproblem zu sein scheint, sondern darüber hinaus Auswirkungen auf das in diesen Bildungsromanen zum Ausdruck kommende Subjektverständnis hat, soll es abschließend noch genauer erläutert werden.

5.3 Identität in Beziehung - Verantwortung für sich und andere

Wie oben ausgeführt, geht es in den ausgewählten Bildungsromanen zentral um den Kampf der Frauen um Autonomie und Selbststand angesichts von sie einschränkenden gesellschaftlichen Vorgaben. Für Frauen, besonders für Frauen ethnischer Minoritäten sind Fragen der Selbstfindung noch nicht obsolet geworden. Die Zunahme weiblicher Bildungsromane seit den 1960er Jahren zeigt deutlich, "that the project of modernity is indeed an unfinished history, that concerns with subjectivity and self-emancipation encoded within such narrative structures possess a continuing and often urgent relevance for oppressed social groups"[222]. Die gesellschaftliche Situation von Frauen ist bis in die Gegenwart hinein eine andere als die der Männer, was in den ausgewählten Romanen beispielhaft zum Ausdruck kommt. Mögen männliche Schriftsteller den Tod des Subjekts feiern oder beklagen, mögen manche Literaturkritiker vom Untergang des Bildungsromans sprechen, für Schriftstellerinnen haben weder Fragen der Identität noch die Gattung des Bildungsromans an Relevanz verloren. Das hängt damit zusammen, dass

> [d]uring the 1960s [...] women writers are beginning, *for the first time in history*, to construct an identity out of the recognition that women need to discover and must fight for, a sense of unified selfhood, a rational, coherent, effective identity. As male writers lament its demise, women writers have not yet experienced that subjectivity which will give them a sense of personal autonomy, continuous identity, a history and agency in the world.[223]

---

[222] Felski, Rita (1989). *Beyond Feminist Aesthetics: Feminist Literature and Social Change*. Cambridge, Mass.: Harvard UP, 169.

[223] Waugh, Patricia (1989). *Feminine Fictions: Revisiting the Postmodern*. London: Routledge, 6 (Hervorhebung im Original). Vgl. ebenso Hutcheon, Linda (October 1989). "'Circling the Downspout of Empire': Post-Colonialism and Postmodernism." *Ariel* 20.4, 149-175, 151: "The current post-structuralist/ post-modern challenges to the coherent, autonomous subject have to be put on hold in feminist and post-colonial discourses, for both must work first to assert and affirm a denied or alienated subjectivity: those radical postmodern challenges are in many ways a luxury of the dominant order which can afford to challenge that which it securely possesses."

Wie deutlich geworden sein dürfte, sind es vor allem Schriftstellerinnen aus den ethnischen Minderheiten, die sich der Gattung des Bildungsromans bedienen und sie modifizieren, um ihren Protagonistinnen und zugleich sich selbst einen Platz in der von (weißen) Männern dominierten Welt zu verschaffen. Sie betonen die politische Relevanz ihrer Literatur und wenden sich damit gegen inhaltsleeren Formalismus und gegen eine einseitige Ästhetisierung von Kunst.

Der individualistischen Tradition der Bildungsromangattung setzen sie ein neues Bild vom Subjekt entgegen. Dieses zeigt sich im Festhalten ihrer um Autonomie kämpfenden Protagonistinnen an der Verbundenheit mit anderen, vor allem mit Schwestern, Müttern und anderen Frauen. Gerade in ethnischen Bildungsromanen wird die Bedeutung der Gemeinschaft für die Identitätsbildung der Protagonistinnen hervorgehoben. Auf sie trifft zu, was Rita Felski ganz allgemein für den feministischen Bildungsroman konstatiert hat:

> The feminist *Bildungsroman* thus combines the exploration of subjectivity with a dimension of group solidarity which inspires activism and resistance rather than private resignation, and makes it possible to project a visionary hope of future change: 'It was a vision of community, of the possible, of the person merged with the group, yet still separate [...]' (Margaret French, *The Women's Room*, 368). (Felski 1989, 139)

Die hier ausgewählten ethnischen Bildungsromane, einschließlich des ethnischen Künstlerinnenromans *Sassafrass, Cypress & Indigo*, bieten eine Alternative zum egozentrischen (und vielleicht deshalb "sterbenden") weißen männlichen Subjektentwurf. Sie betonen die Verbundenheit des Selbst mit anderen, das "communal self" (vgl. Eysturoy 1996, 138). In der Tat können sie wie viele andere Romane von Frauen verstanden werden "not as an attempt to define an isolated individual ego but to discover a collective concept of subjectivity which foregrounds the construction of an identity in *relationship*" (Waugh 1989, 10, Hervorhebung im Original).[224] Shange, Cisneros, Morrison und Tan, sie alle entwerfen in ihren Romanen Protagonistinnen und/oder Erzählerinnen, die um Autonomie *und* Verbundenheit bemüht sind, die Verantwortung für sich *und* für andere übernehmen. Damit illustrieren sie das in Teil I erläuterte und von Helga Bilden entwickelte Subjektverständnis, das von einer *relativen* Autonomie des Selbst ausgeht und das Wechselspiel von Verbundenheit und Autonomie betont, anstatt einseitig der Unabhängigkeit und Getrenntheit den Vorrang zu geben (vgl. Teil I Kap. 2.3 S. 27). So wie Bildens Individuumkonzept den Versuch darstellt, dem einseitig an der männlichen Entwicklung ausgerichteten Identitätsmodell Erik Eriksons ein umfassenderes, auch die weibliche Entwicklung miteinbeziehendes Subjektverständnis entgegen zu setzen, so können die ausgewählten Bildungsromane als Alternative oder zumindest als eine

---

[224] Auf die zentrale Rolle, die die "Vorstellung von weiblicher Identität als einem *sense of self-in-relationship*" auch in englischen Romanen des 20. Jahrhunderts spielt, verweist die Untersuchung von Marion Gymnich. Vgl. Gymnich, Marion (2000). *Entwürfe weiblicher Identität im englischen Frauenroman des 20. Jahrhunderts.* Trier: WVT, hier: 320.

notwendige Ergänzung zu den traditionell männlichen Werken dieser Gattung verstanden werden. Die Beschäftigung mit ihnen führt zu einem vertieften Verständnis dessen, was Identitätsbildung für Menschen (und besonders für Frauen) von heute bedeuten. Wie die Einbeziehung dieser Werke in den englischen Oberstufenunterricht auch den Schülerinnen und Schülern Impulse für ihre Identitätsentwicklung geben kann, ist Thema des nun folgenden dritten Teils.

Teil III: Weibliche Bildungsromane und die Identitätsbildung von Jugendlichen

Die Beschäftigung mit Prozessen weiblicher Identitätsbildung und ihrer Verarbeitung in modernen Romanen geschah mit der Absicht, zum einen konkrete Alternativen zur Ergänzung des - auf das Geschlecht bezogen - noch immer unausgewogenen schulischen Literaturkanons anbieten zu können, und zum anderen um damit beispielhaft zu zeigen, wie die Forderung nach der Berücksichtigung der *Gender*kategorie im fremdsprachlichen Literaturunterricht der Oberstufe erfüllt werden kann. Aus diesem Grund wird dieser dritte und letzte Teil etwas weiter ausholen und zunächst grundsätzliche literaturdidaktische Überlegungen anstellen, bevor er sich den konkreten Textbeispielen zuwendet.

Die Pflicht, Jungen und Mädchen gleichermaßen in ihrer Entwicklung zu fördern, gilt auch für den Englischunterricht.[1] Wenngleich letztlich viele Faktoren an der Verwirklichung dieses Anspruchs beteiligt sind[2], so sind im Hinblick auf den englischen Literaturunterricht auf der Oberstufe des Gymnasiums vor allem zwei Aspekte zu berücksichtigen: die Auswahl der Lektüre und die Art ihrer Vermittlung. Wie trägt die Auswahl von Romanen der Tatsache Rechnung, dass SchülerInnen Jungen und Mädchen sind? Wie lässt die Art der Vermittlung Raum für eventuelle geschlechtsspezifische Zugangs- und Umgangsweisen mit Literatur?

Ausgehend von diesen Fragen wendet sich das folgende erste Kapitel zunächst dem "Literaturkanon" in der Schule zu. Es wird zum einen begründet, warum im englischen Literaturunterricht der Oberstufe mehr Texte von Frauen gelesen werden sollten, und zum anderen, warum sich besonders weibliche Bildungsromane für den Einsatz im Unterricht eignen. Das zweite Kapitel trägt der Erkenntnis Rechnung, dass die Frage des Was eng mit der Frage des Wie des Lesens und Lernens verknüpft ist. Aus didaktischen, wie auch aus feministischen und rezeptionsästhetischen Forschungsergebnissen ergibt sich, dass die Erneuerung eines literarischen Kanons nicht ohne eine Reflexion auf die Art des Zugangs und Umgangs mit Literatur auskommen kann, ja dass diese möglicher-

---

[1] Vgl. die explizite Erwähnung dieses Erziehungsauftrages in vielen Schulgesetzen. Beispielhaft sei hier das erste Schulreformgesetz für das Land Brandenburg, §2 der Allgemeinen Bildungs- und Erziehungsziele, zitiert: "Die Schule [...] gewährt die gleichberechtigte Bildung und Erziehung hinsichtlich der Geschlechter und der kulturellen Herkunft."

[2] Beispielsweise wird in der letzten Zeit immer mehr herausgestellt, wie groß vor allem auch der Einfluss der LehrerInnen und ihrer Einstellungen zu *Gender*fragen auf das Perpetuieren von Geschlechtsstereotypen ist. Vgl. Haag, P. (1998). "Single-Sex Education in Grades K-12: What Does the Research Tell Us?" In: AAUW (eds.). *Separated by Sex: A Critical Look at Single-Sex Education for Girls.* Washington, D.C.: The Foundation, 13-38. Sowie Faulstich-Wieland, Hannelore (1999). "Koedukation heute - Bilanz und Chance." In: Horstkemper, Marianne & Kraul, Margret (Hrsg.). *Koedukation: Erbe und Chancen.* Weinheim: Deutscher Studienverlag, 124-135. Insofern diese Arbeit sich mit ihren Vorschlägen an LehrerInnen wendet, kann sie als Beitrag zur Sensibilisierung in Bezug auf die Geschlechterproblematik verstanden werden.

weise sogar entscheidender ist. Das dritte Kapitel schließlich versucht, diese allgemeinen Erkenntnisse auf die ausgewählten Beispiele anzuwenden. Es begründet und macht konkrete Vorschläge, warum und wie diese weiblichen Bildungsromane zur Identitätsbildung der Schülerinnen und Schüler in Beziehung gesetzt werden können.

Kapitel 1: Didaktische Begründung für den Einsatz weiblicher Bildungsromane im Englischunterricht der gymnasialen Oberstufe

Die feministische Forschung der letzten Jahrzehnte hat zunächst vor allem die Einseitigkeit literarischer Kanones ins Bewusstsein gehoben. Zugleich hat sie sich auch mit den Mechanismen und Auswirkungen des Ausschlusses und der Abqualifizierung der Literatur von Frauen beschäftigt. Die hier relevanten Forschungsergebnisse gilt es zunächst zusammenfassend zu referieren, um dann in einem zweiten Schritt zu erheben, wie es sich im englischen Oberstufenunterricht mit der Präsenz von Literatur von Frauen über Frauen[3] verhält. Um sich ein Bild über die dort verwendete Literatur zu machen, werden die Lehrpläne, die Angebote der Schulbuchverlage sowie Untersuchungen zur Praxis (soweit vorhanden und zugänglich) einer kritischen Analyse unterzogen. Auf dem Hintergrund der Ergebnisse der feministischen Forschung und den Erhebungen zum Kanon in der Schule wird daran anschließend begründet, warum eine Erweiterung des "Kanons" durch Texte von Frauen über Frauen notwendig ist und warum der Einsatz solcher Texte im Unterricht selbstverständlich dazu gehören sollte. Im zweiten Teil dieses Kapitels wird im Blick auf die ausgewählten Romane bereits allgemein begründet, warum sich gerade weibliche Bildungsromane besonders gut zur Erweiterung des schulischen Literaturkanons eignen.

1.1 Texte von Frauen über Frauen im Unterricht

Bevor die Praxis des Einsatzes von Lektüren im Unterricht näher beleuchtet wird, sollen zunächst Erkenntnisse feministischer Forschung, vor allem der feministischen Literaturwissenschaft, angeführt werden, die die literarische Kanonbildung und ihre Auswirkungen betreffen. Diese Erkenntnisse sind aus zwei Gründen relevant. Einerseits ist die

---

[3] Hier wird der Begriff "Frauenliteratur" bewusst vermieden, denn wie Liesel Hermes in einem sehr engagierten und überzeugenden Artikel deutlich gemacht hat, ist dieser Begriff nicht nur sehr ungenau, sondern er bedeutet häufig zugleich eine Abwertung und Marginalisierung der Literatur von Frauen: "Literatur von Männern ist die allgemeine Literatur. 'Frauenliteratur' offensichtlich eine besondere Subspezies." Hermes, L. (1996a). "Was heißt 'Frauenliteratur'?" *Praxis des neusprachlichen Unterrichts* 2, 195-197, hier: 196.

Literaturwissenschaft (hier: die anglistische bzw. amerikanistische) eine der Hauptreferenzwissenschaften für die Literaturdidaktik. Insbesondere, wenn es um die Auswahl von Literatur für den Unterricht geht, konsultieren die ErstellerInnen der Curricula u.a. die englischen bzw. amerikanischen Anthologien und Literaturgeschichten. Das hat zur Folge, dass der literarische Kanon der Literaturwissenschaft nicht selten in schulischen Lektürekanones reproduziert und sogar reduziert wird. Somit trifft die literaturwissenschaftliche Kanonkritik z.T. auch auf die Schulkanones zu. Zum zweiten finden sich in der Diskussion um den (amerikanischen) Lektürekanon die Argumente, die auch im Rahmen dieser Arbeit relevant sind. Sie kommen zum Tragen, wenn im Anschluss an die Analyse der schulischen Kanones (Kap. 1.2.2) begründet wird, warum es zur Zeit noch einer Ergänzung der Kanones um Texte von Frauen über Frauen bedarf und warum langfristig ein ausgewogenes Verhältnis zwischen "Frauen- und Männertexten" anzustreben ist (Kap. 1.2.3).

1.1.1 Die Einseitigkeit literarischer Kanones und die Auswirkungen auf Leserinnen und Leser

In diesem Kapitel geht es um ein äußerst komplexes und anhaltend kontrovers diskutiertes Thema, nämlich um literarische Kanones und ihre Bildung. Es ist im Rahmen dieses Kapitels nicht möglich, alle Aspekte dieser Problematik zu beleuchten. Stattdessen beschränkt sich diese Darstellung im Wesentlichen auf zwei Aspekte: die Entdeckung der geschlechtsbezogenen und ethnischen Einseitigkeit literarischer Kanones und ihre Auswirkungen auf Leser und Leserinnen. Als Beispiel werden hier amerikanische Literaturkanones und die amerikanische Literaturkritik angeführt, denn zum einen nahm vermutlich hier die - auch auf andere Länder übergreifende - Kanonkritik[4] ihren Anfang, und zum anderen sind meine Literaturvorschläge zur Erneuerung der Schulcurricula dem nordamerikanischen Kontext (USA und Kanada) entnommen.

Bevor von der Einseitigkeit eines literarischen Kanons gesprochen werden kann, muss geklärt werden, was unter einem Kanon verstanden wird. Renate von Heydebrand und Simone Winko geben eine gute Definition: "Als 'Kanon' gilt ein Korpus sei es von mündlichen Überlieferungen (etwa von Mythen), sei es von Schriften, ein Korpus von

---

[4] Zur Übertragung dieser Kritik auf den deutschen Kontext vgl. beispielsweise Heydebrand, Renate von & Winko, Simone (1995). "Arbeit am Kanon: Geschlechterdifferenz in Rezeption und Wertung von Literatur." In: Bußmann, Hadumod & Hofmann, Renate (Hrsg.). *Genus: Zur Geschlechterdifferenz in den Kulturwissenschaften.* Stuttgart: Kröner, 206-261. Für die Notwendigkeit einer Revision des englischen Romankanons des 20. Jahrhunderts argumentiert Würzbach, Natascha (1996a). "Der englische Frauenroman vom Modernismus bis zur Gegenwart (1890-1990): Kanonrevision, Gattungsmodifikationen, Blickfelderweiterung." In: Nünning, A. (Hrsg.). *Eine andere Geschichte der englischen Literatur: Epochen, Gattungen und Teilgebiete im Überblick.* Trier: WVT, 195-211.

Werken und von Autoren also, das eine Gemeinschaft als besonders wertvoll und deshalb als tradierenswert anerkennt und um dessen Tradierung sie sich bemüht." (Heydebrand & Winko 1995, 227f.) Er erscheint in zwei Formen, als materialer und als Kriterien- und Deutungskanon. Während der materiale Kanon bestimmte Werke nennt, beschreibt der Begriff des Kriterien- und Deutungskanons "Wertkriterien, die zur Kanonselektion führen, und die Deutungen, die bestimmte Werte an den Werken des materialen Kanons herausheben (oder [...] bestreiten) [...]" (ebd. 228). Darüber hinaus wohnt dem Kanon "eine Tendenz zur Universalisierung inne" (ebd.). Ein Kanon manifestiert sich in Anthologien, Literaturgeschichtsschreibungen und nicht zuletzt in den Syllabi der Universitäten und Schulen.[5]

Beide Erscheinungsformen des Kanons sind seit Ende der 1960er Jahre heftigster Kritik ausgesetzt. In den USA richtete sich die Kritik - ausgelöst durch die Bürgerrechts- und die Frauenbewegungen - zunächst auf den Materialkanon: "'Where are the blacks?' 'Where are the women?'"[6] Das waren die Fragen, die sich ProfessorInnen und StudentInnen im Blick auf das Kursangebot dieser Zeit aufdrängten. Das Ergebnis späterer eingehender Untersuchungen zur amerikanischen Tradition lässt sich am eindrücklichsten mit den Worten von Judith Fetterley zusammenfassen:

> American literature is male. To read the canon of what is currently considered classic American literature is perforce to identify as male. Though exceptions to this generalization can be found here and there - a Dickinson poem, a Wharton novel - these exceptions usually function to obscure the argument and confuse the issue: American literature is male. Our literature neither leaves women alone nor allows them to participate. It insists on its universality at the same time that it defines that universality in specifically male terms.[7]

---

[5] Vgl. u.a. Paul Lauters Definition des amerikanischen Literaturkanons: "I mean by 'American literary canon' that set of authors and works generally included in basic American literature college courses and textbooks, and those ordinarily discussed in standard volumes of literary history, bibliography or criticism." Lauter, Paul (1985). "Race and Gender in the Shaping of the American Literary Canon: A Case Study from the Twenties." In: Newton, Judith & Rosenfelt, Deborah (eds.). *Feminist Criticism and Social Change: Sex, Class and Race in Literature and Culture.* New York: Methuen, 19-44, hier: 19.

[6] Lauter, Paul (1983). "Introduction." In: Ders. (ed.). *Reconstructing American Literature: Courses, Syllabi, Issues.* Old Westbury, N.Y.: Feminist Press, XI-XXV, hier: XIII. Da eine leicht überarbeitete neuere Fassung dieses Artikels existiert, werden bei den folgenden Zitaten aus Lauter immer Angaben zu beiden Fassungen gemacht, sofern sie sich entsprechen. Die neuere Fassung ist erschienen in Lauter, Paul (1991). *Canons and Contexts.* New York: Oxford University Press, 96-113.

[7] Fetterley, Judith (1997). "Introduction on the Politics of Literature (1978)." In: Warhol, Robyn R. & Herndl, Diane Price (eds.). *Feminisms: An Anthology of Literary Theory and Criticism.* 2nd ed. New Brunswick, N.J.: Rutgers Unversity Press, 564-573, hier 565. Vgl. u.a. ebenso Robinson, Lillian S. (1997). "Treason Our Text: Feminist Challenges to the Literary Canon (1983)." *In the Canon's Mouth: Dispatches from the Culture Wars.* Bloomington: Indiana University Press, 2-22, hier: 3: "[...] it is probably quite accurate to think of the canon as an entirely gentlemanly artifact, considering how few works by non-members of that class and sex make it into the informal agglomeration of course syllabi, anthologies, and widely-commented upon 'standard authors' that constitutes the canon as it is generally understood."

Seitdem ist viel historiographische Erschließungsarbeit geleistet worden. Dabei sind viele bislang vom Kanon ausgeschlossene Werke von Frauen und ethnischen Minoritäten zutage gefördert worden, und alsbald stellte sich die Frage, wie es dazu kam, dass diese Werke ausgeschlossen wurden. Das Interesse richtete sich nun auf den Kriterien- und Deutungskanon, der für die Auswahl überwiegend weißer männlicher Werke und Autoren verantwortlich war, sowie auf die Machtverteilung im "Kanonisierungsprozess".

Eine Autorin, die anhand reichen Belegmaterials aus verschiedenen Jahrhunderten den Mechanismen des Ausschlusses von Frauen aus dem Kanon nachgeht, ist beispielsweise Johanna Russ. Von den vielen Gründen, die sie für die geringe Repräsentanz von Frauen im amerikanischen Literaturkanon ausfindig macht und auf satirische Weise zusammenstellt, soll hier nur einer beispielhaft herausgegriffen werden, und zwar der "double standard of content"[8]. Damit meint sie die Abwertung der Inhalte und Gegenstände der Werke von Frauen: "The trick in the double standard of content is to label one set of experiences as more valuable and important than the other." (Russ 1983, 40) Bereits Virginia Woolf hatte für diesen Ausschlussmechanismus ein Beispiel angeführt:

> [...] it is the masculine values that prevail. Speaking crudely, football and sport are 'important'; the worship of fashion, the buying of clothes 'trivial'. And these values are inevitably transferred from life to fiction. This is an important book, the critic assumes, because it deals with war. This is an insignificant book because it deals with feelings of women in a drawing room. A scene in a battlefield is more important than a scene in a shop.[9]

Und Paul Lauter fährt (bezogen auf das Thema dieser Arbeit noch treffender) fort:

> We must be aware that no culture values all experiences equally and that our curricula have validated certain experiences at the expense of others. Some of the most popular texts in United States literature present hunting - a whale or a bear - as paradigms for 'human' exploration and coming of age, whereas menstruation, pregnancy, and birthing somehow do not serve as such prototypes. (Lauter 1983, XVf. bzw. 1991, 102)

Auch die Behauptung, rein ästhetische Werte hätten zur Auswahl der "Kanonklassiker" geführt, lässt sich nicht halten. Um wieder Paul Lauter zu zitieren: "It would be hard to maintain on purely aesthetic grounds that Mather, Bryant, Irving, Holmes, Norris, Cummings, Mailer - all of whom are regularly anthologized and often taught - are more important than Douglass, Freeman, Wharton, Hurston, or Alice Walker - who appear far less frequently, if at all, in anthologies or courses." (Lauter 1983, XVII bzw. 1991, 103) Und es stellt sich der Verdacht ein, dass das Anführen von sog. rein ästhetischen Kriterien nur ein Alibi ist, das einer vorherrschenden (männlichen) Lebensanschauung dient und unter dem Deckmantel künstlerischer Allgemeingültigkeit Inhalte einer weiteren Diskussion entzieht.[10]

---

[8] Russ, Joanna (1983). *How to Suppress Women's Writing*. Austin: University of Texas, Chapter 5, 39ff.

[9] Woolf, Virginia (1945). *A Room of One's Own*. 1928. Harmondsworth: Penguin,74.

[10] Vgl. Klüger, Ruth (1996). *Frauen lesen anders*. München: dtv, 85.

Überhaupt stellt sich die Frage, warum ästhetische Werte der Form höher gewertet werden als ethische oder soziale Werte des Inhalts. Heydebrand & Winko hatten diesen Punkt in die Diskussion um die westeuropäische Kanonbildung mit hineingebracht: "Ethische und soziale Werte des Gehalts werden im Ensemble der Werte geringer gewichtet als ästhetische Werte der Form, die das Kunstwerk als Kunstwerk, und nicht im Bezug zur Realität auszeichnen." (Heydebrand & Winko 1995, 230) Nach Lauter scheint diese Hierarchisierung auch auf die amerikanische Literatur zuzutreffen: "It seems to me that literary training - perhaps on the medical model - practices us in dissociating what a work is about and how it affects us from the ways in which it is put together. Thus we teach the shape and sinew and texture of a hand, not whether it offers us peace or a sword." (Lauter 1983, XVIII bzw. 1991, 105) Über Form zu reden sei offensichtlich leichter als über Gefühle zu sprechen (zumal im Klassenzimmer), so Lauters Vermutung zu den Hintergründen dieser Entwicklung (vgl. ebd.). Dass dieser von Heydebrand & Winko in Anlehnung und Ergänzung der Ausschlussmechanismen von Russ sogenannte *double standard of form* auch in der deutschen Amerikanistik anzutreffen ist, belegt beispielsweise das folgende Zitat aus H.-W. Schallers Zusammenfassung zur Entwicklung des amerikanischen Romans seit 1960: "Neben und, wenn man gewohnt ist hierarchisch zu denken, unter dieser faszinierenden intellektuellen Literatur [gemeint ist der postmoderne Roman in seinen vielfältigen Varianten, R.F.] verlief jedoch ungebrochen ein breiter Strom konventionell-realistischer Literatur, die gern als Trivial- oder Unterhaltungsliteratur abgetan wird."[11] In seiner Abwertung realistischer Literatur folgt auch Schaller dem Trend, formale Innovationen über ethische oder soziale Werte des Gehalts zu stellen.

Die wenigen hier herausgestellten Aspekte der Kanonkritik machen bereits deutlich: "[...] standards of literary merit are not absolute but contingent." (Lauter 1983, XX bzw. 1991, 107) Der literarische Kanon ist ein soziales Konstrukt (vgl. Lauter 1985, 33), und es ist wichtig zu fragen, woher die Auswahlkriterien kommen, wessen Werte sie verkörpern und wessen Interessen sie dienen. Wer in der Gemeinschaft war es, der bestimmte Texte als tradierenswert anerkannt hat? "Literature is political." (Fetterley 1978/1997, 564) Und: "Power is the issue in the politics of literature, as is in the politics of anything else." (Ebd. 565) Ein neuer Kanon müsste idealerweise unter Einbeziehung aller Gruppen entstehen, denn nur dann kann er wirklich die ganze Gemeinschaft repräsentieren. In der Praxis ist das nicht so leicht durchsetzbar: "After all, when we turn from the construction of pantheons, which have no *prescribed* number of places, to the construction of course syllabi, then something does have to be eliminated each time something else is

---

[11] Schaller, H.-W. (1998). *Der amerikanische Roman des 20. Jahrhunderts*. Stuttgart: Klett, 158. Schallers Versuch der Distanzierung von dieser Hierarchisierung ("wenn man gewohnt ist" und "die gern abgetan wird") kann nicht so ganz überzeugen; die Gegenüberstellung von "faszinierend intellektuell" und "konventionell-realistisch" ist keine rein beschreibende, sondern eine deutlich wertende Darstellung.

added, and here ideologies, aesthetic and extra-aesthetic, do necessarily come into play." (Robinson 1997, 11, Hervorhebung im Original) Wie dieser Prozess der Kanonrevision letztlich enden wird, ob in einer unübersichtlich werdenden Vielfalt von Kurskanones (so dass man von einer faktischen Auflösung des Kanons sprechen kann), oder ob man sich auf einen ausgewogeneren Kanon wird einigen können, ist noch nicht abzusehen. Mittelfristig ist jedoch klar, dass nach dieser langen Vorherrschaft männlicher weißer Autoren erst einmal dafür gesorgt werden muss, dass nun Werke und Werte, d.h. Auswahlkriterien von Frauen und anderen bislang benachteiligten Gruppen Aufnahme in den Kanon finden. In den USA ist dieser Prozess bereits seit einiger Zeit in vollem Gange, was nicht zuletzt Lauters *Reconstructing American Literature: Courses, Syllabi, Issues* zeigt, in dem er 67 Syllabi amerikanischer Literaturkurse dokumentiert, die die Ergebnisse der feministischen und Minoritätenforschung zu berücksichtigen versuchen.[12]

Doch nicht nur im engeren Sinn fachliche Gründe sprechen für eine Kanonrevision im oben genannten Sinne. Ein pädagogisch politisches Argument kommt hinzu, das vor allem von den AutorInnen angeführt wird, die einen Zusammenhang sehen zwischen der Darstellung von Frauen in Werken von Männern, der Benachteiligung von Autorinnen im literarischen Kanon und im gesellschaftlichen Leben. Kate Millet (1971)[13], Judith Fetterley und viele andere haben Thesen aufgestellt und zu zeigen versucht, wie die Literatur an der Unterdrückung des weiblichen Geschlechts beteiligt ist. Fetterley beschreibt als eine der Hauptwirkungen des Lesens und Studierens der Kanonliteratur die "*immasculation* of women by men. As readers and teachers and scholars, women are taught to think as men, to identify with a male point of view, and to accept as normal and legitimate a male system of values, one of whose central principles is misogyny." (Fetterley 1978/1997, 569, Hervorhebung im Original)[14] Das folgende Zitat von Lee Edwards vermag anschaulich machen, was Judith Fetterley meint:

> The first result of my reading was a feeling that male characters were at the very least more interesting than women to the authors who invented them. Thus if, reading the books as it seemed their authors intended, I naively identified with a character, I repeatedly chose men; I would rather have been Hamlet than Ophelia, Tom Jones instead of Sophia Western, and, perhaps despite Dostoevsky's [sic] intentions, Raskolnikov not Sonia. More peculiar perhaps, but sadly unsurprising, were the assessments I accepted about fictional women. For example, I quickly learned that power was unfeminine and powerful women were, quite literally, monstrous [...] Bitches all, they must be eliminated, reformed, or, at the very least,

---

[12] In der überarbeiteten Fassung dieses Artikels nennt Lauter noch eine Reihe von anderen Beispielen, die diesen Wandel anzeigen (vgl. bes. Lauter 1991, 112f, Fn 1 sowie 99ff.). Für die deutsche Amerikanistik scheint dieser Wandel noch anzustehen und für den Literaturunterricht erst recht (s.u.).

[13] *Sexual Politics*. New York: Avon.

[14] Vgl. ebenso Klüger 1996, 90ff. Ein sehr anschauliches Belegbeispiel aus der Unterrichtspraxis zur "immasculation of women" bietet McCracken, Nancy Mellin (1992). "Re-Gendering the Reading of Literature." In: Dies. & Appleby, Bruce C. (eds.). *Gender Issues in the Teaching of English*. Portsmouth, NH.: Boynton/Cook Publishers, 55-68.

condemned [...] Those rare women who are shown in fiction as both powerful and, in some sense, admirable are such because their power is based, if not on beauty, then at least on sexuality.[15]

Wenn die Erfahrungen und die Werke von Frauen in einem universal oder national repräsentativen Kanon nicht vorkommen, wenn die kanonisierte Literatur ihnen nahe legt, eine männliche Perspektive einzunehmen, die sich nicht nur häufig gegen sie als Frau richtet, sondern auch noch in Abgrenzung zu ihr definiert wird, muss man sich dann noch über ein negatives Selbstbild der Leserinnen und Studentinnen wundern? So schreibt Elaine Showalter mit Bezug auf ihre Erfahrungen mit Collegestudentinnen:

> Women are estranged from their own experience and unable to perceive its shape and authenticity, in part because they do not see it mirrored and given resonance by literature. Instead they are expected to identify as readers with a masculine experience and perspective, which is presented as the human one [...] Since they have no faith in the validity of their own perceptions and experiences, rarely seen them confirmed in literature, or accepted in criticism, can we wonder that women students are so often timid, cautious, and insecure when we exhort them to 'think for themselves'?[16]

Auch wenn davon auszugehen ist, dass die Wirkung von Literatur - wie alsbald sowohl von der feministischen Forschung als auch von der Rezeptionsforschung erkannt wurde (vgl. dazu das Kapitel 2) - viel komplexer ist als hier beschrieben, so ist von Beobachtungen wie der von Showalter doch festzuhalten, dass es wiederum auch nicht völlig gleichgültig ist, ob ein zu lesender Text von einem Mann oder einer Frau geschrieben ist oder ob darin Erfahrungen von Frauen oder Männern thematisiert werden. "Making this point does not imply a naive assumption that gender is the prime determinant of textual meaning, but rather the recognition that writing is a social practice and communication one form of power. Thus the question 'who writes?' [...] must remain significant to women as long as their access to culture and the media remains an unequal one."[17] Bislang bot der amerikanische Literaturkanon eher den männlichen Lesern die Erfahrung der Bestätigung und der Stärkung (*empowerment*), während er den weiblichen Lesern das Einfühlen in eine männliche (nicht selten eine sie als Frau abwertende) Perspektive abverlangte.[18]

---

[15] Edwards, Lee (1972). "Women, Energy, and *Middlemarch*." *Massachusetts Review* 13, 223-238, hier: 226.

[16] Showalter, Elaine (1971). "Women and the Literary Curriculum." *College English* 32.8, 855-862, hier: 856f.

[17] Felski, Rita (July 1986). "The Novel of Self-Discovery. A Necessary Fiction?" *Southern Review* 19, 131-148, hier: 145.

[18] Es ist zu beachten, dass man auch nicht davon ausgehen kann, dass jegliche Literatur von Frauen für Frauen stärkend ist. Das bedeutet, auch wenn es wichtig ist, dafür zu sorgen, dass mehr Frauen Aufnahme in den Kanon finden, so ist zumindest für den Schulkanon genau zu überlegen, welche Werke sich eignen. Darüber hinaus gewinnt die Frage der Art der Vermittlung und Auseinandersetzung mit Literatur einen noch größeren Stellenwert. Wie können SchülerInnen zu einem kritischen Umgang mit Literatur angeregt werden? (Vgl. dazu Kap. 2)

Dass beim Lesen die Erfahrung der Bestätigung und des Sich-Wiederfindens aber eine wichtige Rolle zu spielen scheint, lässt sich beispielhaft an zwei Entwicklungen ablesen. Zum einen liegt die Vermutung nahe, dass der Erfolg so mancher Romane damit erklärt werden kann, dass sie zu einer bestimmten Zeit Themen, Erfahrungen oder Befindlichkeiten aufgriffen und zum Ausdruck brachten, in denen sich eine große Gruppe von Menschen wiederfinden konnte. Zumindest für feministische Romane gibt es viele Zeugnisse, die hervorheben, wie wichtig es für die Leserinnen und die Entwicklung ihres Selbstverständnisses war, sich endlich in der Literatur wiederzufinden.[19] Zum anderen zeigt sich die Bedeutung der Bestätigung durch literarische Werke indirekt in der Ablehnung von Frauenliteratur durch Männer[20] und analog in der Ablehnung von Mädchenbüchern durch Jungen. Wiederum ist an dieser Stelle zu betonen, dass es sich bei der Wirkung und Funktion von Literatur um ein äußerst komplexes und noch nicht einmal annähernd genug erforschtes Thema handelt. Auch die Diskussion um das Mädchenbuch in den USA und in Deutschland ist äußerst komplex und kontrovers.[21] Dennoch lässt sich aus dieser Diskussion für den hier zu erörternden Zusammenhang eines festhalten: während Mädchen beinahe immer schon auch "Jungenbücher" lesen wollten, durften und mussten, wurden Jungen weder angehalten, Mädchenbücher zu lesen[22], noch können sie bis heute ohne Verlegenheit zugeben, ein Mädchenbuch gelesen

---

[19] Vgl. z.B. Payant, Katherine B. (1993). *Becoming and Bonding: Contemporary Feminism and Popular Fiction by American Women Writers*. Westport, Ct.: Greenwood Press, 1ff. oder Keating, AnaLouise (1996). *Women Reading. Women Writing: Self-Invention in Paula Gunn Allen, Gloria Anzaldúa and Audre Lorde*. Philadelphia: Temple University Press, 180ff. Zugleich gilt, dass viele Autorinnen gerade mit der Absicht schreiben, in ihrer Erzählung etwas Repräsentatives zum Ausdruck zu bringen: "For Lessing, the very capacity to write derives from this recognition that large numbers of people share experiences that have not been adequately voiced." (Frye, Joanne S. (1986). *Living Stories, Telling Lives: Women and the Novel in Contemporary Experience*. Ann Arbor: University of Michigan Press, 192.) Vgl. ebenso Sandra Cisneros zur Motivation ihres Schreibens, s.o.

[20] Judith Fetterley argumentiert dazu überzeugend wie folgt: "If a white male middle-class literary establishment consistently chooses to identify as great and thus worth reading those texts that present as central the lives of white male middle-class characters, then obviously recognition and reiteration, not difference and expansion, provide the motivation for reading." Fetterley, Judith (1986). "Reading about Reading: 'A Jury of Her Peers', 'The Murders in the Rue Morgue', and 'The Yellow Wallpaper'. In: Flynn, Elizabeth A. & Schweickart, Patrocinio P. (eds.). *Gender and Reading: Essays on Readers, Texts, and Contexts*. Baltimore: The Johns Hopkins University Press, 147-164, hier: 150.

[21] Für die USA vgl. beispielhaft: Segel, Elizabeth (1986). "'As the Twig Is Bent...': Gender and Childhood Reading." In: Flynn, Elizabeth A. & Schweickart, Patrocinio P. (eds.). *Gender and Reading: Essays on Readers, Texts, and Contexts*. Baltimore: The Hopkins University Press, 165-186. Für Deutschland vgl. die Zusammenfassung bei Eggert, Hartmut & Garbe, Christine (1995). *Literarische Sozialisation*. Stuttgart: Metzler, bes. Kapitel IV. Geschlechtsspezifische Forschungsansätze, 76ff.

[22] Im Gegenteil: E. Segel (1986, 180) zitiert aus Lehrerhandbüchern der 1980er Jahre, vgl. u.a.: "If forced to choose between a book appealing primarily to boys and one to girls, choose the boys' book [...]."

zu haben.[23] "This makes clear what has been true all along - that the boys' book-girls' book division, while it depreciated the female experience and so extracted a heavy cost in feminine self-esteem, was at the same time more restrictive of boys' options, of their freedom to read (all the exotic voyages and bold explorations notwithstanding), than of girls." (Segel 1986, 182) Über die Folgen dieser Einseitigkeit lässt sich nur spekulieren.[24] Aber aus pädagogischer Sicht lässt sich zumindest fordern, dass durch den Einsatz von mehr Literatur von Frauen mit weiblichen Protagonisten den Mädchen endlich einmal Gelegenheit gegeben wird, sich in der Literatur wiederzufinden, und die Jungen dadurch endlich die Möglichkeit bekommen, ihren Horizont zu erweitern und das Leben einmal aus einer anderen Perspektive als der männlichen zu erfahren. In den folgenden Kapiteln wird auf dieses Argument noch ausführlicher einzugehen sein.

Zunächst gilt es jedoch herauszufinden, wie es um den Lektürekanon im Fach Englisch in der Oberstufe an den deutschen Gymnasien bestellt ist. Gibt es dort eine ebenso deutliche Einseitigkeit zu beklagen wie für den amerikanischen Lektürekanon der 1960er Jahre? Oder sind dort mittlerweile die Erkenntnisse der feministischen Forschung und die Revisionen amerikanischer Syllabi rezipiert worden?

1.1.2 Der Kanon in Lehrplänen, Schulbuchverlagen und in der Praxis

Im Unterschied zum amerikanischen Lektürekanon lässt sich der gymnasiale Oberstufenkanon im Fach Englisch leider nicht ganz so leicht und zuverlässig erheben. Absprachen in den Fachkonferenzen an den Schulen über den Einsatz bestimmter Lektüren im Unterricht werden nicht in der gleichen Weise öffentlich und damit zugänglich gemacht wie an den amerikanischen oder auch deutschen Universitäten. Somit kann der tatsächliche Lektürekanon nur empirisch durch Umfragen oder indirekt durch die Vorgaben der Lehrpläne und die Angebote der Schulbuchverlage ermittelt werden. Da es den Rahmen dieser Arbeit gesprengt hätte, eine großangelegte Umfrage zu veranstalten, wird hier der indirekte Weg über die Analyse der Lehrpläne und Verlagsangebote gewählt sowie Bezug genommen auf Umfragen, die in der fachdidaktischen Literatur

---

[23] Vgl. dazu das repräsentative Beispiel von E. Segel 1986, 182: "The student [...], who interviewed boys about their reading, asked the sixth grader: 'Can you remember any books about girls that you enjoyed?' He replied, 'No (pause), [...] except *A Wrinkle in Time*.' Then he quickly added, 'But she wasn't really the main character.' But Meg *is* the main character, of course; furthermore, the same boy had earlier named *A Wrinkle in Time* as his favorite book." (Hervorhebung im Original)

[24] Zum Beispiel könnte das von Faulstich-Wieland bilanzierte vergleichsweise geringere Selbstvertrauen und Selbstwertgefühl von jungen Frauen gegenüber jungen Männern mit dieser Einseitigkeit in Zusammenhang gebracht werden. Vgl. Faulstich-Wieland, Hannelore (1999). "Koedukation heute - Bilanz und Chance." In: Horstkemper, Marianne & Kraul, Margret (Hrsg.). *Koedukation: Erbe und Chancen*. Weinheim: Deutscher Studienverlag, 124-135, hier: 124.

dokumentiert sind. Auch wird hier nur ein kleiner Ausschnitt betrachtet, nämlich der in Lehrplänen und Verlagen erscheinende "Romankanon". Dabei ist es wichtig zu sehen, dass dieser Ausschnitt nicht isoliert betrachtet werden kann. Zur Verwirklichung eines *gender*bewussten Curriculums wird es immer auch darauf ankommen, in welchen Kontext ein Roman gestellt wird und wie er behandelt wird. Letzteres wird exemplarisch im dritten Kapitel zu zeigen sein. An dieser Stelle wird erst einmal geprüft, in wieweit die Lehrpläne und Verlagsangebote überhaupt die Möglichkeit für eine auf das Geschlecht bezogene ausgewogene Lektüreauswahl bieten. Hat sich etwas geändert seit der Zeit der ersten Forderungen nach mehr Berücksichtigung von "Frauenliteratur" im Unterricht? Haben die Vorschläge von u.a. Liesel Hermes[25], Natascha Würzbach[26], Marion Gymnich[27] und Ansgar Nünning[28] Eingang gefunden in die Curricula und Verlagskataloge?

Wendet man sich den derzeit gültigen gymnasialen Oberstufenlehrplänen der sechzehn deutschen Bundesländer zu, ist man zunächst verblüfft über die Vielfalt und Unterschiedlichkeit der Dokumente.[29] Es bestehen beispielsweise Unterschiede hinsichtlich

---

[25] Hermes, Liesel (1993). "Modern Women Writers: Versuch einer Einführung." *Neusprachliche Mitteilungen aus Wissenschaft und Praxis* 46, 217-227; dies. (1994a). "Margaret Drabble." *Fremdsprachenunterricht* 38/47.1, 36-38; dies. (1996b). "Frauenbilder in der amerikanischen Literatur: Kate Chopin, Edith Wharton, Carson McCullers." *Fremdsprachenunterricht* 40/49.6, 445-450; dies. (1994b). "Penelope Fitzgerald: Eine Einführung in ihr Werk." *Fremdsprachenunterricht* 38/47.6, 446-452.

[26] Würzbach, Natascha (1996b). "Frauenliteratur im Englischunterricht der Sekundarstufe II (Leistungskurs): Feministische Interpretationsansätze und Textvorschläge." *Zeitschrift für Fremdsprachenforschung* 7.1, 70-95.

[27] Gymnich, Marion & Nünning, Ansgar (1995a). "Die Stellung der Frau in der Gesellschaft: Englischsprachige Romane von Frauen über Frauen. Lektüreanregungen für den Englischunterricht der Oberstufe - Teil 2." *Fremdsprachenunterricht* 39/48.2, 129-135 sowie dies. (1995b). "Frauenromane aus der Commonwealth-Literatur: Abwechslungsreiche Alternativen zum Kanon der Klassiker. Lektüreanregungen für den Englischunterricht der Oberstufe - Teil 3." *Fremdsprachenunterricht* 39/48.6, 446-453.

[28] Nünning, Ansgar (1989). "Schülerzentrierter Fremdsprachenunterricht und das Problem der Textauswahl: Überlegungen und Vorschläge zu einer Erweiterung des Lektürekanons im Englischunterricht der Oberstufe." *Die Neueren Sprachen* 88.6, 606-619; ders. (1994b). "Literatur von Frauen über Frauen. Englische Gegenwartsromane für den Unterricht in der Sekundarstufe II." *Praxis des neusprachlichen Unterrichts* 3, 272-283; ders. (1993b). "Modern Women Writers - Eine Alternative zu den musealen Lektüreklassikern des Englischunterrichts." *Neusprachliche Mitteilungen aus Wissenschaft und Praxis* 46, 257-260.

[29] Die folgenden - mir im Februar 2001 vorliegenden - Lehrplanfassungen bilden die Grundlage meiner Analyse: Niedersachsen (1982), Schleswig-Holstein (1986), Hamburg (1990), Bayern (1990/1991), Berlin (1991/1992), Brandenburg ("Vorläufiger Rahmenplan", 1992), Baden Württemberg (1994 und die zur Zeit noch vom Landtag zu verabschiedende und im Internet zugängliche Fassung vom März 2001), Saarland (1996 u. 2001), Hessen (1998), Rheinland Pfalz (1998), Sachsen (1998), Mecklenburg Vorpommern ("Erprobungsfassung", 1999), Nordrhein Westfalen (1999), Sachsen-Anhalt (1999), Thüringen (1999/2000) und Bremen (2000). Es ist wichtig, darauf aufmerksam zu machen, dass alle Lehrpläne einem ständigen Revisionsprozess unterliegen. Leider ist dieser Prozess von Außenstehenden nur in den

der Länge und Elaboriertheit[30], der verwendeten Sprache oder auch in Bezug auf die Gewichtung und Anordnung von Kernbereichen des Englischunterrichts. Manche Unterschiede lassen sich mit den verschiedenen Entstehungsdaten der Lehrpläne erklären. So lässt sich zum Beispiel in älteren Lehrplänen noch deutlich die Unterscheidung von Literatur und Landeskunde erkennen (vgl. etwa Niedersachsen, 1982 oder Berlin 1991/1992), während in den neueren Lehrplänen der Einfluss der *Cultural Studies* deutlich spürbar ist (vgl. z.b. Rheinland Pfalz, 1998, oder Nordrhein Westfalen, 1999).

Bei näherem Hinsehen sind jedoch ebenso viele Gemeinsamkeiten zu entdecken, so beispielsweise hinsichtlich der Ziele des Englischunterrichts im Allgemeinen und des Literaturunterrichts im Besonderen. Alle Lehrpläne beschreiben etwa den Erwerb einer "interkulturellen Kompetenz", die sowohl sprachliche Handlungsfähigkeit als auch Offenheit und Achtung gegenüber fremden Kulturen sowie die Reflexion über die eigene kulturelle Herkunft und Identität umfasst, als eines der Hauptziele des Englisch- bzw. des englischen Literaturunterrichts. Des Weiteren bestehen formale Gemeinsamkeiten wie beispielsweise die Verpflichtung auf die Lektüre mindestens eines Romans aus dem 20./21. Jahrhundert, eines Dramas und einer Reihe von Kurzgeschichten und Gedichten in Grund- und Leistungskursen.

Über die allgemeine und in allen Lehrplänen geltende Verpflichtung auf die Abdeckung der genannten literarischen Gattungen hinaus existieren jedoch wiederum deutliche Unterschiede im Hinblick auf die Auswahl der Literatur. So enthalten manche Lehrpläne einen Kriterienkatalog zur Auswahl der Lektüren (wie z.B. Thüringen und Bremen), andere machen konkrete, nicht verbindliche Literaturvorschläge (z.B. Sachsen-Anhalt, Rheinland Pfalz) und wieder andere stellen einen verpflichtenden Lektürekanon auf, wie das Saarland und Baden Württemberg. Nicht wenige Lehrpläne machen überhaupt keine konkreten Literaturvorschläge und stellen es in das Ermessen der Fachkonferenzen oder der einzelnen LehrerInnen in Absprache mit den SchülerInnen, welcher Roman oder welches Drama bezogen auf welches Thema gelesen wird (Mecklenburg-Vorpommern, Bremen, Nordrhein Westfalen, Hamburg und Sachsen). Es ist zu vermuten, dass insbesondere - wenn auch nicht nur - für die LehrerInnen in den zuletzt genannten Bundesländern das Angebot der Schulbuchverlage eine große Rolle im Hinblick auf die Auswahl der Lektüren spielt.[31]

Bundesländern zu verfolgen, die ihn im Internet dokumentieren und damit zugänglich machen.

[30] Das Extrembeispiel an Elaboriertheit und Länge ist der nordrheinwestfälische Lehrplan mit 164 Seiten nur für die Sekundarstufe II im Fach Englisch!

[31] Vgl. an dieser Stelle die Beobachtung von Ansgar Nünning im Anschluss an eine Untersuchung von Schreyer, R. (1978). ("Englische Oberstufenlektüre in Nordrhein-Westfalen." *Neusprachliche Mitteilungen aus Wissenschaft und Praxis* 31.2, 82-90): "Auffällig ist der hohe Grad an Übereinstimmung zwischen den [in dieser Umfrage von Schreyer] besonders häufig genannten Titeln und den Werken, zu denen es Musterinterpretationen gibt. Die Kehrseite dieses Zusammenhanges ist leider, daß Texte, zu

Wendet man sich zunächst den Lehrplänen zu, die Kriterien zur Auswahl von Texten aufstellen[32], so stellt sich heraus, dass diese so allgemein sind, dass es aufgrund dieser Kriterien zu einer ausgewogenen Auswahl kommen kann, aber nicht muss. Als Beispiel sei hier der Kriterienkatalog zur Auswahl literarischer Texte des Thüringer Lehrplans zitiert: "Bezug zur Erfahrungswelt des Schülers, Verbindung zur Thematik der Unterrichtssequenz, inhaltliche Fassbarkeit (historischer und soziokultureller Hintergrund des literarischen Werkes), sprachliche Fassbarkeit, die eine flüssige Lektüre ermöglicht, emotionale Wirkung, Eignung für Gesprächs- und Schreibanlässe." (62) Man kann sich vorstellen, dass aufgrund dieses Katalogs vermutlich nur ein *gender*bewusster Lehrer/eine *gender*bewusste Lehrerin in Erwägung ziehen wird, dass sich die Erfahrungswelt einer Schülerin von der eines Schülers unterscheidet, oder dass die emotionale Wirkung eines Textes geschlechtsspezifisch unterschiedlich sein kann. Andererseits ist gerade dem Thüringer Lehrplan anzumerken, dass er sich um eine *gender*bewusste Ausrichtung bemüht. Das zeigt sich beispielsweise im Vorwort, das explizit die Orientierung der neuen Lehrpläne an der "Gleichstellung zwischen Frauen und Männer, Jungen und Mädchen in Familie, Beruf und Gesellschaft" (Thüringer Lehrplan 1999/2000, 1) erwähnt und dies als eine zentrale gesellschaftliche Aufgabe bezeichnet. Fraglich ist natürlich, ob diese Bemerkung im Vorwort ausreicht, um auf die Gleichberechtigung auch in der Lektüreauswahl hinzuwirken.

Etwas aufschlussreicher und ergiebiger für die Analyse eines Kanons ist die Gruppe der Lehrpläne, die konkrete, wenn auch nicht verpflichtende Lektürevorschläge macht. Zu diesen gehören die Lehrpläne von Niedersachsen (1982), Rheinland-Pfalz (1998), Brandenburg (1992), Sachsen-Anhalt (1999) und Berlin (1991/1992) und Hessen (1998). Wiederum sollen von diesen Plänen zwei repräsentative Beispiele herausgegriffen werden, nämlich die etwa zur gleichen Zeit erschienenen Lehrpläne eines "alten" und eines "neuen" Bundeslandes, von Rheinland Pfalz und Sachsen-Anhalt.

Beide Lehrpläne verweisen zu Beginn ihrer jeweiligen Anhänge ausdrücklich auf den beispielhaften Charakter der darin enthaltenen Literaturvorschläge. Im Fettdruck machen sie darauf aufmerksam, dass die Texte keinesfalls verbindlich seien und dass sie auf vielfältige Weise eingesetzt, kombiniert und ergänzt werden können. Auch wenn diese Vorbemerkungen ernstzunehmen sind, so ist doch auch klar, dass das, was genannt wird, mehr Gewicht hat, als das, was nicht vorkommt und erst gesucht werden muss.

Der Lehrplan von Sachsen-Anhalt sortiert seine Vorschläge nach Themen und ordnet diesen Themen literarische Texte (überwiegend Romane und Dramen) und eine auf-

---

denen noch keine die Unterrichtsvorbereitung erleichternden Interpretationshilfen vorliegen, nahezu völlig vernachlässigt werden." (Nünning 1989, 609) Angesichts einer eher zunehmenden Belastung von LehrerInnen vermute ich, dass sich an dieser Tendenz seitdem wenig geändert hat.

[32] Das sind Thüringen 1999/2000, 62; Hamburg 1990, 13; Schleswig-Holstein 1986, 4 sowie Bremen 2000, 14.

fallend große Anzahl von Filmen zu. Eine Auszählung der Romane ergibt, wie im Großen und Ganzen für alle hier untersuchten Lehrpläne zutreffend, dass noch immer deutlich Vorschläge für Werke von Männern überwiegen. Das Verhältnis liegt in etwa bei 3:1. Bei den Beispielen für Romane von Frauen sind eine ganze Reihe der von Hermes, Würzbach, Gymnich und Nünning genannten Autorinnen dabei (so z.B. Margaret Drabble, Kate Chopin, Nadine Gordimer, Fay Weldon, Joan Lindsay), so dass es vielleicht nicht ganz ungerechtfertigt ist, davon auszugehen, dass ihre Plädoyers für Schriftstellerinnen doch Frucht (wenn auch keine "reiche") getragen haben. Im sächsisch-anhaltinischen Lehrplan besonders eklatant sind jedoch die Vorschläge zu den Themen "Women in American Society" und "Education/Growing Up and Adolescence". Unter den Romanvorschlägen zu "Frauen in der amerikanischen Gesellschaft" erscheinen Nathaniel Hawthornes *The Scarlet Letter* sowie der Horrorroman *The Stepford Wives* des Autors Ira Levin (vgl. 89). Hätten die Lehrplanschreibenden an dieser Stelle nicht die Pflicht gehabt, sich nach Werken von Frauen zu diesem Thema umzusehen? Außerdem lässt sich generell fragen, ob es aus einer *gender*bewussten Sicht nicht sinnvoller wäre, bei jedem Thema mögliche weibliche und männliche Perspektiven miteinzubeziehen, anstatt "Frauen" und ihre "Probleme" jeweils extra zu behandeln und damit den Eindruck zu erwecken, sie wären die Abweichung vom Allgemeinen, Universalen. Ein Thema, bei dem es sich angeboten hätte, männliche und weibliche Autoren zu berücksichtigen, wäre zum Beispiel der Themenkomplex "Education/Growing Up and Adolescence" gewesen. Doch unter diesem Titel, der im Lehrplan von Sachsen-Anhalt insgesamt dreimal vorkommt (90, 93, 98), werden nur einmal und dann auch nur zwei Autorinnen genannt, nämlich Lou Anne Johnson und Gloria D. Miklowitz, letztere eine Jugendbuchautorin. Ansonsten erscheinen die "musealen Lektüreklassiker" (vgl. Nünning 1994b, 273) wie *Catcher in the Rye* von J. S. Salinger, *Lord of the Flies* von William Golding, *The Loneliness of the Long-Distance Runner* von Alan Sillitoe u.a.

In Bezug auf die Ausgewogenheit unterscheidet sich der rheinlandpfälzische Lehrplan nicht sehr von dem vorangegangenen Beispiel. Auch hier ergibt eine Auszählung der Beispiele unter der Rubrik "Roman (20. Jh./Gegenwart)" (46ff.) ein Verhältnis von etwa 3:1 (51 Romanvorschläge für Werke von Männern neben 16 Vorschlägen für Werke von Frauen).[33] Interessant ist die Häufung von Texten von Frauen unter dem Thema "Finding One's Way in Society" im Unterschied zur rein männlichen Besetzung unter dem Themenbeispiel "Social Criticism as Reflected in Literature". Die Formulierung "Finding One's Way in Society" legt eine Personalisierung der Probleme von Frauen nahe. Dabei ließen sich eine ganze Reihe von Romanen von Frauen, wie u.a. die

---

[33] Fairerweise muß erwähnt werden, dass bei den genannten Ganzschriften für die Klasse 11 mehr Autorinnen vertreten sind als Autoren (vgl. 45). Dafür erscheint aber bei den Dramen fast gar keine Autorin (49f.).

oben besprochenen ethnischen Bildungsromane von Toni Morrison und Sandra Cisneros, besonders gut auch unter dem Aspekt Gesellschaftskritik lesen. Schließlich fehlt ebenso wie im Lehrplan von Sachsen-Anhalt auch in der rheinlandpfälzischen Vorschlagsliste unter dem Thema "Ethnic Groups in Literature" ein Beispiel für ein Werk der wachsenden US-amerikanischen Minorität der *Hispanics*.

Die letzte zu erwähnende Gruppe bilden die Bundesländer, die nicht zuletzt aufgrund ihres Zentralabiturs einen Lektürekanon für ihre Leistungskurse aufstellen[34], das Saarland und Baden Württemberg. Während das Saarland einen regelrechten Kanon aufstellt und bis auf die Gedichte alle Lektüren bestimmt (ein Roman, ein Drama, mehrere Kurzgeschichten), legt das Kultusministerium in Baden Württemberg nur entweder ein bestimmtes Drama für vier Jahre fest oder einen bestimmten Roman. Das bedeutet, dass die jeweils nicht festgeschriebene Gattung frei gewählt werden kann. So waren in den Jahren 1998 bis 2001 beispielsweise G.B. Shaws *Pygmalion* und W. Russells *Educating Rita* das verpflichtende sog. Sternchenthema, d.h. damit waren die Dramen festgelegt und der Roman konnte frei gewählt werden.[35] In den Jahren davor wurde der Romanplatz mit F. Scott Fitzgeralds *The Great Gatsby* belegt, und ab 2002 wird Paul Austers *Moon Palace* (1989) diese Stelle besetzen. Auch wenn zu begrüßen ist, dass, im Unterschied zum Saarland, wenigstens einmal ein neuerer Roman zur Pflichtlektüre gemacht wird, zudem sogar ein Bildungsroman, so ist doch andererseits zu bedauern, dass hier wieder einmal ein männlicher Bildungsroman mit einem männlichen Protagonisten zum Zuge gekommen ist.

Wie bereits angedeutet, war im Saarland für SchülerInnen der Abiturjahrgänge 1997 bis zur Gegenwart noch nie ein Roman einer Frau Pflichtlektüre. Auf dem Programm standen stattdessen John Steinbecks *Of Mice and Men* (Abitur 1997), Bernhard Mac Lavertys *Cal* (Abitur 1997), Barry Hines' *Kes* (Abitur 1998), Alan Sillitoes *The Loneliness of the Long Distance Runner* (Abitur 1999), Alduous Huxleys *Brave New World* (Abitur 2000), William Goldings *Lord of the Flies* (Abitur 2001) sowie noch einmal *Brave New World* für das Abitur 2002. Auch bei den Dramen ist keine Autorin vertreten. Nur unter den Kurzgeschichten lassen sich vereinzelt Autorinnen finden, nämlich Shirley Jackson, Elizabeth Gordon, Lucy Honig und Nadine Gordimer. Von Ausgewogenheit oder auch Vielfalt kann mit Blick auf diese Auswahl nicht gesprochen werden.

Dieser kurze Überblick über die Romanvorschläge und Pflichtlektüren in den Lehrplänen der einzelnen Bundesländer hat bereits eines deutlich gemacht: unter der

---

[34] Nicht alle Bundesländer mit Zentralabitur stellen einen Kanon auf. So gibt es z.B. auch ein Zentralabitur in Thüringen und Bayern. Thüringen legt zwar fünf verbindliche Themenkomplexe fest, verpflichtet aber nicht auf bestimmte Lektüren, ebenso Bayern.

[35] Sowohl der alte Lehrplan wie die neue Entwurfsfassung enthalten eine Liste von Vorschlägen zu möglichen AutorInnen, wobei das Verhältnis wiederum bei 3:1 liegt (auf drei Autoren kommen in etwa 1 Autorin).

Prämisse, das Autorinnen andere Perspektiven und Erfahrungen in ihren Romanen zur Sprache bringen als Autoren[36], ist diese weibliche Sicht (bzw. sind weibliche Perspektiven, denn es gibt ja nicht nur *eine* weibliche Sicht) in den "Kanones" der Lehrpläne nicht genügend vertreten. Ergänzungsvorschläge sind also nicht nur angebracht, sondern mit Blick auf die Pflichtlektüren in manchen Bundesländern sogar geboten.

Leider erfüllen auch die Schulbuchverlage, die aufgrund der "Kanonoffenheit" mancher Lehrpläne die Möglichkeit hätten, Alternativen zu den traditionellen Lektüren anzubieten, dieses Desiderat nicht. Wenn man die Angebote der für das Fach Englisch relevanten Verlage Klett, Cornelsen, Schöningh, Diesterweg, Langenscheidt-Longman und Stark (letzterer ist vermutlich nur in Bayern und Baden Württemberg von Bedeutung) durchblättert, ist man zunächst erstaunt zu sehen, wie wenig aufbereitete Lektüren für die Oberstufe diese Kataloge des Jahres 2000 überhaupt enthalten.[37] Sodann wiederholt sich hier das, was für die Lehrpläne bereits konstatiert wurde: insgesamt sind wesentlich mehr Ganzschriften von Schriftstellern als von Schriftstellerinnen im Angebot.[38] Eine Ausnahme bildet interessanterweise die für Muttersprachler aufbereitete "Cambridge Literature Series" des Klett Verlags (Englisch Katalog 2000, 146ff.). Diese Reihe enthält eine große Anzahl von Romanen von Frauen, aber bedauerlicherweise sind unter ihnen nur wenige zeitgenössische Werke vertreten. Darüber hinaus werden die in dieser Reihe erschienenen Titel gepriesen als "Alternativen für Individualisten", als eine "echte Alternative für alle, die in ihrem Unterricht gerne nicht speziell für Lerner annotierte Ausgaben benutzen" (ebd.). Lässt sich daraus entnehmen, dass diese Werke, in diesem Fall überwiegend Literatur von Frauen, nur einer besonders experimentierfreudigen LehrerInnenklientel zuzumuten sind? Von den zahlreichen Vorschlägen der oben genannten LiteraturwissenschaftlerInnen bzw. -didaktikerInnen, die sich im Übrigen auf Literatur von Frauen aus England und dem Commonwealth beschränken, sind insgesamt nur eine Handvoll in das Angebot der Verlage aufgenommen worden, wie z.B. Margaret Drabbles *The Millstone* (Cornelsen) oder Ruth Prawer Jhabvalas *Heat and Dust*

---

[36] Vgl. Würzbach, Natascha (1996b). "Frauenliteratur im Englischunterricht der Sekundarstufe II (Leistungskurs): Feministische Interpretationsansätze und Textvorschläge." *Zeitschrift für Fremdsprachenforschung* 7.1, 70-95, hier: 71: "Vergleicht man literarische Texte von weiblichen und männlichen Autoren, so zeigt sich rasch, daß in den Texten von Frauen häufig weibliche Figuren mit ihren spezifischen Problemstellungen, Konflikten und Lebensbereichen dargestellt werden [...]."

[37] In Anbetracht der nicht völlig grundlosen Vermutung, dass LehrerInnen für den Unterricht aufbereitete Lektüren neuen und selbständig zu erarbeitenden vorziehen (vgl. Nünnings Beobachtung und meine Vermutung, Fußnote 31), ist diese Entdeckung besonders enttäuschend.

[38] Gegenüber der 1996 von Gabriele Kugler-Euerle durchgeführten Untersuchung der Verlagsangebote hat sich kaum etwas verändert. Vgl. Kugler-Euerle, G. (1998). *Geschlechtsspezifik und Englischunterricht: Studien zur Literaturdidaktik und Rezeption literarischer Texte am Beispiel Doris Lessings.* Trier: WVT. Die von Ansgar Nünning mehrfach erwähnte und gerühmte Reihe "Longman Study Texts: Modern Women Writers" ist nach Auskunft der Marketing Abteilung des Verlags vom 23.2.2001 sogar eingestellt worden.

(Langenscheidt-Longman). Sieht man mal von Jugendromanen ab, sind an US-amerikanischen Romanautorinnen nur Edith Wharton, Kate Chopin und Amy Tan (alle in der erwähnten Cambridge Literature Series von Klett) sowie Carson McCullers (Klett), Harper Lee (Langenscheidt Longman) und Betty Greene (Cornelsen) vertreten.

Aufgrund dieser Befunde ist zu vermuten, dass, wenn sich die Lehrerinnen und Lehrer nach den Vorschlägen in den Lehrplänen und den Angeboten der Schulbuchverlage richten, sich an der Praxis des Englischunterrichts im Hinblick auf die Auswahl von Ganzschriften seit Jahrzehnten wenig verändert hat.[39] Mit Ausnahme von Baden Württemberg, dem Bundesland, das seine LehrerInnen durch das Zentralabitur zumindest zur Lektüre eines neuen, wenn auch nicht eines weiblichen Bildungsromans "zwingt", wird sich die Situation in den anderen Bundesländern vermutlich nicht sehr von der in Praxisuntersuchungen ermittelten unterscheiden. Gemäß diesen (leider wenigen) empirischen Nachforschungen gehören seit Jahren Huxley, Orwell, Golding, Salinger und Hemingway zu den Spitzenreitern unter den im Oberstufenenglischunterricht gelesenen AutorInnen. Das heißt, im Englischunterricht der meisten Schulen kommen Frauen als Schriftstellerinnen kaum und als Romanautorinnen gar nicht vor.[40]

1.1.3 Die Notwendigkeit einer Revision der bestehenden schulischen Lektürekanones

Nachdem das erste Unterkapitel am Beispiel des amerikanischen (College-) Lektürekanons die Kanonbildung und vor allem den Ausschluss von Frauen darin problematisiert hat und im zweiten Unterkapitel die Unterrepräsentanz von Schriftstellerinnen in den Lektürekanones der Lehrpläne und Schulbuchverlage festgestellt wurde, gilt es an dieser

---

[39] So stellt beispielsweise auch Laurenz Volkmann fest: "To be sure, the radical changes in literary theory and university canons have not permeated the German classroom yet." (Volkmann, Laurenz. (1999). "Universal Truths or Ethnic Pecularities? On Tensions Inherent in the Reception of Post-Colonial and Minority Literature." In: Antor, Heinz & Cope, Kevin L. (eds.). *Intercultural Encounters - Studies in English Literature: Essays Presented to Rüdiger Ahrens on the Occasion of His Sixtieth Birthday*. Heidelberg: C. Winter, 131-152, hier: 138.) Volkmann macht sich vor allem für den Einsatz von mehr "minority and New English Literatures texts" stark.

[40] Vgl. dazu die schon in der Einleitung erwähnte Umfrage von Benz, Norbert (1990). *Der Schüler als Leser im fremdsprachlichen Literaturunterricht*. Tübingen: Narr, sowie Schreyer 1978 und Ansgar Nünnings Befragungen von Studienanfängern des Faches Anglistik an der Universität Köln seit 1985 (vgl. Nünning, A. (1995). "Ein Plädoyer für Frauenliteratur, feministische Literaturdidaktik und einen offenen Kanon." *Praxis des neusprachlichen Unterrichts* 2, 193-200, hier: 199.); Hermes, Liesel. (1995). "Learning Logs als Instrument der Selbstkontrolle und als Evaluation in literaturwissenschaftlichen Proseminaren." In: Börner, Wolfgang & Vogel, Claus (Hrsg.). *Der Text im Fremdsprachenunterricht*. Bochum: AKS-Verlag, 85-98, Absatz "Schulische Voraussetzungen"; sowie Beck, R. (1995). "*Macbeth, Animal Farm* und kein Ende? Was haben Studienanfänger in der Anglistik gelesen?" *Neusprachliche Mitteilungen aus Wissenschaft und Praxis* 48, 31-38.

Stelle darum, noch einmal zusammenfassend zu begründen, warum die Revision bestehender schulischer Lektürekanones notwendig ist. Dabei ist zu berücksichtigen, dass es hier - ähnlich wie im amerikanischen Collegekontext - um eine didaktische Argumentation geht. Die Auswahl von Literatur ist nicht nur im Hinblick auf den Gegenstand (hier: die englischsprachige bzw. eingegrenzter die nordamerikanische Literatur), sondern auch im Hinblick auf die AdressatInnen, also die Schülerinnen und Schüler der gymnasialen Oberstufe zu rechtfertigen.

Was die literaturwissenschaftlichen Gründe angeht, so kann hier vor allem auf den Teil II und besonders auf das Kapitel 1 dieses Teils verwiesen werden. Durch die Frauenbewegung und Frauenforschung inspiriert hat die literarische Produktion von Frauen seit Ende der 1960er Jahre deutlich zugenommen: "After several decades of relative silence, Nathaniel Hawthorne's 'damned mob of scribbling women' has been operating full steam, producing novels that represent a true renaissance in the world of letters." (Payant 1993, 1) Literatur von Frauen und ebenso bzw. besonders Literatur von Frauen ethnischer Minoritäten bilden einen festen Bestandteil der US-amerikanischen Literatur der Gegenwart (vgl. Würzbach 1996b sowie Bradbury 1993). Darüber hinaus hat die feministische Literaturwissenschaft in der Tradition vernachlässigte Autorinnen wie z.B. Kate Chopin oder Zora Neale Hurston wiederentdeckt. Literaturgeschichtsschreibungen und Collegesyllabi haben sich seit der Aufnahme dieser und zeitgenössischer Autorinnen deutlich verändert, und ein Ende dieses Wandlungsprozesses, der nicht zuletzt von der Beteiligung der verschiedenen Gruppen an der Kanonbildung abhängig ist, ist noch nicht abzusehen (vgl. Lauter 1983 und 1991).

Aufgrund dieser Entwicklungen lässt sich argumentieren, dass ein Verbleiben bei den alten Lektüreklassikern nicht mehr den neuesten Stand der US-amerikanischen Literaturwissenschaft reflektiert. Oder positiv formuliert: Der Einschluss von Literatur von Autorinnen und MinoritätenschriftstellerInnen würde das Bemühen um Demokratisierung in der US-amerikanischen literarischen Kanonbildung widerspiegeln. Die Vielfalt und Multikulturalität der USA könnten angemessener repräsentiert werden.[41]

Neben diesen literaturwissenschaftlichen Kriterien haben aber immer schon pädagogische bzw. didaktische Gründe eine wichtige Rolle bei der Auswahl von literarischen Texten für den Unterricht gespielt. Albert-Reiner Glaap nennt im *Handbuch Fremdsprachenunterricht* die "Adressatenbezogenheit und die Orientierung an den Zielen des Fremdsprachenunterrichts" sowie die "Eignung literarischer Textes für eine

---

[41] Ähnlich argumentiert auch Volkmann. Er beschreibt die gegenwärtige Situation der Literaturwissenschaften wie folgt: "[...] traditional literary studies have been redefined fundamentally. Not only has the traditional canon been reexamined in the light of the repressed and marginalized, but the whole literary history has been rewritten and is wide open to numerous expansions, drastic revisions and new formations. A new 'centrality of marginality' (Spivak) has been the result of the forceful 'return of the repressed'. Women's studies, gender studies, minority studies and post-colonial literature studies have emerged as the victorious challengers in this struggle for dominance." (Volkmann 1999, 137)

Integration in übergeordnete Unterrichtseinheiten" als zusätzliche Auswahlkriterien.[42] Gerade im Hinblick auf die zuerst genannten zusätzlichen Kriterien stellt sich die Frage, wie die männlich dominierten Schulkanones diese Anforderungen erfüllen konnten. Bislang scheint das Kriterium "Adressatenbezogenheit" überwiegend auf das Alter und die Interessen der SchülerInnen bezogen worden zu sein, während das unterschiedliche Geschlecht der SchülerInnen nicht in den Blick kam. Teil I dieser Arbeit hat jedoch deutlich gezeigt, dass wir immer noch in einer Kultur der Zweigeschlechtlichkeit leben und dass sich daher die Identitätsverläufe von Jungen und Mädchen unterscheiden. Berücksichtigt man diese Unterschiedlichkeit und nimmt man ernst, dass es - wie in allen Lehrplänen beschrieben, wenngleich unterschiedlich formuliert - ein wesentliches Ziel des Literaturunterrichts in der Fremdsprache ist, die SchülerInnen in ihrer Identitätsfindung bzw. Persönlichkeitsentwicklung zu fördern[43], dann dürfte auch klar sein, dass dieses nicht ohne Beachtung der unterschiedlichen Geschlechtlichkeit der SchülerInnen erreicht werden kann. Bei der Auswahl der Texte wie auch beim Umgang mit den Texten ist zu berücksichtigen, dass Jungen und Mädchen diese Texte lesen. Das bedeutet, dass es nicht nur wichtig ist, nach altersangemessenen und für SchülerInnen relevanten Texten zu suchen, sondern dass es ebenso darauf ankommt darauf zu achten, dass nicht immer nur männliche Perspektiven, männliche Protagonisten und männliche Autoren präsentiert werden. "To set ourselves the task of learning to read a wholly different set of texts will make us different kinds of readers (and perhaps different kinds of people as well)."[44]

Ein wesentliches Argument für die Berücksichtigung des Geschlechts bei der Auswahl literarischer Texte ist die in Teil I beschriebene Rolle, die die "Anerkennung" für Jugendliche in ihrem Identitätsbildungsprozess spielt:

> The importance of recognition is now universally acknowledged in one form or another; on an intimate plane, we are all aware of how identity can be formed or malformed through the course of our contact with significant others. On the social plane, we have a continuing politics of equal recognition. Both planes have been shaped by the growing ideal of authenticity, and recognition plays an essential role in the culture that has arisen around this ideal.[45]

---

[42] Glaap, A.-R. (1995). "Literaturdidaktik und literarisches Curriculum." In: Bausch, K.-R. et al. (Hrsg.). *Handbuch Fremdsprachenunterricht.* 3., überarb. und erw. Aufl. Tübingen: Francke, 149-156, hier: 153; vgl. ebenso Rück, H. "Literarisches Curriculum." Ebd. 519.

[43] Beispielhaft sei hier der Lehrplan von Mecklenburg-Vorpommern, "Erprobungsfassung 1999" zitiert: "Das Bemühen um die fremde Sprache und Kultur (einschließlich ihrer Literatur) ist immer auch Auseinandersetzung mit der eigenen Sprache, Kultur und Gesellschaft und trägt zur Identitätsfindung genauso bei wie zur Aufgeschlossenheit und positiven Zuwendung gegenüber dem Fremden." (6)

[44] Kolodny, Annette (1985). "A Map for Rereading: Gender and the Interpretation of Literary Texts." In: Showalter, Elaine (ed.). *The New Feminist Criticism.* New York: Pantheon, 46-62, hier: 59.

[45] Taylor, Charles (1992). "The Politics of Recognition." In: Gutmann, Amy (ed.). *Multiculturalism and 'The Politics of Recognition'.* Princeton, N.J.: Princeton University Press, 25-73, hier: 36.

Gerade unter heutigen gesellschaftlichen Bedingungen, die durch den Verlust von geschichtlich eingespielten "Anerkennungsverhältnissen" gekennzeichnet sind[46], kommt dem Kampf um Anerkennung eine noch größere Bedeutung zu als in früheren Zeiten: "What has come about with the modern age is not the need for recognition but the conditions in which the attempt to be recognized can fail." (Taylor 1992, 35) Vor allem aber wurde erkannt, "that the withholding of recognition can be a form of oppression" (ebd. 36). Dieser Form der Unterdrückung machen sich einseitig männlich orientierte Lektürekanones und ihre Verfechter schuldig. Indem sie männliche Texte ins Zentrum stellen und diese als universal und repräsentativ ausgeben, rufen sie bei Leserinnen ein Gefühl der Machtlosigkeit hervor:

> To be excluded from a literature that claims to define one's identity is to experience a peculiar form of powerlessness - not simply the powerlessness which derives from not seeing one's experience articulated, clarified, and legitimized in art, but more significantly the powerlessness which results from the endless division of self against self, the consequence of the invocation to identify as male while being reminded that to be male - to be universal, to be American - is to be *not female*." (Fetterley 1978/1997, 565, Hervorhebung im Original)

Solange die Erfahrungen von Mädchen und Frauen aus der Perspektive von Frauen durch eine entsprechende Lektüreauswahl im Unterricht nicht gewürdigt werden, d.h. wenn den Schülerinnen nicht die Gelegenheit gegeben wird zu sehen, wie in der Literatur und durch den Umgang mit dieser Literatur im Unterricht auch ihre Erfahrungen "artikuliert, geklärt und legitimiert", d.h. "anerkannt" werden, dann kann nicht von einer gleichberechtigen Förderung von Jungen und Mädchen in ihrer Persönlichkeitsentwicklung gesprochen werden. "Enlarging and changing the curriculum is therefore essential not so much in the name of a broader culture for everyone as in order to give due recognition to the hitherto excluded." (Taylor 1992, 64) Ohne die Beachtung der Bedeutung von "Anerkennung" bei der Auswahl von Literatur kann der Englischunterricht nicht wirklich zu einer positiven Identitätsbildung von Jungen *und* Mädchen beitragen.[47]

> For women students, reading women's literature provides further models, provides 'I can', provides permission to write. Reading precedes writing; vision precedes doing. It gives students characters who are images of their lives, real women from a female perspective -

---

[46] Vgl. Teil I, 20 bzw. Honneth, A.(1990). "Anerkennung und Differenz: Zum Selbstmißverständnis postmoderner Sozialtheorien." *Initial* 7, 669-674, hier: 672.

[47] Ohne Geschlechtsunterschiede hervorzuheben, spricht auch Louise M. Rosenblatt von der Bedeutung der Anerkennung durch Literatur: "Frequently literature is the means by which the youth discovers that his own inner life reflects a common experience of others in society. He finds that the impulses and reactions he feared are 'normal', that they are shared by many others in our society and that there may merely be a convention (or conspiracy) of silence about them." Rosenblatt, Louise, M. (1976). *Literature as Exploration*. 3rd ed. New York: Nobel and Nobel, 204.

not women seen only through male eyes [...] Women writing women unveil truths men cannot know about our lives.[48]

Der letzte Satz dieser Autorin, die aus der Praxis berichtet, deutet bereits die Bedeutung an, die die Lektüre von Literatur von Frauen auch für Jungen haben kann. Geht es beim Einschluss von Literatur von Frauen mit Bezug auf die Mädchen um mehr Anerkennung und Stärkung, so bedeutet diese Literatur für Jungen eine Herausforderung im Hinblick auf eine Erweiterung ihres Horizontes und die Entwicklung ihrer Empathiefähigkeit.[49] Indem sie und eine männliche Perspektive einmal nicht im Zentrum stehen, erfahren sie sich in einer anderen, "marginalisierten" Position. Damit lernen sie nicht nur de facto eine andere Weltsicht kennen, sondern gewinnen möglicherweise auch ein Verständnis für die üblicherweise umgekehrte Situation (Männer im Zentrum, Frauen am Rand), bzw. sie lernen verstehen, was es bedeutet, marginalisiert zu sein. Um noch einmal Julie Houston mit ihrem Bericht aus der Praxis zu zitieren:

> [...] men spoke of specific gains: new pride in the work of their female ancestors and the women in their lives, delight and wonder at gaining a kind of secret access into a way of perceiving they had not glimpsed. Through the concrete images of fiction they felt they understood women's communication and experience less abstractly. It encouraged them to see often the commonality of human experience where they thought they were separated by gender [...]. (Houston 1995, 265f.)

Ob der Einsatz von Literatur von Frauen im Unterricht in diesem Sinne gelingen kann, wird aber letztlich von den ausgewählten Werken selbst wie auch vom unterrichtlichen Umgang mit ihnen abhängen (dazu mehr in Kapitel 2 und 3 dieses Teils). Eine erste allgemeine Voraussetzung für das Gelingen scheint mir jedoch der selbstverständliche Einschluss von Literatur von Frauen in die Lektüreauswahl zu sein. Eine Einführung und Behandlung unter dem Stichwort "Frauenroman" oder "Frauenliteratur" stünde in der Gefahr, den männlichen Lesern die Distanzierung zu erleichtern oder gar auf Widerstand zu stoßen. Damit würden dann nur die alten Polarisierungen wieder bestätigt oder gar verfestigt. Dabei ist es Ziel, diese Polarisierungen und Stereotypisierungen zu überwinden und zu einem besseren und gerechteren Verhältnis der Geschlechter beizutragen. Inwiefern sich gerade weibliche Bildungsromane zur Verwirklichung dieses Ziels eignen, ist Thema des nächstes Unterkapitels.

---

[48] Houston, Julie (1995). "Women's Literature as Individuation for College Students." In: Owen, Nancy (ed.). *Private Voices. Public Lives: Women Speak on the Literary Life*. Nelson. Denton: University of North Texas Press, 261-269, hier: 264.

[49] Natürlich besteht diese Herausforderung im abgeschwächten Maße auch für die Leserinnen, denn die in der Literatur dargestellten Erfahrungen, zumal in fremdsprachlicher und -kultureller Literatur, entsprechen ja nicht den eigenen Erfahrungen, sondern nur denen des eigenen Geschlechts. Letztlich geht es in der Literatur immer um eine Begegnung mit dem mehr oder weniger Fremden.

1.2 Die didaktische Eignung weiblicher Bildungsromane

In zahlreichen Beiträgen zur Gattung des Bildungsromans wird eine besondere didaktische Qualität dieses Genres angeführt. Dabei beziehen sich diese Artikel zumeist explizit auf Karl Morgenstern, der 1820 als Erster darauf hingewiesen hat, dass sich das Wort "Bildung" im Begriff "Bildungsroman" sowohl auf die Bildung des Helden (von Heldinnen ist da noch nicht die Rede) wie auch auf die der LeserInnen bezieht:

> *Bildungsroman* wird es heißen dürfen, erstens und vorzüglich wegen seines Stoffs, weil er des Helden Bildung in ihrem Anfang und Fortgang bis zu einer gewissen Stufe der Vollendung darstellt; zweytens aber auch, weil er gerade durch diese Darstellung des Lesers Bildung, in weiterm Umfange als jede andere Art des Romans, fördert [...] so wird der Romandichter mit dem Zwecke der Kunst, durch Schönes zu gefallen und zu erfreuen, die reinmenschliche Absicht zu nützen, zu belehren, zu bessern, - mit Einem Worte, zu *bilden*, weise verbinden [...].[50]

Während Franco Moretti diese didaktische Komponente vor allem dem klassischen Bildungsroman zuspricht[51], sieht Rita Felski sie auch als eine Eigenschaft des feministischen Bildungsromans an: "The education of the protagonist is simultaneously that of the reader: the feminist *Bildungsroman* is a didactic genre which aims to convince the reader of the legitimacy of a particular interpretative framework by bringing her or him to a cumulative and retrospective understanding of the events narrated in the text."[52] Wieder andere schreiben jedem Roman bzw. Autor/jeder Autorin die Absicht zu, "bilden" zu wollen: "*Novel means exemplification* [...] To tell a story supposes the desire to teach, implies the intention of imparting a lesson and of making it obvious."[53]

Wie diese unterschiedlichen Auffassungen bereits verdeutlichen, wird es schwierig sein, dem Bildungsroman per se eine besondere, inhärente didaktische Qualität zuzusprechen. Hinzu kommt, dass sich unter dem Einfluss der Rezeptionsästhetik die Erkenntnis durchgesetzt hat, dass die LeserInnen im entscheidenden Maße an der Bedeutungsbildung der Texte beteiligt sind. Das heißt, ob und inwiefern Texte bzw. Bildungsromane "bildend" wirken, wird vor allem auch davon abhängen, wie und in welchem Kontext Texte gelesen werden. Während die beispielhafte Erörterung dieser Aspekte Aufgabe der

---

[50] Morgenstern, Karl (1988). "Über das Wesen des Bildungsromans (1820)." In: Selbmann, Rolf (Hrsg.). *Zur Geschichte des deutschen Bildungsromans.* Darmstadt: Wiss. Buchgesellschaft, 55-72, hier: 64. (Hervorhebungen im Original)

[51] Vgl. Moretti, Franco (1987). *The Way of the World: The* Bildungsroman *in European Culture.* London: Verso, 56.

[52] Felski, Rita (1989). *Beyond Feminist Aesthetics: Feminist Literature and Social Change.* Cambridge, Mass.: Harvard University Press, 137.

[53] Suleiman, Susan (1983). *Authoritarian Fictions: The Ideological Literary Genre.* New York: Columbia University, 240, die hier zitiert aus: Grivel, Charles (1973). *Production de l'intérêt romanesque.* The Hague: Mouton, 318 (Hervorhebungen bei Suleiman).

nächsten beiden Kapitel sein wird, soll an dieser Stelle jedoch zumindest erläutert werden, worin die "bildende Potenz" weiblicher Bildungsromane liegen könnte. Es geht also um die Beantwortung der Frage, warum sich Bildungsromane und vor allem weibliche Bildungsromane in welcher Hinsicht besonders gut für den Einsatz im gymnasialen Oberstufenunterricht eignen.

Das erste und wichtigste Argument für die Behandlung von weiblichen Bildungsromanen im Unterricht ist ein bekanntes und bewährtes, nämlich das der Relevanz des Themas der Identitätsbildung für SchülerInnen in der Adoleszenz.[54] Dieses Argument wurde bzw. wird nicht nur immer wieder zur Begründung der unterrichtlichen Verwendung männlicher Bildungsromane herangezogen[55], sondern es bildet vermutlich auch den Hintergrund für die Zentralität des Themas *growing up/search for identity* oder "Lebenskonzeptionen und Identitätsfindung" in allen Lehrplänen. In der Tat erscheint es mit Blick auf die modernen gesellschaftlichen Bedingungen, die die Identitätsbildung zu einer zentralen und selbstständig zu erfüllenden Aufgabe des Individuums machen (vgl. Teil I), mehr als gerechtfertigt dafür zu sorgen, dass den SchülerInnen bei der Bewältigung dieser Aufgabe Hilfestellungen angeboten werden. Die Behandlung von Bildungsromanen, die die Identitätsprobleme Heranwachsender thematisieren, kann dabei als eine Möglichkeit betrachtet werden, dieser Erziehungsaufgabe gerecht zu werden. Indem Fragen der Identitätssuche anhand des Schicksals der ProtagonistInnen der Romane beispielhaft diskutiert werden, werden die SchülerInnen angeregt, über ihre eigene Selbstwerdung zu reflektieren.

Bei dieser Argumentation wurde bislang jedoch die Unterschiedlichkeit der Geschlechter zu wenig berücksichtigt. Probleme männlicher Protagonisten wurden als universal hingestellt. Wenngleich das Bestehen von Ähnlichkeiten zwischen der Identitätssuche von Jungen und Mädchen nicht bestritten werden soll, so sind doch auch die geschlechtsbedingten Unterschiede nicht zu vernachlässigen. Weibliche Bildungsromane thematisieren andere geschlechtsspezifische Erfahrungen wie etwa die Menarche, Schwangerschaft, das Mutter-Tochter-Verhältnis etc., Themen, die bisher nicht vorkamen. Darüber hinaus sprechen sie Probleme kulturell bedingter geschlechtsspezifischer

---

[54] Empirische Untersuchungen zum privaten Leseverhalten von SchülerInnen bestätigen "die Funktion des Lesens zur Bearbeitung der Identitätsproblematik" (Schön, Erich (1993). "Selbstaussagen zur Funktion literarischen Lesens im Lebenszusammenhang von Kindern und Jugendlichen." In: Janota, Johannes (Hrsg.). *Kultureller Wandel und die Germanistik in der Bundesrepublik: Vorträge des Augsburger Germanistentages 1991.* Tübingen: Niemeyer, 260-271, hier: 269.). Vor allem regelmäßige LeserInnen setzen "ihr Lesen offenbar gezielt zu dieser aktiven Bewältigung ihrer Entwicklungsaufgaben" (ebd. 268) ein. Von daher ist Louise M. Rosenblatt zuzustimmen, wenn sie sagt: "That a literary work may bring into play and be related to profoundly personal needs and preoccupations makes it a powerful potential educational force." (Rosenblatt 1976, 182)

[55] Zuletzt Nünning, Ansgar (1994a). "*Growing Up*: Darstellung der Adoleszenz im englischen Roman der Gegenwart: Lektüreanregungen für den Englischunterricht der Oberstufe - Teil I." *Fremdsprachenunterricht* 38/47.3, 212-217.

Benachteiligungen an. Mit Delia Poey läßt sich sagen: "[...] gender problematization is built-in to the *Bildung* the moment it is undertaken by a female protagonist."[56] Ungerechtigkeiten und Diskriminierungen aufgrund des Geschlechts, wie etwa die Gefahr sexueller Gewalt, die Objektivierung und Sexualisierung weiblicher Körper oder auch die Abwertung weiblicher Intelligenz, werden in weiblichen Bildungsromanen problematisiert und in ihrer soziokulturellen Bedingtheit präsentiert. Dadurch erhalten Schülerinnen und Schüler die Möglichkeit zu erkennen, dass Frau- und Mannsein nicht in jeder Hinsicht "naturgegeben", sondern vielfach sozial konstruiert bzw. gesellschaftlich bedingt ist. Übertragungen auf ihre eigene geschlechtsbedingte Identitätssuche legen sich nahe. Welchen gesellschaftlichen, auf das Geschlecht bezogenen Einschränkungen begegnen sie in ihrer Identitätsbildung, und wie könnten sie überwunden werden?

Erfüllen weibliche Bildungsromane einerseits (vor allem - wenn auch nicht nur - für Schüler) die Funktion, für die Geschlechterfrage zu sensibilisieren, so bringen sie andererseits Themen und auch Wertvorstellungen in den Unterricht, die bisher eher vernachlässigt wurden, wie beispielsweise den Konflikt zwischen Autonomie und Weiblichkeit sowie die Bedeutung der Gemeinschaft für die Identitätsbildung.[57] Darüber hinaus kann durch den Einblick in die soziokulturelle Bedingtheit mancher Identitätsprobleme, wie ihn vor allem die ethnischen Bildungsromane ermöglichen, das politische Bewusstsein der SchülerInnen gefördert werden. Sie können erkennen, dass Identitätsbildung keine reine Privatsache ist, sondern dass eine "gelungene" Persönlichkeitsentwicklung von gesellschaftlichen Umständen abhängig ist, und dass daher ein Einsatz für gerechte Ausgangsbedingungen wichtig ist.

Im Blick auf die Schülerinnen kommt der Lektüre von weiblichen Bildungsromanen im Unterricht aber noch eine weitere, im vorangehenden Kapitel bereits erwähnte Bedeutung zu. Nach den Erkenntnissen der Leseverhaltensforschung ist "für Mädchen die persönliche Relevanz eines Textes wichtiger als für Jungen, die von einem Buch an erster Stelle erwarten, daß es spannend geschrieben ist; Mädchen benutzen Literatur deshalb anscheinend auch häufiger als Hilfsmittel, um die persönliche Lebenssituation besser zu bewältigen"[58]. Darüber hinaus können weibliche Bildungsromane ein weiteres wichtiges Bedürfnis weiblicher Leser erfüllen, nämlich "the need not to be alone with

---

[56] (Fall-Winter 1996). "Coming of Age in the Curriculum: *The House on Mango Street* and *Bless Me, Ultima* as Representative Texts." *Americas Review* 24.3-4, 201-217, hier: 212.

[57] Vgl. dazu Würzbach, Natascha (1995b). "Grundfragen feministischer Literaturwissenschaft." In: Ahrens, Rüdiger (Hrsg.). *Handbuch Englisch als Fremdsprache*. Berlin: Erich Schmidt, 330-334, hier: 333: "Dabei kann die Auseinandersetzung mit der an frauenrelevanten Gehalten reichen englischsprachigen Literatur einen Beitrag leisten zu der Aufdeckung patriarchaler Strukturen und der Überwindung androzentrischer Kultur, in der das Weibliche auf fatale Weise abgespalten und verdrängt worden ist."

[58] Burger, Günter (1996). "Fremdsprachlicher Literaturunterricht und die Erkenntnisse der Leseverhaltensforschung." *Praxis des neusprachlichen Unterrichts* 43.1, 3-8, hier: 6f.

one's own experiences and perceptions" (Frye 1989, 191). Durch den Einsatz von Romanen von Frauen mit weiblichen Protagonisten im Unterricht werden Frauen ins Zentrum gestellt, wird ihnen Autorität (im Sinne des Affidamento, vgl. Teil I Kap. 3.1.1) verliehen, werden sie "anerkannt" und damit aufgewertet. Zugleich erhalten Schülerinnen durch die Auseinandersetzung und den Vergleich mit dem Weg der Protagonistinnen Anregungen und neue Perspektiven für ihre eigene Entwicklung: "As she [the woman reader] learns from female characters, she helps to reshape the culture's understanding of women and participates in the feminist alteration of human experience." (Frye, ebd.)

Hatte das letzte Argument für die Lektüre weiblicher Bildungsromane vor allem die Bedürfnisse der Schülerinnen im Auge, so soll abschließend noch ein Argument angeführt werden, dass beide Geschlechter im Blick hat. Es gilt zwar nicht ausschließlich für (weibliche) Bildungsromane, sondern eher für Literatur allgemein, aber es ist im Zusammenhang dieser Arbeit besonders relevant.[59] Und zwar handelt es sich um die Erkenntnis der Ähnlichkeit zwischen dem Akt des Schreibens und Lesens und dem der Identitätsbildung. Bei allen drei Vollzügen geht es um das Ordnen und Klären von Erfahrungen, um Bedeutungsbildung. So wie es beim Schreiben darauf ankommt, durch den Entwurf einer fiktionalen Welt eine Deutung der in ihr präsentierten Erfahrungen anzubieten, und die LeserInnen die Aufgabe haben, die repräsentierten Erlebnisse nachzuvollziehen, die Personen zu verstehen und sich zur Deutung des Autors/der Autorin zu verhalten, so geht es auch im Leben darum, das einem Widerfahrene zu interpretieren und zu eigenen Schlussfolgerungen zu kommen. Ein Bildungsroman und seine Lektüre können diese vergleichbaren Interpretationsprozesse noch einmal besonders anschaulich machen. Denn er zeichnet immer einen Protagonisten oder eine Protagonistin, der/m etwas widerfährt und die/der daraus etwas lernt. Dieses Schicksal der Hauptperson ist aber zugleich ein fiktionales, von der Autorin/dem Autor mit einer bestimmten Aussageabsicht entworfenes; d.h. in der Art der Präsentation, in der Selektion der präsentierten Erfahrungen beispielsweise, bietet uns der Schriftsteller/die Schriftstellerin bereits eine bestimmte Deutung dieser Erfahrungen an. Die LeserInnen sind bei der Lektüre aufgefordert, sich auf dem Hintergrund ihrer eigenen Lebens- und Leseerfahrungen zu dieser Deutung zu verhalten, sie anzunehmen, abzulehnen oder zu hinterfragen, mit anderen Worten, eine eigene Deutung vorzunehmen. "The novel is not a copy of the empirical world, nor does it stand in opposition to it. It is rather a continuation of that ordering, fiction-making process that is part of our normal coming to terms

---

[59] Hier werden bereits literaturtheoretische Fragen berührt, die im nächsten Kapitel noch expliziter aufgegriffen werden.

with experience."⁶⁰ Indem Schülerinnen und Schüler durch die Lektüre von Bildungsromanen zu diesen Deutungsprozessen angeleitet werden, erfahren sie indirekt eine Hilfe bei ihrer Identitätsbildung, die immer wieder Interpretationen und Wertungen von ihnen verlangt. Sie lernen exemplarisch und können in einem nicht unter Handlungszwang stehenden Schonraum Kompetenzen erwerben, die ihnen im Leben von Nutzen sein werden. Ob die Förderung der SchülerInnen in dem Sinne gelingt, wird - wie sich immer deutlicher herauskristallisiert - entscheidend von dem Umgang mit der Literatur im Unterricht abhängen. Es wird wesentlich darauf ankommen, ob und wie SchülerInnen zu diesen Deutungsprozessen ermuntert und angeleitet werden. Im folgenden Kapitel soll daher nun ausführlich erörtert werden, welche Literaturzugänge und Unterrichtsmethoden sich am ehesten eignen, den SchülerInnen im Prozess ihrer Identitätsbildung zu helfen.

Kapitel 2: Die Identitätsbildung der SchülerInnen und die Vermittlung weiblicher Bildungsromane im Unterricht

"Even if more works are included by women authors representing girls' and women's experience, as long as the instructional apparatus surrounding the literature remains unchanged, small changes in the academic canon are not likely to have much impact."⁶¹ In der Tat, wollen die oben genannten Vorzüge weiblicher Bildungsromane genutzt und soll ihre "bildende Potenz" nicht zerstört werden, kommt es ganz wesentlich auf die Art ihrer Vermittlung an: "[...] changing *what* we teach means changing *how* we teach."⁶² Wie kann erreicht werden, dass die ausgewählten Texte für Schülerinnen und Schüler

---

⁶⁰ Hutcheon, Linda (1980). *Narcissistic Narrative: The Metafictional Paradox.* Waterloo, Ontario: Wilfrid Laurier University Press, 89.

⁶¹ McCracken, Nancy Mellin & Appleby, Bruce C. (1992). "An Overview of Gender Issues in the Teaching of English." In: Dies. (eds.). *Gender Issues in the Teaching of English.* Portsmouth, NH.: Boynton/Cook Publishers, 1-6, hier: 6. Vgl. auch Obbink, Laura Apol (November 1992). "Feminist Theory in the Classroom: Choices, Questions, Voices." *English Journal* 81.7, 38-43, hier: 38: "Feminist theory recognizes that questions of *what* we read are inseparably linked to questions of *how* we read. Therefore a discussion of implementing feminist theory in the classroom must deal not only with issues of texts and selection but also with reading strategies themselves." (Hervorhebungen im Original) Sowie: Schweickart, P. P. (1986). "Reading Ourselves: Toward a Feminist Theory of Reading." In: Flynn, Elizabeth A. & Schweickart, Patrocinio P. (eds.). *Gender and Reading: Essays on Readers, Texts, and Contexts.* Baltimore: The Johns Hopkins University Press, 31-62, hier: 45: "[...] feminist critics must fight on two fronts: for the revision of the canon to include a significant body of works by women, and for the development of the reading strategies consonant with the concerns, experiences, and formal devices that constitute these tets."

⁶² Culley, Margo & Portuges, Catherine (1985). "Introduction." In: Dies. (eds.). *Gendered Subjects: The Dynamics of Feminist Teaching.* Boston: Routlegde & Kegan Paul, 1-7, hier: 2 (Hervorhebung im Original).

bedeutsam werden? Wie kann die Lektüre der Bildungsromane die SchülerInnen zur Auseinandersetzung mit ihrer eigenen Identitätsbildung anregen? Wie können sie durch diese Auseinandersetzung zur Einsicht in die soziokulturelle Bedingtheit der geschlechtsspezifischen Vorgaben ihrer Identitätsbildung gelangen? Und wie kann schließlich sichergestellt werden, dass die Art der Vermittlung Mädchen und Jungen gleichermaßen gerecht wird, dass also eventuelle geschlechtsspezifische Unterschiede in der Art des Lesens und Lernens berücksichtigt werden?

Die Antwort auf diese Fragen kann nicht zu allererst in konkreten Vorschlägen für die Anwendung bestimmter Methoden in der Praxis liegen. Vielmehr bedarf es zuvor einer ganzen Reihe theoretischer Reflexionen, auf deren Grundlage dann methodische Entscheidungen für die konkrete Unterrichtspraxis gefällt werden können.

Die erste notwendige Reflexion betrifft die in den Fragen zum Ausdruck kommenden Ziele, die sich mit dem Einsatz der ausgewählten Bildungsromane im Unterricht verbinden. Was soll mit der Vermittlung weiblicher Bildungsromane im englischen Oberstufenunterricht erreicht werden? In den Ausführungen zu dieser Frage im Unterkapitel 2.1 werden bereits erste allgemeine literaturtheoretische Überlegungen angestellt. Inwiefern kann die Auseinandersetzung mit Literatur zur eigenen Identitätsbildung beitragen?

Da in der Beschreibung der Unterrichtsziele feministische (und sozialkritische) Anliegen zum Ausdruck kommen, gilt es sodann in einem zweiten Unterkapitel die Erkenntnisse der feministischen Literaturwissenschaft zu präsentieren, die zur Erreichung der Ziele zu berücksichtigen sind. Dazu gehört vor allem die Erkenntnis der Bedeutung des soziokulturellen Kontextes sowohl bei der Produktion als auch bei der Rezeption von Texten. Texte entstehen in einem bestimmten historischen, gesellschaftlichen und kulturellen Kontext und beziehen sich darauf. Die LeserInnen können sich zu dem Text und zu der darin enthaltenen Ideologie[63] verhalten, aber auch sie stehen in einer bestimmten soziokulturellen Situation, die es zu berücksichtigen gilt. Das Geschlecht ist neben der ethnischen Zugehörigkeit, der gesellschaftlichen Schicht, dem Alter usw. eine von mehreren die Produktion und Rezeption eines Textes mitbestimmende Kategorie. Ergebnisse der feministischen Forschung zum Einfluss dieser Kategorie werden im zweiten Unterkapitel zusammengefasst.

---

[63] Der Begriff "Ideologie" wird hier in einem eher weiten Sinne verstanden als Art und Weise, wie jemand, wie ein Text "Wirklichkeit" konstruiert. Vgl. Morris, Pam (1993). *Literature and Feminism: An Introduction*. Oxford: Blackwell, 4f.: "This understanding of 'ideology' rests on the assumption that as we enter the cultural life of our society - as we acquire language and interact with others - we absorb and assume its ways of seeing. We are drawn imperceptibly into a complex network of values, assumptions and expectations which are always already there prior to us and so seem natural, just the way things are." Und ebd. 197: "This much wider determining sense of ideology is associated with the work of Louis Althusser."

Auf dem Hintergrund dieser Erkenntnisse und mit den zuvor beschriebenen Zielen im Blick stellt sich schließlich drittens die Frage, welcher literaturtheoretische Ansatz nun die beste Grundlage für die Vermittlung der ausgewählten Romane bilden kann. Die Formulierung der Ziele sowie die Ergebnisse der feministischen literaturwissensschaftlichen Forschung legen die Kombination eines rezeptionsästhetischen Zugangs mit einem ideologiekritischen[64] Ansatz nahe. Der rezeptionsorientierte Zugang, vor allem der von Louise M. Rosenblatt, bietet sich an, weil er im Unterschied zu anderen, mehr textorientierten literaturtheoretischen Positionen das Verhältnis zwischen LeserIn und Text in den Mittelpunkt des Interesses stellt und die "Transaktion" zwischen LeserIn und Text zum Ausgangspunkt der Literaturvermittlung macht. Geschlechtsspezifische und andere soziokulturell bedingte unterschiedliche Zugänge zum Text können somit berücksichtigt werden. Die Ergänzung dieses Ansatzes um eine ideologiekritische Komponente ist aber notwendig, um SchülerInnen die ideologische Position eines jeden Textes bewusst zu machen und ihnen die Möglichkeit zu geben, im Text angelegte und von LeserInnen in den Text mit hineingebrachte geschlechts-, rassen-, klassen- und kulturspezifische Rollenerwartungen zu erkennen.[65] Im dritten Unterkapitel werden daher diese literaturtheoretischen Positionen vorgestellt, begründet und in ihren praktischen Konsequenzen erläutert. Erst nach der Klärung dieser grundsätzlichen literaturdidaktischen Fragen und auf ihrer Grundlage können dann im dritten Kapitel konkrete Vorschläge zur Vermittlung der ausgewählten Romane gemacht werden.

2.1 Zu den Unterrichtszielen

Die Ziele, die sich mit dem Einsatz der ausgewählten Bildungsromane im englischen Oberstufenunterricht verbinden, waren implizit nicht nur schon im vorangehenden Kapitel 1 enthalten, sondern sie haben letztlich auch die Auswahl der hier präsentierten Werke mit motiviert. Sie sollen im Folgenden offengelegt und auf der Grundlage der in Teil I zusammengestellten sozialwissenschaftlichen Ergebnisse zur Identitätsbildung

---

[64] Mit dem ideologiekritischen Ansatz ist nicht das von Lothar Bredella (1976) in seiner *Einführung in die Literaturdidaktik* (Stuttgart: Kohlhammer, 69-79) kritisierte, auch "(ideologie-)kritisch" genannte Konzept von K. Fingerhut gemeint, sondern vielmehr der aus der amerikanischen "radikalen Pädagogik (*radical pedagogy*)" hervorgehende Ansatz der "*critical literacy*", der auf dem rezeptionsästhetischen aufbaut (siehe dazu weiter unten, Kap. 2.3.).

[65] Für eine Ergänzung rezeptionsästhetisch-hermeneutischer um ideologiekritisch-poststrukturalistische Positionen plädiert auch Werner Delanoy. Vgl. Delanoy, W. (1996a). "Die Relevanz der englischsprachigen Literaturpädagogik für die fremdsprachliche Literaturdidaktik." In: Christ, H. & Legutke, M. (Hrsg.). *Fremde Texte verstehen: Festschrift für Lothar Bredella*. Tübingen: Narr, 72-86, hier: 82; sowie ders. (1996b). "Verstehen und Widerstehen im (fremdsprachlichen) Literaturunterricht." In: ders. et al. (Hrsg.). *Lesarten: Literaturunterricht im interdisziplinären Vergleich*. Innsbruck: Studien-Verlag, 52-71.

heute begründet werden. Dabei werden zunächst einige grundsätzliche Überlegungen angeführt, die die Bedeutung der Auseinandersetzung mit Literatur für die Identitätsbildung der SchülerInnen betreffen, bevor dann die speziellen Ziele erläutert werden, die mit dem Einsatz weiblicher Bildungsromane angestrebt werden.

2.1.1 Die Auseinandersetzung mit Literatur als Beitrag zur Identitätsbildung

Eine der wichtigsten, der hier präsentierten Auswahl weiblicher Bildungsromane zugrundeliegenden und noch nicht thematisierten Prämissen ist die Überzeugung, dass Literatur, das Lesen von Literatur und auch der Literaturunterricht eine Hilfe bei der eigenen Identitätsbildung sein können.[66] An dieser Stelle gilt es zu erklären, worin genau diese Hilfestellung liegen könnte. Was ist Literatur, was kann beim Lesen bzw. bei der Auseinandersetzung mit Literatur geschehen, dass es die Identitätsbildung befördern könnte?

Ich sehe vor allem drei verschiedene, miteinander im engen Zusammenhang stehende Möglichkeiten, den potentiellen "Nutzen" einer Auseinandersetzung mit Literatur für die Identitätsbildung zu beschreiben. Diese Möglichkeiten implizieren zugleich, wie sich schnell zeigen wird, einen ganz bestimmten Umgang mit Literatur, der aber erst im übernächsten Unterkapitel genauer vorgestellt wird. Dort werden gewissermaßen die Schlussfolgerungen aus dem hier entwickelten Literaturverständnis gezogen.

Die erste Möglichkeit, die anthropologische Bedeutung[67] der Auseinandersetzung mit Literatur zu beschreiben, lässt sich erkennen, wenn man sich genauer vor Augen führt, was von Lesern und Leserinnen bei der Lektüre von literarischen Texten gefordert wird. Nicht zuletzt die rezeptionsästhetische Forschung hat darauf aufmerksam gemacht, wie aktiv die LeserInnen bei der Bedeutungsbildung eines Textes tatsächlich sind. Die Bedeutung eines Textes steht nämlich nicht von vornherein und für alle Zeiten fest, sondern sie entsteht jeweils in der Interaktion (oder - um mit Louise M. Rosenblatt zu

---

[66] Diese Überzeugung teile ich u.a. mit K.H. Spinner, der untersucht hat, welche Rolle die Identitätsentwicklung (bes. die kognitive Entwicklung) beim literarischen Verstehen spielt. Er kommt bei seiner Untersuchung zu dem Schluss: "Andererseits ist die Rolle, die die Identitätsentwicklung beim literarischen Verstehen spielt, auch Indiz dafür, daß gerade durch den Umgang mit Texten die Identitätsgewinnung wesentlich gefördert werden kann." Spinner, K.H. (1980). "Entwicklungsspezifische Unterschiede im Textverstehen." In: Ders. (Hrsg.). *Identität und Deutschunterricht*. Göttingen: Vandenhoeck & Ruprecht, 33-50, hier: 50.

[67] Auf die anthropologische und pädagogische Bedeutung der ästhetischen Lektüre geht vor allem Lothar Bredella (1996a) in seinem Artikel "The Anthropological and Pedagogical Significance of Aesthetic Reading in the Foreign Language Classroom." In: Ders. & Delanoy, Werner (eds.). *Challenges of Literary Texts in the Foreign Language Classroom*. Tübingen: Narr, 1-29, ein. Z.T. übernehme ich seine Argumente hier, beziehe sie aber - dem Anliegen der Arbeit entsprechend - expliziter auf den Prozess der Identitätsbildung.

sprechen - in der "Transaktion"[68]) zwischen LeserIn und Text. Vor allem bei "poetischen" Texten, die eine Vielzahl von Sätzen enthalten, die "bedeutungsoffen" sind[69], haben die LeserInnen die Aufgabe, die Äußerungen so zu verstehen und zu kontextualisieren, dass sie Sinn machen: "'literary texts initiate 'performances' of meaning rather than actually formulating meanings themselves.'"[70] Wir müssen als LeserInnen selbst aktiv und kreativ werden, um einen Text zu verstehen: "For to perceive, a beholder must *create* his own experience. [...] Without an act of recreation the object is not perceived as a work of art. [...] There is work done on the part of the percipient as there is on the part of the artist."[71] Literarische oder poetische Texte fordern daher im besonderen Maße die kognitiven, affektiven und imaginativen Fähigkeiten ihrer LeserInnen heraus, vor allem die Fähigkeit zur Konsistenz- bzw. Kohärenzbildung sowie zur Bedeutungsbildung. Indem der Literaturunterricht die Förderung dieser kreativen Aktivitäten zum Hauptanliegen des Unterrichts macht, kann er zugleich einen Beitrag zur Identitätsbildung leisten. Denn wie Teil I hat deutlich machen können, sind auch bei der Identitätsbildung mehr denn je Eigenaktivitäten und Kreativität gefordert. Vielleicht mehr als früher stehen die Einzelnen unter dem Druck, sich im Kontext der jeweiligen Umwelt und unter dauernder Abstimmung mit anderen selbst zu entwerfen oder zu erfinden (vgl. Teil I, Kap. 2.1.1). Das erfordert nicht nur ein hohes Maß an Aktivität, Flexibilität und Kreativität, sondern es setzt auch voraus, dass die Einzelnen in der Lage sind, ihre Umwelt und ihren sozialen Kontext zu verstehen und zu interpretieren, um angemessen handeln zu können. Die Auseinandersetzung mit Literatur und das Gespräch darüber mit anderen im Unterricht kann die Ausbildung all dieser Fähigkeiten fördern, denn: "[...] the status of literary fictions and the stance we adopt towards them are refinements of the narrative imagination that we use daily to make sense of our actual environment and experiences. The corollary is that we read words in much the same way as we read worlds [...]"[72]. Zwischen der Deutung von Texten und Lebensereignissen besteht kein großer Unter-

---

[68] Vgl. u.a. Rosenblatt, Louise M. (1978). *The Reader, the Text, the Poem: The Transactional Theory of the Literary Work*. Carbondale: Southern Illinois University Press, bes. 6ff. "The Poem as Event".

[69] Nach Diane Blakemore sind es vor allem die Offenheit und Uneindeutigkeit poetischer Texte, die die Aktivität der LeserInnen in besonderem Maße herausfordern: "Poetic utterances are distinguished from the more mundane cases of communication by the way that they encourage the hearer to take a greater share of the interpretation process, so that the extra effort she invests is rewarded by a wide array of very weak implicatures, which she is encouraged to explore." Blakemore, Diane (1992). *Understanding Utterances*. Oxford: Blackwell, 177.

[70] Bruner, Jerome (1986). *Actual Minds, Possible Worlds*. Cambridge, Mass.: Harvard University Press, 25, mit Bezug auf Wolfgang Iser.

[71] Dewey, John (1980). *Art as Experience*. 1934. New York: Berkley Publishing Group, 54. (Hervorhebung im Original)

[72] Benton, Michael (2000). *Studies in the Spectator Role: Literature, Painting and Pedagogy*. London: Routledge, 14.

schied - die Fähigkeit zur Konsistenz- und Bedeutungsbildung ist in beiden Fällen gefragt.[73] Insofern SchülerInnen im Literaturunterricht aktiv werden dürfen und zu ihrer eigenen Bedeutungsbildung ermutigt werden, und insofern sie zum Gespräch mit dem Text und zum Austausch mit anderen und deren Bedeutungsbildungen angeregt werden (was wiederum soziale Kompetenzen fördert), können sie Fähigkeiten erwerben, die für die Entwicklung ihrer Identität von zentraler Bedeutung sind.

Eine der wichtigen identitätsrelevanten Fähigkeiten, die durch die Begegnung mit Literatur und insbesondere mit literarisch vermittelten Lebensgeschichten gefördert werden kann, soll besonders hervorgehoben werden: die Fähigkeit des Fremdverstehens.[74] Fremdverstehen ist ein zentraler Bestandteil der Identitätsbildung, denn Identität gewinnt der/die Einzelne in der Interaktion mit anderen. Um auf andere sinnvoll Bezug nehmen zu können, um sich selbst verständlich machen zu können, muss der/die Einzelne andere verstehen können. Das erfordert komplexe Interpretationsleistungen, denn die sprachlichen und körperlichen Zeichen, mit denen sich andere zu verstehen geben, sind nie eindeutig.[75] Literatur bietet nun mit ihrer Darstellung von Charakteren und ihren Handlungen vielfältige Möglichkeiten zur Erprobung der Fähigkeit des Fremdverstehens an. "Through poems and stories and plays, the child becomes aware of the personalities of different kinds of people. He learns to imaginatively 'put himself into the place of the other fellow.' He becomes better able to foresee the possible repercussions of his own actions in the life of others. In his daily relations with other people, such

---

[73] Vgl. auch Krusche, Dietrich (1985). "Lese-Unterschiede: Zum interkulturellen Leser-Gespräch." In: Wierlacher, Alois (Hrsg.). *Das Fremde und das Eigene: Prolegomena zu einer interkulturellen Germanistik*. München: iudicum, 369-390, hier: 372: "Das Vermögen (und das Bedürfnis), das wir dabei [beim Lesen, bzw. beim Reagieren auf die "Appellstruktur" eines Textes] aktivieren und ausleben, ist das der *Konsistenzbildung*. Ohne diese Anstrengung der Konsistenzbildung käme es nicht zur Ausprägung dessen, was - in einem modernen Sinne des Wortes - die Erfahrung von "Identität" ausmacht." (Hervorhebung im Original)

[74] Henriette Herwig (1980), die in ihrem Artikel "Identität und Fremdverstehen in interaktionistischer und literaturdidaktischer Sicht" (In: Spinner, K.H. (Hrsg.). *Identität und Deutschunterricht*. Göttingen: Vandenhoeck & Ruprecht, 15-32) ihren literaturdidaktischen Überlegungen im Unterschied zu mir das interaktionistische Identitätsmodell von Lothar Krappmann zugrundelegt, zeigt darüber hinaus, wie durch Literaturunterricht auch noch die - nach Krappmann - für die "Identitätsbalance" notwendigen Fähigkeiten der Rollendistanz, Ambiguitätstoleranz und Selbstdarstellung gefördert werden können. Ich greife hier nur den Aspekt des Fremdverstehens heraus, weil er mir einerseits der zentralste von allen zu sein scheint und zum anderen, weil dem *Fremd*verstehen im *Fremd*sprachenunterricht noch einmal eine besondere Bedeutung zukommt (vgl. dazu u.a. das Kapitel "Aesthetic Reading and Intercultural Understanding" in Bredella 1996a, 15ff.).

[75] Virginia Woolf beschäftigt sich in ihrem Essay "Mr. Bennett and Mrs. Brown" mit der Kunst des Charakterstudiums und betont: "Indeed it would be impossible to live for a year without disaster unless one practised character-reading and had some skill in the art." Woolf, V. (1950). "Mr. Bennett and Mrs. Brown." *The Captain's Death Bed and Other Essays*. New York: Harcourt, Brace and Company, 94-119, hier: 95.

sensitivity is precious."⁷⁶ Literatur kann also nicht nur helfen, die Fähigkeit andere zu verstehen weiter auszubilden, sondern sie vermag darüber hinaus auch zur Erhöhung der Sensibilität gegenüber anderen beizutragen. Zugleich kann dieses Fremdverstehen, dieses Kennenlernen anderer aus der Innenperspektive, aber auch zum Hinterfragen der eigenen Position führen. Die Begegnung mit anderen (Charakteren im Text beispielsweise) kann zu einer Aufforderung für die LeserInnen werden, sich ihrer "Vor-Urteile" (im Sinne Gadamers) bewusst zu werden, sich abzugrenzen oder ggf. zu ändern. Lothar Bredella und Werner Delanoy meinen sogar: "[...] the encounter with others is necessary for a critical reflection of our perspectives."⁷⁷ So kann diese Begegnung, wenn sich der/die Leser/in denn darauf einlässt, zu einem Identitätszuwachs führen, insofern sie den Leser und die Leserin zu einer neuen Positionsbestimmung herausfordert.

Eine dritte Möglichkeit, die Bedeutung der Auseinandersetzung mit Literatur für die Identitätsbildung zu beschreiben, liegt in der Erkenntnis der Ähnlichkeit zwischen "Text" und Wirklichkeit. War man bis ca. 1970 davon ausgegangen, dass Wirklichkeit einem Text vorgängig ist und außerhalb von ihm als etwas "Vorgegebenes", "Natürliches" existiert, so hat sich seitdem die Erkenntnis durchgesetzt, dass diese Unterscheidung zwischen Literatur/Text und Wirklichkeit nicht mehr so leicht zu halten ist:

> [...] our sense of life or experience is far from 'natural' or given. It is from the first mediated through cultural forms - images and words - which allow us to differentiate and so impose a sense of order on what would otherwise be only an unboundaried, continuous flow of sensory stimuli. We can know our world only because we can represent it to ourselves. Representation is perhaps the most fundamental of all human activities, structuring our consciousness of ourselves and of external reality.⁷⁸

Zur Veranschaulichung dieses Zusammenhangs führt Pam Morris das folgende Beispiel an: "[...] how could a child acquire any sense of self if it could not represent itself in words, if it could say or think 'me' as opposed to 'you', 'I am a girl, not a boy', 'I am small, not big', 'I am good, not bad', and so on?" (Morris 1993, 7) Und sie fügt erläuternd hinzu:

> As we gain the ability to represent ourselves, our experience and our world by means of language, so we inevitably come to perceive our world through the system of values inherent in the words we use. To name or know myself as a 'girl' and not a 'boy' is to assume, or to internalize, all the cultural implications contained in that word." (Ebd.)

Hier wird deutlich, welche immense Bedeutung der Sprache in der Begegnung mit der Wirklichkeit zukommt: "[...] human experience is 'essentially linguistic'."⁷⁹ Die Sprache

---

⁷⁶ Rosenblatt, Louise, M. (1976). *Literature as Exploration*. 3rd ed. New York: Nobel and Nobel, 184.

⁷⁷ Bredella, Lothar & Delanoy, Werner (1996). "Introduction." In: Dies. (eds.). *Challenges of Literary Texts in the Foreign Language Classroom*. Tübingen: Narr, VII-XXVIII, hier: IX.

⁷⁸ Morris, Pam (1993). *Literature and Feminism: An Introduction*. Oxford: Blackwell, 7.

⁷⁹ Rorty, Richard M. (1996). "Hermeutics, General Studies, and Teaching." In: Ahrens, Rüdiger & Volkmann, Laurenz (eds.). *Why Literature Matters: Theories and Functions of Literature*. Heidelberg:

prägt unser Bewusstsein von uns selbst. Wir "sind" wesentlich sprachlich. Sprache ist aber kulturell geprägt. Indem wir über uns sprechen, bedienen wir uns kultureller Denkmuster. Literarische Texte sind ein Ort, an dem uns kulturell geprägte Denkmuster über die Sprache vermittelt werden. Sie können dadurch Einfluss nehmen auf unsere Sicht der Wirklichkeit. Sie können bisherige Denkmuster verstärken oder durchbrechen, unbewusst übernehmen oder kritisieren. Gute Literatur und vielleicht gerade fremdsprachliche, d.h. ja zugleich fremdkulturelle Literatur kann uns aufmerksam machen auf das, was wir als vermeintlich "natürlich" ansehen und uns damit eine neue Sicht der Dinge ermöglichen. Insofern fordert Literatur geradezu zur Auseinandersetzung mit uns selbst und unserer Welt im Medium der Sprache auf. Sie gibt uns sprachliche und damit reale Möglichkeiten, die Wirklichkeit anders zu sehen und damit zu verändern. Ein Zuwachs an Sprache bedeutet zugleich einen Identitätsgewinn durch das Eröffnen neuer Möglichkeiten, sich und die Welt zu verstehen und zu "repräsentieren".[80]

2.1.2 Ziele der Auseinandersetzung mit weiblichen Bildungsromanen

Wenn die Auseinandersetzung mit Literatur allgemein schon einen Beitrag zur Identitätsbildung liefern kann, insofern sie hilft, die identitätsrelevanten Fähigkeiten der Kohärenz- bzw. Bedeutungsbildung, des Fremdverstehens und des "Repräsentationsvermögens" weiterzuentwickeln, stellt sich nun die Frage, was darüber hinaus mit der Lektüre weiblicher Bildungsromane erreicht werden soll. Dazu bietet sich ein Rückblick auf die Ergebnisse des Teil I der Arbeit an.

Teil I hatte vor Augen geführt, wie sich die Identitätsentwicklungen von Jungen und Mädchen tendenziell (noch immer) unterscheiden. Nicht zuletzt aufgrund geschlechtsspezifischer gesellschaftlicher Voraussetzungen und Anforderungen verläuft die Identitätsentwicklung von jungen Frauen anders als die der jungen Männer. Als zentrale Unterschiede stellten sich heraus: unterschiedliche Erwartungen an Jungen und Mädchen hinsichtlich der Vereinbarkeit von Familie und Beruf, unterschiedliche Bewertungen ihrer Sexualität sowie eine unterschiedlich starke Virulenz des Konflikts zwischen Autonomie und Bindung. Inwieweit diese Unterschiede kulturell bedingt und damit veränderbar sind, oder was davon biologisch bzw. "natürlich" vorgegeben ist, lässt sich nicht mit letzter Sicherheit sagen. Doch die Reflexionen zur "Kategorie Geschlecht" (Teil I, Kap. 3) haben zum einen deutlich gemacht, dass es in anderen Kulturen ganz

---

Winter, 23-36, hier: 25 mit Bezug auf Gadamer.

[80] Zum Zusammenhang zwischen Sprache, Erzählung und Identität vgl. Worthington, Kim L. (1996). *Self as Narrative: Subjectivity and Community in Contemporary Fiction.* Oxford: Clarendon, 191: "We are not only constructed, but also construct, in language [...] personal identity *is* the process of continuing narrative modulation and assimilation." (Hervorhebung im Original)

andere Vorstellungen und Realisierungen von Geschlecht und damit auch von geschlechtlicher Identitätsbildung gibt, so dass unsere Auffassung von Geschlecht nicht mehr einfach als "natürlich" und gegeben angenommen werden muss. Zum anderen wurde in dem Kapitel betont, dass der Mensch uns nie rein "natürlich" entgegentritt, sondern dass er immer schon in einem kulturellen Kontext steht, und dass daher nicht so leicht zu bestimmen ist, was an seinem Geschlecht natürlich und was kulturell überformt ist. Das heißt, es kann zumindest davon ausgegangen werden, dass Identitätsentwicklung nicht notwendig die geschlechtsspezifische Form annehmen muss wie bislang in unserer Gesellschaft üblich bzw. wie oben beschrieben. Veränderungen sind vorstellbar und möglich.

Aus diesen Einsichten lassen sich nun die folgenden Schlussfolgerungen ziehen, die für die Bestimmung der konkreten Unterrichtsziele von Bedeutung sind. Zunächst ist es wichtig, die geschlechtsspezifischen Unterschiede in der Identitätsbildung erst einmal zur Kenntnis zu nehmen. Sodann gilt es kritisch zu fragen und zu analysieren, warum es diese Unterschiede gibt und wie sie zu bewerten sind. Dabei werden Benachteiligungen und gesellschaftlich bedingte Ungerechtigkeiten offensichtlich, und die Frage drängt sich auf, wie sie individuell überwunden und gemeinschaftlich verändert werden können. Als Unterrichtsziele formuliert bedeutet das: die SchülerInnen erkennen in der Auseinandersetzung mit weiblichen Bildungsromanen und im Vergleich mit ihren eigenen Erfahrungen, dass es kulturell unterschiedliche Bedingungen für die Identitätsbildung von Jungen und Mädchen gibt; sie werden sich möglicher systembedingter Ungerechtigkeiten bewusst und entwickeln ein Bedürfnis nach Veränderung für sich und/oder für andere; sie überlegen persönliche und kollektive Strategien zur Überwindung der Beschränkungen. Inwiefern sich weibliche Bildungsromane allgemein zur Erreichung dieser Ziele eignen, wurde bereits in Kapitel 1.2 erörtert. Für die besondere Eignung der ausgewählten Romane verweise ich auf Kapitel 3 dieses Teils.

Bevor nun im Unterkapitel 2.3 die Konsequenzen erläutert werden können, die sich aus diesen hier erläuterten Zielen der Auseinandersetzung mit weiblichen Bildungsromanen für den Unterricht ergeben, müssen noch die Erkenntnisse der feministischen Literaturwissenschaft zum Einfluss des Geschlechts auf die Produktion und Rezeption eines literarischen Textes berücksichtigt werden. Denn nur so kann sichergestellt werden, dass die Auseinandersetzung mit den ausgewählten Romanen tatsächlich zu einer gleichberechtigten Förderung der Identitätsbildung von Jungen *und* Mädchen beitragen kann.

2.2 Erkenntnisse feministischer Forschung

Zu den wichtigsten Erkenntnissen der feministischen Literaturwissenschaft gehört die Einsicht in die soziokulturelle Bedingtheit des Schreibens wie auch des Lesens eines Textes. Während die textorientierte feministische Forschung ihr Interesse auf die Bedingungen der Konstruktion von Texten richtet und kritisch danach fragt, welches Frauenbild ein Text vermittelt und inwiefern dieses von der soziokulturellen Situation der Autorin/des Autors mitbestimmt ist, geht die rezeptionsorientierte feministische Forschung der Frage nach, welchen Einfluss der soziokulturelle Kontext der LeserInnen auf das Lesen eines Textes hat. Bezogen auf die jeweiligen Texte lauten die Fragen der feministischen Literaturwissenschaft: Welches Frauenbild bietet der Text bzw. welche Position nimmt der Text hinsichtlich der Geschlechterproblematik ein? Stützt oder kritisiert der Text die dominante patriarchale Ideologie? Und bezogen auf die Rezeption der Texte heißt es: Wie beeinflusst die soziokulturelle Position der LeserInnen, und vor allem ihr Geschlecht, das Lesen eines Textes? Welchen Einfluss nehmen überkommene Lesestrategien auf die Lektüre eines Romans? Insofern die Erkenntnisse der feministischen Forschung zu diesen beiden Aspekten im Zusammenhang dieser Arbeit relevant sind, sollen sie im Folgenden angeführt werden.

2.2.1 Die Bedeutung des soziokulturellen Kontextes für das Schreiben eines Textes - *Gender* und die Produktion eines Textes

Um zu verstehen, was mit der Erkenntnis der Bedeutung der soziokulturellen Bedingtheit des Schreibens gemeint ist und welche Bedeutung dieser heute eher selbstverständlich erscheinenden Auffassung zukommt, ist es wichtig, sich kurz den literaturwissenschaftlichen Zusammenhang vor Augen zu führen, in dem bzw. gegen den sich diese Erkenntnis durchgesetzt hat.

Zwischen etwa 1930 und 1960 wurde die Literaturwissenschaft von der literaturtheoretischen Richtung des sog. *New Criticism* (in die Germanistik als "immanente Methode" übernommen) dominiert. "The New Critics were the first group in Britain and the United States to claim that literary criticism could be a completely self-sufficient discipline, without relying upon an extra-literary apparatus of linguistic and historical skills, and that this could be achieved by concentrating on the close study of literary texts."[81] In Analogie zu den Naturwissenschaften versuchte der *New Criticism* die Analyse von Literatur auf eine wissenschaftlich "objektive" Stufe zu stellen. Er ging

---
[81] Seldon, Raman (1989). *Practicing Theory and Reading Literature: An Introduction.* Lexington, Kentucky: University of Kentucky, 3.

davon aus, dass sich die Bedeutung eines Textes in seinen Worten verbarg, und dass es eines besonderen Trainings des Kritikers bedurfte, um die volle Bedeutung eines Textes erfassen zu können. Daher entwickelte er ein detailliertes Instrumentarium zur Interpretation literarischer Texte, die sogenannte Methode des *close reading*.[82] Der Text selbst stand bei der Interpretation im Mittelpunkt, während die Intention des/r Autors/in oder die Reaktionen der LeserInnen nicht zur Erkenntnis und Bewertung des literarischen Textes herangezogen wurden. Der *New Criticism* löste den Text aus seinen biographischen, sozialen und (rezeptions-)geschichtlichen Bezügen und betonte seine Autonomie.

Nicht nur unter dem Einfluss des Feminismus in den 1960er Jahren kam nun diese literaturtheoretische Richtung in die Kritik. "The old hegemony has been challenged by structuralist, psychoanalytic, neo-Marxist, deconstructive, neo-formalist, reader-response and feminist critical schools (to name only the most prominent)." (Seldon, 1989, 7) Für die Kritik der Feministinnen war vor allen Dingen die Entdeckung ausschlaggebend, dass unter dem Einfluss des *New Criticism* fast nur Werke von Männern als tradierenswerte Klassiker in den literarischen Kanon aufgenommen wurden. Wie war es dazu gekommen? Gab es keine ebenso wertvollen Werke von Frauen? Die Suche nach Antwort auf diese Fragen führte zunächst bzw. einerseits zu einer genaueren Untersuchung der *männlichen* Klassiker sowie des ganzen kritischen Literaturbetriebs, der die "Kanonizität" dieser Werke perpetuierte.

Die Re-Lektüre der männlichen Texte aus feministischer Perspektive ließ schon bald erkennen, dass in diesen überwiegend misogyne Frauenbilder zur Darstellung kommen: "[...] male-authored texts tend to construct female characters as passive objects of a masculine gaze, which is frequently voyeuristic and almost invariably judgemental. In such works women are taught to be ashamed of their own bodies, to deny their sexuality as unfeminine, unlawful, shameful." (Morris 1993, 63f.) Indem Autoren Frauen als das "andere" Geschlecht konstruieren, ist es ihnen möglich, in sie all das zu projizieren, was sie bedroht:

> In other words, by seeing women as other to themselves, as not-men, men can read into 'femininity' whatever qualities are needed to construct their sense of the masculine. So, a mythicized 'Woman' becomes the imaginary location of male dreams, idealizations and

---

[82] Die Methode hat bis heute maßgeblichen Einfluss auch auf den Literaturunterricht an deutschen Schulen und Universitäten. Vgl. dazu Bredella, Lothar (1995). "Literaturwissenschaft." In: Bausch, K.-R. et al. (Hrsg.). *Handbuch Fremdsprachenunterricht*. 3., überarb. und erw. Auflage. Tübingen: Francke, 58-66, hier: 60, sowie ein Fazit aus der Praxis bei Hermes, Liesel (1995). "Learning Logs als Instrument der Selbstkontrolle und als Evaluation in literaturwissenschaftlichen Proseminaren." In: Börner, Wolfgang & Vogel, Claus (Hrsg.). *Der Text im Fremdsprachenunterricht*. Bochum: AKS-Verlag, 85-98, bes. 86: "Offensichtlich haben die Interpretationsverfahren des *New Criticism* immer noch ein beachtliches Gewicht im englischen Literaturunterricht, die bei überwiegend frontalem Unterricht zu einem eindeutigen Interpretationsergebnis führen, das den SchülerInnen suggeriert, es gebe nur dieses eine Ergebnis und das sei richtig."

fears: throughout different cultures 'femininity' is found to represent nature, beauty, purity and goodness, but also evil, enchantment, corruption and death. (Ebd. 14)

Es ist nicht ganz leicht, Wege zu finden, diese in den Texten enthaltenen Ideologien zu entlarven und zu dekonstruieren. Denn die Dominanz männlicher Texte, die Präsentation dieser Texte als universal, hatte nicht zuletzt auch dazu geführt, dass Frauen diese Texte wie Männer lasen und diese Ideologien nicht direkt durchschauten. Ein großer Teil feministischer Literaturkritik beschäftigt sich daher mit dem Entwurf von Strategien des "widerstehenden" Lesens und der Neuinterpretation von männlichen Texten aus feministischer Perspektive.[83] Zu diesen Strategien gehört u.a. eine genaue Analyse der verwendeten Erzählperspektive sowie des Plots. Denn die Erzählperspektive ist eines der wichtigsten Mittel, um die LeserInnen zur Übernahme der Werte und der Ideologie eines Textes zu bewegen. Wie werden die Sympathien der LeserInnen durch den/die ErzählerInnen gelenkt? In welche Romanfiguren erhalten die LeserInnen Einblick, in welche nicht? Aber auch in der Konstruktion der Handlung drückt sich eine bestimmte Weltsicht aus, insofern eine dargestellte Entwicklung fast immer als "natürlich" oder unvermeidbar erscheint.

Andererseits und sodann wandte sich das Interesse feministischer Literaturwissenschaftlerinnen schon bald Texten von Frauen zu, zunächst in der Absicht, dort die in männlichen Texten unterdrückte weibliche Stimme zu finden. Das führte erst einmal zur Entdeckung einer Unmenge von weiblichen, bislang nicht bekannten, von der männlichen Tradition verdrängten Texten, die z.T. einen Ausgleich zu den misogynen Frauenbildern der männlichen Texte bieten. Aber nur zum Teil, denn bei der Re-Lektüre von weiblichen Texten stellte sich bald heraus, dass auch Texte von Frauen unter dem Einfluss des soziokulturellen und vor allem des patriarchalen Kontextes stehen, in dem sie entstanden sind. Autorinnen hatten nicht die Möglichkeit, sich so einfach über männlich geprägte literarische Konventionen hinwegzusetzen. Dennoch hat die feministische literaturwissenschaftliche Forschung einige subversive Strategien entdecken können, derer sich manche Autorinnen bedienten, um unter der konventionellen Oberfläche unterschwellig Kritik zu üben und sich Raum zu verschaffen. Elaine Showalter trägt diesen Strategien produktionsästhetisch Rechnung, in dem sie das Konzept des *double-voiced discourse*[84] entwickelt.

---

[83] Vgl. dazu die Untersuchungen und Vorschläge der bereits weiter oben zitierten Judith Fetterley, vor allem in ihrem Werk: (1978). *The Resisting Reader: A Feminist Approach to American Fiction.* Bloomington: Indiana University Press.

[84] Vgl. u.a. Showalter, Elaine (1986). "Feminist Criticism in the Wilderness." In: Dies. (ed.). *The New Feminist Criticism: Essays on Women, Literature, and Theory*. London: Virago, 243-271. Sigrid Weigel spricht analog vom "schielenden Blick", vgl. Weigel, Sigrid (1983). "Der schielende Blick: Thesen zur Geschichte weiblicher Schreibpraxis." In: Stephan, Inge & Weigel, Sigrid (Hrsg.). *Die verborgene Frau: Sechs Beiträge zu einer feministischen Literaturwissenschaft*. Berlin: Argument, 83-138.

> Gemeint ist damit, daß Frauen in ihren sprachlichen und literarischen Äußerungen mit dem einen Auge auf die an sie gerichteten patriarchalischen Erwartungen schielen, das andere auf ihre zutiefst eigenen Wünsche und Bedürfnisse richten und diese zu artikulieren versuchen. Sie schwanken also teils bewußt, teils unbewußt zwischen Anpassung und Abweichung. Dies kann in unterschiedlichen Mischungsverhältnissen und mit unterschiedlicher Deutlichkeit in einzelnen Texten zum Ausdruck kommen.[85]

Insbesondere für Texte von Frauen aus der Zeit vor der Frauenbewegung der 1960er Jahre, die weniger explizit feministisch sind, lohnt es sich, diesen *double-voiced discourse* aufzuspüren. Wie versuchen sich die Autorinnen der dominanten Ideologie des Patriarchats zu widersetzen? Wo lassen sich Widersprüche im Text entdecken, die auf den Konflikt von Anpassung und Abweichung hinweisen und feministisches Potential enthalten? In Charlotte Brontes Roman *Jane Eyre* beispielsweise finden sich die Widersprüche in der Gestaltung der gleichnamigen Protagonistin. Sie wird als eine sehr unabhängige und selbstständige junge Frau dargestellt, die aber dann doch ihre Selbstständigkeit zugunsten des Mannes, den sie liebt, aufgibt. Damit wird das traditionelle Plotmuster, das für Frauen die Ehe als Entwicklungsziel vorschreibt, erfüllt. Dadurch aber, dass ihr Bräutigam in der Romanfiktion vor dem Happyend zum Blinden und Kranken gemacht wird, wird ihr auf eine subtile Art und Weise eine gewisse Überlegenheit gesichert.[86] "Der schielende Blick richtet sich mit einem Auge auf die akzeptierte Konvention der Heirat als glückliches Ende und zum anderen auf eine Abweichung davon in der Wahrung einer gewissen Selbständigkeit der Frau." (Würzbach 1995a, 143) Es wird deutlich: Um diese Widersprüche und damit das feministische Wirkungspotential erkennen zu können, ist es unabdingbar, die (literarischen) Konventionen zu kennen sowie den historischen und soziokulturellen Kontext, auf den sich der Text bezieht.

Im Rahmen dieser Arbeit sind diese Kenntnisse vor allem bei der Interpretation der älteren Werke *The Awakening* und *Summer* relevant, aber auch die Auseinandersetzung mit den anderen ausgewählten weiblichen Bildungsromanen wird im Sinne einer echten Begegnung zwischen Text und LeserIn nicht ohne eine Kenntnis des soziokulturellen Kontextes auskommen, in dem die Texte entstanden sind und aus dem heraus und über den sie sprechen. Aus feministischer Sicht gilt es, bei jeder Textinterpretation auf Folgendes zu achten: "No representation tells as it is; all representation has to be seen as the site of ideological contestation - linguistic space where opposing views engage in a struggle for dominance." (Morris 1993, 65) Es ist eine Aufgabe der feministischen

---

[85] Würzbach, Natascha (1995a). "Einführung in die Theorie und Praxis der feministisch orientierten Literaturwissenschaft." In: Nünning, Ansgar (Hrsg.). *Literaturwissenschaftliche Theorien, Modelle und Methoden: Eine Einführung.* Trier: WVT, 137-152, hier: 142f.

[86] *Jane Eyre* wird häufig als Beispiel angeführt. Es geht zurück auf die feministische Interpretation von Gilbert, Sandra M. & Gubar, Susan (1979). *The Madwoman in the Attic: The Woman Writer and the Nineteenth-Century Literary Imagination.* New Haven: Yale University Press, hier: 248-308.

Textinterpretation herauszufinden, um welche Ideologie(n) bezogen auf das Geschlecht es sich genau handelt, die ein Text vermittelt bzw. zu vermitteln sucht.[87]

2.2.2 Die Bedeutung des soziokulturellen Kontextes für das Lesen eines Textes - *Gender* und die Rezeption eines Textes

Der Text, den ein/e Autor/in zur Lektüre anbietet, ist der eine Pol, mit dem sich die feministische Literaturwissenschaft auseinandersetzt: Ein Text sendet bestimmte Signale, macht gewisse Vorgaben und enthält bestimmte Ideologien, auf die die LeserInnen eingehen oder zu denen sie sich kritisch verhalten können. In den letzten Jahrzehnten ist aber mit der Rezeptionsästhetik bzw. dem in den USA so bezeichneten *Reader-Response Criticism* eine Gegenbewegung zum *New Criticism* entstanden, die ihre Aufmerksamkeit weniger den einzelnen Texten, sondern vielmehr den einzelnen LeserInnen bzw. dem Akt des Lesens selbst zuwendet. Die Rezeptionsästhetik interessiert sich vor allem für die Aktivitäten der LeserInnen bei der Bedeutungsbildung eines Textes. Wie lesen LeserInnen? Was tun sie beim Lesen? Was spielt eine Rolle bei der Lektüre eines Textes? Was ist verantwortlich für verschiedene Interpretationen ein und desselben Textes? Ist der/die Leser/in vielleicht "stärker" als der Text? Bestimmt der/die Leser/in den Text, oder umgekehrt? Dies sind nur einige der zahllosen Fragen, mit denen sich die Rezeptionsästhetik seit ihrem Entstehen in den 1970er Jahren beschäftigt.

Auch wenn bei weitem keine Einigkeit herrscht in diesem wachsenden Forschungsgebiet, so hat die Rezeptionsforschung doch zumindest ein Ergebnis erbracht, das unumstritten zu sein scheint. Es ist die Erkenntnis, dass das, was die LeserInnen in die Lektüre eines Textes einbringen, für die Interpretation des Textes mitentscheidend ist. "All share the phenomenological assumption that it is impossible to separate perceiver from perceived, subject from object."[88] Das heißt, wie ein Leser oder eine Leserin einen Text versteht, ist nicht allein vom Text vorgegeben, sondern wird (entscheidend?, auch?, eigentlich nur? - in dieser Qualifizierung bestehen die Unterschiede zwischen den

---

[87] Unter dem Einfluss der Kritik von schwarzen, lesbischen, marxistischen und postkolonialen Feministinnen hat sich der Blick für die Ideologie eines Textes geweitet. Für lange Zeit hatten weiße, zumeist sozial privilegierte Feministinnen für sich in Anspruch genommen, für alle Frauen zu sprechen. Durch diese "hegemoniale" Tendenz des frühen Feminismus wurden die jeweils spezifischen politischen, gesellschaftlichen und kulturellen Kontexte einer (literarischen) Äußerung zu wenig beachtet. Die Unterschiede zwischen den Frauen kamen nicht in den Blick. Durch eine "ideologiekritisch feministische" Lektüre sollen diese Unterschiede nun besser berücksichtigt werden.

[88] Benton, Michael & Brumfit, Christopher (1993). "English Literature in a World Context." In: Dies. (eds.). *Teaching Literature: A World Perspective*. London: MacMillan, 1-7, hier: 2.

verschiedenen rezeptionsästhetischen Positionen[89]) davon abhängen, wann, wo, in welchem Rahmen (z.B. Schule, privat etc.), mit welchem Vorwissen, mit welcher Absicht er oder sie ihn liest und auch davon, wer der oder die Leser/in ist, ob alt oder jung, ob eine schwarze oder weiße Amerikanerin, ein Bauer oder eine Akademikerin und nicht zuletzt, ob eine Frau oder ein Mann. Die Bedeutung des Geschlechts für die Rezeption eines Textes wurde von den feministischen Forscherinnen in die Debatte eingebracht: "Reader-response theorists are responsible for focusing attention on the reader; feminist critics are responsible for adjusting this focus to include gender."[90] Inwiefern spielt das Geschlecht des Lesers bzw. der Leserin beim Lesen eine Rolle? "If readers differ in their approach to texts, how much of this difference can be attributed to gender?" (Schweickart & Flynn 1986, XII) Wie lesen Frauen, wie lesen Männer? Worin bestehen eventuelle Unterschiede? Lesen Frauen Texte von Männern anders als Texte von Frauen? Diese und andere Fragen werden seitdem auf vielfältige Weise erforscht.[91]

Es ist nicht leicht, die Forschungsergebnisse zum Einfluss des Geschlechts auf die Rezeption von Texten zusammenzufassen, denn nicht alle Untersuchungen gehen vom gleichen *Gender*begriff aus oder von einem vergleichbaren Verständnis des Leseprozesses. Im Folgenden möchte ich dennoch zwei zentrale Ergebnisse hervorheben, die sich aus diesen unterschiedlichen Untersuchungen herauskristallisieren..

---

[89] Eine mittlere Position, die weder die Bedeutung des Textes noch die der LeserInnen einseitig betont, nehmen u.a. Lothar Bredella, Elizabeth A. Flynn and Patrocinio P. Schweickart sowie Louise M. Rosenblatt ein. Die "Machtlosigkeit" des Textes gegenüber den LeserInnen betonen u.a. David Bleich und Stanley Fish. Vgl. Bredella, Lothar (1994). "Two Concepts of Art: Art as Truth or as Dialogue." In: Hoffmann, Gerhard & Hornung, Alfred (eds.). *Affirmation and Negation in Contemporary American Culture*. Heidelberg: C. Winter, 89-134; Schweickart, P.P. & Flynn, E.A. (1986). "Introduction." In: Dies. (eds.). *Gender and Reading: Essays on Readers, Texts, and Contexts*. Baltimore: The Johns Hopkins University Press, IX-XXX; Rosenblatt, L.M. (1978). *The Reader, the Text, the Poem: The Transactional Theory of the Literary Work*. London: Southern Illinois University Press; Bleich, D. (1975). *Readings and Feelings: An Introduction to Subjective Criticism*. Urbana, Ill.: National Council of Teachers of English; Fish, St. (1980). *Is There a Text in This Class? The Autonomy of Interpretive Communities*. Cambridge, Mass.: Harvard University Press.

[90] Gabriel, Susan L. (1990). "Gender, Reading, and Writing: Assignments, Expectations, and Responses." In: Dies. & Smithson, Isaiah (eds.). *Gender in the Classroom: Power and Pedagogy*. Urbana: University of Illinois Press, 127-139, hier: 129.

[91] Beispielhaft seien vier amerikanische Sammelbände genannt, aus denen im Folgenden häufiger zitiert wird: Flynn, Elizabeth A. & Schweickart, Patrocinio P. (eds.) (1986). *Gender and Reading: Essays on Readers, Texts, and Contexts*. Baltimore: The Johns Hopkins University Press; Gabriel, Susan L. & Smithson, Isaiah (eds.) (1990). *Gender in the Classroom: Power and Pedagogy*. Urbana: University of Illinois Press; McCracken, Nancy Mellin & Appleby, Bruce C. (eds.) (1992). *Gender Issues in the Teaching of English*. Hanover, NH.: Boynton/Cook Publishers sowie Mills, Sara (ed.) (1994). *Gendering the Reader*. New York: Harvester Wheatsheaf. Zu deutschen Veröffentlichungen vgl. Klüger, Ruth (1996). *Frauen lesen anders: Essays*. München: dtv; sowie: Kugler-Euerle, Gabriele (1998). *Geschlechtsspezifik und Englischunterricht: Studien zur Literaturdidaktik und Rezeption literarischer Texte am Beispiel Doris Lessings*. Trier: WVT.

Das erste Ergebnis betrifft den Nachweis, dass das Geschlecht überhaupt eine Rolle spielt beim Lesen und Verstehen eines Textes. Es gibt sowohl empirische Untersuchungen als auch theoretische Argumentationen, die den Einfluss des Geschlechts auf die Rezeption eines Textes zu belegen versuchen, sowie Bemühungen, beides zu integrieren. Ein Ansatz, der verdeutlichen kann, inwiefern das Geschlecht beim Verstehen eines Textes eine Rolle spielt, kommt aus der neueren Kognitionspsychologie, genauer: aus der Schematheorie. Dieser Theorie zufolge baut das Verständnis eines Satzes immer auf das Wissen, die Vor-Kenntnisse oder auch die "Schemata" der/desjenigen auf, die/der den Satz verstehen will. Der Text macht eine gewisse Vorgabe, welches Schema aktiviert wird, doch zugleich bestimmt das Schema, das sich aus vielen vorhergehenden Verstehensoperationen zusammensetzt, wie der Text verstanden und erinnert wird: "[...] a schema [...] provides the framework necessary to understand the sentence."[92] Zur Veranschaulichung erläutern Crawford & Chaffin die kognitiven Leistungen, die ein/e Leser/in vollbringt, um den folgenden Satz "The little girl heard the ice cream man and rushed upstairs to get her piggy bank" zu verstehen: "the reader is required to bring to bear knowledge about ice cream vending systems, taste preferences of children, conventions governing purchasing, and the financial resources of children." (Crawford & Chaffin 1986, 4) Dieses Wissen oder Schema macht es möglich, dass jemand verstehen kann, dass sich hier ein kleines Mädchen sein erspartes Geld holt, um vermutlich Eis davon zu kaufen, ohne dass hier explizit von "kaufen" oder "Geld holen" die Rede ist.

Welches Schema der oder die Einzelne zum Verständnis eines Textes mitbringt, wird einerseits von seinem/ihrem persönlichen Erfahrungshintergrund abhängen. Andererseits können Unterschiede in den Schemata aber auch durch unterschiedliche Perspektiven zustande kommen, die die jeweiligen LeserInnen einem Text gegenüber einnehmen. So kann die Perspektive z.B. davon beeinflusst werden, was jemand von dem Text erwartet, oder was er meint, was der Autor sagen will oder allgemein von dem, was er von dem Autor hält (vgl. ebd. 11). Dass auch das Geschlecht (sowie der Grad des "sex-typing"[93]) eine Rolle spielt beim Verstehen und Erinnern eines Textes, dass also je nach Geschlecht andere Schemata ausgebildet werden bzw. zum Tragen kommen, weisen Crawford & Chaffin u.a. mit Bezug auf Experimente nach, die z.B. zeigen, wie unterschiedlich Frauen und Männer auf den Gebrauch generischer Sprache (männlicher Pronomen)

---

[92] Crawford, Mary & Chaffin, Roger (1986). "The Reader's Construction of Meaning: Cognitive Research on Gender and Comprehension." In: Flynn, E. A. & Schweickart, P.P. (eds.). *Gender and Reading: Essays on Readers, Texts, and Contexts.* Baltimore: The Johns Hopkins University Press, 3-30, hier: 4.

[93] Damit ist nach Sandra L. Bem (1981) ("Gender Schema Theory: A Cognitive Account of Sex Typing." *Psychological Review* 88, 354-64) die Konformität des/der Einzelnen gegenüber den gesellschaftlichen Definitionen von Weiblichkeit und Männlichkeit gemeint: "[...] people who are more highly sex-typed are those who not only conform to their culture's definition of masculinity or femininity, but also readily process information in terms of the gender schema." (Crawford & Chaffin 1986, 17)

reagieren: "Men reported a high incidence of male imagery when completing neutral sentences with 'generic' pronouns, while women reported virtually no imagery." (Ebd. 15) Bei einem anderen Experiment, bei dem die maskulinen Personalpronomen in einem Text gegen geschlechtsneutrale ausgetauscht wurden, wurde ebenfalls deutlich, dass sich die Reaktionen der Frauen und Männer auf diesen Text unterschieden. Während sich die Männer besser an den Inhalt des Textes mit den maskulinen Pronomen erinnern konnten, war es genau umgekehrt bei den Frauen. Sie konnten sich besser an das erinnern, was in dem Text stand, der inklusive Sprache benutzte.

Den Nachweis unterschiedlicher weiblicher und männlicher Schemata versucht auch Susan L. Gabriel zu erbringen, indem sie die *reader response journal entries* (die Lesetagebücher) von männlichen und weiblichen StudentInnen auf zwei verschiedene Texte miteinander vergleicht. Auch sie kommt aufgrund dieser Vergleiche zu dem Schluss: "[...] some males and females are indeed reading the same text differently and in accordance with a gender-based schema they have brought to the reading of the text." (Gabriel 1990, 137) Jedoch machen sowohl Gabriel als auch Crawford & Chaffin auf ein Problem aufmerksam: aufgrund der patriarchalen Struktur des Literaturbetriebs dominieren männliche Lesarten, so dass nicht selten Frauen gelernt haben "wie Männer" zu lesen. Unterschiede im Verständnis eines Textes, die aus unterschiedlichen geschlechtsspezifischen Erfahrungshintergründen resultieren, können durch Ähnlichkeiten in der (männlich geprägten) Perspektive neutralisiert oder zumindest relativiert werden.[94]

Doch nicht nur durch Ähnlichkeiten in der eingenommenen Perspektive treten die Differenzen zwischen männlichem und weiblichem Lesen weniger deutlich hervor als vielleicht aufgrund von geschlechtsspezifischen Erfahrungshintergründen zu erwarten war. Wie bereits ganz zu Anfang erwähnt, ist das Geschlecht nur ein - wenn auch wichtiger - Faktor von einer ganzen Reihe von Faktoren, die das Lesen beeinflussen (können): "Your level and type of education (formal, informal/self-educated) and your class position, race, religion, sexual orientation, work and political experience, your past relations with males and females, will all affect the type of reading that you will make."[95] Daher betont Sara Mills, die die Reaktionen von Männern und Frauen auf ein feministisches Gedicht analysiert hat, am Ende ihrer Untersuchung: "Whilst there do seem to be some broad interpretative differences between females and males in this survey, it is also important to be aware of the differences within the groups of female and male respondents." (Mills 1994, 41)

---

[94] Ein Beispiel dafür bietet: McCracken, Nancy Mellin (1992). "Re-Gendering the Reading of Literature." In: Dies. & Appleby, Bruce C. (eds.). *Gender Issues in the Teaching of English.* Hanover, NH.: Boynton/Cook Publishers, 55-68, hier bes.: 62f.

[95] Mills, Sara (1994). "Reading as/like a Feminist." In: Dies. (ed.). *Gendering the Reader.* New York: Harvester Wheatsheaf, 25-46.

Diese Einschränkungen sind unbedingt mit zu berücksichtigen, wenn es im Folgenden darum geht, die *Art* der Unterschiede zu beschreiben. Eine Sichtung der (wenigen) empirischen Untersuchungen in den USA und in Deutschland zum unterschiedlichen Leseverhalten von Jungen und Mädchen lässt m.E. vor allem einen Aspekt hervortreten: die Tendenz der Mädchen, zu einem Text eine persönliche Beziehung aufzubauen, im Unterschied zu einem eher abgrenzenden Bezug der Jungen zu einem Text. So beschreibt etwa Gabriele Kugler-Euerle ein Ergebnis ihrer Fallstudie zur geschlechtsspezifischen Rezeption eines literarischen Textes wie folgt: "Anders als die Schülerinnen versuchen die Schüler den Zusammenhang zwischen ihrer Lebenswelt und dem literarischen Text zu ignorieren, indem sie bewußt vor allem den Bezug auf ihre eigene Person abwehren. Die Schülerinnen lassen diesen Bezug nicht nur zu, sondern forcieren ihn [...]." (Kugler-Euerle 1998, 118) David Bleich charakterisiert die unterschiedlichen Reaktionen von den Männern und Frauen seiner Studie auf narrative Texte mit den folgenden Worten:

> [...] in the narrative, men perceive a strong narrative voice, but women experienced the narrative as a 'world' without a particularly strong sense that this world was narrated into existence. Perhaps another way of articulating the difference would be that women *enter* the world of the novel, take it as something 'there' for that purpose; men *see* the novel as a result of someone's action and construe its meaning or logic in those terms.[96]

Frauen sind eher "im" Text als Beobachter von außen. Bleich, Kugler-Euerle und auch Günter Burger, der die Ergebnisse der Leseverhaltensforschung für den fremdsprachlichen Literaturunterricht fruchtbar machen will, sprechen alle drei von der größeren Neigung der Mädchen zu mehr Empathie (und Identifikation) gegenüber literarischen Texten: "The women tend to identify with more than one figure in narratives, even to identify with feelings and situations, and to experience the reading as a variety of emotional situations. Neither the teller nor the tale is radically other for the women. The men, however, draw boundaries much more decisively." (Bleich 1986, 265)[97] Ferner notierten Bleich wie auch Elizabeth A. Flynn aus ihrer Untersuchung zu geschlechtsbedingten

---

[96] Bleich, David (1986). "Gender Interests in Reading and Language." In: Flynn, E.A. & Schweickart, P.P. (eds.). *Gender and Reading. Essays on Readers, Texts, and Contexts*. Baltimore: The Johns Hopkins University Press, 234-266, hier: 239 (Hervorhebungen im Original).

[97] Vgl. ebenso Kugler- Euerle 1998, 119ff. Sowie Burger, Günter (1996). "Fremdsprachlicher Literaturunterricht und die Erkenntnisse der Leseverhaltensforschung." *Praxis des neusprachlichen Unterrichts* 43.1, 3-8, hier: 6: "Lesen hat für Frauen eine entschieden höhere emotionale Bedeutung. Dies äußert sich etwa darin, daß identifikatorisches Lesen bei Mädchen und Frauen noch viel verbreiteter ist als bei männlichen Lesern [...]". (Vgl. ferner seine Literaturangaben zu diesem Ergebnis der Leseverhaltensforschung) Petra Bosenius und Jürgen Donnerstag stellen in einer empirischen Studie zum Einfluss von Emotionen auf die Bedeutungskonstruktion eines Textes fest: "The results of the study indicate that emotions play a vital role in constructing meaning." (Bosenius, P.& Donnerstag, J. (2000). "Emotionen in der Bedeutungskonstruktion zu englischen literarischen Texten: Eine explorativ-empirische Studie zum Rezeptionsverhalten von Studierenden." *Zeitschrift für Fremdsprachenforschung* 1.2, 1-23, hier: 1). Leider gehen sie nicht der Frage nach, ob dieses Ergebnis damit zu tun haben könnte, dass 8 der 10 befragten ProbandInnen weiblich waren.

Reaktionen auf literarische Texte die Beobachtung, dass Frauen sich eher als Männer mit Urteilen zurückhalten, was möglicherweise auf ihre Tendenz zum empathischen Textbezug zurückzuführen ist: "In the responses to the novels [...] the men were more prone to judge the individual characters while identifying with only one or two. The women were less likely to offer a judgement of individual characters and more likely to describe differential allegiances to various figures and situations." (Bleich ebd.)[98] Auch Cynthia Ann Bowman, die im Rahmen ihres schülerInnenorientierten Unterrichts seit 1986 Lesetagebücher einsetzt und auswertet, stellt fest: "The girls' responses in their learning logs reflect nurturing, patient, sharing individuals, where the boys' logs show very practical, judgemental, and impatient people."[99] Durch eine konsequente Anwendung der *learning logs*, d.h. durch den regelmäßigen Einsatz der Tagebücher etwa alle neun Wochen im Verlauf eines Schuljahres, hat Bowman jedoch bewirken können, dass sich die Einträge der Jungen veränderten. Am Ende waren es nicht mehr nur die Mädchen, die ihre Erkenntnisse erweiterten, indem sie den Text und ihr eigenes Leben aufeinander bezogen: "As the year progressed, there was a marked difference in the quality of their work, even more pronounced in the boys' response than in the girls'." (Bowmann, 1992, 89)

Betrachtet man nun die verschiedenen Untersuchungen zu den Unterschieden zwischen "weiblichem" und "männlichem" Lesen, so springen gewisse Ähnlichkeiten ins Auge zwischen ihren Ergebnissen und den in Teil I beschriebenen Unterschieden zwischen weiblicher und männlicher Entwicklung. Nach Carol Gilligan vollzieht sich die Entwicklung von Frauen eher in Verbundenheit mit anderen, während die männliche Identitätssuche eher durch Abgrenzung gekennzeichnet ist (vgl. Teil I Kap. 4.3.3). Verbundenheit und Abgrenzung scheinen auch die beiden Pole zu sein, zwischen denen

---

[98] Sowie Flynn, Elizabeth A. (1986). "Gender and Reading." In: Dies. & Schweickart, P.P. (eds.). *Gender and Reading: Essays on Readers, Texts, and Contexts*. Baltimore: The Johns Hopkins University Press, 267-288, bes. 285. Übrigens geht auch Jürgen Donnerstag (1996) in seinem Artikel "*Gender* als Kategorie in einer fremdsprachlichen Literatur- und Kulturdidaktik." (In: Christ, H. & Legutke, M.K. (Hrsg.). *Fremde Texte Verstehen*. Tübingen: Narr, 148-160) auf die meisten der hier genannten amerikanischen empirischen Untersuchungen ein, verwirft sie aber m.E. zu schnell als zu problematisch (vgl. ebd. 153ff.). Zwar hat er Recht, wenn er (wie Mills, s.o.) vor der Isolierung der *Gender*kategorie aus dem gesamten sozialen Zusammenhang sowie vor erneuten Festschreibungen warnt, dennoch lohnt es sich, die *Gender*unterschiede beim Verstehen literarischer Textes doch noch etwas genauer anzuschauen als er es tut. Denn nach der Lektüre seines Aufsatzes fragt man sich, warum sich "abschließend sagen" lässt, "daß die *gender*-Kategorie für die fremdsprachliche Literatur- und Kulturdidaktik Beachtung verdient" (ebd. 156.).

[99] Bowman, Cynthia Ann (1992). "Differences in Response to Literature." In: McCracken, Nancy Mellin & Appleby, Bruce C. (eds.). *Gender Issues in the Teaching of English*. Hanover, NH.: Boynton/Cook Publishers, 80-92, hier: 87. Für die *learning logs*, die ihre SchülerInnen schreiben sollen, gibt Bowman die Anweisung "to talk to me on paper" - SchülerInnen sollen festhalten, was sie denken, während sie lesen - Eindrücke, Fragen, Analysen (vgl. ebd. 81). Es handelt sich also um das Anlegen von Lesetagebüchern, die andernorts als *reading logs* oder *reader response journals* bezeichnet werden.

sich auch "weibliches" und "männliches" Lesen bewegt. Diese Charakteristik der Unterschiede entspricht ferner den Erkenntnissen der Psychologinnen Mary Field Belenky, Blythe McVicker Clinchy, Nancy Rule Goldberger und Jill Mattuck Tarule, die "*Women's Ways of Knowing: The Development of Self, Voice and Mind*"[100] untersucht haben. In einer groß angelegten Studie zur Persönlichkeitsentwicklung von Frauen, eine notwendige Ergänzung zu einer sich auf männliche Studenten konzentrierende Untersuchung von William G. Perry (1970)[101], entdeckten sie bei ihren Probandinnen u.a. zwei verschiedene Arten, Erkenntnisse zu gewinnen, das "separate and connected knowing" (Belenky et al. 1986, 100ff., im Deutschen: "abgelöstes und gebundenes Denken", vgl. Belenky et al. 1991, 120f.). In der Zusammenfassung der Ergebnisse von *Women's Ways of Knowing* in der Einleitung zum Nachfolgewerk *Knowledge, Difference, and Power. Essays Inspired by Women's Ways of Knowing* beschreibt Nancy Goldberger die beiden Arten wie folgt: "[...] *separate knowing*, which is characterized by a distanced, skeptical, and impartial stance toward that which one is trying to know (a reasoning against), and *connected knowing*, which is characterized by a stance of belief and entering into the place of the other person or the idea that one is trying to know (a reasoning with) [...]."[102] *Connected knowers* bevorzugen das Lernen aus Erfahrung; entsprechend spielt bei ihrer Erkenntnisgewinnung die Empathie eine große Rolle:

> Connected knowing builds on the subjectivists' conviction that the most trustworthy knowledge comes from personal experience rather than the pronouncements of authorities [...] Connected knowers develop procedures for gaining access to other people's knowledge. At the heart of these procedures is the capacity for empathy. Since knowledge comes from experience, the only way they can hope to understand another person's ideas is to try to share the experience that has led the person to form the idea. (Belenky et al. 1986, 112f.)

Separate knowers unterscheiden sich radikal von den "gebundenen Denkern", insofern nicht Empathie, sondern Abgrenzung die Grundlage ihrer Erkenntnisgewinnung bildet:

> Separate knowing is essentially an adversarial form [...] Separate knowers speak a public language. They exhibit their knowledge in a series of public performances, and they address their messages not to themselves or to intimate friends but to an audience of relative strangers. Often, the primary purpose of their words is not to express personally meaningful ideas

---

[100] So der Titel ihres einflussreichen Werkes, das sie zusammen 1986 (New York: BasicBooks) veröffentlichten, und das seitdem vielfältige positive wie negative Kritiken und damit eine Weiterentwicklung erfahren hat. Für eine Zusammenstellung und Auseinandersetzung mit diesen Kritiken vgl. Goldberger, Nancy Rule et al. (eds.) (1996). *Knowledge, Difference, and Power: Essays Inspired by Women's Ways of Knowing*. New York: BasicBooks. Die deutsche Übersetzung (1991) von *Women's Ways of Knowing* lautet: *Das andere Denken: Persönlichkeit, Moral und Intellekt der Frau*. 2. Aufl. Frankfurt: Campus.

[101] *Forms of Intellectual and Ethical Development in the College Years*. New York: Holt, Rinehart & Winston.

[102] Goldberger, Nancy Rule (1996). "Introduction: Looking Backward, Looking Forward." In: Dies. (eds.). *Knowledge, Difference, and Power: Essays Inspired by Women's Ways of Knowing*. New York: BasicBooks, 1-21, hier: 5.

but to manipulate the listener's reactions, and they see the listener not as an ally in conversation but as a potentially hostile judge. (Ebd. 106, 108)

Auch wenn beide Formen der Erkenntnisgewinnung bei Frauen und Männern anzutreffen sind, also nicht *gender*spezifisch sind[103], so vermuten die Autorinnen, dass mehr Frauen als Männer zum gebundenen Denken und mehr Männer als Frauen zum abgelösten Denken neigen (Belenky et al. 1986, 103). Kritisches Denken bildet den Kern des *separate knowing*, oder wie Peter Elbow (1973) es nennt, "the doubting game": "Presented with a proposition, separate knowers immediately look for something wrong - a loophole, a factual error, a logical contradiction, the omission of contrary evidence [...]." (Ebd. 104) Dahingegen entwickeln *connected knowers* Verfahren, wie sie sich durch Einfühlung die Erkenntnisse anderer zu eigen machen können: "Elbow (1973) calls this procedure the 'believing game' and he says that it is difficult to play." (Ebd. 104, 113) Mag es schwierig sein für Männer, viele Frauen finden es leichter zu glauben als zu zweifeln (vgl. ebd.).[104]

Wenn es nun, wie diese hier zitierten Untersuchungen nahelegen, tatsächlich tendenzielle[105] Unterschiede gibt zwischen dem Lesen und der Art der Erkenntnisgewinnung von Frauen und Männern, dann ist es im Sinne einer optimalen Förderung jeder einzelnen Schülerin und jedes einzelnen Schülers zweifellos notwendig, diese Unterschiede in der Gestaltung des Unterrichts zu berücksichtigen. Es muss darauf geachtet werden,

---

[103] Das bestätigt u.a. auch die Untersuchung von Mlynarczyk, Rebecca Williams (1998). *Conversations of the Mind: The Uses of Journal Writing for Second-Language Learners*. Mahwah, New Jersey: Lawrence Erlbaum Associates. Vgl. dies. (1994). "A Comment on 'Connecting Literature to Students' Lives." *College English* 56.6, 710-712, hier: 711: "Interestingly, of the four students I interviewed for detailed case studies, the student with the strongest inclination toward connected knowing was the only male in the sample."

[104] Zu einem vergleichbaren Ergebnis bei der Zusammenstellung von Untersuchungen zu geschlechtsspezifischen Unterschieden beim Fremdsprachenlernen kommt auch F. Klippel: "Polemisch zugespitzt haben wir die kooperative, interessierte und emotional involvierte Schülerin auf der einen und den kompetitiven, analytisch vorgehenden und innerlich distanzierten Schüler auf der anderen Seite." Klippel, Friedericke (1998). "Grundfragen des geschlechtertypischen Fremdsprachenlehrens und -lernens." *FMF-Schriften* 1. München, 24-33, hier: 27.

[105] Es handelt sich nicht, wie immer wieder gern missverstanden wird, um essentielle - wesensmäßige - Unterschiede! Es geht nicht um eine Zementierung dieser Unterschiede, sondern um ihre Wahrnehmung und Wertschätzung und letztlich um die Überwindung der Geschlechtsgebundenheit dieser unterschiedlichen Zugangsweisen. Auch Belenky sieht die Gefahr der Verstärkung von Geschlechtsstereotypen und entgegnet darauf m.E. zu Recht: "Of course, that's a real danger, and I don't know what to do about it. There's also a real danger in *not* trying to give voice to this whole range of human experience that has not been articulated and is not an integral part of the culture - you guys give away the whole ball game. Men continue to set the standard and perpetuate a world where individualism and competition take precedence over relationships and connections. They create a world where competition is practically the only game in town, and colloboration and cooperation are not cultivated. That seems more dangerous, and I don't know how to get around it." Ashton-Jones, Evelyn & Thomas, Dene Kay (Fall 1990). "Composition, Collaboration, and Women's Ways of Knowing: A Conversation with Mary Belenky." *Journal of Advanced Composition* 10.2, 275-292, hier: 284.

dass nicht eine bestimmte Art des Zugangs zur Literatur bevorzugt wird, wie es jahrelang durch den Einfluss des *New Criticism* der Fall gewesen zu sein scheint.[106]

> [...] ways of knowing identified historically as feminine (in the United States, this includes both the intuitive or feeling-based knowing that WWK [*Women' Ways of Knowing*] associates with subjective knowing and the empathylike procedural knowing we call *connected knowing*) have been devalued and discouraged in institutions of higher learning in favor of propositional knowledge and abstract, meta modes of knowing, particularly what we call separate knowing, which stresses impartiality and detachment. (Goldberger 1996, 9)

Ein *gender*bewusster Literaturunterricht wird versuchen, diese Einseitigkeiten auszugleichen bzw. zu vermeiden.

2.3 Konsequenzen für die Vermittlung weiblicher Bildungsromane im Unterricht

Welche Konsequenzen ergeben sich nun aus den vorangehenden Überlegungen zu den Unterrichtszielen und den Erkenntnissen der feministischen Forschung zur Produktion und Rezeption von literarischen Texten? Welcher Zugang zu den ausgewählten weiblichen Bildungsromanen bietet sich an, um Schülerinnen und Schülern gleichermaßen in ihrer Identitätsbildung zu fördern? Im Folgenden möchte ich zeigen, warum ein rezeptionsästhetischer Ansatz in Verbindung mit einer ideologiekritischen Komponente m.E. am besten geeignet ist, das feministische Anliegen dieser Arbeit zu berücksichtigen und die angestrebten Unterrichtsziele zu verwirklichen. Die Notwendigkeit der Reflexion über die literaturtheoretische Fundierung meiner unterrichtspraktischen Vorschläge ergibt sich aus der Einsicht in die Bedeutung der Theorie für die Praxis. Nicht wenige Untersuchungen belegen: "Teachers' own theories of how texts mean influence their daily practice."[107] Der literaturdidaktischen Aufgabenstellung dieser Arbeit entsprechend sollen hier daher zunächst die theoretischen Grundlagen erhellt und vor allem im Hinblick auf die Ziele begründet werden, bevor konkrete Vorschläge für die Praxis folgen.[108]

---

[106] Vgl. die auffallenden Ähnlichkeiten in der Beschreibung eines *separate knower* mit dem Ideal der *New Critics* (bes. Wimsatt, W.K. (1970). *The Verbal Icon: Studies in the Meaning of Poetry*. 1954. London: Methuen über "The Affective Fallacy".): "Separate knowers try to substract the personality of the perceiver from the perception, because they see personality as slanting the perception or adding 'noise' that must be filtered out." (Belenky et al. 1986, 119)

[107] Beach, Richard (1993). *A Teacher's Introduction to Reader-Response Theories*. Urbana, Ill.: NCTE, hier: 2. Vgl. ebenso Zancanella, Don (1992). "Literary Lives: A Biographical Perspective on the Teaching of Literature." In: Many, Joyce & Cox, Carole (eds.). *Reader Stance and Literary Understanding: Exploring Theories, Research, and Practice*. Norwood, NJ.: Ablex Publishing Corporation, 217-234.

[108] Vgl. Lothar Bredellas Aufgabenbeschreibung für die Literaturdidaktik: "Literaturdidaktik als Theorie literarischer Erziehung und Bildung hat ihre Aufgabe darin, daß sie die in jeder Praxis immer schon in Anspruch genommenen Vorstellungen, Prinzipien und Normen ins Bewußtsein hebt. Insofern erforscht sie den Literaturunterricht als ihr Objekt. Sie kann sich aber nicht damit begnügen, nur Theorie *vom*

2.3.1 Die besondere Eignung des rezeptionsästhetischen Ansatzes von Louise M. Rosenblatt

Aus der Vielzahl rezeptionsästhetischer Ansätze[109] soll hier der klassische Ansatz von Louise M. Rosenblatt ausgewählt und vorgestellt werden. Rosenblatt war die erste Literaturkritikerin in den USA, die sich den Aktivitäten der LeserInnen beim Lesen eines literarischen Textes zuwandte und empirisch zu beschreiben versuchte, wie die Reaktionen der LeserInnen auf einen Text für anschließende Interpretationen mitverantwortlich sind (vgl. Tompkins 1980, XXVI, Fußnote 1). Erste Überlegungen zu einer Literaturtheorie, die die Aktivitäten der LeserInnen miteinbezieht, veröffentlichte sie bereits 1938 in ihrem Werk *Literature as Exploration*[110] zu einer Zeit, in der der *New Criticism* zu dominieren begann. Eine Ausführung und Weiterentwicklung der dort angelegten Theorie findet sich in dem Band *The Reader, the Text, the Poem: The Transactional Theory of the Literary Work*[111] und in zahlreichen Aufsätzen. Von Anfang an hat Rosenblatt immer auch die literaturdidaktischen Konsequenzen ihres Ansatzes mit bedacht und beschrieben. Die englischsprachige "Literaturpädagogik" (Delanoy 1996a) hat auf der Grundlage ihrer Lesetheorie ihr Konzept eines schülerInnenorientierten Literaturunterrichts entwickelt (vgl. ebd. 74). Wenn im Folgenden ihr Ansatz vorgestellt und seine besondere Eignung hervorgehoben wird, dann bedeutet das nicht, dass sich nicht ebenso gut Wolfgang Isers oder noch eher Lothar Bredellas Verstehenstheorie als Grundlage für meine praktischen Vorschläge geeignet hätten. In der Tat gibt es viele Ähnlichkeiten und Bezüge zwischen den genannten AutorInnen, auf die an gegebener Stelle verwiesen wird. Hier geht es vor allem um die Begründung der Eignung eines rezeptionsästhetischen Ansatzes gegenüber stärker textorientierten; die Auswahl Rosenblatts ist beispielhaft zu verstehen.[112]

Literaturunterricht zu sein, sondern sie ist auch Theorie *für* den Literaturunterricht. Das bedeutet, daß sie die die Praxis leitenden Vorstellungen, Prinzipien und Normen auf ihre Berechtigung überprüfen muß." Bredella, L. (1976). *Einführung in die Literaturdidaktik*. Stuttgart: Kohlhammer, 23 (Hervorhebung im Original).

[109] Vgl. u.a. die Zusammenstellungen dieser Ansätze in den Sammelbänden von Suleiman, Susan R. & Crosman, Inge (eds.) (1980). *The Reader in the Text: Essays on Audience and Interpretation*. Princeton: NJ.: Princeton University Press; Tompkins, Jane P. (ed.) (1980). *Reader-Response Criticism: From Formalism to Post-Structuralism*. Baltimore: The Johns Hopkins University Press; sowie Freund, Elizabeth (1987). *The Return of the Reader: Reader-Response Criticism*. London: Methuen.

[110] Mir liegt die 3. Auflage des Werkes vor: New York: Noble and Noble, ³1976. Die neueste Auflage ist nach meinen Recherchen in WorldCat die 5.Aufl., New York: MLA, 1995.

[111] London: Southern Illinois University Press, 1978.

[112] Allerdings soll auch nicht verschwiegen werden, dass mir daran gelegen ist, die Leistungen dieser Frau hervorzuheben, die offensichtlich im Gegensatz zu denen ihrer männlichen Literaturtheoretikerkollegen (wie Fish, Iser, Bleich, Holland) nur selten angemessen gewürdigt werden. Zu den Gründen

Drei Aspekte der Lesetheorie Rosenblatts sind im Zusammenhang dieser Arbeit von Bedeutung: die Beschreibung des Lesens als "Transaktion" zwischen Leser/in und Text, die Unterscheidung zwischen einer "efferenten" und einer "ästhetischen" Lesehaltung sowie die Unterteilung der ästhetischen Rezeption in zwei Lektürestadien, der "Evokations-" und der "Interpretationsphase".[113]

Rosenblatt geht wie Iser[114] und Bredella[115] davon aus, dass die Bedeutung eines Textes erst in der Interaktion zwischen Leser/in und Text zustandekommt. Jede Begegnung zwischen Text und Leser/in ist etwas Einmaliges, lässt etwas Neues entstehen. Dieses Neue bezeichnet sie als *poem*, als "Gedicht": "The poem [...] must be thought of as an event in time. It is not an object or an ideal entity. It happens during a coming-together, a compenetration, of a reader and a text." (Rosenblatt 1978, 12) Um die aktive Rolle von Text und LeserInnen im Verstehensprozess zu betonen, wählt sie in Anlehnung an John Dewey und Arthur F. Bentley den Begriff der "Transaktion" zur Beschreibung der Dynamik des Leseprozesses. "Dewey and Bentley sought to counteract the dualistic phrasing of phenomena as an 'interaction' between different factors, because it implies separate, self-contained, and already defined entities acting on one another - in the manner, if one may use a homely example, of billiard balls colliding." (Ebd. 17) Der Begriff der Transaktion versucht demgegenüber hervorzuheben, dass sich die beiden Faktoren 'Text' und Leser/in' in dem andauernden Prozess des Lesens gegenseitig bedingen. "John Dewey [...] pointed out that in a sense the living organism selects from the environment the stimuli to which it will respond [...]" (Ebd.) Rosenblatt verdeutlicht

---

dieser geringeren Beachtung vgl. Allen, Carolyn (Fall 1988). "Louise Rosenblatt and Theories of Reader-Response." *Reader* 20, 32-39. Rosenblatt hat mit der Vorbereitung ihrer Transaktionstheorie schon 1938 begonnen und ihr erster Artikel dazu erschien bereits 1969 ("Towards a Transactional Theory of Reading." *Journal of Reading Behavior* 1, 31-47), also vor der Veröffentlichung des im deutschen Sprachraum so einflussreichen Werks *Der Akt des Lesens* von Wolfgang Isers von 1976.

[113] Delanoy 1996a spricht von der Unterteilung in eine Evokations- und eine Responsphase (ebd. 75f.). M.E. ist dieser Sprachgebrauch etwas verwirrend, denn von *response* spricht Rosenblatt auch *während* der Evokation eines Textes: "In our transaction with Dickens' text, *Great Expectations*, for example, we *evoke* the characters of Pip and Joe. We participate in their relationship and, at the same time, we *respond* with approval or disapproval to their words and actions. We see parallels in our own lives; perhaps we savor the vividness of imagery or linguistic exuberance. All of these processes may be going on *at the same time*." (Rosenblatt, Louise M. (1985). "The Transactional Theory of the Literary Work: Implications for Research." In: Cooper, Charles R. (ed.). *Researching Response to Literature and the Teaching of Literature: Points of Departure*. Norwood, NJ.: Ablex Publishing Corporation, 33-53, hier: 39, Hervorhebungen von mir) Daher halte ich es für angemessener, von einer Evokations- und einer Interpretationsphase zu sprechen. Dabei stütze ich mich vor allem auf Rosenblatt 1978, 69: "My purpose is to differentiate between the reader's evocation of the work and his interpretation of that evocation."

[114] Iser, Wolfgang (1976). *Der Akt des Lesens. Theorie ästhetischer Wirkung*. München: Fink, 13f.

[115] Vgl. u.a. Bredella, Lothar (1989). "Die Einsicht in literarische Verstehensprozesse als Voraussetzung für die Entwicklung schüleraktivierender Methoden." Kleinschmidt, E. (Hrsg.). *Fremdsprachenunterricht zwischen Sprachenpolitik und Praxis*. Tübingen: Narr, 170-179, hier: 170.

diesen Zusammenhang mit einem Beispiel aus der Ökologie: "To see man as separate from his environment, being affected by it, or affecting it, does not do justice to the ecological process, in which man and his environment are part of a total situation, to use Dewey's earlier term, each conditoned by and conditioning the other." (Ebd. 18) Übertragen auf das Verhältnis Leser/in-Text bedeutet das, dass während des Lesens sowohl der Text als auch die LeserInnen jeweils zur "Umwelt" des anderen werden und sich gegenseitig bedingen (vgl. ebd.). Auf diese Weise versucht Rosenblatt die scharfe Subjekt-Objekt Trennung aufzuheben, die immer wieder dazu verführt, die Dominanz des einen oder anderen zu betonen (nach dem Motto: "The reader acts on the text" bzw. "The text acts on the reader." vgl. ebd. 16). Bei der Transaktion zwischen Text und Leser/in fungiert der Text als Stimulus, der bestimmte Erinnerungen an Lebens- und Leseerfahrungen wachruft, sowie auch als "a guide for the selecting, rejecting, and ordering of what is being called forth [...]" (ebd. 11). Die spezifischen Erfahrungen und Voreinstellungen der einzelnen LeserInnen wiederum sind es, die dafür sorgen, dass jede Transaktion zwischen Leser/in und Text einmalig ist. Rosenblatt versucht diesen Prozess noch mit einem weiteren Bild zu veranschaulichen, nämlich mit dem eines Stromkreises: "As with the elements of an electric circuit, each component of the reading process functions by virtue of the presence of the others. A specific reader and a specific text at a specific time and place: change any of these, and there occurs a different circuit, a different event - a different poem." (Ebd. 14) Bei jedem Leseakt (auch des/derselben Lesers/in) entsteht ein neues "Gedicht": "The reading of a text is an event occuring at a particular time in a particular environment at a particular moment in the life history of the reader. The transaction will involve not only the past experience but also the present state and interests or preoccupations of the reader." (Ebd. 20)[116]

Nachdem Rosenblatt klargestellt hat, wie LeserInnen und Text im Leseprozess aufeinander bezogen sind, wendet sie sich der Frage zu, ob von jedem Text die gleichen Aktivitäten der LeserInnen gefordert sind, oder ob es nicht Unterschiede beispielsweise zwischen der Transaktion mit literarischen und mit nicht-fiktionalen Texten gibt. Im Unterschied zu vorhergehenden Ansätzen, die versuchten, diese Frage mit dem Hinweis auf die Unterschiedlichkeit der Texte und ihrer einzelnen Elemente zu beantworten, bezieht Rosenblatt wiederum auch hier die Aktivitäten der LeserInnen mit ein: "What does the reader *do* in these different kinds of reading?" (Ebd. 23, Hervorhebung im

---

[116] Vgl. ebenso Rosenblatt 1938 bzw. ³1976, 119ff. sowie mehr als 50 Jahre später: Rosenblatt, Louise M. (1990). "Retrospect." In: Farrell, Edmund J. & Squire, James R. (eds.). *Transactions With Literature: A Fifty-year Perspective: For Louise M. Rosenblatt*. Urbana, Ill.: NCTE, 97-107, hier: 106: "My insistence on the term *transaction* is a means of establishing the active role of both reader and text in interpretation, and ensures that we recognize that any interpretation is an event occurring at a particular time in a particular social or cultural context." Die Betonung der Bedeutung des je spezifischen kulturellen Rezeptionskontextes macht Rosenblatts Lesetheorie anschlussfähig für ideologiekritische Ansätze, wie weiter unten noch zu zeigen sein wird.

Original) Und sie kommt zu dem Schluss: "The reader performs very different activities during aesthetic and nonaesthetic readings." (Ebd.) Während sich das Interesse beim Lesen einer Gebrauchsanweisung beispielsweise auf die Informationen richtet, die es mitzunehmen ("fortzutragen", lat. *effere*) und zu behalten gilt, ist das Interesse beim ästhetischen Lesen auf das gerichtet, was während des Lesens geschieht:

> In *efferent* (nonaesthetic) reading, the reader's attention is centered on what should be retained as a residue *after* the actual reading-event - the information to be acquired, from the label on a medicine bottle; [...] In the *aesthetic transaction*, the reader's attention is focused on *what he is living through during the reading-event*. He is attending *both* to what the verbal signs designate *and* to the qualitative overtones of the ideas, images, situations, and characters that he is evoking under guidance of the text. (Rosenblatt 1985, 37f., Hervorhebungen im Original)

Das bedeutet: grundsätzlich kann jeder Text efferent oder ästhetisch bzw. efferent *und* ästhetisch gelesen werden. Nach Rosenblatt geht es bei literarischen Transaktionen zumeist um beides: "Any literary transaction will fall somewhere in the continuum between the aesthetic and the efferent poles." (Rosenblatt 1985, 38) Manche Texte eignen sich jedoch aufgrund bestimmter stilistischer und formaler Mittel mehr für die ästhetische Lesehaltung als andere: "When the reader adopts the aesthetic stance, clearly some texts will yield a greater reward for his attention than others." (Rosenblatt 1978, 34) So wird sich ein Gedicht von Keats sicher eher für eine ästhetische Lesehaltung anbieten als z.B. ein Gesetzestext (vgl. Rosenblatt 1985, 37).

Das Besondere bei der ästhetischen Lektüre ist, dass der/die Leser/in nicht einfach nur die Informationen des Textes verarbeitet, sondern dass er/sie auf das reagiert, was der Text in ihr/ihm ausgelöst hat:

> In the transaction with the text - of, for example, *Othello* - the reader envisions the characters, participates in their uttered thoughts and emotions, and weaves the sequence into a plot [...] A reader might respond to Iago on two planes, seeing him as a dark color in the total picture, but on a separate level being aware of a feeling about him, amazement at his evil machinations, or, it might be, perverse admiration for his ruthlessness [...]. (Rosenblatt 1978, 68)

Rosenblatt unterscheidet hier zwischen der Evokation eines Textes und der Reaktion auf diese Evokation, dem "Respons".[117] Der/die einzelne Leser/in reagiert nicht einfach auf einen Text, sondern auf ihre/seine je eigene Evokation des Textes. Diese Evokation ist die Basis für alle weiteren *responses* und damit auch für die daran anschließenden Interpretationen. In der Evokationsphase wenden sich die LeserInnen den Ideen, Gefühlen, Assoziationen und Bildern zu, die ein Text ihn ihnen wachruft, wählen diejenigen aus, die zum Verständnis des Textes relevant sind, und kreieren damit ihr eigenes

---

[117] Bredella 1996, 2ff. beschreibt diese Spannung zwischen Evokation und Respons beim ästhethischen Lesen mit Bezug auf John Dewey und Wolfgang Iser als "tension between involvement and detachment". Eine andere Art, diese Spannung zu fassen, findet er bei D.W. Harding, der die LeserInnen als "participants" und "onlookers" begreift (ebd. 3 mit Bezug auf Harding).

"Gedicht". Auf diese Phase baut dann die Interpretationsphase auf, in der das Erstverstehen, die eigene Evokation des Textes, weiterentwickelt und vertieft werden kann (vgl. Rosenblatt 1985, 39f. sowie Delanoy 1996a, 75f.).

Was nun zeichnet diesen hier nur kurz skizzierten rezeptionsästhetischen Ansatz im Vergleich mit mehr textorientierten Zugängen[118] aus? Warum scheint er besonders gut geeignet, die oben erläuterten Unterrichtsziele zu verwirklichen? Welche Ergänzungen sind nötig und warum?

Der erste und entscheidende Vorzug dieses Ansatzes liegt darin, dass ihm zufolge die Evokation eines Textes den Ausgangspunkt jeder Textinterpretation bildet. Das heißt, dass die Ideen, Gefühle, Gedanken und Bilder, die der Text bei den einzelnen LeserInnen bzw. SchülerInnen und dem/der Lehrer/in hervorruft, den Ausgangspunkt jedweder Interpretation bilden müssen. Im Unterschied zu einem primär textorientierten Unterricht gemäß des *New Criticism*, bei dem die Analyse stilistischer Mittel und ihrer Funktionen im Vordergrund steht und vom Text ausgelöste Assoziationen und Eindrücke ausgeblendet werden müssen oder erst nachträglich gestattet werden ("Affective Fallacy"! Vgl. Bredella & Delanoy 1996, VIIf.), sind in einem von der Rezeptionsästhetik geprägten Literaturunterricht gerade Letztere von besonderem Interesse. Bezüge zur eigenen Lebenswelt, zu eigenen Erfahrungen, sind ausdrücklich erwünscht, da sie zur Evokation eines Textes gehören. In einem rezeptionsästhetisch geprägten Literaturunterricht steht der *Prozess* der Bedeutungsbildung und des Verstehens im Mittelpunkt. "Reading is conceived as a process in which students go through various phases of understanding. Thus they can become aware of how understanding develops and learn to articulate and discuss their responses with fellow students in order to clarify and modify them." (Ebd. X) Lesen bzw. der Literaturunterricht wird so zu einem Ort der Einübung in das Verstehen und fördert damit eine wichtige identitätsrelevante Eigenschaft.

Wenn nach diesem Ansatz die persönlichen Evokationen des Textes die Grundlage des Unterrichts bilden, hat das auch Konsequenzen für die Rolle der Lehrperson wie auch für die Art des Unterrichtsgesprächs. In einem rezeptionsorientierten Literaturunterricht ist die Lehrkraft nicht mehr einfach die Autorität, für die das Interpretationsergebnis von vornherein feststeht und die nach Wegen suchen muss, SchülerInnen zu diesem Ergebnis zu bringen. Vielmehr wird sie zu einer echten Gesprächspartnerin für die SchülerInnen, die sehr genau zuhören muss, um zu erkennen, wie die einzelnen SchülerInnen einen bestimmten Text verstehen. Je nach Position (Alter, Geschlecht, Intelligenz etc.) der SchülerInnen und je nach Situation der SchülerInnengruppe können nämlich ganz unterschiedliche, durch die Transaktion mit dem Text ausgelöste Fragestellungen

---

[118] Mit "mehr textorientierten" Ansätzen sind vor allem die des *New Criticism* gemeint. Da der Text in Rosenblatts Ansatz der/m Leser/in gleichwertig ist, er also durchaus eine Rolle spielt und nicht zugunsten der Rolle der LeserInnen wie etwa bei Fish und Bleich (s.o.) aufgegeben wird, ist ihr Ansatz durchaus auch "textorientiert", wenngleich "weniger" ausschließlich als der des *New Criticim*.

in den Vordergrund treten. Indem die Lehrkraft darauf eingeht, kann sie das Vertrauen der SchülerInnen in die eigene Verstehensarbeit stärken. Darüber hinaus kann sie aufgrund ihrer größeren Lebens- und Leseerfahrung den SchülerInnen helfen, ihre je eigenen Transaktionen mit dem Text zu vertiefen. Aber möglicherweise werfen auch die SchülerInnen durch ihre Fragen neue Perspektiven für den/die Lehrer/in auf. Von ebenso zentraler Bedeutung werden die Beiträge der MitschülerInnen, denn auch sie können zu einem tieferen Text- und Selbstverständnis verhelfen.[119] So erscheint der rezeptionsästhetische Literaturunterricht insgesamt mehr auf Kooperation als auf Wettbewerb und Konkurrcnz angelegt zu sein, was zum einen vor allem Frauen und ihrer Art zu lernen, entgegenkommen zu scheint[120], zum anderen sich aber auch positiv auf das Lernen aller auswirkt: "Ample research in education and social psychology points to the increased cognitive and affective learning gains for students in cooperatively structured classrooms."[121]

Hiermit zusammen hängt ein weiterer Vorzug dieses literaturtheoretischen Ansatzes: Unterstützte der mehr textorientierte Literaturunterricht die Haltung des *detachment*, einen beobachtenden, analysierenden und klassifizierenden Zugriff auf den Text, so baut ein rezeptionsästhetischer Unterricht auf dem *involvement*, auf dem persönlichen Textbezug der/des Einzelnen auf. Wurde im Ersteren mehr die Distanz zum Text betont und die Strategie des *separate knowing* eingeübt, so geht Letzterer davon aus, dass Literatur ihre Wirksamkeit in ihrer ganzen Fülle nur entfalten kann, wenn die LeserInnen sich vom Text involvieren lassen, wenn die SchülerInnen Verbindungen (*connections!*) zwischen sich und dem Text entdecken können und diese auch thematisieren dürfen.[122] Das

---

[119] Auch im "feministischen Klassenzimmer" sind - wie von feministischen PädagogInnen immer wieder betont wird - Lehrer/in und SchülerInnen PartnerInnen in der Konstruktion von Wissen. (Vgl. u.a. Maher, Frances A. & Tetreault, Mary Kay Thompson (1994). *The Feminist Classroom*. New York: BasicBooks, hier das Kapitel "Authority", 127ff.; Schweickart, P.P. (1990). "Reading, Teaching, and the Ethic of Care." In: Gabriel, Susan L. & Smithson, Isaiah (eds.). *Gender in the Classroom: Power and Pedagogy*. Urbana: University of Illinois Press, 78-95; Kimmel, Ellen (1999). "Feminist Teaching, an Emergent Practice." Davis, Sara N. et al. (eds.). *Coming Into Her Own: Educational Success in Girls and Women*. San Francisco, 57-76, bes. 65f.) Das heißt, hier treffen sich rezeptionsorientierte und feministische Anliegen.

[120] Vgl. Ashton-Jones & Thomas 1990, 282: "On the whole women work better in collaborative situations, and women can teach us how to do it, how to teach it. When we do make the educational environment more collaborative, I think we'll *all* be happier in schools - men as well as women." (Hervorhebung im Original)

[121] Schniedewind, Nancy (1983). "Feminist Values: Guidelines for Teaching Methodology in Women's Studies." *Learning Our Way: Essays in Feminist Education*. Trumansburg: Crossing Press, 262-71, hier: 266.

[122] Vgl. Mlynarczyk 1998, 27: "Whereas the key to connected knowing is 'attachment', the key to separate knowing is 'detachment', a concept that has been held up as the ideal not only in scientific research but also in the ways of speaking and writing that traditionally have been validated and valued in the academy." Zur Praxis in Deutschland vgl. Bredella, Lothar (1996b). "How Can Literary Texts

bedeutet, indem ein rezeptionsästhetischer Unterricht den persönlichen Textbezug zum Ausgangspunkt des Unterrichtsgespräches macht, wird erstmals auch das *connected knowing* nicht nur zugelassen, sondern zum integralen Bestandteil des Unterrichts. Sollte es mehr *connected knowers* unter den Schülerinnen und mehr *separate knowers* unter den Schülern geben, bedeutete das zugleich, dass durch diesen Ansatz endlich auch die Schülerinnen und ihre Art des Zugangs zum Text gewürdigt und gestärkt würden. Ein rezeptionsorientierter Unterricht kommt daher eher den Mädchen bzw. *connected knowers* entgegen, insofern sie ihre Stärken zeigen dürfen, während er Jungen bzw. *separate knowers* um eine weitere, wichtige Art der Erkenntnisgewinnung bereichert. Doch letztlich fördert ein Unterricht auf der Grundlage von Rosenblatts Lesetheorie nicht nur *connected knowers*. In ihm haben im Gegensatz zum traditionellen, stärker textorientierten Unterricht sowohl *connected knowers* als auch *separate knowers* ihren Platz. Denn hier sind beide Formen der Erkenntnisgewinnung gefragt, und beide werden gefördert: das *connected knowing*, wenn es um die Einfühlung[123] in das Geschehen eines literarischen Textes geht, das *separate knowing*, wenn die verschiedenen Evokationen des Textes miteinander verglichen und ausgewertet werden. Die Evokation des Textes, der persönliche Textbezug der/des Einzelnen bildet die Grundlage, auf der dann argumentiert und diskutiert wird.[124]

Schließlich ist noch ein vierter Vorzug dieses rezeptionsästhetischen Ansatzes zu nennen, der aber noch einer Ergänzung bedarf. Wenn der Prozess des Verstehens im Mittelpunkt des Unterrichtsinteresses steht und ferner die individuellen Textevokationen der einzelnen SchülerInnen die Grundlage für das Unterrichtsgespräch bilden, dann kann das Gespräch über die Unterschiedlichkeit der Evokationen nicht nur zu einem tieferen Verständnis des Textes führen, sondern auch zur Reflexion über die eigene Reaktion und damit zur Selbsterkenntnis. Mögliche Fragen, die sich bei einem solchen Gespräch

---

Matter?" In: Ahrens, R. & Volkmann, L. (Hrsg.). *Why Literature Matters: Theories and Functions of Literature.* Heidelberg: Winter, 101-115, hier: 114: "Often, literary education is reduced to making students identify stylistic and structural features of a work of art so that they get the impression that understanding a work of art means to be able to classify its elements." Auch er setzt sich wie Rosenblatt für einen schülerInnenorientierten Literaturunterricht ein (vgl. ebd.).

[123] Vgl. Clinchy, Blythe McVicker (1996). "Connected and Separate Knowing. Toward a Marriage of Two Minds." Goldbergerm Nancy Rule et al. (eds.). *Knowledge, Difference, and Power: Essays Inspired by Women's Ways of Knowing.* New York: BasicBooks, 205-240, hier: 224: "In any case, connected knowing and *Einfühlung*, in its original meaning, seem to be close relatives, if not twins." (Hervorhebung im Original)

[124] In dem bereits zitierten Interview betont Mary Belenky noch einmal, wie wichtig die beiden Formen der Erkenntnisgewinnung sind: "Both games are of enormous importance for anybody who's going to do serious intellectual work. Moving between the believing and the doubting game means moving between one stance, where you actively try to immerse yourself in a body of work and feel your way around the perimeters and get inside of it and understand it, and another stance, where you stand at a distance subjecting the body of work to a range of critical analyses. Both are powerful tools." (Ashton-Jones & Thomas 1990, 283)

ergeben könnten, wären zum Beispiel: Warum habe nur ich mich an dieser Stelle über die Handlung dieses Charakters geärgert? Warum haben wir alle gemeinsam Schwierigkeiten mit dem Verständnis dieser einen Stelle? Warum unterscheiden sich die Reaktionen der Mädchen von denen der Jungen auf den Text bzw. auf einen Charakter im Text? Während Fragen wie die erste auf individuelle Unterschiede verweisen und sicher selten im Unterricht diskutiert werden können bzw. sollten[125], bieten Fragen wie die beiden letzten die Möglichkeit, über die soziokulturellen Unterschiede nachzudenken, die diese Unterschiede im Verstehen mit bedingen. "[...W]e must activate the students' prior knowledge but we must also give them the opportunity to reflect critically on their frame of reference and this can be done by offering them cultural and historical knowledge which allows them to see things from a different perspective." (Bredella & Delanoy 1996, XII) An dieser Stelle wird deutlich: die Reflexion über den eigenen Bezugsrahmen, das kritische Nachdenken über den eigenen soziokulturellen Kontext, das Infragestellen der eigenen Ideologien ergibt sich nicht automatisch. Es kann zwar durch einen rezeptionsästhetisch orientierten Literaturunterricht vorbereitet werden, aber ein ideologiekritisches Bewusstsein der Lehrkraft ist notwendig, um die SchülerInnen zu einer (selbst-)kritischen Lektüre anzuregen. Um das Ziel einer - vor allem auf die Geschlechterproblematik bezogenen - (selbst)kritischen Lektüre verwirklichen zu können, sind die durch einen rezeptionsästhetischen Literaturunterricht geförderten Lesehaltungen des *efferent and aesthetic reading* um die Einübung einer Haltung des *critical reading* zu ergänzen. Im Folgenden sollen die literaturtheoretische Grundlage dieser Haltung und ihre literaturdidaktischen Implikationen erläutert werden.

2.3.2 Die Notwendigkeit der Ergänzung des rezeptionsästhetischen Ansatzes um eine ideologiekritische Komponente

Wie gerade erläutert, zeichnet sich Rosenblatts literaturtheoretischer Ansatz durch eine besondere Rezipientenorientierung aus. Die SchülerInnen und ihr Textverständnis bilden den Ausgangspunkt des Unterrichtsgesprächs und des Lernens. Sowohl ihr Textverständnis als auch ihre Selbsterkenntnis sollen durch den Unterricht vertieft und erweitert werden. Dieses Text- und Selbstverständnis wäre aber - wie u.a. die feministische Forschung hat deutlich machen können - nicht vollständig, wenn nicht die soziokulturel-

---

[125] Vgl. die Warnung und den Ratschlag von Rosenblatt ³1976, 208: "On the whole, then, the teacher should avoid any too literal application of what might loosely be called the psychiatric possibilities of literature [...] The teacher's responsibility is to provide a wide selection and to help the student develop sufficient independence to seek out those works for himself [...] Moreover, if the teacher is aware of the conflicts and anxieties that recur most frequently among adolescents in our society, he will be able to make available works that have some relevance to these tensions [...]."

le Prägung des/der Autors/in und ihres/seines Textes und die der LeserInnen mit berücksichtigt werden würden. "There are simply no disinterested uses of language, since all signifying practices, in both writing and reading, are involved in ideological predispositions."[126] Zwar sind weder die einzelnen LeserInnen noch die einzelnen AutorInnen völlig sozial determiniert, doch sind sie auch nicht völlig frei (vgl. Berlin 1993, 261). Der jeweilige gesellschaftliche Kontext spielt eine nicht zu leugnende Rolle sowohl bei der Produktion als auch bei der Rezeption eines Textes sowie bei der Identitätsbildung.

Der literaturtheoretische Ansatz der *critical literacy*[127] legt nun im Unterschied zu rein rezeptionsorientiertenorientierten Ansätzen seinen Schwerpunkt auf die Berücksichtigung und Erkenntnis dieses soziokulturellen Kontextes:

> [...] critical literacy critics and teachers focus on the cultural and ideological assumptions that underwrite texts, they investigate the politics of representation, and they interrogate the inequitable, cultural positioning of speakers and readers within discourses. They ask who constructs the texts whose representations are dominant in a particular culture at a particular time; how readers come to be complicit with the persuasive ideologies of texts; whose interests are served by such representations and such readings; and when such texts and readings are inequitable in their effects, how these could be constructed otherwise.[128]

Das Interesse einer Textkritik im Sinne des *critical literacy* richtet sich also auf den - selten offensichtlichen - ideologischen Gehalt eines Textes und seiner Rezeption. Ideologiekritischer Literaturunterricht möchte vor allem die SchülerInnen politisch aufklären und sie auf die den Text und sie selbst bestimmende Ideologien aufmerksam machen. Er möchte ihnen die Möglichkeit geben, "sich gegen die möglichen Vereinnahmungsstrategien ästhetischer Texte und Lektüreformen im Interesse gesellschaftskritischer Reflexion zu wehren" (Delanoy 1996b, 56).

Entstanden ist dieser ideologiekritische Ansatz auf der Grundlage verschiedener gesellschaftskritischer Bewegungen[129] und ihren Einsichten in die Bedeutung und

---

[126] Berlin, James A. (1993). "Literacy, Pedagogy, and English Studies: Postmodern Connections." In: Lankshear, Colin & McLaren, Peter L. (eds.). *Critical Literacy: Politics, Praxis, and the Postmodern.* Albany, N.Y.: State University of New York Press, 247-269, hier: 259.

[127] Der Begriff *critical literacy* kommt aus der sog. amerikanischen *Radical Pedagogy* und läßt sich u.a. zurückführen auf Freire, Paulo (1970). *Pedagogy of the Oppressed.* New York: Continuum; Giroux, Henry A. (1983). *Theory and Resistance in Education: A Pedagogy for the Opposition.* Massachusetts: Bergin and Garvey; McLaren, Peter L. (1992). "Literacy Research and the Postmodern Turn: Cautions from the Margins." In: Beach, R. et al. (eds.). *Multidisciplinary Perspectives on Literacy Research.* Urbana, Ill.: National Conference on Research in English, 319-339.

[128] Morgan, Wendy (1997). *Critical Literacy in the Classroom: The Art of the Possible.* London: Routledge, hier: 1f.

[129] Die Frauenbewegung ist nur eine dieser gesellschaftskritischen Bewegungen (vgl. Morgan 1997, 6: "Such an emancipatory pedagogy did not have its sole fount in Freire. It is better described metaphorically as a river with tributaries from various discourses: the 'new' sociology of education, and radical neo-Marxist (Gramscian) and more recently feminist and postcolonial arguments for the disempowered and hence for the reconstitution of society.")

ungerechte Verteilung von Macht, vor allem der Macht, die Welt zu definieren. Um eine gerechtere Machtverteilung zu erreichen, setzen sich diese unterschiedlichen Bewegungen u.a. für eine ideologiekritische Aufklärung der bislang Unterdrückten bzw. Benachteiligten ein. Sie teilen die Hoffnung, dass durch diese Aufklärung, durch diese *critical literacy*, die Unterdrückten lernen, die Mechanismen der Unterdrückung zu durchschauen und sich dagegen zu wehren. Für sie ist das Durchschauen der dominanten Ideologien die Voraussetzung für eine Veränderung der Machtverhältnisse und somit auch für eine gerechtere, demokratische Welt. Ein ideologiekritischer Unterricht vor diesem Hintergrund hebt daher die politische Bedeutung jedweder Textlektüre hervor und hat ein emanzipatorisches Interesse.

Speziell feministische Kritik am Sexismus eines Textes bzw. an der Dominanz patriarchaler Ideologien in der Produktion oder Rezeption eines Textes ist im Rahmen dieses "ideologiekritischen" Ansatzes nur eine von mehreren notwendigen Kritiken. Denn letztlich kann auch nach feministischer Erkenntnis Unterdrückung und Benachteiligung aufgrund des Geschlechts nicht isoliert werden von anderen sozialen Faktoren wie etwa der sozialen Schicht oder Ethnie etc.

> In other words, questions concerning gender foreground forms of oppression and possibility that provide the basis for widening our understanding of how subjectivities, identities, and a sense of worth get constructed within and between various dicourses and social relations as they are fought out at the level of everyday life. What this means is that questions of gender and equity provide an essential element in the wider struggle over principles of equity, freedom, and justice.[130]

Diese Einsicht in die Verflochtenheit des Faktors Geschlecht mit anderen sozialen Kategorien (eine Einsicht, die nicht zuletzt auch die Lektüre der ethnischen Bildungsromane nahegelegt hat) ist der Grund für mein Plädoyer für eine Ergänzung des rezeptionsästhetischen Ansatzes um eine ideologiekritische und nicht nur um eine feministische Komponente.

Was aber spricht für eine Ergänzung des rezeptionsästhetischen Ansatzes von Rosenblatt um Elemente einer ideologiekritischen Perspektive? Warum ist eine solche Verbindung sinnvoll und notwendig?[131] Es sind vor allem die weiter oben erläuterten feministischen Einsichten in die Bedeutung des soziokulturellen Kontextes bei der Produktion und Rezeption eines Textes, die eine solche Ergänzung notwendig erscheinen lassen. Denn sie machen darauf aufmerksam, dass bei einem rein rezeptionsorientierten Literaturunterricht die Gefahr besteht, dass sich vor allem bei einer Kongruenz zwischen

---

[130] Brady, Jeanne & Hernández, Adriana (1993). "Feminist Literacies: Toward Emancipatory Possibilities of Solidarity." In: Lankshear, Colin & McLaren, Peter L. (eds.). *Critical Literacy: Politics, Praxis, and the Postmodern.* Albany, N.Y.: State University of New York Press, 323-334, hier: 332.

[131] Auch Delanoy 1996b spricht sich für einen - wie er es nennt - "Dialog von *Verstehen* und *Widerstehen* im Interesse einer wechselseitigen Erweiterung der Standpunkte" aus (ebd. 52, Hervorhebung im Original).

den Ideologien der LeserInnen und des Textes die LeserInnen vom Text nur bestätigen statt hinterfragen lassen. Dominante Ideologien würden damit nicht in Frage gestellt und könnten sich somit weiterhin unbemerkt durchsetzen (wie etwa patriarchale Ideologien, die ohne feministische Literaturkritik möglicherweise immer noch unbewusst übernommen würden). Auf den ideologiekritischen Ansatz kann nicht verzichtet werden, da er besser als der rezeptionsästhetische Ansatz deutlich macht, wie sehr sowohl jeder Text als auch jede einzelne Person in ihrem Verstehen vom jeweiligen soziokulturellen Kontext mit geprägt ist. Somit kann dieser Ansatz dem einzelnen Individuum helfen, "sich der prägenden Wirkung von gesellschaftspolitischen Einflüssen verschiedener Art bewußt zu werden, um seine individuellen Spielräume unter Berücksichtigung dieser Einflüsse abschätzen zu lernen" (Delanoy 1996b, 57). Wenn Literaturunterricht zur Identitätsbildung der SchülerInnen beitragen soll, wenn SchülerInnen erkennen sollen, dass auch ihre Identitätsbildung sich in einem bestimmten gesellschaftlichen Kontext vollzieht und dass es darauf ankommt, die eigenen Spielräume in diesem Rahmen abzuschätzen, dann ist es notwendig, SchülerInnen auch zu einer (selbst-)kritischen Textlektüre zu ermuntern und ihnen die Möglichkeit zu geben, einem Text und seiner Ideologie zu "widerstehen". Denn ein Durchschauen der Ideologien, ein Erkennen der gesellschaftlichen Bedingtheit von Grenzen, ist der erste Schritt auf dem Weg zur Erweiterung der persönlichen Spielräume, zur Überwindung von Benachteiligungen.

Sind die angestrebten Unterrichtsziele über einen rein rezeptionsästhetischen Unterricht also kaum zu erreichen, so wäre andererseits aber auch ein ausschließlich ideologiekritischer, politischer Literaturunterricht problematisch, da er die ästhetische Seite literarischer Texte zu sehr vernachlässigen würde.[132] Das *doubting game* träte bei dieser Art von Unterricht allzu stark in den Vordergrund. Die Möglichkeit eines persönlichen Bezugs zum Text würde verbaut. Darüber hinaus würde vermutlich die Lehrkraft den ideologiekritischen Standpunkt vorgeben müssen, von dem aus ein bestimmter Text kritisiert wird, was wiederum dazu führen könnte, dass die SchülerInnen diesen Zugang als aufoktroyiert empfinden und sie ihn nicht wirklich übernehmen. Das bestätigt u.a. Sandra Taylor mit Bezug auf Williamson:

> [...] we cannot *teach* ideologies - or even *teach about* ideologies. We can only try to bring students to an understanding, from their own experiences, of the way that we are all caught up in ideological processes in our everyday lives. Unless students can make sense of the

---

[132] Ich vermute darüber hinaus, dass ein rein ideologiekritischer Literaturunterricht die Freude am Lesen zerstören würde. Da die Leselust aber eine wichtige Voraussetzung dafür ist, dass Menschen zu regelmäßigen LeserInnen werden und das Lesen als Hilfe bei der Identitätsentwicklung nutzen können (vgl. Ballstaedt, Steffen-Peter & Mandl, Heinz (1985). "Lesen im Jugendalter." In: Oerter, Rolf (Hrsg.). *Lebensbewältigung im Jugendalter*. Weinheim: Edition Psychologie, Vertrieb VCH Verlagsgesellschaft, 160-191, hier: 177), muss es ein wesentliches Unterrichtsziel sein, die Freude am Lesen zu fördern.

issues in terms of their own lives and experiences they are likely to become alienated or resistant, and educational programs will be counter-productive.[133]

Viel sinnvoller scheint mir daher ein Literaturunterricht, der beide Ansätze miteinander verbindet bzw. bei dem der ideologiekritische Ansatz auf einem rezeptionsästhetischen aufbaut. Denn nur wenn die SchülerInnen erst einmal mit einem Text ins Gespräch kommen dürfen, nur wenn sie aufgefordert werden, als Erstes ihre Reaktionen auf den Text wahrzunehmen und Verbindungen zu ihrem Leben herzustellen, können sie in einem zweiten Schritt auch die Ideologien erkennen, die den Text und auch sie selbst bestimmen. Nur auf der Grundlage ihrer eigenen Evokation des Textes kann eine Ideologiekritik auch wirklich greifen bzw. sie auch wirklich erreichen. Negativ ausgedrückt heißt das: "Bei Verzicht auf oder Unfähigkeit zu verstehendem Lesen würde eine widerstehende Lektüre darauf hinauslaufen, daß der jeweilige Text einem vorgefaßten Standpunkt untergeordnet wird und somit sein Interaktionspotential nicht mehr ins Spiel bringen kann." (Delanoy 1996b, 58) Obendrein würde dieser Standpunkt vermutlich auch noch von der Lehrperson ins Spiel gebracht, so dass die SchülerInnen möglicherweise entweder opponieren oder aber die Kritik nur äußerlich, d.h. nicht wirklich beteiligt, anwenden. Wenn hingegen gemäß dem rezeptionsästhetischen Ansatz die persönlichen Transaktionen der SchülerInnen und der Lehrperson mit dem Text ernstgenommen werden und dadurch ein echtes Unterrichtsgespräch entsteht, hat eine ideologiekritische Perspektive viel mehr Aussicht, beachtet und eingenommen zu werden, selbst wenn sie von der Lehrkraft kommt. Zunächst gilt es, Schülerinnen und Schüler im Prozess des Text- und Selbstverstehens zu stärken. Erst auf dieser Grundlage kann dann eine echte widerstehende oder (selbst-)kritische Lektüre aufbauen. So sieht es auch Gordon M. Pradl: "As I see it, genuine resistance requires an initial position of confidence, yet in building confidence, resistance is already brewing."[134] In der Tat, wenn LehrerInnen das Vertrauen der SchülerInnen in ihre eigene Verstehensarbeit stärken, wenn das Unterrichtsgespräch ein echtes ist, in dem SchülerInnen und die Lehrkraft um ein immer tieferes Text- und Selbstverständnis ringen, werden Unterschiede zutage treten, wird sich Widerstand natürlicherweise entwickeln: "[...] each variant reading at every stage in a reader's development exists as a potential act of resistance. This is because the mere individuality or subjectivity of each reading already calls into question the 'correct' interpretation it stands in opposition to." (Pradl 1994, 296) Mit anderen Worten, widerstehendes Lesen baut auf verstehendem Lesen auf; Vertrauen in das eigene Verstehen ist die Voraussetzung für ein echtes Widerstehen, für eine echte Einsicht in die Bedeutung

---

[133] Taylor, Sandra (1993). "Transforming the Texts: Towards a Feminist Classroom Practice." In: Christian-Smith, Linda K. (ed.). *Texts of Desire: Essays on Fiction, Femininity and Schooling*. London: The Falmer Press, 126-144, hier: 135 (Hervorhebungen im Original).

[134] Pradl, Gordon M. (1994). "Afterthoughts." In: Corcoran, Bill et al. (1994). *Knowledge in the Making: Challenging the Text in the Classroom*. Portsmouth, N.H.: Boynton/Cook Publishers, 295-303, hier: 295.

soziokultureller Kontexte. Wenn die in Kap. 2.1 genannten Unterrichtsziele erreicht werden sollen, muss in jedem Fall ein rezeptionsästhetischer Ansatz die Grundlage bilden für die Vermittlung der ausgewählten weiblichen Bildungsromane. Die Ergänzung um eine ideologiekritische Komponente ist nur dann sinnvoll, wenn sie auf dem rezeptionsorientierten Ansatz aufbaut. Denn: "If we begin with the students' natural variant responses to literary texts, we keep the process of resistance internally connected to their own intentions and agency, without imposing our own beliefs." (Ebd.) Wenn LehrerInnen den SchülerInnen ihren eigenen ideologiekritischen Standpunkt aufzwingen, entmündigen sie sie anstatt sie in ihrer Identitätsentwicklung zu stärken. Sie würden das Gegenteil dessen tun und erreichen, was ihr Anliegen (bzw. das im Rahmen dieser Arbeit formulierte Anliegen) ist: die Förderung einer kritikfähigen, autonomen und doch ihre Verbundenheit mit anderen nicht leugnende Persönlichkeit.

Bevor nun in Kapitel 3 die vorangehenden Ausführungen auf ausgewählte Beispiele angewendet werden, soll zuvor im nächsten Unterkapitel noch kurz allgemein erläutert werden, was aus diesen literaturtheoretischen Überlegungen für die konkrete Unterrichtspraxis und vor allem für die Wahl der Unterrichtsmethoden folgt.

2.3.3 Allgemeine Konsequenzen für die Praxis der Vermittlung

Die Entscheidung für einen primär rezeptionsorientierten Literaturunterricht bedeutet zunächst und vor allem, dass den SchülerInnen Raum gelassen werden muss für eine persönliche Auseinandersetzung mit dem ausgewählten Text. Die Qualität des Unterrichts und vor allem des Unterrichtsgesprächs wird entscheidend davon abhängen, inwieweit den SchülerInnen die Gelegenheit zu einer (oder sogar mehreren) intensiven Textbegegnung(en) gegeben wurde. Ein besonders geeignetes Mittel, das diese Begegnung unterstützen kann, scheint mir das Lesetagebuch zu sein. In einem Lesetagebuch können SchülerInnen begleitend zur Lektüre jede Art von Notizen festhalten: Illustrationen zum Handlungsort und den Charakteren einer Geschichte, Vergleiche mit eigenen Erfahrungen, Vermutungen über den Fortlauf der Handlung, Überlegungen zu bestimmten Themen des Buches, Kommentare zum Stil des Autors/der Autorin, eigene Werturteile über oder Fragen zum Text usw.[135] Lesetagebücher haben den Vorteil, dass sie den Prozess des Lesens verlangsamen und dadurch die Aufmerksamkeit der SchülerInnen dem Text wie auch dem Leseprozess gegenüber erhöhen. Darüber hinaus dokumentieren sie die jeweiligen persönlichen SchülerInnentransaktionen mit dem Text, die

---

[135] Vgl. Benton, Michael & Fox, Geoff (1988). *Teaching Literature: Nine to Fourteen.* Oxford: Oxford University Press, hier: 121.

dann die Grundlage für die weiterführende Textarbeit bilden.[136] Auch (und vielleicht sogar gerade) im Fremdsprachenunterricht eignet sich der Einsatz von Tagebüchern, da sie die FremdsprachenlernerInnen auf natürliche Weise zur Spracherzeugung zwingen: "[...] while it is certainly true that language allows for the expression of ideas, it is also true that a search for and commitment to ideas can generate language."[137] Allerdings ist es sowohl für den muttersprachlichen als auch für den fremdsprachlichen Unterricht wichtig, im Vorhinein zu klären und mit den SchülerInnen abzustimmen, in welcher Form die Tagebücher weiterverwendet werden, vor allem auch, ob sie von der Lehrperson gelesen werden und wenn ja, mit welcher Absicht. Ein zensierendes, alle SchülerInnenäußerungen bewertendes Lesen auf Seiten der Lehrkraft wird vermutlich einer wirklich persönlichen Auseinandersetzung mit dem Text entgegenstehen. Es gibt verschiedene Auswege aus diesem Dilemma, deren Durchsetzbarkeit von der jeweiligen Klasse als auch von der jeweiligen Lehrpersönlichkeit und der gesamten Unterrichtssituation abhängen wird.

Idealerweise hätte der Lehrer oder die Lehrerin sowohl genügend Zeit als auch das Vertrauen ihrer SchülerInnen, so dass sie mit jedem einzelnen Schüler und jeder einzelnen Schülerin in einen echten Dialog eintreten würde, der sich auf den Text bzw. auf die persönlichen Textevokationen bezieht. Das Lesetagebuch würde zu einem *dialogue journal* (Mlynarczyk 1998, 14f.) zwischen Schüler/in und Lehrer/in. Um die Transaktion zwischen Schüler/in und Text so wenig wie möglich einzuschränken und um gleichzeitig die Privatsphäre der SchülerInnen zu wahren, bietet sich die folgende, von Mlynarczyk angewendete Lösung an. Sie schreibt an ihre "*English as a Second Language (ESL) students*": "I will collect your journal every 2 or 3 weeks and write a letter of response to you. Sometimes you will also be asked to let a classmate read your journal. It's fine to write about private things in your journal, but be sure to mark them in some way so that you can remove them before you let someone else (either me or a classmate) read your journal." (Ebd. 42) Zentral scheint mir hier der Begriff *letter of response*. Es geht nicht

---

[136] Die Bedeutung von Lesetagebüchern wird auch im feministischen Kontext immer wieder betont, da sie vor allem Frauen helfen, die eigene Stimme zu finden. Aber auch Männer profitieren von dieser Methode. Vgl. Maher, Frances A. & Tetreault, Mary Kay Thompson (1994). *The Feminist Classroom*. New York: BasicBooks, hier 108: "Her students were all affected by Berkson's emphasis on jounals as sources of knowledge in this classroom. While some students contributed frequently and consistently, the more silent ones such as Nancy spoke more after they read from their journals. It was as though they had indeed recovered their voices. Furthermore, male students became more conscious of power relations in the classroom and learned to listen. Daniel Ritter spoke in his interview about the importance of hearing female voices, of finding out how 'women feel about these texts': [...]".

[137] Zamel, V. (1991). "Acquiring Language, Literacy, and Academic Discourse: Entering Ever New Conversations." *ESL College* 1.1, 10-18, hier: 12. Dass Lesetagebücher die Aktivierung von Formulierungsstrategien fördern, betont auch Krück, Brigitte (1997). "Das Lesetagebuch als Medium der Rezeption literarischer Texte im Englischunterricht." *Rostocker Beiträge zur Sprachwissenschaft* 3, 125-139, hier: 127.

in erster Linie um Bewertung und Korrektur, sondern um den Austausch von Gedanken zu einem Text und damit um die Vertiefung des Text- und Selbstverständnisses sowie um die Stärkung des Vertrauens in die eigene Verstehensarbeit. Entsprechend überwiegen in diesen Antwortbriefen Fragen und Empfehlungen.[138] Als weniger zeitaufwendige Alternative wäre aber auch denkbar, dass die SchülerInnen ihre Lesetagebucheinträge als Grundlage für ein Kleingruppen- oder Partnergespräch verwenden, dessen "Ergebnis" sie dann in das Klassengespräch mit einbringen.

Ob Dialogjournale oder Kleingruppenaustausch mit anschließender Diskussion im Klassenverband, der Erfolg dieser Methode wird wesentlich vom Verhalten der Lehrperson abhängen: "In short, how the teacher acts during these initial 'reader-response encounters' is very much the basis for supporting the kind of reader the student will eventually become." (Pradl 1994, 295) Vor allem muss sich der/die Lehrer/in über die Prozesshaftigkeit des Lesens im Klaren sein. Die ersten Reaktionen der SchülerInnen auf einen Text werden sich sehr unterscheiden von den Lesetagebucheinträgen der LehrerInnen, die den Text vermutlich schon mehrfach gelesen und studiert haben. Einfühlung und Geduld gegenüber den "Gehversuchen" der SchülerInnen sind vonnöten.

Während Lesetagebücher sich vor allem (wenn auch nicht nur[139]) für die Erstbegegnung mit einem literarischen Text eignen, wird es vom jeweiligen Text abhängen, welche schülerInnenaktivierenden Methoden sich im weiteren Verlauf anbieten. Im Zusammenhang mit Überlegungen zum handlungsorientierten Fremdsprachenunterricht sind eine Vielzahl von Lernformen entwickelt worden, "die auf den Prinzipien aktiver Lernerteilhabe und prozeßorientierten Erfahrungslernen basieren" (Delanoy 1996b, 61), und aus denen mit Blick auf den jeweiligen Text und die jeweilige SchülerInnengruppe ausgewählt werden kann.[140] Sie sollen hier nicht im Einzelnen weiter aufgeführt werden. Stattdessen sei auf ihre exemplarische Anwendung auf die ausgewählten Bildungsromane im nächsten Kapitel verwiesen.

Gilt es zunächst und primär, SchülerInnen zu einer persönlichen Textbegegnung anzuleiten und eine ästhetische Lesehaltung (*aesthetic reading*) zu fördern, so darf nicht vergessen werden, dass ihnen auch eine kritische Lesehaltung ermöglicht werden soll.

---

[138] Beispielhafte Antwortbriefe finden sich bei Mlynarczyk 1998, 178ff. Appendixes A-E. Weitere gute praktische Vorschläge zum Einsatz des Lesetagebuchs im Englischunterricht sowie eine ausführliche Beschreibung der Vorzüge dieser Methode finden sich bei Mosner, Bärbel (1997). "Das literarische Leser-Lerner Tagebuch: Ein Lernverfahren für den handlungsorientierten Unterricht." *Praxis des neusprachlichen Unterrichts* 2, 154-164.

[139] Es spricht vieles dafür, dass sich der kontinuierliche Einsatz von Lese- bzw. Lerntagebüchern lohnt, nicht zuletzt deshalb, weil SchülerInnen dadurch die Möglichkeit erhalten, ihren eigenen Lernprozess zu verfolgen.

[140] Vgl. u.a. Legutke, Michael & Thomas, Howard (1991). *Process and Experience in the Language Classroom*. London: Longman; Benton/Fox 1988; Kramsch, Claire (1993). *Context and Culture in Language Teaching*. Oxford: Oxford University Press, bes. Chap. 5 "Teaching the literary text".

Eine kritische Lesehaltung hält LeserInnen dazu an, sich genauer anzuschauen, wie der Text geschrieben und strukturiert ist, und auf welchen impliziten Vorannahmen er basiert. Ebenso bedeutet das Einnehmen einer kritischen Lesehaltung, dass man sich fragt, wie und warum ein Text diese oder jene ästhetische Reaktion hervorgerufen hat. Über Fragen wie die folgenden ist dabei zu reflektieren:

> What does this text ask of you as a reader, assume about you as a reader? What cultural and political assumptions are represented? Whose interests are served by such representations? How might these be constructed otherwise? Whose voices are heard? How would the text change with other voices represented? How would the text be different if it were written or read 100 years ago or 100 years in the future? What if roles or positions in the story were reversed? How would that affect it?[141]

Anstatt diese Fragen direkt zu stellen, ist es wünschenswert und zumindest bei den ausgewählten Texten wahrscheinlich, dass sich wenigstens einige der Fragen aus dem Gespräch der SchülerInnen mit dem Text und miteinander von selbst ergeben. So ist zu vermuten, dass z.B. der feministische Gehalt in *Lives of Girls and Women* oder auch in *The House on Mango Street* auf Widerstand bei den SchülerInnen stoßen wird, oder zumindest doch auf Unterschiede in der Reaktion der Schüler und Schülerinnen auf diesen Aspekt. Wenn sich solche Unterschiede zeigen, ist es wichtig, dass die/der Lehrer/in diese aufnimmt und nutzt, um in die Möglichkeit des *critical reading* einzuführen. Denn, wenn sich dieser Widerstand natürlicherweise ergibt, ist es ungleich leichter, SchülerInnen von der Ideologiehaltigkeit eines jeden Textes zu überzeugen, als wenn diese nur von der/dem Lehrer/in behauptet wird. Sind die SchülerInnen erst einmal in eine ideologiekritische Lesehaltung eingeführt, ist es wahrscheinlicher (und zu hoffen), dass sie diese auch auf andere, nicht gleich Widerstand hervorrufende Texte anwenden.

Falls sich aber das kritisches Lesen nicht wie erhofft aus den SchülerInnentransaktionen mit dem Text ergibt, gibt es verschiedene Möglichkeiten, auf eine ideologiekritische Lesehaltung hinzuwirken. Es sind vor allem kreative und produktionsorientierte Methoden der Auseinandersetzung mit dem Text, die zu einer kritischen Lesart verhelfen können, wie zum Beispiel die Methode, einen Text bzw. eine Textpassage aus einer anderen Erzählperspektive schreiben zu lassen, oder die Aufgabe, für den Text ein anderes Ende zu finden. Ebenso geeignet sind bisweilen Unterbrechungen der Lektüre an signifikanten Stellen und die Aufforderung, sich die Fortsetzung der Handlung vorzustellen.[142] Aufgrund der unterschiedlichen Vorschläge kann dann darüber diskutiert

---

[141] Arbeitspapier aus dem Workshop "T 2.6: Reading matters: Expanding literacy beyond the efferent and the aesthetic into the social/cultural/political", presented by Kevin Dupre and Devon Brenner at the National Council of Teachers of English Convention, Nov. 16-21, 2000 in Milwaukee, Wisconsin, USA.

[142] Für Unterbrechungen der Lektüre im Interesse der Förderung einer kritischen Lesehaltung plädiert auch O'Neill, Marnie (1990). "Molesting the Text: Promoting Resistant Readings." In: Hayhoe, Mike & Parker, Stephen (eds.). *Reading and Response*. Bristol, PA.: Open University Press, 83-93, hier: 91:

werden, aus welchen Gründen sich die SchülerInnen für jene Fortsetzungen und der/die Autor/in für diesen Handlungsfortgang entschieden hat.

Einen ganz entscheidenden Einfluss auf die Entwicklung einer kritischen Lesehaltung wird der jeweilige Kontext haben, in dem ein bestimmter Text gelesen wird. So wird es beispielsweise einen großen Unterschied machen, ob die ausgewählten Romane im Rahmen einer Reihe zur "Stellung der Frau in der Gesellschaft" behandelt werden, oder ob sie Thema einer Reihe zu "Growing Up" sind. Wird *The House on Mango Street* mit einem männlichen Bildungsroman aus der hispanischen Kultur verglichen, oder folgt Cisneros' Roman auf die Lektüre von *The Awakening* - je nach Arrangement wird sich die Aufmerksamkeit der SchülerInnen auf sehr Unterschiedliches richten. Doch beinahe jedes Arrangement bietet die Möglichkeit zur Einübung in eine kritische Lesehaltung, denn: "When texts with conflicting meanings are juxtaposed, this calls into question the sufficiency and authority of any one textual version." (Morgan 1997, 39) Es ist wichtig, dass sich die Lehrkraft im Vorhinein Gedanken über das mögliche Arrangement der Texte bezogen auf ihre Unterrichtsziele macht; ebenso wichtig im Sinne einer kritischen Leseerziehung aber ist es, dass sie sich Rechenschaft ablegt und den SchülerInnen transparent macht, wie dieses Arrangement ihr Textverständnis mit beeinflusst.

Kapitel 3: Exemplarische Konkretisierung der didaktischen Erkenntnisse anhand von drei ausgewählten Beispielen

Auf die vorangehenden theoretischen Überlegungen zum Einsatz von weiblichen Bildungsromanen im englischen Oberstufenunterricht sollen nun praktische Vorschläge zur Behandlung von drei der ausgewählten Beispiele folgen. Für *The Awakening, Lives of Girls and Women* und für *The House on Mango Street* wird beispielhaft gezeigt, wie sie gemäß diesen *gender*bewussten Überlegungen im Englischunterricht der gymnasialen Oberstufe eingesetzt werden können. Dabei sind auch die spezifischen Rahmenbedingungen dieses Unterrichts zu beachten. Dazu gehört u.a., dass über die allgemeinen Lernziele hinaus noch einmal spezifische für den Fremdsprachenunterricht gelten (so sollen beispielsweise fremdsprachliche Fähigkeiten ausgebaut und Kenntnisse über die Kultur des Zielsprachenlandes erworben werden), sowie die Tatsache, dass der Unterricht auf der Oberstufe zumeist in thematischen Einheiten organisiert ist. Diese Aspekte werden berücksichtigt, wenn im Folgenden für jeden einzelnen der drei ausgewählten Romane begründet und gezeigt wird, warum und wie er sich jeweils für die Behandlung

---

"Interrupting the text did allow them to see how they were being positioned as readers, what assumptions were operating in the text, and how their experience of other texts contributed to their reading of this one."

im Unterricht eignet. Da sich die drei Bildungsromane in vielerlei Hinsicht unterscheiden (Länge, Schwierigkeitsgrad, soziokultureller Kontext der Entstehung und der Thematik etc.), bietet es sich an, sie für ganz unterschiedliche Reihen bzw. thematische Einheiten vorzustellen. *The House on Mango Street* von Sandra Cisneros etwa kann wegen seiner Kürze gut im Rahmen einer kulturkundlichen Reihe zum Thema "Multiculturalism in the USA" behandelt werden, während *Lives of Girls and Women* sich als literarisches Hauptwerk für eine Unterrichtseinheit zum "Growing Up" eignet. *The Awakening* passt in eine thematische Reihe über "The Individual and the Society" und eröffnet die Möglichkeit, über historische und soziokulturelle Bestimmungen und Veränderungen dieses Verhältnisses zu reflektieren. Diese verschiedenen Vorschläge zum Einsatz im Unterricht sind exemplarisch zu verstehen. Sie stellen jeweils eine von vielen Möglichkeiten vor, wie der ausgewählte Text im Rahmen einer Unterrichtsreihe rezeptionsorientiert und ideologiekritisch zugleich behandelt werden kann. Auch handelt es sich bei diesen Vorschlägen nicht um eine ins Detail geplante Unterrichtseinheit, denn das würde eine konkrete AdressatInnengruppe voraussetzen. Es folgen vielmehr Ideen und Denkanstöße zum Einsatz dieser drei Romane, die für die konkrete Praxis noch weiter ausgearbeitet werden müssten.

3.1 *The Awakening* im Rahmen einer Unterrichtseinheit zum Thema "The Individual and Society"

In fast allen Lehrplänen, die (verbindliche) Themen für den englischen Oberstufenunterricht vorschlagen, findet sich die für *The Awakening* ausgewählte Thematik "Das Individuum und die Gesellschaft". Genau diesen Titel trägt etwa das für alle Fremdsprachen verbindliche Rahmenthema für die Jahrgangsstufe 13 II im Lehrplan von Hessen (1998, 11). In Sachsen-Anhalt ist "The Individual and Society" mit dem möglichen Schwerpunkt "The Individual in Conflict with Society" bzw. "The Individual between Conformity and Rebellion" ein Wahlpflichtthema für Grund- und Leistungskurse der Jahrgangsstufen 12/13 (vgl. Sachsen-Anhalt 1999, 71, 80). Im Lehrplan von Berlin findet sich der Themenschwerpunkt "The Individual and Society" unter dem Kursthema "Themes in English and American Literature" für das dritte Kurshalbjahr (Jahrgangsstufe 13.1). Nur in Letzterem wird Kate Chopins *The Awakening* für dieses Thema neben anderen Romanen vorgeschlagen bzw. ausdrücklich in diesem Zusammenhang erwähnt. Im Folgenden möchte ich zunächst begründen, warum sich *The Awakening* zum Einsatz im Rahmen einer solchen Unterrichtsreihe eignet, um dann in einem zweiten Schritt konkrete Vorschläge zur Auswahl von Methoden und Zusatzmaterialien zur Behandlung des Romans im Unterricht zu machen.

3.1.1 Die Eignung des Romans zum Einsatz in dieser Unterrichtsreihe

"The pertinence of Edna's dilemma - how to be an individual in a society that insists she play specific roles - is certainly a key to its fascination since it uniquely engages both younger students (who are much involved in articulating their selves) and older students (who are well aware of the compromising forces of social reality)."[143] In der Tat spricht Kate Chopin mit ihrem über hundert Jahre alten Bildungsroman Themen an, die heute noch aktuell sind. *The Awakening* wirft Fragen auf, mit denen sich auch SchülerInnen von heute im Rahmen ihrer Identitätsbildung auseinander setzen, wie etwa: Was will ich, was erwarte ich von meinem Leben? Was wird von mir erwartet? Welchen Platz sollen die Liebe und der Beruf in meinem Leben einnehmen? Was ist von der Liebe zu erwarten? Was bedeutet Unabhängigkeit, was heißt Verantwortung für mich selbst, für Kinder etc.? Das sind Fragen, denen sich Jungen und Mädchen gleichermaßen stellen müssen. *The Awakening* behandelt in dem Sinne kein ausschließliches "Frauenproblem", sondern ein allgemein menschliches. Der Konflikt zwischen Individuum und Gesellschaft ist universal. Jede und jeder spürt den Einfluss der Gesellschaft auf ihre/seine Identitätsbildung, wenn auch in unterschiedlicher Weise. Identitätsbildung des Individuums geschieht in der Auseinandersetzung mit der Gesellschaft (vgl. Erikson, Teil I, Kap. 1). Es ist jedoch von Bedeutung, dass dieser Konflikt einmal aus Frauenperspektive geschildert wird. Wie Nina Baym in ihrer Einleitung zum Roman deutlich macht, blieb gerade das nicht ohne Auswirkungen für die Frauenfrage: "The issue of self and society is certainly bigger than a 'woman's issue' and Chopin's greatest contribution to the woman question - as it was called in her own day - may well be her use of a female protagonist to present a universal dilemma."[144] Für die Konzeption einer Unterrichtsreihe bedeutet das, dass es wichtig ist, in der Anlage und Formulierung der Reihe, diesen universalen Aspekt des Romans hervorzuheben. Daher ist der Einsatz dieses Romans im Rahmen einer Unterrichtssequenz zum Thema "Das Individuum und die Gesellschaft" der Behandlung in einer Reihe zur "Stellung der Frau in der Gesellschaft" unbedingt vorzuziehen. Ersteres macht es leichter, die Relevanz der Thematik und des Romans für alle zu erkennen, und entgeht der Gefahr, diese als spezifische Frauenprobleme abzutun. Ist die Relevanz erst einmal erkannt, wird sich möglicherweise auch hinsichtlich der Gleichberechtigung der Geschlechter etwas verändern (analog dem Einfluss von *The Awakening* auf die Frauenfrage gemäß Nina Baym, s.o.).

---

[143] Ewell, Barbara C. (1988) "*The Awakening* in a Course on Women in Literature." In: Koloski, Bernard (ed.). *Approaches to Teaching Chopin's* The Awakening. New York: MLA, 86-93, hier: 88.

[144] Baym, Nina (ed.) (1981). *Kate Chopin. The Awakening and Selected Stories*. New York: Modern Library, XXXIV.

Eignet sich *The Awakening* zur Behandlung im Unterricht aufgrund seiner thematischen Universalität wie auch seiner Aktualität, so bedeutet das nicht, dass es keinen kulturellen und historischen Abstand zwischen dem Kontext des Romans und dem der SchülerInnen gibt. Diesen Abstand gilt es zu berücksichtigen und zu überbrücken. Edna Pontellier "erwacht" und beginnt mit ihrer Suche nach sich selbst erst im Alter von 28 Jahren, als sie schon verheiratet und Mutter von zwei Kindern ist. Bis zu ihrem "Erwachen" auf der Insel hatte sie sich gesellschaftskonform verhalten, hatte sie das getan, was die meisten Frauen dieser Zeit taten: einen Mann ihres Standes geheiratet und Kinder bekommen. Erst während ihres Sommerurlaubs und aufgrund einschneidender Erlebnisse erwacht ihr Wunsch nach Selbstbestimmung, und sie beginnt ihr Leben zu verändern. Doch Veränderungen sind nur in einem gewissen Rahmen möglich. Vorangegangene Entscheidungen, so unreflektiert sie auch waren, sind nicht wieder rückgängig zu machen. Vor allem aber sind ihre Wünsche nach Selbstbestimmung und erotischer Erfüllung für eine Frau der damaligen Zeit gesellschaftlich unangemessen. Eine Frau dieser Zeit hatte ihr Glück in ihrem Muttersein zu suchen.[145] Alleinstehende Frauen hatten es ungleich schwerer, erfuhren gesellschaftliche Ächtung, wie es das Beispiel von Mlle Reisz zeigt. Andere als häusliche Interessen zu verfolgen, wurde den Frauen nicht zu gestanden. Ganz undenkbar gar war die Vereinbarkeit einer künstlerischen Karriere mit einer Ehe.[146] Für Männer hingegen galt diese Unvereinbarkeit natürlich nicht (vgl. Walker 2000, 157).

Werden SchülerInnen mit diesem soziohistorischen Kontext des Romans konfrontiert, stellt sich automatisch ein Vergleich mit der heutigen Zeit und dem eigenen kulturellen Kontext ein. Was hat sich seitdem verändert? Welche Unterschiede zwischen der Situation von Frauen damals und heute sehen sie? Ein wichtiger Unterschied betrifft die Rolle der Frau in der Gesellschaft. Von jungen Mädchen wird heute beispielsweise nicht mehr erwartet, dass sie in erster Linie Mütter werden und auf berufliche Erfüllung verzichten. Allerdings wird noch immer hauptsächlich von ihnen (und nicht von jungen Männern) gefordert, dass sie beides miteinander vereinbaren können (vgl. Teil I, Kap. 4.3.1). Das heißt, die Ideologie scheint noch immer die gleiche oder zumindest doch sehr ähnlich zu sein: die Hauptaufgabe der Männer ist es zu arbeiten, die Frauen dürfen berufstätig sein, wenn sie ihre mütterlichen Pflichten nicht vernachlässigen. Wie stehen

---

[145] Vgl. Moody, Helen Watterson (May 1899). "The True Meaning of Motherhood." *Ladies' Home Journal*, abgedruckt in: Walker, Nancy A. (ed.) (2000). *Kate Chopin. The Awakening. Complete, Authoritative Text with Biographical, Historical, and Cultural Contexts, Critical History, and Essays from Contemporary Perspectives*. Boston: Bedford/St. Martin's, 156f. Dieser kurze Text gibt einen Einblick in die damals geltende Ideologie der Mutterschaft.

[146] Vgl. (January 1899). "The Artist and Marriage." *The Atlantic Monthly*, abgedruckt in: Walker 2000, 157-160, hier: 159f.

die Schülerinnen und Schüler zu dieser Ideologie? Spüren sie den Einfluss dieser Ideologie auf ihr Leben? Wer sieht Bedarf nach Veränderung und warum?

Weitere Unterschiede und Ähnlichkeiten zwischen dem Kontext der SchülerInnen und des Romans bestehen hinsichtlich Ednas Prozess der Selbsterkenntnis. Bei Edna beginnt dieser Prozess erst im Alter von 28 Jahren, während von Schülerinnen und Schülern heute erwartet wird, dass die Auseinandersetzung mit der eigenen Identität wesentlich früher stattfindet bzw. beginnt. Möglicherweise stehen daher vor allem die Schülerinnen Edna in ihrer Reife recht nahe, insofern sie Ednas Wünsche und Sehnsüchte nach Selbstbestimmung und erotischer Erfüllung nachvollziehen können. Im Unterschied zu Edna haben sie jedoch die Möglichkeit, über ihre Lebenserwartungen und -hoffnungen zu reflektieren, bevor sie folgenreiche Entscheidungen fällen. Der Handlungsspielraum für Frauen ist größer geworden, was aber nicht bedeutet, dass sie völlig frei sind. Wie Teil I dieser Arbeit hat deutlich machen können, treffen Mädchen und Jungen in ihrer Identitätsbildung immer noch auf unterschiedliche, geschlechtsspezifische Anforderungen und Erwartungen von der Gesellschaft. Nehmen Schülerinnen und Schüler diese Unterschiede wahr? Wie schätzen sie die Möglichkeiten der Selbstverwirklichung für sich heute ein? *The Awakening* kann anregen, über die historischen Unterschiede wie auch über die unterschiedlichen Möglichkeiten der Geschlechter nachzudenken. Welche gesellschaftliche Erwartungen empfinden sie als Einschränkung? SchülerInnen können erkennen, was sich im Lauf der Geschichte bereits verändert hat, und sie können darüber spekulieren, wie die Entwicklung weiter gehen wird. Für sich selbst können sie überlegen, was sie vom Leben erwarten und welche Möglichkeiten ihnen das Leben bietet.

Je nach SchülerInnengruppe wird möglicherweise auch Ednas privilegierte gesellschaftliche Position zur Sprache kommen, aufgrund derer es für sie überhaupt möglich war, sich dieser inneren Suche nach sich selbst zu widmen. Edna muss sich beispielsweise keine Gedanken über die materielle Sicherheit ihrer Kinder machen. Möglicherweise ist Ednas gesellschaftliche Position für die SchülerInnen Anlass, über eigene Privilegien nachzudenken, die zum Beispiel darin bestehen, dass sie nicht durch ökonomische Zwänge davon abgehalten werden, über diese Dinge zu reflektieren. Darüber hinaus werden die SchülerInnen vermutlich auch den spezifischen kulturellen Kontext wahrnehmen, der mitverantwortlich ist für Ednas Erwachen. In der Auseinandersetzung mit *The Awakening* lernen sie etwas über die innerkulturellen Unterschiede zwischen "protestantischen AmerikanerInnen" und "katholischen Kreolen", die noch immer repräsentativ sind für diese Gegend des amerikanischen Südens. Das Kennenlernen dieser Unterschiede bietet die Möglichkeit, über die prägende Bedeutung regionaler und eventuell auch religiöser Traditionen zu reflektieren.

Schließlich wird vermutlich vor allem das ambivalente Ende des Romans, Ednas Selbstmord, Anlass zu Diskussionen und Positionsbestimmungen geben. Durch einen

Vergleich der verschiedenen Interpretationen dieser Tat mit der eigenen Deutung werden sich nicht nur unterschiedliche historische Bewertungen herausstellen, sondern möglicherweise werden sich an dieser Stelle auch unterschiedliche moralische Einstellungen herauskristallisieren. Ist Ednas Selbstmord zu verurteilen, weil sie in ihrer Suche nach Erfüllung zwei Kinder im Stich lässt? Oder ist ihre Tat vor dem damaligen gesellschaftlichen Hintergrund, der ihr vergleichsweise wenig Wahlmöglichkeiten gegeben hat, verständlich und damit verzeihlich? Für welche Deutung auch immer sich die SchülerInnen entscheiden, der Auseinandersetzung mit diesen Positionen kommt eine große Bedeutung zu, denn sie führt die SchülerInnen an zentrale, gesellschaftlich aktuelle Fragen heran, wie beispielsweise an die Frage der historischen (oder kulturellen) Relativität bzw. des Relativismus. Nach welchen Maßstäben sind die Handlungen von Menschen zu beurteilen? Gibt es ethische Forderungen, die überall und zu jeder Zeit gelten sollten, oder sollte es je nach kulturellem und historischen Kontext unterschiedliche Rechte und Gesetze geben dürfen?[147]

Im Folgenden werden einige Vorschläge gemacht, wie die Auseinandersetzung mit dem Text in diesem Sinne befördert werden kann.

3.1.2 Methodisch-didaktische Vorschläge zur Behandlung des Romans

Die Entscheidung für einen primär rezeptionsorientierten Literaturunterricht mit ideologiekritischer Komponente bedeutet, dass zunächst die Transaktion zwischen SchülerInnen und Text im Mittelpunkt des Unterrichts stehen muss. Den Schülerinnen und Schülern muss ausgiebig Zeit gegeben werden, sich auf das "lived through experience" (Rosenblatt) zu konzentrieren bzw. sich auf die ästhetische Erfahrung einzulassen, um ihr eigenes Textverständnis zu entwickeln. Um die SchülerInnen in ihrer Textbegegnung so wenig wie möglich zu beeinflussen, würde ich daher davon absehen, Hintergrundmaterial vor der Lektüre bereitzustellen. Der Text ist auch ohne viel Hintergrundwissen zu verstehen. Die einzige Ausnahme besteht vielleicht hinsichtlich der Kultur der Kreolen bzw. in Bezug auf das *setting*. Doch es genügt auch, auf diese Aspekte einzugehen, wenn diesbezüglich Fragen von den SchülerInnen gestellt werden. Je nachdem, welche Lektüreausgabe die SchülerInnen besitzen, finden sich Hintergrundinformationen im Glossar oder in der Einleitung zum Text, die an gegebener Stelle eingesetzt werden können. Eine besonders gelungene Ausgabe und daher ein zu empfehlender Text ist in der Reihe *Cambridge Literature Series* erschienen und über den Klett-Verlag beziehbar. Diese

---

[147] De facto galten und gelten in den unterschiedlichen Gesellschaften unterschiedliche Gesetze. Die Frage, ob das gut ist und so bleiben soll, stellt sich vor allem bei Praktiken, die aus unserer Sicht moralisch fragwürdig sind (wie z.B. der genitalen Verstümmelung von Frauen in manchen Kulturen oder auch der Todesstrafe in den USA oder in der Türkei).

Ausgabe enthält nicht nur *The Awakening*, sondern noch weitere Short Stories von Kate Chopin, alle mit einem Glossar versehen. Besonders hilfreich und geradezu modellhaft sind die *Resource Notes*, die Hintergrundinformationen (etwa zu Chopins Leben und zur Rezeptionsgeschichte des Romans) bieten und diese mit zur Diskussion anregenden Fragen und Aufgaben verbinden.

Wird *The Awakening* wie vorgeschlagen im Rahmen einer Reihe zu "The Individual and Society" eingesetzt, würde sich eventuell vorab ein *Brainstorming* zu diesem Titel anbieten. An was denken die SchülerInnen bei diesem Titel? Welche Konflikte zwischen Individuum und Gesellschaft fallen ihnen ein? Wie sehen sie das Verhältnis zwischen dem Einzelnen und der Gesellschaft? Es wäre interessant zu sehen, ob sie bei diesem Thema auch an die Geschichte der Frauen denken. Je nach SchülerInnengruppe ist dieser Einstieg aber möglicherweise zu abstrakt, so dass sich eher ein direkter Texteinstieg anbietet.

Für die intensive Textbegegnung mit Kate Chopins *The Awakening* würde ich (wie bei allen hier ausgewählten Romanen) die Anlage eines Lesetagebuches vorschlagen. Vermutlich besser als jede andere Methode kann das Lesetagebuch zu einer persönlichen Auseinandersetzung mit dem Text führen. Das bestätigt u.a. auch Barbara Ewell, die in ihrem Kurs, der die Behandlung von *The Awakening* einschließt, ebenfalls Lesetagebücher einsetzt:

> When students have to articulate their thoughts and feelings about texts and discussions [...] classroom participation is dramatically improved, in both quality and quantity. Moreover, rewarding students for at least trying to see the moral and political as well as intellectual pertinence of these texts to their lives reinforces the sense of literary engagement I want to encourage. (Ewell 1988, 92f.)

Lesetagebücher fördern die Fähigkeit des *connected knowing*, des Lernens durch Einfühlung und Begegnung. Besonders geeignet scheint in diesem Fall ein so genanntes "double-entry or dialectical notebook"[148] zu sein, in dem auf der einen Seite bzw. in der einen Spalte spezielle Absätze aus dem Text zitiert, paraphrasiert oder zusammengefasst werden, und in dem auf der anderen Seite die eigenen Reaktionen auf den Text wie Fragen, Gedanken, Gefühle etc. festgehalten werden. Lenken die Notizen auf der ersten Seite das Interesse auf den Text und bestimmte Textstellen, ermöglicht die zweite Seite ein Gespräch über die unterschiedlichen LeserInnenreaktionen und deren mögliche Ursachen.[149] Die Lesetagebücher sollten die Grundlage für das SchülerInnengespräch in Kleingruppen oder zwischen PartnerInnen bilden. In den Kleingruppen sollten die

---

[148] Berthoff, Ann E. (1981). "A Curious Triangle and the Double-Entry Notebook; or, How Theory can Help us Teach Reading and Writing." In: Dies. *The Making of Meaning: Metaphors, Models, and Maxims for Writing Teachers*. Montclair, N.J.: Boynton/Cook, 41-47, bes. 45.

[149] Vgl. Wilkinson, Phyllis A. & Kido, Elissa (April 1997). "Literature and Cultural Awareness: Voices from the Journey." *Language Arts* 74, 255-265, hier: "The double-entry journal allowed us to engage in both text-centered and reader-centered approaches."

SchülerInnen die Möglichkeit erhalten, sich über ihre individuellen Fragen und Reaktionen zum Text zu unterhalten, bevor sie dann gemeinsam überlegen, welche Aspekte sich für ein Gespräch im Plenum eignen. Lesetagebücher und anschließende Kleingruppengespräche sind sinnvoll und notwendig, damit SchülerInnen sprachlich und inhaltlich vorbereitet am Unterricht teilnehmen und so ihr eigenes Denken und ihre eigenen Fragen mit in die Diskussion einbringen können. Sie bieten vor allem auch ruhigeren und zurückhaltenderen, vielleicht sprachlich nicht so eloquenten SchülerInnen die Möglichkeit, sich zu artikulieren.[150]

Wenn diesem primär rezeptionsorientierten Ansatz gemäß das Textverständnis der SchülerInnen die Grundlage für die Unterrichtsarbeit bilden soll, bedeutet das, dass die Lehrkraft den Unterricht weniger genau planen kann. Welchen Verlauf der Unterricht nehmen wird, wird entscheidend von der SchülerInnengruppe abhängen. Die Aufgabe der Lehrperson ist es daher, sich auf eine ganze Bandbreite von möglichen Interpretationsaspekten vorzubereiten und offen zu sein für das, was die SchülerInnen in die Interpretation mit einbringen, und auch für weiterführende Interessen, die sie an der Thematik entwickeln. Sie sollte einen Korb an Materialien bereitstellen oder mit Hilfe der SchülerInnen zusammenstellen, die begleitend zur Textarbeit eingesetzt werden können, um den Text zu veranschaulichen. Dazu gehören könnten z.B. eine Kassette oder eine CD mit Aufnahmen von Frédéric Chopins Impromptus und Isoldes Lied aus Wagners "Tristan und Isolde", ein Bildband oder Dias mit Gemälden aus der Jahrhundertwende (z.B. Mary Cassatt: "Women Admiring a Child" oder "Mother and Child", c.1890), Landkarten von Louisiana sowie zeitgenössische Zeitungstexte.[151] Auch Recherchen im Internet etwa zur kreolischen Kultur in und um New Orleans wären denkbar.[152] Falls jemand Interesse an Kate Chopins Biographie äußert, sollte er oder sie zu einem selbst recherchierten mündlichen Referat ermuntert werden, das aber erst später im Zusammenhang mit den Dokumenten aus der Zeit Chopins gehalten werden sollte.

Damit die SchülerInnen schon während der Erstlektüre für eine ideologiekritische Lesehaltung sensibilisiert werden können, darf der Roman nicht schon im Voraus im Ganzen gelesen werden. Denn nur wenn die SchülerInnen das Ende von *The Awakening* noch nicht kennen, kann man die Lektüre des Romans z.B. nach Kapitel XVI unterbrechen und die SchülerInnen nach ihren Vorhersagen über den Fortgang der Handlung

---

[150] Vgl. hierzu vor allem das dritte Argument für den Einsatz von Lesetagebüchern bei Mosner 1997, 157: "Das Lesertagebuch jedes einzelnen Lernenden ist ein Handlungsprodukt, das eine entscheidende Grundlage für eine erhöhte Schülerbeteiligung und Schülerverantwortung legt."

[151] Vgl. "Aids to Teaching" in Koloski 1988 sowie zu weiteren "Contextual Documents" vgl. Walker 2000, 140ff. "Period Maps" finden sich in Bonner, Thomas Jr. (1988). *The Kate Chopin Companion: With Chopin's Translations from French Fiction.* New York: Greenwood Press, 225ff.

[152] Tatsächlich findet sich zu Kate Chopin und ihrem Umfeld eine Fülle von (Anschauungs-)Material im Internet, an das über die Suchmaschinen Yahoo bzw. Google leicht heranzukommen ist.

befragen. Unterschiede in den Vorhersagen könnten text- und leserInnenorientiert ausgewertet werden: Liefert der Text, bieten gewisse Formulierungen Anhaltspunkte für eine bestimmte Fortentwicklung der Handlung? Oder spielen auch eigene Wünsche und Erfahrungen eine Rolle bei der Vorhersage?[153] Auf diese Weise können bereits an dieser Stelle Grundlagen für eine ideologiekritische Lektüre gelegt werden.

Zu den Aspekten, die den SchülerInnen während ihrer ersten Lektüre und nach den Gesprächen in Kleingruppen vermutlich auffallen werden, gehören u.a.: Ednas Verhältnis zu ihrem Ehemann (später auch ihr Verhältnis zu Robert und Alcée Robin und ein Vergleich dieser Verhältnisse); Edna im Vergleich zu Mme Ratignolle und Mlle Reisz; die Relevanz des *setting*, die Insel und die Stadt New Orleans; die Signifikanz des Titels sowie die psychologische Bedeutung der kraftvollen Bilder und Symbole, vor allem die Bedeutung des Meeres.[154] Vielleicht bemerken die SchülerInnen auch die Erzählhaltung, wie sie durch die scheinbar objektiven Beschreibungen der allwissenden Erzählerin in ihren Sympathien gelenkt werden (vgl. z.B. die Beschreibung von Léonce Pontellier). Die genannten Aspekte könnten durchaus in arbeitsteiliger Gruppenarbeit und Hausarbeit vorbereitet werden, sollten aber im Plenum der Klasse vertieft werden.

Den größten Raum in der Auseinandersetzung mit *The Awakening* wird vermutlich die Reaktion der SchülerInnen auf Ednas Selbstmord einnehmen. Wie beurteilen sie ihn? Finden sie ihn unmoralisch, verständlich, übertrieben, unüberlegt oder tragisch? Die SchülerInnen sollten zunächst ihre spontanen Reaktionen festhalten, bevor sie Texte zur Kontextualisierung erhalten. Auf diese Weise wird ein ideologiekritisches Text- und Selbstverständnis vorbereitet. Zur Kontextualisierung eignen sich u.a. die beiden Zeitdokumente "The True Meaning of Motherhood" und "The Artist and Marriage" (beide in Walker 2000). Sodann wäre es sinnvoll, die SchülerInnen Vermutungen darüber anstellen zu lassen, wie vor diesem Hintergrund wohl zeitgenössische Kritiken des Romans ausgesehen haben könnten. Eine Konfrontation mit einigen Originalkritiken dieser Zeit, wie sie etwa in der Ausgabe von Margaret Culley[155] oder in verkürzter Form auch in der Klett-Ausgabe abgedruckt sind, könnte ihnen deutlich machen, wie sowohl die zeitgenössischen KritikerInnen als auch sie selbst jeweils "Kinder ihrer Zeit" sind. Wie lässt sich die den meisten Kritiken zugrundeliegende Ideologie beschreiben? Warum wurde der Roman so negativ beurteilt? Wie unterscheidet sich die Kritik der Zeitgenossen von

---

[153] Über Erfahrungen mit dieser Unterbrechung berichtet Rankin, Elizabeth (1988). "A Reader-Response Approach." In: Koloski, Bernard (ed.). *Approaches to Teaching Chopin's* The Awakening. New York: MLA, 150-155.

[154] Zu den verschiedenen Aspekten vgl. u.a. Koloski 1988, 114ff.: "Patterns That Yield Meaning".

[155] Vgl. Culley, Margaret (ed.) (1976a). *Kate Chopin. The Awakening. An Authoritative Text, Contexts, Criticism*. New York: Norton, 145ff. "Two Contemporary Reviews of *The Awakening*" finden sich auch in Walker 2000, 165f.

ihrer eigenen Reaktion auf den Roman? Wie erklären sie sich mögliche Unterschiede bzw. die Tatsache, dass das Urteil heutiger KritikerInnen ganz anders ausfällt? Kennzeichen unserer Zeit ist die Vielfalt und Gleichwertigkeit verschiedener Zugänge zum Roman. Je nach Leistungsstand und Interesse der SchülerInnen könnten ihnen daher auch noch Beispiele moderner Interpretationen des Romans (Auszüge aus Culley 1976a, 160ff. "Essays in Criticism" oder Walker 2000, 169ff. "Part Two: *The Awakening*: A Case Study in Contemporary Criticism") zum Vergleich vorgelegt werden. Sie sollten vor allem dann eingebracht werden, wenn eine bestimmte Interpretation zu dominieren droht. Am Ende der Auseinandersetzung mit den verschiedenen zeitgenössischen und modernen Interpretationen sollte jedoch auf jeden Fall noch einmal eine eigene Bewertung des Romans durch die SchülerInnen stehen. Wie hat sich ihre Einschätzung durch die Lektüre der verschiedenen Kritiken und durch das Gespräch mit den MitschülerInnen verändert? Würden sie den Roman als private oder/und als Unterrichtslektüre weiterempfehlen? Vielleicht schreiben sie am Ende eine eigene Buchkritik, in der sie ihre gewonnenen Einsichten zum Ausdruck bringen.

3.2 *Lives of Girls and Women* im Rahmen einer Unterrichtseinheit zum Thema "Growing Up"

Das Thema "Growing Up" bzw. das Thema des Erwachsenwerdens kommt ebenso wie die vorangehende Thematik "The Individual and Society" in fast allen bundesdeutschen Lehrplänen vor, die thematische Vorschläge für Unterrichtsreihen machen, wenngleich unter verschiedenen Überschriften. So lautet eines der fünf obligatorischen Themenkomplexe für den Englischunterricht in Grund- und Leistungskursen in Thüringen "Adolescence" (vgl. Thüringen 1999/2000, 65). In Mecklenburg-Vorpommern gehört dieses Thema zu den obligatorischen in der Jahrgangsstufe 11 (vgl. Mecklenburg-Vorpommern 1999, 17), während für Grund- und Leistungskurse in der Qualifikationsphase das Thema "Identity" verpflichtend ist (vgl. ebd. 17, 19). Im Lehrplan von Sachsen-Anhalt wird das Thema "(Education)/Growing Up and Adolescence" gleich dreimal erwähnt, nämlich unter dem Pflichtthema "The American Dream/The American Way of Life" sowohl für Grund- als auch für Leistungskurse (vgl. Sachsen-Anhalt 1999, 69 bzw. 90, und 77) sowie unter dem Wahlpflichtthema "The Human Experience" für Leistungskurse (vgl. ebd. 80 bzw. 98). In Hessen lautet das verbindliche Rahmenthema für das erste Halbjahr der Jahrgangsstufe 13: "Lebenskonzeptionen und Identitätsfindung" (vgl. Hessen 1998, 11 u. 34). Schließlich finden sich auch im Lehrplan von Berlin "The Adolescent", "The Search for Identity" und "Childhood and Adolescence" als mögliche Themenvorschläge unter dem Kursthema für das dritte Halbjahr (13.1) "Themes in English and American Literature" (vgl. Berlin 1991/1992, 12, 16, 34). Auf die besondere

Popularität des Themas "Growing Up" im englischen Oberstufenunterricht verweist darüber hinaus die Tatsache, dass bei der von Norbert Benz durchgeführten Umfrage zu den meistgelesenen Werken der "Growing-Up-Klassiker" *Catcher in the Rye* von J.S. Salinger an zweiter Stelle genannt wurde.[156] Als Alternative zu diesem Werk wie auch zu den in Lehrplänen ebenso häufig erwähnten Romanen *Lord of the Flies* oder *The Loneliness of the Long Distance Runner* soll im Folgenden *Lives of Girls and Women* von Alice Munro vorgeschlagen werden.

3.2.1 Die Eignung des Romans für den Einsatz im Rahmen dieser Unterrichtsreihe

Was im Unterkapitel 3.1.2 weiter oben zur didaktischen Eignung weiblicher Bildungsromane allgemein gesagt wurde, gilt für *Lives of Girls and Women* noch einmal im Besonderen. Mit Munros Bildungsroman ist es möglich, den Schülerinnen und Schülern Hilfestellungen im Prozess ihrer Identitätsbildung anzubieten. Denn Munro greift in ihrem Bildungsroman die zentralen Themen des Erwachsenwerdens auf, vor allem das Thema der erwachenden Sexualität und das Suchen nach einer beruflichen Zukunft; aber auch die Ablösung von den Eltern bzw. von der Mutter spielt in LGW eine Rolle, ebenso die Auseinandersetzung mit der Religion.[157] Die Protagonistin und Erzählerin des Romans Del Jordan schildert diese Konflikte aus weiblicher Sicht, und entsprechend finden sich auch die in Teil I beschriebenen, speziell für Mädchen geltenden Bedingungen weiblicher Identitätsbildung in diesem Roman wieder. So zeigt *Lives of Girls and Women* beispielsweise die Virulenz des Konflikts zwischen Autonomie und Weiblichkeit: Del möchte ihre intellektuellen und beruflichen Interessen verfolgen dürfen wie auch ihre sexuellen und partnerschaftlichen Wünsche erfüllen. Bei der Verwirklichung dieser Lebenswünsche stehen ihr aber gesellschaftliche Bedingungen im Wege, vor allem das gesellschaftlich dominante Frauenbild. Del stellt sich diesem Problem auf zweifache Weise: zum einen direkt, indem sie sich im Unterschied etwa zu ihrer Freundin Naomi gegen eine Heirat entscheidet und sich lieber auf ein selbstständiges Leben sogar ohne Stipendien vorbereitet; zum anderen indirekt, indem sie von sich erzählt bzw. schreibt und damit ein Frauenbild entwirft, das sich von dem bis dahin vorherrschenden unterscheidet.

---

[156] Vgl. Benz, Norbert (1990). *Der Schüler als Leser im fremdsprachlichen Literaturunterricht*. Tübingen: Narr, 106.

[157] Auch Barbara Korte schließt in ihren Vorschlägen zur Behandlung anglo-kanadischer Romane im Englischunterricht der Oberstufe *Lives of Girls and Women* mit ein. Vgl. Korte, Barbara (1990). "Vorschläge zur Behandlung anglo-kanadischer Romane im Englischunterricht der gymnasialen Oberstufe." *Neusprachliche Mitteilungen aus Wissenschaft und Praxis* 43.1, 33-38, hier: 35.

So erhalten bei der unterrichtlichen Lektüre dieses Romans nicht nur Jungen einen Einblick in Aspekte und gesellschaftlich bedingte spezifische Schwierigkeiten des weiblichen Erwachsenwerdens, sondern zugleich bekommen sie und auch die Mädchen ein Frauenbild geboten, das alte (z.T. immer noch durch *Soap Operas* perpetuierte) Stereotype durchbricht. Während der Roman einerseits den Mädchen die Gelegenheit gibt, sich in den Problemen Dels wiederzufinden, so bietet er andererseits und zugleich Jungen und Mädchen die Möglichkeit, sich zu fragen, ob die Unterschiede zwischen den Geschlechtern tatsächlich so groß sind und ob sie vielleicht auch damit zusammenhängen, dass gesellschaftlich unterschiedliche Erwartungen an sie herangetragen werden.

Ein weiterer Vorzug des Romans besteht in dem hohen Reflexionsniveau, mit dem Del ihre Entwicklung schildert. Die Art und Weise, wie differenziert sie sich und ihre Umwelt wahrnimmt und beschreibt, kann geradezu modellhaft sein für die SchülerInnen in ihrem Erwachsenwerden, ebenso ihre Ehrlichkeit sich selbst gegenüber. Deutlich wird das u.a. zum Beispiel im Kapitel "Princess Ida" (LGW 54ff.), das Del der Beschreibung ihrer Mutter und vor allem ihrer Beziehung zu ihr widmet. In diesem Kapitel zeichnet Del die Entwicklung der Beziehung eines adoleszenten Mädchens zu seiner Mutter nach. Sie erzählt zunächst von der nicht fassbaren Autorität, die ihre Mutter für sie darstellt (vgl. LGW 58: "[...] she exerted this mysterious, appalling authority, and nothing could be done about it, not yet"), um dann zu zeigen, wie sie sich nach und nach von dieser Autorität löst und versucht, ihren eigenen Standpunkt zu finden. Dabei fängt sie die Gefühle ein, die einen solchen Ablösungsprozess begleiten und zwischen denen sie und Mädchen in ihrem Alter hin und her schwanken: Gefühle der Ablehnung, der Scham, aber auch der Bewunderung und der Sympathie gegenüber der Mutter. Beispielhaft ist Dels Beschreibung insofern, als dass sie ausgewogen ist. Del lässt sich nicht, was für adoleszente Mädchen eher üblich wäre, von den - die Ablösung vorantreibenden - negativen Gefühlen gegenüber der Mutter übermannen, sondern sie ist fähig, auch die Ähnlichkeiten zwischen sich und der Mutter zu sehen und sich einzugestehen. Damit behält und entwickelt sie ein realistisches Bild von sich. In dieser Reife ist sie den SchülerInnen möglicherweise überlegen und kann daher modellhaft sein für die Bewältigung eigener Identitätsprobleme. Ebenso können die Ablehnung des Heiratsantrages von Garnet und die Treue gegenüber ihren im weitesten Sinn beruflichen Interessen als Zeichen ihrer Reife verstanden werden.

Ein dritter Vorzug des Romans ergibt sich aus seiner Bestimmung als Künstlerroman. Dadurch dass *Lives of Girls and Women* aufgrund des Epilogs auch als das Porträt einer werdenden Schriftstellerin gelesen werden kann, bietet der Roman die Möglichkeit, über die Bedeutung von Literatur und Sprache zu reflektieren. Zunächst kann man im Roman verfolgen, welche Bedeutung das Lesen und Schreiben für Del hat, um dann zu überlegen, welche Bedeutung es für uns - als Lehrerin schließe ich mich hier ausdrücklich mit ein - haben könnte. Wenn die SchülerInnen erkennen, wie bedeutsam das Lesen von Büchern und das Verfassen von eigenen Geschichten für die Ich-Entwicklung Dels ist, wie sehr es ihr hilft, gesellschaftlich gesetzte Grenzen zu überwinden, sind sie vielleicht motiviert, über die Bedeutung von Literatur in ihrem Leben nachzudenken. *Lives of Girls and Women* als weiblichen Künstlerroman zu lesen, bietet darüber hinaus und damit zusammenhängend die Gelegenheit, über die Bedeutung und die Macht von Sprache zu reflektieren. Denn die Besonderheit des Romans liegt ja gerade darin, dass das Erwachsenwerden aus weiblicher Sicht dargestellt wird und dass sich Del als Subjekt und nicht als Objekt oder Opfer des Patriarchats entwirft. Einerseits wird Del dadurch zu einer positiven Identifikationsfigur für die Mädchen, andererseits verändert der Roman auf diese Weise die bislang übliche Sicht von Mädchen bzw. Frauen. Indem Del bzw. Munro damit gewissermaßen Neues zur Sprache bringt, verändert sie die Sicht der Wirklichkeit und damit die Wirklichkeit selbst. Sprache prägt das Bewusstsein; deshalb ist es wichtig, dass SchülerInnen diese neue Sicht kennen und damit neu denken und sprechen lernen.

Den SchülerInnen zu helfen, die prägende Bedeutung der Sprache und der Literatur für das Bewusstsein und die Ich-Entwicklung zu erkennen, ist eine hohe Anforderung, der möglicherweise nur in Leistungskursen entsprochen werden kann. Die folgenden Vorschläge zur didaktisch-methodischen Aufbereitung des Romans beziehen sich daher zunächst auf seine Behandlung in Leistungskursen. Wie der Roman, wenngleich in gekürzter Form, aber auch in der Einführungsphase (Jahrgangsstufe 11) bzw. in Grundkursen der Oberstufe eingesetzt werden kann, soll daran anschließend erläutert werden.

3.2.2 Didaktisch-methodische Vorschläge zur Behandlung des Romans in Leistungskursen

Zum Einstieg in die Thematik von *Lives of Girls and Women* bietet es sich an, SchülerInnen in vorbereitender Hausaufgabe überlegen zu lassen, was bzw. welche Themen sie in einem Roman behandeln würden, der das "growing up" eines Mädchens oder Jungen schildert. Damit sehen sich die SchülerInnen mit der Aufgabe konfrontiert, die sich Alice Munro bzw. Del Jordan mit dem Roman gestellt hat. Indem bei dieser Hausaufgabe offen bleibt, ob die SchülerInnen Themen für das "growing up female" oder für das "growing up male" sammeln, wird es interessant sein zu sehen, ob die SchülerInnen Unterschiedliches nennen. Möglicherweise stellt sich auch heraus, dass die Schülerinnen bei dieser Vorbereitung an eine weibliche Figur, die Schüler automatisch an einen männlichen Protagonisten für ihren Roman gedacht haben. Die Unterschiede und ihre möglichen Ursachen sollten bereits an dieser Stelle thematisiert werden.

Nach einer Sammlung von Unterthemen (möglicherweise nach Geschlecht geordnet) zum "growing up" suchen sich die SchülerInnen jeweils ein Thema heraus, zu dem ihnen eine Szene einfällt bzw. zu dem sie sich eine Szene ausdenken können. Mit den SchülerInnen, die das gleiche Thema gewählt haben, bilden sie sodann eine Kleingruppe (von zwei, maximal drei SchülerInnen) und überlegen, wie sie gemeinsam zu diesem Thema eine Romanszene schreiben könnten. Wenn der Kurs sich in vorhergehenden Unterrichtseinheiten bereits schon mit Kurzgeschichten beschäftigt hat, wäre es noch sinnvoller, wenn man zumindest einige SchülerInnengruppen statt Romanausschnitte Kurzgeschichten zum "growing up" entwerfen ließe, denn dann können am Ende dieser Reihe sehr gut gattungstechnische Fragen besprochen werden. Ein Vergleich ihrer Kurzgeschichten und ihrer Romanausschnitte mit *Lives of Girls and Women* kann zur Diskussion der Frage führen, was eigentlich einen Roman von einer Kurzgeschichte unterscheidet: die Art der Charakterisierung, die Geschlossenheit der Darstellung, die Bedeutung eines Plots etc. Handelt es sich bei *Lives of Girls and Women* um einen Roman oder um zusammenhängende Kurzgeschichten? Die episodische Struktur des Romans kann auf diese Weise gut zur Sprache gebracht werden.

Der Austausch in den Kleingruppen wird einige Zeit in Anspruch nehmen, denn die SchülerInnen müssen sich nicht nur erst einmal ihre jeweils eigene Szene (in Englisch) schildern, sondern sie müssen sich vor allem entscheiden, welche Szene oder auch Szenenkombinationen sie nehmen und wie sie sie gestalten wollen. Fragen nach der Erzählperspektive, dem Geschlecht und dem Charakter der Hauptfigur, nach Zeit und Ort der Handlung, sowie nach der Einordnung der Szene im Romanganzen etc. werden sich dabei automatisch stellen. Da diese Fragen auch bei der Erarbeitung von LGW eine Rolle spielen, ist es sinnvoll, die SchülerInnen zu bitten, eine Art Verlaufsprotokoll ihres Gruppengesprächs zu schreiben. Aus diesem sollte hervorgehen, auf welche Schwierigkeiten sie bei der Konzeption ihrer Szene gestoßen sind und welche Entscheidungen sie treffen mussten. Die Protokolle wie auch die Szenen selbst bilden dann die Folie, vor deren Hintergrund Munros Roman betrachtet werden kann und auch die poetologischen Bemerkungen Dels im Epilog verstanden werden können.

Die Romanbesprechung sollte kapitelweise vorgehen. Zumindest die ersten fünf Kapitel können in Gruppenarbeit bewältigt werden. Zur relativ eigenständigen, dem rezeptionsästhetischen Ansatz verpflichteten Arbeit mit dem Text bietet sich eine Variante der im muttersprachlichen Unterricht der USA verwendeten Methode der "Literature Study Groups"[158] an. Jeweils sechs SchülerInnen bilden eine Gruppe, die beim ersten

---

[158] Eine umfassende Einführung in diese Methode bietet: Daniels, Harvey (1994). *Literature Circles: Voice and Choice in the Student-Centered Classroom.* York, ME: Stenhouse Publishers. Hilfreich ist aber auch: Hanssen, Evelyn (1990). "Planning for Literature Circles: Variations in Focus and Structure." In: Short, Kathy G. & Pierce, Kathryn M. (eds.). *Talking about Books: Creating Literary Communities.* Portsmouth, NH.: Heinemann, 198-209. Diese Methode wurde auf dem NCTE-Kongress in Milwaukee, Wisconsin (Nov. 2000) in einer Arbeitsgruppe von Phyllis A. Wilkinson vorgestellt. Wilkinson empfiehlt diese Methode nicht nur für den Einsatz in der Schule, sondern sie hat sie auch und zunächst in der Lehrerfortbildung mit LehrerInnen selbst ausprobiert.

Zusammentreffen gemeinsam überlegt, wer bis zum nächsten Treffen welche Aufgabe zur Vorbereitung der Kapitelbesprechung übernimmt. Zur Auswahl stehen insgesamt sechs verschiedene Rollen, die auf so genannten *role sheets* charakterisiert sind. Zu diesen Rollen gehören:

- der *discussion director*[159], der für den Gesprächsverlauf in der Gruppe verantwortlich ist und sich mit (eher weit gefassten) Fragen zum Text auf das Gespräch in der Gruppe vorbereitet;
- der *literary luminary*, der Stellen markiert, die ihm besonders auffällig, wichtig oder auf irgendeine Weise bedeutsam erscheinen;
- der *illustrator*, der ein Bild zum Text malt oder ihn anderweitig (mit einer Skizze, einem Comic, einem Diagramm oder einer Collage etc.) illustriert;
- der *connector*, dessen Aufgabe es ist, Verbindungen zwischen dem Text und dem Leben und auch anderen Texten herzustellen und zu notieren, an welche Leute, Orte, Ereignisse oder auch andere Romane, Kurzgeschichten, Gedichte etc. ihn dieser Text erinnert und warum;
- der *summarizer*, der Hauptelemente des Textes zusammenfasst und in der Lage sein soll, in einem 1-2 minütigen Vortrag das Wesentliche ("the gist") des Textes wiederzugeben;
- sowie der *vocabulary enricher*, der sein Augenmerk einerseits auf Wörter richtet, die ihm unbekannt erscheinen, sie nachschlägt und die Definitionen notiert, und andererseits Wörter heraussucht, die ihm bedeutsam erscheinen, weil sie wiederholt oder in ungewöhnlicher Weise gebraucht werden oder besonders wichtig für das Verständnis des Textes sind.

Diese Methode hat den Vorteil, dass tatsächlich das Textverständnis der SchülerInnen den Ausgangspunkt der Textinterpretation bildet. Sie gibt ihnen die Gelegenheit, ihre Fragen und Beobachtungen zum Text zunächst im geschützten Raum der Kleingruppe loszuwerden und zu diskutieren, bevor sie dann im Plenum der Klasse behandelt werden. Darüber hinaus lernen die SchülerInnen, eigenverantwortlich mit einem Text umzugehen und eine Diskussion darüber in Gang zu halten. Dies ist zwar nicht nur, aber doch vor allem die Aufgabe des *discussion director*. Da aber vorgesehen ist, von Treffen zu Treffen die Rollen rotieren zu lassen und somit jede/r einmal diese Aufgabe übernimmt, wird sichergestellt, dass tatsächlich jede/r die Gelegenheit erhält, diese Fähigkeit auszubilden.

---

[159] In der folgenden Beschreibung der Rollen benutze ich ausnahmsweise nur männliche grammatische Formen, da eine Doppelung von weiblichen und männlichen Formen den Text schwer lesbar gemacht hätte und die reine Verwendung von weiblichen Formen vor allem in der Verwendung von Artikeln mit englischen Nomen (wie z.B. die *discussion director*) gegen mein Sprachempfinden geht. Die männlichen grammatischen Formen sind also inklusiv gemeint.

Falls diese Methode für die SchülerInnen völlig neu ist, ist beim Gespräch über das erste Kapitel "Flats Road" die Unterstützung der Lehrkraft besonders gefragt. Je nach Lerngruppe kann sie entweder von Gruppe zu Gruppe gehen und individuell Hilfestellungen geben, oder aber sie kann die erste *literature study group* modellhaft im Plenum abhalten. Das würde bedeuten, dass die einzelnen Rollen mehrfach besetzt und die jeweiligen *role sheets* von mehreren SchülerInnen zugleich vorbereitet werden. Im Plenum wird dann entschieden, wer der Haupt-*discussion director* ist, der/die die Diskussion leitet. Er oder sie hätte die Aufgabe, die vorbereiteten Fragen auch der anderen DiskussionsleiterInnen miteinzubeziehen sowie die verschiedenen Beiträge der mehrfach besetzten Rollen zu berücksichtigen. Möglicherweise muss diese Rolle beim erstem Mal von der Lehrperson eingenommen werden.

Eine nach dem Modell der *literature study groups* abgehaltene Besprechung des ersten Kapitels "The Flats Road" könnte beispielsweise folgendermaßen aussehen: Der *discussion director* ruft als erstes einen *summarizer* auf und bittet ihn zusammenzufassen, worin es in diesem Kapitel geht. Der *summarizer* wird den Ort und die Zeit der Handlung nennen (August 1942, silver fox farm near the Wawanash River, Flats Road outside Jubilee, Ontario, Canada), die eingeführten Personen beschreiben ("Uncle" Benny, mother, father, Owen and the narrator, Madeleine and Diane) sowie vor allem die Geschichte von Onkel Bennys gescheiterter Ehe mit Madeleine erzählen. Je nach Schwerpunkt der Zusammenfassung kann der *discussion director* im Anschluss entweder den *illustrator* aufrufen, der vielleicht Onkel Bennys Hütte neben dem Fluss im Sumpf gemalt oder eine Skizze der Flats Road mit der Farm am einen und der Stadt am anderen Ende angefertigt hat, oder aber eine seiner vorbereiteten Fragen stellen, wie z.B.: "What's your impression of the setting? What kind of person is Uncle Benny?" Vielleicht meldet sich an dieser Stelle der *connector* und berichtet von Bekannten, die ihn an Onkel Benny erinnern: in der Natur zuhause, verloren in der städtischen Welt, faszinierend und kauzig zugleich. Der *discussion director* kann aber auch als Erstes den *literary luminary* aufrufen, der Stellen zur eingehenderen Besprechung ausgesucht hat. Stellen, die der *literary luminary* gewählt haben könnte, sind z.B. die Szene, in der die Erzählerin beschreibt, welche Faszination die Zeitungsartikel aus der Sensationspresse, die sie nur bei Onkel Benny findet, auf sie ausüben (vgl. LGW 4f. "But what I liked best around his place [,,,] by mail to his girl friend in South Carolina?"), oder auch die letzte Szene, in der sie die Madeleine-Geschichte auswertet (vgl. LGW 22 "So lying alongside our world was Uncle Benny's [...]"). Daran anschließen können sich Fragen über den oder die Erzähler/in: was erfährt man im ersten Kapitel über den *narrator*? Ist den SchülerInnen aufgefallen, dass bis zum Ende des ersten Kapitels das Geschlecht der Erzählerin noch nicht explizit erwähnt wurde? Was vermuten sie, was könnte die Autorin für einen Grund haben, so lange mit dieser Auskunft zu warten? Der *vocabulary enricher* hat vielleicht gemerkt, dass in dem Kapitel häufig von *stories* die Rede ist, die erzählt werden (vgl. LGW 7, 15,

23). Worin liegt die Bedeutung von den Geschichten in diesem Kapitel? Warum werden sie erzählt? Warum hat die Erzählerin gerade die Geschichte von Onkel Benny und Madeleine erzählt, was sagt diese Geschichte über sie aus? Möglicherweise hatten die SchülerInnen in ihren eigenen *growing-up*-Szenen Ähnliches thematisiert: wie sich ein Kind plötzlich für die Welt der Erwachsenen zu interessieren beginnt, aber diese zugleich auch als bedrohlich empfindet. Dann wäre an dieser Stelle die Gelegenheit, beides miteinander zu vergleichen.

Je nach Zusammensetzung der Gruppe kann das Gespräch auch völlig andere Schwerpunkte setzen; der *illustrator* können andere Szenen veranschaulichen (z.B. Onkel Benny in Toronto), der *vocabulary enricher* kann die Aufmerksamkeit auf andere Worte lenken (z.B. "I [...] knew enough to change *tits* to *heels*." LGW 6 oder "Her use of the word *bride* [...]." LGW 13, Hervorhebungen im Original) und der *discussion director* kann andere Fragen stellen (wie z.B. "What kind of impression do we get from the mother? What is the effect of Madeleine's story on you?"). Das ist legitim und gut so, denn ein rezeptionsorientierter Literaturunterricht zeichnet sich, wie oben erläutert, gerade dadurch aus, dass die Beobachtungen der SchülerInnen am Text die Grundlage des Unterrichts bilden und nicht die vorbereiteten Interpretationsfragen der LehrerInnen. Entsprechend unterschiedlich werden die Stunden und Gruppendiskussionen verlaufen. Die Aufgabe der Lehrperson wird es sein, darauf zu achten, dass die SchülerInnen sich gegenseitig in ihrer Interpretation des Textes bereichern und voranbringen. Gelegentlich wird sie natürlich auch dazu beitragen.

Sind die ersten fünf Kapitel auf diese Weise besprochen und Teilergebnisse der Gruppengespräche dem Plenum mitgeteilt, bietet sich mit dem Kapitel "Lives of Girls and Women" (LGW 119ff.) ein Methodenwechsel an. Ab diesem Kapitel geht es verstärkt um die erwachende Sexualität Dels, die sie z.T. ungewöhnlich offen beschreibt. Damit der Umgang der SchülerInnen mit dem Text weiterhin unbefangen und persönlich bleibt, scheint es daher sinnvoller zu sein, die SchülerInnen ab hier ein Lesetagebuch führen zu lassen und ihnen dann die Gelegenheit zu geben, ihre Einträge mit der Freundin oder dem Freund zu besprechen. Es ist zu vermuten, dass sich hier eine geschlechtshomogene Paargruppeneinteilung von selbst ergibt. Im Unterschied zu den vorangegangenen Kapiteln sollten die SchülerInnen "Lives of Girls and Women" auch nicht komplett lesen und vorbereiten, sondern nur bis zur "Chamberlain-Szene" (LGW 139). Die besondere Behandlung der Chamberlain-Szene (LGW 139-142) bietet sich aus ideologiekritischer Perspektive an, denn hier schreibt Munro alte Muster um: Del wird nicht zum Opfer einer Vergewaltigung, sondern durch ihre Beschreibung der Szene macht sie Chamberlain zum Opfer ihrer Satire. Nicht sie, sondern er ist letztlich bemitleidenswert; nicht sie, sondern er ist der Schwächere in dieser Szene. Damit die SchülerInnen das Besondere dieser Darstellung erkennen können, ist es nötig, sie über den Ausgang der Begegnung Dels mit Chamberlain spekulieren zu lassen. Am besten in geschlechtshomogenen Gruppen sollen sie überlegen, was wohl passieren wird bei dem Treffen zwischen Del und Chamberlain (LGW 139, nach "[...] when I came out of school on Monday, he was there."). Man kann davon ausgehen, dass die meisten SchülerInnen eine Vergewaltigung erwarten. Entsprechend interessant wird es sein, die tatsächliche Szene mit ihren Erwartungen zu vergleichen, um einerseits diese Erwartungen zu hinterfragen (warum erwarten sie eine Vergewaltigung?) und um andererseits darüber nachzudenken, warum Munro wohl die Erwartungen an dieser Stelle enttäuscht hat. Für diese Überlegungen ist es hilfreich sich zu fragen, wie diese Szene auf die Leserinnen und Leser wirkt. Welche Gefühle löst sie bei ihnen aus, und sind diese Gefühle möglicherweise je nach Geschlecht unterschiedlich? Auch über diese Unterschiede ließe sich nach der Besprechung der Szene in geschlechtshomogenen Gruppen diskutieren, um die eigenen geschlechtsbezogenen und evtl. durch Literatur und Fernsehen beeinflussten Prägungen zu erkennen.

Darüber hinaus bietet auch der von Dels Mutter geäußerte Schlüsselsatz "There is a change coming I think in the lives of girls and women." (LGW 146) Anlass zu einer Diskussion über den Roman hinaus. Wo stehen die Schülerinnen im Vergleich zu Del und ihrer Mutter heute? In wieweit können sie die Probleme Dels noch nachvollziehen, inwieweit sind es Schwierigkeiten, die vor allem zur Zeit der Frauenbewegung (bei Erscheinen des Romans) virulent waren? Möglicherweise sind an dieser Stelle auch Zusatzinformationen zur Geschichte der Geschlechterrollen einzubringen, oder aber die Klasse entscheidet sich, dieses als nächstes Sachthema zu behandeln.[160]

Eine weitere Unterbrechung der Lektüre ist kurz vor dem Ende des Kapitels "Baptizing" sinnvoll (LGW 196). Spekulationen über den Fortgang der Handlung und vor allem über die Entwicklung der Beziehung zu Garnet können mit dem tatsächlichen Ende verglichen werden. Mit Naomis Schwangerschaft liegt dieses Thema in der Luft, so dass sicher einige SchülerInnen erwarten, dass Del schwanger wird. Andere SchülerInnen vermuten vielleicht, dass Naomis Schicksal für Del eine Warnung ist und sie daraus für ihre Beziehung zu Garnet lernt. Das kann einerseits heißen, dass sie sich von nun an um Verhütung kümmert, oder aber, dass sie mit Garnet Schluss macht, weil sie doch studieren und nicht wie Naomi enden möchte. Vielleicht gibt es sogar einige SchülerInnen, die sich ein "Happy End", d.h. eine Heirat zwischen Garnet und Del erhoffen. Es wäre gut, wenn die SchülerInnen Zeit hätten, sich in geschlechtshomogenen Gruppen die letzte Szene des Romans auszumalen. Dabei sollten sie auch begründen, warum sie sich für dieses Ende entschieden haben. Wie bei der Chamberlain-Szene gibt ein Vergleich der Schülerszenen mit dem tatsächlichen Kapitelende wiederum die Gelegenheit, zum einen

---

[160] Eine gute Zusammenstellung von unterschiedlichen Texten zur Geschichte der "Gender Roles" etwa bietet der *Viewfinder* und das dazugehörige *Ressource Book* von Annegret Schick (ed.) (1996). *Gender Roles: Equal but Different?* München: Langenscheidt-Longman.

die eigenen Erwartungen zu hinterfragen und zum anderen Munros Ende kritisch zu beurteilen. So können sich z.b. die SchülerInnen, die eine Heirat zwischen Del und Garnet erwartet haben, fragen, wo diese Erwartungen herrühren, ob es eigene Sehnsüchte sind, die in den Text hineinprojiziert wurden, oder ob es Prägungen durch *soap operas* o.ä. sind. SchülerInnen, die sich einen Bruch zwischen Garnet und Del vorgestellt hatten und damit näher am tatsächlichen Ende der Geschichte waren, können erläutern, was im Roman oder in ihrem Leben sie zu dieser Vorstellung veranlasst hat. Mit diesen Überlegungen ist dann schließlich auch der Boden für eine kritische Beurteilung von Munros Ende bereitet. Wie wirkt dieses Ende auf sie? Sind sie enttäuscht, überrascht, begeistert? Warum?

Nun ist das Kapitelende von "Baptizing" noch nicht das Ende des gesamten Romans, und in der Tat bleiben am Ende einige Fragen offen, vor allem die der beruflichen Zukunft Dels. Wie stellen sich die SchülerInnen diese vor? Was sind ihre Vermutungen? Gibt ihnen der Epilog eine Antwort auf diese Frage?

Es ist zu vermuten, dass den SchülerInnen die Lektüre des Epilogs nicht ganz leicht fällt. Eine Hilfestellung, die gegeben werden könnte, liegt in der Definition von Epilog. Das *OALD* definiert "epilogue" beispielsweise folgendermaßen: "part or section added at the end of a book, play, film, programme, etc, as a comment on the main action"[161]. Inwiefern kommentiert der Epilog die Haupthandlung des Romans? Was ändert sich an der Wahrnehmung der LeserInnen und an ihrem Verständnis des Romans durch den Epilog? Zunächst werden die SchülerInnen vermutlich feststellen, dass er vor allem darauf hindeutet, dass Del Schriftstellerin wird. Was halten die SchülerInnen von dieser Lösung? Überrascht sie sie, oder gibt es im Roman selbst Hinweise auf diese Entwicklung, die jetzt im Nachhinein besser verstanden werden können? Eine Sammlung von Stellen, die Dels reflektierten Umgang mit Sprache und ihre enge Beziehung zu Literatur und Büchern allgemein deutlich machen, bietet sich an dieser Stelle an.[162]

Ebenso könnten die SchülerInnen mit Munros Äußerung zur Bedeutung des Epilogs: "[...] I found eventually that the book didn't mean anything to me without it."[163] konfrontiert und zur kritischen Auseinandersetzung mit dieser Bemerkung aufgefordert werden. Wenn der Epilog und damit das Schriftstellerinwerden Dels wirklich so wichtig

---

[161] (1989). *Oxford Advanced Learner's Dictionary of Current English*. Fourth Ed. Oxford: Oxford University Press.

[162] Zu Dels Reflexionen über die Sprache bzw. über einzelne Wörter wie beispielsweise "birth canal, heart attack, tomb" etc., vgl. bes. LGW 33, 39, 45, 64, 72, 109, 130, 139, 156, 169, 181, 202; Stellen, in denen Del von ihrer Liebe zu Büchern spricht und immer wieder ihre Welt mit der der Bücher vergleicht, finden sich auf den Seiten 55, 69, 71, 80, 83, 87, 98ff., 110, 141f., 146, 150, 153, 161f., 165, 168, 178, 188, 190ff., 200, 203f., 206, 208ff.

[163] Struthers, J.R. (1983). "The Real Material: An Interview with Alice Munro." In: MacKendrick, Louis K. (ed.). *Probable Fictions: Alice Munro's Narrative Acts*. Downsview, Ontario: ECW Press, 5-36, hier: 25.

ist für das Verständnis des ganzen Buches, stellt sich noch einmal verstärkt die Frage, inwiefern er das Verstehen des Romans verändert. Eine Möglichkeit, die Frage zu beantworten, läge in der Interpretation der vorangehenden Kapitel als Schreibversuche oder "Fingerübungen" zur Selbstvergewisserung der Schriftstellerin Del. Nicht der Teenager Del, sondern die Schriftstellerin Del hat über markante Erlebnisse in ihrer Entwicklung geschrieben. Damit ließe sich auch der für einen Teenager ungewöhnlich reflektierte Schreibstil erklären.

Um die Einheit abzurunden, könnten die SchülerInnen schließlich noch einmal ihre selbstverfassten Romanausschnitte bzw. Kurzgeschichten hervorholen und sich fragen, was sie an ihnen verändern würden, wenn sie die jeweilige Thematik aus der Sicht Dels als Schriftstellerin schilderten. Was würde Del aus diesen Szenen machen? Oder aber sie schreiben neue Szenen über das "growing up" einer Schriftstellerin und könnten auf diese Weise zur Reflexion über die Unterschiede zwischen einem Bildungs- und einem Künstlerroman angeregt werden.

3.2.3 Zum Einsatz des Romans in Grundkursen bzw. in der Einführungsphase: eine didaktisch-methodische Variante

Wie die obigen Ausführungen deutlich machen, ist der Einsatz von *Lives of Girls and Women* im Englischunterricht ein recht anspruchsvolles und zeitaufwendiges Unterfangen und wurde daher vor allem für den Leistungskursunterricht empfohlen. Jedoch ist es durchaus möglich, diesen Roman auch in Grundkursen gewinnbringend einzusetzen. Dafür müsste er in Auszügen gelesen bzw. sinnvoll gekürzt werden, was m.E. aufgrund der (auch von Alice Munro zugestandenen) episodischen Struktur des Romans nicht nur möglich, sondern auch gerechtfertigt ist.

Für eine Grundkurslektüre scheinen mir die Kapitel "Changes and Ceremonies", "Lives of Girls and Women" und "Baptizing" (LGW 98-201) besonders gut geeignet zu sein. Denn diese drei Kapitel (oder auch zusammenhängenden Kurzgeschichten) schildern vor allem die sexuelle Entwicklung Dels von ihren Anfängen, dem erwachenden Interesse am anderen Geschlecht, bis zu ihrem Höhepunkt, der Begegnung mit Garnet French und dem Ende dieser ersten sexuellen Beziehung. Bereits der Anfang des Kapitels "Changes and Ceremonies" vermag die Aufmerksamkeit der SchülerInnen zu wecken, führt er doch gleich in das in der Pubertät virulent werdende Thema der erwachenden Sexualität und des Geschlechterkampfes ein: "Boys' hate was dangerous, it was keen and bright, a miraculous birthright [...] Girls' hate, in comparison, seemed muddled and tearful, sourly defensive." (LGW 98) Die für Dels sexuelle Entwicklung wichtigen Personen Mr. Chamberlain, Jerry Storey und Garnet French werden erst in diesen drei Kapiteln eingeführt. Aber auch das, was man über die bereits zuvor auftauchenden Personen Del, Dels Mutter Ada, Dels Freundin Naomi in diesen drei Kapiteln erfährt, reicht aus, um den Text gut zu verstehen. Darüber hinaus ist es bei Interesse der SchülerInnen natürlich möglich, den SchülerInnen die übrigen Kapitel zur Privatlektüre zu empfehlen; vielleicht hat der Eine oder die andere sogar Lust, den Inhalt einzelner Kapitel zusammenzufassen und den anderen in Form eines Kurzreferates vorzustellen.

Es gibt verschiedene Möglichkeiten, diesen Romanausschnitt im Rahmen einer Unterrichtsreihe zum Thema "Growing Up" einzusetzen. So kann er zum einen im Anschluss an fiktionale und nicht-fiktionale Texte zum Beispiel aus der Textsammlung "Growing Up - Voices of Youth"[164] gelesen werden. Dem Romanausschnitt käme in diesem Falle die Rolle der Vertiefung zu. Er hätte die Funktion, die SchülerInnen an die Interpretation eines längeren fiktionalen Textes heranzuführen.

Möglicherweise ist es jedoch interessanter, wenn man statt der Besprechung von vielen kurzen Texten diesen Romanausschnitt in einen Dialog mit einen Text bringt, der bis heute noch als "coming-of-age classic" bezeichnet und mit dem *Lives of Girls and Women* bisweilen verglichen wird (vgl. weiter oben, Teil II Kap. 3.1.2), nämlich mit J.S. Salingers *The Catcher in the Rye* (1951). Auch dieser Roman müsste in Auszügen gelesen werden (dafür bieten sich z.B. die Kapitel 9-17 an), was aber im Unterschied zur Behandlung des Romanausschnitts von *Lives of Girls and Women* nur möglich ist, wenn die Lehrkraft oder SchülerInnen, die eine Extraaufgabe übernehmen möchten, die vorangehenden und nachfolgenden Kapitel zusammenfassen.

Ein Vergleich der beiden Ausschnitte, die zunächst einzeln und ebenfalls mit Hilfe des Lesetagebuchs bearbeitet und vor ihren jeweiligen geschichtlichen und sozio-kulturellen Hintergrund interpretiert werden sollten, kann zu wichtigen Erkenntnissen führen hinsichtlich der Faktoren, die die Identitätsbildung oder das "growing up" eines Menschen beeinflussen und bestimmen. Del Jordan und Holden Caulfield sehen sich auf unterschiedliche Weise mit Problemen des Erwachsenwerdens konfrontiert; beide haben mit einer Gesellschaft zu tun, die es ihnen nicht leicht macht, ihren Platz in ihr zu finden. Während Del sich gegen stereotype Frauenbilder und aus der provinziellen Enge ihres Heimatortes heraus entwickeln muss, kämpft Holden Caulfield gegen die Anonymität und die Oberflächlichkeit des Lebens in einer Großstadt. Bei beiden spielt die Auseinandersetzung mit Sexualität und dem anderen Geschlecht eine wichtige, aber durchaus unterschiedliche Rolle. Beide leiden unter geschlechtsspezifischen Klischees. Aber nicht nur die Umstände und unterschiedlichen Verläufe ihrer Identitätsbildung lassen sich mit Gewinn vergleichen, sondern auch die Art ihrer Erzählungen. Beide, Del und Holden, sind nicht nur die ProtagonistInnen, sondern zugleich die ErzählerInnen ihrer Geschichte. Während Holden sich einer informellen, bisweilen vulgären Sprache bedient, ist Dels

---

[164] Giese, Rolf & Schroeder, Eckhard (eds.) (1998). *Growing Up: Voices of Youth*. Stuttgart: Klett.

Sprache sehr elaboriert und reflektiert. Entsprechend ist die Wirkung dieser beiden Textausschnitte sehr unterschiedlich. Es wäre interessant, mit den SchülerInnen diese unterschiedliche Wirkung zu analysieren. Welcher Text gefällt ihnen besser, und wie begründen sie ihr jeweiliges Urteil?

Schließlich kann zum Abschluss der Reihe noch überlegt werden, was sich in den vergangenen 50 (seit Erscheinen von *Catcher in the Rye*) bzw. 30 (seit der Veröffentlichung von *Lives of Girls and Women*) Jahren verändert hat. Welche der Probleme von Del und Holden sind heute noch nachvollziehbar, welche sind zeitbedingt und schon überwunden? In geschlechtshomogenen Gruppen kann darüber diskutiert und zugleich nachgedacht werden, welche Aspekte wohl in einem Bildungsroman ihrer Zeit im Vordergrund stünden: Wo stehen die SchülerInnen heute? Thematisieren sie noch geschlechtsspezifische Unterschiede, und wenn ja, welche?

3.3 *The House on Mango Street* im Rahmen einer landeskundlich orientierten Unterrichtsreihe zum Thema "Multiculturalism in the USA"

Eines der wichtigsten Ziele, wenn nicht das zentrale Ziel des Fremdsprachenunterrichts schlechthin, ist die Ausbildung einer so genannten "interkulturellen Kompetenz". Damit ist die Fähigkeit gemeint, "sich adäquat und flexibel gegenüber den Erwartungen der Kommunikationspartner aus anderen Kulturen zu verhalten, sich der kulturellen Differenzen und Interferenzen zwischen eigener und fremder Kultur und Lebensform bewusst zu werden und in der Vermittlung zwischen den Kulturen mit sich und seiner kulturellen Herkunft identisch zu bleiben"[165]. Interkulturelle Kompetenz setzt zunächst einmal Kenntnisse über die andere/n Kultur/en voraus, deren Vermittlung das besondere Anliegen landeskundlicher Reihen ist. Standen in diesen Reihen für lange Zeit vor allem Sachtexte im Vordergrund, so hat sich mittlerweile die Erkenntnis durchgesetzt, dass auch über literarische Texte landeskundliche Informationen vermittelt werden können, ja dass literarische Texte vielleicht sogar noch besser als Sachtexte zum Verstehen fremder Kulturen und damit zur interkulturellen Kompetenz beitragen können. Zu berücksichtigen ist dabei natürlich, dass literarische Texte niemals als Abbilder der fremden Kultur zu begreifen sind, sondern dass es sich bei ihnen um eine Erfindung, eine kreative Sicht der Welt durch den oder die jeweilige Autor/in handelt, die es zu interpretieren gilt.[166] Doch indem literarische Texte eine Kultur aus der Innenperspektive

---

[165] Meyer, M.A. (1992). "Negogiation of Meaning: Der Versuch einer handlungsorientierten Verknüpfung von Landeskunde und Politik im Englischunterricht (Sek. II)." *Der Fremdsprachliche Unterricht* 26.3, 16-21, hier: 16.

[166] Vgl. Bredella, Lothar (2000). "Fremdverstehen mit literarischen Texten." In: Ders. et al. (Hrsg.). *Wie ist Fremdverstehen lehr-und lernbar?* Tübingen: Narr, 133-163, hier: 133.

"darstellen", ermöglichen sie nicht nur einen Einblick in diese Kultur, sondern sie fordern die LeserInnen zugleich zum Perspektivenwechsel, zur Perspektivenübernahme und der Koordinierung unterschiedlicher Sichtweisen heraus, was alles Voraussetzungen für das Fremdverstehen sind.[167] "[...W]e need to learn how to look at others from their point of view. Only thus can we gain what is as difficult to achieve as it will be necessary in the world of the future, namely, 'inter-cultural' understanding."[168]

Die Einsicht in die Bedeutung literarischer Texte für das Verständnis einer fremden Kultur spiegelt sich auch in den Lehrplänen wider, die zwar in den meisten Fällen immer noch an der Unterscheidung zwischen landeskundlichen und literarischen Unterrichtsreihen festhalten[169], sich aber alle mehr oder minder explizit für den Einsatz literarischer Texte auch in landeskundlichen Einheiten einsetzen. Beispielhaft sei hier aus der "Dokumentation der Veränderungen, Streichungen und methodischen Ergänzungen des Lehrplans Englisch in der gymnasialen Oberstufe (Kurssystem)" des Landes Baden-Württemberg zitiert, wo es unter "Arbeitsbereich 4: Themenbereiche/Landeskunde" heißt: "3. Akzentverschiebungen: [...] - Betonung der Bedeutung fiktionaler Texte auch für landeskundliche Themen (dadurch die Möglichkeit der Zurücknahme der Zahl nicht-fiktionaler Texte)." (Internetseite März 2000)

Ein Thema, das vor dem Hintergrund der aktuellen Entwicklungen in Deutschland (Deutschland als Zuwanderungsland etc.) und mit Blick auf das zusammenwachsende Europa noch einmal von besonderen Interesse ist, ist die Auseinandersetzung mit der multikulturellen Gesellschaft der USA. Wie funktioniert das Zusammenleben der verschiedenen ethnischen Gruppen in den USA? Die Geschichte und die Gegenwart des "melting pot" oder "salad bowl" USA gehören mehr oder weniger in allen Lehrplänen zum Pflichtthema. In Berlin beispielsweise findet sich unter der Halbjahresthematik der Jahrgangsstufe 12.2 "Current Aspects of American Society" das Unterthema "Ethnic Groups and Immigrations" (Berlin 1991/92, 11). Auch in Sachsen-Anhalt lautet ein Unterthema des Pflichtthemas "The American Dream/American Way of Life": "Ethnicity" (Sachsen-Anhalt 1999, 77). Unerfindlicherweise fehlen bei den darunter aufgelisteten Ethnien die Hispanics, was angesichts der wachsenden Zunahme und Bedeutung dieser Gruppe nicht zu rechtfertigen ist. Auch im Lehrplan von Rheinland-Pfalz, der Romanvorschläge zu "Ethnic Groups in Literature" bzw. zu "Emerging Minorities: The Asian-

---

[167] Vgl. vor allem: Bredella, Lothar et al. (2000). "Einleitung: Grundzüge einer Theorie und Didaktik des Fremdverstehens beim Lehren und Lernen fremder Sprachen." In: Ders. (Hrsg.). *Wie ist Fremdverstehen lehr- und lernbar?* Tübingen: Narr, IX-LII.

[168] Freese, Peter (1994). "Introduction." In: Ders. (ed.). *Growing up in a Multicultural Society: Nine American Short Stories*. München: Langenscheidt-Longman, 5-12, hier: 10.

[169] Ausnahmen sind u.a. die Lehrpläne von Hessen (1998) und Mecklenburg-Vorpommern (1999), die die Unterscheidung in diesem Sinne nicht mehr kennen und stattdessen Rahmenthemen vorschlagen, die Landeskunde und Literatur integrieren.

American Experience" (Rheinland-Pfalz 1998, 47f.) enthält, fehlen Hinweise auf Romane von Latinos. Mit Sandra Cisneros' Roman *The House on Mango Street* könnte diese Lücke gefüllt werden, wie im Folgenden gezeigt werden soll.

3.3.1 Die Eignung des Romans zum Einsatz im Unterricht

Die Behandlung von *The House on Mango Street* im Rahmen einer Unterrichtsreihe zum Thema "Multiculturalism in the USA" kann SchülerInnen sowohl zu Einsichten in die US-amerikanische Gesellschaft wie auch zu Erkenntnissen über sich selbst führen. Indem der Roman die Probleme einer in der USA aufwachsenden Chicana aus ihrer Sicht thematisiert, fordert er zunächst einmal zum Kennenlernen dieser Minderheit heraus. Wie lassen sich Esperanzas Schwierigkeiten verstehen, was sind die Hintergründe ihrer Entwicklung? Sind die Probleme Esperanzas, ist das Leben der Chicanos/as, wie sie es in ihrem Roman beschreibt, repräsentativ für das Leben dieser Minderheit in den USA? Die Lektüre des Textes regt dazu an, nach den Besonderheiten dieser Minorität zu fragen und sich mit ihrer Geschichte und ihren sozio-kulturellen Eigenarten zu beschäftigen. Dadurch lernen die SchülerInnen, persönliche und aktuelle Probleme mit geschichtlichen Entwicklungen und gesellschaftspolitischen Gegebenheiten in Zusammenhang zu bringen. Dieses wiederum ist übertragbar auf die Situation anderer Minderheiten in den USA. Wie unterscheidet sich Esperanzas Leben von der Situation anderer AmerikanerInnen und anderer Minderheiten? In einem weiteren Sinne lassen sich diese Bezüge auch auf die eigene Situation übertragen. Wie leben die SchülerInnen im Unterschied zu Esperanza? Welche Schwierigkeiten bei der Identitätssuche haben sie, welche nicht? Welche Möglichkeiten haben sie im Unterschied zu Esperanza? Wie beurteilen sie das, was Esperanza aus ihren Möglichkeiten macht? Indem die SchülerInnen die Situation Esperanzas zu verstehen versuchen und Esperanzas "growing up" mit der eigenen Entwicklung vergleichen, werden sie Ähnlichkeiten und Unterschiede erkennen und nach deren Ursachen fragen, die im gesellschaftspolitischen und soziokulturellen Umfeld zu suchen sind.

The House on Mango Street ist ein ethnischer und ein feministischer weiblicher Bildungsroman, der deutlich macht, dass Esperanzas Probleme bei ihrer Identitätssuche mit ihrem Geschlecht sowie mit ihrer ethnischen und sozialen Herkunft zu tun haben. Er ist daher besonders geeignet, den SchülerInnen die Bedeutung der drei interdependenten Faktoren in der Identitätsbildung "ethnicity, class, and gender" nahezubringen. Auf diese Kategorien und ihren Zusammenhang können sie einerseits stoßen, wenn sie - wie im rezeptionsorientierten Unterricht üblich - zu Vergleichen zwischen Esperanza und ihrer eigenen Situation angeregt werden. Eine andere Möglichkeit, die diese Faktoren noch drastischer hervortreten lässt, bietet die Kontrastierung dieses Romans mit anderen

Texten, in denen jeweils nur eine Kategorie verändert ist wie z.b. ein Text, in dem der Protagonist ebenfalls ein Chicano und arm, dafür aber männlichen Geschlechts ist, oder aber die Protagonistin der Erzählung ist wie Esperanza weiblich und von sozial niedriger Herkunft, aber nicht weiß, sondern schwarz. Letzteres hätte den Vorteil, dass auf diese Weise gleich noch eine andere US-amerikanische Minderheit mit in den Blick käme.

Die durch die Kontrastierung des Romans mit anderen Texten eingeleitete ideologiekritische Auseinandersetzung kann schließlich noch sinnvoll fortgeführt werden, indem die Frage gestellt wird, warum jemand einen solchen Roman/einen solchen Text schreibt und wie er wohl auf *Hispanics* und auch auf andere US-AmerikanerInnen wirkt. Der gerade von Minderheiten immer wieder betonte Zusammenhang zwischen Kunst/Literatur und Politik (der sich gegen eine ausschließliche Ästhetisierung der Kunst richtet) könnte somit bei der Behandlung dieses Romans thematisiert und kritisch diskutiert werden.

3.3.2 Didaktisch-methodische Vorschläge zur Behandlung des Romans

Abgesehen davon, dass es auch möglich ist, in einer landeskundlichen Reihe zum Thema "Multiculturalism in the USA" zur Veranschaulichung der Situation der *Hispanics* nur einige Vignetten aus dem Roman auszuwählen[170], lohnt es sich, den Roman als Ganzes und zwar zum Einstieg in einer Reihe zu diesem Thema einzusetzen. Denn die Lektüre des ganzen Romans vermag nicht zuletzt durch die Persönlichkeit der Erzählerin Esperanza doch mehr als nur die Betrachtung ausgewählter Vignetten zu einer persönlichen Auseinandersetzung mit diesem Thema anregen.

Da in diesem Roman das Haus eine zentrale Rolle spielt, bietet sich als *pre-reading activity* die Besinnung auf die Konnotationen, Assoziationen und Bilder an, die dieser Begriff bei den einzelnen LeserInnen hervorruft. Welches Bild taucht vor ihrem geistigen Auge auf, wenn sie den Begriff Haus hören; welche Gefühle und Gedanken verbinden sie mit einem Haus? Möglicherweise gibt es auch SchülerInnen, die bereit sind, ein

---

[170] So eignen sich die Vignetten "The House on Mango Street" (HMS 3ff.), "Cathy, Queen of Cats" (12f.), "Louie, His Cousin & His Other Cousin" (23ff.) und "Those Who Don't" (28), wenn es darum geht, die soziale Situation von *Hispanics* in den B*arrios* zu veranschaulichen; "My Name" (10f.) und "Alicia Who Sees Mice" (31f.) thematisieren die Situation von Frauen in diesen *Barrios*; "Papa Who Wakes Up Tired in the Dark" (56f.) und "No Speak English" (76ff.) sprechen die Verbundenheit der *Hispanics* mit ihrer Herkunftskultur und das Problem der Bewahrung ihrer ethnischen Identität an; und "Geraldo No Last Name" (65f.) schließlich beschreibt beispielhaft die Situation von "wetbacks", illegalen Einwanderern in die USA.
Tatsächlich wurde die Vignette "No Speak English" bereits in zwei Textsammlungen aufgenommen; vgl. Lauten, Gerd & Röhrig, Johannes (2000). *Barriers and Bridges - Intercultural Conflicts and Encounters*. Stuttgart: Klett, 28ff. sowie Tonn, Horst (ed.) (1992). *Hispanic Groups in the USA*. Berlin: Cornelsen, 35ff.

Bild zu ihren Vorstellungen zu malen oder eine Collage anzufertigen. Diese in Stillarbeit oder als Hausaufgabe vorbereiteten Äußerungen werden dann im Klassenverband gesammelt und eventuell nach Aspekten geordnet und ausgewertet, denn einige SchülerInnen verbinden mit Haus möglicherweise konkrete Gebäude, andere heben vielleicht emotionale, mit dem Haus in Verbindung gebrachte Werte wie Sicherheit und Zugehörigkeit, aber auch Eingeschlossensein etc. hervor. Die Zusammenstellung der Schüleräußerungen bildet die Folie für Esperanzas Erfahrungen und Beschreibungen von "Haus" und sollte daher - wenn möglich - während der Besprechung des Textes präsent bzw. sichtbar sein.

Für die Lektüre des Romans halte ich wieder das Lesetagebuch für die geeigneteste Methode. Aufgrund der poetischen Natur der einzelnen Vignetten bietet sich das Bewusstwerden und Festhalten von Ideen, Fragen, Assoziationen und Gedanken, die der Text provoziert, geradezu an. Die SchülerInnen sollten ermuntert werden, dem Text in der größtmöglichen Offenheit zu begegnen und sich in ihren Reaktionen auf den Text nicht einzuschränken. So könnte der Arbeitsauftrag beispielsweise lauten:

> Read Sandra Cisneros' *The House on Mango Street* and jot down all ideas, questions, associations, thoughts, discoveries that come to your mind while reading the book. Concentrate on the evocation of the story. Respond in any way you like - you may include speculations about how the story will develop, you may want to make judgements or see comparisons with your own experience; you may illustrate (draw an illustration) of a character, reflect on moments or themes from the book, comment on how the author is telling the story or write about experiences prompted by the book. (Date each entry) and if possible mark the page your comment refers to.

Zunächst lesen die SchülerInnen unter dieser Maßgabe nur die ersten vier Kapitel, um sich dann in Kleingruppen zu treffen und sich über ihre Notizen auszutauschen. Eine/r aus der Gruppe übernimmt die Aufgabe, in Stichworten z.B. auf einer Overheadfolie festzuhalten, welche Fragen in der Gruppe aufgetaucht sind und über was gesprochen oder gar gestritten wurde. ("Which aspects do they want to bring up? What was remarkable, of interest to them in these few chapters that they want to share with the class?" etc.) Die Ergebnisse der Gruppengespräche werden dann im Plenum präsentiert und möglicherweise schon nach Oberbegriffen geordnet. Manche SchülerInnenäußerungen beziehen sich vielleicht auf die Form der Kapitel, die so unverbunden nebeneinander stehen; andere bemerken die ungewöhnlich einfache und doch poetische Sprache; wieder andere fragen sich, wer die Erzählerin ist, oder auch, wo die Handlung bleibt; und manche Gruppen haben vielleicht schon über die Unterschiede nachgedacht, die zwischen ihren Hausassoziationen und dem "House on Mango Street" bestehen. Jede Äußerung der SchülerInnen sollte zu diesem Zeitpunkt akzeptiert werden, denn es geht ja darum, die SchülerInnen in ihrem je eigenen Bedeutungsbildungsprozess zu stärken. Kriterium für die Beurteilung der SchülerInnenbeteiligung sollte nicht der Inhalt ihrer Bemerkungen, sondern die Gewissenhaftigkeit sein, mit der sie die persönliche Auseinandersetzung mit dem Text betreiben.

Mit den von den Schülern und Schülerinnen aufgeworfenen Fragen und Beobachtungen werden dann die nächsten 13 Kapitel (bis "The Family of Little Feet", HMS 39ff.) in gleicher Weise gelesen und besprochen. Am Ende dieser Besprechung werden sich vermutlich deutlicher als zuvor Aspekte herauskristallisiert haben, die im weiteren Verlauf zu verfolgen sich lohnt. Ein solcher Aspekt wird die Entwicklung Esperanzas sein, ein anderer die Charakteristik der Nachbarschaft. Besonders erfreulich wäre es, wenn SchülerInnen auf die Idee kämen, ein Porträt oder eine Skizze der "Mango Street" zu zeichnen, das von Kapitel zu Kapitel ergänzt würde. Denn solch ein Porträt würde nicht nur den Roman veranschaulichen, sondern könnte zugleich deutlich werden lassen, worin die Stärke dieses Romans liegt und worauf es ihm ankommt, nämlich auf die Evozierung und Inszenierung eines Raums. Wenn Fragen zur sozio-kulturellen Situation der Chicanas auftauchen, sollten sie unbedingt festgehalten, aber an dieser Stelle noch zurückgestellt werden. Bei der Erstlektüre geht es erst einmal darum, dem Text unvoreingenommen zu begegnen und die Eindrücke und das Bild festzuhalten, die von den Chicanos bzw. Chicanas aufgrund der Lektüre entstanden sind.

Da *The House on Mango Street* ein sehr kurzer Roman ist und auch sprachlich von Schülern und Schülerinnen gut zu bewältigen ist, kann die Erstlektüre der noch fehlenden Vignetten und der Austausch darüber nach oben beschriebenem Schema relativ zügig vonstatten gehen. Ist das Buch einmal ganz von allen gelesen, gilt es sodann, je nach Vorschlägen und Interessen der SchülerInnen, Schwerpunkte für die Zweitlektüre bzw. Interpretation festzulegen, die möglicherweise in arbeitsteiliger Gruppenarbeit oder aber in Auswahl nach einander von allen behandelt werden können. So wird sich eine Gruppe vor allem mit Esperanzas sexueller Entwicklung, eine andere mit ihrer Entwicklung zur Schriftstellerin beschäftigen. Eine dritte Gruppe wendet sich dem Porträt der Nachbarschaft zu, eine vierte vielleicht schwerpunktmäßig dem Porträt der Frauen in dieser Gegend. Eine fünfte Gruppe verfolgt die Verwendung der Hausmetapher im Roman und versucht sie zu deuten, während eine letzte Gruppe Beispiele für die von Cisneros' verwendete Sprache auswählt und sie charakterisiert. Bei der Gruppenarbeit werden sich inhaltliche Überschneidungen ergeben, was der Präsentation der Gruppenergebnisse und dem Austausch darüber aber nur förderlich sein kann. Möglicherweise gibt es noch eine weitere Gruppe, die sich anstatt mit dem literarischen Text lieber bereits jetzt schon mit Hintergrundinformationen zur Situation der *Hispanics* in der US-amerikanischen Gesellschaft beschäftigen möchte. Ihnen kann man die von Horst Tonn herausgegebene und bei Cornelsen erschienene Textsammlung zu "Hispanic Groups in the USA"[171] an die Hand geben und sie bitten, die darin enthaltenen und zur Vertiefung

---

[171] Da diese Ausgabe bereits 9 Jahre alt ist, hätten die SchülerInnen darüber hinaus noch die Aufgabe, manche Informationen, so z.B. zur Bevölkerungszahl der Hispanics, mit Hilfe von Zeitschriften oder des Internets zu aktualisieren.

des Romanverständnisses notwendigen Informationen für die Klasse bereit zu stellen und an gegebener Stelle mit einfließen zu lassen.

Für die Besprechung der Entwicklung Esperanzas und auch für die Betrachtung der Situation der Frauen in dem *Barrio* ist es eventuell sinnvoll, eine Jungen - und eine Mädchengruppe zu bilden, um anschließend die Reaktionen und Interpretationen der beiden Gruppen miteinander zu vergleichen. Gibt es Unterschiede in den Reaktionen auf den Text und auch in seiner Bewertung? Womit könnten diese Unterschiede zusammenhängen? Was sagen sie über den Text aus, was über die SchülerInnen selbst? Um die feministische Ausrichtung des Romans noch deutlicher werden zu lassen, könnten einige Vignetten besonders intensiv gelesen werden, wie z.B. "The Family of Little Feet" (HMS 39ff.). Was ist das Thema dieser Szene? Welche Bezüge zu welchen Märchen können sie in dieser Szene entdecken, und was haben diese Bezüge für eine Wirkung und Bedeutung? Schließlich können die SchülerInnen noch durch einen produktionsorientierten Arbeitsauftrag auf die ideologische Position des Textes aufmerksam gemacht werden, nämlich indem man sie bei dieser "Verkleidungsszene" die Position des Ladenbesitzers einnehmen lässt. Wie würde er diese Szene darstellen? Wie könnte die gleiche Szene aus seiner Sicht erzählt werden, und wie ist die Wirkung dieser Darstellung im Vergleich mit der von Esperanza? Die Einnahme dieser ideologiekritischen Sicht ist exemplarisch zu verstehen und sollte später auch bei anderen, nicht-feministischen und scheinbar ideologiefreien Texten eingenommen werden.

Durch die Reflexionen zum Thema "Haus" zu Beginn der Reihe ist schließlich auch der Boden bereitet, um die außergewöhnliche Behandlung und Auffassung dieser Thematik durch Esperanza/Cisneros zu verstehen. Durch einen kritischen Vergleich der "Hausassoziationen" der SchülerInnen mit den Vorstellungen von Esperanza können die SchülerInnen nicht nur erkennen, wie sich ihre eigene gesellschaftliche und soziokulturelle Position von der Esperanzas unterscheidet, sondern möglicherweise wird ihnen durch diese Unterschiede erst bewusst, worin Esperanzas Leistung und vielleicht auch ihre Herausforderung für sie oder auch andere US-AmerikanerInnen besteht. Eine Möglichkeit, wie diese Unterschiede und die Leistung von Esperanza hervorgehoben werden könnten, liegt darin, den SchülerInnen die Aufgabe zu stellen, eine Vignette im Stile Esperanzas über die eigene Nachbarschaft zu schreiben.[172]

Nach der Lektüre und dem vorläufigen Abschluss der Interpretation von *The House on Mango Street* lässt sich die Reihe "Multiculturalism in the USA" auf unterschiedliche

---

[172] Diesen methodischen Vorschlag macht auch Olivares, Juliàn (1996a). "Entering *The House on Mango Street* (Sandra Cisneros)." In: Maitino, J.R. & Peck, D.R. (eds.). *Teaching American Ethnic Literatures: Nineteen Essays*. Albuquerque: University Press of New Mexico, 209-235, hier: 228f.: "Perhaps one sensitivity exercise could be the assignment to write a brief narrative based on a specific experience, in the manner of the stories in *Mango Street*. These could be turned in without a name, then read by all the students. The aim would be to see if the students can assess (1) artistic merit, and (2) detect racial, ethnic, class, and gender differences as well as similarities."

Weise fortsetzen. So ist es z.b. möglich, eine Art *mind map* zu erstellen, die die Aspekte aufgreift, die Esperanza/Cisneros in ihrer Schilderung des "growing up Chicana" thematisiert, und die auch in Bezug auf andere ethnische Minoritäten in den USA erhoben und untersucht werden könnten. Zu diesen Aspekten gehören u.a. die Bedeutung der Herkunftskultur für das Leben in einer anders geprägten dominanten Kultur, damit zusammenhängend das Problem der Sprache sowie die Frage des Frauenbildes und auch des niedrigen sozialen Status'. In Gruppenarbeit könnten die SchülerInnen sich je eine andere ethnische Minorität (und evtl. auch die US-amerikanische Majorität der Anglo-Amerikaner) vornehmen und diese Aspekte recherchieren. Die Lehrkraft müsste hierfür entsprechendes Material bereitstellen.

Eine andere Möglichkeit der Fortsetzung der Reihe wurde bereits im vorangehenden Unterkapitel angedeutet, nämlich die Kontrastierung von *The House on Mango Street* mit Texten, die sich von diesem Roman in ihrer Darstellung des "growing up" nur in Bezug auf jeweils eine der Kategorien *class, gender, ethnicity* unterscheiden. Zwei Texte aus der Sammlung von Peter Freese zum *Growing up in a Multicultural Society* scheinen mir hier besonders geeignet zu sein, zunächst "The Somebody" von Danny Santiago (Freese 1994, 81-95) und dann "The Lesson" von Toni Cade Bambara (Ebd. 51-67). Der Protagonist und Erzähler im ersten Text ist ein *Hispanic* aus einem *Barrio* von Los Angeles, der wie Esperanza unter seinen ärmlichen Herkunftsverhältnissen leidet. Auch er versucht sich dagegen aufzulehnen, indem er "schreibt", aber nicht wie Esperanza einen Roman, sondern seinen Namen, den er als Graffiti überall in seinem Stadtviertel hinterlässt. Sich auf diese Weise "verewigen" und jemand ("somebody") sein zu wollen, verweist auf das Problem der fehlenden Anerkennung, die so zentral ist für die Identitätsfindung. Wie Esperanza möchte Chato (so der Name des Protagonisten) dagegen etwas tun, doch wirken seine Mittel vergleichsweise verzweifelt und ineffektiv. Bezeichnenderweise kann er das bisschen an Anerkennung, das er erhält, nicht annehmen, da es von einem Mädchen kommt (Vgl. "You sign yourself real fine," she says.[...] "Come one, Chato - you and me can have a lot of fun." [...] I'm ashamed to say I almost told her yes. It would be a change to go writing with a girl. [...] But then I remembered I had my reputation to think of. Somebody would be sure to see us, and they'd be laughing at me all over the Eastside. So I pulled my hand away and told her off." Ebd. 88). Da sich seine "gang", seine Jungenbande, aufgelöst hat, bleibt ihm auch nicht die Möglichkeit, Rückhalt bei Freunden zu finden. Im Unterschied zu Esperanza, die sich für den Zusammenhalt der Frauen einsetzt und die Bedeutung von Gemeinschaft betont, steht Chato am Ende recht isoliert da.

Die kurze Beschreibung dürfte bereits deutlich gemacht haben, wie fruchtbar eine Kontrastierung dieser beiden Texte sein kann. Sie erhellen sich gegenseitig und bieten insbesondere im Hinblick auf die Kategorie Geschlecht interessante Vergleichspunkte und Diskussionsanlässe.

Um den Blick zu weiten und auch noch die Situation einer anderen ethnischen Minderheit kennen zu lernen, lässt sich daran anschließend die Kurzgeschichte "The Lesson" der Afro-Amerikanerin Toni Cade Bambara lesen. Dieser Text eignet sich an dieser Stelle nicht nur, weil er einen Einblick in die sozialen Unterschiede zwischen schwarzen und weißen Stadtvierteln in New York gewährt, sondern weil er gerade diese aus der Sicht (und in der Sprache!) einer Schwarzen zum Thema macht. Ebenso wie Esperanza lebt auch die schwarze Protagonistin Sylvia in ärmlichen Verhältnissen, doch im Unterschied zu ihr scheint sie sich derer nicht zu schämen. Erst durch die Fürsorge von Miss Moore, einer schwarzen Frau, die sich aufgrund ihrer Collegebildung verpflichtet fühlt, sich der benachteiligten schwarzen Kinder aus ihrem Stadtviertel anzunehmen, lernt Sylvia über den Tellerrand ihrer Herkunft hinauszublicken, und sie gewinnt einen Einblick in die gesellschaftspolitischen Hintergründe ihrer sozialen Situation. Die Analyse einer Freundin nach dem gemeinsamen Besuch des exklusiven und gigantischen Spielzeugwarenladens F.A.O. Schwarz ("I think, [...] that this is not much of a democracy if you ask me. Equal chance to pursue happiness means an equal crack at the dough, don't it?" Ebd. 60) bietet nicht nur einen Anlass zur Diskussion über Verwirklichung sozialpolitischer Gerechtigkeit, sondern gibt darüber hinaus die Gelegenheit, die Grundlagen wie die *Declaration of Independence* einzuführen, auf die sich die US-amerikanische Gesellschaft wie einzelne Gruppen immer wieder berufen.

Da Bambara in "The Lesson" - wie schon im Titel zum Ausdruck kommt - noch deutlicher als Cisneros in *The House on Mango Street* "the value of learning and thinking as the central means of changing oneself and the world" (Freese 1994, 51) betont, kann sich an die Interpretation der Kurzgeschichte zum Abschluss der Einheit noch eine Diskussion über die Bedeutung von Bildung und besonders den Beitrag von Literatur dabei anschließen. Auf diese Weise kann der eingangs erwähnte, von Minderheiten betonte Zusammenhang zwischen Kunst/Literatur und Politik thematisiert und auch im Blick auf eigenkulturelle Erfahrungen diskutiert werden.

Schluss

Anliegen der vorliegenden Arbeit war es, für den englischen Literaturunterricht der gymnasialen Oberstufe das nachzuholen, was bei der Einführung der Koedukation, die eine rein verwaltungstechnische und keine pädagogische Maßnahme war[1], versäumt wurde, nämlich die kritische Reflexion auf die Kategorie "Geschlecht" bei der Auswahl und Vermittlung von Lerninhalten. Bis zum Einsetzen der zweiten Koedukationsdebatte in den 1980er Jahren gab es in den meisten Fächern eine unhinterfragte Anpassung an männliche Themen und Zielsetzungen. "Differenziert haben Schulforscherinnen dokumentiert, daß das in der Schule vermittelte Wissen ein männlich geprägtes ist, aus dem Frauen mit ihren Interessen, Erfahrungen und Leistungen weitgehend ausgegrenzt bleiben [...]."[2] Für den englischen Oberstufenunterricht und besonders für die dort praktizierte Lektüreauswahl scheint diese Bilanz - wie Teil III, Kap. 1 hat deutlich machen können - auch heute noch zuzutreffen. Immer noch werden mehr Texte von Männern angeboten und gelesen als Texte von Frauen, immer noch stehen eher männliche als weibliche Protagonisten im Zentrum der ausgewählten Schullektüren.

Diese Bilanz ist umso beklagenswerter, wenn man zum einen weiß, dass aus literaturwissenschaftlicher Sicht überhaupt keine Notwendigkeit für diese Einseitigkeit besteht, und zum anderen sich vor Augen führt, dass wir (noch immer) in einer "Kultur der Zweigeschlechtlichkeit" leben mit entsprechend unterschiedlichen Auswirkungen auf die Identitätsbildung von Jungen und Mädchen. Wie Teil I gezeigt hat, treffen Mädchen und Jungen auch heute noch auf unterschiedliche gesellschaftliche Vorgaben bei ihrer Suche nach sich selbst und einem Platz in der Gesellschaft; entsprechend unterscheiden sich ihre Identitätsverläufe. Konkret beziehen sich diese Unterschiede auf gesellschaftliche Erwartungen bezüglich der Vereinbarkeit von Familie und Beruf, auf die Bewertung ihrer Sexualität sowie auf die Virulenz des Konfliktes zwischen Autonomie und Bindung. Will Schule ihrem staatlichen Auftrag gemäß Mädchen und Jungen gleichermaßen fördern und sie in ihrer Identitätsbildung unterstützen, müssen diese Unterschiede berücksichtigt werden. Auch der einzelne Fachunterricht hat in seiner Unterrichtsplanung den Faktor Geschlecht miteinzubeziehen und auf diese Unterschiede Bezug zu nehmen.

Für den englischen Oberstufenunterricht ergab sich daraus die Konsequenz, nach Alternativen zu *Catcher in the Rye* zu suchen, einem Schulklassiker, der Probleme männlicher Selbstfindung aus männlicher Sicht schildert. Die Konsultation der literatur-

---

[1] Vgl. Knab, Doris (1993). "Frauenbildung und Frauenberuf - Wider die Männlichkeit der Schule." In: Flitner, Andreas (Hrsg.). *Reform der Erziehung*. 2. Aufl. München: Piper, 141-155, hier: 152.

[2] Faulstich-Wieland, H. & Horstkemper, M. (1996). "100 Jahre Koedukationsdebatte - und kein Ende." *Ethik und Sozialwissenschaften* 7.4, 509-520, hier: 515.

wissenschaftlichen Forschung zu diesem Thema hat gezeigt, dass es eine große Anzahl von Alternativen gibt, ja, dass sich im 20. Jahrhundert und vor allem seit dem Einsetzen der Frauenbewegung in den 1970er Jahren der weibliche Bildungsroman sogar zu einer der beliebtesten Gattungen für Schriftstellerinnen entwickelte. Wurden in der ersten Hälfte des 20. Jahrhunderts vor allem so genannte *novels of growing down* oder "unvollendete" Bildungsromane geschrieben, in denen die Selbstfindung und Selbstverwirklichung der Protagonistinnen an ein vorzeitiges Ende kam, so finden sich in den Bildungsromanen ab Ende der 1960er Jahre wesentlich hoffnungsvollere Bilder weiblicher Identitätsbildung. Die Protagonistinnen begehen keinen Selbstmord mehr, und sie heiraten auch nicht mehr um der Versorgung willen. Vielmehr überleben sie und behaupten sich gegenüber gesellschaftlichen Diskriminierungen, die sich auf ihr Geschlecht und ihre Sexualität beziehen. Besonderer Beliebtheit erfreut sich der weibliche Bildungsroman seit dieser Zeit bei Schriftstellerinnen aus den verschiedenen (US-amerikanischen) Minoritäten. Sie leuchten weibliche Identitätssuche im Kontext ethnischer Zugehörigkeit aus und bringen damit neue Frauenstimmen zu Gehör. Vielfach sind die Protagonistinnen in ethnischen, aber auch in anderen Bildungsromanen Schriftstellerinnen oder Künstlerinnen, was zu einer deutlichen Zunahme der Untergattung des weiblichen Künstlerromans geführt hat. Weibliche Künstlerromane zeigen, wie Frauen sich gegen alle Widerstände als Künstlerinnen verwirklichen und/oder wie sie sich als Schriftstellerinnen über das geschriebene Wort ihres autonomen Selbst versichern, das aber zugleich an der Verbindung mit anderen (Frauen) festhält.

Aus dem reichhaltigen Angebot an weiblichen Bildungsromanen wurden in der vorliegenden Arbeit insgesamt sieben Beispiele ausgewählt, die diese Entwicklung des weiblichen Bildungsromans im 20. Jahrhundert anschaulich illustrieren. Kate Chopins *The Awakening* (1899) und Edith Whartons *Summer* (1917) gelten als Beispiele für den *novel of growing down*; Alice Munros *Lives of Girls and Women* (1971) und Ntozake Shanges *Sassafrass, Cypress & Indigo* (1982) lassen sich als weibliche Künstlerromane interpretieren und Sandra Cisneros' *The House on Mango Street* (1984), Toni Morrisons *The Bluest Eye* (1970) sowie Amy Tans *The Joy Luck Club* (1989) wurden aus der Vielzahl der ethnischen weiblichen Bildungsromane ausgesucht. Alle Beispiele sind dem US-amerikanischen bzw. kanadischen Kontext entnommen und sind daher vor allem für die literaturgeschichtliche Entwicklung in diesen Ländern repräsentativ. Z.T. sind aber auch Parallelen zur Entwicklung des (weiblichen) Bildungsromans in Großbritannien zu verzeichnen.[3]

---

[3] Vgl. u.a. Stein, Mark (1998). "The Black British *Bildungsroman* and the Transformation of Britain: Connectedness across Difference." In: Korte, Barbara & Müller, Klaus Peter (eds.). *Unity in Diversity Revisited: British Literature and Culture in the 1990s*. Tübingen: Narr, 89-106 sowie Gymnich, Marion (2000). *Entwürfe weiblicher Identität im englischen Frauenroman des 20. Jahrhunderts*. Trier: WVT.

Bezieht man die vorgestellten literarischen Entwürfe auf die in Teil I referierten sozialwissenschaftlichen Erkenntnisse zur weiblichen Identitätsbildung, lässt sich zunächst feststellen, dass sie sie bestätigen. So heben die untersuchten weiblichen Bildungsromane vor allem Probleme der Protagonistinnen mit einengenden gesellschaftlichen Definitionen von Weiblichkeit und besonders von weiblicher Sexualität hervor. Und ebenso spielt in ihnen das Ringen der Protagonistinnen um eine Balance zwischen Autonomie und Bindung eine zentrale Rolle. Deutlicher als die sozialwissenschaftlichen Ausführungen jedoch stellen die literarischen Entwürfe die Bedeutung der Interdependenz von *class, race, ethnicity* und *gender* bei der Identitätsbildung vor Augen und machen damit auf die soziokulturell bedingten Unterschiede zwischen Frauen aufmerksam. Im Unterschied zu den Sozialwissenschaften taucht in den ausgewählten Bildungsromanen das Problem der Überforderung durch ein Zuviel an Wahlmöglichkeiten wenn überhaupt nur am Rande auf. Vor allem aus der Sicht von Frauen aus ethnischen Minoritäten ist mit der Beschreibung dieses Problems nicht ihre Wirklichkeit getroffen, geht es bei ihnen doch erst einmal um ihre Selbstbehauptung gegen Strukturen, die sie unterdrücken und/oder unsichtbar machen.

Zwischen der in den literarischen Entwürfen thematisierten Identitätsbildung von Frauen und der Identitätssuche der Schülerinnen und Schüler bestehen somit Ähnlichkeiten und Unterschiede, deren Ursachen und Zusammenhänge in der Besprechung dieser Romane im Unterricht herausgearbeitet und betrachtet werden können. Damit diese Arbeit zu einem Gewinn für die SchülerInnen wird und die Auseinandersetzung mit den ausgewählten Bildungsromanen für die eigene Identitätsbildung fruchtbar gemacht werden kann, bedarf es geeigneter Zugangsweisen und Behandlungsmethoden. Wie Teil III mit Bezug auf rezeptionsästhetische und feministische Erkenntnisse hat deutlich machen können, eignet sich für dieses Anliegen insbesondere die Kombination eines rezeptionsästhetischen Ansatzes mit einer ideologiekritischen Komponente und den sich daraus ergebenden Unterrichtsmethoden. Ein rezeptionsorientierter Zugang zum Text hat vor allem den Vorteil, das Textverständnis der SchülerInnen zum Ausgangspunkt des Unterrichtsgesprächs und des Lernens zu machen. Zugleich berücksichtigt er mehr als die bislang im Unterricht favorisierten Methoden des *New Criticism* die besonderen Erkenntnisweisen ("das andere Denken") der Mädchen. Demgegenüber gewährleistet der an die persönliche Rezeption anschließende ideologiekritische Zugang, dass die SchülerInnen erkennen können, wie der Text und sie selbst durch einen je spezifischen soziokulturellen Kontext geprägt sind. Nur wenn die SchülerInnen zunächst ermuntert werden, ihre Reaktionen auf den jeweils ausgewählten Text zu artikulieren, können sie in einem zweiten Schritt aufgefordert werden, den Text und ihre eigenen Reaktionen darauf kritisch zu hinterfragen. Aufgrund des feministischen Gehalts der ausgewählten Bildungsromane sind diese in besonderer Weise dazu geeignet, Schüler und Schülerinnen auf die Geschlechterfrage aufmerksam zu machen und sie zu einer

Auseinandersetzung mit ihrer eigenen auch geschlechtsgebundenen Identitätsbildung anzuregen. Das letzte Kapitel von Teil III hat abschließend beispielhaft gezeigt, wie eine den rezeptionsästhetischen und feministischen Einsichten folgende Behandlung weiblicher Bildungsromane im Unterricht aussehen kann.

Somit konnten mit der vorliegenden Arbeit zwei Desiderate erfüllt werden. Zum einen wurde eine Auswahl von repräsentativen weiblichen Bildungsromanen präsentiert, die - als (bessere) Alternativen zu *Catcher in the Rye* - zum Einsatz im englischen Oberstufenunterricht geeignet sind. Zum anderen wurden Methoden zur Auseinandersetzung mit diesen Romanen vorgeschlagen, die zwar nicht neu sind, aber vor dem Hintergrund der Ansprüche einer "reflexiven Koedukation" eine neue Begründung und Relevanz erfahren. Bleibt zu hoffen, dass diese theoretischen Überlegungen zu einer *gender*bewussten Literaturdidaktik in der Praxis Anwendung finden!

LITERATURVERZEICHNIS

1. Primärliteratur

Bambara, Toni Cade (1994). "The Lesson." In: Freese, Peter (ed.). *Growing up in a Multicultural Society: Nine American Short Stories*. München: Langenscheidt-Longman, 51-67.

Chopin, Kate (1899). *The Awakening and Other Stories*. Ed. Judith Baxter. Cambridge: Cambridge University Press, 1996.

Cisneros, Sandra (1984). *The House on Mango Street*. New York: Vintage Books, 1991.

Munro, Alice (1971). *Lives of Girls and Women*. Harmondsworth: Penguin, 1983.

Morrison, Toni (1970/1993). *The Bluest Eye: With a new Afterword by the Author*. New York: Plume Book, 1994.

Salinger, J.S. (1951). *The Catcher in the Rye*. 12. Aufl. New York: Little Brown, 2001.

Santiago, Danny (1994). "The Somebody." In: Freese, Peter (ed.). *Growing up in a Multicultural Society: Nine American Short Stories*. München: Langenscheidt-Longman, 81-95.

Shange, Ntozake (1982). *Sassafrass, Cypress & Indigo*. New York: Picador.

Tan, Amy (1989). *The Joy Luck Club*. Ed. Richard Andrews. Cambridge: Cambridge University Press, 1995.

Wharton, Edith (1917). *Summer*. New York: Penguin Books, 1993.

2. Sekundärliteratur

Abel, Elizabeth et al. (1983). "Introduction" In: Dies. (eds.). *The Voyage In: Fictions of Female Development*. Hanover/NH: University Press of New England, 3-19.

Abrams, M.H. (1993). *A Glossary of Literary Terms*. 6th ed. Fort Worth: Harcourt Brace Jovanovich College Publishers.

Adorno, Th.W. (1966). *Negative Dialektik*. Frankfurt/M: Suhrkamp.

Alcoff, Linda (1988). "Cultural Feminism versus Post-Structuralism: The Identity Crisis in Feminist Theory." *Signs* 13.3, 405-436.

Allen, Carolyn (Fall 1988). "Louise Rosenblatt and Theories of Reader-Response." *Reader* 20, 32-39.

Ammons, Elizabeth (1980). *Edith Wharton's Argument with America*. Athens: University of Georgia Press.

Anzaldúa, Gloria (1983). "Speaking in Tongues: A Letter to 3rd World Women Writers." In: Moraga, Cherríe & Anzaldúa, Gloria (eds.). *The Bridge Called My Back: Writings by Radical Women of Color*. 2nd ed. Latham, New York: Kitchen Table, Women of Color Press, 165-174.

--- (1990). *Making Face, Making Soul: Haciendo Caras*. San Francisco: Aunt Lute.

Apter, T. (1990). *Altered Loves: Mothers and Daughters during Adolescence*. New York: St. Martin's Press.

Archer, S.L. (1992). "A Feminist's Approach to Identity Research." In: Adams, G.R. et al. (eds.). *Adolescent Identity Formation*. Newbury Park: Sage, 25-49.

--- (1993). "Identity Status in Early and Middle Adolescents: Scoring Criteria." In: Marcia, J.E. et al. (eds.). *Ego Identity: A Handbook for Psychosocial Research*. New York: Springer, 177-204.

Ashton-Jones, Evelyn & Thomas, Dene Kay (Fall 1990). "Composition, Collaboration, and Women's Ways of Knowing: A Conversation with Mary Belenky." *Journal of Advanced Composition* 10.2, 275-292.

Bailey, Nancy I. (Spring 1979). "The Masculine Image in *Lives of Girls and Women*." *Canadian Literature* 80, 113-120.

Ballstaedt, Steffen-Peter & Mandl, Heinz (1985). "Lesen im Jugendalter." In: Oerter, Rolf (Hrsg.). *Lebensbewältigung im Jugendalter*. Weinheim: Edition Psychologie, Vertrieb VCH Verlagsgesellschaft, 160-191.

Barkhaus, A. et al. (Hrsg.) (1996). *Identität, Leiblichkeit, Normativität: Neue Horizonte anthropologischen Denkens*. Frankfurt/M.: Suhrkamp.

Baruch, E.H. (1981). "The Feminine *Bildungsroman*: Education Through Marriage." *Massachusetts Review* 22, 335-357.

Bauman, Z. (1992). "Soil, Blood and Identity." *The Sociological Review* 40, 674-701.

Baym, Nina (ed.) (1981). *Kate Chopin. The Awakening and Selected Stories*. New York: Modern Library.

Beach, Richard (1993). *A Teacher's Introduction to Reader-Response Theories*. Urbana, Ill.: NCTE.

Beck, R. (1995). "*Macbeth, Animal Farm* und kein Ende? Was haben Studienanfänger in der Anglistik gelesen?" *Neusprachliche Mitteilungen aus Wissenschaft und Praxis* 48, 31-38.

Beck, Ulrich (1986). *Risikogesellschaft: Auf dem Weg in eine andere Moderne*. Frankfurt/M: Suhrkamp.

Beck, U.& Beck-Gernsheim, E. (Hrsg.) (1994). *Riskante Freiheiten: Zur Individualisierung von Lebensformen in der Moderne*. Frankfurt/M.: Suhrkamp.

Beck-Gernsheim, E. (1993). "Individualisierungstheorie: Veränderungen des Lebenslaufs in der Moderne". In: Keupp, H. (Hrsg.). *Zugänge zum Subjekt: Perspektiven einer reflexiven Sozialpsychologie*. Frankfurt/M.. Suhrkamp, 125-146.

Becker-Schmidt, R. (1987). "Die doppelte Vergesellschaftung - die doppelte Unterdrückung: Besonderheiten der Frauenforschung in den Sozialwissenschaften." In: Unterkirchner, L. & Wagner, I. (Hrsg.). *Die andere Hälfte der Gesellschaft*. Wien: Verl. d. Österreich. Gewerkschaftsbundes, 10-25.

--- (1995). "Von Jungen, die keine Mädchen und von Mädchen, die gerne Jungen sein wollten: Geschlechtsspezifische Umwege auf der Suche nach Identität." In: Dies. & Knapp, G.-A. (Hrsg.). *Das Geschlechterverhältnis als Gegenstand der Sozialwissenschaften*. Frankfurt/New York: Campus, 220-246.

Belenky, Mary Field et al. (1986). *Women's Ways of Knowing: The Development of Self, Voice and Mind*. New York: BasicBooks. [WWK]

--- (1991). *Das andere Denken: Persönlichkeit, Moral und Intellekt der Frau*. 2. Aufl. Frankfurt: Campus.

Bem, Sandra L. (1981). "Gender Schema Theory: A Cognitive Account of Sex Typing." *Psychological Review* 88, 354-364.

Benjamin, Jessica (1990). *Die Fesseln der Liebe: Psychoanalyse, Feminismus und das Problem der Macht.* Basel: Stroemfeld/Roter Stern.

Benson, Eugene & Toye, William (eds.) (1997). *The Oxford Companion to Canadian Literature.* 2nd ed. Toronto: Oxford University Press.

Benton, Michael (2000). *Studies in the Spectator Role: Literature, Painting and Pedagogy.* London: Routledge.

Benton, Michael & Brumfit, Christopher (1993). "English Literature in a World Context." In: Dies. (eds.). *Teaching Literature: A World Perspective.* London: MacMillan, 1-7.

Benton, Michael & Fox, Geoff (1988). *Teaching Literature: Nine to Fourteen.* Oxford: Oxford University Press.

Benz, Norbert (1990). *Der Schüler als Leser im fremdsprachlichen Literaturunterricht.* Tübingen: Narr.

Berlin, James A. (1993). "Literacy, Pedagogy, and English Studies: Postmodern Connections." In: Lankshear, Colin & McLaren, Peter L. (eds.). *Critical Literacy: Politics, Praxis, and the Postmodern.* Albany, N.Y.: State University of New York Press, 247-269.

Berthoff, Ann E. (1981). "A Curious Triangle and the Double-Entry Notebook; or, How Theory Can Help us Teach Reading and Writing." *The Making of Meaning: Metaphors, Models, and Maxims for Writing Teachers.* Montclair, N.J.: Boynton/Cook, 41-47.

Besner, Neil K. (1990). *Introducing Alice Munro's* Lives of Girls and Women: *A Reader's Guide.* Toronto: ECW Press.

Bhattacharya, Nandini (May 1995). "Postcolonial Agency in Teaching Toni Morrison." *Cultural Studies* 9.2, 226-246.

Bialas, W. (1997). "Kommunitarismus und neue Kommunikationsweise: Versuch einer Kontextualisierung neuerer Diskussionen um das Identitätsproblem." In: Keupp, H. & Höfer, R. (Hrsg.). *Identitätsarbeit heute.* Frankfurt/M.: Suhrkamp, 40-65.

Bilden, Helga (1989). "Geschlechterverhältnis und Individualität im gesellschaftlichen Umbruch." In: Keupp, H. & dies. (Hrsg.). *Verunsicherungen: Das Subjekt im gesellschaftlichen Wandel.* Göttingen: Hogrefe, 19-46.

--- (1991). "Geschlechtsspezifische Sozialisation." In: Hurrelmann, Klaus & Ulich, Dieter (Hrsg.). *Neues Handbuch der Sozialisationsforschung.* 4., völlig neu bearbeitete Aufl. Weinheim/Basel: Beltz, 279-301.

--- (1997). "Das Individuum - ein dynamisches System vielfältiger Teil-Selbste: Zur Pluralität in Individuum und Gesellschaft." In: Keupp, H. & Höfer, R. (Hrsg.). *Identitätsarbeit heute.* Frankfurt a. M.: Suhrkamp, 227-249.

Bjork, Patrick Bryce (1991). "*The Bluest Eye*: Selfhood and Community." *The Novels of Toni Morrison: The Search for Self and Place Within the Community.* New York: Peter Lang, 31-54.

Blackall, Jean Frantz (1992). "Charity at the Window: Narrative Technique in Edith Wharton's *Summer.*" Bendixen, Alfred & Zilversmit, Annette (eds.). *Edith Wharton: New Critical Essays.* New York: Garland Publishers, 115-126.

Blackwell, Henry (Winter 1979). "An Interview with Ntozake Shange." *Black American Literature Forum* 13.4, 134-38.

Blakemore, Diane (1992). *Understanding Utterances.* Oxford: Blackwell.

Bleich, David (1975). *Readings and Feelings: An Introduction to Subjective Criticism.* Urbana, Ill.: National Council of Teachers of English.

--- (1986). "Gender Interests in Reading and Language." In: Flynn, Elizabeth A. & Schweickart, Patrocinio P. (eds.). *Gender and Reading. Essays on Readers, Texts, and Contexts*. Baltimore: The Johns Hopkins University Press, 234-266.

Blodgett, E.D. (1988). *Alice Munro*. Boston: Twayne.

Blos, P. (1978). *Adoleszenz: Eine psychoanalytische Interpretation*. Stuttgart: Klett-Cotta.

Böhme, G. (1996). "Selbstsein und derselbe sein: Über ethische und sozialtheoretische Voraussetzungen von Identität." In: Barkhaus, A. et al. (Hrsg.). *Identität, Leiblichkeit, Normativität*. Frankfurt/M.: Suhrkamp, 322-340.

Bolay, Eberhard & Trieb, Bernhard (1988). *Verkehrte Subjektivität: Kritik der individuellen Ich-Identität*. Frankfurt: Campus.

Bonner, Thomas Jr. (1988). *The Kate Chopin Companion: With Chopin's Translations from French Fiction*. New York: Greenwood Press.

Bosenius, P. & Donnerstag, J. (2000). "Emotionen in der Bedeutungskonstruktion zu englischen literarischen Texten: Eine explorativ-empirische Studie zum Rezeptionsverhalten von Studierenden." *Zeitschrift für Fremdsprachenforschung* 1.2, 1-23.

Bowman, Cynthia Ann (1992). "Differences in Response to Literature." In: McCracken, Nancy Mellin & Appleby, Bruce C. (eds.). *Gender Issues in the Teaching of English*. Hanover, NH.: Boynton/Cook Publishers, 80-92.

Bradbury, Malcolm (1992). *The Modern American Novel*. Rev. Ed. Oxford: Oxford University Press.

Brady, Jeanne & Hernández, Adriana (1993). "Feminist Literacies: Toward Emancipatory Possibilities of Solidarity." In: Lankshear, Colin & McLaren, Peter L. (eds.). *Critical Literacy: Politics, Praxis, and the Postmodern*. Albany, N.Y.: State University of New York Press, 323-334

Braendlin, Bonnie Hoover (1983). *"Bildung* in Ethnic Women Writers." *Denver Quarterly* 17, 75-87.

Bredella, Lothar (1976). *Einführung in die Literaturdidaktik*. Stuttgart: Kohlhammer.

--- (1980). *Das Verstehen literarischer Texte*. Stuttgart: Kohlhammer.

--- (1988). "Zum Verhältnis von Literaturwissenschaft und Literaturdidaktik" In: Doyé, Peter et al. (Hrsg.). *Die Beziehung der Fremdsprachendidaktik zu ihren Referenzwissenschaften: Dokumente und Berichte vom 12. Fremdsprachendidaktiker-Kongreß*. Tübingen: Narr, 162-172.

--- (1989). "Die Einsicht in literarische Verstehensprozesse als Voraussetzung für die Entwicklung schüleraktivierender Methoden." In: Kleinschmidt, E. (Hrsg.). *Fremdsprachenunterricht zwischen Sprachenpolitik und Praxis*. Tübingen: Narr, 170-179.

--- (1994). "Two Concepts of Art: Art as Truth or as Dialogue." In: Hoffmann, Gerhard & Hornung, Alfred (eds). *Affirmation and Negation in Contemporary American Culture*. Heidelberg: C. Winter, 89-134.

--- (1995). "Literaturwissenschaft." In: Bausch, K.-R. et al. (Hrsg.) *Handbuch Fremdsprachenunterricht*. 3., überarb. und erw. Auflage. Tübingen: Francke, 58-66.

--- (1996a). "The Anthropological and Pedagogical Significance of Aesthetic Reading in the Foreign Language Classroom." In: Ders. & Delanoy, Werner (eds.). *Challenges of Literary Texts in the Foreign Language Classroom*. Tübingen: Narr, 1-29.

--- (1996b). "How Can Literary Texts Matter?" In: Ahrens, R. & Volkmann, L. (eds.). *Why Literature Matters: Theories and Functions of Literature*. Heidelberg: Winter, 101-115.

--- (1999). "Decolonizing the Mind: Toni Morrison's *The Bluest Eye* and *Tar Baby*." In: Antor, Heinz & Cope, Kevin L. (eds.). *Intercultural Encounters - Studies in English Literature: Essays Presented to Rüdiger Ahrens on the Occasion of His Sixtieth Birthday*. Heidelberg: C. Winter, 363-384.

--- (2000). "Fremdverstehen mit literarischen Texten." In: Ders. et al. (Hrsg.). *Wie ist Fremdverstehen lehr-und lernbar?* Tübingen: Narr, 133-163.

Bredella, Lothar et al. (2000). "Einleitung: Grundzüge einer Theorie und Didaktik des Fremdverstehens beim Lehren und Lernen fremder Sprachen." In: Dies. (Hrsg.). *Wie ist Fremdverstehen lehr- und lernbar?* Tübingen: Narr, IX-LII.

Bredella, Lothar & Delanoy, Werner (1996). "Introduction." In: Dies. (eds.). *Challenges of Literary Texts in the Foreign Language Classroom*. Tübingen: Narr, VII-XXVIII.

Brown, Penny (1992). *The Poison at the Source: The Female Novel of Self-Development in the Early Twentieth Century*. New York: St. Martin's Press.

Bruner, Jerome (1986). *Actual Minds, Possible Worlds*. Cambridge, Mass.: Harvard University Press.

Buchmann, M. (1989). *The Script of Life in Modern Society: Entry into Adulthood in a Changing World*. Chicago: Chicago University Press.

Buckley, J.H. (1974). *Season of Youth: The Bildungsroman from Dickens to Golding*. Cambridge, Mass.: Harvard University Press.

Burger, Günter (1996). "Fremdsprachlicher Literaturunterricht und die Erkenntnisse der Leseverhaltensforschung." *Praxis des neusprachlichen Unterrichts* 43.1, 3-8.

Butler, J. (1991a). "Variationen zum Thema Sex und Geschlecht: Beauvoir, Wittig und Foucault." In: Nunner-Winkler, G. (Hrsg.). *Weibliche Moral: Die Kontroverse um eine geschlechtsspezifische Ethik*. Frankfurt/New York: Campus, 56-76.

--- (1991b). *Das Unbehagen der Geschlechter*. Frankfurt/M.: Suhrkamp.

Carmean, Karen (1993). *Toni Morrison's World of Fiction*. New York: The Whitston Publishing Company Troy.

Carrington, Ildikó de Papp (1989). *Controlling the Uncontrollable: The Fiction of Alice Munro*. DeKalb: N. Illionois University Press.

Chodorow, Nancy (1985). *Das Erbe der Mütter: Psychoanalyse und Soziologie der Geschlechter*. München: Frauenoffensive.

Christ, Carol P. (1995). *Diving Deep and Surfacing: Women Writers on Spiritual Quest*. 3rd ed. Boston: Beacon Press.

Christian, Barbara (1985). "Trajectories of Self-Definition: Placing Contemporary Afro-American Women's Fiction." In: Prene, M. & Spillers, H.J. (eds.). *Conjuring: Black Women, Fiction, and Literary Tradition*. Bloomington: Indiana University Press, 237-248.

Cisneros, Sandra (Spring 1987). "From A Writer's Notebook. Ghosts and Voices: Writing from Obsession." *The Americas Review* XV.1, 69-73.

Clinchy, Blythe McVicker (1996). "Connected and Separate Knowing. Toward a Marriage of Two Minds." In: Goldberger, Nancy Rule et al. (eds.). *Knowledge, Difference, and Power: Essays Inspired by Women's Ways of Knowing*. New York: BasicBooks, 205-240.

Collins, Patricia Hill (2000). *Black Feminist Thought: Knowledge, Consciousness, and the Politics of Empowerment*. 2nd ed. New York: Routledge.

Craddock, Catherine & Meléndez, Claudia (March 1995). "The Right to a Life of Letters: A Few Words with Sandra Cisneros. Interview." *El Andar*, 12-13, 16-19.

Crawford, Mary & Chaffin, Roger (1986). "The Reader's Construction of Meaning: Cognitive Research on Gender and Comprehension." In: Flynn, Elizabeth A. & Schweickart, Patronicio P. (eds.). *Gender and Reading: Essays on Readers, Texts, and Contexts*. Baltimore: The Johns Hopkins University Press, 3-30.

Crichlow, Warren & McCarthy, Cameron (May 1995). "Introduction: Toni Morrison and the Curriculum." *Cultural Studies* 9.2, 205-209.

Crowley, John W. (Spring 1982). "The Unmastered Streak: Feminist Themes in Wharton's *Summer*." *American Literary Realism 1870-1910*. XV.1, 86-96.

Culley, Margaret (ed.) (1976a). *Kate Chopin. The Awakening: An Authoritative Text, Contexts, Criticism*. New York: Norton.

--- (1976b). "Edna Pontellier: 'A Solitary Soul.'" In: Dies. (ed.). *Kate Chopin. The Awakening: An Authoritative Text, Contexts, Criticism*. New York: Norton, 224-228.

Culley, Margo & Portuges, Catherine (1985). "Introduction." In: Dies. (eds.). *Gendered Subjects: The Dynamics of Feminist Teaching*. Boston: Routlegde & Kegan Paul, 1-7.

Dalsimer, K (1993). *Vom Mädchen zur Frau: Literarische Darstellungen - psychoanalytisch betrachtet*. Berlin: Springer.

Daniels, Harvey (1994). *Literature Circles: Voice and Choice in the Student-Centered Classroom*. York, ME: Stenhouse Publishers.

Davis, Rocío G. (1997). "Identity in Community in Ethnic Short Story Cycles: Amy Tan's *The Joy Luck Club*, Louise Edrich's *Love Medicine*, Gloria Naylor's *The Women of Brewster Place*." In: Brown, Julie (ed.). *Ethnicity and the American Short Story*. New York: Garland, 3-23.

De Jesus, Melinda L.M. (1995). *A Portrait of the Artist as a Woman of Color: Rewriting the Female Kunstlerroman*. Dissertation. Santa Cruz: University of California.

Delanoy, W. (1996a). "Die Relevanz der englischsprachigen Literaturpädagogik für die fremdsprachliche Literaturdidaktik." In: Christ, H. & Legutke, M.K. (Hrsg.). *Fremde Texte verstehen: Festschrift für Lothar Bredella*. Tübingen: Narr, 72-86.

--- (1996b). "Verstehen und Widerstehen im (fremdsprachlichen) Literaturunterricht." In: Ders. u.a. (Hrsg.). *Lesarten: Literaturunterricht im interdisziplinären Vergleich*. Innsbruck: Studien-Verlag, 52-71.

Deusinger, I.M. (1989). "Jugend - die Suche nach der Identität." In: Markefka, M. & Nave-Herz, R. (Hrsg.). *Handbuch der Familien- und Jugendforschung. Bd 2: Jugendforschung*. Neuwied: Luchterhand, 79-92.

Dewey, John (1980). *Art as Experience*. New York: Berkley Publishing Group.

Dilthey, W. (1921). *Das Erlebnis und die Dichtung: Lessing, Goethe, Novalis, Hölderlin*. 1905. 12. Aufl. Göttingen: Vandenhoeck & Ruprecht.

Dinnerstein, Dorothy (1979). *Das Arrangement der Geschlechter*. Stuttgart: Dt. Verlags-Anstalt.

Disheroon Green, Suzanne & Caudle, David J. (1999). *Kate Chopin: An Annotated Bibliography of Critical Works*. Westport, Connecticut: Greenwood Press.

Donnerstag, Jürgen (1996). "*Gender* als Kategorie in einer fremdsprachlichen Literatur- und Kulturdidaktik." In: Christ, H. & Legutke, M. K. (Hrsg.). *Fremde Texte Verstehen*. Tübingen: Narr, 148-160.

Doughty, Peter (1990). "A Fiction for the Tribe: Toni Morrion's *The Bluest Eye*." In: Clarke, Graham (ed.). *The New American Writing: Essays on American Literature Since 1970*. London: Vision Press, 29-50.

Doyle, Jacqueline (Winter 1994). "More Room of Her Own: Sandra Cisneros's *The House on Mango Street*". *MELUS* 19.4, 5-35.

DuPlessis, R.B. (1985). *Writing beyond the Ending: Narrative Strategies of Twentieth-Century Women Writers*. Bloomington: Indiana University Press.

Dyer, J. (1993). The Awakening: *A Novel of Beginnings*. New York: Twayne.

Eble, K. (Summer 1956). "A Forgotten Novel: Kate Chopin's *The Awakening*." *Western Humanities Review X*, 261-268.

Edwards, Lee (1972). "Women, Energy, and *Middlemarch*." *Massachusetts Review* 13, 223-238.

Eggert, Hartmut & Garbe, Christine (1995). *Literarische Sozialisation*. Stuttgart: Metzler.

Elder, A. (1992). "*Sassafrass, Cypress & Indigo*: Ntozake Shange's Neo-Slave/Blues Narrative." *African American Review* 26.1, 99-107.

Elredge, L.M. (1984). "A Sense of Ending in *Lives of Girls and Women*." *Studies in Canadian Literature* 9.1, 110-115.

Enders-Dragässer, U. & Fuchs, C. (1988). *Jungensozialisation in der Schule: Eine Expertise*. Darmstadt: Gemeindedienste und Männerarbeit der EKHN.

Erdheim, M. (1988). "Adoleszenz zwischen Familie und Kultur." *Die Psychoanalyse und das Unbewusste in der Kultur*. Frankfurt/M.: Suhrkamp, 191-214.

Erikson, E.H. (1965). *Kindheit und Gesellschaft*. 2. überarbeitete u. erweiterte Aufl. Stuttgart: Klett. [KuG]

--- (1970). *Jugend und Krise: Die Psychodynamik im sozialen Wandel*. Stuttgart: Klett. [JuK]

--- (1977). "Noch einmal: der innere Raum." *Lebensgeschichte und historischer Augenblick*. Frankfurt/M.: Suhrkamp, 233-257. [LuhA]

--- (1997). *Identität und Lebenszyklus*. 16. Aufl. Frankfurt: Suhrkamp. [IuL]

Erlich, Gloria C. (1992). *The Sexual Education of Edith Wharton*. Berkeley: University of California Press.

Estor, M. (1988). "Beruf." In: Lissner, A., Süssmuth, R. & Walter, K. (Hrsg.). *Frauenlexikon: Wirklichkeiten und Wünsche von Frauen*. Freiburg: Herder, 104-111.

Ewell, Barbara C. (1988). "*The Awakening* in a Course on Women in Literature." In: Koloski, Bernhard (ed.). *Approaches to Teaching Chopin's* The Awakening. New York: MLA, 86-93.

Eysturoy, Annie O. (1996). *Daughters of Self-creation: The Contemporary Chicana Novel*. Albuquerque: University of New Mexico Press.

Faulstich-Wieland, Hannelore (1995). *Geschlecht und Erziehung: Grundlagen des pädagogischen Umgangs mit Mädchen und Jungen*. Darmstadt: Wiss. Buchgesellschaft.

--- (1999). "Koedukation heute - Bilanz und Chance." In: Horstkemper, Marianne & Kraul, Margret (Hrsg.). *Koedukation: Erbe und Chancen*. Hg. Marianne Horstkemper und Margret Kraul. Weinheim: Deutscher Studienverlag, 124-135.

Faulstich-Wieland, H. & Horstkemper, M. (1996). "100 Jahre Koedukationsdebatte - und kein Ende." *Ethik und Sozialwissenschaften* 7.4, 509-520.

Felski, Rita (July 1986). "The Novel of Self-Discovery. A Necessary Fiction?" *Southern Review* 19, 131-148.

--- (1989). *Beyond Feminist Aesthetics: Feminist Literature and Social Change.* Cambridge, Mass.: Harvard University Press.

Fend, H. (1991). *Identitätsentwicklung in der Adoleszenz: Lebensentwürfe, Selbstfindung und Weltaneignung in beruflichen, familiären und politisch-weltanschaulichen Bereichen.* Bern: Huber.

Feng, Pin-chia (1996). "Amy Tan." In: Giles, James R. & Giles, Wanda H. (eds.). *American Novelists Since World War II, Fifth Series.* Detroit: Gale Research, 281-289.

--- (1998). *The Female Bildungsroman by Toni Morrison and Maxine Hong Kingston: A Postmodern Reading.* New York: Peter Lang.

Fetterley, Judith (1978). *The Resisting Reader: A Feminist Approach to American Fiction.* Bloomington: Indiana University Press.

--- (1986). "Reading about Reading: 'A Jury of Her Peers', 'The Murders in the Rue Morgue', and 'The Yellow Wallpaper'. Flynn, Elizabeth A. & Schweikart, Patrocinio P. (eds.). *Gender and Reading: Essays on Readers, Texts, and Contexts.* Baltimore: The Johns Hopkins University Press, 147-164.

--- (1997). "Introduction on the Politics of Literature (1978)." In: Warhol, Robyn R. & Herndl, Diane Price (eds.). *Feminisms: An Anthology of Literary Theory and Criticism.* 2nd ed. New Brunswick, N.J.: Rutgers Unversity Press, 564-573.

Fish, St. (1980). *Is There a Text in This Class? The Autonomy of Interpretive Communities.* Cambridge, Mass.: Harvard University Press.

Flaake, K. (1990). "Geschlechterverhältnisse, geschlechtsspezifische Identität und Adoleszenz." *Zeitschrift für Sozialisationsforschung und Erziehungssoziologie* 10.1, 2-13.

Flaake, K. & John, C. (1992). "Räume zur Aneignung des Körpers: Zur Bedeutung von Mädchenfreundschaften in der Adoleszenz." In: Dies. & King, V. (Hrsg.). *Weibliche Adoleszenz: Zur Sozialisation junger Frauen.* Frankfurt: Campus, 199-212.

Flaake, K. & King, V. (1992). "Psychosexuelle Entwicklung, Lebenssituation und Lebensentwürfe junger Frauen: Zur weiblichen Adoleszenz in soziologischen und psychoanalytischen Theorien." In: Dies. (Hrsg.). *Weibliche Adoleszenz: Zur Sozialisation junger Frauen.* Frankfurt/M., 13-39.

Fleenor, Juliann E. (1979). "Rape Fantasies as Initiation Rite: Female Imagination in *Lives of Girls and Women.*" *Room of One's Own* 4.4, 35-49.

Flynn, Elizabeth A. (1986). "Gender and Reading." In: Dies. & Schweickart, Patronicio P. (eds.). *Gender and Reading: Essays on Readers, Texts, and Contexts.* Baltimore: The Johns Hopkins University Press, 267-288.

Flynn, Elizabeth A. & Schweickart, Patrocinio P. (eds.) (1986). *Gender and Reading: Essays on Readers, Texts, and Contexts.* Baltimore: The Johns Hopkins University Press.

Foster, M.-Marie Booth (1996). "Voice, Mind, Self: Mother-Daughter Relationships in Amy Tan's *The Joy Luck Cluby* and *The Kitchen God's Wife.*" In: Brown-Guillory, Elizabeth (ed.). *Women of Color: Mother-Daughter Relationships in 20th Century Literature.* Austin: University of Texas Press, 208-227.

Foucault, M. (1988). *Von der Freundschaft.* Berlin: Merve.

Fowler, Rowena (Summer 1984). "The Art of Alice Munro: *The Beggar Maid* and *Lives of Girls and Women.*" *Critique: Studies in Modern Fiction* XXV. 4, 189-198.

Fraiman, Susan (1993). *Unbecoming Women: British Women Writers and the Novel of Development.* New York: Columbia University Press.

Freese, Peter (ed.) (1994). *Growing up in a Multicultural Society: Nine American Short Stories.* München: Langenscheidt-Longman.

Freire, Paulo (1970). *Pedagogy of the Oppressed.* New York: Continuum.

French, Marilyn (1981). "Introduction". *Edith Wharton: Summer.* New York: Berkley Books, V-XLVIII.

Freud, S. (1961). "Drei Abhandlungen zur Sexualtheorie." *Gesammelte Werke.* Bd 5. 3. Auflage. Frankfurt/M.: S. Fischer Verlag, 27-144.

Freund, Elizabeth (1987). *The Return of the Reader: Reader-Response Criticism.* London: Methuen.

Frieden, S. (1983). "Shadowing/Surfacing/Shedding: Contemporary German Writers in Search of a Female *Bildungsroman.*" In: Abel, E. et al. (eds.). *The Voyage In: Fictions of Female Development.* Hanover: University Press of New England, 304-316.

Frye, Joanne S. (1986). *Living Stories, Telling Lives: Women and the Novel in Contemporary Experience.* Ann Arbor: University of Michigan Press.

Fuderer, L.S. (1990). *The Female Bildungsroman in English: An Annotated Bibliography of Criticism.* New York: The Modern Language Association of America.

Gabriel, Susan L. (1990). "Gender, Reading, and Writing: Assignments, Expectations, and Responses." In: Dies. & Smithson, Isaiah (eds.). *Gender in the Classroom: Power and Pedagogy.* Urbana: University of Illinois Press, 127- 139.

Gabriel, Susan L. & Smithson, Isaiah (eds.) (1990). *Gender in the Classroom: Power and Pedagogy.* Urbana: University of Illinois Press.

Giese, Rolf & Schroeder, Eckhard (eds.) (1998). *Growing Up: Voices of Youth.* Stuttgart: Klett.

Gilbert, Sandra M. & Gubar, Susan (1979). *The Madwoman in the Attic: The Woman Writer and the Nineteenth-Century Literary Imagination.* New Haven: Yale University Press.

Gildemeister, R. & Wetterer, A. (1992). "Wie Geschlechter gemacht werden: Die soziale Konstruktion der Zweigeschlechtlichkeit und ihre Reifizierung in der Frauenforschung." In: Knapp, G.-A. & Wetterer, A. (Hrsg.). *Traditionen. Brüche: Entwicklungen feministischer Theorie.* Freiburg: Kore, 201-254.

Gilligan, C. (1982). *Die andere Stimme: Lebenskonflikte und Moral der Frau.* München: dtv.

--- (1983). "Themen der weiblichen und der männlichen Entwicklung in der Adoleszenz." In: Schweitzer, F. & Thiersch, H. (Hrsg.). *Jugendzeit - Schulzeit: Von den Schwierigkeiten, die Jugendliche und Schule miteinander haben.* Weinheim: Beltz, 94-121.

Giroux, Henry A. (1983). *Theory and Resistance in Education: A Pedagogy for the Opposition.* Massachusetts: Bergin and Garvey.

Glaap, A.-R. (1995). "Literaturdidaktik und literarisches Curriculum." In: Bausch, K.-R.. et al. (Hrsg.). *Handbuch Fremdsprachenunterricht.* 3., überarb. und erw. Aufl. Tübingen: Francke, 149-156.

Glässing, G. et al. (1994). *"...weil ich ein Mädchen bin." Biographien, weibliche Identität und Ausbildung.* Bielefeld: Ambos.

Godard, Barbara (1984). "'Heirs of the Living Body': Alice Munro and the Question of a Female Aesthetic." In: Miller, J. (ed.). *The Art of Alice Munro: Saying the Unsayable.* Waterloo: University of Waterloo Press, 43-71.

Gold, Joseph (1984). "Our Feeling Exactly: The Writing of Alice Munro." In: Miller, J. (ed.). *The Art of Alice Munro: Saying the Unsayable.* Waterloo: University of Waterloo Press, 1-13.

Goldberger, Nancy Rule (1996). "Introduction: Looking Backward, Looking Forward." In: Dies. et al. (eds.). *Knowledge, Difference, and Power: Essays Inspired by Women's Ways of Knowing*. New York: BasicBooks, 1-21.

Goldberger, Nancy Rule et al. (eds.) (1996). *Knowledge, Difference, and Power: Essays Inspired by Women's Ways of Knowing*. New York: BasicBooks.

Gómez-Quinones, Juan (1990). *Chicano Politics: Reality and Promise, 1940-1990*. Albuquerque: University of Mexico Press.

Goodman, Susan (1990). *Edith Wharton's Women: Friends and Rivals*. Hanover: University Press of New England.

Goodman, Charlotte (1981). "Portraits of the *Artiste Manqué* by Three Women Novelists." *Frontiers* V.3, 57-59.

Grafton, Kathy (Winter 1995). "Degradation and Forbidden Love in Edith Wharton' *Summer*." *Twentieth-Century-Literature: A Scholarly and Critical Journal* 41.4, 350-366.

Greene, Gayle (1991). *Changing the Story: Feminist Fiction and the Tradition*. Bloomington: Indiana University Press.

Grivel, Charles (1973). *Production de l'intérêt romanesque*. The Hague: Mouton.

Grobman, L. (Fall 1995). "The Cultural Past and Artistic Creation in Sandra Cisneros' *The House on Mango Street* and Judith Ortiz Cofer's *Silent Dancing*." *Confluencia: Revista Hispanica de Cultura y Literatura* 11.1, 42-49.

Günter, Andrea (1996). *Weibliche Autorität, Freiheit und Geschlechterdifferenz: Bausteine einer feministischen politischen Theorie*. Königstein: Helmer.

Gurr, Andrew (1991). "Short Fictions and Whole-Books." In: Howells, Coral Ann & Hunter, Lynette (eds.). *Narrative Strategies in Canadian Literature. Feminism and Postcolonialism*. Milton Keynes: Open University Press, 11-18.

Gutiérrez-Jones, Leslie S. (1993). "Different Voices: The *Re-Bildung* of the Barrio in Sandra Cisneros' *The House on Mango Street*." In: Singley, Carol J. & Sweeney, Susan E. (eds.). *Anxious Power: Reading, Writing, and Ambivalence in Narrative Fiction by Women*. New York: State University Press of New York, 295-312.

--- (1995). *Unbuilding the Structures of Patriarchy*. Ann Arbor, MI: Diss.

Gymnich, Marion (2000). *Entwürfe weiblicher Identität im englischen Frauenroman des 20. Jahrhunderts*. Trier: WVT.

Gymnich, Marion & Nünning, Ansgar (1995a). "Die Stellung der Frau in der Gesellschaft: Englischsprachige Romane von Frauen über Frauen. Lektüreanregungen für den Englischunterricht der Oberstufe - Teil 2." *Fremdsprachenunterricht* 39/48.2, 129-135.

--- (1995b). "Frauenromane aus der Commonwealth-Literatur: Abwechslungsreiche Alternativen zum Kanon der Klassiker. Lektüreanregungen für den Englischunterricht der Oberstufe- Teil 3." *Fremdsprachenunterricht* 39/48.6, 446-453.

Haag, P. (1998). "Single-Sex Education in Grades K-12: What Does the Research Tell Us?" In: AAUW (eds.). *Separated by Sex: A Critical Look at Single-Sex Education for Girls*. Washington, D.C.: The Foundation, 13-38.

Haas, Renate (2001). "We hold these truths to be self-evident: that all men and women are created equal: Geschlechterforschung und Englischdidaktik." Hoppe, Heidrun, Kampshoff, Marita & Nyssen, Elke (Hrsg.). *Geschlechterperspektiven in der Fachdidaktik*. Weinheim: Deutscher Studien Verlag, 101-121.

Hagemann-White, Carol (1984). *Sozialisation: Weiblich - männlich?* Opladen: Leske und Budrich.

--- (1992). "Berufsfindung und Lebensperspektive in der weiblichen Adoleszenz." In: Flaake, K. & King, V. (Hrsg.). *Weibliche Adoleszenz: Zur Sozialisation junger Frauen.* Frankfurt: Campus, 64-83.

--- (1988). "Wir werden nicht zweigeschlechtlich geboren..." In: Dies. & Rerrich, M.S. (Hrsg.). *FrauenMännerBilder: Männer und Männlichkeit in der feministischen Diskussion.* Bielefeld: AJZ, 224-234.

Hamilton, P.L. (Summer 1999). "Feng Shui, Astrology, and the Five Elements: Traditional Chinese Belief in Amy Tan's *The Joy Luck Club*." *MELUS* 24.2, 125-145.

Hancock, Geoff (1987). *Canadian Writers at Work: Interviews with Geoff Hancock.* Toronto: Oxford University Press.

Hancock, E. (1989). *The Girl Within.* New York.

Hanssen, Evelyn (1990). "Planning for Literature Circles: Variations in Focus and Structure." In: Short, Kathy G. & Pierce, Kathryn M. (eds.). *Talking about Books: Creating Literary Communities.* Portsmouth, NH.: Heinemann, 198-209.

Harmon, William & Holman, C. Hugh (1996). *A Handbook to Literature.* 7th ed. Upper Saddle River, New Jersey: Prentice Hall.

Harris, Margaret (1986-87). "Authors and Authority in *Lives of Girls and Women*." *Sydney Studies in English* 12, 101-113.

Harris, Trudier (1988). "Reconnecting Fragments: Afro-American Folk Tradition in *The Bluest Eye*." In: McKay, Nellie Y. (ed.). *Critical Essays on Toni Morrison.* Boston: G.K. Hall & Co., 68-76.

Hausknecht, Gina (1998). "Self-Possession, Dolls, Beatlemania, Loss: Telling the Girl's Own Story." In: Saxton, Ruth O. (ed.). *The Girl: Constructions of the Girl in Contemporary Fiction by Women.* New York: St. Martin's Press, 21-42.

Haußer, K. (1997). "Identitätsentwicklung - vom Phasenuniversalismus zur Erfahrungsverarbeitung." In: Keupp, H. & Höfer, R. (Hrsg.). *Identitätsarbeit heute.* Frankfurt/M.: Suhrkamp, 120-134.

Havinghurst, Robert J. (1972). *Developmental Tasks and Education.* New York: Mackay.

Hays, Peter L. (Winter 1989). "Signs in *Summer*. Words and Metaphors." *Papers on Language and Literature: A Journal for Scholars and Critics of Language and Literature* 25.1, 114-119.

Helfferich, Cornelia (1994). *Jugend, Körper und Geschlecht: Die Suche nach sexueller Identität.* Opladen: Leske& Budrich.

Heller, Dana A. (1990). *The Feminization of Quest-Romance: Radical Departures.* Austin: University of Texas.

Helsper, W. (1991). "Das imaginäre Selbst der Adoleszenz: Der Jugendliche zwischen Subjektentfaltung und dem Ende des Selbst." In: Ders. (Hrsg.). *Jugend zwischen Moderne und Postmoderne.* Opladen: Leske und Budrich, 73-94.

Hempel, Marlies (1999). "Familie und Beruf in den Lebensentwürfen ostdeutscher Mädchen und Jungen." In: Horstkemper, M. & Kraul, M. (Hrsg.). *Koedukation: Erbe und Chancen.* Weinheim: Deutscher Studien Verlag, 229-249.

Hermes, Liesel (1993). "Modern Women Writers: Versuch einer Einführung." *Neusprachliche Mitteilungen aus Wissenschaft und Praxis* 46, 217-227.

--- (1994a). "Margaret Drabble." *Fremdsprachenunterricht* 38/47.1, 36-38.

--- (1994b). "Penelope Fitzgerald: Eine Einführung in ihr Werk." *Fremdsprachenunterricht* 38/47.6, 446-452.

--- (1995). "Learning Logs als Instrument der Selbstkontrolle und als Evaluation in literaturwissenschaftlichen Proseminaren." In: Börner, Wolfgang & Vogel, Claus (Hrsg.). *Der Text im Fremdsprachenunterricht.* Bochum: AKS-Verlag, 85-98.

--- (1996a). "Was heißt 'Frauenliteratur'?" *Praxis des neusprachlichen Unterrichts* 2, 195-197.

--- (1996b). "Frauenbilder in der amerikanischen Literatur: Kate Chopin, Edith Wharton, Carson McCullers." *Fremdsprachenunterricht* 40/49.6, 445-450.

--- (1998). "Frauenbilder in der amerikanischen Literatur: Kate Chopin, Edith Wharton, Carson McCullers." Bardeleben, Renate von & Plummer, Patricia (Hrsg.). *Perspektiven der Frauenforschung: Ausgewählte Beiträge der 1. Fachtagung Frauen-/Gender-Forschung in Rheinland-Pfalz.* Tübingen: Stauffenburg Verlag, 145-158.

Herrera-Sobek, María (1996). "The Politics of Rape: Sexual Transgression in Chicana Fiction." In: Dies. & Viramontes, Helena Maria (eds.). *Chicana Creativity and Criticism: New Frontiers in American Literature.* 2nd. rev. ed. University of New Mexico Press, 245-256.

Herwig, Henriette (1980). "Identität und Fremdverstehen in interaktionistischer und literaturdidaktischer Sicht." In: Spinner, Kaspar H. (Hrsg.). *Identität und Deutschunterricht.* Göttingen: Vandenhoeck & Ruprecht, 15-32.

Herzog, Walter (1999). "Wird die Koedukationsdebatte überleben? Das Geschlecht als kulturelle Ressource." In: Horstkemper, M. & Kraul, M. (Hrsg.). *Koedukation: Erbe und Chancen.* Deutscher Studien Verlag, 136-156.

Heung, Marina (Fall 1993). "Daughter-Text/Mother-Text: Matrilineage in Amy Tan's *Joy Luck Club.*" *Feminist Studies* 19.3, 597-616.

Heydebrand, Renate von & Winko, Simone (1995). "Arbeit am Kanon: Geschlechterdifferenz in Rezeption und Wertung von Literatur." In: Bußmann, Hadumod & Hof, Renate (Hrsg.). *Genus: Zur Geschlechterdifferenz in den Kulturwissenschaften.* Stuttgart: Kröner, 206-261.

Hirsch, Marianne (Fall 1979). "The Novel of Formation as Genre: Between *Great Expectaions* and *Lost Illusions.*" *Genre* XII, 293-311.

--- (1989). *The Mother/Daughter Plot: Narrative, Psychoanalysis, Feminism.* Bloomington: Indiana University Press.

Hof, R. (1995). "Die Entwicklung der *Gender Studies.*" In: Bußmann, Hadumod & Hof, Renate (Hrsg.). *Genus - zur Geschlechterdifferenz in den Kulturwissenschaften.* Stuttgart: Kröner, 2-33.

Holbrook, D. (1991). *Edith Wharton and the Unsatisfactory Man.* London: Vision Press.

Honneth, A. (1990). "Anerkennung und Differenz: Zum Selbstmißverständnis postmoderner Sozialtheorien." *Initial* 7, 669-674.

Horstkemper, M.& Faulstich-Wieland, H. (1996). "Replik." *Ethik und Sozialwissenschaften* 7.4, 578-585.

Horwood, H. (1984). "Interview with Alice Munro" In: Miller, Judith (ed.). *The Art of Alice Munro: Saying the Unsayable.* Waterloo: University of Waterloo Press, 123-135.

Horx, M. (1987). "Der Neue Mann ohne Eigenschaften: Loblied auf die Identitätslosigkeit." *Das Ende der Alternativen.* München: Heyne.

Houston, Julie (1995). "Women's Literature as Individuation for College Students." In: Nelson, Nancy Owen (ed.). *Private Voices. Public Lives: Women Speak on the Literary Life*. Denton: University of North Texas Press, 261-269.

Howe, S. (1930). *Wilhelm Meister and his English Kinsmen: Apprentices to Life*. New York: Columbia UP.

Howells, Coral Ann (1987). *Private and Fictional Worlds: Canadian Women Novelists of the 1970s and 1980s*. London: Methuen.

--- (1998). *Alice Munro*. Manchester: Manchester University Press.

Hoy, Helen (1980). "'Dull, Simple, Amazing and Unfathomable': Paradox and Double Vision in Alice Munro's Fiction." *Studies in Canadian Literature* 5.1, 100-115.

Huf, Linda (1983). *A Portrait of the Artist as a Young Woman: The Writer as Heroine in American Literature*. New York: Frederick Ungar.

Hurrelmann, K. (1983). "Das Modell des produktiv realitätsverarbeitenden Subjekts in der Sozialforschung: Anmerkungen zu neueren theoretischen und methodologischen Konzeptionen." *Zeitschrift für Sozialisationsforschung und Erziehungssoziologie* 1.3, 91-103.

--- (1994). *Lebensphase Jugend: Eine Einführung in die sozialwissenschaftliche Jugendforschung*. 3., völlig überarb. Auflage. Weinheim: Juventa.

Hurrelmann, K. & Neubauer, G. (1986). "Sozialisationstheoretische Subjektmodelle in der Jugendforschung." In: Heitmeyer, W. (Hrsg.). *Interdisziplinäre Jugendforschung: Fragestellungen, Problemlagen, Neuorientierungen*. Weinheim: Juventa, 109-133.

Hutcheon, Linda (1980). *Narcissistic Narrative: The Metafictional Paradox*. Waterloo, Ontario: Wilfrid Laurier University Press.

--- (October 1989). "'Circling the Downspout of Empire': Post-Colonialism and Postmodernism." *Ariel* 20.4, 149-175.

Iser, Wolfgang (1976). *Der Akt des Lesens. Theorie ästhetischer Wirkung*. München:Fink.

Jablon, Madelyn (1994). "The African American *Künstlerroman*." *Diversity: A Journal of Multicultural Issues* 2, 21-28.

Jansen, M.M. & Jockenhövel-Poth, A. (1992). "Trennung und Bindung bei adoleszenten Mädchen aus psychoanalytischer Sicht." In: Flaake, K. & King, V. (Hrsg.). *Weibliche Adoleszenz: Zur Sozialisation junger Frauen*. Frankfurt/M.: Campus, 266-278.

Jost, Francois (1974). "The 'Bildungsroman' in Germany, England, and France." *Introduction to Comparative Literature*. Indianapolis: Pegasus, 134-150

Jussawalla, Feroza & Dasenbrock, Reed Way (eds.) (1992). *Interviews with Writers of the Post-Colonial World*. Jackson: University Press of Mississippi.

Kamboureli, Smaro (1986). "The Body as Audience and Performance in the Writing of Alice Munro." In: Neuman, Shirley & Kamboureli, Smaro (eds.). *A Mazing Space: Writing Canadian Women Writing.*. Edmonton: Longspoon, 31-38.

Kammer, J. (1979). "The Art of Silence and the Forms of Women´s Poetry." In: Gilbert, S.M. & Gubar, S. (eds.). *Shakespeares´s Sisters: Feminist Essays on Women Poets*. Bloomington: Indiana University Press, 153-164.

Karafilis, Maria (Winter 1998). "Crossing the Borders of Genre: Revisions of the *Bildungsroman* in Sandra Cisneros's *The House on Mango Street* and Jamaica Kincaid's *Annie John*." *The Journal of Midwest Modern Language Association* 31.2, 63-78.

Keating, AnaLouise (1996). *Women Reading. Women Writing: Self-Invention in Paula Gunn Allen, Gloria Anzaldúa and Audre Lorde*. Philadelphia: Temple University Press.

Keller, E.F. (1986). *Liebe, Macht und Erkenntnis: Männliche oder weibliche Wissenschaft?* München: Hanser.

Kellman, Steven K. (Dec. 1976). "The fiction of Self-Begetting." *Modern Language Notes* 91.6, 1243-1256.

Kelly, Margot (1997). "A Minor Revolution: Chicano/a Composite Novels and the Limits of Genre." In: Brown, Julie (ed.). *Ethnicity and the American Short Story*. New York: Garland, 63-84.

Kester, Gunilla (1995). *Writing the Subject: Bildung and the African American Text*. New York: Peter Lang.

Keupp, H. (1989). "Auf der Suche nach der verlorenen Identität". In: Ders. & Bilden, H. (Hrsg.). *Verunsicherungen: Das Subjekt im gesellschaftlichen Wandel*. Göttingen: Hogrefe, 47-69.

--- (1994). "Grundzüge einer reflexiven Sozialpsychologie: Postmoderne Perspektiven." In: Ders. (Hrsg.). *Zugänge zum Subjekt: Perspektiven einer reflexiven Sozialpsychologie*. Frankfurt/M.: Suhrkamp, 226-274.

--- (1996). "Bedrohte und befreite Identitäten in der Risikogesellschaft". In: Barkhaus, A. et al. (Hrsg.). *Identität Leiblichkeit Normativität: Neue Horizonte anthropologischen Denkens*. Frankfurt/M.: Suhrkamp, 380-403.

--- (1997). "Diskursarena Identität: Lernprozesse in der Identitätsforschung." In: Ders. & Höfer, R. (Hrsg.). *Identitätsarbeit heute: Klassische und aktuelle Perspektiven der Identitätsforschung*. Frankfurt/M.: Suhrkamp, 11-39.

Keupp, H. & Höfer, R. (Hrsg.) (1997). *Identitätsarbeit heute*. Frankfurt: Suhrkamp.

Kimmel, Ellen (1999). "Feminist Teaching, an Emergent Practice." In: Davis, Sara N. et al. (eds.). *Coming Into Her Own: Educational Success in Girls and Women*. San Francisco, 57-76.

Klippel, Friedericke (1998). "Grundfragen des geschlechtertypischen Fremdsprachenlehrens und -lernens." *FMF-Schriften* 1. München, 24-33.

Klüger, Ruth (1996). *Frauen lesen anders: Essays*. München: dtv.

Knab, Doris (1993). "Frauenbildung und Frauenberuf - Wider die Männlichkeit der Schule." In: Flitner, Andreas (Hrsg.). *Reform der Erziehung*. 2. Aufl. München: Piper, 141-155.

Knapp, G.-A. (1992). "Macht und Geschlecht: Neuere Entwicklungen in der feministischen Macht- und Herrschaftsdiskussion." In: Dies. & Wetterer, A. (Hrsg.). *Traditionen. Brüche*. Freiburg: Kore, 287-325.

Köln, Lothar (1988). "Entwicklungs- und Bildungsroman: Ein Forschungsbericht (1969)." In: Selbmann, Rolf (Hrsg.). *Zur Geschichte des deutschen Bildungsromans*. Darmstadt: Wiss. Buchgesellschaft, 291-373.

Kolodny, Annette (1985). "A Map for Rereading: Gender and the Interpretation of Literary Texts." In: Showalter, Elaine (ed.). *The New Feminist Criticism*. New York: Pantheon, 46-62.

Koloski, Bernard (ed.) (1988). *Approaches to Teaching Chopin's* The Awakening. New York: The Modern Language Association of America.

Korte, Barbara (1990). "Vorschläge zur Behandlung anglo-kanadischer Romane im Englischunterricht der gymnasialen Oberstufe." *Neusprachliche Mitteilungen aus Wissenschaft und Praxis* 43.1, 33-38.

Kramsch, Claire (1993). *Context and Culture in Language Teaching*. Oxford: Oxford University Press.

Krappmann, L. (1997). "Die Identitätsproblematik nach Erikson aus einer interaktionistischen Sicht." In: Keupp, H. & Höfer, R. (Hrsg.). *Identitätsarbeit heute*. Frankfurt/M.: Suhrkamp, 66-92.

Kraus, W. & Mitzscherlich, B. (1997). "Abschied vom Großprojekt: Normative Grundlagen der empirischen Identitätsforschung in der Tradition von James E. Marcia und die Notwendigkeit ihrer Reformulierung." In: Keupp, H. & Höfer, R. (Hrsg.). *Identitätsarbeit heute*. Frankfurt/M.: Suhrkamp, 149-173.

Krück, Brigitte (1997). "Das Lesetagebuch als Medium der Rezeption literarischer Texte im Englischunterricht." *Rostocker Beiträge zur Sprachwissenschaft* 3, 125-139.

Krüger, H. (1995). "Dominanzen im Geschlechterverhältnis: Zur Institutionalisierung von Lebensläufen." In: Becker-Schmidt, R. & Knapp, G.-A. (Hrsg.). *Das Geschlechterverhältnis als Gegenstand der Sozialwissenschaften*. Frankfurt: Campus, 195-219.

Krusche, Dietrich (1985). "Lese-Unterschiede: Zum interkulturellen Leser-Gespräch." In: Wierlacher, Alois (Hrsg.). *Das Fremde und das Eigene: Prolegomena zu einer interkulturellen Germanistik*. München: iudicum, 369-390.

Kugler-Euerle, Gabriele (1998). *Geschlechtsspezifik und Englischunterricht: Studien zur Literaturdidaktik und Rezeption literarischer Texte am Beispiel Doris Lessings*. Trier: WVT.

Kuribayashi, Tomoko (1998). "The Chicana Girl Writes her Way in and out: Space and Bilingualism in Sandra Cisneros' *The House on Mango Street*." In: Kuribayashi, T. & Thorp, Julie (eds.). *Creating Safe Space: Violence and Women's Writing*. Albany: State University of New York Press, 165-177.

Labovitz, Esther Kleinbord (1988). *The Myth of the Heroine: The Female* Bildungsroman *in the Twentieth Century. Dorothy Richardson, Simone de Beauvoir, Doris Lessing, Christa Wolf*. 2nd ed. New York: Peter Lang.

Lauten, Gerd &. Röhrig, Johannes (2000). *Barriers and Bridges - Intercultural Conflicts and Encounters*. Stuttgart: Klett.

Lauter, Paul (1983). "Introduction." In: Ders. (ed.). *Reconstructing American Literature: Courses, Syllabi, Issues*. Old Westbury, N.Y.: Feminist Press, XI-XXV.

--- (1985). "Race and Gender in the Shaping of the American Literary Canon: A Case Study from the Twenties." Newton, Judith & Rosenfelt, Deborah (eds.). *Feminist Criticism and Social Change: Sex, Class and Race in Literature and Culture*. New York: Methuen, 19-44.

--- (1991). *Canons and Contexts*. New York: Oxford University Press, 1991.

Legutke, Michael & Thomas, Howard (1991). *Process and Experience in the Language Classroom*. London: Longman.

Lemmermöhle, D. (1997). "Berufs- und Lebensgestaltung im gesellschaftlichen Modernisierungsprozeß: Neue Anforderungen an junge Frauen und Männer und an Schule." *Die Deutsche Schule* 89.4, 410-428.

LeSeur, Geta J. (1995). *Ten is the Age of Darkness: The Black Bildungsroman*. Columbia: University of Missouri Press.

Lewis, R.W.B. (1975). *Edith Wharton*. New York: Harper & Row.

Libreria delle donne di Milano (1989). *Wie weibliche Freiheit entsteht: Eine neue politische Praxis*. 2. Aufl. Berlin: Orlando-Frauenverlag.

Ling, Amy (1990). *Between Worlds: Women Writers of Chinese Ancestry*. New York: Pergamon Press.

Lorber, J. (1991). "Dismantling Noah's Ark." In: Lorber, J. & Farell, S.A. (eds.). *The Social Construction of Gender*. Newbury Park: Sage, 355-369.

--- (1994). *Paradoxes of Gender*. New Haven: Yale University Press.

Lyons, Brenda (Winter 1987). "Interview with Ntozake Shange." *Massachusetts Review* XXVIII. 4, 687-696.

MacIntyre, A. (1988). *Whose Justice? Which Rationality?* London: Druckworth.

MacKendrick, Louis (ed.) (1983). *Probable Fictions: Alice Munro's Narrative Acts*. Downsview, Ontario: ECW Press.

Maher, Frances A. & Tetreault, Mary Kay Thompson (1994). *The Feminist Classroom*. New York: BasicBooks.

Maini, Irma (1998). *Growing Up Ethnic: The* Bildungsroman *in Contemporary Ethnic American Literature*. San Diego, Ca.: Diss.

Marcia, J.E. (1993). "Epilogue." In: Ders. et al. (eds.). *Ego Identity: A Handbook for Psychosocial Research*. New York: Springer, 273-281.

Marcia, J.E. & Archer, S.L. (1993). "Identity Status in Late Adolescents: Scoring Criteria." In: Ders. et al. (eds.). *Ego Identity: A Handbook for Psychosocial Research*. New York: Springer, 205-240.

Marsh-Lockett, Carol (1999). "A Woman's Art, A Woman's Craft: The Self in Ntozake Shange's *Sassafrass, Cypress, and Indigo*." Liddell, Janice & Kemp, Yakini B. (eds.). *Arms Akimbo: Africana Women in Contemporary Literature*. Gainesville, Fl.: University Press of Florida, 46-57.

Marshall, Paule (1988). "The Poets in the Kitchen." In: Cahill, Susan (ed.). *Mothers: Memories, Dreams, and Reflections by Literary Daughters*. New York: NAL.

Martin, W.R. (1979). "Alice Munro and James Joyce." *Journal of Canadian Fiction* 24, 120-126.

--- (1987). *Alice Munro: Paradox and Parallel*. Edmonton: University of Alberta Press.

Martini, Fritz (1988). "Der Bildungsroman: Zur Geschichte des Wortes und der Theorie (1961)." In: Selbmann, Rolf (Hrsg.). *Zur Geschichte des deutschen Bildungsromans*. Darmstadt: Wiss. Buchgesellschaft, 239-264.

Matteson, D.R. (1993). "Differences Within and Between Genders: A Challenge to the Theory." In: Marcia, J.E. et al. (eds.). *Ego Identity: A Handbook for Psychosocial Research*. New York: Springer, 69-110.

McCracken, Ellen (1989). "Sandra Cisneros' *The House on Mango Street*: Community-Oriented Introspection and the Demystification of Patriarchal Violence." Horno-Delgado, A. et al. (eds.). *Breaking Boundaries: Latina Writing and Critical Readings*. Amherst: University of Massachusetts Press, 62-71.

McCracken, Nancy Mellin (1992). "Re-Gendering the Reading of Literature." In: Dies. & Appleby, Bruce C. (eds.). *Gender Issues in the Teaching of English*. Portsmouth, NH.: Boynton/Cook Publishers.

McCracken, Nancy Mellin & Appleby, Bruce C. (1992). "An Overview of Gender Issues in the Teaching of English." In: Dies. (eds.). *Gender Issues in the Teaching of English.* Portsmouth, NH.: Boynton/Cook Publishers, 1-6.

--- (eds.) (1992). *Gender Issues in the Teaching of English.* Hanover, NH.: Boynton/Cook Publishers.

McLaren, Peter (1992). "Literacy Research and the Postmodern Turn: Cautions from the Margins." Beach, R. et al. (eds.). *Multidisciplinary Perspectives on Literacy Research.* Urbana, Ill.: National Conference on Research in English, 319-339.

Meindl, Dieter (1987). "Modernism and the English Canadian Short Story Cycle." *Recherches Anglaises et Nord-Americaines: RANAM* 20, 17-22.

Metcalf, John (1972). "A Conversation with Alice Munro." *Journal of Canadian Fiction* 1.4, 54-62.

Meyer, M.A. (1992). "Negogiation of Meaning: Der Versuch einer handlungsorientierten Verknüpfung von Landeskunde und Politik im Englischunterricht (Sek. II)." *Der Fremdsprachliche Unterricht* 26.3, 16-21.

Middleton, Joyce Irene (May 1995). "Confronting the 'Master Narrative': The Privilege of Orality in Toni Morrison's *The Bluest Eye.*" *Cultural Studies* 9.2, 301-317.

Miles, David H. (1974). "The Picaros's Journey to the Confessional: The Changing Image of the Hero in the German Bildungsroman." *PMLA* 89, 980-992.

--- (1988). "Pikaros Weg zum Bekenner: Der Wandel des Heldenbildes im deutschen Bildungsroman (1974)." In: Selbmann, Rolf (Hrsg.). *Zur Geschichte des deutschen Bildungsromans.* Darmstadt: Wiss. Buchgesellschaft, 374-405.

Miller, Judith (ed.) (1984). *The Art of Alice Munro: Saying the Unsayable.* Waterloo: Warterloo Press.

Millet, Kate (1971). *Sexual Politics.* New York: Avon.

Mills, Sara (1994). "Reading as/like a Feminist." In: Dies. (ed.). *Gendering the Reader.* New York: Harvester Wheatsheaf, 25-46.

--- (ed.) (1994). *Gendering the Reader.* New York: Harvester Wheatsheaf.

Mishra, Vijay & Hodge, Bob (1991). "What is Post(-)Colonialism?" *Textual Practice* 5.3, 399-414.

Mlynarczyk, Rebecca Williams (1998). *Conversations of the Mind: The Uses of Journal Writing for Second-Language Learners.* Mahwah, New Jersey: Lawrence Erlbaum Associates.

--- (1994). "A Comment on 'Connecting Literature to Students' Lives." *College English* 56.6, 710-712.

Moi, T. (1990). "Feminism and Postmodernism: Recent Feminist Criticism in the United States." In: Lovell, T. (ed.). *British Feminist Thought.* Oxford: Blackwell, 367-376.

Moody, Helen Watterson (2000). "The True Meaning of Motherhood." *Ladies' Home Journal* (May 1899) In: Walker, Nancy A. (ed.). *Kate Chopin. The Awakening. Complete, Authoritative Text with Biographical, Historical, and Cultural Contexts, Critical History, and Essays from Contemporary Perspectives.* Boston: Bedford/St. Martin's.

Moraga, Cherríe & Anzaldúa, Gloria (1983). "Introduction." Moraga, Ch. & Anzaldúa, G. (eds.). *This Bridge Called My Back: Writings by Radical Women of Color.* 2nd. ed. New York: Kitchen Table, XXIII-XXVI.

Morante, Linda (December 1982). "The Desolation of Charity Royall: Imagery in Edith Wharton's *Summer.*" *Colby Library Quarterly* 18.4, 241-248.

Moretti, Franco (1987). *The Way of the World: The* Bildungsroman *in European Culture.* London: Verso.

Morgan, E. (1972). "Humanbecoming: Form and Focus in the Neo-Feminist Novel." In: Cornillon, S. Koppelman (ed.). *Images in Fiction: Feminist Perspectives.* Bowling Green: Bowling Green University Popular Press, 183-205.

Morgan, Wendy (1994). *Critical Literacy in the Classroom: The Art of the Possible.* London: Routledge.

Morgenstern, Karl (1988). "Über das Wesen des Bildungsromans (1820)." In: Selbmann, Rolf (Hrsg.). *Zur Geschichte des deutschen Bildungsromans.* Darmstadt: Wiss. Buchgesellschaft, 55-72.

Mori, Aoi (1999). *Toni Morrison and Womanist Discourse.* New York: Peter Lang.

Morris, Pam (1993). *Literature and Feminism: An Introduction.* Oxford: Blackwell.

Mosner, Bärbel (1997). "Das literarische Leser-Lerner Tagebuch: Ein Lernverfahren für den handlungsorientierten Unterricht." *Praxis des neusprachlichen Unterrichts* 2, 154-164.

Musfeld, T. (1992). "... Ich lebe, also bin ich... Postmoderne und weibliche Identität." *Psychologie und Gesellschaftskritik* 63/64.16, 125-144.

Naylor, Gloria (1994). "A Conversation: Gloria Naylor and Toni Morrison." In: *Conversations with Toni Morrison.* Jackson: University Press of Mississippi, 188-217.

Neustadt, Kathy (1994). "The Visits of the Writers Toni Morrison and Eudora Welty." In: Taylor-Guthrie, Danille (ed.). *Conversations with Toni Morrison.* Jackson: University Press of Mississippi, 84-92.

Nunner-Winkler, G. (1987)."Identitätskrise ohne Lösung: Wiederholungskrisen, Dauerkrise." In: Frey, H.P. & Haußer, K. (Hrsg.). *Identität: Entwicklungen psychologischer und soziologischer Forschung.* Stuttgart: Ferdinand Enke, 165-178.

--- (1991). "Ende des Individuums oder autonomes Subjekt?" In: Helsper, W. (Hrsg.). *Jugend zwischen Moderne und Postmoderne.* Opladen: Leske u. Budrich, 113-129.

Nünning, Ansgar (1989). "Schülerzentrierter Fremdsprachenunterricht und das Problem der Textauswahl: Überlegungen und Vorschläge zu einer Erweiterung des Lektürekanons im Englischunterricht der Oberstufe." *Die Neueren Sprachen* 88.6, 606-619.

--- (1993a). "Formen und Funktionen der Auflösung von Geschlechtsstereotypen in ausgewählten Romanen von Anita Brookner: Interpretationshinweise für eine Behandlung im Englischunterricht der Sekundarstufe II." *Die Neueren Sprachen* 92.3, 249-270.

--- (1993b). "Modern Women Writers - Eine Alternative zu den musealen Lektüreklassikern des Englischunterrichts." *Neusprachliche Mitteilungen aus Wissenschaft und Praxis* 46, 257-260.

--- (1994a). "*Growing Up*: Darstellung der Adoleszenz im englischen Roman der Gegenwart: Lektüreanregungen für den Englischunterricht der Oberstufe - Teil I." *Fremdsprachenunterricht* 38/47.3, 212-217.

--- (1994b). "Literatur von Frauen über Frauen. Englische Gegenwartsromane für den Unterricht in der Sekundarstufe II." *Praxis des neusprachlichen Unterrichts* 3, 272-283.

--- (1995). "Ein Plädoyer für Frauenliteratur, feministische Literaturdidaktik und einen offenen Kanon." *Praxis des neusprachlichen Unterrichts* 2, 193-200.

O'Neale, S. (1982). "Race, Sex and Self: Aspects of *Bildung* in Select Novels by Black American Women Novelists." *MELUS* 9.4, 25-37.

O'Neill, Marnie (1990). "Molesting the Text: Promoting Resistant Readings." In: Hayhoe, Mike & Parker, Stephen (eds.). *Reading and Response*. Bristol, PA.: Open University Press, 1990, 83-93.

O'Reilly Herrera, Andrea (1995). "'Chambers of Consciousness': Sandra Cisneros and the Development of the Self in the BIG House on Mango Street." In: Pollack, Harriet (ed.). *Having Our Way: Women Writing Tradition in the Twentieth-Century America*. Lewisburg: Bucknell University Press, 191-204.

Obbink, Laura Apol (November 1992). "Feminist Theory in the Classroom: Choices, Questions, Voices." *English Journal* 81.7, 38-43.

Oerter, R. & Dreher, E. (1995).. "Jugendalter." In: Oerter, R. & Montada, L. (Hrsg.). *Entwicklungspsychologie*. 3., vollst. überarbeitete u. erweiterte Aufl. Weinheim: Psychologie Verlags Union, 310-395.

Olivares, Juliàn (1996a). "Entering *The House on Mango Street* (Sanddra Cisneros)." In: Maitino, J.R. & Peck, D.R. (eds.). *Teaching American Ethnic Literatures: Nineteen Essays*. Albuquerque: University Press of New Mexico, 209-235.

--- (1996b). "Sandra Cisneros' *The House on Mango Street* and the Poetics of Space." In: Herrera-Sobek & Viramontes, Helena Maria (eds.). *Chicana Creativity and Criticis: New Frontiers in American Literature*. 2nd. rev. ed. University of New Mexico Press, 233-244.

Orth-Peine, H. (1990). *Identitätsbildung im sozialgeschichtlichen Wandel*. Frankfurt/M.: Campus.

Packer, Miriam (1978). "*Lives of Girls and Women*: A Creative Search For Completion." In: Moss, John (ed.). *The Canadian Novel: Here and Now*. Toronto: NC Press Limited, 134-144.

Palmer, P. (1989). *Contemporary Women's Fiction: Narrative Practice and Feminist Theory*. New York: Harvester Wheatsheaf.

Papke, Mary E. (1990). *Verging on the Abyss: The Social Fiction of Kate Chopin and Edith Wharton*. New York: Greenwood Press.

Patterson, S.J. et al. (1992). "The Inner Space and Beyond: Women and Identity." In: Adams, G.R. et al. (eds.). *Adolescent Identity Formation*. Newbury Park: Sage, 9-24.

Payant, K.B. (1993). *Becoming and Bonding: Contemporary Feminism and Popular Fiction by American Women Writers*. Westport, Connecticut: Greenwood Press.

Perrakis, Phyllis Sternberg (Spring 1982). "Portrait of The Artist as a Young Girl: Alice Munro's *Lives of Girls and Women*." *Atlantis* 7.2, 61-67.

Perry, William G. (1970). *Forms of Intellectual and Ethical Development in the College Years*. New York: Holt, Rinehart & Winston.

Pfeiffer, Kathleen (1991). "*Summer* and its Critics' Discomfort." *Women's Studies: An Interdisciplinary Journal* 20.2, 141-152.

Poey, Delia (Fall-Winter 1996). "Coming of Age in the Curriculum: *The House on Mango Street* and *Bless Me, Ultima* as Representative Texts." *Americas Review* 24.3-4, 201-217.

Pradl, Gordon M. (1994). "Afterthoughts." In: Corcoran, Bill et al. (eds.). *Knowledge in the Making: Challenging the Text in the Classroom*. Portsmouth, N.H.: Boynton/Cook Publishers, 295-303.

Pratt, A. (1981). *Archetypal Patterns in Women's Fiction*. Brighton: Harvester Press.

Prengel, A. (1993). *Pädagogik der Vielfalt: Verschiedenheit und Gleichberechtigung in interkultureller, feministischer und integrativer Pädagogik.* Opladen: Leske und Budrich.

Prentice, Christine (1991). "Storytelling in Alice Munro's *Lives of Girls and Women* and Patricia Grace's *Potiki.*" *Australian-Canadian Studies* 8.2, 27-40.

Rankin, Elizabeth (1988). "A Reader-Response Approach." In: Koloski, Bernard (ed.). *Approaches to Teaching Chopin's* The Awakening. New York: MLA, 150-155.

Rasporich, Beverley (1990). *Dance of the Sexes: Art and Gender in the Fiction of Alice Munro.* Edmonton: University of Alberta Press.

Redekop, Magdalene (1992). *Mothers and Other Clowns: The Stories of Alice Munro.* London: Routledge.

Reid, E. Shelley (Autumn 1995). "'Our Two Faces': Balancing Mothers and Daughters in *The Joy Luck Club* and *The Kitchen God's Wife.*" *Paintbrush* XXII, 20-38.

Richards, Sandra L. (1991). "Ntozake Shange." In: Smith, Valerie et al. (eds.). *African American Writers.* New York: Charles Scribner's Sons, 379-393.

Ritter, Martina (1996). "Die Freiheit der Frau, zu sein wie der Mann." In: Barkhaus, A. et al. (Hrsg.). *Identität, Leiblichkeit, Normativität.* Frankfurt/M.: Suhrkamp, 404-422.

Robinson, Lillian S. (1997). *In the Canon's Mouth: Dispatches from the Culture Wars.* Bloomington: Indiana University Press.

Rorty, Richard M. (1996). "Hermeutics, General Studies, and Teaching." In: Ahrens, Rüdiger & Volkmann, Laurenz (Hrsg.). *Why Literature Matters: Theories and Functions of Literature.* Heidelberg: Winter, 23-36.

Rose, E.C. (1975). "The Eriksonian Bildungsroman: An Approach Through Doris Lessing." *University of Hartford Studies in Literature: A Journal of Interdisciplinary Criticism* 7, 1-17.

Rosenblatt, Louise M. (1969). "Towards a Transactional Theory of Reading." *Journal of Reading Behavior* 1, 31-47.

--- (1976). *Literature as Exploration.* 3rd ed. New York: Nobel and Nobel.

--- (1978). *The Reader, the Text, the Poem: The Transactional Theory of the Literary Work.* Carbondale: Southern Illinois University Press.

--- (1985). "The Transactional Theory of the Literary Work: Implications for Research." In: Cooper, Charles R. (ed.). *Researching Response to Literature and the Teaching of Literature: Points of Departure.* Norwood, NJ.: Ablex Publishing Corporation, 33-53.

--- (1990). "Retrospect." In: Farrell, Edmund J. & Squire, James R. (eds.). *Transactions With Literature: A Fifty-Year Perspective: For Louise M. Rosenblatt.* Urbana, Ill.: NCTE, 97-107.

Rosowski, Susan (1983)."The Novel of Awakening." In: Abel, E. et al. (eds.). *The Voyage In: Fictions of Female Development.* Hanover: University Press of New England, 49-68.

Rück, H. (1995). "Literarisches Curriculum." In: Bausch, K.-R. et al. (Hrsg.). *Handbuch Fremdsprachenunterricht.* 3., überarb. und erw. Aufl. Tübingen: Francke, 517-521.

Russ, Joanna (1983). *How to Suppress Women's Writing.* Austin: University of Texas.

Saldívar, José David (1995). "The Real and the Marvelous in Charleston, South Carolina: Ntozake Shange's *Sassafrass, Cypress & Indigo.*" In: Quinby, Lee (ed.). *Genealogy and Literature.* Minneapolis: University of Minnesota Press, 175-192.

Saldívar, Ramón (1990). *Chicano Narrative: The Dialectics of Difference.* Madison: University of Wisconsin.

Sammons, Jeffrey L. (Summer 1981). "The Mystery of the Missing Bildungsroman, or What Happened to Wilhelm Meister's Legacy?" *Genre* XIV, 229-246.

Samules, Wilfred D. & Hudson-Weems, Clenora (1990). *Toni Morrison*. Boston: Twayne.

Scarbath, H. (1992). "Abschied von der Kindheit: Jugend und Geschlecht in psychoanalytischer Sicht." In: Tillmann, K.-J. (Hrsg.). *Jugend weiblich - Jugend männlich*. Opladen: Leske & Budrich, 111-123.

Schaller, H.-W. (1998). *Der amerikanische Roman des 20. Jahrhunderts*. Stuttgart: Klett.

Schavan, Annette (1988). "Erziehung." In: Lissner, Anneliese et al. (Hrsg.). *Frauenlexikon: Wirklichkeiten und Wünsche von Frauen*. Freiburg: Herder, 240-246.

Schick, Annegret (ed.) (1996). *Gender Roles: Equal but Different?* München: Langenscheidt-Longman.

Schniedewind, Nancy (1983). "Feminist Values: Guidelines for Teaching Methodology in Women's Studies." *Learning Our Way: Essays in Feminist Education*. Trumansburg: Crossing Press, 262-71.

Schön, Erich (1993). "Selbstaussagen zur Funktion literarischen Lesens im Lebenszusammenhang von Kindern und Jugendlichen." In: Janota, Johannes (Hrsg.). *Kultureller Wandel und die Germanistik in der Bundesrepublik: Vorträge des Augsburger Germanistentages 1991*. Tübingen: Niemeyer, 260-271.

Schreyer, R. (1978). "Englische Oberstufenlektüre in Nordrhein-Westfalen." *Neusprachliche Mitteilungen aus Wissenschaft und Praxis* 31.2, 82-90.

Schroeder, Joachim (1995). "Aufgaben einer Jungenpädagogik in der Schule." *Die Deutsche Schule* 87.4, 485-497.

Schueller, M.J. (Winter 1992). "Theorizing Ethnicity and Subjectivity: Maxine Hong Kingston's *Tripmaster Monkey* and Amy Tan's *The Joy Luck Club*." *Genders* 15, 72-85.

Schweickart, Patrocinio P. (1986). "Reading Ourselves: Toward a Feminist Theory of Reading." In: Flynn, Elizabeth & Schweickart, Patrocinio P. (eds.). *Gender and Reading: Essays on Readers, Texts, and Contexts*. Baltimore: The Johns Hopkins University Press, 31-62.

--- (1990). "Reading, Teaching, and the Ethic of Care." In: Gabriel, Susan L. & Smithson, Isaiah (eds.). *Gender in the Classroom: Power and Pedagogy*. Urbana: University of Illinois Press, 78-95.

Schweickart, P.P. & Flynn, E.A. (1986). "Introduction." In: Dies. (eds.). *Gender and Reading: Essays on Readers, Texts, and Contexts*. Baltimore: The Johns Hopkins University Press, IX-XXX.

Schweitzer, F. (1985). *Identität und Erziehung: Was kann der Identitätsbegriff für die Pädagogik leisten?* Weinheim/Basel: Beltz.

Segel, Elizabeth (1986). "'As the Twig Is Bent...': Gender and Childhood Reading." In: Flynn, Elizabeth A. & Schweickart, Patrocinio P. (eds.). *Gender and Reading: Essays on Readers, Texts, and Contexts*. Baltimore: The Hopkins University Press, 165-186.

Seldon, Raman (1989). *Practicing Theory and Reading Literature: An Introduction*. Lexington, Kentucky: University of Kentucky.

Seret, Roberta (1992). *Voyage into Creativity: The Modern Künstlerroman*. New York: Peter Lang.

Seyersted, Per (ed.) (1969). *The Complete Works of Kate Chopin*. 2 vols. Baton Rouge: Louisiana State UP.

--- (1969). *Kate Chopin: A Critical Biography*. Baton Rouge: Louisiana State UP.

Shaffner, Randolph P. (1984). *The Apprentice Novel: A Study of the 'Bildungsroman' as a Regulative Type in Western Literature with a Focus on Three Classic Representatives by Goethe, Maugham, and Mann*. New York: Peter Lang.

Shange, Ntozake (1977). *For Colored Girls Who Have Considered Suicide, When the Rainbow Is ENUF*. New York: Macmillan.

Shen, Gloria (1995). "Born of a Stranger: Mother-Daughter Relationships and Storytelling in Amy Tan's *The Joy Luck Club*." In: Brown, Anne E. & Gooze, Marjanne E. (eds.). *International Women's Writing: New Landscapes of Identity*. Westport, Ct.: Greenwood Press, 233-244.

Showalter, Elaine (1971). "Women and the Literary Curriculum." *College English* 32.8, 855-862.

--- (1982). "Feminist Criticism in the Wilderness." In: Abel, E. (ed.). *Writing and Sexual Difference*. Brighton: Harvester Press, 9-35.

--- (1986). "Feminist Criticism in the Wilderness." In: Dies. (ed.). *The New Feminist Criticism: Essays on Women, Literature, and Theory*. London: Virago, 243-271.

--- (1988). "Tradition and the Female Talent: *The Awakening* as a Solitary Book" In: Martin, W. (ed.). *New Essays on the Awakening*. Cambridge: CUP, 33-57.

Skillern, Rhonda (1995). "Becoming a 'Good Girl': Law, Language, and Ritual in Edith Wharton's *Summer*." In: Bell, Millicent (ed.). *The Cambridge Companion to Edith Wharton*. Cambridge: University of Cambridge Press, 117-136.

Smith, Rebecca (Spring 1977). "The Only Flying Turtle under the Sun: The *Bildungsroman* in Contemporary Women's Fiction." *Atlantis* 2.2, 124-132.

Souris, Stephen (Summer 1994). "'Only Two Kind of Daughters': Inter-Monologue Dialogicity in *The Joy Luck Club*." *MELUS* 19.2, 99-123.

Spencer, Laura Gutierrez (1997). "Fairy Tales and Opera: The Fate of the Heroine in the Work of Sandra Cisneros." In: Reesman, Jeanne Campbell (ed.). *Speaking the Other Self: American Women Writers*. Athens: University of Georgia Press, 278-287.

Spinner, K.H. (1980). "Entwicklungsspezifische Unterschiede im Textverstehen." In: Ders. (Hrsg.). *Identität und Deutschunterricht*. Göttingen: Vandenhoeck & Ruprecht, 33-50.

Springer, Marlene (ed.) (1976). *Edith Wharton and Kate Chopin: A Reference Guide*. Boston: Hall.

--- (1981). "Kate Chopin: A Reference Guide Updated." *Resources for American Literary Study* 11, 280-303.

Stange, M. (1993). "Personal Property: Exchange Value and the Female Self in *The Awakening*." In: Walker, N.A. (ed.). *Kate Chopin: The Awakening*. Boston: Bedford Books of St. Martin's Press, 201-217.

Stein, Mark (1998). "The Black British *Bildungsroman* and the Transformation of Britain: Connectedness across Difference." In: Korte, B. & Müller, K.P. (eds.). *Unity in Diversity Revisited: British Literature and Culture in the 1990s*. Tübingen: Narr, 89-106.

Steinitz, Hilary J. (1992). "Shaping Interior Spaces: Ntozake Shange's Construction of the 'Room' for Art." *West Virginia University Philological Papers* 38, 280-287.

Stern, L. (1990). "Conceptions of Separation and Connection in Female Adolescents." In: Gilligan, C. et al. (eds.). *Making Connections: The Relational Worlds of Adolescent Girls at Emma Willard School*. Cambridge, Mass.: Harvard University Press, 73-87.

Stewart, Grace (1979). *A New Mythos: The Novel of the Artist as Heroine 1877-1977*. Montreal: Eden Press Women's Publications.

Stiegler, Barbara (1996). "Ein anderer Blick auf die Geschlechterfrage: Feministische Theorie und frauenpolitische Praxis." *Die Neue Gesellschaft: Frankfurter Hefte* 11, 1002-1007.

Stouck, David (1988). *Major Canadian Authors: A Critical Introduction to Canadian Literature in English*. 2nd. ed. revised and expanded. Lincoln: University of Nebraska Press.

Strandness, Jean (Fall 1987). "Reclaiming Women's Language, Imagery, and Experience: Ntozake Shange's *Sassafrass, Cypress & Indigo*." *Journal of American Culture* 10.3, 11-17.

Strauss, F. & Höfer, R. (1997). "Entwicklungslinien alltäglicher Identitätsarbeit." In: Keupp, H. & Höfer, R. (Hrsg.). *Identitätsarbeit heute*. Frankfurt. Suhrkamp, 270-307.

Struthers, J.R. (1975). "Reality and Ordering: The Growth of a Young Artist in *Lives of Girls & Women*." *Essays on Canadian Writing* 3, 32-46.

--- (1983). "The Real Material: An Interview with Alice Munro." In: MacKendrick, Louis K. (ed.). *Probable Fictions: Alice Munro's Narrative Acts*. Downsview, Ontario: ECW Press, 5-36.

Suleiman, Susan (1983). *Authoritarian Fictions: The Ideological Literary Genre*. New York: Columbia University.

Suleiman, Susan R.& Crosman, Inge (eds.) (1980). *The Reader in the Text: Essays on Audience and Interpretation*. Princeton: NJ.: Princeton University Press.

Swales, Martin (1988). "Unverwirklichte Totalität. Bemerkungen zum deutschen Bildungsroman. (1977)." In: Selbmann, Rolf (Hrsg.). *Zur Geschichte des deutschen Bildungsromans*. Darmstadt: Wiss. Buchgesellschaft, 406-426.

Tate, Claudia (1983). "Ntozake Shange." In: Dies. (ed.). *Black Women Writers at Work*. New York: Continuum, 149-174.

Taylor, Sandra (1993). "Transforming the Texts: Towards a Feminist Classroom Practice." In: Christian-Smith, Linda K. (ed.). *Texts of Desire: Essays on Fiction, Femininity and Schooling*. London: The Falmer Press, 126-144.

Taylor, Charles (1992). "The Politics of Recognition." In: Gutmann, Amy (ed.). *Multiculturalism and 'The Politics of Recognition'*. Princeton, N.J.: Princeton University Press, 25-73.

--- (1993). *Multikulturalismus und die Politik der Anerkennung*. Frankfurt/M.: Fischer.

Tompkins, Cynthia (1995). "Sandra Cisneros." In: Giles, James & Wanda (eds.). *Dictionary of Literary Biography, Volume 152: American Novelists Since World War II, Fourth Series*. The Gale Group, 35-41.

Tompkins, Jane P. (ed.) (1980). *Reader-Response Criticism: From Formalism to Post-Structuralism*. Baltimore: The Johns Hopkins University Press.

Tonn, Horst (ed.) (1992). *Hispanic Groups in the USA*. Berlin: Cornelsen.

Toth, Emily (1988). "A New Biographical Approach." In: Koloski, Bernard (ed.). *Approaches to Teaching Chopin's* The Awakening. New York: The Modern Language Association of America, 60-66.

--- (1990). *Kate Chopin*. New York: Morrow.

Trautner, H.M. (1991). *Lehrbuch der Entwicklungspsychologie. Bd 2: Theorien und Befunde*. Göttingen: Hogrefe.

Valdés, Maria Elena de (Fall 1992). "In Search of Identity in Cisneros' *The House on Mango Street*." *Canadian Review of American Studies* 23.1, 55-72.

--- (1993). "The Critical Reception of Sandra Cisneros's *The House on Mango Street*." In: Bardeleben, Renate von (ed.). *Gender, Self, and Society: Proceedings of the IV International Conference on the Hispanic Cultures of the United States*. Frankfurt: Lang, 287-300.

Volkmann, Laurenz (1999). "Universal Truths or Ethnic Pecularities? On Tensions Inherent in the Reception of Post-Colonial and Minority Literature." In: Antor, Heinz & Cope, Kevin L. (eds.). *Intercultural Encounters - Studies in English Literature: Essays Presented to Rüdiger Ahrens on the Occasion of His Sixtieth Birthday*. Heidelberg: C. Winter, 131-152.

Vollmer-Schubert, B. (1991). *Weibliche Identität als gesellschaftliche Anforderung: Zur doppelten Qualifikation von Frauen*. Gießen: Focus Verl.

Waldeck, R. (1988). "Der rote Fleck im dunklen Kontinent." *Zeitschrift für Sexualforschung* 1, 189-205 und 337-350.

--- (1992). "Die Frau ohne Hände: Über Selbständigkeit und Sexualität." In: Flaake, K. & King, V. (Hrsg.). *Weibliche Adoleszenz: Zur Sozialisation junger Frauen*. Frankfurt: Campus, 186-198.

Walker, Nancy A. (Spring 1983) "'Seduced and Abandoned': Convention and Reality in Edith Wharton's *Summer*." *Studies in American Fiction* 11.1, 107-114.

--- (1993). "A Critical History of *The Awakening*." In: Dies. (ed.). *Kate Chopin:* The Awakening. Boston: Bedford Books of St. Martin's Press, 141-157.

--- (ed.) (2000). *Kate Chopin. The Awakening: Complete, Authoritative Text with Biographical, Historical, and Cultural Contexts, Critical History, and Essays from Contemporary Perspectives*. 2nd ed. Boston: Bedford/St. Martin's.

Warwick, Susan J. (Summer 1984). "Growing Up: The Novels of Alice Munro." *Essays on Canadian Writing* 29, 204-225.

Waterman, A.S. (1993). "Overview of the Identity Status Scoring Criteria." In: Marcia, J.E. et al. (eds.). *Ego Identity: A Handbook for Psychosocial Research*. New York: Springer, 156-176.

Waugh, Patricia (1989). *Feminine Fictions: Revisiting the Postmodern*. London: Routledge.

Weigel, Sigrid (1983). "Der schielende Blick: Thesen zur Geschichte weiblicher Schreibpraxis." In: Stephan, Inge &. Weigel, Sigrid (Hrsg.). *Die verborgene Frau: Sechs Beiträge zu einer feministischen Literaturwissenschaft*. Berlin: Argument, 83-138.

Werlock, Abby H.P. (1997). "Whitman, Wharton, and Sexuality in *Summer*." In: Reesman, Jeanne Campbell (ed.). *Speaking the Other Self: American Women Writers*. Athens, Ga.: University of Georgia Press, 246-262.

Wharton, Edith (1990). "A Backward Glance". In: Wolff, C.G. (ed.). *Edith Wharton: Novellas and Other Writings*. New York: Literary Classics of the United States, 767-1068.

White, Barbara A. (1985). *Growing up Female: Adolescent Girlhood in American Fiction*. Westport, Ct.: Greenwood Press.

Wilkinson, Phyllis A. & Kido, Elissa (April 1997). "Literature and Cultural Awareness: Voices from the Journey." *Language Arts* 74, 255-265.

Wimsatt, W.K. (1970). *The Verbal Icon: Studies in the Meaning of Poetry*. 1954. London: Methuen.

Wojcik-Andrews, Ian (1995). *Margaret Drabble's Female Bildungsromane: Theory, Genre, and Gender*. New York: Peter Lang.

Wolff, Cynthia Griffin (1977). *A Feast of Words: The Triumph of Edith Wharton*. New York: Oxford University Press.

Woolf, Virginia (1945). *A Room of One's Own*. 1928. Harmondsworth: Penguin.

--- (1950). "Mr. Bennett and Mrs. Brown." *The Captain's Death Bed and Other Essays*. New York: Harcourt, Brace and Company, 94-119.

Worthington, Kim L. (1996). *Self as Narrative: Subjectivity and Community in Contemporary Fiction*. Oxford: Clarendon.

Würzbach, Natascha (1995a). "Einführung in die Theorie und Praxis der feministisch orientierten Literaturwissenschaft." In: Nünning, Ansgar (Hrsg.). *Literaturwissenschaftliche Theorien, Modelle und Methoden: Eine Einführung*. Trier: WVT, 137-152.

--- (1995b). "Grundfragen feministischer Literaturwissenschaft." In: Ahrens, Rüdiger (Hrsg.). *Handbuch Englisch als Fremdsprache*. Berlin: Erich Schmidt, 330-334

--- (1996a). "Der englische Frauenroman vom Modernismus bis zur Gegenwart (1890-1990): Kanonrevision, Gattungsmodifikationen, Blickfelderweiterung." In: Nünning, Ansgar (Hrsg.). *Eine andere Geschichte der englischen Literatur: Epochen, Gattungen und Teilgebiete im Überblick*. Trier: WVT, 195-211.

--- (1996b). "Frauenliteratur im Englischunterricht der Sekundarstufe II (Leistungskurs): Feministische Interpretationsansätze und Textvorschläge." *Zeitschrift für Fremdsprachenforschung* 7.1, 70-95.

Yarbro-Bejarano, Yvonne (1991). "Chicana Literature from a Chicana Feminist Perspective." In: Warhol, Robyn R. & Herndl, Diane P. (eds.). Feminisms: An Anthology of Literary Theory and Criticism.. New Brunswick, N.J.: Rutgers Unversity Press, 732-737.

Zamel, V. (1991). "Acquiring Language, Literacy, and Academic Discourse: Entering Ever New Conversations." *ESL College* 1.1, 10-18.

Zancanella, Don (1992). "Literary Lives: A Biographical Perspective on the Teaching of Literature." In: Many, Joyce & Cox, Carole (eds.). *Reader Stance and Literary Understanding: Exploring Theories, Research, and Practice*. Norwood, NJ.: Ablex Publishing Corporation, 217-234.